Friedrich Christian Benedict Avé-Lallemant:
Das deutsche Gaunertum
Erster Teil
Mit 29 Illustrationen

Friedrich Christian Benedict Avé-Lallemant

Das deutsche Gaunertum

in seiner sozialpolitischen, literarischen
und linguistischen Ausbildung zu
seinem heutigen Bestande

ZWEI TEILE IN EINEM BAND

Fourier Verlag · Wiesbaden

Erstausgabe Leipzig 1858-1862 in drei Bänden
Neuauflage 1998 in einem Band nach der überarbeiteten
Ausgabe München-Berlin 1914 in zwei Bänden
Alle Rechte vorbehalten
Fourier Verlag GmbH, Wiesbaden
ISBN 3-925037-95-0

Vorwort

Wer, wie der Verfasser, zu einem Amte gerufen ist, von dem das Gesamtgebiet der Polizei in ihrem vollständigsten Umfang wahrgenommen wird, der muß es der tiefen Einsicht einer weisen Regierung Dank wissen, daß sie die umfangreiche und bunt bewegte Tätigkeit seiner Stellung durch keine ängstlichen Instruktionen beschränkte, sondern mit ernster Einfachheit auf die große Geschichte des kleinen Staats hinwies und erwartete, daß jedermann seine Schuldigkeit tue. Durch eine solche Einsetzung wird das gesamte sittliche und wissenschaftliche Streben gehoben, daß es desto eifriger nach jenem, nur auf dem Wege der eigenen inneren und historischen Forschung zu gewinnenden Grund und Halt sucht, auf welchem man auch das geheiligte Bauwerk der Kirche und des Staates in erhabenem christlich-deutschen Stile aufgeführt findet, und auf dem auch nur eine christlich-deutsche Sitte, Ordnung und Zucht walten kann.

Durch die wunderbare Übereinstimmung des schon von Tacitus in markigen Zügen gezeichneten, auf dem Boden innigen Familienlebens und reiner Sittenzucht begründeten, deutschen Wesens mit dem Christentum, durch das innige Verständnis und durch die gegenseitige Sättigung dieses deutschen Elements mit dem Christentum ist das christlich-deutsche Wesen eine spezifisch deutsche Erscheinung und zur unverkennbaren deutschen Individualität geworden, deren Bestimmung von Anbeginn her gewesen ist, durch die schwersten Prüfungen zum Selbstbewußtsein sich abzuklären und zu befestigen, aus den vielen politischen Fluktuationen sich zu retten und zu erkennen, daß erst mit dem vollendeten Christentum es ein vollendetes Deutschtum geben kann. Sowie man aber in dieser spezifisch-deutschen Individualität den Hort erblickt, der die gesamte deutsche Existenz aufrecht gehalten hat, so sieht man auch, wie schwere Wunden ihm in den gewaltigen Kämpfen geschlagen sind, die er bestehen mußte, namentlich seitdem die Gewalt, die Hierarchie und das Lehnswesen des Mittelalters, seine frische Kraft zu lähmen begann, seitdem dann der finstere

Aberglaube seinen Blick umdüsterte, bis denn nun jetzt der Aberglaube und der roheste Materialismus ihm einen neuen Kampf bereitet hat, der hartnäckig und schwer, dessen Ausgang jedoch nicht zweifelhaft ist, solange das klare Bewußtsein der spezifisch-deutschen Individualität nicht verloren geht.

Überall in diesem schweren Kampfe sieht man die Fürsten und Oberen eifrig bemüht, die Schäden und Wunden des Kampfes auszugleichen und ihre Spuren zu vertilgen. Die Geschichte der deutschen Polizei erscheint wie eine große Krankengeschichte des Volkes, in der man erkennt, wie das Siechtum der sozialpolitischen Zustände vom prüfenden Blick der zur Heilung berufenen Staatspolizei ebenso oft richtig wie falsch aufgefaßt, mit einer Menge drastischer oder mitigierender Heilmittel behandelt, immer aber nur dann glücklich geheilt worden ist, wenn die natürliche Konstitution des siechenden Körpers erkannt und berücksichtigt wurde. Wie wenig und selten das aber geglückt ist, wie viel mehr der prüfende Scharfblick der Polizei getrübt, ja auch diese selbst von dem Miasma finsteren Aberglaubens infiziert worden ist, das zeigt vor allem die schon im frühesten Mittelalter deutlich hervortretende merkwürdige Erscheinung, daß das an der bloßgelegten Schwäche des sozialpolitischen Lebens heranwachsende Verbrechen so außerordentlich rasch und gewaltig emporwuchern und sich zum förmlichen absoluten Gewerbe mit eigener Kunst und Kunstsprache zusammentun konnte, ohne daß die Polizei begriff, wie dies gewerbliche Verbrechen, das Gaunertum, ein sekundäres Übel am siechenden sozialpolitischen Körper selbst sei, welches nur dann ausgerottet werden konnte, wenn die Heilung des ganzen Körpers selbst gelang. So unverkennbar die sich täglich durch eine Unzahl verwegener Verbrechen manifestierende Existenz des Gaunertums vor die Augen der Polizei trat, so wenig begriff sie den Ursprung und Sitz des Übels. So kam es, daß bei den offenen Erfolgen des Gaunertums und bei der Unergründlichkeit ihrer Urheberschaft der forschende Blick über den wahren Sitz des Übels hinwegglitt, in schlimmer Verwechselung der farbigen Typen mit der Gesamtmasse auf der vereinzelten exoterischen Erscheinung der Juden und Zigeuner haften blieb, und somit das Gaunertum wie eine ethnographische Erscheinung betrachtete und behandelte, ohne scharf auf die verworfenen christlichen Elemente zu sehen, zu denen jene durchaus nur akzessorischen Bestandteile sich geschlagen hatten.

Diese schlimme Verwechselung, die wie eine Erbsünde der alten Polizei bis auf die neueste Zeit geraten ist, hält auch noch jetzt den Blick der heutigen eifrig strebenden Polizei vielfach befangen, so daß nicht einmal den meisten Polizeimännern die vollständige Kenntnis des Gaunertums mit seiner behenden Kunst und geheimen Sprache geläufig ist, während letzteres in allen Schichten des sozialpolitischen Lebens mit immer größerer Mächtigkeit fortwuchert, das Siechtum dieses Lebens von Tag zu Tag verschlimmert, und dabei die Wirksamkeit der Polizei immer bedenklicher paralysiert. Diese trübe Wahrnehmung war es besonders, die den Verfasser zu der vorliegenden Arbeit trieb. Als der Entschluß dazu gefaßt war, kam auch die Verzagnis, ob je ein Polizeimann bei einer so angestrengten amtlichen Tätigkeit, wie dem Verfasser obliegt, eine so große schwierige Arbeit unternehmen durfte, bei der es nicht nur auf die genaue Kenntnis der Gaunerkunst ankam, sondern bei der auch, zum deutlichen Verständnis des Wesens der geheimnisvollen Erscheinung, eine ganz neue Bahn gebrochen werden mußte in der geschichtlichen Darstellung, in der völlig unversuchten, so überaus weithin zerstreuten und äußerst selten gewordenen Literatur und vor allem in der ganz brach darnieder liegenden, nur von Pott neuerdings in geistvollen, aber auch nur aphoristischen Andeutungen[1] behandelten Gaunersprache, deren rohe und verwogene Grammatik sich fast nur auf eine, freilich sehr bunte, aber auch sehr interessante Sprachgeschichte der verworfensten unteren Volkselemente beschränkt, aber dennoch eine nicht geringe linguistische und literarische Bedeutsamkeit hat, von der freilich nur eine genauere Bekanntschaft vollständig überzeugen kann.

Doch war es auch gerade dieselbe amtliche Tätigkeit, die den Verfasser immer von neuem anregte und ermutigte, wenn die zwiefache Arbeit die Kräfte zu erschöpfen drohte. Zu sehr fühlt man bei der Arbeit selbst, daß nichts Wissenschaftliches in der Polizei sich schreiben läßt, was nicht als lebendiges Resultat der

---

1) „Die Zigeuner in Europa und Asien" Ethnographisch-linguistische Untersuchung, vornehmlich ihrer Herkunft und Sprache, nach gedruckten und ungedruckten Quellen, zwei Teile Halle 1844/45, 2. Band S. 1-43.

Praxis unmittelbar aus dem frischen Sprudel des Lebens selbst geschöpft ist. So war es denn erfreulich und erfrischend, alle Erscheinungen am Tage lebendig zu sehen, die in den vielen Lukubrationen nur in die beschränkte Form der schriftlichen Darstellung gebaut werden konnten. Zwar mag das vorliegende Werk alle Spuren seiner unzähligen Unterbrechungen an sich tragen, immer doch ist es aus dem wirklichen Leben geschöpft und das Resultat angestrengter Forschung und eifrigen Willens, nach Kräften zu nützen.

Vor allem schwierig war die, wenn auch nur skizzierte Darstellung des historischen Gaunertums, die durchaus notwendig war, wenn das Wesen des Gaunertums zu klarer Übersicht gebracht werden sollte. Die Schwierigkeit lag nicht darin, das erste Hinzutreten der exoterischen Elemente des Judentums und Zigeunertums[2] darzustellen, sondern in der Darstellung des eigentümlichen historischen Lebensprozesses des Gaunertums überhaupt, das nur als ein sekundäres Übel zu dem Siechtum unserer sozialpolitischen Verhältnisse verstanden werden kann. Es mußte daher besonders das sittliche Siechtum dieses Lebens dargestellt werden, um darin den Sitz und Nahrungsquell des Gaunertums nachzuweisen. So wurden denn die verschiedenartigsten geschichtlichen Erscheinungen und Entwicklungsgänge periodisch in das Auge gefaßt, bis sie wieder hinter andere neue, farbiger hervortretende Erscheinungen zurückgestellt werden mußten. Keineswegs war eine, wenn auch nur fragmentarische Kultur- oder Sittengeschichte dabei beabsichtigt.

2) Verläßliche literarische Nachweisungen über das erste Auftreten der Juden in Deutschland ließen sich nur schwer finden, und mußten besonders in den Kap. 4 angeführten gallikanischen Konzilien und den Kapularien nachgesucht werden. In den letztgenannten tritt schon besonders der gaunerische Verkehr der Juden als Schärfenspieler bei der heimlichen Veräußerung von Kirchenschätzen hervor. J. J. Schudt „Jüdische Merkwürdigkeiten", I. 316f. ist unklar und unzuverlässig. – Sicher ist, daß bereits im vierten Jahrhundert eine jüdische Diaspora in Köln bestand. (Kohut, Gesch. der deutschen Juden, Berlin o. J. S. 13) – – Die Zigeunerliteratur ist von Pott erschöpfend dargestellt, bis auf die im 5. Kap. dieses Teils ausgebeutete, die darum besonders benutzt wurde, weil Münster wie Delrio die ersten Schriftsteller sind, die über den dürren Chronikenbericht hinausgehen, und über ihre unmittelbare persönliche Berührung mit den Zigeunern anziehende Mitteilung machen. Sie sind in dieser Hinsicht die ältesten authentischen Nachweise. Die Wolfenbütteler „Zwei nützliche Traktätlein" sind ebenfalls eine recht lebendige Quelle, wenn sie auch schon dem siebzehnten Jahrhundert angehören.

Wie zahlreich und zerstreut die Quellen dazu waren, zeigt die in den Noten zum weiteren Forschen sorgfältig nachgewiesene verschiedenartigste Literatur.

Nicht minder schwierig und mühsam war die Scheidung und Sichtung der spezifischen Gaunerliteratur aus der unglaublich großen Menge weit zerstreuter chronistischer und gelegentlicher kosmographischer, geographischer, historischer, theologischer, ethischer, juristischer und linguistischer Aphorismen, und aus den vielen Anekdotensammlungen und Schelmenromanen, die besonders die Schreibseligkeit der Theologen des siebzehnten Jahrhunderts zu Wege gebracht hat, durch deren wirr angehäufte Masse man nur mit eisernem Fleiß und Mut hindurchdringen kann. Besonders verwirren die Hexenschriftsteller und zahllosen Hexenprozesse, in denen man unzählige durch die Tortur zu Zauberern gepreßte Gauner blind und mechanisch mit Feuer und Schwert vertilgt findet, den freien Blick, den man schon durch das Baseler Ratsmandat, Brants „Narrenschiff" und den *Liber Vagatorum* in die schlüpfrige Masse des Gaunertums gewonnen hat. Die Sammlung einer solchen auch nur leidlich vollständigen Literatur hat ungemeine Schwierigkeiten, und kann bei allen Anstrengungen und Opfern erst nach einer Reihe von Jahren glücken, da der Buch- und antiquarische Handel kaum mehr an die Hand zu geben vermag, als der glückliche Zufall. Hat man sich aber erst in diese Literatur hineingefunden, so gewinnt man ein merkwürdig reiches, interessantes geschichtliches Bild mit den weitesten Perspektiven in das ganze sozialpolitische Leben.

Bei der nicht geringen Menge der neueren Polizeiliteratur konnten nur spezifisch gauner-literarische Werke berücksichtigt werden, so daß die neueren, doch allen Fachmännern bekannten, polizeilichen Zeitschriften, die weitere Zwecke verfolgen, als die bloße Paralyse des Gaunertums, unberücksichtigt und daher unter anderem sogar auch die 1823 begonnenen trefflichen Merkerschen „Beiträge zur Erleichterung des Gelingens der praktischen Polizei" und ähnliche andere unerwähnt bleiben mußten. Die linguistische Literatur mußte vorerst gänzlich ausgeschieden und ihre kritische Aufzählung einem besonderen letzten Abschnitt vorbehalten bleiben, da sie in lexikalischer Hinsicht, jedoch auch nur in dieser, sehr stark ver-

treten ist, ohne durchgängig brauchbar zu sein. Der Vokabula-
tor des *Liber Vagatorum* und seines merkwürdigen Plagiats, der
„Rotwelschen Grammatik", ist, trotzdem das Waldheimer
„Rotwelsche Lexikon" von 1722 als völlig selbständige Sammlung erscheint, wie später die „Coburger Designation" von
1734 und das Hildburghausener „Verzeichnis der vorgekom-
menen Wörter von der Spitzbubensprache" von 1753, wesentlich die Grundlage geblieben, auf der eine Unzahl Gaunerwörterbücher ohne alle Kritik, und ohne eigene Forschung und
Erfahrung der Herausgeber, die sogar die alten Druckfehler be-
harrlich wiedergaben, zum Vorschein gekommen ist. Freilich ist
eine tiefere Auffassung und Kritik der Gaunersprache ohne
Kenntnis besonders des Niederdeutschen, des Hebräischen und
des Jüdisch-Deutschen nicht möglich, und die Nichtkenntnis
dieser vorzüglichen Grundlagen des wunderlichen und verwegenen Sprachgemenges entschuldigt einigermaßen, daß die
Behandlung der Gaunersprache nicht über die dürre und unkritische Anhäufung bloßer Vokabeln in allen möglichen Miß-
gestalten hinausgegangen ist.

Durch die vorläufige Ausscheidung des linguistischen Teils
fand sich der Verfasser bewogen, besonders im dritten Abschnitt, der das moderne Gaunertum abhandelt, bei der Darstellung jeder einzelnen Gaunerindustrie die wesentlichsten
gaunersprachlichen Kunstausdrücke kurz etymologisch zu er-
läutern, was auch schon zum Verständnis des Ganzen notwendig erschien. Da jedoch erst im linguistischen Teil die jüdisch-
deutschen Buchstaben gezeigt werden können, so fand sich der
Verfasser veranlaßt, in den beiden ersten Teilen (den drei ersten
Abschnitten), ohne Rücksicht auf die althebräische oder jüdisch-deutsche Abstammung, sich überall der Quadratschrift
zu bedienen, was um so unbedenklicher erschien, als in neuerer
Zeit die Quadratschrift vielfach bei jüdisch-deutschen Überset-
zungen gebraucht wird, wie z.B. in dem gerade dem Verfasser
vorliegenden Targum des „Jonah" von Joel Ben Rabbi Juda Le-
vy, mit den angehängten „Schacharis am Jom Kippur", von David Friedländer (Berlin 1788) und dem trefflichen Targum der
„Mischnah" (Berlin 1832).

Die schwierige Anordnung des dritten Abschnittes, des modernen Gaunertums, erforderte lange und ernstliche Über-

legung. Es erleichterte die Arbeit und schien die Übersicht über das Gesamtganze wesentlich aufzuklären und zu beleben, wenn zunächst die allgemeinen Grundzüge des auf historischem Wege zur modernen Erscheinung herangebildeten Gaunertums erläutert würden, ehe die Darstellung der einzelnen Industriezweige erfolgte. So konnte denn auch bei dieser immer auf jene zurückverwiesen und dabei gar manche Wiederholung gespart werden. Um den vielhundertjährigen ununterbrochenen Lebensprozeß des Gaunertums recht lebendig anschaulich zu machen, wurden nicht nur eigene und andere neuere Erfahrungen, sondern auch Beispiele aus dem Gaunertreiben aller Jahrhunderte und besonders auch aus dem englischen, französischen und holländischen Gaunertum gewählt, das mit dem deutschen in unmittelbarstem Zusammenhang steht. Zu gleicher Verdeutlichung sind, wo es besonders nötig und nützlich erschien, vorzüglich bei den Abhandlungen von Zinkenen und Makkanen, graphische Darstellungen beigegeben. Ebenso sind die durch eigene und fremde Erfahrungen bewährten Mittel zur Paralyse des gefährlichen Gewerbes hinzugefügt und zum Teil graphisch erläutert.

Bei dem Umfange des Stoffs mußte das vorliegende Werk in drei Teile zerfallen, deren erster das historische Gaunertum (Abschnitt I) und die Literatur des Gaunertums (Abschnitt II) umfaßt, während der zweite Teil (Abschnitt III) ausschließlich das moderne Gaunertum mit seiner heutigen Praxis und seinen Künsten und Hilfsmitteln behandelt. Der dritte Teil (Abschnitt IV) enthält eine jüdisch-deutsche Grammatik und Chrestomathie nebst Wörterbuch, mit Erläuterung der wichtigsten Abbreviaturen, sowie eine Gaunersprachgrammatik und ein umfangreiches kritisches Gaunerwörterbuch, in dem die Etymologie der einzelnen Worte nachgewiesen wird.

Über die gesamte Anordnung und Bewältigung des in der Tat sehr großen Stoffes muß der Verfasser das Urteil der Sachkenner erwarten. Die Anordnung ist durchaus nur aus der subjektiven Auffassung des Verfassers hervorgegangen, und bezweckte einzig nur, die möglichst deutliche und klare Anschauung der geschichtlichen Entstehung und Fortbildung und eine genaue Analyse des unheimlichen verbrecherischen Gewerbes zu geben, damit das Übel vollständig erkannt und eine kräftige

Rüstung dagegen ermöglicht und verbreitet werde. Die bereits von Schäffer, Rebmann, Grolman, Brill, Falkenberg, Schwencken, Stuhlmüller, Pfeiffer, Eberhardt, Thiele, Zimmermann u. a. gemachten trefflichen Vorschläge zur Begegnung des Gaunertums sind hier nicht wiederholt, da sie zu bekannt und von der Gesetzgebung so weise und gewissenhaft benutzt sind, daß gerade diese dadurch der Polizeipraxis weit vorausgeschritten ist und letzterer die ernstliche Aufgabe gestellt hat, so kräftig, rasch und sicher wie möglich ihr nach und gleich zu kommen.

Vor allem aber strebte der Verfasser, auf den unerschütterlichen festen Grund hinzuweisen, auf dem das deutsche Familienhaus und das deutsche Bürgertum mit seiner christlich-deutschen Zucht und Sitte und die geheiligten Institutionen der Kirche und des Staats gegründet sind, auf den sich aber sogar jetzt der rohe sensualistische und atheistische Materialismus als Hort und Förderer des gewerblichen Verbrechens vermessen heraufgewagt hat, um die schlecht versteckten wunden Stellen des sozialpolitischen Körpers zu erspähen und jede Schwäche zum tückischen Angriff und Niederwerfen zu benutzen. Möchten die verworfenen Bilder, die der Verfasser aus dem tiefsten Schlamm menschlicher Sünde heraufbeschwören und vor Augen stellen mußte, den Feind, seinen Kampf und Sieg deutlich erkennbar machen, und der vorliegenden, um aller drohenden Gefahr und Not willen unternommenen Arbeit des Verfassers ein solches Verständnis bereiten, wie der gerade schlichte Mann der Wahrheit, Luther, solches dem ältesten sittlichen Not- und Hilfsbüchlein gegen den Betrug, dem *Liber Vagatorum*, gönnte, indem er in der Vorrede seiner Ausgabe sagte: „Ich habs aber für gut angesehen, das solch büchlein nicht alleine am tage bliebe, sondern auch fast uberall gemein wurde, damit man doch sehe und greiffe, wie der teuffel so gewaltig ynn der welt regiere, obs helffen wolte, das man klug würde, und sich für yhn ein mal fursehen wolte!"

Lübeck , im August 1858.   *Benedict Avé-Lallemant,*
          Doktor beider Rechte.

ERSTER ABSCHNITT:
DAS HISTORISCHE GAUNERTUM

ERSTES KAPITEL

A. Einleitung.
Allgemeiner Begriff des Gaunertums

Bei der Häufung der sozialpolitischen Fragen, deren Lösung der Gegenwart obliegt, wird nur der Geschichtsforscher, der die Ereignisse ruhig und in ihrem einfachen Verlaufe auffaßt, mit dem Glauben an die Macht der Ereignisse auch den Glauben an eine Volksnatur gewinnen und dadurch über jene Fragen und ihre Lösung sich klarer werden. Die Volksnatur ist ein Faktor, der sich überall geltend gemacht hat, wie fein und künstlich auch die Formen gewesen sein mögen, in die ihr Widerstand sich gekleidet hat. Als die deutsche Volksnatur ein tiefes Verständnis und eine reiche Sättigung in den Lehren des Christentums gefunden hatte, war fortan die christliche Kirche integrierendes Eigentum des Volks, und die schon vor jenem Eingang des Christentums entwickelte Hierarchie bestand schon neben der Kirche fort. Als die künstlichen Formen des Lehnstaats die Freiheit der deutschen Volksnatur gefährdeten, flüchtete sich das deutsche Wesen in die Städte und tat sich hier zum Bürgertum zusammen, dessen Entwicklung die großartigste Erscheinung in der deutschen Geschichte und die Lehrschule für die Verwaltung größerer Staatsgruppierungen geworden ist.

Je abgeklärter die Ansichten geworden, je mehr die hemmenden Formen der Hierarchie und den Lehnstaats geschwunden sind, desto mehr ist doch aber auch unser gesamtes sozialpolitisches Leben wiederum einer komplizierten Künstlichkeit verfallen. Sie zeichnet sich am bedenklichsten dadurch aus, daß wir uns der Einrichtung und des Bestandes einer Menge von Anstalten rühmen, die das Siechtum unserer Zustände im Grunde mehr verhehlen als gründlich heilen. Das deutsche Bürgertum ist eine sittliche Kraft, die nicht spekuliert, sondern einfach die Integrität und den Schutz seiner Existenz fordert, und daher dem massiven Systeme der heutigen Polizei umsomehr abgeneigt ist, je weniger es dieses System auf die deutsche Eigentümlichkeit berechnet findet. Eine Ausgleichung wird nur dann erreicht werden, wenn das Bürgertum gründlich davon überzeugt wird, daß die Polizei dies sein Wesen und Verlangen erkannt hat und würdigt.

Das wird der Polizei nur dann gelingen können, wenn sie einen ernsten Blick auf die Geschichte zurückwirft. Dies Zurückgehen ist jetzt eine unabweisliche Notwendigkeit geworden, namentlich seitdem der geniale Riehl in seiner „Naturgeschichte des Volkes" mit feiner Objektivität dem deutschen Volke seinen Bestand gezeigt hat, ohne bei dieser analytischen Operation die nächsten Mittel und Wege zu jenem Ziele nachgewiesen zu haben, das er in der Vision am Schlusse seines trefflichen Werkes vor Augen stellt.

Mit der Begründung der Städte und der Schöpfung ihrer Verfassungen hatte die deutsche Polizei einen herrlichen Anlauf genommen. Das gedrängte Zusammenleben und die mannigfaltigen Berührungspunkte in den Städten förderten ein Verständnis und eine Ausgleichung der lebendig neben- und durcheinander sich regenden Elemente. Sie förderten und schufen die deutsche Polizei in den Städten, als die vom deutschen Bürgertum selbst zu seinem Schutze gewollte Ordnung. Man erstaunt nicht nur über die Natürlichkeit und den ethischen Gehalt jener alten städtischen Polizeieinrichtungen, sondern auch verzüglich über die Klarheit, mit der in den deutschen Städten die Gemeindeeinrichtungen der italienischen Städte aufgefaßt wurden, und über die Objektivität, mit der das Fremdartige dabei ausgeschieden ward und das Wesen seine analoge Anwendung und deutsche Einbürgerung fand. In dem langen schweren Kampfe mit den vielen künstlichen Formen des Lehnwesens und der Hierarchie, die das deutsche Bürgertum während des Mittelalters bestehen mußte, wurde allmählich auch seine Kraft herabgedrückt und vielfach gelähmt, und als am Schlusse des Mittelalters die deutschen Landesobrigkeiten neben der, stets machtlos gebliebenen, Reichspolizei selbständig die Landespolizei in die Hand nahmen, konnten sie mit dieser in der schweren Bedrängnis immer nur eine augenblickliche Notwehr gegen den Wucher des Verbrechens üben, ohne auf ein System und dessen Begründung auf einem natürlichen Boden besondern Bedacht zu nehmen, obwohl Nachweis und Muster dazu in den städtischen

Polizeieinrichtungen gegeben war. Die Analogien des immer weiter vordringenden Römischen Rechts konnten den Ausfall nicht ersetzen, und selbst, nachdem das Strafrecht eine so tüchtige rationelle Behandlung erfahren hat, mußte die bei Begründung der Städte so großartig begonnene und allmählich so tief herabgedrückte Polizei als die eigentümliche Erscheinung stehen bleiben, daß sie stets nur die konkrete Notwehr gegen den momentanen Widerstand und in ihrer Komposition nur die bloße gehäufte automate Masse ist, welcher der gedeihliche Boden und die natürliche Lebensfähigkeit fehlt.

Bei den fortwährenden Kämpfen, die das deutsche Wesen mit den vielen künstlichen Formen des Lehnswesens und der Hierarchie bestehen mußte, ist es, wenn auch überraschend, doch erklärlich, daß das Verbrechen die durch den Kampf verursachte Schwäche zu erspähen und auszubeuten lernte und immer weniger hervorzutreten unternahm.

Die verbrecherischen Elemente waren schon früh in großer Menge vorhanden. Das aus dem Christentum unmittelbar hervorgegangene Bettlertum, der durch Karl den Großen zur Leibeigenschaft verurteilte Bauernstand bot schon zeitig die bedeutsame Grundlage des Proletariats und bildete sich alsbald auch zu jener gefährlichen beweglichen Masse der „Landfahrer" oder Landstreicher aus, welche die öffentliche Sicherheit in der bedenklichsten Weise gefährdete und namentlich in jener Zeit des Faust- und Fehderechts das Verbrechen als förmliches Gewerbe zu betreiben anfing, Dies gewerbliche Verbrechen trieb seinen wilden Wucher fort, bis es den überlegenen Widerstand fand. Sobald dieser das Gewerbe überwältigt hatte, wurde es zur verbrecherischen Kunst, die scharfen Blicks das bürgerliche Siechtum zu erkennen, seine wunden Stellen zu durchdringen und in den künstlichen Formen des bürgerlichen Lebens sich zu verstecken, sich in ihnen festzusetzen und sie auszubeuten wußte.

So entstand das deutsche Gaunertum, als rationelles verbrecherisches Gewerbe, mit einer Repräsentation aus den verschiedenartigsten verbrecherischen Elementen, in der Gruppierung als Räubertum, bei dem Mangel ausreichenden öffentlichen Schutzes, mit offener Gewalt hervortretend; als eigenstes Gaunertum in allen Formen des künstlichen bürgerlichen Lebens versteckt sich bewegend und die Gelegenheit der Schwäche erspähend.

Je verwegener das Gaunertum aufgetreten ist, je größer der materielle und moralische Schaden ist, den es dem bürgerlichen Leben und dessen freier Bewegung zugefügt hat, desto eifriger ist die Polizei und Gesetzgebung bemüht, dieses ungeheure Polypengewächs auszurotten, das sich an das ganze bürgerliche Leben gesetzt hat. Es hat nicht an geistreichen und verdienten Männern gefehlt, wie Hönn, Weißenbruch, Rebman, Pfister, Grolman, Brill, Schwencken, Felkenberg, Stuhlmüller, Wermohs, Tiele usw., die reichen Stoff und wertvolle Analysen geliefert haben. Indessen ist die Darstellung des frechen und verwegenen Zusammenrottierens zu organisierten Räuberbanden oder der Taktik der jüdischen Gauner immer nur die aphoristische Darstellung singulärer Formen und Gruppen, die allerdings sehr interessant und wichtig ist, in dieser Beschränkung aber den Überblick über die Entstehung und Fortentwicklung des Gaunertums und über seine sittlich und sozialpolitische Bedeutsamkeit vermissen läßt. Nur in dieser totalen Anschauung läßt sich das Gaunertum verstehen, und dies sein Verständnis ist für die Gegenwart eine dringende Notwendigkeit, damit man nicht etwa allein aus dem unleugbar vorhandenen Notstande der deutschen Polizei, sondern auch aus jener tief in das sittliche und sozialpolitische Leben eingreifenden Bedeutsamkeit des Gaunertums begreifen lerne, daß mit einer scharfen Fremden- und Paßpolizei und mit dem strengen Gendarmendienst auf Landstraßen, Bahnhöfen und in Wirtshäusern nicht das Meiste und Beste abgetan ist, um dem Gaunertum mit Nachdruck entgegenzutreten.

ZWEITES KAPITEL

B. Ethmologische Ableitung des Wortes „Gauner"[1]

Unter Gauner versteht man den Dieb und Betrüger, der den Diebstahl und den Betrug gewerbsmäßig und nach bestimmten Kunstregeln betreibt. Das Wort Gauner, das der

---

1) Wie längst einwandfrei nachgewiesen wurde, ist Avés Annahme falsch. Gauner stammt vom hebräischen jànà (h), übervorteilen. L. Günther, das Rotwelsch des deutschen Gauners, Leipzig, 1905, S. 5.

Gaunersprache selbst durchaus fremd ist, wird verschieden abgeleitet.

Zunächst führt man die Schreibung Jauner und Gauner auf, und entscheidet sich für die eine oder die andere als die richtigere, ohne recht eigentlich weitere Gründe dafür anzugeben. Selbst Schöffer, der in seinem „Abriß des Jauner- und Bettelwesens" beständig die Schreibart Jauner für das richtigere, indem er es von dem niedersächsischen Beiworte gau ableitet. Beide Formen, Jauner und Gauner, haben jedoch ihre bestimmte und unterschiedliche Ableitung und Bedeutung.

Das Wort Jauner ist jüdisch-deutschen Ursprungs. Schon ein flüchtiger Blick auf die jüdisch-deutsche Sprache überzeugt von der vorwiegenden Neigung dieses Idioms, die ursprünglich einfachen Vokale gedehnt und diphthongiert auszusprechen, und von der Leichtigkeit, mit der dies bei der Eigentümlichkeit des jüdisch-deutschen Vokalismus möglich ist. So z. B. ist im Jüdisch-Deutschen haulechen (holchen, alchen), gehen, vom hebräischen halach (הָלַךְ) , er ist gegangen; lau für lo (לֹא), nicht; pleite für pleto (פְּלֵטָה), Bankrott, Flucht; chaule für chole (חוֹלָה), krank usw. So ist denn entsprechend Jauner und Jaunen nichts anderes als das Juner und Junen, das sich schon in der ältesten deutschen Urkunde des Gaunerthums, in dem handschriftlichen Mandat des Rats zu Basel aus dem fünfzehnten Jahrhundert, und als Joner und Jonen in den Notabilien des *Liber Vagatorum* und im Vokabular der ältesten rotwelschen Grammatik findet, wo jedoch überall der Juner oder Joner unter dem beschränkten Begriff von Spieler aufgefaßt ist. Es ist eine nur durch die mittelalterliche und spätere heillos flache und schiefe Auffassung des deutschen Zauber- und Gaunerwesens einigermaßen erklärliche sprachgeschichtliche und polizeigeschichtliche Merkwürdigkeit, wie diese beschränkte Auffassung der ältesten deutschen Gaunerurkunde so permanent bleiben konnte, während doch das Jaunen eine so durchaus bestimmte, wenn auch weitgreifende Praxis hatte, und wie dann aber auch wieder die nach dem ungeheuern materiellen und sittlichen Ruin des Dreißigjährigen Kriegs mit Anfang des vorigen Jahrhunderts sich auffraffende Justiz plötzlich alle räuberische und gaunerische Tätigkeit, ohne alle Unterscheidung mit dem Ausdruck Jauner bezeichnete, und diesen Ausdruck vorzüglich mit Hilfe der zahlreichen geförderten Jaunerlisten zu stehenden technischen Terminus machte. Jetzt wurde nun aber damit zuviel bezeichnet, wie früher die ältesten Urkunden zu wenig damit angedeutet hatten. Junen oder Jonen, verwilderte verkürzte Form von Jediionen, vom hebräischen joda (יוֹדֵעַ) wissen, kennen, erkennen, welche Bezeichnung schon sehr früh aus der jüdischen Zaubermystik in die christliche überging, ist nämlich nur der Inbegriff der gesamten betrüglichen magischen und mantischen Wissenschaften und Künste, die von der Höhe geheimnisvoller inspirierter Gelehrsamkeit allmählich zu den trivialsten Kunststücken und Betrügereien abgeflacht sind. Sowohl die Etymologie wie die Praxis des Jedionens hat gleichmäßig eine in der Tat seltsame Geschichte, und nimmt daher in der Geschichte des Gaunertums wie der Hexenprozesse eine überaus wichtige Stelle ein, wovon im dritten Abschnitt noch ganz besonders abgehandelt werden wird.

Die Schreibung Gauner hat wiederum verschiedene Ableitungen. Einige leiten es von dem althochdeutschen gau, gou, gaw, göw (*pagus, tractus seu districtus unius ditionis, regio*,[2] altsächsisch börde, geländ) ab, wobei der Gauner, wie *lucus a non lucendo*, als Nicht-Gaugehöriger erscheint. Diese sinnlose Ableitung findet aber auch schon in der bestimmten Bezeichnung herkommender man, vremidi, gargangus, wargangus, die den in das Land kommenden, nicht zum Gau gehörigen Fremden bedeutet, ihre Widerlegung[3]. Weit mehr Sinn hat die von Schäffer, a.a.O., und von Adelung (Wörterbuch, II, 433) adoptierte Ableitung von dem altdeutschen, noch heutigen Tags in der niederdeutschen Mundart in vollem Gebrauche sich befindenden Beiwort gau, flink, geschwinde, hurtig. Als offenbare Zusammensetzung mit diesen „gau" findet sich, und zwar wohl zuerst in der sehr bemerkenswerten Vorrede zu dem „Schauplatz der Betrüger" (1687) der Ausdruck Gaudieb in der vollen Bedeutung des heutigen Gauner. Die späteren Anekdotensammlungen und Schelmenromane gebrauchen den Ausdruck Gaudieb fast durchgehends, bis er um die Mitte des vorigen

2) J.G. Schottelius, Ausführliche Arbeit von der Teutschen Haubt-Sprache, Braunschweig 1663. S. 462 und 1323. Münster (nicht Munster, wie A-L. immer schreibt) Cosmographie. Neue deutsche Ausg. von 1628, S. 607.
3) Grimm, Deutsche Rechtsaltertümer, I. Buch, V. Kap. S. 396.

Jahrhunderts außer Gebrauch zu kommen und dem viel geförderten Ausdruck Jauner zu weichen beginnt. Niemals ist jedoch das spezifisch niedersächsische adjektivische „gau" substantivisch zu Gauner verlängert und in die hochdeutsche Sprache aufgenommen worden. Im Niederdeutschen existiert auch jetzt immer nur noch gau als Adjektiv und Adverb. Die einzige niedersächsische Verlängerung ist Gauigkeit, Behendigkeit, Geschwindigkeit, und das einzige Kompositum bleibt Gaudeef, Gaudieb.[4]

Die natürlichste Ableitung des Wortes Gauner scheint die von Zigeuner oder Zigauner zu sein. Für die Annahme dieser bloßen Wortverkürzung spricht die prägnant hervortretende Tatsache, daß in der Anschauung des Volkes die Zigeuner seit ihrem ersten Auftreten in Deutschland immer als Typus aller Gaunerkunst angesehen wurden. Auch heutigen Tags gilt in den Augen des Volks fast jede noch so kleine umherziehende Truppe von Seiltänzern, Musikanten, Händlern, Kesselflickern usw. für nichts Geringeres als für Zigeuner. Sogar auch die heutigen Behörden kargen noch immer nicht mit dieser Bezeichnung. Als die Justiz zu Anfang des vorigen Jahrhunderts die Jauner zu verfolgen anfing und zahlreiche Jaunerlisten verbreitete, waren die Verfolgten eben dieselben Verbrecher, die in den Augen des Volkes für Zigeuner galten, aber nicht die eigentlichen Jedioner (Juner, Joner, Jauner), deren Wissenschaft teilweise wie die Chiromantie, Metoposkopie, Oniromantie usw. noch immer in Ansehen und Achtung blieb und sogar noch bis gegen die Mitte des achtzehnten Jahrhunderts auf deutschen Universitäten gelehrt wurde. Bei jener Verwechselung ging auch die wesentliche Unterscheidung zwischen Jauner und Gauner verloren, und wo der Unterschied gefühlt wurde, da machte sich wieder die Verwechselung des G mit dem J in der provinziellen Aussprache geltend, und die Schreibung Jauner blieb die herrschende.

Erst seit Grellmann[5] die Zigeuner als ethnographische Erscheinung auffaßte und als solche spezifisch aus dem Vagantenhaufen abschied und darstellte, findet man die Bezeichnung Gauner mit Bestimmtheit hervortreten, obschon Grellmann

4) Richey, Hamburger Idiotikon S. 71.
5) „Die Zigeuner". Ein histor. Versuch. Dessau und Leipzig 1783.

durchaus nichts zur etymologischen Aufklärung des Wortes Zigeuner getan hat. Indessen brachte er doch die vortreffliche Dissertation des Christian Thomasius (1622-1684) in Erinnerung[6], die in § 4 und 5 alle deutschen und lateinischen Benennungen der Zigeuner aufführt, nämlich: Zeugeuner, Ziegeiner, Ziegeuner, Ziegeyner, Zigauner, Zigeiner, Zigeuner, Zügeuner, Zygäner, Zygeinner, Zyginer, und Attingani, Ciani, Cigani, Cigari, Cingoli, Cingani, Cingari, Cygari, Sigari, Singani, Zingari, Zigareni, Zigeuni, Zigineri, Zingani, Zingari, Zygari, Zygaini und Zygeni.

Bei diesen schwankenden Bezeichnungen gewinnt die Darlegung des Thomasius an Wahrscheinlichkeit, daß das Wort Zigeuner, Ciani, Cigani, eine Korruption des lateinischen Aegitiani oder Aegyptiani ist. Thomasius weist dabei nach, daß die Zigeuner bei ihrem ersten Auftreten sich für Ägypter ausgegeben haben, und danach auch von den Niederländern, Franzosen, Spaniern und Griechen in einmütigem Sprachgebrauch als Ägypter bezeichnet sind. Thomasius weist ferner nach, wie leicht die spanische Verkürzung Gitanos und die lateinische Kürzung Ciani und Cigani aus dem Worte Aegitiani entstanden sein kann und folgert nun mit einer sarkastischen Bemerkung über die allerdings nicht abzuleugnende Meisterschaft der Deutschen in Zusammenziehung und Abkürzung der Eigennamen, daß auch das deutsche Wort Ziganer und Zigeuner usw. eine Verstümmelung des lateinischen Aegitiani ist, wobei er aber die seltsame Inkonsequenz begeht, daß er, mit Berufung auf Franz Ferd. de Cordova, *„Didascalia multipl.", cap. ult., p. 413*, die Entstehung des lateinischen Wortes Ciani oder Cigani erst aus dem deutschen Zigeuner, anstatt direkt aus dem lateinischen Aegitiani ableitet.

Die oben angeführten zahlreichen deutschen Varianten des Wortes Zigeuner, die man bei allen Schriftstellern der vier letzten Jahrhunderte findet, sind nur ein Beweis von der Leichtigkeit und Willkürlichkeit, mit der man die Eigennamen häufig bis zur Unkenntlichkeit ihres wahren Ursprungs verwandelt hat. Schon der oben angeführte Schottelius gibt lib. V, in einem eigenen Traktat, eine ausführliche Erklärung der deutschen Eigennamen, die nicht minder überraschend als verdienstlich und wertvoll ist.

6) *Dissertatio de Cingaris etc.*

Außer den angeführten Bezeichnungen hat die deutsche Sprache keine andern, die vollständig dem Begriff des Gauners entsprechen, obschon es eine Menge Ausdrücke für herumstreichendes, bettlerisches und verbrecherisches Gesindel gibt, z.B. starke Bettler (*validi mendicantes*, über die schon der heilige Ambrosius „*De off. minist.*", lib. II, c. 16, bittere Klage führt und der wackere Felix Hemmerlin in seinem trefflichen Schreiben, 1438, an Bischof Heinrich von Konstanz eifert), Landtfahrer, Alchbrüder (vom hebräischen halach הָלַךְ gehen, umhergehen), gardende Knechte, Gardenbrüder, Gardeschwestern, Gardegänger, (von Gvardie, Guardie, *custodia*), Landsknechte, Schnalzer, Störger, Partierer, Schnapphähne, Breger, Stabuler, Lossner, Klenckner, Dobisser, Kamesirer, Vagerer, Grantener, Dutzer, Schlepper, Zickissen, Schwanfelder, Vopper, Dallinger, Dutzbeterinnen, Sündfeger, Billträger, Jungfrawen, Mumsen, Sontzen, Kandirer, Veraner, Christianer, Seffer, Schweiger, Burckartbettler, Blattschirer usw., über die der *Liber Vagatorum* Auskunft gibt, und die alle in dieser oder jener Weise nach Luthers treffendem Ausdruck „falsche Bettelbüberey" treiben.

Der Gauner selbst legt sich jedoch, im Vollgefühl seiner sichern Menschenkenntnis, seiner bestehenden Kunstfertigkeit und seines verwegenen Mutes, den stolzen Namen des Chochem, Kochemer (vom hebräischen hacham חָכָם, oder vom griechischen σοφός kundig, geschickt, verständig, weise, listig, schlau, kenntnisvoll, tugendhaft) bei, und begnügt sich sogar auch im noch stolzern Bewußtsein seiner Kompetenz für diese übermütige Bezeichnung, mit der bloßen Andeutung des Anfangsbuchstabens von חָכָם, mit dem einfachen ח (chet) und nennt sich einen Chessen. Eine bloße deutsche Übersetzung von Chochem ist Kunde (kennen, kundig). Eine analoge Bezeichnung von Chochem ist das mehr adjektivisch gebrauchte Jenisch, von Jonen (Jedione) und Isch, Mann, also: Mann des Wissens, der Weisheit. Seinen ihm verbundenen Kameraden nennt der Kochemer seinen Chawer, Chäwer (*femininum chawresse*), im Deutschen: Gleicher, Genosse, nach neuerem Ausdruck Junge; die Gemeinsamkeit und Gesellschaft mit ihm Chawrusse. Die vertrauten Personen, bei denen er Zuflucht, Schutz und Anhalt hat, nennt er Platte, Leute, von polat, glatt, schlüpfrig sein, fliehen, entkommen, in Sicherheit bringen, wovon Pleto, Pleite, Flucht, plättern (blättern), fliehen usw. Eine Menge anderer Spezialausdrücke bezeichnen die vielen einzelnen Beziehungen und Tätigkeiten des Gauners, sie sollen an ihrem Orte erläutert werden.

Unter den zahlreichen Spott- und Spitznamen, mit denen der übermütige Gauner alle Nichtgauner, ganz besonders aber die verhaßten Polizei- und Gerichtsbehörden, meistens mit beißender Satire und treffendem Witze zu bezeichnen weiß, verdient hier nur der allergemeinste Ausdruck Erwähnung, mit dem der Gauner jeden Nichtgauner bezeichnet. Unter Wittscher, adjektivisch wittisch, wird zunächst allgemein der Gegensatz von Kochemer, der Nichtgauner bezeichnet, entsprechend dem burschikosen Philister, womit der Student jeden Nichtstudenten bezeichnet. Dann aber auch bedeutet wittisch speziell den linkischen Menschen und beschränkten Kopf, auch den unbrauchbaren, ungeschickten Gauner selbst, wovon Wittscher, Kaffer, Wittstock, Dummkopf, Wittscher Masser, ein dummer Gauner, dessen Verrath zu fürchten ist usw. Die Ableitung vom niederdeutschen witt, weiß, weise, klug, wovon z.B. „de witten Wyver", Hexen, Wahrsagerinnen[7], oder von dessen Derivatum wittig, witzig, verständig, wie z.B. im Hamburger Stadtrecht die zur Ratswahl zu berücksichtigenden klügsten Bürger „de wittigsten" genannt werden, scheint, wenn auch die Gaunersprache sich in ironischen Bezeichnungen überaus gefällt, doch gesucht. Die Ableitung vom hebräischen itter (אָסַר verschließen, beschränken, mit dem charakteristischen ר, Witter, der Verflossene, Gebundene, Beschränkte an Hand und Zunge), das ganz in das Jüdisch-Deutsche übergegangen ist, mit der Bedeutung eines Menschen, der sich nicht der rechten Hand bedient, sondern nur links oder linkisch ist, scheint mehr Natürlichkeit und Wahrscheinlichkeit zu haben. Das Nähere über die allgemeine technische Terminologie sehe man im dritten Abschnitt, Kap. 35.

7) Rickey, Hamburger Idiotikon, S. 343. So sagt der gemeine Mann von einem Kranken, den er für verhext hält, „de witten Wyver heft em under" (die Hexen haben ihn nieder, plagen ihn).

DRITTES KAPITEL

C. Die Elemente des deutschen Gaunertums

Das Gaunertum ist aus dem Bettlertum entstanden. Das alte Heidentum kannte das eigentliche Bettlertum nicht, weil es die Sklaverei hatte, und somit in der sozialen Abschichtung des Heidentums es nur Herren oder Sklaven gab, für welche letztere die erstern sorgten. Erst infolge der Sklavenemanzipation ist überhaupt die Mittellosigkeit entstanden, und in dem Verhältnis, wie jene sich mehrte, vergrößerte sich auch diese.[1] Das Christentum, das die heidnische Sklaverei verwarf, vermehrte das Bettlertum, je bestimmter es der Sklaverei entgegentrat und aus versorgten Sklaven freie besitzlose Menschen machte. Trefflich sagt Granier de Cassagnac[2]: „*Le paupérisme ne s'est introduit que par suite de l'émancipation des esclaves et tout concourt à établir positivement que cette émancipation a été fort récente. On trouve bien dans les poëtes primitifs, comme Moïse, Homère, Hésiode, qu'il est fait mention de pauvres; mais ils sont encore peu nombreux à ces époques recolées. En effet, tant que l'esclavage a existé, soit chez les anciens, soit chez les modernes, la mendicité n'a pas pu faire de grands progrés, parceque chacun se trouvant ou maitre ou esclave, s'il se trouvait esclave, son maître pourvoyait naturellement à tous ses besoins durant sa vie.*"

Überblickt man nun die Geschichte des Gaunertums, die einen Zeitraum von mehr als tausend Jahren umfaßt, so stellt sich ein wirres, wüstes Getriebe dar, dessen Analyse und Verständnis man nur dann erreichen kann, wenn man die einzelnen Erscheinungen mit den gleichzeitigen Erscheinungen auf dem Gebiete des politischen, kirchlichen, rechtlichen und sozialen Lebens verbindet. Überall findet sich aber in der erstaunlichen, beweglichen Vagantenmasse eine starke Vermischung aller trüben Elemente durcheinander, und unter diesen treten zwei Typen, die jüdischen und zigeunerischen, sehr bemerkbar hervor. Man darf aber diese Typen nicht mit dem persönlichen Bestand verwechseln. Die Juden und Zigeuner sind nur einzel-

1) D.H.W. Bensen, Die Proletarier, Stuttgart 1847, § 8, S. 133 f.
2) *Histoire des classes ouvrières et des classes bourgeoises*. Brüssel 1838, S. 297

ne Zutaten zum Gaunertum, die zwar durch den farbigen Typus der äußeren Erscheinung sehr leicht erkennbar, immer jedoch nicht der vorwiegende Teil jener Masse sind, obschon in jener wunderlichen Komposition der Gaunersprache ganz besonders das jüdische und, jedoch bei weitem weniger, das zigeunerische Sprachidiom auffallend hervortritt, während doch die Gaunersprache lediglich die deutsche Sprache ist mit deutschen Flexionen und mit bei weitem mehr deutschen Wörtern und Redensarten aus allen Provinzen, als mit hebräischen und zigeunerischen Ausdrucksformen. Dies nur scheinbare Übergewicht des jüdischen und zigeunerischen Wesens und sprachlichen Ausdrucks erklärt sich aus der Stabilität der historisch gegebenen markierten Erscheinung.

Die Juden hatten sich schon sehr lange überall in Deutschland festgesetzt. Sie traten überall in ihrer ganzen Eigentümlichkeit auf, ohne sich in größeren nationalen Gruppen zusammenzutun und somit als große Masse gefährlich zu erscheinen, während die im fünfzehnten Jahrhundert auftretenden Zigeuner, als in jeder Hinsicht sofort erkennbar gruppierte Vagantenmasse, schon bald nach ihrem Auftreten verfolgt wurden, und endlich nach den besonders von Maria Theresia gemachten Versuchen, die „Menschen- und Aas fressenden Zigeuner zu kultivieren"[3], nach und nach so weit als Vagantenmasse beseitigt worden sind, daß jetzt jedes Hervortreten einer Gruppe oder auch schon einer einzelnen Individualität sofort bemerkbar und bei dem heutigen Wesen und Wirken der deutschen Polizei als neu auftauchende fremdartige Erscheinung erkannt und entfernt wird. Die Erscheinung beider Elemente wurde aber, sobald im Mittelalter das Gaunertum sich zur gewerblichen Zunft zusammenzutun anfing, mit Leichtigkeit zum Deckmantel aller verworfenen Elemente benutzt, und daher gewann die Farbigkeit jener exotischen Eigentümlichkeiten nur noch mehr an Konsistenz. Gewichtige Augenzeugen, wie Delrio[4] und Münster („Kosmographie", S. 603) erzählen auffallende Wahrnehmungen von der frühen und starken Vermischung heimischer Elemente mit jenen fremdartigen, und die spätere Geschichte des Gaunertums weist in einer Unzahl von Fällen nach, daß bei al-

3) Grellmann, S. 143 f.
4) *„Disquis mag.", lib. 4, c. 3, qu. 5.*

ler erstaunlichen Fügsamkeit der jüdischen Nation, der Jude zu nichts weniger geneigt und befähigt ist, als seine jüdische Eigentümlichkeit, Sprache und Sitte abzulegen, während die mit Juden verbundenen Christen und Zigeuner, namentlich die Christen, ihre Eigentümlichkeit, Sprache und Sitte sehr leicht der Gelegenheit und den Umständen zum Opfer brachten und bei dem Aufhören des Zwangs weit lieber sich zu den stabilen jüdischen Typen hinwandten, als zu ihrer christlichen Eigentümlichkeit. So führt Rebmann („Damian Hessel und seine Raubgenossen", S. 106) an, daß der katholische und sogar zum Prieserstand bestimmt gewesene Hessel, nach Verkündigung seines Todesurteils einen Rabbiner verlangte, um als Jude zu sterben, und (S. 119) daß sein Genosse Streitmatter, der gleich ihm als Jude gelebt und gereist hatte, seinen, freilich mit einer jüdischen Beischläferin erzeugten, Sohn beschneiden ließ. Nicht minder merkwürdig ist die Mitteilung bei Thiele, daß in der großen Berliner Gauneruntersuchung die christlichen Gauner während ihrer Haft um Erlaubnis nachsuchten, die Religionsübungen der Juden mitmachen zu dürfen.

Die historisch nachgewiesene Existenz von Gaunerbanden, die der Zahl nach überwiegend oder sogar ganz aus Juden sich zusammengefunden und gruppiert hatten, beweist nur, daß auch verbrecherische Juden sich zusammengetan und gruppiert hatten, und das umso eher und leichter, je zahlreicher und gedrängter die Juden in einem Orte zusammenlebten. Denkt man an die ungeheuere Unterdrückung und Verfolgung der Juden namentlich im Mittelalter, wo der Priester Gottschalck und der Graf von Leiningen zur Zeit des Eremiten Peter wahre Kreuzzüge wider die Juden auf deutschem Grund und Boden unternahmen, so begreift man, daß das materielle und sittliche Element der Juden gleich groß werden und in den scheu zusammengedrängten mutlosen Gruppen den bittersten, heimlichen Haß gegen die Unterdrücker erwecken mußte. Als im Jahre 1790 von Mersen her die meistens aus Juden bestehende Bande des Franz Bosbeck hervorbrach und sich am Rhein einen so furchbaren Namen erwarb, hatte diese Bande schon eine Geschichte von mehr als hundert Jahren, die so mystisch ist, daß nur hier und da ein Lichtstrahl, und daß der frühe Volksglaube jenes geheime Walten in Mersen für Zauberwesen hielt und seine dunkeln Figuren, gleich den Hexen und Zauberern, mit dem Namen „Bocksreuter" bezeichnete. Nicht nur findet man in Mersen den sichern Zufluchtsort der aus Deutschland gescheuchten jüdischen Gauner und das hundertjährige Depot massenhafter Diebsbeute, sondern man erkennt hier auch die hohe Schule, in der gleichzeitig die französischen und deutschen Gaunerkoryphäen um das Ende des siebzehnten Jahrhunderts herangebildet wurden. Ebensowenig darf es überraschen, daß Thiele (I, 51) unter den hundertsiebenundneunzig in Berlin zur Untersuchung gezogenen Gaunern nur neunzehn Christen anführt, wenn man die Zusammensetzung der Bevölkerung in den Ortschaften berücksichtigt, aus denen die Bandegenossen stammten, die zum Arrest und zur Untersuchung nach Berlin gebracht wurden.

Um nun die verschiedenen Elemente und die Entwicklung des deutschen Gaunertums richtig auffassen zu können, bedarf es einer kurzen Skizze über das erste Auftreten der Juden und der Zigeuner in Deutschland.

VIERTES KAPITEL

Erstes Auftreten der Juden in Deutschland

Der Verkehr der Juden in Deutschland ist schon sehr alt. Thiel [1] erwähnt des Auftretens der Juden in Deutschland sogar schon vor Christus und fügt hinzu: „*Lazius lib. de migratione gentium narrat: Extare Viennae antiquissimas inscriptiones Hebraico sermone aeneis tabulis ac lapidibus insculptas, 120 annos ante Christ. nat. originem protrahentes.*" Er bezieht sich dazu auf Beck „*De juribus Judaeorum*", cap. I, § 2, und auf Ludewig in dessen „Erläuterung der güldenen Bulle" (lit. 9 § 2, lit. bb), II 847 f. Letzterer geht an dieser Stelle aber wieder auf Wolfgang Lazius zurück, und behauptet, daß jene Inschriften zu Gumpendorf bei Wien gefunden sein sollen, die sogar zweihundert Jahre nach dem Auszuge aus Ägypten abgefaßt sein könnten (!) und die von Abermann in seinen „*notis ad hist.*

1) *Principia jurisprudentiae judaicae per Germaniam communis*, Halle 1790, § 3 und Note.

Vien. Lazzi", *lib. I, c. I*, ins Deutsche übersetzt sein sollen. Auch spricht er von vorchristlichen in hebräischer Sprache abgefaßten Grabschriften zu Augsburg. Ebenso erwähnt er des bei der Judenverfolgung in Ulm 1348 gefundenen Briefes der Juden zu Palästina an die deutschen Juden über die kurz vor Abfassung des Briefes geschehene Kreuzigung Christi, dessen Echtheit natürlich sehr stark zu bezweifeln ist. Gleich schwach ist die mutmaßende Exgese des ετεραις γλωοοαις, Apostelgesch. 2, 4, daß die Apostel am Pfingsttage auch europäische Sprachen (Deutsch) geredet hätten usw. Wichtig für die Einbürgerung der Juden im Abendland ist die Stelle aus des portugiesischen Rabbi Isaak Abarbanel (1437 bis 1508) *„Comment"*. *ad II. Reg. fol. 308 col 2*, wo von den Juden geredet wird, die nach Zerstörung des ersten Tempels durch die Assyrer nach Spanien gekommen sein sollen. Es heißt weiter: *„Hi templo secundo condito noluerunt redire Hierosolymam. Dixerunt enim, quod ista liberatio nondum esset plena. Neque enim in templo esse arcana foederis domini, non prophetas, non alias res sanctas. Nec dubium est, sic de Judaeis post desolationem primi templi multos venisse in Galliam, Angliam et Germaniam, quamvis etiam post secundi templi exicidium multi venerint in regiones occidentis. Quos Romani e Palaestina eduxerunt destribueruntque in provincias imperii Romani plagae occidentis."*

So einseitig und unsicher diese Nachweise sind, so bestimmt ist doch von anderer Seite erwiesen, daß die Juden schon in den ersten Jahrhunderten nach Christo im Abendland sehr tätige Kaufleute waren, und namentlich einen starken Handel mit Sklaven dahin trieben, die sie in Afrika und Spanien aufkauften. Merkwürdig in dieser Beziehung sind die Bestimmungen der Gallikanischen Provinzialkonzilien. Schon das dritte *Concilium Aurelianense (538), c. 13*, verbietet in Bezug auf christliche Sklaven der Juden: *„si ad ecclesiam iterato confugerint, nullatenus a sacerdote reddantur, nisi pretium offeratur ac detur, quod mancipia valere pronuntiaverit justa taxatio"*. Aber noch bemerkenswerter ist die unmittelbar folgende Stelle: *„Christianis quoque omnibus interdicimus, ne Judaeorum conjugiis misceantur quod si fecerint, usque ad sequestrationem, quisquis ille est, communione pellatur. Item Christianis convivia interdicimus Judaeorum, in quibus si fortasse probantur,*

*annali excommunicationi pro hujusmodi contumacia subjace-
bunt."* Das erste *Concilium Matisconense, cap.* 15, wiederholt
dies Verbot, und bedroht die Übertreter mit Ausschließung
von aller christlichen Gemeinschaft. Die *Leges Visigothorum
L. 17, lib.* 12 bedrohen die *Christianos „judaizantes"* mit den
schwersten Strafen und mit dem Tode. Jene Bestimmungen des
dritten *Conc. Aurel.* werden in Kap. 30 des vierten ausdrücklich
bestätigt, wozu noch Kap. 31 ausgesprochen wird, *„ut nulli
Judaeo liceat, advenam aut de Christianis natum circumcidere
vel sibi ancillam Christianam sociare (mulctetur ammissione
mancipiorum)".* Das erste *Concilium Matisconense (581) c.* 13
verbietet: *ne Judaei judices sint vel telonarii inter Christianos,*
und spricht Kap. 16 aus: *ut nullus Christianus Judaeo deinceps
serviat et ut mancipia que nunc sunt, redimantur.* Die *Leges
Visigothorum,* namentlich im zwölften Buch, dann die verschiedenen Kapitularien enthalten noch eine Menge Bestimmungen in Bezug auf die Juden und ihr religiöses und bürgerliches Treiben. Über diese Kapitularien wird später noch
gesprochen.

Man sieht aus diesen Vorschriften, wie tief und wie schon
seit langer Zeit die Juden in das Leben und Treiben der occiden-
talen Länder eingedrungen waren. Diese Einbürgerung erklärt
sich aber, neben der unverwüstlichen Betriebsamkeit und Regsamkeit des jüdischen Volks, aus der großen Begünstigung, die
den Juden in den ersten Jahrhunderten der christlichen Zeitrechnung von den römischen Kaisern zuteil wurde[2], wie das
aus *Cod. Theod. de Judaeis L.* 2-9, 13, 22, 24, deutlich hervorgeht, bis der orthodoxe christliche Eifer des *Arcadius (398)* in
Cod. de Judaeis et coelicolis, L. 8, I, 8, den Juden die bisherigen
Privilegien der Autonomie und der eigenen Zivilgerichtsbarkeit
nahm. Später beschränkte Justinian die Juden noch mehr[3] und
stellte sogar die Ehe zwischen Juden und Christen der Blut-
schande und dem Ehebruch gleich[4]. Dies war die Grundlage,
auf der die ganze christliche Geistlichkeit, trotz der anfängli-
chen eigennützigen Protektion der Juden von seiten einzelner
Päpste und auch der fränkischen Könige, die Verfolgung der

---

2) *Juvenal Sat. 14, 19.*
3) *L. 18 L. I Cod. cit.*
4) *L 6, Cod. cit.; Decret. Grat. cap. 28 quaest I, cap. 10-17.*

Juden begann, bis unter den Karolingern die Juden zu Kammerknechten gemacht wurden[5].

Die spätere Begeisterung der Kreuzzüge fachte die Abneigung gegen die Juden zum tötlichen Haß und zur unerhörtesten Verfolgung an[6], selbst bei späterer Duldsamkeit wurde das Judentum doch immer mit tiefster Verachtung behandelt.

Wenn die Reform guter Polizei zu Augsburg von 1530 (Tit 22, § 1) hinter den liederlichen Weibsbildern, dem Büttel, Nachrichter und Schinder auch noch den Juden ihre Kleidung bestimmt und ihnen befiehlt, ihren gelben Ring an Kragen und Kappe „öffentlich und unverborgen" zu tragen, so weiß man, daß jene Zeit sich noch nicht von der mittelalterlichen Barbarei frei gemacht hatte, deren plumpen Intrigen selbst hervorragende Juden zum Opfer fallen mußten, wie der Arzt Zedekias[7], der 877 Karl den Kahlen, und Frydank[8], der 1349 Günther von Schwarzburg vergiftet haben sollte[9]. Wenn aber über hundert Jahre später jene wütenden dogmatischen Angriffe, namentlich von Seiten lutherischer Gelehrter, wie z.B. Müller, Wagenseil, Eisenmenger, die weit mehr Haß als Kenntnis des jüdischen Wesens verraten, gegen das auf dem Gebiete nur mit dem zähesten passiven Widerstand gewaffnete Judentum unternommen wurden, wenn noch hundert Jahre später Joachim in seiner Übersetzung des Rocoles[10] noch solche „Betrachtungen über die Bosheit und zeitliche Strafe der jüdischen Nation" wiedergeben konnte, und wenn endlich das im achten Dezennium des achtzehnten Jahrhunderts erwachende philanphilanthropische Streben, die Lage der Juden in Deutschland zu verbessern, nichts anders als jene Literatur[11] hervorzubringen wußte, die

5) Schwabenspiegel Kap. 146, § 4. Sachsenspiegel Lib. 3, a. 7
6) Georg Liebe, das Judentum in der deutschen Vergangenheit, Leipzig 1903. Zu diesem ganzen Abschnitt. Dr. H. Grätz, volkstüml. Gesch. der Juden, Leipzig 1907. 2. Bd. 316 ff., 342 f., 347 ff., 380 ff., 411 f., 481 ff., 513 ff., 539 ff., 571 ff. M.B.
7) J.B. Rocoles, Gesch. merkwürdiger Betrüger, Halle 1761, II. 335.
8) Fugger, Österr. Ehrenspiegel, S. 322.
9) Rocoles, S. 335.
10) Rocoles II, 317 f.
11) C.W. Dohm, Über die bürgerliche Verbesserung der Juden, Berlin, Stettin 1781; D.G.G. Gmelin, Abhandlung von den besonderen Rechten der Juden in peinlichen Sachen, Tübingen 1785; G.G. von Zangen, Über die bürgerliche Verfassung und Verbesserung der Juden, Gießen 1788; G.H. von Berg, staatswissenschaftliche Versuche, II, 211 f., Abh. 5.

ungeachtet der klaren Darstellung des mit Moses Meldelssohn innig verbundenen Hirschel Lewin[12] das wahre Wesen des Judentums nicht gründlich auffaßte und daher die ernste politische Aufgabe ungelöst lassen mußte: dann begreift man, daß die von Thiel[13] mit Beziehung auf Cramer[14] gemachte Bemerkung: *„Sunt itaque Judaei quidem in civitate nun vero de civitate"*, weit mehr als ein bloßes bitteres Wortspiel ist, daß sie an eine bedeutsame Aufgabe mahnt, an deren bisher vergeblich versuchte Lösung sich nunmehr das Judentum selbst gemacht und dadurch, daß es selbst die früher so ausschließlich und farbig hervortretenden unlautern Elemente nach allen Kräften zu beseitigen strebt und mit Hilfe eines tüchtigen und achtungswerten Gelehrtenstandes überallhin eine humanistische und sittliche Durchbildung verbreitet, eine Reformation angebahnt hat, die nicht minder der christlichen Politik als dem Judentum zum Frommen gereichen wird.

FÜNFTES KAPITEL

Erstes Auftreten der Zigeuner in Deutschland

Die Nachrichten über das erste Auftreten der Zigeuner in Deutschland treffen ziemlich bestimmt zusammen. Den ältesten, freilich dürren Nachweis liefert der schon oben angeführte Andreas Presbyter, Augustinermönch im Kloster des heiligen Magnus zu Regensburg und Zeitgenosse des Kaisers Sigismund. Er führt in seiner „Bayrischen Chronik" an, daß die Zigeuner im Jahre 1433 nach Bayern gekommen seien. Ebenso sagt der Dominikanermönch Hermann Cornerus von Lübeck, Zeitgenosse des Andreas, in seinem *„Chronicon in Eccardi Corpus hist. med. aevi"*, II. 1225: *„Anno 1417 quaedam extranea et praevie non visa vagabundaque multitudo hominum de orientalibus partibus venit in Alemaniam, perambulans totam illam plagam usque ad regiones maritimas, – Secanos se nuncupantes."* Alb. Kranz (+ 1517) in seiner „Sächsischen Chro-

---

12) R. Hirschel Lewin, Ritualgesetze der Juden, Berlin 1778.
13) Prinzipien jurisprudentiae judaicae § 14.
14) Wetzlarsche Nebenstunden, z.T. Nr. 4, S. 95.

nik" *(L. XI. c. 2, p. 239)* spricht vom Auftreten der Zigeuner schon 1417 in den Gegenden an der Nordsee. Im Jahre 1417 sollen sie nach Münster überhaupt in Deutschland eingewandert, im Jahre 1418 nach Joh. Stumpf (+ 1558), „Schweitzer Chronik" *(lib. 8, c. 10, p. 425)*, und nach Johann Guler von Weinegen (Weineck) in dessen „Rhaetia oder Beschreibung von Graubündten" *(lib. 10, p. 156 b)* in der Schweiz aufgetreten, nach Brückner, „Versuch einer Beschreibung historischer und natürlicher Merkwürdigkeiten der Landschaft Basel" (Stück VIII. S. 853) im Jahre 1422 unter ihrem Herzog Michael von Ägypten nach Basel gekommen sein. Diese älteren und anderen Angaben sind mit der älteren Zigeunerliteratur kritisch beleuchtet von Thomasius in der schon angeführten *„Dissert. de Cinganis"* § 17 – 21; ebenso später von Grellmann, a.a.O.S. 155. Die älteste und ausführliche Nachricht gibt Seb. Münster (1489 – 1552) in seiner „Cosmographie" *(lib. 5, p. 603* der neuen deutschen Baseler Ausgabe von 1628), und Delrio (1551 – 1608) *„Disquis. magic."* lib. 4, c. 3, quaest. 5. Beide sind gerade in jener Zeit mit den Zigeunern persönlich in Berührung gekommen, wo die Zigeuner noch ziemlich ungestört ihr Wesen treiben durften. Es ist daher interessant, aus den gegebenen Darstellungen die Farbigkeit und penetrante Einbürgerung der Zigeuner an allen Orten, wohin sie gelangten, zu erkennen. Die bezügliche Stelle bei Münster lautet:

„Als man zahlt von Christi Geburt 1417 hat man zum ersten in Teutschland gesehen die Zygeuner, ein ongeschaffen, schwartz, wüst ond onflätig Volck, das sonderlich gern stielt, doch allermeist die Weiber, die also ihren Mannen zutragen. Sie haben onder ihnen ein Graffen ond etliche Ritter, die gar wol bekleydet, ond werden auch von jnen geert. Sie tragen bey jhnen etliche Brieff ond Siegel, vom Kayser Sigmund ond andern Fürsten gegeben, damit sie ein Gleyd ond freyen Zug haben durch die Länder ond Stätt. Sie geben auch für, daß jnen zur Buß auffgelegt sey, also ombher zu ziehen in Bilgerweiß, ond daß sie zum ersten auß klein Egypten kommen seyen. Aber es sind Fabeln. Man hat es wol erfahren, daß diß elend Volck erboren ist, in seinem ombschweiffen ziehen, es hat kein Vaterlandt, zeucht also müßig im Landt ombher, ernehret sich mit stelen, lebt wie ein Hund, ist kein Religion bey jhnen, ob sie schon jhre Kinder onder den Christen lassen tauffen. Sie leben ohne Sorg, ziehen von einem Landt in das ander, kommen ober etlich jahr herwider. Doch theilen sie sich in viel Schaaren, ond verwechßlen jre Zug in die Länder. Sie nehmen auch Mann ond Weib in allen Ländern, die sich zu jnen begern zu schlahen. Es ist ein seltzams ond wüst Volck, kan vil Spraache ond ist dem Bawersvolck gar beschwerlich. Wann die armen Dorffleut im feldt sind, durchsuchen sie jhre Häuser, ond nehmen was jhnen gefällt. Ihre alten Weiber ernehren sich mit Wahrsagen, ond dieweil sie den fragenden antwort geben, wie viel Kinder, Männer ond Weiber sie werden haben, greiffen sie mit wunderbarlicher Behendigkeit jhnen zum Seckel oder zu der Taschen, ond leeren sie, daß es die Person, deren solches begegnet, nicht gewahr wirdt.

„Es ist mir Munstero vor etlich vergangnen jahren bei Heydelberg begegnet, dz ich mit jnen zu Eberbach in ein Gespräch kam, ond von jhren Obersten zu wegen bracht, zu lesen einen Brieff, daß sie sich berühmbten, ond das war ein Vidimus, so sie von Keys. Sigmunden zu Lindaw hatten erlangt, in dem stund, wie jhre Vorfahren in klein Egypten etliche jahrlang vom Christl. Glauben weren abgefallen. Und als sie sich wiederum bekehrten, ward jnen zur Buß auffgesetzt, daß sie oder etliche von den jhren also 4 jahr solten im Elend ombherziehen ond Buß wircken, so lang sie im Onglauben waren gelegen. Aber nach Außweisung solches Brieffs, ist die Zeit jhres Ombherziehens vor viel jahren außgewesen, ond ober das schweiffen sie noch im Lande herumb, ond ernehren sich mit stehlen, liegen, triegen ond wahrsagen, daß sie nicht köndten in ihr Vatterland kommen, ob schon die Zeit der Buß vor langen hinüber. Ond da ich weiter sie rechtfertiget, es stünd im Brieff, daß sie solten Buß wircken, daß theten sie nicht, denn sie hetten mit Weibern zu schaffen, ond nehmen den Leuten das jhr, etc. Antworten sie: Sie hetten sonst nichts zu thun."

„Steph. Pasquier thut auß einem alten frantzösischen Buch nachfolgenden Bericht: Anno 1427 kamen solcher Zigeuner 12 gen Paris, der eine war ein Hertzog (wie sie fürgaben) ond der ander ein Graff, die obrigen 10 waren alle zu Pferd, gaben sich für gar gute Christen auß ond sagten, sie kommen auß Egypten, ond were nicht lang, daß sie von den Christen bezwungen worden, also daß jhr gantz Land jetzt zum Christen Glauben kommen. In solcher Bekehrung ließ man jhnen ein König ond Königin, mit dem Geding, daß sie in dem Christen Glauben steiff und vest bleiben sollen. Aber sie wurden von den Caracenen oberfallen, ond vom wahren Glauben verführt, welches als der Teutsche Keyser und König in Polen vernommen, hat er also bald die Abtrünnigen oberzogen, ond sie auß dem Land verschickt doch dß sie widerumb dareyn solten kommen, wenn sie von dñ Bapst zu Rom erlaubniß ond jres Abfalls halben verzeyhung haben wurden. Als sie nun samptlich gen Rom kommen, ond der Bapst jre Beicht angehört, hat er jnen zur Buß aufferlegt, daß sie 7 jahr an einander nach in der Welt herum in Armut ziehen, ond auff keinem Bett ligen sollten. Der Bapst ordnete auch dz jnen ein jeder Bischoff solte 10 Francken geben. Nun waren diese Zygeuner allbereit schon 5 jahr in d'Welt herum gezogen, eher sie gen Pariß kammen. Obgedachte 12 Zygeuner hatte bey sich in die 80 Weib ond Kind, ond sagten, es seyen jrer 1000 oder 1200 gewesen, weren also die obrigen, sampt dem König und der Königin onder wegen gestorben. Man wolt sie aber zu Pariß nicht eynlassen, sondern man losiert sie gen S. Denis. Hatten silberne Ring an jren Ohren hangen: waren von Leib ganz schwartz, hatten krause schwartze Haar, onflätige Angesicht, trugen an stat jhrer Kleyder ein alte Decke, ober den Achßlen zusammen gebunden: waren treffliche Zauberer, ond gaben für, sie kondten weissagen, damit sie denn auch groß Onglück erhebten, ond sagten: dein Weib hat dieses gethan, ond dein Mann hat jenes gethan; sie leerten den Leuten die Seckel mit onbegreifflicher Behendigkeit. Als solches der Bischoff von Pariß vernommen, hat er ein Prediger mit sich genommen, derselbe that zu S. Denis ein treffliche Predigt, ond excommuniciert alle diejenigen, die sich zu den Zygeunern gesellet, ond ihnen lassen wahr sagen: darnach wurden die Zygeuner vertrieben. Anno 1561 als die Ständ zu Orliens beysammen gewesen, war ein Mandat, an alle Amptleut, durch das gantze Königreich geschrieben, daß man solche Zygeuner innerhalb 2 Monat auß allen Provintzen schaffen, ond vertreiben solte, ond wo sie nicht weichen wurden, solte man sie an die Geleren schmiden oder sonsten am Leben straffen. Volaternus vermeynt, diese Leuth seyen erstlichen aus Persien kommen:

sonsten ist es gewiß, daß es ein verrucht, Zauberisch, Mörderisch ond Diebisch, verloffen Gesind, welchs in keinem Land zu dulden, sondern mit äußerstem Ernst zu vertreiben ist."

Mit gleicher Schärfe und Bitterkeit läßt sich Delrio, a.a.O., über die Zigeuner aus, die er eine *Colluvies* nennt, die ganz Europa durchziehe. Er bestätigt nicht nur das von ihm angeführte Urteil Münsters als vollkommen richtig, sondern bricht auch in lauten Unwillen gegen die Nachsicht des Fürsten aus, die das Gesindel dulden. Über die Fertigkeit der Zigeuner in der Taschendieberei läßt er sich dann wörtlich aus wie Münster, und zitiert nun den Aventinus (eigentlich Thurnmayr von Abensperg, 1466 – 1534) in dessen *„Annales Bojorum", lib. 7, fol. 826*, der die Zigeuner „lauter Buben, ein zusammengeklaubtes Rott aus der Grenz Ongern und der Türkey" nennt, die alle Gegenden durchziehen, von Diebstahl, Raub und Wahrsagerei allenthalben ungestraft ihr Leben fristen, aus Ägypten stammen und deswegen von dort gezogen sein wollen, weil ihre Vorfahren die heilige Mutter Gottes mit dem Jesuskind auf der Flucht nach Ägypten aufzunehmen sich geweigert hätten, was nun die Zigeuner durch ein siebenjähriges Exil sühnen sollten. Weiterhin erzählt Delrio, daß er im Jahre 1584 in Spanien eine Zigeunerhorde getroffen habe, unter der sich sogar viele Spanier befunden hätten. Einer ihrer Anführer habe des Kastilianische wie ein geborener Toledaner gesprochen, und sei in ganz auffallender Weise über alle örtlichen und politischen Verhältnisse in Spanien auf das genaueste unterrichtet gewesen. Delrio schließt mit einem Lobruf auf Kaiser Karl V., daß er, in Tit. 26 der „Reform guter Polizei zu Augsburg" 1548 diese *feces* und *errones* aus Deutschland ausgewiesen habe, obgleich in der „Reform" von Zigeunern nirgend die Rede ist, sondern nur von Bettlern und Vaganten aller Art.

Wie wenig aber die „Reform" auf die Dauer auszurichten vermochte, zeigte sich schon nach wenigen Jahrzehnten. So heißt es vom Jahre 1591 von Baden, daß zu „all dem anderartigen losem, diebischen und mörderischem Gesindel" sich zum Schrecken der Bauern die Zigeuner gesellt haben, indem sie nicht selten in größerer Anzahl, beritten oder auch zu Fuß und stark bewehrt, rottenweise in die Dörfer fielen, durch Brand und Einbruch viel Schaden anrichteten oder die Leute auf freiem Felde gewaltsam niederwarfen, auszogen und beraubten.[1]

Noch eine interessante Schrift, die das Wesen und Treiben der Zigeuner in späterer Zeit richtig aufgefaßt hat, sind die „Zwey nützliche Tractätlein. Das Erste: Wunderliche und wahrhaffte Beschreibung der Cinganen oder Zigeuner, so man an etlichen Orten, aber unrecht Tatern oder Tartern nennt, deren Ursprung, Herkommen, Leben und Wandel, Vermehr- und Fortpflanzung biß hierher. Das Andere: Von den rechten natürlichen Tartern, welche ihren Ursprung von den alten Völkern der Scyten haben, deroselben alten und newen Sitten, Religion und Glauben, Regiment, Reichthumb und Vermögen an Viehe und Gütern, und wie übel sie Anno 1663 in Mähren und benachbarten Orten Tyrannisiret. Zum Teil aus glaubwürdigen Schrifften, auch etliches aus eigener Erfahrung zusammengetragen, und in Druck gegeben von C.B.L.M.V.R." 1664, auf der herzoglichen Bibliothek zu Wolfenbüttel. Sehr klar unterscheidet der Verfasser, wie auch schon der Titel zeigt, das unter dem Namen der Zigeuner in Deutschland umherziehende gemischte Gesindel von ähnlichen oder verwandten asiatischen Völkerschaften „Scythen oder rechten Tartarn" und sagt über die deutschen Zigeuner seiner Zeit (Bl. 3 a): „Belangende man die Tartern oder Zigeuner, so noch heutiges Tages in den Ländern umbziehen, ist solches nicht mehr von den alten Egyptern oder Zingaren aus Nubia, sondern allerley faul hudelmans Gesinde, so zwar von den vorigen seinen Anfang genommen, und da jene in Abgang kommen, diß Gesindlein sich immer propagirt, fortgepflanzt und vermehret, welche Vermehrung geschicht uff zweyerley Weise. Erstlich, daß sie untereinander in großer Unzucht leben, und dadurch viel Kinder zeigen; Zum andern, daß sich allerley loses faules Gesindlein, so wol Mannes- als Weibes-Personen zu ihnen schlagen, so entweder Land-reumig, Vogelfrey oder mit der faulen Sucht beladen sind und nicht arbeiten wollen. Damals hat solch loß Gesindlein unter dem Zigeunern Hauffen ein jeglicher seine Muttersprache, nach der Landes Art reden können, und sind faule Buben und Bübin,

---

1) J. Bader, Geschichte der Stadt Freiburg i.B. Freiburg 1882 – 83. II. 88. Joh. Janssen, Geschichte des deutschen Volkes. 8. B. 13. Aufl. Freiburg 1903. S. 371.

Zauberer, Wahrsager, beyde Mannes und Weibes-Personen, da mancher einen Todtschlag begangen, und daher Landreumig worden, oder etwa aus dem Gefängniß gebrochen, und es dergestalt gemachet, daß er sich in seiner Heimat nicht dürffen sehen lassen, und sich umb Sicherheit und Lebens-Fristung unter diesen faulen Hauffen geschlagen. Oder auch wol darumb, daß er nicht arbeiten, sondern sich lieber mit Müßiggang, Rauben und stehlen nehren, und sein Leben in aller Leichtfertigkeit und Gottlosigkeit ohne große Mühe und Arbeit hinbringen wollen."[2] Ferner erwähnt der Verfasser, daß die Woywoden in Siebenbürgen 1514 diese Zigeuner zum Kriege verwandt und Kolonisationsversuche mit ihnen angestellt hätten. Auch erzählt er, daß sie von *Condé* vor Poitiers als Soldaten gebraucht seien. Er will selbst während des Dreißigjährigen Krieges Zigeuner bei den Schweden im Pfulschen Regiment gesehen haben, wo sie vorzüglich zum Spionieren, „Wahrsagen, Zauberey, schwartzen Kunst und ander Gaukelwerck, so sie ohne schew treiben, auch zum theil darinnen sehr erfahren seyn", verwandt worden seien. Von der Sprache sagt er: „Ihre Sprache ist nicht die Rothe oder Rothwelsche Sprache, die sonst deutsch, und nur zerbrochene *terminos* hat, auch nit die Wendische, die man ans Türkischen Keysers Hofe braucht und die Tatern war auch können, sondern es ist die alte Egyptische oder Nubianische Sprache, die sie von den erstern Zigeunern oder Cingaren gelernt, welche doch ohne Zweifel sehr zerrüttet, und der uhralten Nubianischen Sprache nit mehr gantz ehnlich, denn wie die Erfahrung täglich weiset, daß es auch in andern Sprachen geschicht, daß sie durch einmischung fremdder Wörter, manchmal fast gar unkendlich gemacht wird, wie auch unser deutschen Muttersprache, sonderlich in den langwirigen Krieges Wesen widerfahren, indeme man in so langen Jahren, auch so mancherlei Völcker im Lande gehabt, und von ihnen so vilerley Sprache gehöret." Endlich erzählt er von einer auf mehr als 200 Köpfe sich belaufenden Zigeunerbande, die 1663 in Thüringen in vielen kleinen Haufen durchzogen und ausgekundschaftet hatte. Das zweite Tractätlein gibt eine in sieben Kapitel geteilte ethnographische Schilderung der „mit den Tür-

---

2) Ähnlich J.B. Weißenbruch, „Ausführliche Relation von der famosen Zigeuner-, Diebs- Mord- und Räuberbande", Marburg und Gießen 1727.

ken verbundenen, von den Scythen stammenden Tartarn", die allerdings viel zu wünschen übrig läßt. Im letzten Kapitel wird eine Reihe entsetzlicher Räubereien und Mordtaten verschiedener in Mähren hausender Banden erzählt, und zum Schlusse wird die ungeheuerliche Personenbeschreibung eines in der Festung Derin-Waar gefangen liegenden Tartaren gegeben.

Bezeichnend sind noch die Grabschriften, die Thomasius, § 31, aus dem oben zitierten Crusius erwähnt; nämlich S. 384: Zu Steinbach im *Coenobiolum:* „Als man zahlt nach Christus, unseres Seligmachers Geburth 1445 auff St. Sebastiansabend ist gestorben der Hochgeborene Herr Panuel Hertzog in klein Aegypten, und Herr zum Hirschhorn desselben Landes." Ferner S. 401: *„Anno Dom. MCCCCLIII obiit nobilis Comes Petrus de minori Clypeo (Aegypto) in die Philippi et Jacobi apostolorum."* Endlich S. 510 zu Pfortza: „Anno 1498 auf Montag nach Urbani starb der wolgeborne Herr Johann, Frey-Graff aus kleinern Egypten: deß Seel Gott gnedig und barmherzig wöll sein."

Wenn nun gleich die Angaben der ältesten Zigeunerschriftsteller über das erste Auftreten der Zigeuner in Deutschland hiernach einigermaßen voneinander abweichen, so stimmen doch alle darin überein, daß die Zigeuner unter der sechsundzwanzigjährigen Regierung des Kaisers Sigismund zuerst in Deutschland aufgetreten sind und sich rasch über das ganze Land verbreitet haben.

Eine weitere eingehende Berücksichtigung des Zigeunerwesens liegt außerhalb der Grenzen dieses Werks.

Wenn auch die Zigeuner dem berufsmäßigen Verbrechen sogar den Namen verliehen haben, wenn gerade sie bei ihrem ersten Auftreten in der ganzen Eigentümlichkeit und Farbigkeit ihres besondern Wesens den scharfen Typus des verbrecherischen Vagantentums abgaben, wenn sie auch mit ihrer eigentümlichen Schlauheit und Kunstfertigkeit eine Unzahl kecker und verwegener Untaten zu begehen wußten und ein Gewerbe aus dem Verbrechen machten, wenn auch manche Kunstausdrücke aus ihrer Sprache von dem Gaunertum übernommen worden sind, so ist das Zigeunerwesen doch niemals auch nur entfernt in das bürgerliche Verkehrsleben so tief eingedrungen, wie das christliche und jüdische Gaunertum dies vermocht hat. Von Anbeginn an sind die Zigeuner mißtrauisch behandelt und immer verfolgt worden. Sie wurden stets in scheue Einzelgruppen zusammengepreßt und von einem Ort zum andern gedrängt. In wie großer Zahl sie auch anfangs aufgetreten sein mögen, sie sind kaum jemals ein Volk gewesen; sie haben daher auch keine Kultur- und Volksgeschichte. Wer daher ihre Geschichte schreibt, kann, wenn er nicht Geschichte macht, nur die Geschichte einzelner Gruppen geben, die allerdings einen reichen Schatz eigentümlicher Familienbegebenheiten voll buntschimmernden romantischen Lebens und Glanzes enthält.

So erscheinen die Zigeuner zu allen Zeiten als einzelne Zutaten zum Gaunertum, ohne daß sie jedoch dem gesamten Gaunertum jemals eine besondere Richtung und Form hätten geben können. Treffend zeichnet W. H. Riehl den Zigeuner, wenn er in seiner „Naturgeschichte des Volkes", Bd. 3: „Die Familie", S. 134, sagt: „So fest die Familie sein (des Zigeuners) Volk zusammenhält, so zerbröckelt ihm ihr Absolutismus doch wieder den historischen Begriff des Volks in der Erinnerung an lauter einzelne Familien. Der Zigeuner rettet Einzelzüge aus seiner Familienüberlieferung oft mit wunderbarem historischen Instinkt; aber er kann es nicht einmal andeuten, wann sein Volk nach Spanien, nach Europa gekommen ist. Er weiß nicht woher er kommt und wohin er geht. So vernichtet das Übermaß der Familienhaftigkeit den historischen Geist nicht minder, wie auf den kahlen Höhen der Zivilisation die Verleugnung der Familie denselben auslöscht. Wie könnte der Zigeuner auch eine Geschichte seines Volkes haben, da eine Geschichte der andern Völker so wenig für ihn existiert, als für uns eine Geschichte der Hunde? Erst indem ein Volk sich an andere Völker reibt, indem er sein Wesen mit dem bisherigen vergleicht und mißt, wird es sich auch seiner eigenen Volkspersönlichkeit historisch bewußt. Eine Familien- und Stammestradition, die sich bloß in sich selbst versenkt, kann niemals zu einer Volksgeschichte werden."

Im Übrigen vergleiche man das treffliche Werk: „Die Zigeuner in Europa und Asien. Ethnographisch-linguistische Untersuchung vornehmlich ihrer Herkunft und Sprache, nach gedruckten und ungedruckten Quellen", von Dr. A. F. Pott, ord. Prof. der allgemeinen Sprachwissenschaft an der königl. preuß.

Universität Halle-Wittenberg (2 Teile, 1844 und 1845). Es ist das gediegenste und gründlichste, was je über das Volk der Zigeuner erschienen ist, und eine reiche Fundgrube schätzbarer linguistischer Bemerkungen, besonders auch in Hinsicht auf Gaunersprachen, über die der Verfasser (II, 1 – 43), freilich nur in Andeutungen, viel Geistvolles und Treffendes sagt. In linguistischer Hinsicht ist jedoch auch sein Vorgänger Graffunder. (Über die Sprache der Zigeuner; eine grammatische Skizze [Erfurt 1835]) von großer Bedeutung. Die Literatur ist bis Münster, Delrio und die „Zwei Tractätlein", bei Pott, I, 1 – 26, erschöpfend zusammengestellt.

SECHSTES KAPITEL

Entwicklung des deutschen Bettler- und Gaunertums
I. Das deutsche Heidentum

Das deutsche Heidentum kannte persönliche Unfreiheit. Aber diese Unfreiheit, die keineswegs den Namen Sklaverei verdient, war eine von der römischen Sklaverei ganz unterschiedene[1] bloße Knechtschaft oder Dienstbarkeit, als deren wesentlichste Eigentümlichkeit bei allen verschiedenen Formen der Dienstbarkeit gerade die Fürsorge für die leiblichen Bedürfnisse und für das Auskommen des Knechtes und seiner Familie durch Einweisung in ein beschränktes Kolonnenbesitztum und durch Beschäftigung als Handwerker hervortritt. Selbst dem im Kriege besiegten und unterjochten Feinde wurde der Grundbesitz nicht ganz genommen, sondern man zwang ihn, nur einen Teil seines Landes herzugeben, oder ließ die Besiegten sogar im ganzen Besitz und machte sie nur zinspflichtig[2]. Der Knecht war gewissermaßen durch den Grund und Boden, den er für den Herrn und für sich selbst zu bearbeiten hatte, Eigentum seines Herrn, sodaß er mit und auf diesem Grund und Boden in das Eigentum eines anderen Grundbesitzers überging. Als Unfreier und Waffenunfähiger hatte der Knecht keinen Anteil an

1) *Tacitus Germania. Kap. 25.*
2) Eichhorn. Deutsche Rechtsgeschichte, 2. Aufl. § 15. *Tacitus Germania; Caesar de bello gall. lib. 1. Kap. 31. 32. 36.* Grimm Rechtsaltert. S. 300.

der Genossenschaft der Volksgemeine, die allein frei und rechtsfähig machte[3], und hatte auch für sich kein Wehrgeld und keine Buße. Diese Merkmale unterscheiden die deutsche Knechtschaft wesentlich von der römischen Sklaverei, in welcher der Sklave unmittelbares Eigentum, veräußerliche Sache war. Bezeichnend ist noch für den milderen Charakter der deutschen Knechtschaft, daß sie nicht allein unfreiwillig, durch Unterjochung, Strafe und Geburt, sondern auch freiwillig durch Niederlassung unter Unfreien, durch Ergebung und durch Heirat entstehen konnte, und auf diese Weise häufig gewählt wurde.[4]

Bei der Abgeschlossenheit und Solidarität des durch die Knechtschaft keineswegs beeinträchtigten Familienlebens in den deutschen Gauen, war die Aufnahme des Fremden, der als Gast oder herkommender Mann in das Land trat, trotz der zu strenger Pflicht gemachten Gastfreundschaft eigentümlich. Die *lex. Burg. 38. I.* bestrafte den, der die Aufnahme des Fremden verweigerte, mit drei Solidi. Der Fremde konnte, weil er sich nicht in der Rechtsgenossenschaft der Mark und Landschaft befand, in die er kam, im Grunde keinen Anspruch auf Schutz und Frieden machen[5]. In einzelnen Landstrichen gerieten die Fremden in Unfreiheit, wenn sie sich über Jahr und Tag aufhielten[6]. Doch scheinen hier gerade in Rücksicht auf die öffentliche Ordnung und Sicherheit, Unterschiede gemacht worden zu sein. Einmal hatte doch der Fremde zu Befugnis, sobald er gegen einen Gaubewohner eine Klage hatte, sofortiges Recht, „Gastgericht, Notgericht", zu fordern, damit er nicht in seiner Tageweide aufgehalten wurde[7]. Ferner hatte er, wenn er seine Reise offen und frei fortsetzte, im Walde ein Horn blies, um nicht für einen Dieb angesehen zu werden, und sich auf dem gebahnten Wege hielt, das Recht, ungestraft Nahrung für sich und sein ermüdetes Pferd unterwegs zu nehmen, sobald er keine menschlichen Wohnungen erreichen konnte. Arme eingewanderte Fremde aber, die durch Not oder Verbannung aus

3) Eichhorn § 14.
4) Grimm, *R.A. S. 397.*
5) Grimm, *R.A. S. 399.*
6) Grimm, *R.A. S. 402.*
7) Grimm, *R. Alt. S. 400 F.*

der Heimat getrieben waren, umherstreiften oder um Schutz nachsuchten (Gargangi, Wargangi, Warengangi) mußten unter den Schutz der Landesgesetze treten[8]. Grimm in seinen Rechtsaltertümern S. 399, ist der Ansicht, daß schon im Altertum[9] das Wildfangsrecht gegolten hat.

Man sieht, wie einfach und fest die ganze Gruppierung in Haus und Gau war, und wie wenig ein lockeres bewegliches Vagantenleben bei dieser Solidität der festgeschlossenen Vereinigung aufkommen konnte. Dieser Zustand hat sich denn auch in seiner einfachen Kraft und Fülle sehr lange unverändert erhalten. Von seiner intensiven Gewalt ist ein redendes Zeugnis, daß trotz der ungeheuern Völkerbewegung des fünften Jahrhunderts die Franken, Alemannen, Thüringer, Sachsen und Friesen beständig in denselben Gauen ihren Sitz behaupten konnten, in denen sie bei ihrem ersten Bekanntwerden angetroffen wurden, während in die von Vandalen, Burgundern, und andern deutschen Stämmen an der Ostsee und dem rechten Elbufer verlassenen Länderstrecken andere wendische und slawische Völker einwanderten. Erst später wurden die Alemannen (496), die Thüringer (530), die Bojovaren (788) und die Sachsen (803) von den Franken unterworfen. Ebenso bemerkenswert ist in den von Germanen eingenommenen römischen Provinzen die Sieghaftigkeit des germanischen Wesens über das Römertum, wenn auch in der allmählichen Verschmelzung beider ein neues Staatsleben, mit dem Königtum und Lehnswesen als Grundlage, entstand.

SIEBENTES KAPITEL

2. Das Bettler- und Gaunertum seit Einführung des Christentums in Deutschland

Keine politische Veränderung berührte das eigentümliche germanische Leben so tief, wie der allmähliche Eingang der christlichen Lehre dies vermochte, die aus Griechenland und Italien

8) Rotharis legg. 390.
9) Pütter, Historische Entwicklung der heutigen Staatsverfassung des Teutschen Reiches. I. 5.

schon im zweiten und dritten Jahrhundert den Weg nach Galli-
en gefunden hatte, und zu der erst gegen den Schluß des fünften Jahrhunderts die Franken und noch später die Alemannen,
die Langobarden, Bayern, Hessen, Thüringer und Sachsen bis
gegen das neunte Jahrhundert bekehrt wurden. Es muß hier
nur kurz darauf hingedeutet werden, daß schon in den ersten
beiden Jahrhunderten sich der Klerus in der christlichen Kirche
ausgebildet hatte, sodaß Konstantin schon eine entwickelte
Hierarchie vorfand, und daß die alte Einfachheit und Lauterkeit
der ersten apostolischen Gemeinde schon längst zu Grunde gegangen war, als das Christentum sich den Weg nach Deutschland bahnte[1].

Die Gaben christlicher Liebe und Barmherzigkeit an die Kirche zugunsten der Armen, die der heilige Ambrosius nach dem
Vorbilde der Apostel dringend empfohlen hatte, waren durch
die dem Klerus überaus geneigte Gesetzgebung auffallend begünstigt und gefördert worden. Der Justinianäische Kodex *(lib.
I., tit. 2 und 3)* wimmelt von der Bezeichnung solcher Vergün-
stigungen für die Kirche und deren fromme Stiftungen, Xen-
odochien, Ptochotrophien, Orphanotrophien, Brephotrophien,
Gerontokomien, Paramonarien und wie alle übrigen neuerrich-
teten Institute für Alt und Jung, Fremd und Einheimisch, genannt werden, aus denen jedem Unterstützung gewährt wurde,
der darum nachsuchte, er mochte ihrer bedürftig und würdig
sein oder nicht. Zugleich führt der heilige Ambrosius *(„De ot-
ficiis minist.", lib. 2, c. 16)* über die schrankenlose und kurzsichtige Freigebigkeit der Geistlichen, und über die freche Unverschämtheit der zum Nachteil der wahrhaft Hilfsbedürftigen
in Haufen zuströmender kerngesunden Vagabunden bittere
Klage, und sagte unter anderm: *„Plerique simulant debita. Sit
veri examen. Exutos se per latrocinia deplorant: Aut injuria fi-
dem faciat aut cognitio personae, quo propensius juventur."*
Schon sieht man, wie um die Kirchen sich alles bunt durcheinander drängt, Fromme, Mildtätige, Kaufleute, Bettler und Gesindel allerlei Art, das durch entlaufene Sklaven massenhaft
verstärkt wurde, sodaß die Konkurrenz in den Städten zu groß
wurde und nun auch die Frommen auf dem flachen Lande
heimgesucht wurden.

1) Jakob Grimm, Deutsche Mythologie, S. 2f. – Z. B. *Lex. 49, § 6. tit. 3.*

Das werktätige und schon vielfach gemißbrauchte Christentum kam nach Deutschland, wenn auch nicht gleich mit der vollen Beigabe des ausgeprägten Bettlertums, doch mit allen Keimen zu dessen rascher Ausbildung auf deutschem Boden, wo das Bettler- und Vagantenwesen sich dann auch wirklich üppig genug entwickelte.

Schon im fünften fränkischen Kapitulare vom Jahr 806 wird *(c.x.)* von den Bettlern gesprochen, die durch die Lande ziehen, wobei denn jedem Getreuen von Königswegen befohlen wird, seine Armen zu Hause und zur Arbeit zu halten, und durchaus nicht zu leiden, daß sie anderswo hingehen, um zu betteln. Dieselbe Bestimmung wird in den Kapitularien Karls des Großen *(C. 118)* wiederholt; auch werden in *C. 256 des lib. 5 und C. 282, lib. 6.* die Machthaber dringend von allem und jedem Druck der armen freien Leute abgemahnt um diese nicht verkümmern zu lassen und nicht Bettler, Räuber und Übeltäter aus ihnen zu machen.

Die eigentliche Blütezeit des gewerbsmäßigen Bettlertums entwickelte sich mit dem Aufschwung der Städte und ihrer öffentlichen und privaten Wohltätigkeit, wozu allerdings die Kirche durch einen zum Teil in übertriebenen Kultus ausarten de Förderung de Bettelwesens das Ihre beigetragen hatte. Seuchen, die die ewigen Kriege und Fehden, der Starke Zuzug nach den Städten, vermehrten das Bettlerheer so gewaltig, daß die Städte zur Selbsthilfe greifen und die Bettler konzessionieren mußten. Sie führten Bettlerlisten ein, und wer nicht in diese aufgenommen war, mußte nach einer gewissen Zeit das Weichbild räumen.

Dieses kontrollierte Bettelwesen hat sich durch das ganze Mittelalter und noch weit darüber hinaus erhalten. Auf dem Kohlenberg bei Basel wär die Freistätte für alle, auch fremde Bettler, Giler[3] und Lahme, die von hier aus die Stadt durchstreiften und sich meistens um die Kirche lagerten, sogar auch ihr Handwerk in der Kirche trieben. Er verordnete 1429, es solle kein Giler noch Bettler in das Münster gehen, dort sitzen oder während der Messe liegen, sondern sie sollen im Kreuzgang oder vor der Tür bleiben. Die Erlaubnis zum Betteln muß-

3) Friedr. Kluge, Rotwelsch, I. Bd. Straßburg 1901. II. St. Augsburger Achtbuch von 1342.

ten die Fremden sich vom Reichsvogt erbitten, der ihnen einen dreitägigen Aufenthalt zum Betteln gab, aber darüber zu wachen hatte, daß „recht gebettelt wurde". Der Reichsvogt bekam einen Anteil von dem Erbettelten und war Erbe eines verstorbenen Bettlers. In den Baseler Stadtverzeichnissen von 1391 werden einzelne besteuerte Bettler mit Namen aufgeführt. 1419 verordnete der Rat, daß jeder Bürger, der ins Siechenhaus wolle, erst fünf Pfund Pfennige erbettle.[4] Bettlerverordnungen finden sich ferner in Wien (1443), Köln (1446), Nürnberg (1478) und Breslau (1512).

Nach der Ordnung für den Prachervogt, den Bettelvogt der Stadt Lübeck, von 1527, erhielt er von jedem Bettler und jeder Bettlerin jährlich 6 Pfennige. Er hatte pflichtgemäß darauf zu achten, daß sie „ein Geschick hebben mit almissen biddende und up den karkhavn to sittende". Fremde Bettler mußte er aus der Stadt weisen.[5]

Im Berlin des sechzehnten Jahrhunderts waren die eingeschriebenen Bettler mit einer sichtbar zu tragenden Erkennungsmarke versehen.

Trotz all dieser Maßregeln nahm das Bettlerunwesen in den Städten „in erschröcklicher Weise" zu.

In Hamburg klagte der Rat 1604: der Bettel habe in der Stadt derart überhand genommen, daß die Bürger und Einwohner nicht allein von morgens während ihrer Ruhe, bis auf den Abend, wenn sie schlafen gehen, dermaßen ungescheut überlaufen werden, daß sie dadurch nicht allein an ihrem Schlaf verhindert werden, sondern auch kein ehrlicher Mann, der etwas im Hause oder auf der Straße mit andern zu reden hat, vor den Bettlern gesichert ist, seine Rede ohne Verhinderung zu enden.[6]

In Nürnberg war es nicht besser. „Die gemeine Bürgerschaft allhie wird mit den Landstreichern, Bettlern und Störzen, sonderlich mit dem immerwährenden Schreien und Heulen der jungen Kinder, von Knaben und Mägdlein, bei Tag und Nacht auf der Gassen und vor den Häusern, bevorab zu Winterszei-

4) Basel im 14. Jahrhundert, 1856. S.III. Fg.
5) Dr. J. F. Hach. Das alte Lübecksche Recht, Lübeck 1839, S. 147, 149. Georg Grupp, Kulturgesch. des Mittelalters. I. Bd. Paderborn 1907, S. 315.
6) N. Stapharst, Hamburgische Kirchengeschichte, Hamburg 1723 – 1729. I. Teiles 4. Bd., S. 636.

ten, übermäßig beschwert," klagt der Rat am 28. Juli 1588. Deshalb sei es notwendig, noch schärfere Verfügungen zu treffen und die Zahl der Bettelrichter und Schützen zu vermehren. Diese sollten „die größeren der alten Bettler in den Bettelstock oder nach Gelegenheit ihrer Verwirkung in das Loch gefänglich", einziehen, „die kleinen und jungen Kinder in das Siechenhaus" führen, bis „gegen ihre Eltern und Angehörigen die Gebühr fürgenommen" werde. „Männiglich von Bürgern und Inwohnern" sei bei ernstlicher Strafe verboten, die Bettelrichter und Schützen bei Ausführung ihres Befehls „zu verhindern, sie zu schmähen, sie anzutasten, noch ihnen einigen Einhalt mit Worten oder Werken zu tun." Das Beherbergen, Behausen und Unterschleifen unnützer, schädlicher Bettler, Störzer und Landstreicher und andern leichtfertigen Gesindels wurde bei schwerer Geldbuße von neuem untersagt[7].

Das Bettler- und Gaunerwesen in Oberschwaben, dem Elsaß und der nördlichen Schweiz wurde von Nikodemus Frischlin 1597 in der Komödie „Frau Wendelgard" anschaulich geschildert. Die Beute des Tages, sagt einer der Bettler, wird um Mitternacht verzehrt:

> Und kommen die Bettelweiber
> Mit ihren graden starken Leiber,
> Dann geht herum die lederin Fläsch,
> Bis daß wir leeren unser Täsch,
> Und trunken werdn, mich wol vermerk,
> Da solt einer sehen Wunderwerk:
> Da gsehn die Blinden, redn die Stummen,
> Und werden grad die Lahmen und Krummen,
> Da wird das Spiel erst eben ganz,
> Erhebt sich bald der Betteltanz.
> Wie gefällt dir unser Bettelstand? ... [8]

Auch andern Dichtern boten die Freuden des Bettlerlebens Stoff zu satirischen Ausfällen.

Im Jahre 1612 schrieb der Bayer Ägidius Albertinus: „Die Bettler und Landstörzer, Müßiggänger, Stationierer, Landstreicher, wollen lieber in Müßiggang allenthalben herumstörzen

---

7) Janssen, 8. Bd. 365.
8) Dav. Friedr. Strauß Leben und Schriften ... des Nikod. Frischlin. Frankfurt a. M. 1856. 30, 31.

und betteln, denn arbeiten und ihr Brot mit Ehren gewinnen: sie befinden sich dabei dermaßen wohl, daß sie das Betteln das güldene Handwerk nennen; und treiben es meisterlich, denn sie durchziehen, durchlaufen und durchstreichen alle Länder auf und nieder, hin und wieder, besuchen alle Jahrmärkte und Kirchtage, aller Fürsten und Herren Höfe, Stift und Klöster"[9].

Von den alten und jungen, großen und kleinen Bettlern, die mit vielen Kindern geritten, gefahren und gegangen auf die Frankfurter Messe kamen, handelt Marx Mangold in seinem Zeitgedicht „Das Marckschiff". Sie halten, wenn man Mangold glauben darf, in Frankfurt ihre Königswahl ab und feiern dort ihre Hochzeiten.

Zu vielen Tausenden bevölkern die wandernden Bettler die Landstraßen, wie aus unzweifelhaften Berichten hervorgeht.

So erschienen z.B. zur Zeit der großen Teuerung im Jahre 1529 in Straßburg 1600 auswärtige Arme, die in einem aufgehobenen Kloster untergebracht und bis zum nächsten Frühjahr gespeist wurden. Im Jahre 1530 wurden in der Straßburger Elendenherberge 23545 (!) auswärtige Bettler vorübergehend untergebracht. 1566 zählte man einmal an einem Tag um Johannis 900 Fremde, die „von Hungers wegen" sich eingestellt hatten. Der Rat ließ sie eine Nacht in der Elendenherberge verpflegen und wies sie morgens wieder vor das Tor, von wo sie sich wie ein Heuschreckenschwarm über das Land ergossen. Von Johannis 1585 – 1586 belief sich die Zahl der in derselben Herberge verkösteten Zuzügler auf 41058, im darauf folgenden Jahre sogar auf 58561. An einheimischen Bedürftigen hatte der Rat während derselben Zeit bei etwa 30 000 Einwohnern nicht weniger als 142203 Unterstützungen zu erteilen.

Selbst kleinere und kleinste Städte, wie Offenburg und Wolfach, überschwemmten die Bettler, unter denen alle Stände vertreten waren. So kamen nach Wolfach Edelleute, Geistliche, Schulmeister, Studenten, Bürger und Bauern, dazu Kranke, Gebrechliche und Verwundete.

Basel hatte zeitweise in einem Jahre an 40 000 Bettler in seinen Mauern.

Ebenso herrschte in Württemberg ein „unerschwinglicher Überlauf nicht allein von armen Weibern und Kindern aus den

9) Der Welt Tummel- und Schauplatz, München 1612, S. 384 f.

benachbarten Städten und Flecken, sondern auch von einheimischen und fremden Gartknechten, Landröcken, Studenten, Musikanten, Schreibern, Schulmeistern, Lakaien u. dergl. . . ."[10]

Viele dieser Bettler traten in der Maske als Spielleute, Possenreißer oder Händler auf.

Sehr interessant ist *c. 45 des Capit. Franc. primum incerti anni.*[11] Es ist die erste und älteste Stelle, die das Auftreten von Gaunern unter der Maske von Händlern auf deutschem Boden erwähnt. Die Stelle lautet etwas dunkel: *„Ut mangones et conciones et nudi homines qui cum ferro vadunt, non sinantur vagari et deceptiones hominibus agere."* Sie wird aber durch *c. 34 der Appendix prima zum lib. 4, cupit. C.M.*[12] deutlich, wo es heißt: *„Ut isti mangones et cotiones, qui vagabundi vadunt, per istam terram non sinantur vagari et deceptiones hominum agere; nec isti nudi cum ferro, qui dicunt, se data poenitentia ire vagantes. Melius videtur, ut si aliquod inconsuetum et capitale crimen commiserint, in uno loco permaneant laborantes et servientes et poenitentiam agentes secundum quod canonice sibi impositum sit."*[13]

Unter *mangones* sind Hausierer, Tabulettkrämer, zu verstehen; *cotiones* ist ziemlich dasselbe, jedoch wird es schon von Plautus als Schimpfwort gebraucht. Beachtenswert ist der schon hier vorkommende Vorschub zur kirchlichen Pönitenz, der von jetzt an bis zur Erscheinung des *Liber Vagatorum* fast durchgehends bei allen Vaganten, auch den Zigeunern, als Deckmantel gaunerischen Umhertreibens gebraucht wird. Daß unter jenen Hausierern sich auch Juden befunden haben, geht aus dem fünften fränkischen Kapitulare vom Jahre 806, c. 5, und c. 117, *lib. 1, Capit. C. M. eod. tit.* hervor, wo die Bischöfe, Äbte und Äbtissinnen zur sorgfältigsten Aufsicht auf die Kirchenschätze aufgefordert werden, „damit nicht gewissenlose und nachlässige Wächter von den Edelsteinen oder Gefäßen etwas verkauften; denn die jüdischen und anderen Handelsleute täten groß damit, daß sie von jenen kaufen könnten, was ihnen beliebte."

10) Janssen, 8. Bd. S. 365 f.
11) Peter Georgisch. *Corp. Jur. Germ. Ant.* S. 789.
12) Georgisch S. 1391.
13) S. *a. C. 379 lib. cap C.M.*

Sieht man also schon unter den Merovingern und Karolingern das Vaganten- und Gaunerwesen sich begründen und ausbilden, so findet man unter den sächsischen Kaisern seine sehr große und rasche Zunahme.

Mit der Erbauung der Städte und deren gemeinnütziger Einrichtung steigerten sich die Lebensbedürfnisse im gleichen Verhältnisse, wie auch die Kultur vorwärtsging. Die Zahl der Handwerker namentlich wuchs außerordentlich rasch in den Städten. Die Handwerker, die im elften Jahrhundert in die Städte gezogen wurden, waren meistens flüchtige Knechte[14], die dort mit der Freiheit auch mancherlei Vorrechte erhielten, sodaß ihre jetzige Lage gegen ihre frühere verachtete und unabhängige Arbeit und Stellung als eine sehr glückliche erschien, namentlich da sie nach Einrichtung der Zünfte nun auch förmlich von der Knechtschaft befreit wurden und Bürgerrechte erhielten. Diese günstige Aufnahme verleitete eine Menge Knechte zur Flucht, um ihre unfreie und verachtete Stellung gegen die eines freien Bürgers zu vertauschen. Die Entweichungen nahmen massenhaft zu, und wenn auch die Städte zur Aufnahme der Flüchtigen stets bereit waren, so konnte doch auch eine bedeutende Zahl, teils ihrer innerhalb der städtischen Mauern nicht zu betreibende Hantierung, z.B. Müller, Gerber, Bäcker usw., teils ihrer sittlichen Verwilderung wegen, kein Unterkommen finden, und mußte sich entweder in der Nähe der schützenden Städte niederlassen oder auf dem Lande umherstreifen, und sich, um das Leben zu fristen, auf Bettel oder Wegelagerei und Räuberei werfen.

Schon im zwölften Jahrhundert herrschte auf den Landstraßen große Unsicherheit. In ihrer Nähe lagen Räuber in ihren Schlupfwinkeln und lauerten den Kaufleuten und anderen, die des Weges kamen, auf. Die dichten Wälder boten ihnen sichere Verstecke. Besonders des Nachts, wenn die Reisenden gezwungen waren, im Freien zu bleiben, wurden sie von den Räubern überfallen. Selbst in kleineren Dörfern hatten sie solches zu fürchten[15].

14) Ernst Mummenhoff, Der Handwerker in der deutschen Vergangenheit. Leipzig 1901. S. 11 f.
15) Joh. Kunze, Zur Kunde des deutschen Privatlebens in der Zeit der salischen Kaiser, Berlin 1902, S. 86 f.

Im dreizehnten Jahrhundert klagte Reinmar von Zweter, die Weiber könnten nicht über Feld gehen, ohne von Räubern angefallen zu werden. Land und Leute waren ohne Obrigkeit, sagte er im Wigalois[16], und man denkt der fast gleichzeitigen Klage Walters von der Vogelweide in seinem Spruch *Ich saz uf ime steine:*

> *untriuwe ist in der sâze,*
> *gewalt vert ûf der strâze:*
> *friede unde reht sint sêre wunt –*[17]

Das Faust- und Fehderecht ist ein bedenkliches Symptom der Anarchie, in der Deutschland sich schon seit dem elften Jahrhundert befand und ein betrübender Beweis von der Machtlosigkeit des kaiserlichen Ansehens und der Rechtspflege[18]. Dem räuberischen Adel waren die zahlreichen herrenlosen Knechte, die nichts zu verlieren hatten, willkommene Raubgenossen. Die Landstraßen waren schlecht, unsicher und boten dem an ihnen in Wald und Tal lauernden Gesindel treffliche Gelegenheit zu Hinterhalten.

Die Anzahl der Räuber wurde immer weiter vergrößert durch fahrende Priester, fahrende Weiber[19], weggejagte Studenten und Schullehrer, wandernde Handwerksgesellen, Marktschreier und Taschenspieler. Die vielen gerichtlichen Ehrlosigkeitserklärungen, durch die die Verurteilten aus der menschlichen Gesellschaft ausgestoßen und zur Verzweiflung und zum Verbrechen getrieben wurden, verstärkten die verbrecherische Masse. Dazu kamen die vielen Landesverweisungen. Durch sie wurden die gefährlichsten Subjekte von dem einen Landesherrn davongejagt, um bei dem andern neue Untaten zu verüben; ferner das Umherstreifen der nach den vielen Fehden entlassenen Soldaten, die gleich dem Adel auf eigene Hand raubten und vom Stegreif oder Sattel lebten.

Seit der Vorschrift des § 7 der „Reform zu Frankfurt von 1442" wimmelt es in den Reichsgesetzen von Bestimmungen gegen das Umherziehen „reyssiger" Knechte, obschon in den

16) Vers 2367.
17) Karl Weinhold, Die deutschen Frauen in dem Mittelalter, 3. Aufl., 2. Bd. Wien 1897. S. 193
18) Sachsenspiegel, *lib. 2, art. 66. 67. 71. 72.*
19) Max Bauer, Die Dirne und ihr Anhang in der deutschen Vergangenheit, Berlin-Charlottenburg (1912).

wichtigen Vorschriften des Reichstagsabschiedes zu Augsburg von 1500, Tit. 53 – 83, die stehenden Söldner eingeführt und eine Menge gefährlicher Subjekte dadurch von den öffentlichen Wegen und Stegen entfernt wurden.

Wie schon in der Frühzeit des Mittelalters Knechte und Ritter zu Straßenräubern wurden, geht aus Werner des Gärtners lebensvollem „Meier Helmbrecht" hervor[20].

Das Verbrechen war offene Gewalt und wich nur der jedesmaligen überlegenen Gegengewalt. Die kaiserlichen Landfrieden, selbst des mannhaften Friedrich I. von 1158 und später von 1281, 1303, waren nur Äußerungen der Schwäche mit der immer unaufhaltsamer wachsenden rohen unbändigen Gewalt. Es ist ein trauriges Zeichen der gesunkenen kaiserlichen Macht, wenn Kaiser Karl IV. 1356 in seiner „Güldenen Bulle" *(lit. 17, 2)* das „Angreifen und Überziehen mit Brennen und Rauben" nach dreitägiger Ansage gestattet. Es ist ein ohnmächtiges Wort, wenn Kaiser Friedrich III. zu Anfang seiner „Frankfurter Reformation von 1442" ausspricht, „das er seine kaiserliche Pflicht gegen manniglich also beweisen wolle, damit man im Reich Fried und Gemachseliglich empfinde", während er die Absage seines Vorfahren, Karls IV., und das Rauben und Pfänden von neuen gut heißt, während Landsknechte, Räuber und Zigeunerbanden unverwehrt und sogar mit kaiserlichen Geleitsbriefen versehen im Lande umherziehen und ungestraft das Landvolk bestehlen und plündern. So darf man sich nicht wundern, daß schon frühzeitig mächtige, förmlich organisierte Räuberbanden, besonders im südlichen Deutschland vorhanden sind. Unter Karl IV. (1347 – 1378) findet sich bereits die älteste Spur einer Gaunersprache, von der im „Notatenbuch" des Dithmar von Meckebach, Kanonikus und Kanzlers des Herzogtums Breslau, einiges aufgezeichnet ist.[21]

In Frankreich traten schon 1325 in dem Kriege Karls IV. mit Eduard II. von England offene Räuberbanden hervor, die aus jüngeren Söhnen und Bastarden vornehmer Geschlechter bestanden und zum Teil von hohen und mächtigen Adeligen angeführt wurden. Unter dieses Führern zeichnete sich der Baron Jourdain Dufaiti, der mit seiner Bande nach Paris zog, als ver-

20 Übersetzt von Ludwig Fulda, Hendel. Halle a. S.
21) Weimar, Jahrbuch, 1854, 1. Band, 2. Heft, S. 328. Kluge, I. S. 2. III.

wegener Räuber aus. Die Banden vermehrten sich immer mehr und trieben während der entsetzlichen Kriege unter Karl VI. ihr Unwesen auf die höchste Spitze, wie das die Gräueltaten der vielen berüchtigten Räuberbanden, z.b. sogenannten dreißigtausend Teufel, der fünfzehntausend Teufel, Wegelagerer und Menschenschinder beweisen.[22]

Namentlich der Verkehr auf den Baseler Landstraßen im vierzehnten Jahrhundert war von Wegelagerern und Raubrittern arg gefährdet. Die Wegnahme eines Gütertransports unter dem Geleite des Grafen von Nidau durch die Grafen Hans von Thierstein und Hermann von Bechburg auf Falkenstein im Jahre 1373, hatte einen offenen Krieg zur Folge, der mit der Eroberung des Schlosses Falkenstein endete. Ungeachtet die Baseler sich vom Kaiser zur selben Zeit das Geleitsprivilegium erwirkt hatten, dauerten die Beraubungen dennoch fort; besonders zeigte sich darin der Bischof Johannes von Wien sehr feindselig gegen die Stadt Basel, die sich bemühte, mit den benachbarten Fürsten und Herren Schutz- und Trutzbündnisse zu schließen. So ließ sie sich z. B. 1380 in die Gesellschaft der „Löwen" aufnehmen und schloß 1385 ein Bündnis mit den drei Grafen Ott, Hans und Hesse von Hochberg. Die Urkunden hierüber teilt Brückner in seinem „Versuch historischer und natürlicher Merkwürdigkeiten, der Landschaft Basel"[23], mit. Die schweizerischen Kriege in jener Zeit brachten viel Gesindel auf die Beine, das namentlich 1386 nach der Schlacht bei Sempach in Haufen herumzog und überall mit bewaffneter Hand die frechsten Räubereien verübte. Brückner in seinen „Merkwürdigkeiten der Landschaft Basel", S. 849, gibt über eine solche Bande eine sehr merkwürdige Notiz: „Zu Ende dises Jahrhunderts that sich, nach dem Gebrauche damaliger Zeiten, eine Gesellschaft hervor, davon unsere Geschichtsschreiber keine Meldung thun, die Rote und Schwartze genannt, welche dise Landesgegend sehr beunruhigten, mit wohl bewaffneter fertiger Mannschaft bald disen, bald jenen Ort anfielen und beraubten; Sie wuchs so stark an, das Fürsten und Stände sich mit einander verbanden, nicht allein selbiger in ihrer Botmässigkeit

---

22) Lebensbeschreibung und Kriminalprozesse berüchtigter Räuber und großer Verbrecher älterer Zeit, aus dem Französischen von Ludwig Hain, Leipzig 1846.
23) Basel 1752, S. 787 und 790.

keinen Aufenthalt zu gestatten, sondern sogar zu vertilgen." Die Stadt Basel schloß nun zur Verfolgung und Vertilgung der Räuber mit dem Bischof Friedrich von Straßburg, dem Abt Rudolf zu Murbach und andern geistlichen und weltlichen Herren am „Montag nach Marien Himmelfahrt 1391" ein förmliches Bündnis, dessen Wortlaut, Brückner a.a.O. S. 849 fg. mitteilt, und in dem die Verbündeten, „einhelliklich mit einander übereinkommen sint und in guter getreuer Fründschaft uns zu einander verbunden hant von Bresten wegen sich so lange Zit im Lande gefüget hat, mit böser Gesellschaft, den man spricht Rot und Schwartz davon groß schade und Breste uferstanden ist und noch fürbaß üferstanden möchte sin: daz Gott wende, semlichen Gebresten zu versehen und mehreren Schaden ze wende, darumb so sint wir die obgenannte Herren und Stette mit einander einhelliklich übereinkommen, daß Wir dieselben von beiden Theilen in unseren Stetten und Gebieten weder Husen, halten noch Hofen u. si offentlichen verrufen sollent, also daz sie von denselben Parten und Gesellschaften lassent" usw. Die Urkunde ist auch darum besonders bemerkenswert, weil sie den ältesten und besten Kommentar zur Bedeutung des Rot und Rotwelsch gibt, und die Übersetzung des Wortes R o t , Bettler, „der frei ist", im *Liber Vagatorum* verständlich macht. Eine analoge Bezeichnung findet man später im Anfang des 17. Jahrhunderts, wo eine verwegene Räuberbande, die Rougets und Grisons, in Frankreich, besonders in Paris, namentlich von 1621 – 1623 unter ihren Chef de la Chesnay ihr Wesen trieb. In England nannte sich die Bande des William Hollyday (1693) die schwarze Garde. Die Benennung der beiden Räuberbanden rührt aber wahrscheinlich nur von ihrer Kleidung her.

Diese und andere Bündnisse bewirkten jedoch nur wenig gegen das Räubergesindel. Das Kostnitzer Konzil beweist namentlich, wie ungeheuer der Andrang von Gelichter aller Art sogar in der Stadt selbst war, wo, wie Reichenthal a.a.O., erzählt, am lichten Tage Raub- und Mordanfälle vorkamen. Noch zur Zeit des Konzils überschwemmten die Zigeuner ganz Deutschland und brachten durch ihr Umherziehen das freche Gesindel, das sich allenthalben zu ihnen gesellte, erst recht in Bewegung und unterwies es in ihren diebischen Künsten. „In dem Jahre 1422 kam der sich nennende Hertzog Michael von

Egypten, ein Oberster einer Zigeyner-Truppe, mit funfzig Pferden und einem zahlreichen Diebsgefolge in Basel an, nachdem er das Wiesenthal und auch Beticken nicht wenig beraubet hatte; Ohngeachtet er fortgewiesen wurde, hinterliesse er dennoch einige seiner Gesellen und dise sammt den andern Bettlern überschwemmten das Land: man getraute sich nicht, solche mit Gewalt alsobalden abzutreiben, sondern entdeckte nur alle Arten des Betrugs, wormit dise das Allmosen zu erwerben trachteten."[24]

Übrigens scheinen die Zigeuner schon vor 1422 in Basel aufgetreten zu sein; denn schon in dem Ausgabenverzeichnis des Baseler Rates von 1414 kommt der Posten vor: „den Heiden (?) durch Gots willen 10 ℔." Derartige Geschenke wiederholen sich von da ab fast jedes Jahr[25]. Das Baseler Ratsmandat wider die Gilen und Lahmen gegen das Ende des vierzehnten oder Anfang des fünfzehnten Jahrhunderts beurkundet einen vollständigen Organismus des deutschen Gaunerwesens, und aus Felix Hemmerleins merkwürdiger Darstellung des um Lätare 1448 in einem schweizerischen Benediktinerkloster verübten Kirchenraubes[26] ist zu erkennen, daß die Täter *(tres viri de terra longinqua)* umherziehende Gauner waren, die mit Diebesschlüsseln die Kirche und Reliquienbehälter geöffnet hatten.

Das Räuberwesen hatte sich in so mächtiger Weise über ganz Deutschland ausgebreitet, daß die Kaiser, besonders im vierzehnten und fünfzehnten Jahrhundert, im Bewußtsein der reichspolizeilichen Ohnmacht, unter der Form eines Privilegiums den freien Städten mit ängstlicher Freigebigkeit das Recht einräumten, Räuber zu verfolgen und „über alle schädlichen Leute zu richten", sodaß Sammlungen rechtsstädtischer Urkunden von diesen Privilegien wimmeln.

Erst der Landfriede des ritterlichen Maximilian von 1495 war ein kurzer wirksamer Ruf in das wüste wilde Getriebe, das in schreckhafter Überraschung, wie betäubt, einen Augenblick stillstand, um später von neuem wieder zu beginnen und dem Kaiser und Reich immer neuen Anlaß zu wiederholtem Friedegebote zu geben. Aber in jenem momentanen Stillstand konn-

---

24) Brückner a. a. D. S. 853.
25) Basel im 14. Jahrh. S. 112. Nr. 3
26) Fol 89 b und 90 der ältesten Ausgabe.

te man mit Erstaunen auf der einen Seite die ungeheuere Gruppierung des Verbrechens und der sittlichen Versunkenheit und auf der anderen Seite die Schwäche der obrigkeitlichen Gewalt und der Rechtspflege überschauen.

Mit Hoffnung und Vertrauen, das aber immer getäuscht wurde, blickt man auf die einzelnen Fürsten und Edlen des Mittelalters, deren Leben wie ein einziges Heldengedicht anmutet und ausklingt. Vergebens sieht man mit gehobenen Gefühlen das großartige Meteor der Femgerichte aufsteigen. Sobald man den Glanz und die Gewalt des Rechts an ihnen erkannt hatte, sieht man sie auch schon wieder untergehen. Statt ihrer kommt das schauerliche Gerippe der Inquisition und der Hexenprozesse, und errichtet allüberall Folterbänke und Scheiterhaufen, um dem borniertesten Aberglauben Millionen unschuldige Schlachtopfer zu bringen[27].

Das Verbrechen war Kunst und Gewerbe geworden, es fand im *Liber Vagatorum* schon eine eigene Literatur, aus der man auch erkennt, wie das seit den Kreuzzügen systematisch verfolgte und gequälte Volk der Juden gleich dem getretenen Wurm gegen seine Unterdrücker sich schon lange heimlich zur Wehr gesetzt hatte und schon lange einen festen Bestandteil jener gemischten Vaganten- und Zigeunerbanden ausmachte, die Religion, Gesetz, Zucht und Sitte verachteten und hohnlachend ausbeuteten. Auch in die Städte unter das Bürgertum wagten sich schon jetzt die einzelnen Gauner, in dem sicheren Bewußtsein des Schutzes, den ihnen das bunte Leben des bürgerlichen Verkehrs gewährte. Schon um diese Zeit tritt der gaunerische Bauchredner Peter von Brabant auf, in Genf Jan Allard, der besonders 1503 sein Wesen trieb, von den Kindern auf der Gasse mit dem Titel Archilarron gerufen, vergeblich auf die Folter gelegt wurde, auf der er den sprudelndsten Humor entwickelte, bald freigelassen war, bald sich selbst aus dem Gefängnisse befreite, am lichten Tage Besuche abstattete, wo er wollte, da er als Dieb und Zauberer überall gefürchtet wurde[28]. In Eßlingen, wo die Gaunerin Margarete Ulmers ihr Wesen getrieben hatte, wurden im Jahre 1528 vier Mordbrenner verhaftet und gerä-

27) Soldan-Heppe. Geschichte der Hexenprozesse. Neu bearbeitet und herausgegeben von Max Bauer. München Georg Müller, 1912.
28) Schauplatz jämmerl. Mordgesch. S.616 f. Wunderseltsame Historien, III. 34.

dert. Trotzdem nahm „der Mordbrand immer mehr zu, und die Mordbrenner ließen sich überall auf dem Lande und in den Städten sehen". Im Jahre 1540 hielt eine Mordbrennerbande in Eßlingen ihre Zusammenkünfte[29].

Vergebens war in der Karolina der Weg zu einer geregelten bündigen Justiz angebahnt, vergebens waren in ihr die strengsten Bestimmungen gegen Diebstahl und Raub ausgesprochen, sobald sie, wie im Artikel 129, doch noch die offene Gewalt, wenn auch bedingungsweise zugestand, und sobald dazu Kaiser und Reich unablässig den Landfrieden predigte, anstatt das schon gesprochene Wort zur Tat werden zu lassen und die Friedensbrecher mit unnachsichtiger Strenge zu bestrafen, um Jedermann von weiterer Gewalt abzuschrecken. Statt dessen bildete sich eine von dem borniertesten Aberglauben und herzlosem asketischen Religionseifer getragene, nach jenem der deutschen Volksnatur widersprechenden Systeme des sklavisch und unklug nachgeahmten und aufgenommenen Strafrechts begründete fürchterliche Kriminalpraxis aus, die mit der Tortur überführte, die Heerstraßen mit Galgen und Rad besetzte[30], statt Achtung Angst und statt Vertrauen Haß um sich verbreitete. So klagt Jodocus Damhouder von Brügge (1507 – 1581), in seiner „Practica criminalis", Kap. 15 – 31, die Leute auf dem Lande seien so gegen die Justiz, daß sie auf einen Hilferuf davonlaufen oder alle Hilfe verweigern und auf ihre Stöcke gestützt den Ausgang der Kämpfe abwarten, auch den Sicherheitsbeamten allen Schutz und Beistand versagen und den Räubern und Dieben Schutz und Herberge gewähren, um es nicht mit ihnen zu verderben. Der Nürnberger Scharfrichter, Meister Frantz Schmidt[31] gibt in chronologischer Ordnung kurze interessante Bemerkungen über die Person und Verbrechen von 361 Individuen, die er von 1573 – 1615 hingerichtet, und von 345 Personen, die er in derselben Zeit „am Leibe gestrafft und mit Ruden aus gestrichen", oder denen er Ohren abgeschnitten und Finger abgeschlagen hat. Die kurzen Notizen und Bemerkungen, die der alte Henker hier und da einschaltet,

29) Janssen 8. Bd. S. 371.
30) Malblank, Geschichte der Peinlichen Gerichtsordnung, S. 83.
31) Maister Franntzen Schmidts Nachrichters inn Nürnberg all sein Richten, Nürnberg 1801. Neuausgabe von Albrecht Keller, Leipzig 1913.

zeigen, wie sein erster Herausgeber in dem Vorwort sagt, – „wie der Mensch ohne inzwischen böse zu sein, sich an Martern und Qualen gewöhnen, ja sogar aus Beruf seine Mitmenschen mit eigener Hand kaltblütig martern kann." Sehr interessant ist die unter Nr. 148 bei dem Jahre 1593 angefügte Liste über die „Gesellen" des von Meister Frantz hingerichteten Georg Müllner und Heinrich Hauszmann, in der 42 Personen aufgeführt werden, bei deren wirklichen Namen auch noch mehrfach ihre Gaunernamen bemerkt sind, und die somit als die älteste Gaunerliste erscheint.

Ein Scharfrichtertagebuch aus dem achtzehnten Jahrhundert wird in Salzburg aufbewahrt. Es trägt den Titel: „Executions-Einschreib Buch. In welchen alle vorgefahlene und von mir Frantz Joseph Wohlmuth als aufgenommenen Freymann allhier, sowohl allda in Hochfürstl. Stadt-Gericht als auf dem Land verrichte Executionen durch Hinrichtung der Delinquenten, dann mit vornehmung der Torturen, aushauen und Prangerstellen, hier inbemelter Massen eingetragen worden, angefangen mit dem Jahr 1761 den . . . bis . . [32]

Die 66 Blätter des Buches enthalten 92 Hinrichtungen und 102 von Scharfrichterhand ausgeführte Strafen.

Nicht einmal so sehr die Unschuld des von dieser Justiz stromweise vergossenen Blutes, als die Verderblichkeit dieses Blutvergießens macht die Justiz des siebzehnten und teilweise noch des achtzehnten Jahrhunderts so entsetzlich und in den Annalen der Rechtspflege unvergeßlich. Weil das Schwert so häufig den Schuldigen verfehlte und den Unschuldigen traf, wußte das Verbrechen gerade in demselben bürgerlichen Leben sein Versteck zu finden, gegen das es operierte. Es beobachtete die Formen und Bewegung dieses Lebens genau und lernte es um so vollständiger ausbeuten, je verkünstelter dies Leben wurde. So hat das Gaunertum von den früher mit drohenden Galgen und Schaffots besetzten, später von Gendarmeriepatrouillen berittenen Landstraßen und Feldwegen sich entfernt und seinen Wohnsitz in allen Kreisen des sozialen Lebens gefunden, in dessen düsteren Schattenstellen des Gaunertums die grellsten Effekte bildet. Die Geschichte des Gaunertums ist

32) Dr. Hans Widmann im Rechenschaftsbericht des städt. Museums Karolino Augusteum in Salzburg für 1907 S. 97 ff.

namentlich seit der Zeit, wo es keine frei umherziehende organisierte Räuberbande mehr gibt, ein untrennbarer Teil der Geschichte unseres bürgerlichen Sittenlebens, von dessen Siechtum und Fäulnis wir nur dann den richtigen Begriff bekommen, wenn es unserm noch immer ziemlich matten polizeilichen Geschick gelegentlich glückt, durch aufmerksame Beobachtung und Unterscheidung der bürgerlichen Lebensbewegung den verkappten Verbrecher und mit ihm eine Reihe verwegener Untaten an das Licht zu ziehen.

Wirft man einen Blick zurück auf die gleichzeitige Entwicklung des deutschen Bürgertums in den Städten, so findet man, daß auch dieses, trotz seines raschen und kräftigen Aufblühens, allmählich seinem Verfalle entgegenging, wenn es auch den längsten Widerstand gegen feindliche Einflüsse zu leisten vermochte. Das deutsche Bürgertum ist nicht das Werk einer inneren Staatspolitik. Seine Entstehung und Entwicklung gibt vielmehr Zeugnis von dem steten Ringen einer großartigen Natur gegen den Zwang einer Menge von Formen, die ihr nicht zusagten. Von Anbeginn an bestand die große Gewalt der deutschen Natur darin, daß eben diese Natur einen tiefen sittlichen Gehalt hatte, und daß die Sitte das Gesetz war, durch das die kräftige Natur geleitet wurde, sobald die Individualitäten sich zur Gesellschaft zusammentaten. Bei dieser Fülle von natürlicher Kraft und sittlicher Reinheit fand das Wesen des Christentums in Deutschland einen ihm verwandten und fruchtbaren Boden. Das Christentum wurde in Deutschland am ehesten, vollsten und reinsten Eigentum des Volks und ist seitdem in Deutschland bei weitem mehr Volkskirche als Staatskirche geblieben. Der Unterschied zwischen der schon vor dem Eingang des Christentums in Deutschland vollständig entwickelten Hierarchie und der Kirche trat auch deshalb zunächst und am klarsten in Deutschland hervor. Das Volk bewahrte das Wesen, die Hierarchie schuf die Formen, mit denen sie nach und nach das Wesen und mit ihm das Volk soweit möglich herabdrückte. So schwand die Einfachheit des christlich-kirchlichen Lebens, verlor sich in Symbole und Kultusformen und wurde allmählich zu einem äußerlichen Mechanismus übergeführt.

Auch der Widerspruch des Lehnswesens mit dem Deutschen Elemente trat dann gleich in aller Schärfe hervor, als die Herrscher die Bauern zu Leibeigenen und zur veräußerlichen Sache machte. Die Folge dieses Widerspruches war, daß auch das Lehnswesen in seiner künstlerischen Konstruktion stets eine Menge von Formen schaffen mußte, die ihm doch selbst keinen größeren Halt gaben und stets der deutschen Natur mit jeder einzelnen Form neuen Zwang antaten. Wie im Wetteifer neben-, gegen- und wiederum miteinander, schuf die Hierarchie und das Lehnswesen, jene Unzahl von Formen, deren Durchführung und Geltendmachung auf Kosten der Volksnatur den wesentlichen Inhalt der Geschichte des Mittelalters ausmacht.

Sobald der Druck jener Formen unerträglich wurde, flüchtete sich das deutsche Wesen in die entstehenden Städte und tat sich hier zu jener festen Gruppierung des Bürgertums zusammen, das gerade dadurch, daß in ihm das deutsche Wesen gerettet und gepflegt wurde, die größte Macht des Deutschen Reichs in den Städten aufleben ließ. Die Bevorzugung der Städte war insofern eine Politik der Fürstenmacht, als begriffen wurde, daß dem Aufblühen der Städte doch kein Einhalt zu tun, dagegen durch die Begünstigung doch einigermaßen eine Abhängigkeit der Städte zu erreichen war. In den Städten fand das deutsche Element den Ort, die Bürger durch die städtische Verfassung in einem soliden und festen Verband zu halten, in dem sie jedem äußern feindlichen Widerstand Trotz bieten konnten. Die gemeinschaftliche Verfassung der Städte ist die Schule gewesen, aus der die schwere Kunst der Verwaltung größerer Staatsgruppen hervorgegangen ist. So klein und wenig ansehnlich das politische Leben der freien Städte in vielen Augen erscheinen mag, so sollte man doch jene Schule und ihre weit reichende Geschichte nicht vergessen, vielmehr aufmerksam den Blick auf die Reinheit und Kraft des Bürgertums und auf die Reziprozität mit der Regierung in den Städten lenken, vermöge der Rat und Bürgerschaft in innigem Verständnis stets sich gegenseitig getragen und gestützt habe.

Die Gemeindeverfassungen der italienischen Städte haben einen großen Einfluß auf die deutschen Städte gehabt. Von Italien her, von dem die wissenschaftliche Strömung nie aufgehört hat, nach Deutschland zu wirken, kamen mit dieser Strömung mächtige Zutaten zur Entwicklung der deutschen Gemeindeverfassungen, ohne jedoch zunächst imstande zu sein, entschieden fremdländische Elemente einzuschwärzen, da das deutsche Element sich in solcher Festigkeit gesetzt hatte, daß objektiver Blick genug vorhanden war, eine gesunde Sichtung und Sonderung vorzunehmen und die richtige Auswahl zu treffen. Diese Sicherheit drückte sich mit aller Bestimmtheit in der Entstehung der Staatsrechte aus, die sich als eigentliches deutsches Polizeirecht neben den Landrechten bildeten, während es erst später dem römischen Rechte gelang, sich allmählich den Weg in Deutschland zu bahnen, wo es, trotz aller Protektion in den Städten zunächst sehr wohl als exotische Erscheinung erkannt und höchstens nur als Ergänzung vorhandener Lücken benutzt wurde, später jedoch zum Nachteil des deutschen Elements tiefer und weiter Wurzel faßte.

Der Kampf des trotz der mannigfaltigsten Angriffe rasch und kräftig, selbst bis zum Übermut aufblühenden Bürgertums mit den vielen Formen und Fesseln des Lehnswesens und der Hierarchie ward mit der Zeit immer ernster und in seinen Folgen immer bedenklicher für das Bürgertum. Die Ursachen zu diesem Kampfe waren schon bei der Zusammensetzung des Lehnstaates gegeben. Karl der Große wollte durch das Christentum die Sittlichkeit des Volkes heben. Daher schon jetzt die bischöfliche Gewalt in weltlichen Sachen neben dem kaiserlichen missi. Seine Nachfolger gingen den betretenen Weg weiter, und so kam es bald, daß neben der unkritischen und wirren Anhäufung der verschiedenen Strafgerichte, wie das Kaiserhofgericht, die Landgerichte, die städtischen Immunitätsgerichte, Vogt- und Hofhörigkeitsgerichte und Bauermeistereien usw., die Bischöfe, namentlich seit Friedrich II., besonders auch mit dem Blutbann beliehen wurden, worauf denn auch die weltlichen Herren ihre Immunitätsprivilegien immer weiter auszudehnen suchten und Zentbezirke mit ihren Offizialen besetzten. Die von Rom aus regierte Geistlichkeit verfolgte mit großer Festigkeit und Geduld die Politik, zur Befestigung der Hierarchie das römische Recht in Deutschland durchgehends zur Geltung zu bringen, so fügsam sie auch in Einzelheiten dem deutschen Wesen nachzugeben schien. Es galt ihr stets den offenen Konflikt zu vermeiden, und mit feinem Geschick wußte sie bei dem drohenden Zusammenstoß stets die kirchliche Disziplin vorzuschieben und zu temporisieren, um langsam, aber gewiß den Sieg zu erreichen, der bei offenem Kampfe sehr zweifelhaft gewesen wäre.

Diese feine und kluge Gewalt war es, die den deutschen Boden allmählich unterminierte und in dieser Weise in die Städte einzudringen wußte, deren kräftiges Aufblühen weit weniger durch ihre (überdies vielfach durch die großartigen Städteverbindungen fast nur scheinbar gewordene) Abhängigkeit vom Kaiser und Landesherrn gefährdet war. Waren die Stadtrechte ihrem wahren und natürlichen Wesen nach Polizeigesetze, mittels der sie, im Gegensatz zu den allgemeinen Landrechten, die innern Stadt-Angelegenheiten ordneten, so war mit der christlich ethischen Grundlage dieser Polizei immer auch schon der Geistlichkeit ein sehr bestimmter Einfluß eingeräumt. Die deutsche Polizei, als die zu seiner Leitung und Beschützung aus dem Bürgertume hervorgegangene und von ihm selbst verlangte, geschaffene und begünstigte Ordnung, hätte sich in beständigem Fortschritt und in dem innigsten Verständnis mit dem Bürgertum zu einer Kräftigkeit und Fülle ohne Gleichen mit diesem ausgebildet, wenn nicht jene Gewalt mit zäher Konsequenz unablässig gegen die Entwicklung operiert und somit auch die Entwicklung der deutschen Nationalität wesentlich gestört hätte. Daher die Bedeutungslosigkeit der nur dem Namen nach vorhandenen Reichspolizei; daher das später und zu späte Auftreten der Landespolizei als Notwehr gegen das schon zur offenen Gewalt gruppierte Räubertum, und daher noch später der angstvolle Griff nach dem französischen Polizeisysteme.

Der Kampf des kräftig emporstrebenden Bürgertums mit seiner Gegnerschaft, der einen sehr wesentlichen Teil der Geschichte des Mittelalters ausmacht, oder mindestens farbig vor die politische Entwicklung des Deutschen Reichs in den Vordergrund tritt, zeigt aber auch, wie mit ihm das Verbrechen sich gleich an die offengelegte Blöße heftete und das Bürgertum mit seinen verderblichen Giftstoffen infizierte. Die jeder kräftigen Natur eigentümliche Sinnlichkeit war in alle, auch die höchsten Stände gedrungen, und hatte sich bis zur Roheit gesteigert. Gerade aber dadurch, daß die Geistlichkeit die Unterdrückung der sinnlichen Natur im Menschen verlangte, dabei aber selbst die Sinnlichkeit frönte und sie sogar zur raffinierten Liederlichkeit

machte, wurde die Sinnlichkeit der gefährlichste Feind des Bürgertums. In dieser Weise wirkte die Unsittlichkeit des Klerus so
tief und nachhaltig auf das Volk zurück, daß selbst in jener der
Reformation kurz vorausgehenden Zeit des Wiederauflebens
der Wissenschaften die Kenntnis des alten klassischen Heidentums nur dazu zu dienen schien, die verworfenste Sittenlosigkeit des Heidentums zum Eigentum des deutschen Gelehrten-
und Priesterstandes zu machen und von da aus auf das Volk
zurückfallen zu lassen. So fand sich der Magistrat zu Nörd-
lingen in der Frauenhausordnung von 1472 veranlaßt, die
Geistlichen anzuweisen, daß sie nicht mehr in der Nacht, sondern nur am Tage die Bordelle besuchten, und in Leipzig und
Hamburg wagten privilegierte Bordelldirnen bei öffentlichen
Aufzügen aufzutreten[33].

Zu dieser Entsittlichung kam noch der Aberglaube, der in
Deutschland in ganz eigentümlicher Weise sich ausbreitete. Der
Dualismus des Zoroaster und die Lehre vom jüdischen Satan
hatten schon lange im Orient und Italien ihren Einfluß auf das
Christentum geübt. Mit diesen Zutaten kam das Christentum
nach Deutschland und, weit entfernt, daß bei der frischen
Natürlichkeit der germanischen Konvertiten die reine und richtige Auffassung des Christentums durch das Priestertum hätte
vermittelt werden sollen, war das Priestertum selbst in diesem
Aberglauben befangen und verfiel ihm so sehr, daß sogar die alten unbefangenen heidnisch-deutschen Ansichten erst durch
den christlichen Aberglauben neu und besonders aufgefaßt mit
dem ganz eigentümlichen Gepräge des deutschen Aberglaubens
versehen wurden, der noch heutigen Tages tief im deutschen
Volke wurzelt, seinen ungeheuerlichen Ausdruck aber wohl in
dem schmählichen Hexenhammer (1489) gefunden hat[34].

So fanden die Moralisten und Humanisten einen überreich-
lichen Stoff, um die Sittenlosigkeit und Versunkenheit des
ganzen Volks und des Klerus in Predigt und Schrift mit immer
gesteigertem kühlen Mute zu geißeln. Die Aufnahme und der
Einfluß des herrlichen „Narrenschiffes" von Sebastian Brant
und der Predigten Geiler von Kaisersberg war ungeheuer, weil

---

33) Max Bauer, Die Dirne, S. 102, 107.
34) Soldan-Heppe, Hexenprozeß, herausgegeben von Max Bauer, München,
   Georg Müller, S. 245 ff., 257 ff. u.a.a.V.m.

das Volk seine und des Klerus Torheiten objektiv aufgefaßt und mit satirischer Laune dargestellt fand. In anderer Sphäre hatte namentlich der Kölner Humanistenstreit die Unwissenheit und Versunkenheit des Mönchtums bloßgelegt und besonders in den unübertrefflichen „Dunkelmännerbriefen"[35] auf das ärgste bloßgestellt. Das erstickende Miasma der sittlichen Versunkenheit war schon lange durch kräftige Luftströmungen in Bewegung gesetzt, als Luther auftrat und bei weitem mehr förderte als er anfangs wollte. Die Politik zog das Schwert gegen oder für die neue Lehre, und während der nun folgenden langen und erbitterten Kämpfe konnten Fürsten und Obrigkeiten weniger direkt für die sittliche Veredelung des Volkes tätig sein, da sie vielmehr zunächst für die eigene politische Existenz zu kämpfen hatten. Im Gefolge der Kriege wurde die öffentliche Sicherheit auf das ärgste gefährdet durch die frechste Gruppierung des Verbrechens zum gewerblichen Räubertum, das nun als ein nicht wegzuleugnender geschichtlicher, bis auf die Gegenwart reichender Bestand erscheint. Diese Tatsache fällt umsomehr auf, als namentlich in Sachsen, Österreich, Preußen und Württemberg, nachdem die Vergeblichkeit der reichspolizeilichen Gesetzgebung erkannt war, die Landespolizei anfing, durch eigene strenge Polizeiverordnungen dem frechen Unwesen entgegenzutreten.[36]

Den geringen Erfolg, den diese Verordnungen hatten, und den man schon aus ihrer raschen Aufeinanderfolge erkennt, muß man allerdings zunächst der allzugroßen allgemeinen Entsittlichung des Volks und den politischen Zerwürfnissen, besonders aber dem Abgang einer nur leidlich gut eingerichteten Polizei zuschreiben. Die Verordnungen wurden nicht lebendig durch eine kräftige und dauernde Anwendung. Analysiert man die deutschen Polizeiverordnungen vom Anfang des sechzehnten Jahrhunderts an, so findet man bis in das neunzehnte Jahrhundert hinein anfänglich ein ernstes sittliches Zürnen der Obrigkeit, und allmählich einen eifernden ortho-

---

35) Übersetzt von Dr. W. Binder, Gera 1898.
36) Avé-Lallemant, Physiologie der deutschen Polizei, Leipzig 1882. Stobbe, Geschichte der deutschen Rechtsquellen, Braunschweig 1860 – 1864. Schröder, Deutsche Rechtsgeschichte, 2. Aufl. Leipzig 1894. Deutsches Privatrecht, 1. Band, Leipzig 1895.

doxeren Ton, der häufig an den Kanzelton streift, bis zum Ausdruck offener Entrüstung sich steigert und endlich in dieser
Weise und Form geradezu Politik derselben Obrigkeiten geworden ist, die, trotz des christlichen Tones ihrer Mandate, auf
der andern Seite mit der unmenschlichsten Grausamkeit die
Folter handhaben und die qualvollsten und scheußlichsten
Hinrichtungen vollzogen, zum Beweise ihrer eigenen sittlichen
und politischen Schwäche. Dabei sieht man die Geistlichkeit
mit gleicher sittlicher Entrüstung und mit orthodoxem Eifer
den Obrigkeiten zur Seite und auf dem Schaffot stehen und
tätigen Anteil an der barbarischen Hinrichtung nehmen. Ein
sprechendes Beispiel hierfür ist die Exekution des zwanzi-
gjährigen Juden Löbl Kurtzhandl im Oktober 1694 in Prag, der
in Gemeinschaft mit Lazar Abeles dessen zwölfjährigen Sohn
Simon erwürgt hatte, weil er zum Christentum übertreten
wollte. Es war dies eine Tat religiösen Fanatismus, wie sie die
katholische Kirche durch die heilige Inquisition Jahrhunderte
hindurch übte. Lazar Abeles erhenkte sich im Gefängnis. An
Kurtzhandl wurde aber, wie die Akten sagten, gefunden, daß er
„einer schröcklichen Bestraffung höchst nöthig hätte, weilen
der *Punctus Christianae Religionis* mit unterlauffe." Das Grauenhafteste an dieser gräßlichen Hinrichtung war die Be-
mühung des Jesuitenpaters Johannes Brandstätter, Predigers an
der deutschen Kirche in Prag, den Delinquenten zur christlichen Religion zu bekehren. Nachdem Kurtzhandl schon dreiunddreißig Radstöße auf Arme und Beine und zehn auf die
Brust erhalten hatte, ohne auch nur das Bewußtsein zu verlieren, taufte der nicht ablassende Brandstätter den zerschmetter-
ten Delinquenten unter Absingung eines Psalms, worauf
Kurtzhandl die drei Gnadenstöße auf den Hals empfing und – –
als guter Christ mit einem christlichen Begräbnis belohnt wurde. Noch fürchterlicher und unmenschlicher waren die Hinrichtungen des Münzmeister Lippold in Berlin im Jahre 1573[37]
und 1642 des jüdischen Apostaten Engelberger in Wien.[38]

Doch nicht Juden allein wurden die Opfer der seelsorgeri-
schen Foltern. Andreas Schmid, Prediger zu St. Nikolai in Ber-

---

37) A. Ackermann, Münzmeister Lippold, Frankfurt a. O. 1912. S. 62f.
38) Nachrichten von merkwürdigen Verbrechen in Deutschland
    Bornholm 1786. S. 45.

lin, erzählt in seinem Buche „Das über vier Malefitz – Personen ergangene Justiz – Rad" mit aufgeblasener Selbstgefälligkeit, wie er den am 21. Februar 1725 zu Berlin hingerichteten widerspänstigen Raubmörder Kranichfeld „auf katechetische Weise vergenommen, und weiter nichts von seinem geschwätzigen Maule zu hören gelitten, hat" als die aufgeschriebenen Antworten auf hundertachtundzwanzig rein dogmatische allgemeine Fragen, deren erste beginnt: „Was ist die Buße?" Antwort: „Ein guter Gedanke. Gedenke warum du gefallen bist und tue Buße" usw. Die nach dem Gesetze bestraften Verbrechen werden obendrein noch in ethischer Hinsicht analysiert und ihre Bestrafung gerechtfertigt, ja man findet vom sechzehnten bis neunzehnten Jahrhundert eine Menge Räuber- und Kriminalprozesse von Geistlichen mit theologischen Kommentaren und Erbauungsreden in den Druck gegeben, und stößt selbst in den von Juristen bearbeiteten Kriminalprozessen überall auf geistliche Zutaten, seien es ethische Erläuterungen oder Schaffot- und Erbauungsreden. Offenbar hatte man den ungeheueren Einfluß vor Augen, den die Moralisten und Volksprediger vor und während der Reformation auf das verderbte Volk gewonnen hatten, und glaubte aus den ersten glücklichen Erfolgen, den das mutige Wort in das wüste Treiben bewirkt hatte, auch noch alle anderen weiteren guten Erfolge erwarten zu dürfen. Auch scheint es, als ob namentlich die Obrigkeiten in den protestantischen Landen von der intensiven Gewalt der neuer christlichen Lehre zu viel unmittelbaren Einfluß auf die sittliche Hebung des Volkes erwartet hatten. Sie unterstützten daher lieber die zürnende Kirche durch Zubilligung disziplinarischer und kirchlicher Strafbefugnis, als daß sie selbst das Wiedererwachen des Volks zu neuer sozialpolitischer Masse beachtet und gewürdigt, und mit behender Beweglichkeit direkt in das verderbliche Treiben des zügellos rohen sozialen Lebens polizeilich eingegriffen, sowie die steifen feierlichen Formen aufgegeben hätten, in denen sie namentlich schon seit der Mitte des fünfzehnten Jahrhunderts die Strafrechtpflege auf der Grundlage des römischen und kanonischen Rechts zu üben begonnen hatten. Daher erklärt sich das Zurücktreten der eigentlichen polizeilichen Gewalt gegen den zürnenden Eifer der Geistlichkeit, die namentlich im siebzehnten Jahrhundert eine

Unzahl von ethischen und dogmatischen Schriften zum Vorschein brachte, deren Maß man kaum übersehen, geschweige denn gründlich durchmustern kann, während die polizeiliche Gesetzgebung und Gewalt nur gelegentlich und aphoristisch hervortritt und in ihren Verordnungen mit schneidiger Gewalt in die zartesten Elemente des Familien- und bürgerlichen Lebens eingreift, wie dies recht deutlich aus den vielen Kleider-, Hochzeits-, Tauf- und Begräbnisverordnungen usw. erkannt werden kann.

So ist auf diese Weise schon zeitig und gerade durch die Polizei der Zerstörungsprozeß gegen die Grundlage des deutschen sozialpolitischen Lebens, gegen die Familie, gegen das bürgerliche Haus, begonnen, und die heutige bürgerliche Zerfahrenheit angebahnt worden, in welcher der schwere Verlust überall gefühlt, aber leider durch die überladenste Lebensverkünstelung verdeckt und das Siechtum unseres bürgerlichen Lebens nur noch in immer bedenklicherer Weise gefördert wird. In das deutsche Familienhaus wäre das Gaunertum nie gedrungen, wenn nicht jener Zerstörungsprozeß gerade von Seiten der Polizei so zeitig begonnen und das deutsche Haus und die Familie getrennt hätte, da unsere Häuser nur noch Wohnungshäuser sind, die keine Familie mehr haben. Mit der Lockerung dieses Verbandes konnte auch das Gaunertum in alle Ecken und Winkel des Hauses dringen und überall sich so festsetzen, daß nunmehr die im bürgerlichen Leben sich ausdrückende sittliche Fäulnis geradezu aus den Häusern kommt, und das Gaunertum ein endemisches Übel geworden ist, das bei weitem nicht mehr wie früher in dem exoterischen Vagantentum seine Ergänzung findet, da ohnehin der heutige unnatürliche Mechanismus der Polizei seine wesentliche Stärke in die peinlichste Kontrolle aller der Leute ohne Unterschied setzt, die es unternehmen, über das Weichbild ihres Wohnorts hinauszugehen.

In dieser Weise sieht man vom Schluß des Mittelalters an das Gaunertum zu seiner heutigen Verbreitung und Verfeinerung sich ausbilden. Solange im Mittelalter die rohe Gewalt die Sicherheit aller Einzelnen bedrohte, fand sie ihre Grenze in der Gegengewalt, und diese Gegengewalt war stets so weit ein Schutz, wie ihr der rohe Angriff unterlag. Als aber der Kaiser und später die Reichsfürsten das Geleite als ein besonderes obrigkeitliches Privilegium in Anspruch nahmen und den Reisenden auf den Landstraßen und dem Bürger in den Städten einen notdürftigen Schutz verliehen, da begann das Verbrechen, diesem Schutz gegenüber, wahre Kunst zu werden, und sich zunftmäßig zum Gaunertum auszubilden. Auch die Gruppierung des Gaunertums zum Räubertum verrät seinen Scharfblick, indem es überall mit Sicherheit zu erkennen wußte, wo die Macht der Sicherheitsbehörden zum Schutze des Bürgertums nicht ausreichte, und wo diese dem Gaunertum gestatteten, mit mehr oder minder offener Gewalt hervorzutreten. Die Existenz von Räuberbanden ist auch noch heutigen Tages nicht minder ein Kriterium für das Siechtum unserer sozialpolitischen Zustände, wie ganz besonders für die Geltung der Polizei, die mit jenen Zuständen nur in Friedenszeiten ein leidliches Abkommen hat, eine stürmische Bewegung aber nicht auszuhalten im Stande ist, sondern diese erst durch die massenhafte soldatische Gewalt beseitigen muß. Die Geschichte des Räubertums ist daher ebenso eine Sittengeschichte des Bürgertums, wie eine Sittengeschichte der Polizei.

Wird man von Erstaunen ergriffen, wenn man zu Ende des Mittelalters im *Liber Vagatorum* mit seinem Gaunersprach-Lexikon den Bestand eines vollkommen ausgebildeten Gaunertums findet, so forscht man doch vergeblich weiter nach einer ferneren Entwicklung dieser merkwürdigen Literatur, trotzdem der *Liber Vagatorum* bei den Theologen eine große Verbreitung fand, und sowohl in seiner ursprünglichen Gestalt wie im Plagiat der rotwelschen Grammatik eine ziemlich große Anzahl verschiedener Auflagen erlebte. Nichtsdestoweniger bildete sich aber das Gaunertum selbst immer weiter aus, indem es mit seiner feinen Lebensbeobachtung überall seine Gelegenheit auszuspähen und auch alle politischen Bewegungen sofort auszubeuten wußte, um sich sogar mit offener Gewalt zum Räubertum zu sammeln. Aber der bis dahin als sozialpolitischer Faktor unbeachtet gebliebene Bauernstand, fing an, sich zur Masse zusammenzutun und zuerst durch das Räubertum sich furchtbar bemerkbar zu machen. Das Beispiel Frankreichs, in dem der König schon lange die rohe Waffe der Bürgergemeinheiten gegen den übermütigen Raubadel aufgeboten, mit ihnen den Adel unterworfen, und damit die unmittelbare Reichshoheit für sich erworben, dafür aber auch gefährlicherweise der rohen Masse ihre Gewalt gezeigt und den Geist der Revolution in Frankreich heraufbeschworen hatte, wirkte nach Deutschland hinüber. Schon zu Friedrichs III. Zeit hatten in Franken, Schwaben und am Rhein Bauernunruhen stattgefunden. Im fränkischen Dorfe Niklashausen hielt Hans von Böheim, genannt das Pfeiferhänslein oder der Pauker, Bußpredigten gegen „Pfaffentum und Fürstendruck", infolge deren die rohesten Aufstände und die verwegensten räuberischen Gewalttaten stattfanden. Bedenklicher war schon der sogenannte Bundschuh, zuerst 1493 im Elsaß, 1505 bei Speier und 1513 im Breisgau, der, wie jener Aufstand durch massenhafte Hinrichtungen gedämpft wurde. Ein Jahr später konstituierte sich der „arme Konrad oder Kunz", der durch einen Vertrag beigelegt wurde. Die lange bestehende Not und Unzufriedenheit der Bauern und kleinen Handwerker brachte am 1. Januar 1525 den Ausbruch jenes großen Bauernkrieges zu Wege, in dem unter Leitung der elendsten Abenteurer und Wüstlinge, die mit der Ehre und dem Leben längst abgerechnet hatten, wie Jäcklin Rohrbach aus Böckingen bei Heilbronn, dessen Schreiber Mendel Hippler und Georg Metzler aus dem Odenwald und andere, Schwaben, Franken, die Länder am Ober- und Mittelrhein, Thüringen, Hessen und das Meißnische auf das grauenhafteste durch Mord, Brand, Raub und Verwüstung von den zügellosesten Banden des niederen Pöbels heimgesucht wurden, von dessen Verworfenheit und Brutalität eine Unzahl schaudernde, abscheuliche Beispiele aufgezeichnet sind. Durch diese erste Auflösung aller Ordnung und Zucht und durch die Zusammenrottung der untersten Volksschichten, die sich dabei zum ersten Mal in Deutschland ihrer Macht als Waffe im Gegensatz zu der sittlichen obrigkeitlichen Gewalt und Ordnung bewußt wurde, wurde auch der erste Grund zur Existenz und Fortdauer jener großartigen Räuberbanden gelegt, deren freche Gewalt in dem Dreißigjährigen Kriege ihren Höhepunkt erreichten, da so wohl in der Werbung wie auch in der Behandlung der kaiserlichen Heere durch Wallenstein und andere Heerführer in den untersten Volksschichten das Bewußtsein ihrer Gewalt als Waffe leider nur allzusehr angeregt und erhalten wurde.

Eine Geschichte der Räuberbanden nach den Bauernkriegen
bis zum und nach dem Dreißigjährigen Krieg läßt sich nur
schwer im Zusammenhange geben, da die einzelnen Banden
immer nur nachlässig verfolgt wurden, und die Justiz sich
damit begnügte, die einzelnen aufgefangenen Räuber rasch
hinzurichten, anstatt ihre Gefangenschaft zur Erforschung
und Verfolgung ihrer Genossen zu benutzen. Auch ist es unzweifelhaft, daß in jener Zeit des krassesten Aberglaubens und
der wütendsten Hexenverfolgungen ein sehr großer Teil als
Zauberer und Hexen hingerichteter Personen Betrüger und
Gauner waren, die auf der Tortur zu jenem Bekenntnis gebracht waren, die den abergläubischen und fanatischen Richtern genehm waren. Man braucht nur die scheußlichen Daemo-
nolatria des Nikolas Remigius oder die zahlreichen Zauber-
und Gespenstergeschichten zu lesen, um zu dieser Überzeugung zu gelangen.[39)]
Aber schon seit den Hugenottenkriegen tritt das Räubertum
als fortschreitende historische Erscheinung überall unverkennbar hervor. Hauste das Räubertum gerade während der Kriege
am gewaltigsten, so trat es bei dem großen wilden Kriegstrei-
ben selbst, das alles in Bewegung brachte, dennoch nicht in so
greller Farbigkeit hervor, in der es bei dem einzelnen momentanen Stillstand oder unmittelbar nach der Entfernung jener
Bewegungen sichtbar wurde. Das Räubertum schloß sich so unmittelbar an das Soldatentum an, daß die Kriegsheere zum Teil
den Anschein disziplinierter Räuberhorden gewannen, und die
Soldaten unter den Augen ihrer Hauptleute auf räuberische
Exkursionen, auf Partei, ausgingen, denen durch die eigens angestellten vielbeschäftigten Regimentshenker keineswegs Einhalt getan werden konnte.
Das Soldatentum wie das Bettlerwesen waren der Nährbo-
den, auf dem das Gaunertum erwuchs. Beide waren Machtfak-
toren, gegen die die Staatsgewalt und die systemlos gehand-
habte Polizei machtlos erschienen. „Dieweil der höchsten
Oberkeit im Reiche und den Landes- und städtischen Oberkei-
ten schier alle Kraft abhanden kommen, und Fürsten und Volk
von oben bis unten in Verderbnis geraten sind, so können auch

---

39) Soldsan-Heppe, herausgeg. von M. Bauer. 2. Band S. 113, 123 u. a. a. D. m.

alle die vielen Mandate und Strafbefehle wider Bettler, Vaganten, Landstreicher, gartende Knechte, Zigeuner, verbrecherisch Gesindel von jeder Art und Namen, Diebe, Räuber und Mörder so gar nichts ausrichten, wie wir täglich vor Augen sehen", klagt ein Prediger im Jahre 1571.

Das Gesindel, das echte Gaunertum, das alle Arten von Verbrechen gewerbsmäßig betrieb, rekrutierte sich in der Hauptsache aus dem Vagantentum, und dieses setzte sich wieder in der Hauptsache aus Bettlern und zu solchen gewordenen entlassenen Soldaten zusammen.

Die Berichte der Zeitgenossen über das Treiben dieses Auswurfs der Menschheit grenzen an das Unglaubliche, sagt Janssen, und die Beispiele, die er beibringt, bestätigen seine Worte.

„Das Lügen und Betrügen" schreibt Ambrosius Pape in seinem „Bettel – und Garte Teufel" vom Jahre 1586, dessen „die grausam vielen Arten" von Bettlern „sich vernehmen lassen, wäre noch zu leiden, wenn es dabei bliebe"; aber sie gehen weiter: „Sie berauben, würgen die Leute und gehen jämmerlich mit ihnen um, daß schier kein Mensch sicher aus dem Hause gehen, ja mit Wolmacht in seinem eigenen Hause allein schlafen darf und das Seine verteidigen, wie uns deren Exempel genugsam bekannt sein wird". Im Sommer und Herbst stellen sie sich als ungebetene Gäste bei den Hochzeiten auf den Dörfern ein. Des Winters drängen sie sich in die Stuben an die Tische und um die Kachelöfen, „daß man weder aus- noch eingehen kann". Wenn sie dann „die Gelegenheit in den Häusern fein abgesehen, kommen sie des nachts, brechen ein, stehlen und tragen davon, was ihnen geliebet, und so sie einen Groll auf den Hauswirt haben und blutgierig sein, oder sich sonst befürchten müssen, daß sie ihren Diebstahl nicht vollenden können, wenn sie vielleicht erwachten, dürfen sie auch ermorden alles, was sie antreffen, wie man leider erfährt und neulich an unserem Nachbarn, dem Pfarrherrn zu Ebendorf, ist bewiesen worden". Pape zählte darauf viele erschreckliche Morde auf, die in seiner nächsten Nähe innerhalb vierzehn Tage geschehen seien, „daß wer es höret, die Haare wohl gegen Berg stehen mögen und die Haut sich darob erschüttere".

Auch Hans Sachs jammert über die „Bettler, Landfarer, Zigeuner, lose Buben, gartende Knechte und Mordbrenner."

„Möchte doch Gott", schrieb er 1559, „uns einen deutschen Herkules schicken, der das Land von Raub, Mord und Plackerei säubere; denn vor den Räubern und Mördern sei niemand mehr sicher."[40]

In demselben Jahre traten die fränkischen Reichsstände zu einem Bunde zusammen, bloß und allein „wegen der schädlichen hochnachteiligen und beschwerlichen Plackereien, Reutereien, Mord und Räubereien, welche sich vielfältig im heiligen römischen Reiche" zutrügen und ereigneten. Der Erfolg war ausgeschlossen, da man das Gesindel, wenn ihm kein Kapital nachzuweisen war und die Folter nicht ihr gewichtiges Wörtlein mitsprach, durch die Ausweisungen nur von einer Landesgrenze über die andere trieb.

„Die bösesten unter all dem räuberischen und mörderischen Volk" waren die aus dem Dienst entlassenen Landsknechte, gartende, d. h. umherschweifende Knechte genannt. Sie zogen zu zweit oder in Rotten durch das Land, quartierten sich bei den Bauern, wohl auch in Flecken und kleinen offenen Städten ein und begingen die ärgsten Ausschreitungen. In ihrem Gefolge befanden sich oft allerlei „Landsterzer, Bettler und Bettlerinnen, Zigeuner, Gaukler und dergleichen Gesindel, was nur Namen hat". Sie begnügten sich nicht mit Plündern, Rauben und Morden, sondern verwüsteten, was sie nicht mitschleppen konnten. In Bayern wurden sie zur wahren Landplage, gegen die sich Gemeinden und Landgericht im fortwährenden Kriegszustand befanden. Im Jahre 1565 brannten sie einmal in den Landgerichten Pfaffenhofen und Schrobenhausen vier große Dörfer nieder. Das Unwesen wurde so stark, daß Herzog Albrecht V. 1568 und später wiederholt allgemeine Landjagden wider die Gartenden anordnen mußte. Wer ergriffen wurde, heißt es in einem herzoglichen Erlaß von 1568, sollte auf die Galeere geschickt oder mit dem Strange abgetan werden. Doch damit selbst wurde man des Übels nicht Herr. Als im Jahre 1593 die Landstände die schwere Not der Bauern schilderten, erwiderte Herzog Maxmilian I., man möge „den Bauern zum Besten allerlei Sachen verordnen, insbesondere aber auf Mittel denken, wie die gartenden Landsknecht, Bettler, Stationierer ihnen vom

40) S. u. N. Schnekker, Drei Predigten vom reichen Mann und armen Lazaro, Leipzig 1580, Bl. H.

Halse geschoben werden könnten"[41]. Die Obrigkeiten nahmen sich aber der Sache nicht mit dem wünschenswerten Eifer an und so blieb alles beim alten oder wurde noch schlimmer. Fünf Jahre später klagte der Herzog, wie es noch immer „kundlich am Tage, was der gemeine arme Bauersmann, sonderlich auf den Weilern und in den Einöden, zeithero für gewalttätige nächtliche Überfälle, Bedrängnis, Plünderung und etwa auch Gefahr Leibs und Lebens von den herrenlosen gartenden Knechten, Störzern, Bettlern, Stationierern, Zigeunern und dergleichen müßig gehendem heillosem Gesindel ausstehen" mußte, ein Übel, das allermeist aus Nachlässigkeit vieler Obrigkeiten und Beamten „herfließe". Im Jahre 1612 erging die Verfügung: Man solle die „gartenden Trossen, Stationierer und gewaltübenden Soldaten von den Abwegen auf die offenen Landstraßen führen und an einem sichtbaren Baum ohne weiteres Malefizrecht aufhängen"; dabei möge „jedem sein Verbrechen auf einem pergamentenen Zettel auf die Brust geheftet" werden.

In Baden sprengten berittene Straßenräuber auf freier Landstraße an, plünderten und mordeten. Im Jahre 1576 warnte Markgraf Philipp II. die Untertanen wegen der Mordbrenner, die sich abermals zusammengeschlagen hatten. Im nächsten Jahre folgten drei neue Erlasse gegen eine uniformierte Räuberbande, nämlich eine gefährliche Mordbrennergesellschaft, die sich durch „rote Knöpfe auf den Hüten" kenntlich gemacht hatte – 1581 und 1582 war es mit einigen dieser „diebischen und mörderischen Gesellschaften und Brennern" so weit gekommen, daß, weil sie „heimlicherweise Unterschleif und Hilfe" fanden, schier niemand in seiner Behausung sich mehr sicher fühlte.

„Wir befinden täglich", heißt es in einer württembergischen Verordnung vom Jahre 1556, „daß die mordbrennerischen Buben ihr mörderisch Fürnehmen ins Werk bringen: nicht allein etliche Häuser und Scheuern, sondern ganze Flecken, Dörfer und Schlösser" durch angelegtes Feuer zerstören, und zwar „also eilends, geschwind und unversehens, daß auch etwa die Alten nicht entfliehen konnten und samt den jungen Kindern

41) P. Ph. Wolf, Geschichte Maxmilians I. und seiner Zeit. München 1807 · 1809. I. Band. 114 f.

jämmerlich und erbärmlich verkommen und verbrennen"
mußten[42].

In Hessen wurde im Jahre 1590 geklagt: Allerlei fremde Bettler, ausländisches und anderes herrenloses Gesindel schleiche
sich ein, darunter auch solches, das bei den Freibeutern in den
Niederlanden gestanden. Sie legten Brand an, machten Kundschaft auf die Reisenden, wegwarteten auf den Straßen und beraubten die Wanderer, oft sogar in der Nähe volkreicher Städte.
Im Jahre 1600 erging eine gräflich schaumburgische Ordnung
gegen die umlaufenden Gardenknechte, Landstreicher, fremden
Bettler, Planetenleser und andern Gauner, welche die armen Untertanen vielfach beschwerten, sonderlich aber auf Hochzeiten
und Kindtaufen sich häufig einfänden und die Leute zu Trakta-
tionen zwängen. Sogar bei Begräbnissen nahmen die Vagabunden ein Almosenrecht in Anspruch. Das Trauerhaus wurde von
einer Schar von Bettlern und Kindern umlagert; alle begehrten
von den Leidtragenden Almosen, und wenn ihrem Verlangen
nicht gutwillig entsprochen wurde, traten sie mit Trotz und Drohungen auf. In ganzen Haufen kamen sie in die Städte und Dörfer, drangen gewaltsam unter dem Scheine des Bettelns in die
Häuser, machten die Straßen unsicher, übten Raub, Mord und
Brand. In einem Schreiben des Kurfürsten von Mainz werden
sie als „heimische und welsche Bettler" bezeichnet, in einer nassauischen Verordnung als herrenlose und gardende Knechte,
Sonnenkrämer, Knappsäcke, Zigeuner, Mordbrenner, reislaufen-
de Burschen, loses Gesindel, Spitz- und Lotterbuben. „Diese
Landstreicher und Gardirer", heißt es in einem öffentlichen
Ausschreiben, ziehen meist herum „mit fälschlich erdichteten
oder erkauften Urkunden auf angeblich erlittenen Brand- oder
Wasserschaden und anderes Unglück, das sie ausgestanden, als
durch Gefängnis, gewalttätigen Überfall, unbillige Verweisung,
Dienstentsetzung, Religionsverfolgung, oder auf Leibesge-
brechlichkeit"; eine genaue Nachforschung aber habe ergeben,
daß solche Urkunden nur als „Deckmantel großen Betrugs und
fälschlicher Bosheit" gebraucht würden.

In Sachsen nahmen selbst unter dem Kurfürsten August, der
den Ruf hatte „einer der gestrengesten Fürsten im heiligen

42) L. A. Reyscher. Vollständige, hist. und krit. bearbeitete Sammlung der
    württemb. Gesetze. Stuttgart u. Tübingen, 12. 295.

Reiche" zu sein, „Wegelagerei, Straßenraub und Mordbrand,
vornehmlich auf dem platten Lande", trotz zahlreicher, immer
schärferer Strafverfügungen fortwährend zu. Solche Verordnungen ergingen in den Jahren 1555, 1559, 1561, 1566, 1567,
1569, 1570, 1571, 1577, 1579, 1581, 1583. Da hörte man „Männer und Weiber werden von den Landplakern daniedergeschla-
gen, ausgeraubt, ermordet"; „die durch lose Buben und Mordbrenner verursachten Brände nehmen so überhand, daß
dadurch unersetzlicher Schaden entsteht"; „von wegen der gartenden Landsknechte und anderer verschlagener Diebe müssen
die Untertanen an Sonn- und Feiertagen sich des Einbrechens
der Diebe befahren"; „oft zu 20, 30 und mehr laufen die herrenlosen Knechte einher und nehmen den Leuten das Ihre mit
Gewalt"; bei Mordbrennereien und Raubanfällen solle die
Sturmglocke alle Mannen in Dörfern und Städten zur schleunigen Abwehr und Verfolgung der Verbrecher zusammenrufen;
„haufenweise treibt sich unter dem Namen Zigeuner ein aus
Deutschen und anderen Nationen zusammengelaufenes, verzweifelt loses Gesindel im Lande herum, lagert sich bei den Untertanen ein, sticht und raubt, übt allerlei abscheuliche Gottes-
lästerung, Zauberei und Unzucht"; mit den „Plackereien,
Räubern, Zusammenrottungen wird es imer schlimmer[43]. Unter dem Administrator und den Kurfürsten Christian I., Christian II. und Johann Georg folgten fast von Jahr zu Jahr ähnliche Schilderungen und gleich scharfe, aber wirkungslose
Strafbestimmungen. So heißt es beispielsweise unter Christian
I. in den Jahren 1588 und 1590: Fremde Landstreicher und
Marktbettler belagern die Straßen; Zigeuner, mit Büchsen bewehrt, treiben Straßenräuberei und vergewaltigen die armen
Leute auf dem Lande. Bei Leipzig lieferten sich Bettlerhaufen
förmliche Schlachten auf offenem Felde. Um das Jahr 1616
wurden, sagt ein Bericht, „durch das Laster des Mordbrandes
viele Städte, Flecken und Dörfer in großen, fast unüberwindli-
chen Schaden, ja teils gänzlichen Verderb und Untergang gesetzt". [44]

43) *Codex Augusteus* oder neuvermehrtes *Corpus iuris Saxonici ect.* von J. Chr.
Lünig. Leipzig 1724. 1. Bd. S. 54, 155, 158, 690, 1403 ff.
44) A. Tholuck, Das kirchliche Leben des siebzehnten Jahrhunderts I. Abt
Berlin 1861, S. 220.

„Im Harz grassierten um das Jahr 1586 gewaltige Mord-
brennerbanden derart, daß schier niemand auf dem Lande sich
mehr sicher wußte, viele Schutthaufen und Trümmer zu sehen
waren und in sehr vielen Dörfern gar kein Getreidig gezogen
werden konnte und zu finden war." Im Juli 1590 brannten mehrere Wochen hindurch alle Holzungen in den Grafschaften
Wernigerode, Regenstein, Hohenstein und im Gebiete des Bischofs von Halberstadt. Die Städte Heringen und Suhl wurden
durch angelegtes Feuer völlig ausgebrannt. Die Stadt Tangermünde wurde im September 1617 durch sechs Mordbrenner in
Brand gesteckt: „486 Wohnungen mit 53 mit Getreide ange-
füllte Scheunen wurden in Asche verwandelt."[45]

Für die Oberlausitz war im Jahr 1590 der Befehl ergangen:
„Die zusammen rottierten Gartknechte, Diebe, Räuber und
Bettler sollen von Stadt zu Stadt, von Flecken zu Flecken, von
Dorf zu Dorf verfolgt werden; die vom Land sollen den Städten,
die Städte dem Land nach allem Vermögen darin Beistand leisten"[46]. Aber „trotz aller Mandate", erklärte Kaiser Rudolf II.
1605, „nehmen die Morde und Totschläge, Ehebrüche, Blut-
schanden, mutwillige Frevel, Konkussionen und Vergewalti-
gungen armer Leute durch den ungezogenen Adel und andere
freche Leute auf dem Land und in den Städten je länger je mehr
überhand, und mit der Verfolgung auf frischer Tat und ebenfalls mit der Strafe wird gar kein Ernst gebraucht, sondern die
Verbrecher werden davongeholfen oder sonst übersehen."

Dieselben Zustände herrschten in Mecklenburg. Um das Jahr
1540 „war die Straßenräuberei", schrieb Bartholomäus Sa-
strow, „im Lande Mechelnburg daher gar gemein, das dieselbe
nicht ernstlich gestraft wurde, und ließen sich von dem Adel
fürnehme Geschlechter dabei finden." Im Jahre 1563 wurde den
Herzögen Johann Albrecht und Ulrich vorgestellt: Plackerei
und Straßenraub nähmen im Fürstentum sehr überhand, und
die Straßenräuber würden nicht ernstlich bestraft. Auf Be-
schwerde der Ritterschaft über die gartenden Knechte, Landstreicher und Bettler wurde von der Regierung landesväterlich
anerkannt, daß dieselben vorzugsweise den Bauern zur Last
seien, dafür sollten aber auch „die armen Bauern" zu deren

45) Pohlmann und Stößel, Gesch. der Stadt Tangermünde, Stendal 829, S. 301 f.
46) *Codex Augusteus* 2. T. 3. Bd. S. 117 ff., 133 ff.

Vertreibung die Kosten tragen: Jede Hufe sollte beisteuern zur Anstellung von „Einspännigen", durch die das Gesindel aus dem Lande geschafft werden solle; „denn" es sei gewiß, „daß die armen Bauern mehr durch das herren- und ehrlose Gesindel, als durch die Türkensteuer ausgesogen würden, und öfter solche Bettler dem Bauer mehr in einem Tage kosten als ein Einspänniger im ganzen Jahr." Auch „der Mordbrand wütete" im Lande. Ein Herzogliches Rundschreiben vom Jahre 1577 machte allen Ortsobrigkeiten die Zeichen der Mordbrenner und der Diebe bekannt, die angeblich von ausländischen Potentaten und heimlichen Feinden ausgeschickt seien, Städte und Dörfer mit Brand zu verheeren: es sind ganz ähnliche Zeichen: die Bilder des Dudelsacks, des springenden Löwen, des Andreaskreuzes, der Pfeilspitze mit Ring und so weiter, wie sie um die Mitte des sechzehnten Jahrhunderts auch in andern deutschen Landen, in Sachsen, Thüringen, Brandenburg, Pommern, als von Mordbrennern, Räubern, Zigeunern und sonstigem Gesindel gebraucht vorkommen."[47)]

In Pommern-Stettin verkündeten die Herzoge Barnim und Philipp im Jahre 1549, daß sie über „die Gefangennehmung und Bestrafung der überhandnehmenden Straßenbeschädiger, Mordbrenner, Befehder und Bedräuer" mit dem Kurfürsten von Brandenburg und dem Herzogen von Mecklenburg zu gemeinsamen Maßregeln sich verständigt hätten. „Wider des heiligen Reiches ausgekündigten Landfrieden und unsere mehrmalen deshalb ausgegangenen ernsten Mandate sagen viele mutwillige Leute", hieß es in einem herzoglichen Gebotsbriefe vom Jahre 1560, „um geringe, auch oft ohne alle gegebene Ursache ihrem Widerteile ab" und beschädigen nicht allein diese, sondern ganze Städte, Dörfer und Flecken mit Brand, Mord, Vieh- und Pferdestechen. „Ihrer viele" nehmen zum Vorwand ihres Gebarens „wörtliche und tätliche Injurien oder Schmähworte, die ihnen vor 10, 20 und 30 Jahren begegnet und durch Verjährung und sonst lange erloschen sind, oder ziehen die Zucht und Strafe, die ihre Meister und Herren in ihren Lehr- und Dienstjahren gebraucht haben, hervor", „rotten sich mit anderer loser Gesellschaft zusammen und erschei-

47) Jahrbücher des Vereins für mecklenburgische Geschichte und Altertumskunde, 26. Bd.

nen in gemehrten Haufen mit Geschützen, Wehren und Waffen" im offenen Feld, brennen, rauben und morden in den Gemeinden, in denen ihre Widersacher gesessen sind. Wider alle solche Verbrecher solle mit Leibesstrafen, Hinrichtung durch das Schwert eingeschritten werden, ernstesten Falles solle man sie „mit Feuer oder Schmöch" vom Leben zum Tode richten[48]. Im Jahre 1569 setzte ein Landtagsabschied das ganze Land in Schrecken durch einen „aus andern Landen und fürstlichen Höfen" erhaltenen glaublichen Bericht, daß nicht weniger als 700 Mordbrenner auf Deutschland bestellt seien und „allbereits Städte, Flecken und Dörfer mit Feuer angezündet" hätten[49]. Daneben ergingen häufige Straferlasse wider „gartende Knechte, umlaufende Teichgräber, fremde Bettler und Landstreicher, Zigeuner, Rohrleute, Wahrsager und dergleichen Landfahrer, und allerlei unbekannt loses mit Weib und Kindern aus fremden Orten „hereinziehendes Gesindel: die insgesamt besonders die Dörfer heimsuchten und unsäglichen Schaden anrichteten. Wenn die Zahl dieser Vergewaltiger, erklärte, ähnlich wie in Sachsen, eine herzogliche Verordnung vom Jahre 1569, zu groß sei, daß die Einwohner eines Dorfes außer stande, sich dagegen zu schützen, so solle Sturm geläutet werden, und die Bauern aus den benachbarten Dörfern sollen den Bedrängten zu Hilfe eilen[50].

Aus Brandenburg lauteten die Berichte „gleich beschwerlich und kummervoll." Schon im Jahre 1542 beklagten sich die Landstände über die vielen fremden Bettler, die des Mordbrandes beflissen seien. Auf einem Landtage vom Jahre 1549 hieß es: infolge des Auskaufens der Bauern durch den Adel wachse das ländliche Proletariat und belästige die Städte; durch die Straßenräuber und räuberische Überfälle herrsche „große Unsicherheit" auf allen Verkehrswegen. Man wendete dieselben Sicherheitsmaßregeln an wie in Sachsen und Pommern, fand jedoch „damit keine Hilfe und Erleichterung." Durch einen Befehl des Kurfürsten Joachim II. vom Jahre 1565: wider die vielen Friedbrecher „sollen die vom Adel neben den Bauern auf-

48) J. E. Dähnert, Sammlung gemeiner und besonderer Pommerscher und Rügischer Landes-Urkunden. Gesetze, Privilegien, Verträge usw. 3. Band, Stralsund 1769. S. 414. f.
49) Dähnert I. S. 533.
50) Dähnert III. 418 f., 420, 604 f., 621, 821, 842 f.

sein, sie gefänglich einziehen, und wenn sie nicht stark genug, an die Glocken schlagen und dieselben mit Hilfe ihrer Nachbarn in Haftung bringen", ließen sich die Landstreicher, Straßenräuber und Mordbrenner so wenig einschüchtern, daß sie auf gemeinen Landstraßen in Flecken und Dörfern „mit Rüstungen und vielen Büchsen sich gefaßt machten", so daß Kurfürst Johann Georg im Jahre 1572 eine „Verbesserung" der früheren Verordnungen für notwendig erachtete. So oft Räubereien und Mordtaten in einem Dorfe vorkämen, sollten, ordnete er an, alle umliegenden Dörfer, Mann für Mann, mit den besten Wehren herbeieilen und die Räuber und Mörder verfolgen, auch in die Gebiete benachbarter Fürsten, mit denen die Landesherrschaft sich darüber verständigt habe. Nichtsdestoweniger wurden, wie ein neuer kurfürstlicher Erlaß vom Jahre 1584 bekennen mußte, alle Arten von Landplackern, „Landsknechte, Teichgräber, in Backöfen sich aufhaltende Bettler und Müßiggänger", je länger je frecher und mutwilliger": „welches fürnehmlich", sagte Johann Georg, „daher verursacht" werde, daß diese von Landesangehörigen „gehauset und geheget" würden, man ihnen sogar „dasjenige, was sie den Leuten abdringen, rauben und stehlen", abkaufe und ihnen so in ihren Übeltaten Vorschub leiste. Die Ansicht: das „verzweifelt Rauben, Brennen und Morden sei jetzo so hoch gestiegen, daß es damit wohl nicht ärger" werden könne, erwies sich nach späteren Verfügungen aus den Jahren 1590, 1595, 1596, 1599, 1603, 1606, 1612, 1615, 1616 als unbegründet; denn ein jede von ihnen kennzeichnete die noch stets wachsende Verschlimmerung der Zustände. „Das Brennen, Garten, Brennen nimmt je mehr und mehr überhand, die Täter werden immer verwegener", hieß es im Jahre 1596, und drei Jahre später: „Täglich laufen Klagen ein" über das zunehmende Unwesen des umherstreifenden Gesindels. Das Fehdewesen, sagte Kurfürst Joachim Friedrich im Jahre 1603, wird ungeachtet aller exequierten schweren Leibes- und Lebensstrafen, fast aller Örter durch unser ganzes Kurfürstentum so gar gemein und nimmt überhand, daß sowohl unbekannte fremde Leute ohne einzige gegebene noch bewußte Ursache, als auch schier ein jeder verdorbener gottes- und ehrvergessener Bube, der inner Landes ist und dem man in seinen vorfallendenden unrichtigen Händeln nicht allerdings seines eigenen Willens und selbsterdachten Rechtens pflegen und gleichsam tun und lassen will, was ihm nur selber gefällig, sich unterstehen, nicht allein Brand- und Absagsbriefe samt andern feindlichen Zeichen wider ganze Städte, Flecken, Kommunen, Dörfer und andere ehrliche Leute zu schreiben, zu stecken und anzuhängen, sondern auch dieselbe schändliche und unchristliche Tat des Ansteckens und Mordbrennens an sich selbsten drauf vorzunehmen, zu Werk zu richten und darüber viele unschuldige Leute in äußersten Jammer, Verderb und Elend zu stürzen, wie dann leider die Exempel bekannt und am Tage"; „dieses Laster ist so häufig eingerissen, daß daraus die Betrübung und Beunruhigung des ganzen Landes zum höchsten" erfolgt. Mit Feuer und Schwert solle dagegen eingeschritten werden. Allein nach Ablauf von drei Jahren folgte das Bekenntnis: ungeachtet aller früheren Befehle auf Feuer und Schwert werde das Fehden und Mordbrennen, die Ausraubung der Untertanen durch gartende Knechte und Bettler, sonderlich auf den Dörfern, im ganzen Land ungescheut weiter getrieben; deshalb müsse auch jeder, der den Verbrechern mit Rat und Tat beistehe oder sie der Obrigkeit, wenn er dazu imstande, nicht anzeige, so gut wie sie selbst mit Feuer und Schwert gestraft werden. Was damit ausgerichtet wurde, geht aus einer Verfügung des Kurfürsten Johann Sigismund aus dem Jahre 1615 hervor: „Noch niemals" sei die Zahl des verbrecherischen Gesindels „so stark gewesen als eben jetzt": „bis auf die 60 laufen sie auf einem Haufen, rottieren sich zu Haufen" und haben „noch niemals mehreren Unwillen und Frevel" begangen als „eben jetziger Zeit". „Sie schatzen die Leute ihres Gefallens, erbrechen die Türen und Häuser mit Gewalt, nehmen öfters mit, was nicht mitgehen will, greifen die Fußgänger auf den Straßen an, berauben sie, schlagen sie wohl gar zu tot, verursachen auch in den Städten viel Unfug, Mord und Totschlag." Aber noch gegen Ausgang des nächsten Jahres liefen die „Bösewichter und Lumpengesindel" mit „Oberwehren gerüstet" nach wie vor in starken Haufen durchs Land und griffen „nun auch zu mehrenmalen" die Bauern sogar in den dem Kurfürsten „unmittelbar zustehenden Gerichten" an, schlugen „dem armen Bauersmann und den Seinigen die Arme und andere Gliedmaßen entzwei, raubten in den Häusern, was ihnen gefiel, verderbten das übrige", setzten überhaupt ihrem „wilden, zuvor nicht von Feinden, geschweige von Gartenden gehörten Unwesen kein Ziel oder Maß."[51]

So sieht man gegen Ende des sechzehnten und Anfang des siebzehnten Jahrhunderts bis in den Dreißigjährigen Krieg hinein in Frankreich und Deutschland seine so überaus fest geschlossene Verbindung des Gaunertums mit einer in allen Künsten und Theorien des Gaunertums so vollkommen eingeschulten Ausbildung, daß, wenn man jene zahlreichen Gaunerzüge durchsieht, die z.B. in dem merkwürdigen Buche „Der Beutelschneider" vorgeführt werden, man gestehen muß, daß die neueste Zeit kaum irgend ein neues Kunststück hervorgebracht hat, sondern daß sie immer nur mit der Verlassenschaft eines alten Erbgutes wuchert.

Es ist kaum glaublich, mit welcher Kunst, Gewalt und Verbreitung und wie lange Zeit die Rougets und Grosons unter ihren berüchtigten Anführern de la Chesnay, la Pointe, la Faverie, la Fontaine u. A. ganz Frankreich in Schrecken setzten; wie ihre Verbindungen weit nach Spanien, England, Holland und Deutschland reichten; wie sie so lange Zeit in der Vorstadt St. Germain ungestört ihre Zentralvereinigung haben, und von hier aus die beispiellosesten Unternehmungen leiten und ausführen konnten. So tauchten in der ersten Hälfte des siebzehnten Jahrhunderts eine Unzahl berüchtigter Gaunernamen auf, von denen jeder der Held eines von allen Untaten befleckten Räuberlebens ist, wie Rochetaille, Carfour, la Fleure, de la Viegne, Grillon, Postel, Lachassine, Mailland, l' Escluse, Forrestier, Garandin, Palioly, Arpalin u. A. Den Wechsel jener französischen Gauner von Frankreich aus nach Spanien, England und vor allem nach Deutschland hinein, lernt man vorzüglich aus dem reichhaltigen „Schauplatz der Betrüger" kennen, sodaß man auch in diesen Zeitperioden deutlich den dauernden Fortbestand des Gaunertums wahrnehmen und seinen Zusammenhang mit der neuesten Zeit historisch nachweisen kann.

Gerade durch die Werbungen Wallenstein's wurde recht offenbar gemacht, wieviel Gesindel aller Orten in Deutschland verbreitet, und wie groß die politische und sittliche Not in Deutschland war. Kaum mag es irgendeinen treffenderen Be-

51) Janssen, a. a. D. VIII. S. 367 ff.

weis für die Not des Kaisers geben, als jenen Bestand des von Wallenstein zusammengebrachten kaiserlichen Heeres.

Schon 1621 wurde in einer anonymen Flugschrift geraten, „man solle die Macht der stets mit den Fürsten verbundenen Patrizier in den Städten dadurch brechen, daß man den Zünften gleichen Zutritt zum Rate und zu den Ämtern öffne, um so den Fehler Karls V., der die zur Übermacht gekommenen Zünfte wieder eingeschränkt hatte, wieder gutzumachen." In einer anderen anonymen Flugschrift wurde dem Kaiser geraten, „sich auf den gemeinen Pöbel zu stützen, als worin eines Monarchen wahre Stärke bestehe". Als Wallenstein 1625 aus Franken durch Hessen nach Niedersachsen zog, waren es Zigeunerbanden, die kundschaftend und raubend seinem bunten Heere voranzogen, und dies Heer, dem auch die Söhne der Bürger und Bauern aus allen Gauen Deutschlands zuströmten, waren meistens zusammengelaufenes Gesindel, mindestens ein arges Gemisch aller Konfessionen und meistens nur um Wallenstein's Fahnen geschart, um Beute und hohen Sold zu gewinnen. Als Wallenstein nach der Einnahme von Prag durch die Sachsen, zum zweitenmal ein Heer warb, führte ihm Terzka 4000 Kosaken aus Rußland, Merode einen Haufen Wallonen aus den Niederlanden, und der Kroatenoberst Isolani einen Heerhaufen aus Ungarn zu. Mit diesen heillos vergriffenen Mitteln zur Stützung der Kaisergewalt hatte Wallenstein einen Geist heraufbeschworen, dem er selbst zum Opfer fiel und dem auch die Macht des Deutschen Reichs nach außen und sein geistiges und materielles Wohl im Innern geopfert wurde. Furchtbar ist die Schilderung, welche die Schriftsteller jener Zeit von dem Zustande des durch Habsucht und Zerstörungswut, Grausamkeit und Wollust, Mord und Willkürlaune der stets hin- und herziehenden Solodateska auf das Entsetzlichste verwüsteten und von den schrecklichen Greueltaten befleckten Deutschen Reichs entwerfen. Teils die Klageschriften der Landstände an ihre Regierungen oder an Kaiser und Reich, teils verschiedene den Notstand Deutschlands schildernde Chroniken jener Epoche gehen von dem damals allenthalben herrschenden Elend eine nur zu traurige Veranschaulichung. Fast allenthalben, wo der Krieg wütete, blieb das Feld unangebaut, weil es an Saatkorn, Zugvieh, und Menschenhänden fehlte; die Dörfer standen leer, weil alles in die Städte flüchtete oder das Kriegshandwerk ergriff, das noch am ersten nährte. Der Hunger trieb sie zu der unnatürlichsten Nahrung; man verzehrte Aas, selbst menschliche Leichname, ja im Magdeburgischen sollen hie und da Menschen getötet und gegessen worden sein. Jahrelang aufgehäufter Unrat in den Häusern erzeugte schädliche Ausdünstungen, durch die die Krankheiten und Seuchen vermehrt wurden, die die Menschen in Massen dahinrafften, sodaß an manchen Orten die Menschen haufenweise in große Gruben geworfen wurden. Die Hungersnot war in manchen Gegenden, besonders Sachsens und Hessens, so groß, daß man Kirchhöfe umwühlte, um Leichname zur Stillung des Hungers zu bekommen, und da und dort „der Bruder die Leich der Schwester, die Tochter die der Mutter verzehrte: daß Aeltern ihre Kinder schlachteten, und ganze Banden sich zusammenthaten, um Jagd auf Menschen wie auf wilde Tiere zu machen." Schlimmer noch als diese durch die Not erzeugten unnatürlichen Greuel waren die Schändlichkeiten, ja Teufeleien, die die durch langjähriges Kriegshandwerk verwilderten Soldatenhorden an den Bewohnern von Dörfern und eroberten Städten verübten. Daß viele dieser Unglücklichen lebendig gebraten, oder verstümmelte, oder sonst auf gräßliche Weise zu Tode gemartert wurden; daß man ihnen z.B. die Augen ausgestochen, Nasen, Ohren, Arme, Beine, Brüste abgeschnitten, Schwefel in alle Körperöffnungen gesteckt und angezündet, die Fußsohlen aufgeschnitten und mit Salz bestreut, Jauche in den Mund bis zum Zerplatzen geschüttet; daß man Kinder in Stücke gehauen, oder an die Wand geschmettert, oder gebraten, ganz besonders aber das weibliche Geschlecht auf die unmenschlichste Weise zu Tode mißhandelt hatte – das sind nur einige wenige Andeutungen von den gen Himmel schreienden Untaten, die besonders in dem letzten Jahrzehnt dieses schrecklichen Krieges an der Tagesordnung waren.

So entsetzlich das Bild ist, das der ausgezeichnete Sittenmaler jener Zeit, Moscherosch, im „sechsten Gesichte", seiner „Wunderliche und wahrhafftige Gesichte Philanders von Sittewald", gibt, so geneigt ist man doch, den Blick von diesem Gemälde, das Grimmelshausen bestätigt und noch vertieft, abzuwenden, um sich an der frischen Lebenswahrheit zu erholen. Aber jenes Bild findet überall und namentlich in der Darstel-

lung des Arztes und Historikers Lotichius, der den ganzen
Dreißigjährigen Krieg durchlebte, einen erschütternden Kommentar, wenn er im 2. Teil seiner *„Res Germaniae"* sagt: „Was
sonst den väterlichen Boden werth macht, der eigene Herd,
fruchtbare Aecker, reiche Wiesen, ergiebige Gärten, Freunde
und Verwandte, was aus der Vergangenheit erfreut und die Gegenwart erheitert, Alles war verschwunden und vernichtet!
Selbst den Armen und Verarmten blieb keine Sicherheit: sie
wurden um andere zu verraten und Schätze anzuzeigen, oder
aus bloßer Grausamkeit nicht minder gepeinigt. Religion, Tugend, Frömmigkeit, Scham, Verdienst war nirgends geachtet;
und so gab man sich nur zu vielen Lüsten und Lastern hin, und
Deutschland frevelte zuletzt am ärgsten wider Deutschland. Des
Friedens und der Ordnung hatten sich die meisten so entwöhnt,
daß sie sich in Krieg, Aufruhr und Ungehorsam wohl befanden,
und des Lebens Zweck darin suchten, dafür das Leben auf das
Spiel zu setzen. Jedes Geschlecht hatte sonst gesammelt und der
Nachkommen vorsorglich gedacht; jetzt lag Staat, Kirche, Familie, Kunst, Wissenschaft, Handel, Gewerbe – alles gleichmäßig
danieder, und wild ward verschleudert, was Jahrhunderte erbaut
und erschaffen hatten. Selbst Geistliche, die trösten, Richter die
schützen sollten, wurden hartherzig und eigennützig, bis sich
sogar die Obrigkeit ganz offen den Freveln hingab."
   Das Räubertum hatte im Dreißigjährigen Kriege eine so
fürchterliche Ausdehnung und Weihe erhalten, daß ihm die
richterliche Gewalt noch lange nicht über den Schutt nachzuklettern wagte, den es bei seinem Schwelgen im sittlichen und
materiellen Ruin überall hingeworfen hatte. Erst gegen den
Anfang des achtzehnten Jahrhunderts konnte man den ernstlichen Kampf gegen die Räuberbanden des Dreißigjährigen Krieges beginnen und ihn erst nach mehr als hundert Jahren beendigen. Die ungeheuere ungebändigte wüste Praxis war eine
vollendete Lehrschule geworfen, aus der vollendete Meister
hervorgegangen waren.
   So vollständig war der Sieg des Gaunertums, so sicher sein
Versteck mitten im bunten bürgerlichen Leben, daß nun sogar
auch weibliche Gaunerkoryphäen auftauchten, wie die großartige Gaunerin Anna Sophie Meyers, Falsette genannt, die die erfahrensten Rechtsanwälte zu hintergehen wußte, und mit dem

Rostocker Brandmark auf dem Rücken sogar eine Ehe mit einem Patriziersohn in Lübeck einging[52]; die Frau von Sienen, Konkubine des Nicol List, des Herrn von der Mosel; Katharine Ilsabe Buncks, die 1673 zu London gehenkte „deutsche Prinzessin", Frau des Schusters Stedtmann, die in Köln und Spaa eine so große Rolle spielte. In steter Beziehung mit den berüchtigtsten Gaunern und in häufig sichtbarem Zuge nach Holland, das wie eine mystische unheimliche Gaunerhochschule erscheint, findet man Nicol List, Pant, Löbl, Hoscheneck, Lips Tullian und seine Genossen; ferner den gaunerischen Alchimisten Gaetano Graf von Ruggiero[53], der am kurbayrischen und preußischen Hofe eine so große Rolle spielte; den stattlichen Claude Duval[54], der mit dem Konzept einer frivolen Rede an die Damen 1671 in London am Galgen starb und nach seinem Tode feierlich ausgestellt wurde, und jene zahllosen, zum Teil mit Deutschland namentlich durch Holland verbundenen englischen und französischen Gauner, unter denen Tom Sharp, der zweimal (1686 und 1689) gehenkte Patrik O'Brien, John Sheppard, der bewunderte Held der Damenwelt, an dessen Hinrichtungstage der Pöbel das Haus des Wechslers, den er zuletzt bestohlen hatte, stürmte, John Stanley, und der großartige Cartouche, der gegen vierzig seiner Genossen beiderlei Geschlechts in die Umgebung und Dienste der Prinzessin von Monpensier und der Herzogin von Ventadour zu bringen wußte, mit seinen Genossen à la Charité, Abbé de la Mothe, Pelissier und Durand, einzig in ihrer Art dastehen.

Die Gewalt, die das Gaunertum in allen sozialpolitischen Kreisen erlangt hatte, wurde aber noch im höchsten Grade verstärkt durch den Triumph, den es über das sittliche Gefühl davontrug. Bei aller Roheit des Räubers und Mörders wußte eine Unzahl verkappter Gauner sich mit großer Unbefangenheit und Feinheit im bürgerlichen Leben zu bewegen und sich sogar in die höchsten Kreise zu drängen. Ihr Fall und ihre Entlarvung galt darum nicht allein als der gewünschte Sieg der Justiz über das Verbrechen, dem Gauner und Mörder wurde überall auch

52) Max Bauer, Die Dirne und ihr Anhang in der deutschen Vergangenheit Berlin o. J. S. 89.
53) Vehse, Hofgeschichten (Georg Müller, München) 1. Bd.. S. 332.
54) Julius Rodenberg, Studienreisen in England, Leipzig 1872, S. 285 ff. Dr. Eugen Dühren, Das Geschlechtsleben in England, Berlin 1901, 1. Bd. S. 401.

im Gefängnis und auf dem Schaffot die unverhohlensten Kundgebungen des lebhaftesten Interesses zu Teil. Zwar gab die deutsche Sitte noch nicht zu, daß, wie in Frankreich und England, Damen aus den höchsten Kreisen, wenn auch zum Teil entlarvt, den Gaunern Besuche im Gefängnis abstatteten und ihnen reiche Spenden zuwendeten, oder sich mit der auffälligsten Manifestation unwerter Teilnahme in Menge an ihren Todesweg oder um das Schaffot drängten; der gemeine Dieb oder Mörder war aber doch als der Held eines unglücklichen Romans betrachtet und sein Verbrechen von Romansudlern zur gefeierten Heldentat erhoben, sodaß bei jener schon lange begonnenen trübseligen Nachahmungssucht der Deutschen, in der das Gute vom Schlechten nicht immer gehörig erkannt und gesondert wurde, jene eigentümlichen, den in Spanien zuerst aufgekommenen Romanen nachgeahmten Schelmenromane, unter denen die simplizianischen Schriften Grimmelshausens obenan stehen, aufkommen konnten. Sie bildeten die beliebteste Lektüre ihrer Zeit, wie um die Wende des achtzehnten und zu Beginn des neunzehnten Jahrhunderts die verlogenen Räuberromane und ihre „Perle", der „Rinaldo Rinaldini."[55] So erscheint es zweifelhaft, ob der materielle Schaden, den das Gaunertum anrichtete, größer war, oder der sittliche Schaden, der dadurch entstand, daß falsche Sentimentalität aus gemeinen Verbrechern ritterliche Kämpen schuf, an denen nicht allein die mittelalterliche Romantik, sondern auch der gute Geschmack, das wahre Gefühl für Recht, Zucht und Sitte verloren ging.

Mit dem achtzehnten Jahrhundert beginnt ein furchtbar blutiger Kampf, der sich allmählich aufraffenden Polizei und der Kriminalrechtspflege mit dem Gaunertum. Die Schaffots trieften vom Blut ganzer Banden, die der Justiz in die Hände fielen und oft nach kaum verantwortlich kurzer Prozedur abgetan wurden. So wurden im November 1726 in Gießen von den Mitgliedern einer Gaunerbande fünf Männer gerädert, neun Männer gehenkt, drei Männer und acht Weiber geköpft. Zu keiner anderen Zeit drängen sich die gedruckten Relationen über abgeurteilte Verbrecherbanden so sehr wie in den zwei oder drei ersten Decennien des vorigen Jahrhunderts. Die meisten dieser

55) Müller-Fraureuth, Die Ritter- und Räuberromane, Halle 1894.

Druckschriften erlebten mehrere, manche sogar fünf bis sechs Auflagen, und waren der buchhändlerischen Spekulation umso mehr ein willkommenes Unternehmen, als die Hinrichtungen mit großer Feierlichkeit und grausamer Langsamkeit vollzogen und zu einem Volksfest gemacht wurden, bei der das Volk die ärgsten Ausschreitungen beging und die Absichten der Obrigkeit, erzieherisch auf die Menge einzuwirken, vernichtet wurden. Zu den fratzenhaften Bildern der Verbrecher fehlen denn auch nicht die Kupferstiche, auf denen mit abstoßender Gründlichkeit die Folterinstrumente, Fesseln, Gefängnisse, die scheußlichen Hinrichtungen und der ganze Hinrichtungszug dargestellt und durch Nummern erklärt wird. Wäre man auch geneigt, diesen literarischen Erscheinungen, die meistens von Theologen verfaßt sind, den vollen juristischen Wert abzusprechen, so sind sie doch mindestens in polizeistatistischer Hinsicht sehr merkwürdig, da man nicht nur aus der Gesamtheit dieser Literatur, sondern auch aus den meisten einzelnen Prozessen deutlich die ungeheure Ausbreitung des Gaunertums durch Deutschland und über Deutschland hinaus nach Frankreich, Holland, Italien, Böhmen, Ungarn usw. und den zähen Zusammenhang der einzelnen flüchtigen Gruppen zu einem verderblichen großen Ganzen erkennt.

Diese Wahrnehmung konnte auch den damaligen Justiz- und Polizeibehörden nicht entgehen. Allein der ungelenke und feierlich förmliche Gang des ersteren, dem durch die beginnende theoretische Bearbeitung und Systematisierung des peinlichen Rechts noch wenig Behendigkeit verliehen werden konnte, und die Ratlosigkeit und Unbeweglichkeit der letzteren, waren die Hauptursachen, warum die ungeheure Gegnerschaft, kaum berührt und beirrt durch den blutigen Kampf, ihren Wucher forttreiben konnte. Trotz der wissenschaftlichen Hilfsmittel findet man selbst noch gegen Ende des achtzehnten Jahrhunderts eine so arge Unwissenheit und Taktlosigkeit der Behörden, daß man kaum seinen Augen trauen mag, wenn man ein Aktenfaszikel aus jener Zeit zur Hand nimmt. Ein solcher Staunen- und Unwillen erregender Fall ist der Prozeß gegen die am 1. Januar 1976 in Gotha wegen angeblicher Ermordung ihres neunjährigen Knaben (*in puncto infanticidii suspecti, sisc!*) so elend mit sieben Schwerthieben hingerichtete wahnsinnige Katharina

Trotz. Keine einzige Person, vom Oberbeamten, Amtskommis-
sar, Gerichtsarzt und Verteidiger, bis zum Amtsdiener, der
Amtsdienerin und dem Scharfrichter hinab, ist in diesem unglücklichen Prozeß tätig gewesen, die nicht in ihrem Machtbe-
reich auf das ärgste und unverantwortlichste gefehlt und ohne
weiteres mindestens Amtsentsetzung verdient hätte. Bezeichnend für den Standpunkt der Wissenschaft und die Rechtspflege überhaupt ist, daß der Schöppenstuhl zu Jena, ungeachtet
der vielen und argen Gebrechen des Prozesses, die unglückliche
Inquisitin dennoch zum Tode verurteilte[56]. Gegen die Mitte des
achtzehnten Jahrhunderts werden die gedruckten Relationen
sparsamer, aber auch besser und wertvoller, da nun meistens
sachkundige Juristen diese Arbeiten übernehmen, seitdem die
Gerichte einigermaßen spärlicher mit Hinrichtungen umgin-
gen und somit den Geistlichen die Gelegenheit genommen war,
ihre Bemühungen um bußfertige arme Sünder öffentlich darzulegen. Bezeichnend für die Unbestimmtheit der Justizbehör-
den in der Übergangszeit zu einer humaneren Richtung und
für das ethische Zürnen der Geistlichkeit über die Menge und
Scheußlichkeit der Verbrechen, ist eine 1752 schon in zweiter
Auflage erschienene, sehr merkwürdige und jedenfalls als eine
Apologie des massiven Hinrichtungssystems zu betrachtende
Schrift: „Das von der Welt verachtete, bei Gott angenehme
Völcklein: das ist Unterschidliche Geschichten von aller hand
heiligen Gerichtsdienern, Schärganten, Kerkerhüttern und
Wächtern, wie auch Stock- und Eisen-Meistern, desgleichen
von allerhand heiligen Scharpfrichtern und Henkersknechten,
die vor Zeiten auf dieser Welt verachtet, nunmehr in dem Himmel herrliche Glorie genüssen, Allen denen, die sich gleichen
Stands befinden, zum Nutzen und Beispiel vorgestellt von P. Jacob Schmid, der Ges. Jesu Priestern" (Augsburg und Würzburg
1752). Die „dem heiligen Blut-Zeugen Apollinaris, vormals ge-
weßten Scharpfrichter, Anjetzo Glorreichen Himmels-Fürsten"
gewidmete Schrift enthält eine sieben Seiten lange Dedikation,
dann eine acht Seiten lange Anrede an die Leser, und vier Seiten „Anmerkungen und notwendiger Vorbericht". Sodann
werden von S. 1 – 82 die Biographien einer großen Anzahl Personen von obengenannter Beschäftigung gegeben, welche
56) Max Roderich, Verbrechen und Strafe, Jena 1850 S. 281 ff.

sämtlich als Märtyrer gestorben sind, unter denen sich auch die heilige Candida, Paulina und Sallustia befinden. Das Buch ist übrigens mit warmem christlichen Eifer geschrieben und besonders interessant durch die gewissenhafte Anführung der vielfachen Quellen, aus denen der Verfasser die Daten zu seinen Biographien geschöpft hat.

Neben dem Auftreten der bewaffneten Banden nimmt man nun aber auch wahr, wie rastlos das Gaunertum immer mehr und mehr in alle Schichten dringt, und sichtlich an Gewandtheit gewinnt, und die Methode und Schule im Gaunertum sich auszubilden anfängt, wobei auch um des bloßen Ruhms willen, ein schulmäßiger Wettkampf der einzelnen Gruppen unter sich beginnt, der von ebenso viel Sicherheit wie Frechheit des Gaunertums Zeugnis gibt. So teilte sich z.B. die Bande des Krummfinger Balthasars in zwei Teile, die Franken und die Thüringer. Die letztgenannten waren der Zahl nach überwiegend. Die Franken waren aber die beherzteren, so daß die Thüringer gewöhnlich aus Achtung vor den Franken ehrfurchtsvoll aufstanden und diesen den einen schon ausgekundschafteten Diebstahl zur Ausführung überließen. Die humanere Richtung, der Überdruß an den massenhaften Hinrichtungen und vor allem die sittlich vertretende Unmöglichkeit, die infolge geschärfterer Polizeivigilanz scharenweise aufgefangenen Landstreicher und Gauner in bisheriger Weise abzutun, hatte die Einrichtung von Armen-, Arbeits- und Zuchthäusern, sowie die Verwendung der schwersten Verbrecher zu Festungs- und öffentlichen Bauten zur Folge. Das auch noch heute trotz der eifrigsten Sorge noch nicht gelöste Problem der richtigen Behandlung der Verbrecher in den Gefangenenanstalten konnte in jener ersten Kindheit dieser Institute, wo es nur galt, die Verbrecher von der Außenwelt abzusperren, gewiß noch nicht genügend gelöst werden. So kam in den Gefängnissen ein wüster Haufe von Individualitäten aus allen sozialpolitischen Schichten zusammen, von denen jede die Verderbnis ihres Standes repräsentierte und ihre Theorie gegen die furchtbare Belehrung der andern verworfenen Subjekte austauschte. In jenen Anstalten fehlte es an allen glücklichen Einwirkungen auf das Gemüt und somit auf die geistliche Hebung und Besserung der Häuslinge, die kaum nach den Geschlechtern notdürftig geschieden waren und bei

der mangelhaften Aufsicht vielfache Gelegenheit zum Entweichen gewannen. Die hauptsächlichste Einwirkung auf die
Züchtlinge waren die bis zur Überschwenglichkeit freigebig
ausgeteilten Prügel, die statutenmäßig jeder neue Ankömmling
als „Willkommen" an der Strafsäule erhielt. Auf der sechstei-
ligen Kupfertafel, die der in mehr als einer Hinsicht merkwürdigen „Beschreibung des 1716 eingerichteten Chur-Sächsischen
allgemeinen Zucht-, Waisen- und Armen-Hauses zu Wald-
heim" als „Eigentliche Abbildung aller Gebräuche" angefügt
ist, findet man sogar bei der Kirchen- und bei der Leichenpara-
de die Aufseher mit ihren Prügeln ebenso in Tätigkeit, wie in
den Speisesälen für beide Geschlechter. Über den auch unter
den Beamten der Anstalt herrschenden Aberglauben und über
den sittlichen Gehalt der Züchtlinge und Beamten geben die
Nachrichten merkwürdige Auskunft[57]. Bei dem nicht minder
entsittlichenden Werbesystem fanden die Flüchtlinge leicht
Gelegenheit, sich in dem ersten besten Regimente als Soldaten
zu verstecken, bis sie wieder andere Gelegenheit fanden, zu desertieren und entweder geradewegs zum Feinde überzugehen
und bei dem mangelhaften Paßwesen ungekannt und ungestört
das alte Treiben unter verändertem Namen von neuem zu beginnen. Das Werbenlassen und Desertieren ist in der Geschichte fast jedes Verbrechers im vorigen Jahrhundert eine sich stets
wiederholende Begebenheit und ein praktischer Behelf, sich vor
den gerichtlichen Verfolgungen zu sichern, bis Zeit und Gelegenheit wieder günstiger wurde. Obgleich die militärische Disziplin und Justiz äußerst streng war, und jedes Regiment seinen
eigenen Regimentshenker hatte, so fehlte es doch an Geschick
und Willen, den flüchtigen Verbrecher zu entlarven und zu bestrafen. Es galt meistens nur, des Deserteurs habhaft zu werden,
um ihn, nachdem er Spießruten gelaufen hatte, wieder in das
Regiment einzureihen. So scheuten Verbrecher, die wußten,
daß sie in den Händen der Justiz dem Tode verfallen waren, es
durchaus nicht, sich als Deserteur zu bekennen und lieber
bei ihrem verlassenen Regimente eine schwere körperliche
Strafe zu erdulden, als einer peinlichen Untersuchung zu verfallen, deren bestimmtes Ende der Tod durch Henkershand war.

57) H. B. Wagnitz: Historische Nachrichten und Bemerkungen über die merkwürdigsten Zuchthäuser in Deutschland, 2 Bde., Halle 1791 u. 1792, I. 228.

Somit kam es vor, daß Verbrecher auf dem Transport durch anderer Herren Länder geradezu an der Grenze den Transporteuren durch ein Militärpiket ohne Umstände als Deserteure abgenommen wurden, nachdem die Genossen der Transportierten ihnen den Liebesdienst erwiesen hatten, sie vorher als Deserteure zu bezeichnen. Von der barbarischen Strenge des im achtzehnten Jahrhundert üblichen Kriegsrechts handelt unter andern Generalauditeur J.A. Dölffer in dem *„Processus juris militaris informativus"* (Leipzig 1702), dem auch der „Fürstlich Braunschweig-Lüneb. Artikels-Brieff vom 26. Nov. 1673" angehängt ist. Mit dem Absolutismus wuchs auch, von Preußen ausgehend, die Grausamkeit in der Behandlung der Soldaten und besonders des Fahnenflüchtigen, die erst nach der Schlacht bei Jena mit dem Zusammenbruch des Werbesystems endete[58].

Ebensowenig läßt sich verkennen, daß, trotz der tüchtigsten Polizeimaßregel gegen die Vaganten und Gauner, die Sicherheitsbehörden seit der allmählichen Beschränkung und Aufhebung der Landesverweisungen, mindestens an den Landesgrenzen, weniger sorgsam wurden, weshalb denn auch die Grenzen von dem früher auf Schub gebrachten und entgegengenommenen Gesindel heimlich und zu jeder beliebigen Zeit überschritten wurden. Die unaufhörlichen Kriegsbewegungen in Deutschland begünstigten den Zug und Versteck des Gaunertums außerordentlich, und wenn auch die Einrichtung berittener Sicherheitsbeamten, so wie die Anlagen von Chausseen, den zahlreichen frechen Postberaubungen einigermaßen Abbruch taten und den Reisenden größeren Schutz als zuvor gewährten, so war damit der ganze übrige Verkehr auf dem Lande und in den Städten durchaus noch nicht hinreichend geschützt, und selbst die sehr strengen Kreisschlüsse[59] in Franken, Schwaben und am Rhein gegen die Gauner und Vaganten reichten bei weitem zu diesem Schutze nicht aus. Auch machte die allmählich beginnende Abschaffung der Folter das Gaunertum nur noch dreister und zuversichtlicher, da die Inquisiten

---

58) Friedrich Knapp, Der Soldatenhandel deutscher Fürsten nach Amerika, Aufl. Berlin 1874 S. 13 ff. Freytag, Bilder aus der deutschen Vergangenheit, 23. Aufl. IV. Bd. Leipzig 1900 S. 182 ff.
59) Malblank, a. a. O. S. 227.

bei hartnäckigem Leugnen um so sicherer auf Entbindung von der Instanz rechnen konnten.

Durch alle diese Umstände wurde dem Gaunertum in seiner äußeren Verbreitung und intensiven Ausbildung ein sehr bedeutsamer Vorschub geleistet, und dadurch erklärt sich der immer massenhafter anschwellende numerische Inhalt der allmählich aufgekommenen Gaunerlisten. Eine der ältesten gedruckten Gaunerlisten, nach der schon erwähnten Nürnberger Liste von 1593, findet sich in den „Gründlichen Nachrichten von entsetzlichen und erbärmlichen Mordtaten" (1715). Auch erschien 1728 zu Ludwigsburg ein Gaunerverzeichnis, dessen Schäffer in seinem „Abriß des Jauner- und Bettelwesens in Schwaben" (1793) S. 303, Erwähnung tut. Eine der interessantesten Listen enthält die „Actenmäßige Nachricht von einer zahlreichen Diebesbande", nach den Angaben des Johann Andreas Mahr (Hildburghausen 1753). Andere Listen, namentlich schwäbischer Gauner, findet man bei Schäffer, a. a. O., S. 471 fg. und S. 596 gf. Noch zahlreichere Listen seit 1758 führt Pfister an im „Nachtrag zu der actenmäßigen Geschichte der Räuberbanden" (Heidelberg 1812), S. 75 fg. Eine der neuesten ist die Badische, auf Verfügung des Ministeriums zu Karlsruhe gedruckte und 129 Personalbeschreibungen enthaltende Gaunerliste.

Ebenso deutlich wird die weitverbreitete, sorgsam gepflegte Kunst des Gaunertums, die man überall mit staunender Ahnung durchblicken sieht, bis man den ganzen Organismus zum ersten Mal in der ausführlichen und klaren Darstellung des Sulzer Oberamtmanns Georg Jakob Schäffer im „Konstanzer Hans" (Stuttgart 1789) und im „Abriß des Jauner- und Bettelwesens in Schwaben" (Stuttgart 1793) in seiner ganzen inneren Mächtigkeit kennen lernt. Nach den Geständnissen des 1745 zu Hildburghausen hingerichteten Gauners Hans Georg Schwarzmüller, war seine schon seit fünfzig Jahren bestehende Bande in der Stärke von 150 Mitgliedern durch Schwaben, Bayern, Sachsen, Hannover und Hessen ausgebreitet, und stand unter der Anführung des Krummfinger-Balthasar, der sogar ein eigenes Siegel führte, die Chargen eines Hofrats, Oberamtmanns, Regierungsrats , ja sogar den Adel in der Bande erteilte, und nach einem geschriebenen Rechte, dem „Plattenrecht", die Ordnung handhabe und Strafen verhängte, auch ein geschriebenes

Verzeichnis der bei allen Versammlungen angewandten und vermehrten „Plattensprache" führte. Aber noch eine traurige Wahrnehmung drängt sich dabei hervor. Es ist die furchtbare sittlichere Verschlechterung der Räuberanführer, die in diesem ganzen Zeitabschnitt grell vor die Augen tritt, und in dieser Beziehung selbst die Verworfenheit der Räuber in und nach dem Dreißigjährigen Kriege erreicht, ja in gewisser Beziehung übertrifft. Trotz der Fühllosigkeit und Roheit, mit der die Banden im Dreißigjährigen Kriege raubten und mordeten, findet man doch häufig noch einen Zug von Räuber-Romantik, einen vorwiegenden Hang nach Abenteuern und räuberischer Tapferkeit hervortreten, wobei auch noch manche Züge von Menschlichkeit durchblicken, sobald es keinen Widerstand mehr gab; in den schleichenden Banden des achtzehnten Jahrhunderts erkennt man aber die bedachte Schule des Verbrechens, den leisen Tritt des tückisch lauernden Bösewichts, der mit Verbissenheit, mit dem tiefsten Groll gegen die sich zu seinem Widerstande immer mächtiger heranbildenden Sicherheitsbehörden, die Gelegenheit erschleicht, zur Nachtzeit den Schläfer überfällt, beraubt, unter scheußlichen Mißhandlungen langsam hinschlachtet oder mit Kissen erstickt, und zuletzt in Brand steckt, was er nicht mit sich schleppen kann. Wütende Rachsucht, boshafte Tücke, hämische Freude am Elend anderer, selbst der Kameraden, blutige Grausamkeit und ruchlose Liederlichkeit charakterisieren Erscheinungen wie Hannikel, Wenzel Nottele, Duli, Postel, Bastardi, den Hundssattler, den bayrischen Hiesel, das Sonnenwirtle, die Mantua, Christine Schattinger, das Schleiferbärbele u.A., von denen die Untersuchungsakten haarsträubende Tatsachen enthalten. Ein Beweis von dieser allmählich zunehmenden Kraft der Sicherheitsbehörden ist der Umstand, daß während des Österreichischen Erbfolgekriegs, die in ihrem Gefolge Unheil und Elend genug brachten, das kaum geringer erscheint als das vom Dreißigjährigen Kriege herbeigeführte, dennoch die offene Zusammenrottierung größerer Räuberbanden viel seltener vorkommt. Nur in der Mitte des vorigen Jahrhunderts trat die Kunzsche (Böhmischer Hans), Mehnertsche und Hessische Bande, von denen mehrere Mitglieder 1763 und 1764 zu Leipzig hingerichtet wurden, später namentlich von 1758 – 68 die fränkische und thüringische Bande, mit großer Kühnheit auf. Rehmann, von der hessischen Bande, stürmte sogar mit 20 Kameraden in die Fronfeste zu Brehna und befreite seinen Genossen Christels Schmied aus ihr. Ebenso stürmte der Scheele Abraham von der thüringischen Bande am 3. Mai 1759 das Gefängnis zu Großen-Furra und befreite den Genossen Mahler Gustel. Während des achten Jahrzehnts hauste noch im Hannöverischen die Bande des Brade, in Hessen die des Philipp Schlemming[60]. Dagegen scheint der 1748 zu lebenslänglicher Gefangenschaft nach Stettin abgelieferte, später aber wieder auf freien Fuß gestellte Andreas Christian Käsebier weit weniger durch seine Gaunertaten als durch seine Bekanntschaft mit den meisten deutschen Gaunern bemerkenswert. Die ihm beigemessene einzige lustige Gaunertat, daß er einmal einem Bauer eine Kuh, einem Müller ein Pferd gestohlen und letzteres dem Bauer, die Kuh dem Müller verkauft und dem Bauer angezeigt habe, daß seine Kuh sich auf der Mühle befinde, ist ihm gar nicht nachgewiesen, sondern gehört seinem Zeitgenossen an, dem berüchtigten pommerschen Pferdedieb Burmeister, der auch vor dem Stadtgericht zu Stettin den Namen des Müllers und des Bauern genannt hat[61].

So war der deutsche Boden von dem Miasma sittlicher Verdorbenheit überzogen. Den Sicherheitsbehörden fehlte noch immer der Blick, durch den finsteren Nebel hindurchzudringen und die schädlichen Elemente zu bewältigen und zu bannen. Es bedurfte nur einer Erschütterung, um die verderblichen Stoffe in Bewegung zu setzen, und zum furchtbaren Ungewitter zusammenzuballen.

Die französische Revolution brachte diese Erschütterung hervor. Wie durch einen Zauberschlag stand über das in seinen Grundfesten erschütterte Frankreich, über ganz Holland und Deutschland und weit darüber hinaus, eine freche verbrecherische Verbrüderung da, wie sie die Geschichte nicht weiter aufzuweisen hat. In einem großen Ganzen und in einer fast zahllosen Verteilung über das weite Territorium verbreitet, in sich geschlossen und beweglich, hartnäckig und flüchtig, handelte sie mit roher Gewalt und mit der feinsten Kunst und Berechnung. Sie kämpfte mit dem Mut der Verzweiflung um das Le-

60) Schwenken, „Actenmäßige Nachrichten" S. 10.
61) „Nachr. von. merkw. Verbr., S. 119 ff.

ben und frönte der Lebenslust bis auf die Hefe und bis zur eigenen Vernichtung. Reichtümer wurden zusammengeraubt und in wahnsinnigem Genuß verschleudert, und mit der Armut unzufrieden und selbst den eigenen Besitz verachtend, wurden in rasender Tatenlust unmenschliche Handlungen begangen, das geächtete Leben hundertfach in die Schanze geschlagen und aus Angst vor Kerker und Schaffot um jeden Preis für das Leben, geraubt, gemordet.

So furchtbar dieses grelle Bild rasender Vernichtung ist, so wenig unbegreiflich erscheint es demjenigen, der den bisherigen Gang und den Lebenswucher des Verbrechens beobachtet hat, das immer mit dem Siechtum der sozialpolitischen Verhältnisse gleichen Schritt hielt und als historische Erscheinung nicht wegzuleugnen ist, obwohl es immer im Finstern geschlichen hatte und nur von einem grellen Lichtstrahl beleuchtet wurde, wenn es gelegentlich der Justiz gelang, den Schleier wegzuziehen und das Verbrechen bloßzulegen. Das aber war und blieb die allgemein verbreitete Schwäche und Mutlosigkeit, daß man nicht an das Ganze der Erscheinung, sondern nur an die vom grellen Schlaglichte der Entdeckung beleuchtete Einzelgruppe glaubte, deren einzelne Figuren man mit ebenso viel frommer sittlicher Entrüstung wie mit barbarischer Strenge vom Erdboden vertilgte, und sich damit beruhigte, als ob das Werk der rechtlichen und sittlichen Restitution vollständig abgetan sei.

Eine Eigentümlichkeit des deutschen Räubertums darf jedoch hier nicht unerwähnt bleiben, die einen wesentlichen Maßstab für das Räubertum und für die Schwierigkeit seiner Bewältigung abgibt: es ist der Umstand, daß es von jeher den organisierten Räuberbanden in Deutschland an bestimmten Führern gefehlt hat, denen eine Obergewalt über die Untergebenen zugestanden hätte, wie das in Italien und dem südöstlichen Europa immer, minder häufig in Frankreich, wo die Bande der Rougets und Grisons unter de la Chesnay in den Jahren 1621 – 1623 durch ihre feste Organisation besonders furchtbar war, und England der Fall gewesen ist.

Einer der wenigen förmlichen und vollständigen Räuberkontrakte, die man aufgezeichnet findet, ist der, mit dem der später 1670 im achtunddreißigsten Lebensjahr hingerichtete englische

Gauner Tom Wilmot die Bandenmitglieder verpflichtete, als er aus dem westlichen England wegziehen mußte und im Norden eine Bande organisierte. Er lautet folgendermaßen: 1) Ich . . . schwöre bei dem Haupt und der Seele unsers Kapitäns, daß ich allen seinen Befehlen gehorsam sein will; 2) daß ich meinen Kameraden in allen ihren Vorhaben und Unternehmungen getreu sein will; 3) daß ich mich bei solchen Zusammenkünften, die der Kapitän hier oder an andern Orten bestimmen wird, allezeit will gegenwärtig finden lassen, es müßte mir denn dieser das Gegenteil erlaubt haben; 4) daß ich zu allen Stunden, bei Tag und Nacht, auf Berufung und Anzeigung, mich bereitwillig finden lassen werde; 5) daß ich meine Kameraden niemals in einiger Gefahr verlassen, sondern bis auf den letzten Blutstropfen bei ihnen aushalten will; 6) daß ich niemals vor einer gleichen Anzahl meiner Gegner fliehen, sondern lieber tapfer fechten und tot auf der Wahlstatt bleiben will; 7) daß wir einer dem andern, er mag gefangen, krank, oder in einem andern Unfall sein, hilfreiche und beförderliche Hand bieten wollen; 8) daß ich niemals einigen von meinen Kameraden, wenn ich solchen davonbringen kann, verwundet oder tot hinter mir lassen und in der Feinde Hände zu geraten verstatten will; 9) daß, wenn ich gefangen werden sollte, ich nichts bekennen, vielweniger den Aufenthalt und die Läger meiner Bundesgenossen, wenn es mich auch mein Leben kostete, entdecken oder verraten will. Und woferne ich diesen Eid breche, oder den geringsten Titel davon nicht beachtete, so sollen mich auch die größten Plagen, ja die grausamsten Strafen in dieser und jener Welt überfallen und betreffen[62]. Ähnliche Verpflichtungen hatte der berüchtigte William Hollyday, der 1693 zu London gehenkt wurde, den Mitgliedern seiner Bande, der „schwarzen Garde" auferlegt[63].

Das für den dauernden Versteck einer und derselben großen Masse ungünstige Terrain und die vielen kleinen Staaten scheinen in Deutschland der permanenten Räuberhauptmannschaft ein beständiges wirksames Hindernis entgegengestellt zu haben, wenngleich zu allen Zeiten und in jeder Bande die Mehrzahl der Bandgenossen sich zum vollendeten Räuberhauptmann qualifizierte. Namentlich findet man unter den

62) Smith, S. 428 ff.
63) Smith, S. 863 ff.

rheinischen Banden seit 1790 kaum ein Mitglied, das nicht
solche Eigenschaften im vollsten Maße entwickelt hätte. Der
„Hauhns" (der Anfänger, Ängstliche, Unentschlossene) wurde
solange verhöhnt und gemißhandelt, bis er ein würdiges Mitglied ward, oder er wurde weggejagt oder sonst beseitigt. Die
Banden hielten sich zwar zusammen, sie wählten aber für jedes
einzelne Unternehmen einen Bahnherrn, Balmassematten, den
kühnsten und unterrichtetsten, dem unbedingter Gehorsam
geleistet wurde, bis das Unternehmen vollendet und die Beute
geteilt war. Rasch ging die Bande auseinander, um in neuer
Gruppierung an anderen Orten andere Unternehmungen zu
beginnen. Insofern kann man nur von der Bande eines Nicol
List, Lips Tullian, Krummfinger-Balthasar, Schinderhannes, Picard, Bosbeck, Damian Hessel usw. und von einer Giessener,
Hessischen, Bayrischen, Niederländischen, Brabanter Bande
usw. reden, wobei noch zu bemerken ist, daß diese Bezeichnungen gar niemals von den Räubern ausgingen, unter denen jeder
einzelne seinen eigenen Bandennamen und jeder Hauptver-
kehrsort seine eigene gaunerische Bezeichnung hatte, wie z.B.
Köln Kuf, Leipzig Lommed, Hamburg Godel Mokum Hey usw.
Nur den Namen Mersener, Krefelder und Neuser Bande legten
die Räuber selbst ihren Genossenschaften bei. Sonst gingen die
Bezeichnungen von den Behörden und vom Volke aus, je nachdem bei einem oder mehreren Verbrechen der Name irgendeines Räubers besonders hervorgehoben oder auch ein bestimmter Landstrich besonders von Räubern heimgesucht wurde,
oder ihnen einen besonderen Zufluchtsort bot.

Aus eben dem Grunde mag sich erklären, daß man von eigentlichen Gaunerschulen in Deutschland nicht sprechen kann,
wie man sie in andern Ländern, namentlich in England und
Frankreich findet[64], obwohl man die feinste schulmäßige Ausbildung auch überall in Deutschland aus der Praxis erkennen
kann. Nur die praktischen Formen sind, charakteristisch, ein
Gemeingut des deutschen Gaunertums geworden; eine schulmäßige, disziplinarische Organisation wie in England und
Frankreich ist nicht zu erkennen. Kaum findet man irgendein-
mal die Spur einer Klassifikation, die aber auch immer nur roh
und bedeutungslos ist. So erhob Krummfinger-Balthasar ein-

64) Schauplatz der Betrüger, 1687.

zelne Mitglieder in den Adelstand, machte sie zu Regierungsräten, Hofräten, Amtmännern usw., was jedoch wohl nur eine bloße Nachahmung der Zigeuner war, die ihre Herzöge, Grafen usw. hatten. Auch die Niederländische Bande hatte eine Klassifikation, von der es in der „Geschichte der Rheinischen Räuberbanden", II, 10, heißt: „Zur ersten Klasse gehören die Chefs, die Anführer, die bei dem Raube zum Zeichen ihrer Würde das Brecheisen als den Kommandostab in Händen haben. (Das Brecheisen in den Händen der Balmassematten oder Bahnherrn wird in den meisten Fällen kein *Epitheton ornans* sondern ein praktisches Werkzeug gewesen sein.) Zur zweiten Klasse gehören die Baldowerer. So nennen sie nämlich diejenigen, die einen reichen zu bestehlenden Mann auswittern, ihn dem Chef anbringen, und obgleich sie nicht mit in die Affäre ziehen, doch einen beträchtlichen Teil des Raubes erhalten. Zur dritten Klasse gehören die Veteranen, Räuber, die fast im nämlichen Rang mit dem Chef stehen und mit ihm zu Pferde oder in Chaisen an den zum Raube bestimmten oft sehr entlegenen Ort reisen, der Kern, die tüchtigsten, kühnsten, schlauesten der Banden. Zur letzten Klasse gehören die Jungens. Diese sind junge liederliche Burschen, die sich in oder bei dem zu bestehlenden Ort aufhalten, und von dem Chef oder den Veteranen nur zur Ausführung des einzelnen Raubes angeworben und nachher wieder zurückgeschickt werden." Nirgends aber findet man in der Geschichte der Niederländischen Bande, daß diese Einteilung beständig und deutlich durchgeführt wurde. Jedenfalls war sie nur dieser Bande eigentümlich und bald außer Gebrauch.

Begünstigt durch die revolutionären Bewegungen in Brabant und Flandern erhob sich zunächst in Holland um 1790 das Räubertum in jener furchtbaren Vereinigung, der man den Namen der Niederländischen Bande beilegte, und die sich in steter Beweglichkeit bald in den größern Gruppierungen der Brabantischen, Holländischen und Mersener Bande, bald in kleinern Rotten zusammentat, im steten Kampfe mit den Sicherheitsbehörden, bald hier, bald dort hauste, an einem Orte verschwand, um an einem andern weit entfernten Orte desto unerwarteter wieder aufzutauchen, bei energischen Verfolgungen auseinander flog und sich bald von neuem wieder zusammentat in dieser oder jener Gruppierung, von der nördlichen Spitze

Frieslands bis nach Baiern, von der Seine bis über die Elbe hinüber, bald in Paris und Arras, bald in Nimwegen und Aurich,
bald in Hamm und Köln, bald in Ansbach und Donauwörth alles in Schrecken versetzte durch die unglaublichste List und
Verwegenheit, mit der sie die kühnsten Pläne entwarf und aus-
führte, und ungeheure Schätze zusammenhäufte. Gerade die
intensive Gewalt und die numerische weite Ausbreitung, dieser
wie mit einem Zauberschlage fertig dastehenden Bande, gibt
ein Zeugnis von der geschichtlichen Fortbildung des Räubertums, und macht jenen mystischen Volksglauben begreiflich,
der die Untaten des Räubertums seit Jahrhunderten begleitete
und in unheimlicher Weise auszulegen anfing, wo die Rechtspflege außer Stande war, Licht zu verbreiten und die finstere
Masse zu bewältigen.

Auf dem rechten Ufer der Maas – so erzählt der Verfasser
der „Actenmäßigen Geschichte der Rheinischen Räuberbanden"[65] – anderthalb Stunden von Maastricht, nordostwärts am
Fuße eines Berges, der mit dem dichten wilden Gesträuche
überwachsen hoch über das romantische Maastal emporragt,
liegt, vom Geulflüßchen durchströmt, das eben nicht große
aber volkreiche Dorf Mersen,[66] von dem ein Kanton den Namen führt. Seit hundert Jahren und noch länger hatte mitten
unter friedlichen frommen Landbewohnern ein heilloses, ver-
worfenes Räubergesindel hier seinen Wohnsitz aufgeschlagen.
Was dazu beitrug, daß es just diesen Ort und keinen andern
sich erkor, war einesteils die Nähe des holländischen, brabantischen, des Lütticher, des Jülichschen und Aachener Gebiets, die
Leichtigkeit, womit es von einem Distrikte in den andern wandern und so sich dem beobachtenden Auge der Justiz entziehen
konnte, andernteils aber der Zusammenfluß einer Menge in
dem Lande umherstreichender Handeljuden, die den Verkauf
des Gestohlenen beförderten. Die Räuber, die in den ersten Zeiten sich niederließen, waren nicht nur ein ganz anderer Schlag
Leute als die Räuber in neuern Zeiten, sondern hatten auch
eine eigene Raubmethode, die von jener der Räuber unserer

---

65) Becker II 51.
66) Die Geschichte der Mersener Räuber, der sogenannten Bockreiter, hat Avé-
 Lallemant in einem Büchelchen, „Die Mersener Bockreiter des 18. und 19.
 Jahrhunderts", Leipzig 1880. F. A. Brockhaus, behandelt.

Epoche ganz unterschieden war. Die alten Mersener stürmten
zum Beispiel nicht wie die jüngern die Türen der Beraubten mit
Gewalt, sie griffen diese nicht persönlich an, sie mißhandelten
sie nicht. Ihr System war just das entgegengesetzte. Sie schli-
chen so leise sie nur konnten, bei schweigender Nacht vor die
Läden, brachen unvermerkt ein und entsprangen mit dem Gestohlenen, oft ohne die geringste Spur von sich zurückzulassen,
nach dem Beispiel des Cartouche du Val, Nicol List und Lips Tullian.[67] Diebstähle dieser Art geschahen in damaliger Zeit so
häufig, mehrten sich mit jedem Tage, und blieben dabei in einem so geheimnisvollen Schleier verhüllt, daß allabendlich der
gemeine Mann, der in der dortigen Gegend ohnehin in der tiefsten Finsterniß lebt, und wie überall seinen Geist so gern mit
Wundern nährt, auf den Gedanken kam, sie könnten nicht anders als mit unrechten Dingen verübt worden sein, der Böse
müsse mit den Spitzbuben gemeinsame Sache gemacht und ihnen in Ausführung des Raubes geholfen haben. Zur unum-
stößlichen Gewißheit wurde ihm diese Idee, als man ihm erzählte, daß gleich nach dem verübten Raube, schon am andern
Morgen, die gestohlenen Sachen in großer Entfernung, nämlich in dem Dorfe Mersen, bei diesem oder jenem gesehen worden. Unbegreiflich war ihm die Geschwindigkeit, und er glaubte nunmehr fest und steif an des Satans Mitwirkung.

Traf nun der Fall ein, daß irgendwo ein Raub verübt worden,
so machten sich die Bestohlenen auf der Stelle auf und reisten,
ohne sich weiter umzusehen oder sich die Mühe zu geben, weiteres nachzuforschen, so schnell sie nur konnten nach dem verrufenen Mersen, wohin die Hexenmeister, wie es hieß, ihren
Zug zu nehmen pflegten. Waren sie glücklich, ihr Eigentum
wieder zu finden – was dann auf die natürlichste Art der Welt
zuging – so diente die Geschichte davon nur zu einem neuen
Beweis von dem Spiel des Teufels. Da war niemand, der nicht,
um dem bei ihm verübten Diebstahl ein gewisses Ansehen, etwas Außerordentliches zu geben, das eine oder das andere hin-
zugedichtet, und so das seine beigetragen hatte, das Märchen
vollständig zu machen. Bald hatte die erhitzte Phantasie ein
ausführliches Gemälde der Teufeleien entworfen, über einem
blutigen ermordeten Körper, so hieß es, verbänden sich die

67) Schauplatz der Betrüger, 1687, Vorrede.

Räuber mit gräßlichem Eide. Belial selbst führte dabei das Präsidium, musterte die Räuber, gab die Diebstähle an, und half sie ausführen. Einem jeden der Räuberbande, so fabelte man weiter, stehe ein schwarzer zottiger Ziegenbock zu Gebote, mit dem er durch die Luft zu reiten pflege, um seinen Raub weit, weit herzuholen. Von dieser sonderbaren Reiterei bekamen denn allgemach die Räuber den Namen der Bocksreiter. In langen Winterabenden wurden von nun an tausend und tausend Geschichten von dem Leben, den Taten und dem schauerlichen Ende der Bocksreiter erzählt und weit umher verbreitet. Begünstigt durch den Aberglauben und die Furcht des Volkes, die sie weit entfernt waren zu verscheuchen, hörten die Räuber viele Jahrzehnte nicht auf, ihr Schandgewerbe zu treiben, vielmehr vermehrte sich ihre Kühnheit mit jedem Tage. Endlich erwachte die Justiz, und suchte durch vermehrte Strenge – wie das fast jedesmal nach Epochen zu großer Nachsicht und Milde der Fall ist – wieder gut zu machen, was sie, oder vielmehr ihre schläfrigen Beamten, verdorben hatten. Nun ging es ans Einziehen und Verhaften, ans Foltern und Hinrichten mit Strang und Rad. Schrecklich wurde unter den armen Bocksreitern gehaust, und das Blutvergießen nahm kein Ende, bis der rächende Arm der Themis erlahmt, der zauberische Räuberverein völlig zerschmolzen schien, bis eine ganze Reihe von Häusern durch das Schaffot verödet wurden, und ein großer Teil von Mersen den entsetzlichsten Tod der Missetäter gestorben war.

Wirft man einen Blick hinüber nach Frankreich, so findet man, daß dort das Räubertum zu Anfang des neunzehnten Jahrhunderts in einer Weise hauste, die alle menschlichen Begriffe übersteigt. Die Bande von Orgères namentlich, die ihre bestimmten Anführer, Distrikte, Disziplin, Justiz, ihre eigenen Henker und sogar ihre eigenen Priester hatte, verübte eine zahllose Menge gewalttätiger Einbrüche, Straßenräubereien, Mordtaten, Notzüchtigungen und fügte den Unglücklichen, die in ihre Hände fielen, mit satanischer Lust die ausgedachtesten Martern zu, bis endlich 21 dieser Bande von Teufeln zum Tode und 32 zur Galeere verurteilt wurden. Aus ihren Resten entstand die Bande im Indre- und Loiredepartement, die nicht minder schrecklich hauste. Im Vardepartement existierte eine Räuberbande, die keine Macht zu vertilgen imstande war. Entsetzlich und unvergeßlich in den Annalen der Justiz und des Räubertums bleibt es, zu welchen Mitteln die oberste Staatsgewalt ihre Zuflucht nahm, um die Räuber zu vernichten. Der Präfekt des Vardepartements hatte einen entschlossenen Vertrauten gewonnen, der scheinbar gemeinsame Sache mit den Räubern machte und, unter dem Vorwande, ihnen einen guten Fang zu verschaffen, sie sämtlich in ein abgelegenes Haus bei der Gemeinde Aups zu locken wußte, das vorher unterminiert war. Nachdem die Räuber versammelt waren und der Vertraute sich entfernt hatte, wurde eine Lunte an die Mine gelegt und das Haus in die Luft gesprengt. Fünfundzwanzig Räuberleichen und fünfzehn halbverbrannte Räuber fielen dabei in die Hände der – Gerechtigkeit[68].

Je weniger die Justiz imstande war, jenes mystische Dunkel aufzuklären, desto weniger kann man eine deutliche zusammenhängende Geschichte dieser Räubergruppe geben. Jene dunkle Darstellung ist die einzige Nachricht, die es außerhalb der schweigsamen Archive gibt. Desto lebhafter treten aber jene einzelnen Untersuchungen als lichte Episoden hervor. Nicht minder interessant ist die zuweilen deutlich auftauchende Erscheinung einzelner Koryphäen, die unter der Maske schlichter Bürgerlichkeit als Hüter der Gaunerkunst und als Zentralpunkte des Räubertums erscheinen. Ein solcher gaunerischer Stammhalter und Altmeister war der in den achtziger Jahren des achtzehnten Jahrhunderts in Winoshoot bei Grönningen, später in Antwerpen, Gent, Brüssel und Countray lebende Jakob Moyses, der weniger durch die wegen seines Alters beschränkte räuberische Tätigkeit, als durch intellektuelle Urheberschaft fast der gesamten Räubertätigkeit der niederländischen Banden, als ihr Patriarch angesehen werden muß. Es war der Vater des berühmten Abraham Jakob, durch seine Tochter Dina der Schwiegervater des furchtbaren Picard, der wechselnd an der Spitze aller Niederländischen Banden stand, und ferner durch seine Tochter Helena oder vielmehr Rebekka, die mit dem verrufenen Daniel Jakob verheiratet war, später aber die Konkubine des entsetzlichen Franz Bosbeck wurde, mit den Häuptern jener Bande auf das innigste verbunden. Durch diesen Vorschub und durch diese Verwandtschaft erklärt es sich,

68) „Rheinische Räuberbanden", 322. fg.

daß die von Abraham Jakob (auch Jakob Levi und Signetsnyder genannt), Picard Kotzo (Abraham Picard), Moses Ocker (Moschoker, Karl Granus), Jan Bosbeck (Adrian, Jan der Brabanter, auch Het Shippertje, auch Jehu, ebenfalls Het Shippertje genannt) abwechselnd und besonders geführte Brabantische Räuberbande zum größten Teil aus Juden bestand, und auch unter den übrigen niederländischen Banden viele, wenn auch nicht so zahlreiche Juden sich befanden. In einem Verzeichnis der Brabanter Räuber waren unter 50 Gaunern 32 Juden angeführt. Durch die Einverleibung eines großen Teils des Königreichs Polen in Preußen wurde eben einer Masse jüdischen Gesindels der Weg nach Deutschland und durch dieses nach Frankreich und Holland geöffnet.

Die Berücksichtigung aller dieser Umstände machte es erklärlich, daß das Räubertum mit solcher außerordentlichen Gewalt und einer so starken Werbekraft auftreten konnte, als Picard im Jahre 1790 an der Spitze der Brabantischen Bande hervorbrach und mit Abraham Jakob, Moses Ocker, Aron Levi aus Hamburg, Jakob Keffel, den drei Singer, dem Pariser Wolff, dem Pariser Joniken, Jan den Brüsseler, Abraham Langnase, Moses Mainzer, Leon Levi, Süßkind, Simon Gas, dann Franz und Jan Bosbeck, den damaligen Führern der Holländischen Bande, verbunden, bald in dieser, bald in jener größeren oder kleineren Gruppe, bald in der dritten großen Gruppe, der Mersener Bande, mit jenen in Gemeinschaft dem Räubertum offene Bahn brach und dessen Herrschaft weithin proklamierte.

Mit jenen Banden zugleich und in inniger Verbindung mit ihnen, trat die Krefelder Bande auf. Ebenso die Neusser Bande, in denen die Namen des Scherenschleifers Friedrich (des Einäugigen) Fetzer, (Matthias Weber), Franz Gerads, Johann Bruckmann, Heinrich Pohr usw. besonders berüchtigt waren. Gleichzeitig trat mit den niederländischen Banden die Moselbande an der Mosel und auf dem Hundsrück hervor, in der dem Jakob Moyses ähnliche Erscheinungen, besonders der Grobschmied Hans Bast Nicolai, der Teufelsbanner aus Krinkhof bei Bertrich am linken Moselufer, Philipp Ludwig Mosebach hervorragen. Mosebach aus Lipshausen auf dem Hundsrück im damaligen Kanton Bacharach, wurde der Lehrmeister des Schinderhannes. Sein Genosse war der ruchlose Johann Müller. Johann Müller,

dessen Kopf erst am 17. November 1802 auf dem Schaffot fiel,
ist eine der ungeheuerlichsten Räubererscheinungen. Er war
der Sohn wohlhabender Eltern in Schönau, Kanton Rheinbach
im Rhein- und Moseldepartement, machte seine Studien bei
den Ex-Jesuiten in Münstereifel, bekam schon im vierzehnten
Jahre einen Anteil seines elterlichen Vermögens und heiratete
im neunzehnten Jahre. Die Verführung seiner Frau durch einige französische Dragoner brachte ihn zum tödlichen Haß gegen
alle Franzosen und zu jener in den Annalen des Räubertums
nur selten vorkommenden scheußlichen und kaltblütigen Ermordung eines ganz unschuldigen französischen Fuhrknechts,
die bei Becker[69] in haarsträubender Weise erzählt wird und nur
eine von den vielen Greueltaten ist, deren Fluch auf seinem An-
denken haftet. Endlich war mit dieser großen Räubergruppe die
Bande des Schinderhannes (Johann Bückler) verbunden. Im
Anfange verübte sie nur unbedeutende Buschkleppereien, besonders gegen reisende Juden, und beschränkte sich auf den
kleinen Bezirk von Trier bis Frankfurt und Mannheim. Durch
die Berührung und Vermischung mit den Niederländern machte sie sich aber bald furchtbar und hatte die berüchtigten Namen des schwarzen Peter (Peter Petri), Johann Leiendecker, des
schwarzen Jonas (Christian Reinhard), Johann Niclas Müller u.
A. aufzuweisen.

Mit diesen Banden, aus denen und neben denen noch eine
Menge kleinerer untergeordneter Banden in beständiger Verbindung und im Austausch und in immerwährendem Wechsel
aus- und zurückliefen, ist jene große Räubergruppe geschlossen, die ein ganzes Jahrzehnt und darüber besonders auf dem
linken Rheinufer, in jenen durch Kriege und staatliche Umfor-
mungen bewegten Territorien, auf die Weise hauste, wie sie
eben gezeichnet wurde.

In der Tat war ihr Treiben furchtbar genug, um sie unter allen Räubergruppen, die jemals die Ordnung und Sicherheit in
Deutschland erschüttert haben, obenan zu stellen. Sie war die
Empfängerin der in schauerlichem geheimen Erbgang fort-
schleichenden Gaunerkunst, und wußte mit der Erbschaft einen
ungeheuren Wucher zu treiben. In den Tausenden von Verbrechen erkennt man überall das vollendete Räubergenie fast

69) a. a. O. I. S. 59

aller Genossen, die feinste List und Verschlagenheit und die größte Sicherheit und Verwegenheit in Ausführung der ausgedachten Pläne, die ungeachtet der Menge der Verbrechen und der Gleichartigkeit ihrer künstlichen Formen, bei jedem neuen Verbrechen neues Erstaunen erregt. Empörend ist dabei der durchgreifende Zug herzlosester, ekelerregender Barbarei, mit der die Räuber häufig aus bloßem schändlichem Mutwillen die entsetzlichsten Greuel verübten. So entkleidete junge Weiber mit Ruten halbtod peitschen, wie z.B. beim Einbruch zu Seven-Eycken[70], oder mit glühenden Zangen zwickten, wehrlose Greise aufhenkten, flehenden Kindern die Ohren herunterhieben oder sie sonst schwer mißhandelten und verwundeten, um durch ihr Wimmern die mit Licht und Schwefel verbrannten Eltern zum Nachweis ihres Geldes zu zwingen[71] und anderes mehr.

In jener Zeit des beginnenden weit und breit gepriesenen modernen Humanismus fällt dieser Gegensatz umso mehr auf, als eine nicht geringe Zahl jener Räuber gute Erziehung genossen hatte, ja zum Teil zur gebildeten und einzelne sogar zur gelehrten Klasse sich zählen durfte.

Allein jene Räuberweise, die man mit dem Ausdruck Bestialität bezeichnen kann, findet ihre Erklärung in einem andern durchgreifenden Zug, den man durchweg bei allen diesen Räuberbanden findet, nämlich in einem tierisch wilden Hange zur Wollust und in sadistischer Geschlechtsausschweifung.

Fast ohne Ausnahme trugen alle gefangenen Räuber arge Spuren der Syphilis an sich. Unter ihnen lebte eine Menge Konkubinen, die sich bald an einen, bald an der andern hingen, von den Räubern ausgetauscht wurden, und sich gleich zu einem andern hielten, wenn sie auch einen oder sogar auch mehrere Beischläfer auf dem Schaffot hatten enden sehen. In allen Genüssen, so auch in dem geschlechtlichen Umgang bis zum Ekel und zur selbsteigenen Vernichtung roh, war auch die Völlerei, der Branntweingenuß, ein bezeichnendes Laster der meisten Bandenmitglieder, sodaß dadurch mehr als einmal Verrat und die blutigsten Händel unter ihnen ausbrachen, ja sogar manche Räuber im Rausche überrascht, gefangen und auf das

70) Becker II. 29.
71) Becker II. 19 und 126.

Schaffot geliefert wurden. So wurden auch später, 5. August 1809, die Mitglieder der Wetterauer Bande, Hölzerlips, Vielmetter und Kleebach, auf dem Kronauerhof, nachdem sie in einer Küche einen Krug voll Branntwein gefunden und ausgetrunken hatten, in sinnloser Trunkenheit von Streifern überfallen und arretiert[72]. Ebenso wurde der berüchtigte Mordbrenner Horst in Trunkenheit auf dem Wege nach Berlin in der Nacht vom 29. zum 30. September 1810 gefangen und auf den Scheiterhaufen geliefert. Auch schon der gewaltige du Val wurde 1670 in einem Wirtshause zu London betrunken zur Haft gebracht und bald darauf hingerichtet.

Jene Kunstsicherheit und jener Hang zur Wollust und Schwelgerei gab den Räubern den Mut, furchtlos in das gedrängte Leben der Städte zu dringen und inmitten des städtischen Treibens in den Freudenhäusern ein Asyl zu suchen, die auch noch heutigen Tags bei der nur auf eine sanitätspolizeiliche und eine Art zuchtpolizeilicher Kontrolle beschränkten polizeilichen Aufsicht dem Verbrecher sichere Zufluchtsorte bieten. In der Geschichte der rheinischen Räuberbanden spielen die Freudenhäuser fortlaufend eine sehr wichtige Rolle. Nur aus ihrer Existenz und Einrichtung kann man es begreiflich finden, wie frei und ungebunden der räuberische Verkehr mitten im bürgerlichen Leben und Treiben sich bewegen, und wie verwegene Unternehmungen angefangen werden und glücken konnten. Die Bordellwirte waren vertraute Genossen der Räuber, von denen sie durch Verkauf der gestohlenen Sachen und durch ihre maßlose Völlerei unglaublichen Geldgewinn zogen. Jan Bosbeck selbst etablierte sich im Jahre 1800, während sein Bruder Franz im Haag gehenkt wurde, er selbst aber aus Herzogenbusch eiligst entflohen und nach Hamburg gekommen war, in der Vorstadt St. Pauli zu Hamburg als Bordellwirt mit vielem Glück, wurde jedoch nach anderthalb Jahren entlarvt und von Hamburg nach den Niederlanden gesandt. Auf dem Transport dorthin entsprang er jedoch[73]. Die furchtbarste Darstellung von der verderblichen Gewalt der Bordelle waren

---

72) Grolmann „Actenmäßige Geschichte der Wetterauer und Vogelsberger Räuberbanden", S. 250.
73) Schwencken, „Notizen über die berüchtigsten jüdischen Gauner und Spitzbuben" S. 88.

Fetzers letzte Worte von der Guillotine an das versammelte Publikum[74]. Ebenso verfluchte Heckmann in seiner Rede an das Volk vom Schaffot herab die Bordelle als die Ursache seines Unglücks[75]. Das Treiben in diesen Höhlen des Lasters war aber derart, daß man zweifelhaft wird, ob die Roheit der Räuber ärger war bei ihren Räubereien oder bei dem Vertun des Geraubten. Darüber bleibt man aber nicht zweifelhaft, das wilde Treiben vor, bei und nach den Räubereien keinen Moment der Ruhe zuließ, um den Räuber zum Nachdenken zu bringen und an das Ende glauben zu lassen.

Beinahe zehn Jahre hatten diese Banden in den Ländern auf dem linken Rheinufer in der entsetzlichsten Weise gehaust, als endlich, nach jenem mehrjährigen anarchistischen Tumult in diesen Ländern, mit der stehend gewordenen neuen französischen Verwaltung im März 1798, auch nun, unter eifrigem Beistand der französischen Gendarmerie, der gewaltige Kampf der Sicherheitsbehörden gegen die Räuber begonnen wurde. Die treffliche preußische Justiz hatte mit rühmlichstem Eifer und Erfolg den Anfang gemacht. Die meistens schon nach Neuß übersiedelte Krefelder Bande wurde 1797 und 1798 durch Ergreifung und Verurteilung einer beträchtlichen Mitgliederzahl, wie z.B. Nikolaus, Rauen, Jakob Dahmen oder Dohm, Johann Hammel, Heinrich und Johann Friedrich Kurz, Dietrich Kampmann, Klostermann u.a. zersprengt. Am 10. September 1799 wurden zu Koblenz sechs Hauptmitglieder der Moselbande, Bruttig, Krämer, Dohm, Esuk, Schwarz und Simonis, zur Guillotine, sechs andere Mitglieder zu schweren und langen Freiheitsstrafen verurteilt. Ihr Hauptgenosse, Hans Bast Nicolai, wurde erst 1801, Tuchhannes (Johann Schiffmann) und Johannes Müller erst 1802 hingerichtet. Am 21. November 1803 wurde der Schinderhannes mit 19 Mitgliedern seiner Bande in Mainz guillotiert; 21 andere Mitglieder wurden zu Kettenstrafe oder Zuchthaus verurteilt.

Schon im Jahre 1796 wurde die Brabanter Bande gesprengt. Die Hauptanführer wurden bei einem beabsichtigten und der Polizei verratenen Raub in der Nähe von Brüssel überfallen und nach heldenmütigem Widerstand von einem Volontärkom-

74) Becker, II. 406.
75) Becker S. 354 u. 355.

mando überwältigt. Marcus David mit mehreren Genossen fiel in die Hände der Justiz. Ebenso der fürchterliche Picard Kotze, der jedoch aus dem Gefängnisse in Tournay entsprang. Moses Mainzer entfloh ebenfalls. Abraham Jakob, Lion Levi, Maschoker entkamen nach Paris. Die Brüder Bosbeck zogen sich nach Holland und Deutschland zurück. Mit Picards Gefangennahme war aber die ganze Bande vollständig auseinandergesprengt.

Zwei Jahre später ging die Mersener Bande auseinander. Die zehn verruchtesten Mitglieder der Bande, Picard, Franz Bosbeck, Afrom May, Jonas Lichtinger, Kaufmann, Overtüsch, Salomon Bacharach, Kessel und Klemens von Köln hatten mit zehn andern Räubern am 18. April 1798 zu Eupen bei dem Wechsler Acken einen verwegenen Raub begangen, bei dem Acken 60 000 Franks einbüßte. Der Raub, bei dem die lärmenden Räuber mit Waffen in der Hand inmitten eines volkreichen Städtchens das Haus des Wechslers im Sturm genommen hatten, erregte ungeheueres Aufsehen. Das Departement der unteren Maas wurde mit streifenden Gendarmen überfüllt und große Strenge gegen alle Fremde und Reisende geübt. Die Bande fühlte sich nicht mehr sicher und verteilte sich daher nach Holland, Neuwied und Hessen, wie später gezeigt wird. Der mörderische Kessel wurde bald darauf wegen des Eupener Raubes an seinem Hochzeitstage in Brabant ergriffen und enthauptet. Ebenso Overtüsch in Lüttich.

Die Holländische Bande war inzwischen ebenfalls mit großem Eifer und Aufwand verfolgt worden. Der Unermüdlichkeit des Generalprokurators von Maanen besonders gelang es, einer Anzahl Mitglieder der Bande habhaft zu werden. Franz Bosbeck wurde im Mai 1800 mit sieben Haupträubern im Haag gehenkt. Andere wurden zu lebenslänglichem oder zeitigem Gefängnisse verurteilt. Die übrigen Bandenmitglieder eilten auseinander, sodaß auch diese Bande um jene Zeit völlig gesprengt wurde. Endlich wurden noch andere einzelne Mitglieder aller genannten Banden in Jülich, Lüttich, Köln und Düsseldorf eingefangen und größtenteils hingerichtet.

Die strenge Verfolgung der Räuber auf dem linken Rheinufer hatte für die betreffenden Gegenden, wenigstens auf einige Zeit, sehr heilsame Folgen. Desto schlimmer war es nun aber dadurch, in den Ländern auf der rechten Seite des Rheins. Die

Räuberbanden waren nicht vertilgt, sondern nur zersprengt, und fanden, da es ihnen am linken Rheinufer nicht mehr geheuer war, sich bald und rasch am rechten Rheinufer wieder zusammen, um aus den Resten aller gesprengten Banden eine neue gefährliche Räubergruppe, schon tiefer nach der Mitte Deutschlands hin, zu bilden. Schon gleich nach dem oben erwähnten Eupener Raube im Frühling 1798 hatte der flüchtige Adolf Weyers sich in Neuwied niedergelassen. Bald fanden sich die berüchtigsten Mersener Bandenmitglieder, z.B. Picard, Damian Hessel, Jan Bosbeck, Rouchet, Hampel hol mich usw. zu ihm. Zur selben Zeit flüchteten andere Mersener, namentlich Leyser Pollack, Meyer und Mausche Gas, Mergemes Joseph, Afron May, Langleyser u.a. nach Essen und traten mit den Neuwiedern in die alte innige Verbindung, sodaß nun auch auf dem rechten Rheinufer das ganze Räubertum eine große gewaltige Masse bildete, die sich über ganz Deutschland verbreitete, da sich zu ihr alle andern verbrecherischen Elemente aus dem gesamten Deutschland zu einem großen beweglichen Ganzen vereinigten, deren Einzelgruppen nie eine Stabilität und Abgeschlossenheit besaßen, wenn ihnen auch eine Anzahl der verschiedensten Bandennamen beigelegt wurde, je nachdem dieser oder jener Ort einen längeren Zufluchtsort gewährte, oder irgendein namhafter Räuber der kleinen Gruppe seinen Namen lieh. So sieht man den Picard, den Hampel hol mich als Hauptglieder bald der Essendischen, bald der Neuwieder Bande. Ebenso befand sich Schinderhannes bald unter den Neuwiedern, bald unter seiner eigenen Bande, ebenso Damian Hessel und die Gebrüder Harting; auch hatte Fetzer in Deutz und auf der Neusser Furt, Peter Sprung bei Aachen eine Räubergruppe, die alle immer wieder in die große Vereinigung zurücktraten und bald wieder in andere wechselnde Gruppierungen ausliefen.

Diese Räubermasse wurde aber noch gefährlich verstärkt durch den Ausbruch einer bedeutenden Anzahl Haupträuber, die im Mai 1798 bei Gelegenheit eines zu Daden im Dillenburgischen unternommenen Raubes gefangen und nach Wesel verurteilt waren, von dort aber im Januar und Juli 1800 entsprangen und sich zu ihren alten Kameraden wieder einfanden. Dieses Räuberunternehmen ist in mehr als einer Hinsicht merkwürdig. Es war auf das Geld und die Kostbarkeiten des Neuwieder Bankiers Bruckmann abgesehen, der in den Kriegsunruhen sein Vermögen zu seinem Schwiegervater Akts nach Daden gebracht hatte. Die versuchtesten und gefährlichsten Neuwieder und die Krefelder von der Neusser Furt hatten sich zusammengetan, um unter Leitung des Adolf Weyers, Damian Hessel und Karl Heckmann den Raub zu vollbringen. Das gestürmte Haus des Akts fand sich leer. Ohne weiteres stürmten die Räuber das nächste beste Haus eines Einnehmers, der sich wacker verteidigte, jedoch endlich überwältigt und beraubt wurde. Gegen Morgen begann der Rückzug, und bei Tagesanbruch fand sich, daß die Räuber bei einem dicken Nebel den Weg verfehlt hatten und in einem Walde nahe bei Daden von tausend Bauern und französichem Militär umzingelt waren. Nach einem zweistündigen erbitterten Kampfe wurden die Räuber entwaffnet, gefangen und ihrer zwanzig nach Dillenburg und später zur lebenslänglichen Festungsarbeit nach Wesel geführt, von wo sie, wie oben erzählt, später entsprangen. Alle Greuel und Gewalttaten, mit denen im vorigen Jahrzehnt die Landstriche des linken Rheinufers heimgesucht waren, wiederholten sich wenn möglich in noch furchtbarer und zahlreicherer Weise auf dem rechten Ufer, sodaß das flache Land völlig preisgegeben und auch in den Städten keine Sicherheit mehr vorhanden war. Das Auffallende des Umstandes, daß Neuwied, gleich Eckbroth und Romstal, einen so langen und sicheren Zufluchtsort bieten konnte, erklärt sich aus der Leichtfertigkeit, mit der Fremden aller Art ohne Ausweispapiere das Recht der Niederlassung eingeräumt wurde, und daraus, daß pflichtvergessene Beamte, die das Gesindel hätten verscheuchen oder einfangen sollen, geradezu gemeinschaftliche Sache mit ihm machten und von seinen Räubereien klingende Vorteile zogen[76]. Als endlich von außen her in Neuwied ernstliche Anstalt zur Verfolgung der Räuber gemacht und Picard, Aumüller, Wolf und Ruben Simon gefangen waren, zog die Bande aus Neuwied und dessen Umgebung weg. Teils gesellte sie sich zur Essendischen Bande, teils zur der des Schinderhannes[77], teils zerstreute sie sich tiefer nach dem

76) Becker, Actenmäßige Geschichte der Rheinischen Räuberbanden II. 189. 295 fg.
77) Becker, I S. 355.

Innern Deutschlands hinein. Lange Zeit blieben jedoch die Räuber mit Neuwied noch in Verbindung.

Eine der merkwürdigsten Räubereien ist der Streich, den Picard, Fetzer und Ruben Simon dem Essender Langleyser und Genossen spielte, die jene nicht Anteil an dem Raube bei einem Bankier im Münsterschen nehmen lassen wollten, und denen zum Ärger Picard mit seinen Gesellen vorher eine Reihe übermütiger Räubereien in derselben Gegend beging, um die ganze Gegend zu alarmieren, was jene wieder mit gleicher Münze bezahlten, unbekümmert um die Gefahr, in die beide rivalisierende Parteien einander brachten. Kaum mag wohl irgend etwas die Verwegenheit und Sicherheit der Räuber treffender charakterisieren, als dieser vermessene Übermut.[78]

Von der so vervollständigten Essendischen Bande wurden wieder eine Menge Räubereien[79] ausgeübt, bis sich im Jahre 1801 die Behörden von Kurtrier, Preußen und des Rheindepartements ernstlicher zusammentaten und gemeinsame Beschlüsse zur energischen Verfolgng des Raubgesindels faßten und ausführten. Die Essendische Bande zog sich mehr nordöstlich in Deutschland hinein, ihren Weg überall durch die frechsten Räubereien bezeichnend, und verschwand, indem sie sich nunmehr nach Hannover, Holstein, Hamburg, Lübeck und Mecklenburg und östlich nach Preußen und Polen verteilte. Von welcher großen Menge Gesindel aller Art in den bei den ersten Dezennien des neunzehnten Jahrhunderts der deutsche Norden überschwemmt war, und wie tief das Gesindel in alle Kreise zu dringen wußte, davon bekommt man einen Begriff, wenn man die Nachrichten und Verzeichnisse von Schwenken, Christensen usw. durchsieht. In der Beschreibung der in Schleswig, Holstein, Hamburg, Lübeck, dem benachbarten Teil Hannovers und Mecklenburgs von 1802 – 17 bestraften und steckbrieflich verfolgten Verbrecher, führt Christensen 3172 Individuen auf, unter denen man viele alte Mitglieder der Rheinischen Bande findet. Wie schon erwähnt, war Adrian Bosbeck anderthalb Jahre Bordellwirt in St. Pauli bei Hamburg. Anton Heinze lebte während der französichen Okkupation mit seiner Bande in Lübeck, von der, infolge des am 21. zum 26. Februar 1811 in dem

78) Becker, S. 357.
79) Becker, II 360 ff.

nahen Stockelsdorf bei dem Erbpächter Hardt verübten Raubes, sieben Mitglieder von der französischen Polizei in Lübeck arrettiert und nach Holstein ausgeliefert wurden. Es befanden sich darunter Samuel Moses, Johann Ludw. Dümont, Herz Michel und Marcus Philipp Isaack[80]. Ja noch mehr, der berüchtigte Niederländer und Neuwieder Räuber Serves Joseph, auch Cerf Levi, Serves Polack, Jainkef, Joseph Defries, Gefries oder Hormel genannt, der einmal in einem Wirtshause zu Salzburg 60 – 80 000 Gulden in Banknoten stahl, und das Geld in Dresden vertat, lebte 1812 in Lübeck sogar als – Douanier[81]! Ebenso amtierte der berüchtigte Räuber Johannes Lehn, vulgo Spielhannes oder Musikantenhannes, von 1810 bis 1813 als Nachtwächter und uniformierter Gemeindediener in seinem Geburtsort Zimmern, Amt Rodenfels im Großherzogtum Baden, obwohl er als Räuber steckbrieflich verfolgt war[82].

Von der Neuwieder Bande zog aber noch ein Teil namentlich das Mersener Kontingent, durch den Spessart in die Gegend um Ansbach, und dann nach Schwaben, wo ihnen die verschiedenen sich durchkreuzenden kleinen Gebiete einen sicheren Aufenthalt versprachen. Die berüchtigtsten Brabanter stießen zu ihnen, von denen der Major, Matthias Rouchet, auch la Roche, Dubois, Keil, Pyndray und Stalder genannt, und Johann Müller, Daumen genannt, eine große Bande um sich versammelten, von der die Banden des Jakob Waldmann, des Süskind Bockenheim, des Picard und Damian Hessel, das Studentchen, Bocherle, Dahl, Beutel, Corneli und Cordula genannt, kleinere Bestandteile bildeten. Zahllose Diebstähle wurden von diesen Räubern in Franken und Schwaben verübt. Im damaligen Departement des Donnersberges und in den benachbarten Gegenden zu beiden Seiten des Rheins hauste die meistens aus Scherenschleifern bestehende Bande des Anton Keil aus Quirnheim bei Grünstadt, auch Barthel Bartsch, Anton Reiter und J. Schmidt genannt. Die schon seit vielen Jahren bestehende gefährliche Bande des berüchtigten großen Jainkof trieb ihr Unwesen ungestört im westlichen Deutschland fort. An den beiden Ufern des Main, im Spessart und im Odenwalde hauste

80) Christensen, „ Alphabetisches Verzeichnis".
81) Schwenken, Notizen, Nr. 605, und Stuhlmüller Nr. 130.
82) Brill, „Actenmäßige Nachrichten" S. 466 fg.

eine große aus den Überbleibseln der Schinderhannesleute zu-
sammengezogene Räuberbande, in der Veit Krämer, Manne
Friedrich (Philipp Friedrich Schütz), Hölzerlips (Georg Philipp
Lang), Krämer Matthes (Matthias Österlein) insbesondere als
Straßenräuber und Raubmörder sich hervortaten[83].

Eine bei weitem größere und wenn möglich gefährlichere
Räubermasse bildete die Truppe auf dem Vogelsberg, deren
Hauptmitglieder Jonas Hoos, der lange Friedrich (Fried. Adam
Thomas), der jüngste Feldscher Jung (Joh. Heinr. Ritter), der
schwarze Balsar (Joh. Balth. Pfeiffer), der tolle Hann Adam oder
ältester Feldscher Jung (Joh. Adam Frank) u.a. waren; sowie die
große Bande in der Wetterau, in der sich der Polengänger Han-
nes (Joh. Bogener), der alte Jakob Heinrich (Jakob Heinrich
Vielmetter), der schwarze Christel oder Löffelhannes (Joh. Val.
Christ. Oberländer), der schwarze Junge oder Veltens Heinrich
(Joh. Georg Gottschalck) der Selnröder Ludwig (Ludwig Funk),
Konrad Anschuh, der Lumpen-Jost (Johann Justus Dietz), der
Heidenpeter (Peter Görzel oder Gärtner u. a. auszeichneten[84].

In Niedersachsen, namentlich an den Elbufern, trieb sich
Theodor Unger (der schöne, der große oder Magdeburger Karl)
mit seinen Gesellen umher. Im Braunschweigischen hauste
Heinrich Zacharias Erdmann mit seiner Bande, sowie Joseph
Rammelsberg und Jakob Lehmann (Jakob Bockenheim); im
Niederhessischen, Paderbornschen und Lippeschen Itzig Muck
(der alte Muck, auch Itzig Schnut) und Leyser Polack, beide
Niederländer und Neuwieder; ebenfalls im Hessischen Mendel

---

83) L. E. Pfister. Actenmäßige Geschichte der Räuberbanden an den beiden
Ufern des Main, im Spessart und im Odenwalde, Heidelberg 1812

84) Grolman, „Actenmäßige Geschichte der Wetterauer und Vogelsberger Räuberbanden", mit den Bildnissen von 16 Haupträubern (Giessen1813),
Schwencken, „Actenmäßige Nachrichten von dem Gauner- und Vagabun-
dengesindel usw. zwischen dem Rhein und der Elbe" (Kassel 1822). Als er-
gänzende Fortsetzung der angeführten Darstellungen von Pfister und Grolmann ist von Wichtigkeit: Brill, „Actenmäßige Nachrichten von dem
Raubgesindel in den Maingegenden, dem Odenwald und den angrenzenden
Ländern, besonders in Bezug auf die in Darmstadt befindlichen Glieder desselben" (Darmstadt 1814). Diesem Werke sind die Bildnisse von den acht
Haupträubern Heusner, Grasmann, Rupprecht, Kitzinger, Erbeldinger, Tascher, Wehner und Lehn beigegeben, wie man bei Grolmann und Pfister
ebenfalls solche Porträts findet. Vgl. auch noch „Anklageurkunde gegen einen Teil der großen Räuberbande, die bei dem Königl. Kriminalgerichtshof
des Werradepartements in Untersuchung gewesen ist" (Marburg 1812).

Polack, im Hanauischen und Fuldaischen Süskind Bockenheim, der schon bei den Niederländern eine große Rolle gespielt hatte. In Oberhessen, Niederhessen, Schwarzburg, Sachsen, Bayern, im Fuldaischen, Hannöverischen war die große Bande unter den Gebrüdern Nikolaus und Georg Harting; im Braunschweigischen, Paderbornischen und Fuldaischen, in Kurhessen, im Darmstädtischen und Westfälischen die Diemelbande, gewöhnlich die Niederhessische genannt, unter Liborius Pollmann; im Hessischen und Waldeckschen die Bande des Konrad Koch (Eyer Heinrichs Konrad, auch Schinderhannes genannt); ebenda die Lumpensammlerbande unter Anton Röttcher und Bartel von der Velde; im Hannöverischen die kleine, aber furchtbare Bande des Joh. Konrad Dominicus Klappstroh, und die Hadeler Bande unter den Gebrüdern Heinrich und Dietrich Hilgen und Joh. Heinr. Köster[85]; in der Kurmark trieb die Räuber- und Mordbrennerbande Horsts ihr Unwesen, die 45 Städte mit Brandstiftungen heimsuchte, bei denen zehn Menschen umkamen[86].

Mit einem beinahe verzweifelten Eifer wurde der Kampf gegen das freche Räubergesindel aufgenommen, und der Energie und Ausdauer, die die Behörden bewiesen, gelang es, dem Unwesen einigermaßen Einhalt zu tun. Vor allem waren die Gerichtshöfe zu Marburg, wo innerhalb sechs Jahren die Hauptführer von fünf großen Räuberbanden verurteilt wurden, sowie die zu Kassel, Heiligenstadt, Hannover, Darmstadt, Gießen, Heidelberg und in den ehemaligen französischen Rheindepartements tätig, wo unter anderm in Mainz die Untersuchungen gegen Damian Hessel und Anton Keil fünf Hauptführer auf die Guillotine und gegen hundert Räuber in die Strafanstalten brachten.

Kaum war jedoch eine leidliche Sicherheit hergestellt, so brachten die neuen Kriegsbewegungen auch wieder die alte Unsicherheit hervor.

Mit der Bekämpfung der französischen Zwingherrschaft 1813 brach auch das durch die allgemeine Bewegung ermutig-

---

85) Bauer, Strafrechtsfälle, I. 459 f.
86) Kurze Geschichte des Kriminalprozesses wider den Brandstifter J. CH. P. Horst und dessen Geliebte, die unverehelichte Friederike Luise Christiane Delitz. Berlin 1815.

te und namentlich durch die Beseitigung der französischen Gendarmerie verwegen gewordene Gesindel aller Orten wieder hervor. Unter anderem entsprangen in Kassel allein bei der Besetzung durch russische Truppen im September 1813 nicht weniger als 171 Sträflinge, unter ihnen viele verwegene Räuber; ebenso in Heiligenstadt 88 Sträflinge. Es gab kaum irgendeinen von den französischen Truppen geräumten Ort, wo nicht ähnliche Entweichungen stattgefunden hätten. Das Gesindel fand sich leicht wieder zusammen, und bot den Sicherheitsbehörden um so mehr die Spitze, als bei der Besetzung der Verwaltungen den neuangestellten, von dem besten Willen beseelten Beamten ausreichende Personal- und andere zur wirksamen Bekämpfung des Gaunertums nötigen Kenntnisse abgingen. Erst allmählich gelang es, das, zufolge der alsbald wieder eingeführten Gendarmerie[87], zwar nicht mehr zu offenen Räuberbanden, so doch zu organisierten Diebesbanden zusammengerottete, aber unter dem Schein einfacher Bürgerlichkeit in allen sozialpolitischen Verhältnissen sich versteckt haltende Pack zu Paaren zu treiben.

Unter den einzelnen ergebnisreichen Untersuchungen zeichnen sich besonders aus: die 1815 zu Liegnitz in Schlesien und 1816 zu Memel geführten Verhandlungen gegen jüdische Gauner; die 1815 – 17 in Hannover von einer eigenen Kommission geführte Untersuchung gegen Joh. Sippel, Anton Vogel, Chr. Dietrich, den schwarzen Konrad usw; die zu Kassel im Frühjahr 1816 begonnene Untersuchung gegen Benjamin Joseph, Michel Heinemann, Marcus Jonas Keßler und ihre übrigen Genossen, die durch ganz Deutschland Gaunereien verübt hatten; die von 1818 – 20 zu Kassel gegen die Gaunerbande des Johann Stelzner und Johann Müller (der kleine Husar) und deren Genossen (worunter acht Frauenspersonen) geführte Untersuchung; die gleichzeitig 1820 zu Frankfurt a. d. O. und zu Magdeburg gegen die weitverzweigte meistens aus Juden bestehende Gaunerbande geführte Untersuchung; die bei dem Polizeikommissariat Plassenburg im Obermainkreise seit 1822 geführte Untersuchung, über die Stuhlmüller in seinem trefflichen Buche überraschende Mitteilungen macht; die 1823 und sodann vorzüglich 1826 von dem Polizeibeamte zu Frankfurt a.M. ge-

87) Kamtz, Allgemeiner Koder der Gendarmerie, Berlin 1815.

gen eine Bande von mehr als sechzig Gaunern, ebenso die 1824
von dem herzoglich nassauischen Kriminalgerichte zu Wiesbaden geführte Untersuchung; die von der eigens eingesetzten
Kommission zu Celle 1824 und 1825 gegen eine bedeutende
Gaunerbande geführte Untersuchung.

Endlich sind in Österreich seit 1830 bis auf die neueste Zeit
unablässig viele Gaunerbanden zur Untersuchung gezogen
worden, von denen besonders die Windmichelsche, Löschen-
kohlsche und Graslsche Bande Erwähnung verdienen[8].

Die großartigste Gauneruntersuchung, die bis jetzt geführt
worden ist und die in ihrer Gründlichkeit, sowie den Ergebnissen nach, als ein Glanzpunkt in der Geschichte der preußischen
Kriminalrechtspflege erscheint, ist die im Januar 1831 in Berlin
gegen den Handelsmann Moses Levin Löwental und Konsorten
begonnene Untersuchung, bei der 521 Personen beteiligt waren, 204 Personen zur Untersuchung gezogen wurden, über 800
Verbrechen zur Sprache kamen und 549 näher erörtert wurden,
unter denen 506 als Raub oder gewaltsamer oder beträchtlicher
Diebstahl, durch die 46 öffentliche Kassen und 460 Privatpersonen um mehr als 210 000 Thlr. bestohlen worden waren. Es
wurde zusammen in erster Instanz auf 1264 Jahre Zuchthaus
und 1380 Hiebe, in zweiter Instanz auf 858 Jahre und 1060 Hiebe erkannt. Die erstaunlichen Resultate der Untersuchung und
die Menge pikanter Tatsachen und Gaunerstreiche, die in ihr
zur Sprache gekommen sind, haben den bekannten vom Krimi-
nalaktuar A. F. Thiele 1840 herausgegebenen Werke gewissermaßen eine Popularität gegeben, weshalb hier um so eher auf
dies Buch verwiesen werden darf. Wichtig ist aber vor allem die
Untersuchung, als ein offenkundiger Beweis von der historischen Propaganda des Gaunertums, das mitten im tiefsten
langjährigen Frieden und bei dem Bestande einer scharfsichti-
gen Polizei dennoch in allen sozialpolitischen Schichten so geheim und mächtig fortwuchern konnte, daß es sich zu solcher
Gewalt zu erheben vermochte. So sehr auch diese großartige
Erfahrung das Gefühl der Sicherheit bei allen tieferblickenden
Polizeimännern geschwächt und dafür ihren Eifer belebt hat, so
wenig ist und bleibt doch das Gaunertum durch diesen und
manchen andern großartigen Schlag besiegt. Seit dem wilden

88) Österr. Zentralpolizeiblatt, 1845, Nr. 10.

Sturmjahre 1848 hat es sogar kecker als je zuvor sein Haupt erhoben und aller Orten die Behörden zum schweren hartnäckigen Kampf herausgefordert.

Die unter anderm seit mehreren Jahren eifrig tätig gewesene Kriminaluntersuchungskommission in Holstein unter Leitung des wackern Matthiessen zu Glückstadt hat erst im Sommer des Jahres 1856 ihre riesige Arbeit vollenden können, und hat dabei, wie die große Berliner Untersuchung und alle die vielen neuern Untersuchungen, die bis auf den heutigen Tag geführt sind, denselben Beweis über die Werbekraft des Gaunertums geliefert. Die offene Gewalt des Verbrechens hat nur insoweit aufgehört, als der gegnerische Widerdruck seine Kraft zum Niederhalten behauptet und an den Tag legte. Die Polizei und das Gaunertum halten einander im Schach und stehen einander beobachtend gegenüber. Die tiefe Einbürgerung des Gaunertums in das ganze sozialpolitische Leben kann dabei so wenig zweifelhaft sein, wie die Überzeugung, daß es mit diesem Fortleben und bei seiner zunehmenden Verkünstelung ebenfalls immermehr an Künstlichkeit gewinnen wird. Mag auch die Polizei niemals ohne Arg und ohne Verdacht gegen die Existenz und den verderblichen Wucher des Gaunertums geblieben sein, mag sie, aus Achtung vor dem Rechte der freien bürgerlichen Bewegung und aus Achtung vor dem Rechte des Familienhauses, die Analyse des so überaus künstlich und buntfarbig gewordenen bürgerlichen Verkehrs zur Sonderung der unlautern und gefährlichen Eindringlingschaft von dem baren Wesen des Bürgertums vernachlässigt haben: gewiß steht fest, daß das Gaunertum wie ein Parasitengewächs mit dem bürgerlichen Leben verwachsen ist und einen bedeutenden und edlen Teil seiner Kraft aufsaugt, während die Polizei dem gefährlichen Feinde gegenüber im Nachteil erscheint. Das Gelingen des Gaunertums und das Mißlingen der Polizei hat der gaunerischen Kunst einen Nimbus verliehen, der von dem frühern festen Glauben an Hexerei zwar jetzt doch schon auf die Überzeugung von bloßer verwegener Kunstfertgkeit herabgestimmt ist. Immer wird jedoch auch noch diese Kunstfertigkeit als solche zu hoch angeschlagen, weil man meistens die überraschenden Erfolge der Gaunertaten, nicht aber Mittel und Weise der Tat besonders scharf ins Auge gefaßt hat. Eine genaue rationel-

le Darstellung der praktischen Gaunerkunst ist daher das nächste und notwendigste Mittel, um das Gaunertum erkennen und
den schon Jahrhunderte lang währenden Kampf dagegen mit
Erfolg fortsetzen zu können.

ZWEITER ABSCHNITT:
LITERATUR DES GAUNERTUMS

ACHTES KAPITEL

Einleitung und Übersicht

Aus dem bisherigen Rundblick über die geschichtliche Entwicklung des Gaunertums erkennt man, daß bis zum Schluß des Mittelalters und noch bedeutend darüber hinaus, das geschichtliche Material weithin zerstreut ist und aus den verschiedenartigsten Quellen nur in einzelnen, kaum in einem bündigen Ganzen zu verbindenden Aphorismus zusammengetragen werden, und daß mithin von einer eigenen Gaunerliteratur bis zum Ende des Mittelalters nicht die Rede sein kann. Der Scholastizismus des Mittelalters bannte das vorhandene geistige und literarische Leben überhaupt in so starre Formen, daß der objektiv frische Blick auf Leben und Wesen überall fast ganz verloren ging. Wie viel weniger konnte das feine Eindringen des von jeher sich versteckt haltenden Gaunertums in die vielfachen Abschichtungen des sozialpolitischen Lebens bemerkt und objektiv aufgefaßt und zergliedert werden. Nur durch den immer mehr hervortretenden sittlichen Verfall und durch die verbrecherische Tat fand man die Urkunde vom Dasein des Gaunertums, und tat den einzelnen Verbrecher ab, ohne an das Ganze des Gaunertums zu glauben, so deutlich auch stets im einzelnen die Züge des Ganzen hervortraten.

Als von Italien her mit dem fünfzehnten Jahrhundert das Studium der alten klassischen Literatur in Deutschland Eingang fand, wurde auch der große Unterschied zwischen der Freiheit und Frische der antiken Lebensanschauung und der mittelalterlichen Anschauung, die die Bekämpfung der sinnlichen Natur im Menschen zu einer Hauptaufgabe gemacht hatte, recht deutlich, und das deutsche Volk, das trotz aller Gegenwirkung niemals seine gesunde frische und kräftige Natur ganz verloren hatte, wurde sich dieser seiner Natur jetzt wieder recht lebendig bewußt, und fing an, sich zum eigensten Volke zu gestalten und zu einem wahren, freien Volksleben überzugehen, als dessen deutlichste und kräftigste Äußerung die Volkspoesie erscheint, in welche die ganze deutsche Poesie sogar völlig aufgehen zu wollen schien. Zu dieser Regung kam auch die schon lange vorbereitete freiere religiöse und humanistische Richtung, die sich mit jener nach einem Ziele hinbewegte und gegen das Ende des fünfzehnten Jahrhunderts auch äußerlich mit ihr verbunden wurde.

Zu den merkwürdigsten Erscheinungen dieser Zeit zählen Sebastian Brant (1458 – 1520) und Johann Geiler von Kaisersberg (1445 – 1510), beide Männer in tiefer klassischer Bildung, von klarer Natürlichkeit und gesunder Weisheit, die mit scharfem objektivem Blick in das Volk auf das entschiedenste die volksmäßige Richtung ihrer Zeit begünstigten, in derbem volksmäßigem Tone die Torheit der Zeit lächerlich machten und alle ihre Gebrechen, namentlich die versunkenen kirchlichen Zustände, schonungslos bloßlegten.

Jener mit dem fünfzehnten Jahrhundert beginnenden Regung ist auch die Gaunerliteratur gefolgt, die mit der merkwürdigen Bekanntmachung des Baseler Rats wegen „der Gilen und Lamen" beginnend durch den Schreiber des Ebener'schen Manuskripts und durch den Chronikenschreiber Johannes Knebel, Kaplan am Münster zu Basel, gewissermaßen ihre ersten Vertreter fand, bis der Verfasser des *Liber Vagatorum* den Stoff systematischer bearbeitete, und gleichzeitig Sebastian Brant in seinem „Narrenschiff" und nach ihm Pamphilius Gengenbach zu Basel den Stoff poetisch auffaßte und wiedergab. Alles was vor dem fünfzehnten Jahrhundert in jenen vielen, aber zerstreuten, chronistischen und archivalen Aphorismen vorhanden ist, muß als spärliche literarische Ausbeute dahingestellt bleiben, so sehr diese Aphorismen auch beurkunden, wie früh und wie tief das Gaunertum in das Volk gedrungen war. Sie sind zum Teil jedoch auf die althochdeutsche und niederdeutsche Sprache, sowie auch auf das sogenannte Jüdisch-Deutsche, großes Interesse. In letzterer Hinsicht sind es vor allem die lombardischen Noten bei Vulkanius. „*De literis et lingua Getarun sive Gothorum, item de notis Lombardicis*". *Edit. Bon. Vulcanio Brugensi.* Leyden 1597, die ein eigentümliches flüchtiges Streiflicht auf die jüdisch-deutsche Kurrentschrift werfen, so höchst fragmentarisch diese Noten auch sind, weshalb sie

denn auch leider keine eigentliche historische und literaturge-
schichtliche Ausbeute liefern, sondern nur in sprachwissenschaftlicher Hinsicht in Betracht kommen können.

Sieht man, wie die Literatur von den dürren chronistischen
Aphorismen zu Ende des fünfzehnten Jahrhunderts auf den
überraschend rationell gehaltenen *Liber Vagatorum* übergeht,
und wie dann trotz dieser seiner vielverheißenden Haltung das
Buch nur nach seinem ethischen Gehalte von Theologen gewürdigt und erst viel später in sprachwissenschaftlicher Hinsicht, in polizeilicher Hinsicht aber gar nicht berücksichtigt
wird, so sieht man doch auch, wie trotz aller richterlichen Be-
fangenheit und trotz dem wirren Schwall der fanatischen, fast
alle anderen Verbrechen vor dem befangenen Blicke des Richters absorbierenden Hexenprozesse immer noch das Gaunertum mit seinen Taten und Erfolgen sich so unverkennbar hin-
durchdrängte, daß es nicht verleugnet werden konnte, und daß
die Wahrnehmung und Erzählung des Volks erst vom Volke her
auf eine unbefangene richterliche Auffassung zurückwirkte.
Das Gaunertum und mit ihm seine Literatur ist deshalb, zum
großen Nachteil des Ganzen, viel eher populär geworden, als
die Justiz das Übel ganz begriff und sich zu seiner Verfolgung
anschickte. Insofern haben die gegen die Mitte des siebzehnten
Jahrhunderts hervorkommenden, zunächst anders als in Anek-
dotenform erscheinenden, jedoch bald zu Biographie überge-
henden und vielfach zu den sogenannten Schelmenromanen
ausgebeuteten Sammlungen von Mitteilungen über Gauner
und Gaunertaten einen größeren Wert, als das auf den ersten
Blick scheint. Diese Literatur ging sodann bei der beginnenden
rationellen Behandlung des Kriminalrechts mit dem Anfang
des vorigen Jahrhunderts ebenfalls in die Form der ausführlichen Relation über, bei der sich neben sehr schätzbarer Aufmerksamkeit das Sprachliche, wiederum, aber freilich auch nur
gelegentlich und schüchtern, in aphoristischen Noten die rationelle Behandlung des Gaunertums bemerkbar macht, bis gegen
das Ende des vorigen Jahrhunderts in freierer Bearbeitung der
Akten ausführliche biographische Darstellungen einzelner
Gaunerhäuptlinge und Gaunergruppen, wie z.B. die des Sonnenwirtes, des Bayrischen Hiesels, des Hanikels und seiner Kameraden, des Konstanzer Hans u. A. erscheinen, und dann,

durch manche schätzenswerte Abhandlungen in den zahlreich zum Vorschein kommenden Zeitschriften vorbereitet, durch Schäffer's trefflichen „Abriß des Jauner- und Bettelwesens in Schwaben" das Gebiet der rationellen Bearbeitung vollständig geöffnet wird.

Dem ungeachtet wird dies Gebiet sehr bald darauf wieder verlassen. Bei dem ungeheueren Hervorbrechen des Räubertums am Schlusse des achtzehnten Jahrhunderts tritt ersichtlich, im Interesse und nach dem praktischen Bedürfnis der Polizei, die Gruppen- und Personenskizze in den Vordergrund, und das aktenmäßige und biographische Material wird nur als Staffage um die Person des Verbrechers geordnet, gerade um die Person als solche recht deutlich hervortreten zu lassen und ihr sofortiges Erkennen zu ermöglichen. Dieser dem neunzehnten Jahrhundert eigentümlichen und der Polizei vielen gewährenden Weise ist die gesamte neuere Gaunerliteratur so sehr gefolgt, daß sie zuletzt beinahe ganz in die heutigen polizeilichen Zeitschriften aufgegangen ist, aber gerade in der Häufung dieser Zeitschriften und aus ihrem immer massenhafter anschwellenden Inhalt erkennen läßt, daß diese Weise, neben der die rationelle Bearbeitung allzu sehr in den Hintergrund getreten ist, für die ganze Aufgabe der Polizei, dem Verbrechertum gegenüber, nicht ausreicht. Wie sehr aber immer dabei die Notwendigkeit der rationellen Bearbeitung empfunden ist, erhellt daraus, daß in allen Werken, die im Laufe dieses Jahrhunderts geschrieben sind, mehr oder minder Andeutungen und Versuche dazu, und manche sehr zu beherzigende Vorschläge zur Erkennung und Bekämpfung des Gaunertums gemacht worden sind. Trotzdem sind Darstellungen, wie namentlich Falkenberg und Wemohs verflucht haben, nicht weiter kultiviert worden, und selbst in neuester Zeit sind die Versuche, wie sie z.B. von Thiele in seinen „Jüdischen Gaunern" unternommen sind, immer nur auf spezielle Gruppen beschränkt und dabei lückenhaft geblieben, wenn sie auch den Namen einer allgemeinen Darstellung tragen. Andere Versuche beschränken sich planmäßig auf das Gaunertum einer bestimmten großen Stadt, wie z. B. auf Wien, Berlin. Erst in neuester Zeit hat Hirt einen rühmlichen Anfang gemacht in seinem Werke „Der Diebstahl", obschon auch diese kleine treffliche Schrift keineswegs nach allen Seiten hin ausreicht.

Ein schlagender Beweis, aber auch eine notwendige Folge der Vernachlässigung einer gründlichen Darstellung des Gaunertums ist die unglaubliche Kümmerlichkeit der Gaunersprachkunde, die eigentlich ganz brach daniederliegt, obschon es eine Unzahl Gaunerwörterbücher gibt, von denen aber die meisten unkritische Kopien älterer und gerade der mangelhaftesten Wörterbücher sind. Und doch hat die mit Recht von Pott eine conventionelle genannte Sprache des Gaunertums, obschon das buntscheckigste, von der Hefe fast aller Nationen zusammengetragene Aggregat verwegener charakteristische Geschichte, und ist ebenso gut wie die Sprache eines geschichtlichen Volks ein getreues Abbild der Zusammensetzung, des Geistes, Lebens und Fortschreitens, und somit der magische Schlüssel des Gaunertums. Diese Vernachlässigung der Sprachkunde erforderte eine gründlichere und gesonderte Bearbeitung, weshalb denn auch die Ausführung und Kritik der vorhandenen Literatur ausgeschlossen und in den besonderen Abschnitt von der Gaunersprache und Lexikographie verwiesen ist.

Neuntes Kapitel

Das Baseler Ratsmandat. Brant's „Narrenschiff" und Geiler's „Predigten"

Es ist schon der Bekanntmachung des Baselers Rats erwähnt worden, mit der die eigentliche Gaunerliteratur insofern beginnt, als jene Bekanntmachung die unleugbare Grundlage zu der merkwürdigen Erscheinung des *Liber Vagatorum* geworden, und jedenfalls auch Sebastian Brant in seinem „Narrenschiff", Kap. 63, benutzt worden ist.[1]

[1] Über das Baseler Ratsmandat schreibt im Jahre 1863 der berühmte Sprachforscher Prof. Wagner in Herrigs Archiv, (XVIII. 33. Bd. S. 127) daß Brückner, diese Handschrift ganz willkürlich zu einer Veröffentlichung des Baseler Rates gestempelt und mit dem Erscheinen der Zigeuner im Jahre 1422 in Zusammenhang gebracht hat. Der Text des Mandates ist aus drei Handschriften bekannt, von denen gerade die Baseler die schlechteste ist. Die Lesarten dieser Handschrift sind hier in der Wiedergabe verbessert.   B

Bei Daniel Brückner[2] wird, nachdem er wie schon angeführt, des Bündnisses der Stadt Basel gegen die Roten und Schwarzen von 1391 und der Erscheinung der Zigeuner unter dem Herzog Michael 1422 Erwähnung getan, die Bekanntmachung S. 853 abgedruckt, ohne daß er die Quelle anführt, woher er sie genommen hat. Ehe sie hier mitgeteilt wird, bedarf es einer kurzen kritischen Erläuterung über Alter, und Ursprung der Bekanntmachung, zumal da Hoffmann von Fallersleben im „Weimarischen Jahrbuch für deutsche Sprache, Literatur und Kunst", 1856, Bd. 4, Heft 1, S. 65 fg., in seiner Abhandlung Nr. 5, über den *Liber Vagatorum* offenbar irrige Ansichten ausgesprochen hat.

Die Baseler Bekanntmachung ist in drei verschiedenen Hauptdrucken vorhanden. Der älteste Druck ist bei Joh. Heumann in seinen „*Exercitationes juris universi praecipue Germanici etc.*" (Altorff 1749) in der ziemlich dürren und unfruchtbaren Abhandlung „*De lingua occulta*", Nr. 13, S. 174 – 180. Der zweite befindet sich bei Daniel Brückner, a. a. D., Stück 8. Der dritte ist in dem von Dr. Heinr. Schreiber herausgegebenen „Taschenbuch für Geschichte und Altertum in Süddeutschland" (Freiburg i. Br. 1839), S. 330 – 343, enthalten. Dieser Druck bei Schreiber ist der erste Abdruck der Bekanntmachung, die sich in der auf der Stadt- und Universitätsbibliothek zu Basel aufbewahrten handschriftlichen „Chronik" des Johannes Knebel, Kaplan am Münster zu Basel, vom Jahre 1475, befindet. Brückner scheint die Bekanntmachung mit dem Auftreten der Zigeuner in Basel 1422 in Zusammenhang zu setzen, sodaß man nach ihm die Bekanntmachung mindestens in das erste Viertel des fünfzehnten Jahrhunderts setzen darf. Damit stimmt auch Heumann überein, der die Bekanntmachung, S. 173, mit den Worten einleitet: „*Dabimus specimina ex Codice quodam initio Seculi XV manu exerato, nunc Illustr. D. Hieron. Guil. Ebeneri, primarii inclutae reipublicae Noricae moderatoris, toti literatorum choro venerabilis, bibliothecae magnificae addicto, quo inter alia, in primis Argentoratensia, jus feudale Alemannicum continetur, cui subnectuntur sequentia etc.*" Da der Heumannsche (von Hoffmann von Fal-

2) „Versuch einer Beschreibung historischer und natürlicher Merkwürdigkeiten der Landschaft Basel" (1752).

lersleben der Ebenersche genannt) Abdruck nur bis auf kleine schreibartliche Abweichungen völlig mit der Brücknerschen übereinstimmend ist, so läßt sich annehmen, daß beide aus derselben Quelle geschöpft haben, und daß Brückner, der Archivar zu Basel und ein sehr gewissenhafter und zuverlässiger Geschichtsforscher war, das ihm so nahe gegebene Knebelsche Manuskript als unzuverlässig und inkorrekt verschmähte und eine zuverlässigere Quelle wählte. Die Baseler Ratsprotokolle selbst reichen nicht so weit hinauf. Gewöhnlich pflegten alle Publikationen des Baseler Rats, die nach der alten Kanzleisprache Mandate genannt wurden, und fast niemals ein Datum hatten, den fünfzehn Zünften schriftlich mitgeteilt zu werden. Die Zünfte bestehen noch und haben auch noch jetzt, wenigstens zum Teil, ihre eigenen Archive. Es ist sehr wahrscheinlich, daß Brückner aus einem Zunftarchiv die Bekanntmachung abdrucken ließ, und in gleicher Weise mag auch Ebener aus einem solchen Archiv geschöpft haben.

Johannes Knebel ist aber überhaupt eine nicht zuverlässige Quelle. Er war auf alle Stadtgeschichten besonders erpicht und trug in seinen Annalen alles, was er hörte und sah, bunt durcheinander zusammen, wobei er, wie ja auch der Abdruck bei Schreiber zeugt, sehr inkorrekt schrieb, und namentlich in jener Bekanntmachung viele Worte bis zur Unkenntlichkeit verunstaltete. Jenes Mandat mag ihm zufällig unter dem Jahre 1475 bekannt geworden sein. Er leitet es mit den bei Brückner und Heumann fehlenden Worten ein: „Zu den Zeiten giengent vil Buben im Land umb, und mürten vil Lüten. Deren wurden etlich gefangen, die seitend Unterscheid der Buben, und wenn sy zusammen komend wie sy hießent, gabend sy in Rotwelch für, als hie noch stat." Daraus läßt sich jedoch schwerlich folgern, daß um das Jahr 1475 zu Basel mit gefangenen Seilern und Blinden, wie Hoffmann a. a. D., S. 65 sagt, Verhöre angestellt seien[3]. Auch ergibt sich aus den jetzigen Nachforschungen in den Baseler Archiven, daß um jene Zeit durchaus solche Untersuchung angestellt worden ist. Ebenso wenig findet sich eine Spur bei andern Baseler Chronisten oder in den Quellen, die Dr. L. A. Burckhardt zu Basel in seiner Abhandlung über den „Kolenberg bei Basel" in Sträubers „Baseler Taschenbuch von

3) Hoffmann v. Fallersleben, Weimarsches Jahrbuch. 1. Bd. Heft 2. 1854. S. 332.

1851" ausgebeutet hat. Hoffmann von Fallersleben hat nun den
Heumann-Ebenerschen Text mit dem Schreiber-Burckhardt-
schen zusammen verschmolzen und verhochdeutscht, „da" –
wie erfragt – „in beiden Texten die Schreibung sehr ungleich,
mundartlich und verwildert ist, wobei er den Lesarten folgte,
welche ihm die bessern zu sein scheinen, und zugleich die be-
deuterndern unter dem Texte anmerkt, worunter freilich sehr
viele Lesefehler sind." Ob und wieviel bei diesem Verfahren gewonnen ist, mag dahingestellt sein. Jedenfalls wird es aber auch
schon bei der Vergleichung mit den andern beiden Drucken interessant sein, die Bekanntmachung nach dem selterenern, sehr
wenig bekannten Brücknerschen Druck, der alle Spuren des unmittelbaren Ausflusses aus der ältesten Quelle an sich trägt,
hier zu geben:

„Dieß ist die Betrügnisse, damitte die Geilen und die Lamen
umbegand und besunder von allen Nahrungen, wil sie die nennent, damite sie sich begant.

Grantener

Zu dem ersten die Grantener die mit dem dem Sprung um-
begant, wenne die sehent, das man den Segen in der Kirchen
gibt, es sye Abends oder Morgens, so man gesungen hat, so
nemmen sie Seyffen in den Mund und stechent sich mit eim
Halm in die Naßlöcher daß sy bluten, und schumit werdent
und vallent den vor den Lüten nider, als ob si den Siechtagen
haben.

So sint ein teil, die mit der Letschen und mit der Schwinen
umbegand, die nemment ein blutig Tuch und bindent das umbe die Stirnen, als ob si gevallen wären, darnach so walgerent si
sich in dem bochte glich als werent sie von den Siechtagen wegen also gevallen.

So nemment ein teil Salb, die machent sy uß meigewunne
und bestrichent sich unter dem Anlitz damitte, so werden sie
geschaffen, als werent si in eine Füre gefallen und daz heisset
unter inen ein scheffin Anlitz.

Item es sint etlich die heissent die Schweiger, die nemment
Pferd Mist und mengent den mit Wasser und bestrichent, Bein,
Arm und Hende damit, so werden sie geschaffen, als ob si die
Gilwe oder ander grosse Siechtagen hettent.

Valkentreiger

Item es sint ouch ein teil, die nement Salb die si selber machen können, und streichent si an einen Arm gleich vornen an der Hande, so wird es geschaffen, als ob einer gefangen in Ringen were gelegen, und hengkent den den Arm in einen Schleyer; dis sprechent sie uf klant geheischen.

Brasseln

Item, es sint etlich machent inen selbs Brasseln an den Beinen, als ob si in Stöcken wären gelegen; usw.

Klant

Es sint auch etlich, die tragend wächsin Stöcke, mit ihnen und sprechent si sient in Gefengnüsse gelegen und habe inen St. Nicolaus ußgeholffent, und heischent zu einem Opfer.

Sundenveger

Es sint auch etlich starck gerad Knecht, gond mit langen Messern in den Landen, und sprechent si haben einen Libloß geton, und sient aber damit irs Leibs Notwere gewesen, und nennent den ein Summe Gelz, daß si uf ein Zil haben müssen, und mögend si das Gelt uf das Zile nit ufbringen, so wolle man inen das Houpt abschlahen, dazu so hand dieselben etlicher under in ein Knecht mit inen gon, mit isenen Kettenen beschlossen und mit Ringen, der sprichet er sie Bürg für in worden unde die Summe Gelten, die er den nennet und habe er das Gelt nit uf das Zil, so müssen sie bede verderben usw.

Sundenvegerin

Die vorgenannten Knecht hand ouch ire elichen Weiber oder ein teil enelige, die da offter Lande louffent, und sprechent, si sient in dem offenen Leben gewesen und wollent sich bekehren von Sünden und bittent das Allmussen durch St. Marien Magdalenen willen und betriegent die Lüte damite.

Bille

Es sint ouch etliche Frowen, die bindent alte Wammetsch und Bletz über die Lip under de Cleider, das man wennen solle sy gangen mit Kinden und das heißet mit der Billen gegangen.

Jungfrowe

Es sint ouch ein teil die kleffeleten tragent, als ob si ussätzig wären, daß doch nit ist, und das heißet mit der Jungfrowen gangen.

Munische

Es sint ouch etliche die in dem Schine der Beghart gent, das doch nit ist, und dieselben hand ire Wiber an heimlichen Enden sitzende, die mit Kauffmannschaft und anderen Dingen umbe gond und das heißent si in der Munische gegangen.

Kusche Narunge

Es sint ouch etliche die sprechent, sy sient edel und sient Krieges, Brandes und Gefängnisse vertriben und verherigt, und ziehent sich gar süfferlich damitte, als ob sie edel werent, wie wol es nit ist, und heißen si die kusche Narunge.

Badune

Es sint ouch ein teil die tund sich uß, wie sy Koufflüte sient gewesen und überkomment Briefe mit Beschiß, oder wie sy inen werden möget, daß sy beraubet sin sollent, und doch nit ist, daz heißent sy die Badune.

Verwerin

Es sint ouch ein teil besunder allermeist Frowen, sie sprechent sy sient getoffet Juden und sient Christen worden und sagent den Lüten ob ir Vatter oder Mutter in der Helle sient oder nit, gelte ihnen glich, und gilent den Lüten Stücke und cleider damitte abe und ander Dinge, daz heißent si Verwerin.

Theweser

Es sint ouch etlich die kundschaft habent, zu etlichen Bitteren, und die lichent inen ire Briefe und Monstrantzen mit dem Heiltum und die farend after Lande, da si ihr kundschaft wissent, und tund sich us, wie daz si Priester sient, und tund inen ein Blatten scheren, wie wol sie ungewihet und ungelert sind, und geben den, den Bitteren den dritten Pfennig davon und heißent den Theweser und vint man ir ouch allermeist unter andern Gileren.

Kammesierer

Es sint ouch etlich die da Zeichen an iren Hüten und Kugelhüten tragend, besunder römische Fronecken, Muscheln und ander Zeichen und gibt je ein dem andern Zeichen ze kouffende das man wenen sollem si sient an den Stetten gewesen, davon sie die Zeichen tragend, wie wol sie doch nie das kommen, und betriegen die Lüte damitte und das heisset Kammesierer.

Dutzbeterin

Es sint ouch Frowen, die in dem Lande sich umbe und umbe für die Kilchen niederlegen, und spreitent ein Lilachen über sich und setzent Wachs und Eiger für sich, als ob si kindbetteren weren, und sprechent ir etlich, ihn sien in 14 Tagen ein Kint gestorben, wie wol ir etlich in zehen Jaren nie Kint gemacht; und das heißt Dutzbeterin.

Sefer

Es sint ouch die strichent Salb an, heisset Abend, und legent sich für die Kilchen; so werden sie geschaffen, als ob sie lange Zit Siech oder in einem Spittal werent gelegen und wer inen das Anlitz und der Munt ußgebrochen, und wen si nach dryen Tagen in die Badstuben gond, so ist es wieder abe.

Blochard

Es sint ouch etliche Blinde, die von Gottes Gewalte blint sint, die heissent si Blochard, das sint die so da uf den Getzfehrten gahnd, wie die in ein Statt koment, so verbergent si ihre Kigelhüt und sprechen zu den Küten sie sien in verstolen worden, oder habent si verloren in den Schüren da sie gelegen sint, und samlen etlich damitte zehen oder zwentzig Kugelhüth und verkouffent si den.

Handblinden

Es sint ouch etlich blinden, die geblendet sind von ir Missetat oder Boßheit wegen, die in den Landen wandelent, und die gemelten Tafelen vor den Kilchen zeigent und thun sich us wie sie ze Rome ze St. Jacob und andern vernen Stetten gewesen sient, und sagen von großen Zeichen die da beschehen, daß das alles ein Betrügnüsse und ein Beschiß ist.

Due mit dem Bruch wandelent

Es sint ouch der etlicher, so vor zehen Jahren erblendet ist oder me; der nimt Buwollen und machet die blutig und nimmt ein Tüchlein und bindet das über die Ougen und spricht, er si ein Koufman oder ein Kremer gewesen und sie in einem Walde erblendet worden, von bösen Lüten und wurde an ein Baum gebunden, und sie daran drey Tag oder vier gebunden gestanden, und went nit ungefehr Lüte dazu kommen, er müßte daran verdorben sin; und das heißet man den Bruch gewandelt.

Spanfelder

Es sint ouch etlich, wo die in Stette koment, so lond si die Cleider an den Herbergen, und sitzend für die Kilchen by nackent, und zitterent jemerlich vor den Lüten, daß man solle wenen sy liden große Frost, so hand si sich vor bestrichen, mit Nesseln Somen und mit anderen Dingen, daz si schnucklen werden und nit früret, und daz tun si darumbe daß man Klabet gebe, daz heißent si Cleider.

Vopper

Es sint ouch etlich Frouen und ouch Man die lassen sich an ysern Ketten füren als ob si unsinnig wären und zerzerrent die Cleyder und Schleyer von irem Leibe, umbe daz sie die Lüte betriegent.

Vopper die da fitent

Es sint ouch etlich der über sin Wib oder über ein anderen Menschen statt, und dem heischet und sprichet er sie besessen, mit dem bösen Geist, das doch nit ist, und er habe in gelobet zu eim Heiligen den er den nempt und müsse haben zwölf Pfund Wachses oder ander Dinge, durch das der Mensche erlöset werde, von dem bösen Geist und das heisset Vopper die da fitzent.

Die Galchen

Es sint ouch etlich ein wenig gelert und doch nit gewichet sint, und sprechent si sient Priester und tun inen ein Blatten scheren als ein Priester, und wandelent umbe und umbe, in den Landen und sprechent sie habent verne heym, zu iren Landen, und sient von Rome oder anderst woher kommen, und sient beraubet, und nement ein Buch in die Hand als ob si ihre Zyt betent, und wer inen das Allmosen gibt, so sprechent sy, wollent inen St. Johans Evangelium oder ander Gebett fürderlich sprechen und betriegent die Lüte damite und das heisset die Galchen.

Krochere

Es sint ouch etlich die Hengker sind gewessen und dan ein Jare oder zwey davon gand und sprechent, si wollen von den Sünden kehren, und wollen Buß und Gottsferte für ir Sünde thun, und ergilent den etwie viel Guts, damitte, und wan si das ein Wile getrieben, und die Lüte betriegent, so werdent si widerumbe Hengker.

Es sint ouch etlich Frowen, die tund sich us, wie das inen an den Brüsten wee sie, und die nemment ein Miltze und schellent das ze einer Siten und legent das über die Brüste und kerent das geschelte Ende uß, und bestrichent das mit Blut, daz man wenen solle, es sient die Brüste.

Es sint ouch etlich Blinde und Krüppel, die ire Kint desto härter haltent mit Frost und mit andern Dingen, so si junge sint daz si ouch lamme und blind werden, daß man ihnen desto eh das Allmosen gebe.

Es ist ouch etlicher die stoßet sin Hand in ein Handschu und henckent die an den Hals und sprichet, er habe St. Antonien Buß;

Und dise die da andeigent, das ist gegangen uf dem Terich, das ist uf dem Lande mit dem Klant und mit dem Lume, daß ist mit Eisenhaltungen, als ob sie gefangen weren gewessen; und wen die zusammen kommen in die Pöse daz ist die Herberg, so wollent sie haben ein Breitfus, das ist ein Gans und Flughart das sint Hüner und Johannes gnug, das ist der Wein; wen si den verschechent werdent, daß ist so si truncken werdent, so hebet sich ein Junen daß ist ein Spilen mit den Rüblingen daß sint Würffel, wen den etliche verinnet, daß ist verspielet, daß er nit me hat, so wil er ein Narunge anfachen, damitte so wird er wercken daß ist, veretscht, daß es die schuder sichent gewar werdent, das sint die Ambtlüte daselbs, so wird er gebrukt in der Gabel, daz ist gefangen, in der Statt, ist es daz es umtich narung ist, daß ist bös, so wirt er geflösselt oder gemögen daz ist ertrenckt, ist es aber klein gefüge narunge die nit vast bösse ist, so schnidet man ime die Lüselinge ab, daß sind die Oren.

Diß ist ir Rottwelsche

Lem ist Brott
Joham, Wein
Boßhart, Fleisch
Lamberte, Eyer
Ein Ruheling, ein Verlin, ein Breitfus, ist ein Gans.
Ein Flughart, ein Hun
Flösseling, Vische
Wenderich, Käß
Senfterich, Bettwerck
Ruschart, Strohsack
Klabot, Kleider
Flur der andeiget nach dem Joham; ist ein Knabe so den Wein
holet."

Das Manuskript von Johannes Knebel hat den in den anderen
beiden Hauptdrucken fehlenden Zusatz: „Der Gewaltigist stend
uff von üwerm Lieberich, tretten von üwerm Senfterich, stoßen
üwer Sparfüß an; wenn Mattliged hat Arschitz empfangen, und
ist Hochmattis angangen[4]".

So stark nun auch das Vaganten- und Räuberwesen während
des ganzen fünfzehnten Jahrhunderts in Deutschland zunahm,
so schein doch überall diese praktische und wertvolle Bekanntmachung, selbst in Basel unerwartet geringe Berücksichtigung
gefunden zu haben, bis Sebastian Brant 1494 in seinem „Narrenschiff", Kap. 63, mit nicht zu verkennender Berücksichtigung der in jener Bekanntmachung dargelegten Gaunerpolitik
und Sprache, die Aufmerksamkeit auch auf das von ihm so
scharf gerügte Bettelwesen zog und dadurch den Anfang zur
Gaunerliteratur machte, die trotzdem, daß sie neben dem wuchernden Gaunertum durch vier Jahrhunderte sich nur spärlich
hingefristet hat, dennoch bis auf die neueste Zeit niemals ganz
abgebrochen ist. Das dreiundsechzigste Kapitel des Narrenschiffes hat eine zu große Wichtigkeit für die Gaunerliteratur,
als daß es hier fehlen dürfte. Es folgt hier nach der von J.
Scheible in dessen „Kloster" nun veranstalteten Ausgabe des
„Nikolaus Tünger von Tauber Königshoffen" (Basel 1574), die

4) Schreiber, Taschenbuch für Geschichte und Altertum in Süddeutschland.
    1893. S. 343, vergl. Kluge S. 8 ff.

den Vorzug hat, daß sie hinter jedem „Narren" Brants sogleich
die Erläuterung Geilers hinzufügt.[5]

Der LXIII Nar

> Ich förcht mir gieng an Narren ab,
> Vnd hab durchsucht den bettelstab,
> Klein weißheit ich da funden hab.

Von Bettleren

Der Bettel hat ouch Narren viel,
    All Welt die richt sich jetzt auff gyel,
Vnd wil mit bettlen nehren sich,
    Pfaffen, Mönchsorden sind fast rich,
Vnd klagent sich als werent sie arm,
    Hü bettel, das es Gott erbarm,
Du bist zu notturst uferdocht,
    Vnd hast groß huffen zamen brocht,
Noch schreit der Proir: trag her Plus!
    Dem sack dem ist der boden ouß,
Deßgleichen thun die Heilthumbfürer,
    Stirnenstoßer, Stationierer
Die niemand kein Kirchweih verlygen,
    Auff der sie nicht öfftlich außschrygen,
Wie das sie führen in dem Sack,
    Das Heuw das tieff vergraben lag,
Vnder der Krippen zu Bethlehem,
    Das sey von Balams Eselsbein,
Ein Feder von Sant Michels Flügel
    Auch von Sant Jörgen Roß ein zügel,
Oder die Bundschuh von Sant Claren,
    Manicher thut bettlen bei den jaren,
So er wol wercken möcht vnd kundt,
    Vnd er jung, stark ist vnd gesund,
Wenn das er sich nicht wol mag bucken,
    im steckt ein Schelmenbein im rucken,
Sein Kind die müssend jung daran,
    on onderlaß zum bettel gan,
Vnd lehren wol des Bettelgeschrey

5) Die hier fehlende Gaunerliteratur vor Brant, Kluge S. 16 ff.

Er brech jn eh ein arm entzwey,
Oder etzt jn viel bletzer, beulen,
    Damit sie kündten schreyen vnd heulen,
Der sitzen vier vnd zwentzig noch
    Zu Straßburg in dem Dummenloch,
On die man setzt in weisenkasten,
    Aber Bettler thun selten fasten,
Zu Basel auff dem Kolenberg,
    Da treiben sie viel Bubenwerck,
Jr Rothwelsch sie im terich hand,
    Jr gfüge narung durch di Land.
Jeder steblein hörnlüten hat,
    Die Foppen, Ferben, Ditzend, gaht
Wie sie dem Prediger gelt gewinn,
    Der lug, wo sey der Joham grym,
Durch alle chechelboß er lauff,
    Mit Rübling jnen ist sein kauff,
Biß er befeuelt hie und do,
    So schwentzt er sich denn anderswo,
Verlachend vber den breithart
    Stilet er all breitfüß vnd Flughart,
Der sie flößelt, vnd lüßling abschnitt,
    Grannter, Klant, Fetzer, führen mit,
Ein wilt beganschafft der Welt
    Ist, wie man stelt jetzt auff das gelt
Herolden, sprecher, Partzifand,
    Die strofften etwann öfflich schand,
Vnd hetten dar durch ehren viel,
    Ein jeder Narr jetzt sprechen wil,
Vnd tragen Steblin ruch und glatt,
    Daß er werd von dem Bettel satt,
Eim wer leid, das gantz wer fein gwand,
    Bettler bescheißen alle Land:
Einer ein silbern Kelch muß han,
    Da all tag siben Maß eingahn,
Der geht auff Krücken, so mans ficht,
    wenn er allein ist, darff ers nicht,
Dieser kan fallen vor den Leuten,
    das jedermann thu auff in deuten,

Der lehnet andern jr Kinder ab,
    Daß er ein großen hauffen hab,
Mit Körb ein Esel tut bewaren,
    Als wolt er zu Sanct Jacob faren.
Der geht hincken, der geht bucken,
    Der bindet ein Bein auff ein Krucken,
Oder ein gerner Bein in die Schlucken,
    Wenn man jm recht lugt zu den Wunden,
So säh man, wie er wer gebunden.
    Zum Bettel laß ich mir der wiel,
Denn es seint leider Bettler viel,
    Vnd werden stets je meh je meh,
Denn bettelen das thut niemand weh,
    On dem, der es zu not muß treiben,
Sonst ist gar gut ein Bettler bleiben,
    Den bettlens des verdirbt man nit,
Viel begehn sich wol zu Weißbrot mit,
    Die trinken nicht den schlechten Wein,
Es muß Rheinfal, Elsasser sein,
    Mancher verläßt auf bettlen sich,
Der spielt, bult, helt sich üppiglich,
    Denn so er schon verschlempt sein haab,
Schlecht man jm bettlen doch nicht ab,
    Jm ist erlaubt der Bettlerstab,
Vil nehren auß dem Bettel sich,
    Die meh Gelts han denn du vnd ich.[6]

Weniger tief in das betrügerische Wesen der Bettler dringt hierzu Geiler in seiner kommentierenden Predigt „Vom Bettel Narren" (das drey vnd sechtzigst Narren Geschwarm) ein. In der ersten „Schelle" spricht er „von Armen, die tragen jr armut mit großer vngedult vnd gemürmel wider Gott den Allmechtigen"; in der zweiten „von denen die betteln, weil sie fürchten, es werde jnen vorn jrem letzten endt zerrinnen vnd manglen"; in der dritten „von Bettlen auß wollust vnd mutwillen." „Die fünfft Schell der Bettel narren ist Bettlen auß gleißnerey vnd

---

6) Der von A.-L. wiedergegebene Text ist leichter verständlich, aber verderbt.
    Der authentische findet sich in Zarnckes Ausgabe des Narrenschiffs, Leipzig
    1854. S. 61 f.   M. B

heucheley. Deren findt man vil vnder den Geistlichen, die geben für, wie sie zu S. Jacob oder Compostel zum finstern Stern oder zu Jerusalem, oder an andern heiligen örtern sein gewesen, vnd ein groß gelübdt außgericht, so sie doch manchmal nicht recht für (vor) ein thor, ich wil geschweigen in fremde Landt sein kommen; vnd ob sie schon da weren gewesen, sollten sie sich doch nit mit dem Bettel wöllen ernehren. Darnach sein auch die Ablaßkrämer vnd Heiligthumbführer, oder die Stirnstößer vnd Stationierer, die verheißen groß ablaß, vnd geben für, wie sie der Heiligen gebein vnd vberbliebene heiligthumb haben. Nemlich das Häw, davon die Eselin zu Bethlehem gessen haben, oder ein feder von S. Michaels flügel, oder von S. Jörgen Rosß ein Zügel, oder S. Johans haupt, oder Christi Rock, der zu Trier sol ligen, oder die Kron Christi, die zu Rhodis solt verwart sein, vnd deren Ding gar vil, so es doch alles erlogen ist, vnd treiben sie solche gleißnerey allein darumb, damit sie gelt mögen bekommen. Doch lehrt man solche leichtlich erkennen, dann man sihet baldt an den Federn, wz es für ein vogel ist." In der sechsten „Schell" tadelt Geiler „die Fahrlessigkeit der Oberkeit die in solcher Sach kein einsehen thut und lest jedermann bettlen wer nut lust hat zu bettlen." In der siebenten „Schell" werden die Almosengeber mit ihrem taktlosen Ausforschen der Bettler, Geben und Versagen der Gaben usw. getadelt.

ZEHNTES KAPITEL

Der Liber Vagatorum und die Rotwelsche Grammatik

Der ungeheuere Erfolg, den Brants „Narrenschiff" hatte, gab Anlaß zu einer Menge ähnlicher poetischer und prosaischer Volksschriften. Unter ihnen zeichnete sich der unmittelbar nach dem „Narrenschiff" in dem Zeitraum von 1509 – 11 zuerst erschienene *Liber Vagatorum* aus, der die Baseler Bekanntmachung vollständig zugrunde legte, sie systematisch redigierte und mit Zusätzen und Exempeln sowie mit einem alphabetisch geordneten Vokabular versah. Leider ist aber diese Aufmerksamkeit dem *Liber Vagatorum* von Anfang an nicht zuteil geworden, so sehr auch die Theologen des sechzehnten Jahrhunderts seine Bedeutung erkannt und das Buch begünstigt haben. Bei seinem hohen sittlichen Ernst, bei seiner klaren Objektivität, mit der es den Betrug in den verschiedenartigsten Formen darlegt, und sich bemüht, das bürgerliche Leben und gerade auch das Haus vor dem Eindringen des Betrugs zu schützen, hat das Buch geradezu den Weg zu einer gesunden deutsch-eigentümlichen Polizei gezeigt. Es hätte die Grundlage zu dieser deutschen Polizei werden und eine gleiche Bedeutsamkeit für die Polizei, wie die peinliche Halsgerichtsordnung für die Kriminalrechtspflege, finden müssen, sobald die Polizei jener Zeiten nur bessere Notiz davon genommen hätte. Leider ist das nicht geschehen, und auch selbst bei dem herrlichen, wissenschaftlichen Streben der neueren Zeit ist der *Liber Vagatorum* noch nicht genügend beachtet, bei der neuesten Wiedereinführung durch Hoffmann von Fallersleben und Karl Gödeke aber, namentlich von letzterem, in mehrfacher Weise irrtümlich beurteilt worden. Vulcanius im angeführten, *„De lingua Getarum"*, sagt S. 106, es existiere ein *„libellus Teutonica lingua ante annos quinquaginta* (Vulcanius schrieb 1597) *conscriptus, qui errones hosce in XXVIII classes sive sectas distribuit"*, womit er offenbar den *Liber Vagatorum* meint, den er jedoch, wie er überall verrät, nicht selbst gekannt hat. Jobus Ludolfus (Leut-holff *dictus*) in seinen *„Commentationes ad historiam Aethiopicam"* (Frankfurt a.M. 1691), S. 215, unterscheidet von den Zigeunern die *„ratio et sermo nebulonum mendicantium Ista (vocabula) congesta sunt in libellum, cui titulus"* vom *„Barlen der Wanderschaft"*, und führt hierauf den Titel der Rotwelschen Grammatik nach der Ausgabe von 1601 an, spricht aber so wenig weiter von der Grammatik, wie er irgendwie des *Liber Vagatorum* erwähnt. Erheblicher ist die Notiz bei Malblank, „Geschichte der PeinlichenHalsgerichtsordnung", S. 41, wo Malblank, freilich sehr nachlässig und flüchtig die dürren und zum Teil verderbten Kapitelüberschriften mitteilt und Luther als den Autor des *Liber Vagatorum* unter dem Titel „Von der falschen Bettler-Büberey" bezeichnet. Hagen a. a. D. schweigt gänzlich vom *Liber Vagatorum*. Gervinus erwähnt nur vorübergehend des Bettlerordens als Beispiel einer

Nachbildung des „Narrenschiffs." Auch Pott („Die Zigeuner") widmet dem *Liber Vagatorum* keine Aufmerksamkeit, soviel Gelegenheit er dazu hatte im Anfang des zweiten Teils, wo er den Charakter der Gaunersprache mit treffender Auffassung und Beurteilung abhandelt. H. W. Riehl bezeichnet in seiner „Naturgeschichte des Volks", 1,8, so flüchtig wie geistvoll den *Liber Vagatorum* als „einen ersten kindischen (?) Versuch zu einer Naturgeschichte der Gesellschaft". Seit 1668 ist also Hoffmann von Fallersleben der erste gewesen, der im [„Weimarischen Jahrbuch" IV, 64, (78)], den namentlich in den alten Ausgaben äußerst selten gewordenen *Liber Vagatorum* wieder zum Abdruck gebracht und somit sich ein Verdienst erworben hat, das jedoch größer gewesen wäre, wenn er nicht aus zwei verschiedenen alten Ausgaben eine neue gemacht und das Buch nicht mit manchen Irrtümern eingeführt hätte.[1]

Mit großer Wahrscheinlichkeit läßt sich annehmen, daß die erste Ausgabe des *Liber Vagatorum* in den Zeitraum 1509 – 11 fällt und zu Basel gedruckt ist, obschon neuerlich noch kein Exemplar dieser alten Ausgabe zum Vorschein gekommen ist, wozu man jedoch bei dem erwachenden Interesse für den *Liber Vagatorum* nicht die Hoffnung aufgeben darf. Die Ausgabe, die Hain in seinem „*Repertorium bibliographicum in quo libri omnes ab arte typographica inventa usque ad annum MD typis expressi recensentur*", unter Nr. 3016, als erste (und einzig von ihm selbst gesehen) anführt, und die mit dem Druckfehler „Lieber" beginnt, scheint offenbar, gleich den übrigen bis jetzt bekannten ältesten Ausgaben des *Liber Vagatorum*, ein Abdruck jener ersten und ältesten Baseler Ausgabe zu sein. Das Schlußmotto „Nichts an vrfach" ist nämlich dem Buchdrucker Johann Bergmann de Olpe eigentümlich, der in der oben gedachten Zeit von 1494 – 99 zu Basel eine bedeutende Anzahl Werke druckte, die in den „Beiträgen zur Baseler Buchdruckergeschichte" von Immanuel Flockmeyer und Baltasar Reber, (Basel bei Schweighäuser. 1840.) S. 128 – 133, aufgeführt sind, worunter jedoch der *Liber Vagatorum* nicht genannt wird. Luther, dessen Ausgabe (1528) ebenfalls das Bergmann'sche Motto am Schlusse des Vokabulars hat, bezieht sich gleich in der

---

1) Siehe Kluge, S. 35 ff., der nach Wagner alle recht willkürlichen Annahmen Ave-L. widerlegt.

Vorrede ausdrücklich auf einen älteren Druck, indem er sagt:
„Dis büchlin von der Betlerbüberey hat zuvor einer lassen yn
den druck ausgehen, der sich nennet *Expertum in truffis*" u.s.w.
Auch der *Liber Vagatorum* (Hain 3016), vgl. Nr. 2, hat das
Bergmann'sche Motto am Schluß, und wie die Luther'sche
Ausgabe genau dieselbe Unordnung im Vokabular unter dem
Buchstaben H. Luther hat also entweder nach dem *Liber Vagatorum* drucken lassen, oder mit diesem eine gemeinschaftliche
Quelle benutzt. Aber auch der *Liber Vagatorum* bezieht sich,
gleich der evident ältern, jedoch nicht mit dem Bergmann'schen
Motto versehenen, Pforzheimer Ausgabe (vgl. Nr. 1) auf den ältern Verfasser des *Liber Vagatorum*, von dem er sagt, er sei
„dictiert von einem hochwürdigen *naister nomine expertus in
trufis*". Mit diesem hochwürdigen maister konnte aber schwerlich der Herausgeber des *Liber Vgatorum* (der ohnehin nach
1509 gedruckt ist, weil er Kap. 15 das Beispiel der pforzheimer
Dutzbetterin enthält), sich selbst bezeichnen wollen. Dabei liegt
immer noch das Motto vor, das nur Bergmann und seinen
Drucken, von 1494 – 99 eigen ist[2]. Es ist daher kaum zu bezweifeln, daß Bergmann die erste Ausgabe des *Liber Vagatorum* druckte. Wahrscheinlich ist er denn auch der Verfasser
wenn nicht, wozu noch mehr Wahrscheinlichkeit vorliegt, etwa
gar Sebastian Brant, der im „Narrenschiff" Kap. 63, eine so genaue Bekanntschaft mit dem Baseler Ratsmandat zeigt und dieselben Gaunerausbrüche gebraucht, die man in diesem und
dem *Liber Vagatorum* findet, der „hochwürdige maister" und
Verfasser des *Liber Vagatorum* ist.

In Kapitel 15 des *Liber Vagatorum* wird zwar unter aus-
drücklicher Anführung der Jahreszahl 1509 das schon erwähnte Beispiel der pforzheimer Dutzbetterin angeführt, die angab,
daß sie eine Kröte geboren habe. Diese Jahreszahl läßt aber immer zu, daß die als bloßes Beispiel angeführte Anekdote bei
dem späteren Abdruck eingeschaltet ist, wie denn auch in der
ältesten niederdeutschen Ausgabe in Kapitel 13, „Von den Vop-
peren vnde Vopperin", unter dem Jahre 1510 das nirgends anders vorkommende Beispiel der besessenen Sakramentsschänderin eingeschaltet wird, die mit „twei menen in der weken vor
Jacobi int landt to Cleue in ein stadt Santen genomet by burik

2) Das ist unrichtig. Siehe Zarncke, Narrenschiff S. 469.

gekommen" ist. Ferner finden sich in dieser niederdeutschen
Ausgabe noch 62 neue Vokabeln, die in keiner anderen Ausgabe des *Liber Vagatorum* enthalten sind.

Diese Beispiele erscheinen als bloße erläuternde Zutaten, die
sehr füglich von dem laufenden überall im dozierenden Tone
gehaltenen Text des *Liber Vagatorum* gleich allen andern Beispielen, wie z.B. des Bettlers bei dem Priester Hans Ziegler, Kapitel 4, und in demselben Kapitel des ganz ausdrücklich als
„Exempel" aufgeführten Betrugs des Utz von Lindav zu Ulm
usw. ohne Störung getrennt werden können, wie ja denn auch
Luther in seiner Ausgabe 1528 sogar in dem Texte selbst sich
einzelne kleine Zusätze erlaubt hat.

Sehr bemerkenswert ist aber noch im *Liber Vagatorum* die
im Kapitel 14 beginnende völlig veränderte Redaktion.
Während den dreizehn ersten Kapiteln ausdrücklich eine *„conclusio"* angehängt ist, fallen diese Beigaben von Kapitel 14 und
15 an weg, und der Text beschränkt sich, nachdem in Kapitel 15
das Beispiel der Pforzheimer Butzbetterin angeführt ist, lediglich auf den dürren dozierenden Ton, den man zu Anfang aller
vorhergehenden Kapitel und in der Baseler Ratsbekanntmachung findet. Es ist nicht unmöglich, daß der *Liber Vagatorum*
gleich dem „Narrenschiff" nicht gleich zuerst vollständig erschienen ist; daß seine erste Abfassung sich nur auf die dreizehn ersten Kapitel beschränkt hat, und daß die späteren Kapitel mit den „Notabilien", die offenbar als aus der Baseler
Ratsbekanntmachung gezogenen Notizen zu einer weiteren
Ausarbeitung erscheinen, erst in der jener ersten Originalausgabe unmittelbar folgenden Pforzheimer Ausgabe oder in dem
Liber Vagatorum zum Vorschein gekommen sind. Auch der
„Vokabular", der dritte Teil des *Liber Vagatorum*, ist völlig unabhängig von dem ersten Tei und von die dem *Liber Vagatorum*
nur beigegeben ist. Die meisten Vokabeln kommen im Text des
Liber Vagatorum, namentlich im ersten und zweiten Teile gar
nicht vor, und die im Texte vorkommenden Gaunerkunstaus-
drücke werden in diesem selbst stets erläutert. Am Schlusse der
„Notabilien" drängen sich die Gaunerausdrücke mehr; sie
scheinen lediglich nach dem Vorbild der Baseler Bekanntmachung, die am Schlusse den rohen Anfang zu einem Vokabular
macht, zu einem entsprechenden Zweck zusammengestellt zu

sein, was die Ansicht bestärkt, daß der Vokabular ganz unabhängig vom *Liber Vagatorum* gearbeitet und ihm zur Erläuterung der damals überhaupt gängigen Gaunerausdrücke angehängt ist.

Ein Beweis für die außerordentliche Aufnahme, die der *Liber Vagatorum* bei seinem ersten Erscheinen fand, ist der Umstand, daß von 1510 – 29 nicht weniger als 32 verschiedene Ausgaben erschienen sind, wozu noch die erste niederdeutsche Übersetzung kommt. Die in Betracht so kurzer Zeit erstaunlich zu nennende Anzahl von verschiedenen Auflagen bestärkt die Ansicht, daß die erste Baseler Ausgabe rasch vergriffen war und vielleicht auch jetzt in dem letzten Exemplare verloren gegangen ist. Jedenfalls ist der Umstand von Wichtigkeit, daß das Material zum *Liber Vagatorum* zunächst in Basel und einzig und allein in der Ratsbekanntmachung vorhanden war, und daß diese, wie schon ein flüchtiger Vergleich zeigt, vollständig dem *Liber Vagatorum* zu Grunde gelegt worden ist. Auch darf nicht übersehen werden, daß alle topischen Bezeichnungen und Anführungen im *Liber Vagatorum* sich auf süddeutsche von Basel nicht weit entfernte Ortschaften beziehen.

Die verschiedenen, mir bekannt gewordenen Ausgaben des *Liber Vagatorums* sind folgende:

1. „*Liber Uagatorum* / der Betlerorden. / mit einem zweigeteilten breiten Holzschnitt. Auf der rechten Seite ein Bettler mit seinem Weibe bei einem Bette stehend und mit dieser ein nacktes Kind haltend. Auf der linken Seite ein Esel mit einem Tragkorbe, aus dem ein Bettler ein nacktes Kind hebt. Das Bild stammt aus dem Volksbuch Griseldis[3]. Darunter: „Hie nach volgt ein hubsch buchlin genant *Liber Vagatorum dictirt* / von einem Hochwirdigen meister nomine expertus in trufis dem Adone / zu lob und ere, sibi in refrigerium et solatium allen menschen zu einer / vnderweisung vnd lere, vnd den Jhenen die diese stuck brauchen, zu einer / besserung vnd bekerung: Vnd wirt dis buchlin geteilt in drei teil. Das / erst teil sag von allen narungen die, die Betler oder Landtfarer brauchen, vnd wird geteilt in etc. Capitel et paulo plus, denn es sind etc. / narungen et vltra da durch der mensch betrogen vnd vberfurt wirt, / das ander teil sagt etlich notabilia die zu den vorgenannten narun-

---

3) Dieser Ausgabe waren schon sechs andere vorangegangen.   B.

gen / gehoren das drit sagt von eim vocabularj rotwelsch zu teutsch genannt". Quart. 9 Fol.

Diese Ausgabe, bei Hain a. a. O. unter Nr. 3018, ist wie ich aus eigenem genauen Vergleich gefunden habe, das Original, das der ersten niederdeutschen Übersetzung zur Grundlage gedient hat. Diese merkwürdige niederdeutsche Übersetzung, die gar nicht bekannt geworden ist und sich in dem vielleicht noch einzig vorhandenen Exemplare auf der Königlichen Bibliothek in Kopenhagen befindet, gibt eine überraschende Auskunft über jene Ausgabe, die, wenn man durchaus nicht an die Existenz der alten Baseler Ausgabe glauben will, nach diesem Zeugnis die älteste Ausgabe des *Liber Vagatorum* sein dürfte. Der „Vocabular" der niederdeutschen Übersetzung wird nämlich mit der Überschrift eingeführt: „Dat dridde deil dusses boks is de vocabularius des rotwelschen so de bedeler ok welke andre to bedregen de lude gebruken, vp dath seck malck dar vor huden vnd ör schalckheit verstan mag, so is de vtleging hir in gedruckt souil des ein Spitalmeister vp dem Ryn geweten hefft de dan dit bock to Pfortzen int erste heft drucken laten dem meinen beste vnd aller werlt to gude." Somit wäre nicht allein der Druckort dieser Ausgabe festgestellt, sondern auch in der Bezeichnung des Spitalmeisters eine Bürgschaft dafür gegeben, daß der „Vocabular" einen Verfasser gehabt hat, der bei seinem täglichen Verkehr mit seiner Obhut anvertrauten Verbrechern reiche Gelegenheit hatte, aus der ersten und besten Quelle zu schöpfen. Die Pforzheimer Ausgabe selbst wird man aus dem später folgenden Abdrucke näher kennen lernen[4].

2. „Die bei Hain unter Nr. 3016 aufgeführte Ausgabe: *Lieber (!) vagatorum / Der Betler orden /* Hie nach volgt ein hübschs büchlein genannt *Lieber Vagatorum* dictiert von ein hochwirdigen maister nomine expertus in tru / fis dem Adone zu lob und ere, fibi in refrigerium et solaciu etc. *Infra icon xyl. F. b. /* Das erst deyl dis buchleins / Von den bregern. Jn fine Nichts on vrsach. *s. l. a. et typ. n. 4 g. ch. e. 38 i. 10 ff.*" (Kluge Nr. 6)

Diese bei Panzer nicht aufgeführte Ausgabe will Hain selbst gesehen haben. Hoffmann von Fallersleben hat sie seinem Abdruck im „Weimarischen Jahrbuch" a. a. D., mit zu Grunde gelegt. Auch sie scheint, da sie ebenfalls das Beispiel der Pforzhei-

4) Panzer, Zusätze zu den Annalen, Leipzig 1802, S. 26, Nr. 104 g.

mer Dutzbetterin von 1509 enthält, ein späterer Abdruck der ältesten Baseler Ausgabe und vielleicht auch von Luther, der ebenfalls das Motto „Nicht on vrsach" am Schlusse seiner Ausgabe hat abdrucken lassen, benutzt worden zu sein. Im *„Vocabular"* sind unter Lit. H. vierzehn Vokabeln durcheinander eingeschoben, die unter Lit. G. gehören. Das Buch befindet sich in der Königlichen Bibliothek zu Berlin.

3. Die bei Hain unter Nr. 3017 angeführte Ausgabe: *„Liber Vagatorum. Der Betlerorden. Infra icon mendicantis.* In fine Got Sey Lob. *s. l. a. et typ. n. 4. 12 ff."* Panzer beschreibt in den Zusätzen, S. 26, Nr. 104 fg., die mir nicht zu Gesicht gekommene Ausgabe so. *„Liber Vagatorum.* Der Betler orden. Am Ende: Got Sey Lob. In Quart. Unter diesem schwarz gedruckten Titel steht der nämliche Holzschnitt wie auf dem Titel der Oeglinschen Augsburger Ausgabe. Auf der Rückseite eine kurze Vorrede mit Anzeige des Inhalts. Ist 12 Blätter stark." Es ist auffallend, daß der Holzschnitt dieser Ausgabe, nicht nur mit dem Oeglinschen, sondern auch mit dem des versifizierten *Liber Vagatorum* des Pamphilus Gengelbach und der Lutherischen von 1529 gleich ist. Alle drei Holzschnitte stellen in der Mitte einen Bettler dar, dessen linker Fuß auf einer Krücke gebunden ist. Vor ihm geht ein Knabe mit weggebundenem rechten Arm und hinter ihm ein Weib, das mit der linken Hand ein Bündel auf dem Kopfe hält. – (Kluge Nr. 8)

Das Motto „Got Sy Lob" findet sich in niederdeutscher Mundart „Gode sy loff" unter den Drucken des Rostocker Buchdruckers Ludwig Diez, und namentlich, wie ich aus eigener Anschauung gesehen habe, unter einer alten in Quart gedruckten, auf der Lübecker Stadtbibliothek vorhandenen Ausgabe des Lübeckischen Rechts von 1509 die auch bei Panzer, a. a. O., S. 311, Nr. 649, angeführt ist: „Das Lübeckische Recht. Am Ende: Gode sy loff. Dusent vyff hundert vnde neghen." Auch in des Rektors von Seelen „Nachrichten von der Buchdruckerkunst in Lübeck" ist als Drucker jenes Lübeckischen Rechts der Rostocker Buchdrucker Ludwig Diez aus Speier genannt, der wahrscheinlich schon 1524 nach Lübeck übersiedelte. Nach jenem Motto, das sich freilich unter manchen spätern Drucken findet, könnte die in Rede stehende Ausgabe des *Liber Vagatorum* in Rostock gedruckt sein. Die große Vorliebe des

Ludwig Diez für den „Reinike Fuchs", den er 1517, und für das „Narrenschiff", das er 1519 in das Niederdeutsche übertrug und druckte, machte es sehr wahrscheinlich, daß er auch den mit dem letztern in so naher Beziehung stehenden *Liber Vagatorum* kannte, abdruckte und – wie er mit Hilfe eines ausgezeichneten eigenen Holzschneiders fast alle seine Werke mit den vorzüglichsten Holzschnitten versah – mit jenem Holzschnitte ausstattete, den nach ihm Erhart Öglin und Pamphilus Gengenbach in ihren Ausgaben benutzten und kopierten. Diez kam schon 1504 von Speier nach Rostock als Drucker in der Privatdruckerei des Stadtsekretärs Barckhusen, mit dessen Erlaubnis er seit 1510 auch für andere drucken durfte[5]. Keineswegs hat Diez, so sehr verdient er sich auch um die Verbreitung des Niederdeutschen als Schriftsprache gemacht hat, nur niederdeutsche Sachen gedruckt. Jenes ihm eigentümliche Motto macht es wahrscheinlich, daß die angeführte hochdeutsche Ausgabe auch von ihm gedruckt ist. Ein Exemplar befindet sich in der Königlichen Bibliothek zu Berlin.

4. Die bei Hain gar nicht, bei Panzer, „Zusätze", S. 26, Nr. 104 e, sehr uncorrect und nachlässig aufgeführte, von Hoffmann von Fallersleben, a. a. O., genau beschriebene und seinem Abdruck mit zu Grunde gelegte Ausgabe: *„Liber Uagatorum. Der Betlerorden* (Roth gedruckt. Am Ende): Getruckt zu Augspurg Durch Erhart öglin." Zwölf Blätter in Quart. Auf dem Titelblatte ein Holzschnitt, ein Bettler mit aufgebundenem rechten Beine u. s. w. wie auf der Ausgabe unter Nr. 3. Bemerkenswert ist die Note bei Hoffmann. a. a. O., in der er richtig folgert, daß diese Ausgabe nur zwischen 1512 – 16 gedruckt sein kann. (Kluge Nr. 12)

5. „Der bedeler orde vnd or vocabular/ in rotwelsch." Darunter ein vier Zoll breiter und viereinhalb Zoll hoher Holzschnitt: ein Narr mit Narrenkappe, zu Pferde, der mit einem jubelnden Haufen, mit Narrenkappen, umgeben ist und dem eine Standarte vorgetragen wird, auf der eine Narrenkappe angebracht ist. Der obere Teil des Holzschnittes ist von einem Rundbogen umschlossen, der an den Enden auf zwei Statuen herab-

---

5) Lisch, Geschichte der Buchdruckerkunst in Mecklenburg bis 1540. S. 134. (Jahrb. des Vereins für Mecklenb. Gesch. und Altertumskunde) 4. Jahrgang. Schwerin 1839.

reicht, die ebenfalls Narrenkappen haben. Rechts von dem rei-
tenden Narren hängt vom Bogen ein Topf oder eine runde Tasche herab. Quartformat. 14 Blätter. Ohne Jahr, Druckort,
Drucker und Druckzeichen. Der Anfang ist auf der zweiten Seite des ersten Blattes (Titelblatt). Auf dem 14. Blatt ist jedoch
nur die erste Seite halb bedruckt. Sie befindet sich auf der königlichen Bibliothek zu Kopenhagen Nr. 77, 193. (Kluge Nr. 3)
    Diese bisher einzig von Hoffmann von Fallersleben, a. a. O.,
68, erwähnte, jedoch auch nur unter dem Titel nach aufgeführte Ausgabe scheint bis auf das erwähnte Exemplar ganz verloren gegangen zu sein. Sie ist genau nach der oben erwähnten
Pforzheimer Ausgabe in die niederdeutsche Sprache und zwar,
wie schon der erste Überblick zeigt, in die niederdeutsche
Mundart übersetzt, wie sie noch heute im Magdeburgischen
und Braunschweigischen gesprochen wird. Bezeichnend ist
hierfür noch die Reduktion der Münze „platthart"[6], Kapitel 9,
auf „ein Brunswigische ofte grote Meydburgische pennynck"
und die Vertauschung des süddeutschen Namens „Jörg
Keßler", Kapitel 10, mit dem häufig in Norddeutschland (z.B. in
Lübeck als Schiffsname) vorkommenden Namen „Gerdt we-
stuelink (uth Schotlande)" usw. Nicht minder bezeichnend ist
das schon erwähnte, in Kapitel 13 eingeschaltete Beispiel der
Sakramentsschänderin, die 1510 „int Land to Cleve gekommen" ist. Ebenso sind die 62 Vokabeln, die der „Vocabular" hinzufügt und nach alphabetischer Ordnung einreiht, ganz spezifisch magdeburgische und braunschweigische Ausdrücke, die
weiter nach Norden hin mehr und mehr verändert geschrieben

---

6) Plapphart, Blapphart, Plappert, Blappert, Blaffert, von Blav, Blaf, *planus
aequus et amplus, superficie plana* (Richey, a. a. O., S. 378). – Vielleicht, mit
Wandlung der *tenuis oder media in die asspirata*, zusammenhängend mit
Fleb, Flab, Flabbe, Flappe davon auch das französische *blafard*, und Blaffae-
rt, eine kleine, ebene glatte Münze ohne Gepräge. Davon Blaffersemmel
oder Blaffer, glatte, nicht überschnittene Semmel, die noch jetzt, besonders
während der Fasten, in Lübeck, Hamburg und andern Orten Norddeutsch-
lands gebacken werden. Blafferkringel und Blaffernägel ebenso nach dem
Verkaufswert genannt. Im Niederdeutschen ist noch: Blaf Ansicht ein glat-
tes, breites Gesicht; Blaf von Voorhoeft, die Gesichtsfläche, Stirn. Blaffnut,
ebenso Gesicht, besonders Mund. Ferner Plaveien, mit Steinen pflastern;
Een plaveide Weg, ein gepflasterter Weg. Plauel, ein hölzerner Schlägel zum
Ebenen des Estrichs, Waschholz. Vgl. außer Richey, a. a. O., auch Schottelius a. a. O., S. 1378, von Stieler, a. a. O., S. 192, und Kramer, a. a. O., S. 95.

und ausgesprochen werden, z. B. „bestepen", betrügen, in lübecker oder holsteinischer Mundart „bestöven", „dissen", schlagen, lübecker und holsteiner Mundart „disen", oder „verdisen", „versoken", weggehen; lübecker und holsteiner Mundart „afucken" usw. Es kann kaum ein Zweifel darüber sein, daß diese Übersetzung in Magdeburg oder Braunschweig gedruckt ist. Das Buch ist übrigens mit sehr schlechten Lettern, auch unordentlich und unkorrekt gedruckt, sodaß eine sehr genaue Kenntnis des Niederdeutschen dazu gehört, es vollständig zu verstehen.

6. Die bei Kluge unter Nr. 14 angeführte versifizierte Ausgabe:

Liber Vagatorum.
Den Bettler orden man mich nendt
Durch mich ein jeder lert, merckt vnd erkent
Was grossen btrugs ist uff erstanden
Von mancherley bettler jn dütschen lande
Durch ire sprach die ma nempt Rot
Btriegens die menschen frü vnd spot.

Darunter derselbe Holzschnitt wie unter den obenangeführten Rostocker und Augsburger Ausgaben. Sie ist in Quart gedruckt, mit einer 77 Verse langen Vorrede, in der sich der Dichter ausdrücklich auf Sebastian Brants „Narrenschiff", Kapitel 62 (63), bezieht, und die Absicht ausspricht:

Ein ieden bettler sunder znenne
Vff das man in mög wohl erkennen
An siner gstalt, auch sinem wesen
So bald eir hat diß büchlin glesen usw.

Am Schluß findet sich: „Das dryt theil diß Büchlins ist der Vocabularis in Rotwelsch", der sämtliche Vokabeln der prosaischen Ausgaben in derselben alphabetischen Ordnung, aber auch mit manchen von Hoffmann, a. a. O., S. 67, mit Recht gerügten Verdrehungen und Entstellungen enthält, während schon meistens bei den einzelnen Versen selbst die rotwelschen Wörter in Marginalübersetzungen erläutert sind. Durch die am Schluß befindlichen Initialen *SRF* des Mottos *Semper Recte Faciendo* ist, wie Karl Gödeke beweist, der sich durch die herrliche Ausgabe des Pamphilius Gengenbach (Hannover 1856) ein

nicht geringes Verdienst erworben hat, der Baseler Buchdrucker Pamphilius Gengenbach bezeichnet, der auch für den
Dichter selbst gelten muß. Die Dichtung selbst ist aber weiter
nichts als der in schlechten Knittelversen wiedergegebene *Vagatorum* und scheint auf denselben Effekt berechnet gewesen
zu sein, den das originelle „Narrenschiff" hatte, ist aber ein
verunglückter und wenig beachteter Versuch geblieben, und
hat nur die einmalige Auflage erlebt. Gödeke hat sie, a. a. O., S.
343, unter Nr. XIX. in sehr schöner und korrekter Ausstattung
wieder abdrucken lassen und S. 515 fg. und S. 678 fg. mit Anmerkungen versehen, in denen er mit Recht die flüchtigen und
unzuverlässigen Anführungen Panzers rügt, dabei aber S. 516
den bei seiner sonst überall hervortretenden Sachkenntnis unbegreiflichen Irrtum begeht, die drei von Panzer erwähnten
Ausgaben des *Liber Vagatorum* für in Prosa aufgelöste Drucke
bei Gengenbachschen Dichtung zu erklären, obschon nach seiner eigenen Darstellung Gengenbach erst seit 1517 zu drucken
anfing. Dagegen müssen die von Hoffmann a. a. O., S. 66 und
67, gemachten Bemerkungen als zutreffend gelten. Exemplare
dieser Ausgabe befinden sich u. a. auf den königlichen Biblio-
theken in Berlin, Kopenhagen und Göttingen. (Kluge Nr. 14)

7. „Von der falschen Betler / buberey, / Mit einer Vorrede /
Martini Luther. / Vnd hinden an ein Rotwelsch / Vocabularius,
daraus man die wörter, / so yn diesem büchlin gebraucht verstehen kan." (Wittemberg M.D.XXVIII), ohne Angabe des
Druckes. Am Schlusse des „Vocabulars" befindet sich das Motto des Baseler Joh. Bergmann de Olpe: „Nichts on vrsach". Sie
ist in Quart auf 12 Blättern mit großer Schwabacher Schrift
sauber gedruckt, jedoch nicht ohne Druckfehler. Sie enthält eine treffliche Vorrede von Luther selbst und im Texte hier und
da kleine Zusätze, wie z.B. in den „Notabilien" bei Aufzählung
der vier Botschaften, „die von dem stul zu Rom bestetiget
sind", den unmittelbaren scharfen Zusatz Luthers: „Aber itzt
ists auch aus mit yhm", der auch in die Eislebener, Lübecker
und die Ausgabe von 1616 übergegangen ist; ebenso aber auch
einige Verschlechterungen des Urtextes, wie z.B. Kapitel 6,
„von den Kammesieren", Zeile 17, wo Luther mit dem hebräischen Gaunerwort „sonebeth", das schon an und für sich ein
Bordell bedeutet, das Wort „bos" (Haus) verbindet und das un-

geheuerliche Wort „sonnebethbos" daraus macht, ein Fehler, der in keiner frühern Ausgabe des *Liber Vagatorum* vorkommt, wohl aber in alle nach Luthers Ausgabe veranstaltete übergegangen ist und deren Benutzung kennzeichnet. Im „Vocabular" sind, wie im *Lieber Vagatorum* (oben Nr. 2) der Fall ist, unter dem Buchstaben H die vierzehn Vokabeln durcheinander geschoben, die unter G gehören, ein Umstand, der namentlich in Hinblick auf das gleiche Motto „Nichts on vrsach" schließen läßt, daß Luther den Text des *Lieber Vagatorum*, oder dessen Baseler Vorgänger, seiner Ausgabe zu Grunde gelegt hat. Exemplare dieser Ausgabe finden sich in der Bibliothek von Wolfenbüttel und in der Arnstädter Kirchenbibliothek[7].

Darf man die Luther'sche Ausgabe keineswegs für die korrekteste halten, so ist doch die Aufmerksamkeit, die er dem Buche geschenkt hat, und vor allem seine treffliche Vorrede ein lebendiges Zeugnis von dem großen Wert, den auch er diesem Buche beigelegt hat. Die Vorrede lautet:

„Dis büchlin von der Betler büberey, hat zuvor einer lassen ym druck ausgehen, der sich nennet, Expertum in truffis, das ist, ein recht erfarner gesell ynn büberey. Welcks auch dis büchlin wol beweiset, ob er sich gleich nicht also genennet hette, Jch habs aber für gut angesehen, das solch büchlin nicht alleine am tage bliebe, sondern auch fast vberall gemein wurde, damit man doch sehe und greiffe, wie der teuffel so gewaltig ynn der Welt regiere, obs helffen wolle, das man klug würde, vnd sich für yhm ein mal fursehen wolte. Es ist freilich solch rottwelsche sprache von den Juden komen, denn viel Ebreischer wort drynnen sind, wie denn wol mercken werden, die sich auff Ebreisch verstehen."

„Aber die glose vnd rechter verstand, dazu die trewe warnung dieses büchlins ist freylich diese, das Fursten, Herrn, Rethe ynn Stedten, vnd yderman solle klug sein, vnd auff die betler sehen, vnd wissen, das, wo man nicht wil hausarmen vnd dürfftigen nachbarn geben vnd helffen, wie Gott gepotten hat, das man dafur aus des teuffels anreitzunge, durch Gottes rechts vrteil, gebe solchen verlauffenen, verzweiffelten buben zehn mal so viel, gleich wie wir bisher an die Stifft, klöster, kirchen,

7) Dr. Martin Luthers sämtl. Werke, Frankfurt a. M. und Erlangen, 63. Bd. S. 269

kapellen, bettel mönchen auch haben gethan, da wir die rechten armen verließen. Darumb solt billich eine igliche Stadt vnd dorff yhr eigen armen wissen vnd kennen, als ym register verfasset, das sie yhn helffen möchten, Was aber auslendische odder frembde betler weren, nicht on brieffe odder zeugnis leyden. Denn es geschicht allzu große buberey darvnter, wie dis büchlin meldet. Vnd wo ein igliche stad yhrer armen also wahrnehme, were solcher buberey balde gesteuret vnd gewehret. Ich bin selbs diese iar her also beschissen vnd versucht von solchen landstreichern vnd zungendresschern, mehr denn ich bekennen wil. Darumb sey gewarnet wer gewarnet sein will, vnd thue seinem nehisten gutes, nach Christlicher liebe art vnd gepot. Das helff vns Gott. Amen." (Kluge Nr. 15)

8. „Von der falschen Bet/ler büeberey, Mit Vorrede / Martini Luther. Vnd hinden an ein Rotwelsch / Vocabularius, darauß man die wort/ter, so in dysem büchlein ge/braucht, verstehen kan. / Wittemberg. / M.M. /(sic) XXVIII." Zwölf Quartblätter. Ohne Angabe des Druckers, befindet sich in der Königlichen Bibliothek zu München[8].

9. „Von der falsche bet/ler büeberey, Mit einer Vorrede. / Martini Luther. / Vnd hinde an ein Rotwelsch Vocabula/rius, darauß man die worter so in disem buchlein / gebraucht, versteen kan. / Wittemberg 1529." Zwölf Quartblätter. Mit einem Holzschnitt, der denselben Bettler mit Weib und Kind vorstellt, den man auf dem Titel der unter Nr. 3, 4 und 6 obenerwähnten Ausgaben findet. Ein Exemplar dieses Abdrucks der Ausgabe von 1528 befindet sich in der Kirchenbibliothek zu Arnstadt.

10. „Von der fal/schen Betler büberey, / mit einer Vorrede Mar/tini Luther. Vnd hinden an ein Rot/welsch Vocabularius, daraus / man die worter, so in diesem / Büchlin gebraucht, verstehen / kan. / Gedruckt zu Eisleben, / bey Urban Gau/bisch. / Anno / M.D.L.X." Oktav. Ein, wie die Vorrede auch sagt, bloßer Abdruck der Luther'schen Ausgabe, von dem als Theologen und Historiker bekannten Magister Cyriacus Spangenberg (1528 – 1604), Stadt- und Schloßprediger wie auch Generaldekan zu Mansfeld, veranstaltete, und hinter der Luther'schen Vorrede mit einer trefflichen Ansprache „An alle Christliche gemeinen in der löblichen Herrschafft Mansfeldt" versehen. Das Buch ist

8) Gedruckt von J. Stüchs in Nürnberg wie das folgende   M. B.

sauber gedruckt; besonders schön ist der Druck des „Vocabular". Nach den beiden Vorreden beginnt fol. 6 a der „Erste teil dies Büchleins". Die 28 Kapitel nehmen die folgenden 11 Blätter ein. Auf Blatt 16 b beginnt „Das Ander teil"; die „Notabilien" füllen Blatt 17 und 18, und der „Vokabular" ist von Blatt 19 – 23b abgedruckt. Die Ausgabe enthält auch noch alle andern Fehler und kleinen Zusätze der Luther'schen Ausgabe. Das Motto „Nichts on vrsach" ist jedoch hier weggelassen. Ein Exemplar dieser sehr seltenen und schönen Ausgabe befindet sich in der herzogl. Bibliothek zu Wolfenbüttel. (Kluge Nr. 18)

11. „Van der valschen / Bedeler boverye mit einer Vorrede Martini Luthers / Vnd hinden an ein Rodt/welsch Vocabularius, daruth men / de wörde, de in dessem Böcke/lin gebrucket werden, / versteen kann. Gedrücket tho Lübeck dorch Johan Balhorn im yare MDLX." Vierundzwanzig Octavblätter. Diese schöne, meines Wissens nach in keinem bibliographischen Repertorium erwähnten und anscheinend fast ganz verloren gegangene niederdeutsche Ausgabe ist von dem verdienstvollen Bibliothekar der Lübeckischen Stadtbibliothek, Professor Dr. Deecke, in einem Mischbande dieser Bibliothek aufgefunden worden. Sie ist hinter das in Druck und Format völlig gleichgehaltene Werk des Saalfelder Superintendenten M. Kaspar Adler (Aquila 1488 – 1560) angebunden, und eine vortreffliche wortgetreue Übersetzung der vorhin erwähnten Ausgabe Spangenbergs, dessen Ansprache nebst der Luther'schen Vorrede gleichfalls voran gedruckt ist und mit dieser die drei ersten Blätter bis auf die erste Seite des vierten Blattes ausfüllt, woselbst „dat erste deel desses Bökelins" beginnt. Auf Seite 1 des siebzehnten Blattes beginnt: „Dat ander deel, Dit is dat ander deel desses Bökelins vnd sacht van etliken Notabilia, de tho der vörgenömeden neringe gehören; mit korten wörden begrepen." Die fünf letzten enthalten: „Dat drüdde deel desses Bökelins, ys de Vocabularius."

Auch die Spangenbergsche Ansprache an die Gemeinden zu Mansfeld ist ein bedeutsames Zeugniß für den *Liber Vagatorum* und für die außerordentliche Aufnahme, die er im sechzehnten Jahrhundert gefunden hat! Sie folgt deshalb hier im Abdruck und zwar in der niederdeutschen Übersetzung der Lübecker Ausgaben um zugleich eine Probe von der großen Ausbildung und Fügigkeit dieser, jetzt bei der gezierten Überkünstelung der neueren Zeit leider immer mehr verdrängten Mundart im sechzehnten Jahrhundert zu geben:

„Jdt hefft gelevede Christen, de hillige düre man Gades vnd werde Prophete D. Martinus Luther seliger gedechtenisse vor 30 yaren, dit volgende Bökelin, vth hochwichtigen orsaken, also men in syner Vörrede mach seen, in den Drück gegeven, nu överst de Exemplaria dermaten vorrücket, dat to desser tidt weinich Lüde dersülvigen eine geseen hebben, Vnd doch gelikewol de valsche bedelye und böverye, so seer averhandt nimpt, dat sick schir nemandt vor bedregerye höden kan, sünderlick, wo men um Gades bevele vnd willen, dennoch den Armen, nicht allene de uns bekandt vnd bewust syn, sonder ock den, de van ander örden, biwilen vth hochdringender nodt, tho vns kamen, de Allmissen gern mitdelen, wolde vnd billick ock scholde. Darunder doch billick grötter böser boven vnd schelcke mit vnderlopen. Hebbe ick vor gudt angeseen, sülkes Bökelin von der Bedelerböverye vpppet nye dörch den Drück, anderen gudthertigen Christen mittodelen, twivel derhalven nicht, efft men sick lyekwol vor allem bedrage nicht hoden kan, Wente de rechtsschapen Christlike leve öfftmals bedragen wert, men werde doch thom ringesten etlike böverye der vnbenödigen Bedelers vermiden können.

„Jdt is nicht tho seggen, wo schendliken vel Christliker gemenen bedragen werden, dörch valsche vnerfindtlike breve, de vaken vnder valschen Segel der Stede, Hövetlüde vnd Beveellhebbern vmmegedragen werden, mit welckeren de Landlöpers vp brandt, schipbröke vnd andere schaden bedelen, vnd mit veler armer lüde schaden de allmissen sammelen. Wente men hefft tho wethen kregen, wo sülcke Landstrikers, desülven ingesammelden allmissen so bößlick vordaen vnd togebracht, vorsaken, vorspelet vnd vorhoret van nöden is, welckeres ock allen Overicheiden wil gebören, darmit ern armen vndersaten, de süs der swinden tydt halven, mit er eneigen Hußarmen, Naberen vnd bekanden armen genochsam tho dönde hebben, nicht tho hoch beswert werden.

Nu thor tydt ervindet sick ein nye Bedelerorden, der Gesellen, de vp ere vnkosten wor ein hundert Latinischer Versche vpt meiste mit kummer tosamen gedragen, edder noch wol vth an-

dern Schrifften de helffte gebedelt, edder etlike bleder vngeri-
meder Rime drücken laten, vnd desülvigen vngeferlick 10 edder
20 ehrliken lüden, Graven, Junkeren, Doctoren edder Steden toschriven, mit voranderinge des Titels, dat ein yder meinet, yder
meinet, ydt sy em allene deduceert, darmede se allenthalven
geldt vpbringen mögen. Wen men den na erem gefallen nicht
gifft, so vel alse se sick vortöstet hebben, so werden se aver de
mate vndüldich, dregen de, welckere eine unverdechtiger Sake
friwillich ere gave mitdelet hebben, vpt ergeste vth, reden en
övel na, schriven en ok noch wol bewilen böse breve tho,
welcker ock yo ein vnlidtlick Bedelerhandel is, Sünderlick, de-
wile dardörch vnder andern de olde ehrlike vnd nodtwendige
gewanheit des Dedicerens, odder Böke tho toschriven an ehrlike, Gadeslevende Lüde, in einen schendlich vordacht gebracht
wert, Vnd wol werth, wat de vörwitz mehr vp de Banen bringen
wert, daraver des armen nodtrofftigen yo vorgeten wert, vnd de
vulen Leddichgengers vnd Landtlöpers in erm modtwillen ge-
stercket werden. Wol an, wol sick will warnen laten, mach dit
bökelin vnd flitich vpseent gebruken, Wem nicht tho raden is,
dem is ock nicht tho helpen. Wo man sick överst allenthalben
holden möge vnd schöle, leret Paulus 2. Thessal. 3. Wi hören dat
etlike manck yuw vnordich wandern vnd arbeiden nichtes, sondern driven vorwitsichkeit. Sülcken överst gebeden wi vnd vor-
manen se, dorch vnsen HERRN Jesum Christum, dat se mit
stillem wesende arbeiden, vnd er egen brodt ethen. Gy överst,
leven Bröder, werdet nicht averdrötich wat gudes tho dönde.
Godt sy mit uns allen, tröste vnd helpe allen nodtrofftigen, vmme synes leven Söns Christi Jesu willen. Amen." (Kluge Nr. 19)

12. Der von Superintendent Nikolaus Selnecker (1539 – 92)
zu Leipzig 1580 nach Luthers Ausgabe von 1528 veranstaltete
Abdruck, der mit drei Predigten des Selnecker vom reichen
Manne und armen Lazarus verbunden sein, auch denselben Ti-
tel führen soll, ist mir völlig unbekannt geblieben. Einer Er-
wähnung dieses Abdruckes geschieht in der Frankfurt-Erlanger
Ausgabe von Dr. Martin Luther „Sämtlichen Werken" (1854),
LXIII, 269. (Kluge Nr. 20)

13. „Bericht / Von der falschen / Betler Büberey: / Erstlich in
einem anmüthigen Gespräch / zweyer Landstreicher, deren
einer ein Ertzbetler der / ander ein Alchimistischer Leym-

stängler, auß den / *Colloqiis Des. Erasmi Roterodami / Ptocho-
logia* genant, verdeutscht: / Darnach in einem ausführlichen
Tractat, *Exper/ tus* in *truphis* genant, von allerhand Gattungen / vnd Bubenstücken der Betler, so vor der Zeit Herr D. /
Martin Luther wieder zum Truck verfertiget / vnd mit einer
Vorrede gezieret. / Sampt eingeführten kurtzen Erjinnerung
auß / Gottes Wort, die Betler belangend:
Auch angehengter Rothwälschen Grammatic darin / meh-
rertheils jhre Spraach erkläret wirt: / Jetzo jedermänniglich zur
Nachrichtung vnd War/nung an Tag geben vnd vor Augen gestellt. / Nichts ohne Vrsach. / Mit Begnadigung deß Betler Königs / auff zwölff Jahr nicht nachzudrucken, / Gedruckt im Jahre MDCXVI." (Kluge Nr. 21)
Diese Ausgabe, von der sich ein Exemplar in der Herzogl. Bibliothek zu Wolfenbüttel, ein anderes in der Hamburger Stadtbibliothek befindet, ist in Octav auf 50 paginierten Seiten gedruckt. „Ein bossierlich doch bedenklich Gespräch Von den
Betteley und Alchimysterey, auß den *Colloquiis* deß hoch-
berühmten Herrn Erasmi von Roterdam, da es genannt wird
Ptochologia", füllt Seite 3 – 15; dann folgt auf S. 16 u. 17 die
Luthersche Vorrede und darauf die 28 Kapitel des *Liber Vagatorum* auf Seite 18 – 42, hier und da mit parenthesierten kurzen Erläuterungen im Texte selbst. Die Notabilien „nehmen
S. 43 – 47 und der „Vocabular" S. 48 – 50 ein. Auch diese Ausgabe ist offenkundig unter theologischer Redaktion entstanden.
Das ungelenk übersetzte Gespräch zwischen den beiden
Gaunern Melchior und Schewdenkarst, mit dem das Buch eingeleitet wird, geht nach dem Schluß des Erasmischen Original-
textes[9], sonderbarerweise, in eine mit zahlreichen Marginal-
allegaten aus dem alten und neuen Testamente versehene
Diskussion auf durchaus theologisches Gebiet über und verrät
überall den protestantischen Theologen. Die parentesierten Erläuterungen im Texte zeugen von dem Interesse, das der Verfasser an dem Gegenstande genommen hat. Auch hat es sich
seine Gelehrsamkeit nicht versagen können, über die Vorrede
Luthers noch die Überschrift: „*Expertus in truphis*" und dazu
erläuternd hinzuzusetzen: „τρυωφή, *luxus, mollicies, ludibri-
um, fraus*". Der Text enthält alle Zusätze und Fehler der

9) *Colloq. famil.* S. 338 fg. Antwerpen 1543.

Luther'schen Ausgabe, nur nicht die Unordnungen im „Vocabular". Sie ist auf schlechtem Papier mit schlechten Lettern, übrigens leidlich richtig, gedruckt.

14. Die letzte Ausgabe des *Liber Vagatorum* ist endlich die auch von Hoffmann, a. a. O., S. 68 u. 69, erwähnte: *„Expertus in truphis*. Von den Falschen Bettlern und ihrer Büberey. Ein artiges, vor mehr als anderthalbhundert Jahren gemachtes, Büchlein, nebst einem Register über etliche alte rotwelsche Wörter so in demselbigen fürkommen, wieder aufgelegt etc. Im Jahre 1668." Duodez (160 pag.). Leider habe ich diese Ausgabe, ungeachtet aller Mühe, nicht zu sehen bekommen. (Kluge Nr. 24)

Noch verdient Erwähnung, das bei Gödeke, a. a. O., S. 678 nach Panzer, a. a. O., II, 188, Nr. 1908, erwähnte Buch:

„Diß biechlin sagt von den falschen Kamesierern, die sich austhund vil gutes mit fasten, peten, meßlesen für anndre, auff das jn der sack, tasch vol werd, achten nit wo die seelen hinfahren. Jr bauch jr got spricht Paulus. Anno 1523." Fünf Blätter. Quart: das mit dem *Liber Vagatorum* in unmittelbarer Beziehung, vielleicht gar eine weitere Bearbeitung des Kap. 6, von ihm zu sein scheint. Leider ist jede Nachfrage nach dem Buche vergeblich gewesen, von dem auch Gödeke nichts weiter als den dürren Titel zu kennen scheint, da er, gegen seine sonstige lobenswerte Weise, die Bibliothek nicht genannt hat, auf der sich das Buch befindet.

Mit den bis jetzt aufgeführten Ausgaben ist jedoch die Zahl der Ausgaben des *Liber Vagatorum* keineswegs abgeschlossen. Es ist vielmehr noch eine Reihe von Ausgaben unter dem Titel der „Rotwelschen Grammatik" vorhanden. Die Rotwelsche Grammatik ist weiter nichts als ein breites Plagiat des *Liber Vagatorum*, in dem das „Vocabular" vorangestellt, dann der zweite Teil die „Notabilien" angefügt und zuletzt der erste Teil, die achtundzwanzig Kapitel, abgedruckt wird, durch welche Umstellung die freilich sehr rohe Andeutung zu einer grammatischen Anordnung gegeben wird. In der letzten Ausgabe der „Rotwelschen Grammatik" von 1755 erscheint der eigentliche *Liber Vagatorum* (S. 67) nur noch als ein dürftiger Anhang in verkümmerter, jedoch noch deutlich kennbarer Gestalt, während der vorangestellte „Vocabular durch eine Menge neu hinzugefügter Vokabeln bereichert und auch als Doppellexion bearbeitet ist.

Eine der ältesten Ausgaben der „Rotwelschen Grammatik" ist: „Die Rotwelsch Gram/matic, vnnd barlen der Wanderschaft. / Dardurch den Weißhulmen geuopt, die / Hautzin besefelt, vnnd diehorcken vermonet, Damit / mann stettiger vnd speltling vberkompt, im / Schrefenboß Joham zu schöcheren / vn mit Riblingen zu rürn hab. / Der Camesierer an die Gleicher. / Verkneistets also, das jrs recht vermenckelt, es gibt / sunnst lang hans walter, so es die bschiderich vnnd Jltis / verlunschen da volgte den linksmarckt an dolmanschni / eren, oder im rantz ins flossart megen. / Das wolt der loe Ganhart, da alch dich übern glentz." Ohne Jahr, Druckort, Drucker und Druckzeichen. Unten auf dem Titel ein Holzschnitt ohne Rand, ein schreitender Bettler mit einem schreitenden Bettelweibe, beide mit Pilgerhüten und kurzen Mänteln bekleidet, mit gefalteten Händen, und lange Pilgerstöcke in den Armen. Derselbe Holzschnitt findet sich auf Blatt *6a*, unter der Überschrift des dritten Teils (der achtundzwanzig Kapitel) wieder. Sie enthält 14 Quartblätter, das Titelblatt und das letzte Blatt jedoch nur auf der ersten Seite bedruckt. Auf der ersten Seite des zweiten Blattes beginnt: „Erst theyl dises Buchs / Jnnhaltende das Elemental vnd Voca/bulari der Rotwelschen Grammatic vnd sprach. Von / den Hochelerten Cammesierern in der Wander/schafft beschribenn, Das nit ein ieder Hautz / verlunschen vnd barlen mög. / Ja ein dart vff sein giel." Auf Blatt *4a* kommt: „Ander theil dises Buchs, Von vilerlei Or/den und Geschlechten der Wanderschafft vnd Landtbe/scheißer, zu Latin genannt, Weliche hernach erklärt / vnd außgelegt werden." Unmittelbar darnach folgt das Verzeichnis der Kapitel nach den Überschriften, mit der Übersetzung der gaunertechnischen Ausdrücke. Auf Blatt *4b* stehen: „Ettlich Notabilia, zu dieser / Narung dienstlich." Auf Blatt *6a*: Volgt hernach das Drittheil dieser / Grammatic, Jnhaltend die haupt Articel, Meister / stuck vnd *Regulas Grammaticales* des Bettler or/dens, von aller narung, so die Betler vnd landtfarer / brauchen, dardurch alle Welt bescheissen und betriegen, / Jdermann zur warnung an tag bracht." Nach dem hier wiederholten Holzschnitt des Titelblattes folgen die 28 Kapitel des *Liber Vagatorum* bis Blatt *14a*.

Die Ausgabe der „Rotwelschen Grammatik" von 1583 ist bis jetzt für die älteste gehalten und der vorstehend angeführten von keinem Bibliographen Erwähnung getan worden. Aus dem

Vergleich des Vocabulars der oben angeführten Ausgabe mit dem stets für apokryph angesehenen Vokabular, das Konrad Gesner in seinem „Mithridates"[10], fälschlich als *Vocabula linguae fictitiae Zigarorum*" angeführt, ergibt sich aber nun die vollkommenste Übereinstimmung beider Vokabulare, sodaß der von Gesner, a. a. O. S. 81, als Drucker des *„Libellus teutonice publicatus"*, aus dem Gesner seinen Vokabular entlehnt hat, angeführte Baseler Buchdrucker Rodolphus Dekk als Drucker dieser „Rotwelschen Grammatik" gelten muß, und somit diese Ausgabe bei weitem älter als die von 1583 und unstreitig die erste und älteste ist.

Die weitere Ausgabe der „Rotwelschen Grammatik" erschien 1583 zu Frankfurt a. M. unter dem weitläufigen Titel „Die Rotwelsche Grammatic / das ist: / Vom barlen der Wan/derschafft, dadurch den Weißhulmen ge/vopt, die Häutzin besefelt vnd die horcken vermo/net damit man Stettinger vnd Speltling vberkompt, / im Schrefen Boß Joham zu Schöchern, vnd mit / Riblingen zu rüren hab. / Das ist: / Eine anleytung vnnd bericht der Landt/fahrer vnd Bettler Sprach, die sie Rotwelsch heis/sen vnd die Bawren betrogen werden: Damit man gülden / vnd Heller vberkompt, im Hurnhauß Wein zu trincken / vnd mit Würffeln zu spilen hab. / Der Camesierer an die Gleicher. Verkneistets also, daß jrs recht vermenckelt, es gibt / lang Hanß Walter, so es die Bschiderich vnd Jltis ver/lunschen, da volget denn Linßmarckt an Dolman schnieren, oder / im Rantz ins Flossart megen. Das wolt der loe Gan/hart, da alch dich vber den Glentz. Der verlauffen Schüler an seine / Mitgesellen. Verstehets also, daß jhrs recht behaltet, es gibt / sonst lange Leuß, so es die Amptleut vnd Stattknecht verstehn, da / folget denn hernach das Hencken mit dem Kopff an Galgen, / oder im Sack das ertränken im Wasser. Das wolt der / leydige Teuffel, da mache dich vber / das weite Feld. / Gedruckt zu Franckfort am Mayn. / MDLXXXIII." In Quart auf 42 paginierten Seiten gedruckt. Voran steht eine drei Seiten füllende unbedeutende Vorrede, in der der mit W. H. B. Z. F. unterzeichnete Herausgeber vor dem Müßiggang und dem Wirts-

---

10) Über diese Ausgaben siehe *Francisque-Michel Etudes*, p. 445 und Wagner im Serapeum 1862, Nr. 8 S. 115 ff. Auch der folgende Ablaß ist nach Wagner richtigzustellen. Die erste Ausgabe der Rot. Gram. erschien um 1535. B.

hausleben warnt, vnd sich verwahrt, daß er „nicht etwan einem durch solche edition Anlaß vnd gelegenheit geben will, dise Sprach zu lernen, vnnd sich dergleichen Büberey zu üben" usw. Dann folgt die Grammatik in derselben Anordnung und in demselben Wortlaut wie die vorgenannte Ausgabe. Nur sind die „Notabilien" meistens mit Überschriften versehen, nämlich Not. 2: Von Pflügern; Not. 4: Von Ganßscherern; Not. 5: Von Sefelgräbern; Not. 7: Von Wiltnern; Not. 8: Von Quästionirern; Not. 13: Von den Mengen und Spenglern. „Zum Beschluß" (S. 41) warnt der Herausgeber nochmals vor den „von Tag zu Tag zunehmenden sünd vnd Rencken der Landtfarer", und ermahnt die „frommen Obrigkeiten, fleißige achtung zu geben auf solche Gesellen" usw. Auf der ersten Seite des letzten Blattes befindet sich zwischen den Worten „Gedruckt zu Franck/furt am Mayn, durch Wen/del Humm" und der Jahreszahl MDLXXXIII ein Holzschnitt, im Vordergrund den Simson darstellend, wie er dem Löwen den Rachen auseinanderreißt. Im Hintergrunde eine Stadt mit einer Feste. Rechts von der Stadt sieht man den Simson noch einmal, wie er vom Löwen angefallen wird. Der Druck ist bei weitem nicht so sauber und korrekt wie bei der erstgenannten Ausgabe.

„Die Rotwelsche Grammatik" erschien ganz unter demselben Titel wie die Wendel Hummsche Ausgabe noch einmal im Jahre 1601. Sie ist angeführt bei Krünitz, „Enzyklopädie" CXXVIII, 34, und bei Pott, a. a. O. I, 7, nach Puchmayer Romani Czib., (Prag 1821), S. VII sowie bei Tiele a. a. O. m. S. 201, wo die Jahreszahl 1620 aber wohl ein Druckfehler ist, wie S. 200 die Jahreszahl 1520 bei der Lutherschen Ausgabe des *Liber Vagatorum* von 1528. Diese Ausgabe von 1601 ist mir unbekannt geblieben, sowie eine spätere Ausgabe, deren ohnehin verkürzten Titel ich nur aus Stargardts „*Catalogue de librairie ancienne*" (Berlin 1855), Nr. XXIII, kennen gelernt habe, wo sie auf Seite 115, unter Nr. 2147, als „Rotwelsche Grammatica oder Anweisung, wie man diese Sprache erlernen" (Frankfurt a. M. 1704) angeführt ist. (Kluge Nr. 31)

Endlich ist die rotwelsche Grammatik im Jahre 1755 zu Frankfurt a. M. unter folgendem Titel erschienen: „Rotwellsche Grammatik / oder / Sprachkunst, / Das ist: / Anweisung / wie man diese Sprache in wenig Stunden / erlernen, reden, und verstehen möge; / Absonderlich denenjenigen zum Nutzen und / Vortheil, die sich auf Reisen, in Wirtshäu/sern und andern Gesellschaften befinden, / das daselbst einschleichende Spitzbuben-Gesindel, / die sich dieser Sprache befleißigen, zu erkennen, um / ihren diebischen Anschlägen dadurch zu / entgehen; / Nebst einigen / historischen Nachahmungen, / durch welche eine Anfänger desto eher zur / Vollkommenheit gelangen kan. / Auf der zweiten Seite des Titelblattes: „Der Camesierer an die Gleicher. Verkneistets also" usw., mit der gegenüberstehenden Übersetzung. (Kluge Nr. 32)

Nach einer vier Seiten langen unbedeutenden Vorrede kommt auf einem einzelnen Blatte ein schlechter Holzschnitt, eine graphische Aufgabe: in einem Oval zwölf oben, unten, mitten und an beiden Seiten angedeutete Punkte mit Linien innerhalb des Ovals verbinden, ohne daß die Linien sich schneiden; mit der graphischen Auflösung und zwei Versen darunter.

Dann folgt: „Rothwelsch-Deutsch und Deutsch-Rothwelsches Wörter-Buch Der Rothwelschen Sprachkunst", das schon 878 Gaunervokabeln (S. 1 – 28) enthält und die jüdischen Ausdrücke besonders bezeichnet. Leider hat dies Wörterbuch viele arge Druckfehler. Nachdem jenes „Vocabular" auch in deutsch-rotwelscher Folge (S. 29 – 50) gegeben wird, kommt S. 51 – 66 die „Dritte Abhandlung", welche „die historischen Nachahmungen" als Übungsstücke in der Gaunersprache enthält und den „reisenden Kaufmannsdiener Philander" in eine Gaunerherberge einführt, wo er die Erzählungen einer Gaunerbande in der Gaunersprache anhört. Als „vierte Abhandlung" folgt S. 67 der erste Teil des *Liber Vagatorum*, sowohl der Kapitelzahl (20 oder eigentlich nur 18 Kapitel), als dem Inhalte nach, sehr verkümmert. In den Kapiteln ist nur die Rede von den Bregern, Stabulern, Loßnern, Klencknern, Debissern, Camesirern, Vagirern, Grantnern, Dutzern, Zickischen, Schwanfeldern, Voppern, Pillenträgerinnnen, Seffern, Schweigern, Gänßscherern, Sefelgräbern und Pflügern. Deswegen ist diese Abhandlung der schwächste Teil, während das Wörterbuch, trotz arger Entstellungen, Druckfehler und Mängel doch Beachtung verdient. Das ganze Buch verrät den Juristen, der ersichtlich sowohl aus eigener praktischer Erfahrung schöpfte, wie auch die damals schon etwas ergiebiger fließenden literarischen Quellen, wenn auch nur sehr leicht und obenhin, ausbeutete. Der gegen die frühern Vokabulare auffallend größere Reichtum des Vokabulars mag die Ursache gewesen sein, daß später jeder, der sich berufen fühlte, ein Gaunerlexikon zu schreiben, diese unzuverlässige und bedenkliche Quelle benutzte und dabei das Studium älterer Ausgaben, wie anderer sprachkundiger Arbeiten und Untersuchungen vernachlässigte. Insofern ist diese „Rotwellsche Grammatik" der Anlaß zu sehr argen gaunerlinguistischen Verirrungen geworden.

Offenbar von demselben Verfasser, wie auch Pott, a. a. O. I. 12, überzeugend dartut, rührt noch ein Zigeunerwörterbuch her, das, wenn es auch nur spezifisch zigeunerische Vokabeln nach alphabetischer Ordnung enthält, doch hier mindestens eine Erwähnung verdient, da es vom Verfasser selbst bezeichnet wird als „Beytrag zur Rotwellischen Gramatik, Oder Wörter-Buch Von der Zigeuner-Sprache, Nebst einem Schreiben eines Zigeuners an seine Frau, darinnen er ihr von seinem elenden Zustande, in welchem er sich befindet, Nachricht ertheilet." (Frankfurt und Leipzig 1755). Das Wörterbuch ist, wie Pott, a. a. O., nachweist, eine Originalarbeit, die indessen von Grammatik gar nichts enthält. Der kurze Brief des Zigeuners an seine Frau (S. 17 und 18) ist völlig unbedeutend.

Mit der Ausgabe der „Rotwellischen Grammatik von 1755" schließt die Reihe der Ausgaben des *Liber Vagatorum*. So wenig auch das Werk in der beträchtlichen Reihe seiner Ausgaben seit Anfang des sechzehnten Jahrhunderts der Form und dem Inhalte nach aus seiner Ursprünglichkeit herausgegangen ist, wenn man die Bereicherung des Vokabulars bis zur Ausgabe der „Rotwellschen Grammatik von 1755" abrechnet, so sieht man doch in seiner durch Jahrhunderte hindurch immer wieder auftauchenden Erscheinung, daß sein Wert doch in gewisser Beziehung Anerkennung gefunden hat, und daß mindestens seine ethische Bedeutsamkeit, besonders seit Luther, den Theologen durchaus nicht entgangen ist. Selbst bei der Rotwelschen Grammatik, die völlig unabhängig von der Lutherschen Ausgabe sich durchaus an die ältesten Ausgaben des *Liber Vagatorum* hielt, verrät keine Spur, daß irgendein Jurist, oder auch ein Sprachforscher sich mit der sorgfältigen Bearbeitung die Moscherosch (1642), der im „sechsten Gesichte", Thl. 2, seines

Philander von Sillewald das Rotwelsche Wörterbuch (Feldsprach) zuerst als Doppellexikon herausgab, und in dem freilich
sehr nachlässigen und fehlerhaften Abdruck des „Rotwelschen
Vocabular" bei Schottelius (1665) trifft man auf die erste juristische und linguistische Berücksichtigung überhaupt, die man
in der waldheimer Beschreibung 1726, in der koburger Untersuchung 1734, und in den hildburghausischen Untersuchungsakten 1753, in bei weitem schätzbarer Weise findet, woran sich
denn die Rotwellsche Grammatik von 1755 anschließt.

Es folgt jetzt der wortgetreue Abdruck des *Liber Vagatorum*
nach dem Wolfenbüttler Exemplar. Die nun folgende Ausgabe
des *Liber Vagatorum* ist keineswegs die älteste. Aber dieses ist
für uns von geringerer Bedeutung, da es nicht auf kleine mund-
artliche Abweichungen, sondern auf den Inhalt dieses für die
Geschichte des Gaunertums so wichtigen Werkes ankommt. Der
Holzschnitt auf dem Titelblatt unseres Druckes gehörte ursprünglich zu einer Ausgabe der Griseldis. Er stellt deren erste
Versuchung dar. Ich gebe ihn und die erste Seite des Buches nach
einem defekten Exemplar der Berliner Königlichen Bibliothek.

Liber Vagatorum Der Betler orden.

Hie nach volgt ein hubsch buchlin genant *Liber Vagatorum* dictirt von eim Hochwirdigen meister nomine expertus in trufis
dem Adone zu lob nd ere, sibi in refrigerium et solatium, allen
menschen zu einer vnderweisung vnd lere, vnd den jhenen die
diese stuck brauchen zu einer besserung vnd bekerung: Vnd
wirt diß buchlin geteilt in drej teil. Das erst teil sagt von allen
narungen die, die Betler oder Landtfarer brauchen, vnd wird geteilt jn .xx. Capitel et paulo plus, dannes sind .xx. narungen et
vltra do durch der mensch betrogen vnd vberfurt wirt, Das ander teil sagt etlich notabilia die zu den vorgenanten narungen
gehoren. Das drit sagt von eim vocabularj rotwelsch zu teutsch
genant.

Das erst teil diß buchlins, *Von den Bregern*

Das erst Capitel ist von den Bregern, das sind Betler die kein
zeichen von den heiligen oder weinig an jhnen haben hanngen,

vnd komen schlecht vnd einfeltiglich für die lewt geen vnd heischen das Almusen vmb gots vnd vnser lieben frawen willen,
Etlich einem haußarmen man mit kleinen kinden, der erkant ist
jn der Stadt oder jn dem Dorf do er heischt, vnd wann sie mochten weiter komen mit jrer arbeit oder mit andern erlichen dingen. So liessen sie on zweiffel vom betlen, dann es ist manger
fromer man der da betlet mit vnwillen, vnd sich schemet vor
den jhenen die jne kennen, das er vor zeiten gnug hat gehabt
vnd jtzund betlen muß, mocht er furbaß komen er ließ das betlen vnderwegen (Conclusio) disen Betlern ist wol zugeben
wann es ist wol angelegt.

Von Stabulern

Das ander Capitel ist von Stabulern, das sind betler die alle land
auß streichen, von eim heiligen zu dem andern, vnd jr krenerin
vnd Gatzam jn Alchen, vnd haben den Wetterhan vnd den
Wintfang vol zeichen hangen von allen heiligen, vnd is der
Wintfang gesetzt von allen stucken, vnd haben dann die Hutzin die jhne den Lehem Dippen, vnd hat jr einer sechs oder siben Seck der ist keiner lere, sein Schussel, sein Teller sein Loffel sein Flasch vnd aller Haußrat der zu der wanderschafft
gehort dregt er mit jm, Dieselben Stabuler lassen nummer mer
von dem Betlen, vnd jre kinder von jugent auff biß jn das alter,
dann der Bettelstab ist jnen erwarmt jn den Grifflingen, mogen
vnd konnen nit arbeiten, vnd werden Gleiden vnd Gleidenfet-
zer auß jren gatzam vnd zwickman vnd Caveller Auch wo diese Stabuler hin kommen jn Stet oder Dorffer So heischen sie
vor eim Hawß vmb gottes willen, vor dem andern granten sie
vmb sant Valentins willen, vor dem dritten vmb sant Kurins
willen, Sic de alijs. je nach dem sie getrawen das man jnen geb,
vnd bleiben vff keiner narung allein (Conclusio) du magst jnen
geben ob du wilt dann sie sind halbs boß halbs gut nit al boß,
aber der mererteil.

Von den Loßnern

Das .iij. Capitel ist von Loßnern: das sind Betler die sprechen sie
sein .vj. oder .vij. gar gefangen gelegen, vnd dragen die ketten
mit jne darin sie gefangen sind gelegen, jn den vnglaubigen. id
est jn der Sonnenboß vmb Christen glaubens willen: Jtem uff

dem mere in den Galleen oder Schiffen mit Eisen verschmidt. Jtem vnb vnschuld in eim Thurn, vnd haben das Loe Bsaffot auß fremden landen von dem fursten, vnd von dem hern von dem Kielam das es also sej So es gevopt vnd geferbt ist, dann man findt gesellen jn der wanderschafft die alle Sigel fetzen kunden, als man sie haben wil, vnd sprechen sie haben sich gelobt zu unser lieben frawen zum Einsideln, in des Dallingers Boß, oder zu einem andern heiligen jn das Schocher boß, je darnach sie jn eim landt sindt, mit eim pfundt wachs, mit eim Silbrin Creutz, mit eim meßgewandt Vnd ist jnen geholffen worden durch die gelubt, als sie sich verheißen haben do sind die ketten auffgangen vnd zerbrochen vnd sind vnversert darvon ganngen vnd komen. Jtem Etlich dragen Bantzer an. Et sic de alijs. Nota die Ketten haben sie etwan Kimmert etwan lassen fetzen oder etwan gegennfft jn einer Difftel vor sant Linhart (Conclusio) Disen betlern soltu nichts geben dann sie geen mit Voppen vnd ferben vmb, vnder Tausent sagt einer nit war.

Von den Klenckern

Daß .iiij. Capitel ist von den Klenckern, das sind Betler die vor den Kirchen auch vff Sitzen vff allen Meßtagen oder Kirchweihungen, mit den bosen zerbrochen Schenckeln, einer hat kein Fuß der ander hat kein Schenckel, der drit kein Hant oder Arm: Item etlich haben keten bei jnen liegen vnd sprechen sie sind gefangen gelegen vmb vnschuld, vnd haben gewonlich einen heiligen sant Sebastian oder sant Linhart bej jne steen vmb der willen sie mit grosser jemerlicher clagender stim bitten vnd heischen, vnd ist das drit gevopt das sie Barlen, vnd wirt der mensch dardurch Besefelt, dann dem sein Schenckel sein Fuß jn der gefecknuß oder jn den blochern ist abgefeult worden vmb boser sach willen. Item dem ist sein handt abgehawen jn dem krieg, ob dem spil vmb der metzen willen: Item mancher verbint ein schenckel, ein arm mit heilenden vnd geet vff krucken, jm gebricht als wenig als andern menschen. Item zu Vtenheim ist gesessen ein Priester mit namen her Hans Ziegler ist itzund Kirchherr zu Roßheim der het sein Mumen bei jm, Es kam einer vff krucken fur sein Haus, die Mume bracht jm ein stuck brot, er sprach wiltu mir sunst nichts geben, sie sprach ich hab nit anders er sprach du alte pfaffen hur wiltu den pfaffen reich

machen vnd flucht jr allerlej fluch so er erdencken kunt, sie
weinet vnd kam jn die Stuben vnd sagt es dem herren, der her
herauß vnd lieff jm nach, diser ließ sein krucken fallen vnd
floch das jn der priester nit erlauffen mocht, darnach kurtz
ward dem pfarhern sein haus verbrent er meint der klencker
het es gethan Item ein ander warlich exempel, zu Schletstat saß
einer vor der Kirchen derselb het einem dieb einen Schennckel
an dem Galgen abgehawen vnd het jn fur sich gelegt, vnd het
seinen guten schenckel auff gebunden, derselb wardt mit einem
andern Betler vneins, der lieff bald vnd sagt das einem Stat-
knecht, alsbald er den Statboten ersehen hat, wuscht er auff vnd
ließ den bosen schenckel ligen, vnd lieff zu der Stat hinaus ein
pferd mocht jn kaum erloffen haben, Er ward danach bald zu
Achern an den Galgen gehenckt, vnd der durr schenckel hangt
neben jm, vnd hat geheissen Peter vom Kreutzenach. Item es
sind die aller grosten gots lesterer, so man sie finden mag die
solchs vnd anders des gleichen thun, sie haben auch die aller
schonsten gleiden, sie sind die aller ersten vff den meßtagen
oder kirchweyhen vnd die letzten herab (Conclusio) Gib jnen
vff das minst so du kanst, dann es sindt nit anders dann besefler der Houtzen vnd aller menschen. Exempel, Einer hieß Vtz
von Lindaw der was zu Vlm jn dem spital bei .riiij. tagen, vnd
vff sant Sabastians tag lag er fur ein kirch vnd verbandt die
schenckel vnd hendt, vnd kunt die fuß vnd hend verwenden,
der wardt den statknechten verraten, do er die sahe kommen jn
zu besehen, flohe er zu der stat auß, ein Roß het jn nit mogen
erlauffen.

Von Debissern oder Dopfern

Das v. Kapitel ist von den Debissern, das sind Betler die Stirn-
stosser die hostiatim von hauß zu hauß geen und bestreichen
die Houtzen vnd Hutzin mit vnser frawen oder mit eim andern
heiligen, vnd sprechen es sej vnser liebe fraw von der Capellen
vnd sie sein Bruder in derselben Capellen Item die Capel sei
arm, vnd heischen flachs garn zu einem altar tuch, der Schrefen
zu einem Claffot. Item Bruchsilber zu einem kelch, zu verschochern oder zu verionen. Item handtzweheln das die Priester die
Hend daran druckenen zu verkimmern. Item das sind auch Debisser die kirchen Betler do einer brief vnd Sigel hat vnd an ei-

ne zerbrochene Difftel Breget oder an eine newe Kirchen zu ba-
wen sie samlen an ein gotshauß leit nit fern vnter der nasen
heißt maulbrun (Conclusio) disen Debissern gib allen nichts
dann sie liegen vnd betriegen dich, An ein Kirch, die jn. ij., oder
.iiij. meilen vmb dich leg, wann da frum lewt kemen vnd hies-
chen, den sol man geben zu der notdorft was man will oder
mag.

Von Kammesierern

Das .vj. Capitel ist von Kammesierern, das sind Betler jdem
junge Scolares, jung Studenten die Vater vnd Muter nit volgen
vnd jren meistern nit gehorsam wollen sein, vnd Apostatieren
vnd komen hinder boß gesellschaft die auch gelert sind jn der
wanderschafft, die helffen jne das jr verjonen versencken vnd
verkimmern verschochern. Vnd wan sie nit mer haben so lern
sie betlen oder kammesirn, vnd die houtzen besefeln vnd kammesieren also. Item sie komen von Rome, auß der Sonnboß vnd
wollen Priester werden am Dolman. Item einer ist Acolitus, der
ander Epistler, der drit Ewangelier, der vierd ein galch vnd haben niemand dann frembd lewt die jm helffen mit jrem almusen dann sein freund sind jm abgangen von tods noten Item sie
heischen Flachs zu einem Chorhemd ja einer Gleiden zu einer
Hanfstawden. Item gelt das sie zu einer andern Fronfasten furbaß geweihet mogen werden jn der Sonnenboß, vnd was sie
vberkomen vnd erbetlen das vorjonen sie verschocherns vnd
verbulens Item sie schern kronen vnd sind nit ordinirt vnd haben auch kein format wiewohl sie sprechen sie habens, vnd ist
ein loe bose falsche vot. (Conclusio) disen Kammesierern gib
nit, dann so man jnen minder gibt so sie baß geraten vnd ehe
darvon lassen, sie haben auch loe formaten.

Von Vagierern

Das vij. Capitel von Vagierern, das sind Betler oder obentewrer
die, die gelben garn antragen, vnd auß fraw Venus berg komen
vnd die Swartzen kunst konnen vnd werden genant faren schuler dieselben wo sie jn ein hauß komen so fahen sie an zu sprechen, Hie kumbt ein farnder schuler der Siben freien kunst ein
meister (die houtzen zu beseflen) ein beschwerer der Teufel fur
Hagel fur Wetter vnd fur als vngeheur, darnach spricht etlich

Caracter vnd macht ij. oder iij. Creutz vnd spricht wo dise wort
werden gesprochen, do wirt nieman erstochen es geet auch nie-
mant vngluck zuhanden hie vnd jn allen landen, vnd vil andere
kostliche wort, So wenen dann die Houtzen es sej also, vnd sind
fro das er komen ist, vnd sie haben nie kein farnden Schuler gesehen, vnd sprechen zu dem Vagierer das ist mir begegnet oder
das, konnt jr mit helffen ich wolt euch ein guldin oder .ij. geben, so spricht er ja vnd besefelt den Houtzen, vmbs Meß, mit
den experimenten begeen sie sich, die Houtzen meinen darumb
das sie sprechen sie konnen den Teufel beswern, so konnen sie
eim helffen alles das jne anligend ist, dann du kanst sie nichts
fragen sie konnen dir ein experiment dar vber legen, das ist sie
konnen dich bescheissen vnd betriegen vnd dein gelt (Conclusio) Vor diesen Vagierern hut dich, dann womit sie vmbgeen ist
als erlogen.

Von den Grantnern

Das .viij. Capitel ist von den Grantnern, das sind die Betler, die
sprechen jn des Houtzen boß, Ach lieber freund sehent an ich
bin beschwert mit dem fallenden Siechtagen sant Valentin, sant
Kurin sant Veits sant Anthonius, vnd hab mich gelobt zu dem
lieben heiligen (vt supra) mit .vj. pfundts wachs, mit eim alter-
tuch, mit eim silbrin opfer (et cetera) vnd mus das samlen mit
fromer lewt stewr vnd hilf, darvmb bit ich euch, das ir mir wolt
steuren ein heller ein rauschen flach ein vnderbant garn zu dem
Altar das euch got der lieb heilig wol behuten vor der plag oder
Siechtagen, Nota ein loe stuck, Item etlich fallen nider vor den
Kirchen auch allenthalben vnd nemen Seiffen jn den mund das
jnen der scheim einer faust gros auff geet, vnd stechen sich mit
eim halm jn die naßlocher das sie bluten werden, als ob sie den
Siechtagen hetten, vnd ist Buben teiding, das selb sind landstreicher die alle landt brauchen Item ir sind vil die sich off dise meinung begeen, vnd Barlen also, Merckt lieben freundt, ich
bin eins metzlers Sune ein Hantwercks man, Es hat sich auff ein
zeit begeben das ein Betler ist komen fur meins Vaters hauß,
vnd hat geheischen vmb sant Valentins willen, und mein Vater
gab mir ein pfennig ich solt jn jm bringen ich sprach Vater es
ist Buben ding, der Vater hieß mich jn jm geben vnd ich gab jn
jm nit, von stund an kam mich die fallent sucht an vnd hab

mich gelobt zu sant Valentin mit .iij. pfundt Wachs vnd mit einer singenden meß vnd muß das heischen, vnd erbetlen mit fromer leut hilf, wann ich hab mich also verheissen, sunst het ich von mir selbs genug, darumb bit ich euch vmb stewr vnd hilf das euch der lieb heilig sant Valentin wol behuten und beschirmen, vnd was er sagt ist als gelogen. Item er hat mer dann .xx. jar zu den drei pfunden wachs vnd meß gebetlet vnd verjonets verschocherts vnd verbult das betelwerck Vnd dersind vil die annder subtiler wort prauchen wann hie gemelt wirt. Item etlich haben Bsaffot, das er also sey (Conclusio) Wer vnter den Grantnern kompt fur dein haws oder fur die Kirchen vnd schlechtlich heischt vmb gots willen, vnd nit vil geblumter wort braucht, der soltu geben, dann es ist manch mensch beswert mit den schweren Siechtagen der heiligen, Aber die Grantner die vil wort brauchen vnd sagen von großen wunderzeichen wie sie sich gelobt haben vnd konnen das maul wol brauchen, das ist ein wortzeichen das sie es lang getriben haben, die sind on zweifel falsch vnd nit gerecht, dann sie swatzen eim ein nuß von eim baum der jne glauben wil vor denselben hut dich vnd gib jnen nichts.

Von Dutzern

Das .ix. Capitel ist von Dutzern, das sind Betler die sein lang kranck gelegen, vnd haben ein schwere fart verheissen zu dem heilgen vnd zu dem, vt supra in präcedenti Capitulo, alle tag mit drei gantzen almusen, also das sie den gantzen tag von hauß zu hauß wollen geen biß sie drei fromer menschen finden die jnen die drei almusen geben, So spricht dann ein from mensch was ist ein gantz almusen, der dutzer spricht ein plaphart, der muß ich alle tag drei haben, vnd nim nit minder, dann die fart hilft mich sunst nit, Etlich vff drei pfennig, etlich vff ein Pfennig, Et in toto nihil, vnd das almusen musen sie haben von eim vnverlewmten menschen, So sind die frawen jn der hochfart ee das sie vnfrome geheissen wolten sein sie geben ee. ij. plaphart, vnd weist dann jn ein zu der andern, vnd brauchen vil andere wort die hie nit gemelt werden Item sie nemen der plaphart ein tag wol hundert der die jne geben wolt, vnd ist als gevopt was sie sagen. Item das heist auch gedutzt wann ein betler fur dein hauß kombt vnd spricht, liebe fraw ich wolt euch bitten vmb ein

loffel vol mit Buttern ich hab vil kleiner kind das ich jnen ein
suppen mecht Item vmb ein Betzam ich hab ein kintbeterin ist
erst acht tag alt Item vmb ein trunck weins ich hab ein sieche
frawen, Et sic de alijs, das heist dutzen (Conclusio) den Dutzern
gib nit die sprechen sie haben gelobt des tags nit me dann .iij.
oder iiij. almusen zu sameln, vt supra, Die anndern sind halb
hund, halb lotsch, halb gut, halb boß, der merteil boß.

Von Schleppern
Das .x. Capitel ist von Schleppern, das sind die Kammesierer die
sich außgeben sie sein Priester, sie komen jn die heuser gangen
mit einem Schuler der jne den Sack nachtregt vnd sprechen also, hie kombt ein geweichte persone mit namen her jorg kesler
von kitzbuhel (wie er sich dann wil nennen) vnd bin auß dem
Dorff, von dem geschlecht, vnd nent ein geschlecht das sie dann
wol kunden vnd will vff den tag mein erste meß singen jn dem
Dorff, vnd bin geweihet vff den Altar jn dem Dorff oder jn der
Kirchen, der hat kein Altartuch, hat auch kein meßbuch et cetera, das mag ich nit vollbringen on sunder stewer vnd hilf aller menschen, dann welcher mensch sich befilhet in die Engeli-
schen dreissig messen mit eim opfer, oder als manchen pfennig
als er gibt als manig seel wirt erlost auß seinem geschlecht.
Item sie schreiben auch die Houtzen vnd die Hutzein jn ein
Bruderschafft vnd sprechen es sei zugelassen von eim Bischof
mit gnad vnd ablas, dardurch der Altar auff sol komen, So wirt
dann der mensch bewegt eins gibt garn das ander Flachs oder
Hanff, eins Dischtucher oder Hantzweheln, oder Bruchsilber,
vnd es sei nit ein Bruderschafft als die andern Questionierer
haben, dann dieselben komen vber jar, er kum aber nit mer
(dann keme er wider er wurde geflossel) Item dise narung wird
fast gebraucht im Swartzwald vnd jm Bregetzer wald, jn Kur-
walen, vnd jn der Bar, im Algew, jm Etschland, vnd jm Schweit-
zerland, do nit vil Priester sind, vnd die Kirchen weit von einander steen vnd auch die Hoff (Conclusio) Disen Schleppern
oder Buben gib nit, dann es ist vbel angelegt Exemplum, Einer
hieß Mansuetus der lud vil bawern vff sein erste Messe gein
sant Gallen, vnd do sie zu sant Gallen kamen do suchten sie jne
jm Munster aber sie funden sein nit, nach dem essen funden sie
jne jn der Sonnenboß aber entran den Bawern.

Von den Zickischen

Das .xj. Capitel ist von den Zickischen, das ist von Blinden, merck es sind dreierlej Blinden jn der wanderschafft, Etlich werden genant blocharten, das sein blinden die sind von gots gewalt blind, die geen vff den Gots ferten, vnd wann sie jn ein Stat komen so verbergen sei jre Kugelhut vnd sprechen zu den leuten die sein jn gestoln worden oder haben sie verlorn an den enden do sie gelegen sindt, vnd sameln jr einer .x. oder .xx. kappen domit verkauffen dann sie die kappen, Etlich werden genant Blinden die sein geblendt vmb mißtat oder boßheit wegen die jn den Landen wandern vnd gemalte Tefelin tragen vnd vor der Kirchen ziehen, vnd thun sich auß sie sein zu Rom, zu sant Jacob gewesen vnd an andern ferren Stetten, vnd sagen dann von großen zeichen die do sein geschehen, das als ein betrugnus ist vnd ein beschieß, Etlich blinden werden genant die mit dem gebrauch vmbgeen, das sein die do vor .r. jaren oder lenger geblentsein worden, dieselben nemen dann Baumwollen vnd machen die Baumwollen blutig, vnd nemen dann ein tuchlin vnd binden das vber die augen, vnd sprechen dann sie sein Kaufleut oder Kremer gewesen sie sein jn eim wald von bosen leuten erblendet worden, vnd sein .iij. oder iiij. tag gestanden an ein Baum vnd weren nit vngeverd leut da komen sie musten do verdorben sein, vnd das heist mit dem Bruch gewandert, Conclusio, Erkenne sie wol ob du jnen geben wilt, mei radt ist den erkanten.

Von den Schwanfeldern oder Blickschlahern

Das .xij. Capitel ist von den Swanfeldern oder Blickschlaern das sein Betler wann sie jn ein Stat komen so lassen sie die Cleider in den Herberigen, nd sitzen fur die Kirchen nackent vnd zittern jemerlich vor den leuten daß man wenen sol sie leiden großen frost so haben sie sich gestochen mit Nessel samen vnd mit andern Dingen das sie sunckeln werden, etlich sprechen sie sind beraubt worden von bosen leuten. Etlich sagen sie sein siech gelegen vnd haben jr Cleider verzert, etlich sagen sie sein jne gestolen worden, dan verkimmern sie es verbolens vnd verjonens (Conclusio) hut dich var disen Schwanfeldern, dan es ist buben ding vnd gib jne nichts es sei fraw oder man du kenst sie dan wol.

Von den Voppern und Vopperin

Das .xiij. Capitel ist von den Voppern das sein Betler vnd aller
meist Frawen die lassen sich an eisen ketten furen als ob sie vn-
sinnig wern vnd zerzerren die Schleier vnd Cleider von jren lei-
ben vmb das sie die leut betregen, es sind auch etlich die drei-
ben vopperei vff dutzen das sind do einer vber sein weib oder
vber ein ander menschen stehet heischen vnd sprechen es sei
besessen mit dem bosen geist vnd doch nit ist, vnd sie haben jne
gelobt zu einem heilgen den er dan nent vnd muß haben .xij.
pfundt wachs oder ander ding durch das der Mensch erlost
werd von dem bosen geist, das heissen Vopper die da Dutzen
(Conclusio) Es ist eine bose falsche narung, man singt, Welcher
Breger nit ein Erlatin hat die nit voppen vnd Ferben geet, eundem erschlagen sie mit eim schuch. Es sind auch etlich Vopperin mit namen frawen die thun sich auß wie das jnen we an den
Brusten sej vnd nemen ein miltz vnd schelen das an einer seiten vnd legen das vber die Brust, vnd keren das geschelt end
herauß, vnd bestreichen das mit blut das man wenen sol es sej
die Brust, die heißen Vopperin.

Von den Dallingern

Das .xiij. Capitel ist von den Dallingern, Das sind die vor den
Kirchen steen vnd sind hencker gewesen, vnd haben ein jar odr
.ij. darvon gelassen, schlagen sich selbs mit Ruten, vnd wollen
bußen, vnd gots fert vmb jr sund thun, vnd erbetlen etwan vil
guts, wan sie das ein weil getreiben vnd die leut also betriegen
so werden sie wider hencker wie vor, gib jnen ob du wilt, es sein
Buben die solchs thun.

Von den Dutzbetterin

Das .xv. Capitel von dutzbetterin das sein betlerin die sich jm
land vmb fur die Kirchen legen, vnd preiten ein leilach vber sich
vnd fetzen wachs vnd eier fur sich als ob sie Kintbeterin wern,
vnd sprechen jenen sei in xiiij. tagen ein kint tod, wie wol jr
etliche jn .x. oder .xx. jaren nie keins hat gemacht. Vnd die heissen Dutzbetterin. Disen ist nit zu geben, vrsag, Es lag ein mal
ein man zu Stroßburg vnter eim leilach vor dem Munster, vnd
ward außgeben es were ein Kindtbetterin, der ward von der
Statwegen auf gehebt vnd gefangen, vnd jn das halseisen ge-

stelt, darnach ward jm das Landt verbotten. Es sind auch etlich Weiber die nemen sich an wie das sie seltzam figur getragen vnd an die welt geboren haben, Als kurtzlich in dem Tausent funfhundert vnd in dem neunden jare gen Phortzheim ein fraw kam dieselbig sagt wie das sie in einer kurtz het an die welt geboren ein kindt vnd ein lebendige Kroten dieselben Kroten het sie getragen zu vnser lieben frawen zum Einsideln, doselbst were sie noch lebendig, der must man alle tag ein pfund fleisch haben, die hielt man zum Einsidlen fur ein wunder. Vnd betlet also wie sie jetz vff dem weg were gein Ach zu vnser lieben frawen, het auch Brif vnd Sigel die ließ sie vff der Cantzel verkunden. Dieselbig frawe het ein starcken Buben jn der Vorstat jn des wirtes hauß sitzen der vfff sie wartet, den sie ernert mit solcher buberei Do ward man des do durch den Thorwart jnnen vnd wolt nach jnen gegriffen haben, aber sie waren gewarnet worden vnd machten sich darvon. Vnd was alles Buberej vnd erlogen wo mit sie vmb warn gangen.

Von Sundfegern

Das xvj. Capitel ist von Sundfegern, das sind stark Knecht die geen mit langen messern jn den lannden vnd sprechen sie haben einen leibloß gethan, vnd sej aber doch damit jrs leibs notwer gewesen, vnd nennen dann ein grosse Summ gelts die sie haben mussen, vnd mogen sie das gelt nit auf das zil außbringen, so wol man jne das Haupt abschlahen. Darzu haben dieselben vnter jne etlicher ein Knecht mit jm geen vff seinen angster der geet in eisen Ketten vnd Banden beschlossen mit Ringen, der spricht dan er sej fur jne vmb sein Summ gelts die er dann nent burg vor den leuten, vnd hab er das gelt nit vff das zil so mussen sei beid verderben.

Von den Sundfegerin

Das .xvij. Capitel von Sundfegerin , das sind der vorgenanten knecht krenerin, oder ein teil jr Gleiden, die lauffen jm land vmb vnd sprechen sie sein jn dem offen leben gewesen vnd wollen sich bekeren von den sunden, vnd betlen das almusen vmb sant Marie magdalene willen vnd betriegen die leut damot.

Von den Biltregerin

Das .xviij. Capitel ist von den Biltregerin, das sind die frawen die binten alte wammes oder Bletz oder Kussen vber den leib vnder die Cleider, vmb das man wenen sol sie geen mit Kindern, vnd haben jn .xx. jaren oder mer nie keins gemacht, dasselbig heist mit der Billen gangen.

Von den Jungfrawen

Das .xix. Capitel ist von den jungfrawen, das sind betle die klopperlin tragen als ob sie aussetzig weren doch nit sind, das heist mit der Jungfrawen gangen.

Von Mumsen

Das .xx. Capitel ist von Mumsen, das sind betler die jn dem schein der Beghart geen, vnd doch nit ist, als die jn den Kutten der Nolbruder geen vnd sprechen sie sind die willigen armen, dieselben haben jr Weiber an heimlichen enden sitzen, vnd geen mit jrem gewerb vmb, das heist jn der mumsen gangen.

Von Vbern Sontzen gangen

Das .xxi. Capitel ist von den vber sontzen gangen, das sind die betler oder landtfarer die sprechen sie sind Edel vnd sind kriegs brant vnd gefengknus halb vertriben vnd verhert, vnd ziehen sich gar seuberlich als ob sie Edel weren, wiewol es nit ist vnd haben das loe Bsaffot, das heist vbern Sontzen gangen.

Von den Kandierern

Das .xxij. Capitel ist von den Kandierern, das sind Betler seuberlich gekleidt die thum sich auß wie das sie kaufleut gewesen sein vber mer, vnd haben das Loe Bsaffot von Bischouen als der gemein man went, aber es ist als jn dem dritten Capitel wol erzelt als von Losern wie man falsch brief vberkundt vnd sprechen dan sie sein beraubt vnd doch nicht ist, die geen vber Clant.

Von den Veranerin

Das .xxiij. Capitel ist von den die vff keimen geen, das sind frawen die sprechen sie sein getaufft Judin vnd sind Christin worden, vnd sagen den leuten ob jr vater vnd muter in der

Helle sein oder nit, vnd betlen den leuten Rock vnd Cleider, vnd
andern ding ab, vnd haben auch des falsch Brief vnd Sigel, dieselben heissen Veranerin.

Von Christianern oder Calmierern

Das .xxiiij. Capitel ist von Christianern oder Calmierer, das sind
Betler die zeichen an den huten tragen besunder Romisch Veronica, vnd Muscheln vnd ander zeichen, vnd gibt je einer dem
andern zeichen zu kauffen, das man wenen sol sie sein an den
stetten vnd enden gewesen darvon sie die zeichen tragen, wie
wol sie doch nie dar komen sein vnd betriegen die leut domit,
die heissen Calmierer.

Von den Seffern

Das .xxv. Capitel ist von Seffern, das sind betler die streichen
ein Salb an die heist oben vnd oben, vnd legen sich dann fur die
Kirchen so werden sie geschaffen als ob sie lang Siech waren
gewesen, vnd jene das antlitz vnd der mund wer außgebrochen,
vnd wan sie nach dreien tagen jn das Bad geen so ist es wider
abgangen.

Von den Schweigern

Das .xxvj. Capitel ist von den Schweigern das sind betler die nemen pferds mist vnd mengen den mit wasser vnd bestreichen
die bein, hend, vnd arm, domit werden sie geschaffen als ob sie
die gelsucht hetten, oder ander gros siechtagen vnd doch nit ist,
vnd betriegen die leut do mit, dieselben heissen Schweiger.

Vom Burckhart

Das .xxvij. Capitel ist vom Burckart, das sind die jre hend jn ein
Hantschuch stoßen vnd henckens jn ein Binden an den Hals
vnd sprechen Sie haben sant Anthonius buß oder ein andere
buß eins heiligen vnd doch nit ist, vnd betriegen die leut domit,
das heist vff dem Burckhart gangen.

Von Platschierern

Das .xxviij. Capitel ist von Platschierern, das sind die blinden
die vor den Kirchen vff die Stul steen vnd schlahen die Lauten
vnd singen darzu mancherlei gesang von ferren landen do sie

hin komen, vnd wann sie auß gesingen, so fahen sie an Voppen vnd ferben wie sie blind sein worden. Item die Hencken Plat-schieren auch vor den Diffteln wann sie sich auß ziehen nacket vnd sich selbs mit Ruten oder geisseln schlahen vmb jr sund willen, vnd brauchen die Vopperei, dann der mensch wil betrogen sein, als du jn dem vorigen Capitel wol gehort hast, das heist Platschiert. Auch die, die vff den stulen steen vnd sich mit steinen oder ander dinge schlahen, vnd von den heiligen sagen, werden gemeinglich Hencker vnd Schinder.

Das annder teil

DIses ist das ander teil diß Buchlins und sagt von etlichen not-abilia die zu der vorgenanten narung horen mit kurtzen worten begriffen:

Item Es sind etlich der vorgenanten die heischen vor keinem hauß noch vor keinem Thor, sunder sie geen jn die heuser, jn die Stuben, es sei jemand darjn oder nit, ist nit gut vrsach die erkenne jn dir selbst.

Item Es sind auch etlich die geen jn den Kirchen ein seiten auff, die andern ab, vnd tragen ein Schusseln jn den Hennden, die haben sich darnach gerust mit kleidung, vnd geen swechlich als ob sie ser krank weren, vnd geen von einem zu dem andern vnd neigen sich gegen eim ob er jm etwas wolt geben, die heißen Pfluger.

Item Es sind auch etlich die entlehen kinder vff aller selen tag oder vff ander heilgen tag, vnd setzen sie fur die Kirchen als ob sie vil kind hetten, vnd sprechen es sein Mutterloße kindt oder Vaterloß vnd doch nit ist, das man jne dester mer oder lieber geb vmb des Adone willen.

Exemplum Zu Schweitz jm Dorff ist ein ordenung, das man eim jeden Betler gibt .v.ß. Heller das er zum minsten jn eim fierden teil eins jars nit jn der selben gegent betel. Ein fraw hat vff ein zeit genomen dieselben, v.ß. Heller nit mer jn der gegent zu betlen, alsbald darnach schnidt sie ir har ab und betlet das Lanndt hinauß wie vor, vnd kam wider gen Schweitz jn das Dorf vnd saß fur die kirchen, mit eim jungen kindt, do man das kindt auffdeckt do was es ein hund, do must sie entlauffen auß

dem lande, dieselbig hat geheissen die Weissenburgerin saß zu
Zurch jm Kratz.

Item Es sind etlich die legen gute Cleider an, vnd heischen
vff den gassen, do dretten sie einen an es sei fraw oder man vnd
sprechen sie sein lang kranck gelegen, vnd sein handtwercks
knecht vnd haben das jr verzert vnd schemen sich zu betlen, das
man sie stewr das sie furbas mogen komen, die heissen Gens
scherer.

Item Es sind auch etlich der vorgenanten die geben sich auß
sie kunden schetz graben oder suchen, vnd wan sie jeman finden der sich last vber reden so sprechen sie sie mussen Gold
vnd Silber haben vnd mussen vil messen lassen lesen darzu, et
cetera, mit vil andern zugelegten worten, domit betriegen sie
den Adel, die Geistlichen, vnd auch dit Weltlichen dan es ist nie
gehort worden das solch Buben Schetz haben funden, sunder
sie haben die lewt domit beschissen, die heissen sefel graber.

Item Es sind etlich der vorgenanten die halten jre kindt dester herter domit das sie auch lam werden sollen, jnen wer auch
leidt das sie gangheilig wurden, vff das sie dester toglicher werden die lewt zu bescheissen mit jren bosen loen foten.

Item Es sind auch etlich vnder den vorgenanten, wann sie jn
die Dorffer komen so haben sie Fingerlein von Kunterfej gemacht, vnd bescheissen ein Fingerlein mit kot vnd sprechen dan
sie habens funden ob einer das kauffen woll, so went dann ein
einfeltige Hutzin es sei Silber vnd kennen es nit vnd gibt jm .vj.
pfennig oder mehr darumb, domit wurt sie dan betrogen, desselben gleichen Pater noster oder andern zeichen die sie vnder
den Mentlen tragen, die heissen Wiltner.

Item es sind auch etlich Questionirer die der heiligen gut das
jnen wurt es sej Flachs, Schleier, Bruchsilber oder anders vbel
anlegen ist gut zu versteen den wissenden, wie aber jr beseflerej ist laß ich bleiben, dann der gemein man wil betrogen sein.

Ich geb keinem Questionirer nit dann allein den vier Bot-
schafften das sind die hernach steen geschriben.

Sant Anthonius Sant Valentin Sant Bernhart vnd der heilig
geist dieselben sind bestetigt von dem Stul zu Rom.

Item Hut dich vor den Kremern die dich zu hawß suchen
dann du kaufft nicht guts eß sej Silber krom Wurtz oder ander
gattung.

Hut dich deßgleichen auch vor den Artzten die durch die land ziehen vnd Tiriack vnd Wurtzlen feil tragen, vnd thun sich grosser ding auß vnd besunder sind etlich Blinden, einer genant Hans von Straßburg ist gewesen ein jud vnd ist zu Straßburg getaufft worden jn den pfingsten vor etlichen jaren, vnd sind jm sein augen auß gestochen worden zu Worms, vnd der ist jtzunt ein Artzet vnd sagt den leuten war vnd zeucht durch die landt vnd bescheist alle menschen, wie, ist nit not ich kent es wol sagen.

Item Hut dich vor den Ionern, die mit beseflerej vmb geen vff dem Brieff, mit abheben einer dem andern, mit den boglin, mit dem spieß mit dem gesetzten Brieff, vbern Boden, mit dem Andres teil, vbern Schranck, Vff dem Reger mit dem vberlangten, mit dem Herten, mit dem Gebursten, mit dem Abgezogen, mit den Metzen, mit den Steben, mit Gumnes, mit Prissen, mit den vier knechten voten, mit loem Meß oder loen Stetinger, vnd vil andern voten die ich laß bleiben, über den Rot, vbern außug, vber den Holtzhauffen, vmb des besten willen.

Vnd dieselben Knaben zeren alwegen bej den Wirten die zu dem Stecken heissen, das ist als vil das sie kein Wirt bezaln was sie jm schuldig sein, vnd am abscheiden laufft gewohnlich etwas mit jnen.

Item noch ist ein begangnus vnder den Landfarern das sind die Mengen oder Spengler die jn dem land umb ziehen, die haben weiber die vorhin vmb geen Breien vnd Leiren, Etlich geen mit mutwillen vmb vnd doch nit all, vnd so man jnen nit gibt, so getar eine ein loch mit eim Stecken oder Messer jn ein Kessel stoßen vff das jr Meng zu arbeiten hab, Et sie de alijs. Dieselben mengen beschuden die horchen Girig vmb die Wengel, so sie komen jn das Ostermans Gisch, das sie den Garle mogen Girig Schwachen als ewer ans gelauten mag.

Das drit teil. ist der Vocabularius

A

Adone	got
Acheln	essen
Alchen	geen
Alch dich	geen hin
Alch dich vbern Breithart	mach dich vber die Witwen (Weide, Feld)
Alch dich vbern glentz	Eben so vil

B

Breithart	Witwen (Weide)
Boß	hauß
Boßhart	fleisch
Boßhartfetzer	metzler
Betzam	ein ey
Barlen	reden
Breger	betler
Bregen	betlen
Brieff	ein kart
Briefen	karten
Briessen	zutragen
Bresem	bruch
Breuß	aussetziger
Blechlein	kreutzer
Blech	blaphart (kleine Münze)
Bsaffot	brieff
Briefelfetzer	schreiber
Boppen	liegen
Bolen	helfen
Beschocher	trunken
Breitfuß	ganß oder endt
Butzelmann	zagel
Boß dich	schweig

Bschulderulm	edel folck
Bschiderich	amptman

C

Caveller	schinder
Claffot	cleidt
Claffotfetzer	schneider
Christian	Jakobßbruder
Caval	ein roß

D

Derlin	wurffel
Dritling	schuch
Diern	sehen
Difftel	kirch
Dallinger	hencker
Dolman	galg
Du ein har	fleuch
Dotsch	fudt (Vulva)
Doul	pfennig
Dierling	aug
Dippen	geben

E

Ems	gut
Erlat	meister
Erlatin	meisterin
Ersercken	retschen

F

Funckart	fewer
Floßhart	wasser
Floßling	Fisch
Funckeln	sieden oder braten
Floslen	bruntzen
Flader	badstub
Fladerfetzer	bader
Fladerfetzerin	baderin
Fluckhart	hun oder fogel

Flick	knab	Himelsteig	pater noster
Flosselt	ertrenckt	Houtz	bawr
Funckarthol	kochelofen	Hutzin	bawrin
Feling	kremerej	hornbock	ku
Fetzen	arbeiten oder	Holderkautz	hun
	machen	Horck	bawr
Floß	Sup (Suppe)	Hellerichtiger	guldin

G

		Hans walter	lawß
Glentz	felt	Har	fluch
Glathart	disch	Hegiß	spital
Grifling	finger	Hocken	ligen
Genffen	stelen	Hans von geller	grob brot
Gatzam	kindt		

J

Gleidt	hur	Joham	ein gelerter
Gleidenfetzerin	hurnwirtin		betler
Gleidenboß	hurhauß	Jonen	spilen
Goffen	schlahen	Joner	spiler
Ganhart	teuffel	Juverbassen	fluchen
Gebicken	fahenn	Jltis	statknecht
Gallen	statt	Juffart	der rot ist oder
Gfar	dorff		freiheit
Gackenscherr	hun		

K

Gurgeln	lantzknecht	Kammesirer	ein gelerter
	betlin		betler
Glis	milch	Keris	wein
Galch	pfaff	Kimmern	kauffen
Galle	pfaff	Kroner	eman
Galchenboß	pfaffenhaus	Kronerin	efraw
Giel	mund	Kielam	stat
Gitzlin	stucklin brot	Krax	closter
Grim	gut	Klebiß	pferdt
Grunhart	feldt	Klems	gefencknus
Glesterich	glas	Klemsen	fahen
Gugelfrantz	munch	Kapfim	jakobsbruder
Gugelfrentzin	nun (Nonne)	Kleckstein	verreter
		Klingen	leirer

H

		Klingenfetzerin	leirerin
Haufstaudt	hemd	Krachling	ein nuß
Herterich	messer oder	Kabas	haupt
	thegen		

L		R	
Lehem	brot	Reger	wurffel
Loe	boß oder falsch	Ribling	wurffel
		Ruren	spilen
Lefrantz	priester	Richtig	gerecht
Lißmarkt	kopss	Rubolt	freiheit
Lusling	orn	Rauschart	strosack
Lefrentzin	pfaffen hur	Rippart	seckel
Limdruschel	die korn sameln	Rot boß	betler herberig
		Rieling	saw
Loe otlein	teufel	Regenwurm	wurst

M		Reel	schwer siechtag
Meß	gelt oder muntz	Runtzen	vermischen oder be-scheissen
Mencklen	essen		
Meng	keßler	Rantz	Sack
Megen	ertrencken	Roll	mul
Molsamer	verreter	Rollfetzer	muller
Mackum	stat	Rauling	gantz jung kindt

N		Rumpfling	senff
Narung thun	speiß suchen		

P		S	
Plickschlaher	einer der nackent vmb laufft	Schochern	drincken
		Schocherfetzer	wirt
Platschierer	die vff den bencken predigen	Spranckart	saltz
		Schling	flachs
		Schreiling	kint
Platschen	dasselbig ampt	Schieß	zagel
		Schosa	fudt
Polender	schlos oder burg	Schref	hur
		Schrefenboß	hurhauß
Pfluger	die in der kir-chen mit schusselin vmbgeen	Strom	hurhauß
		Sonnenboß	hurhauß
		Senfftrich	beth
		Schnieren	hencken

Q		Schwertz	nacht
Quien	hundt	Sefel	dreck
Quingoffer	hundschlaher	Sefeln	scheissen

Sefelboß	scheißhauß	**T**	
Sontzin	edelfraw	Terich	land
Sontz	edelmann	**V**	
Schmunck	schmaltz	Verkimmern	verkauffen
Floß	sup	Versencken	versetzen
Spelting	heller	Voppen	liegen
Stettiger	guldin	Vermonen	betriegen
Schlun	schlaffen	Boppart	nar
Stolffen	steen	Verlunschen	versteen
Stefung	zil	**W**	
Stabuler	brot samler	Wetterhan	hut
Stupart	mel	Wintfang	mantel
Spitzling	habern	Wißulm	einfeltig
Schmalkachel	vbel redner		volck
Schrentz	stub	Wendrich	keß
Schmaln	vbel reden	Wunnenberg	hubsch
	oder sehen		jungfraw
Stroborer	gans	**Z**	
Schurnbrandt	bier	Zwirling	aug
Streifling	hosen	Zikuß	ein blinder
Stronbart	waldt	Zwicker	hencker
Schwentzen	geen	Zwengering	wammes

Der bedeler orden vnd or vocabular
in rotwelsch

Hyr na volget ein schön böck, geheyten *Liber Vagatorum* dictiert oder gemaket van einem hochwerdigen meister nomine expertus in trufis dem Adone to loue vnd ere sibi in refrigerium et solacium allen menschen to einer vnderwisinge vnd lere, vnd dem de dusse stücke bruken to einer beterung vnd bekerung Vnd wirt dit bock gedeilt in dren delen Dat erste del sacht van allen nerungen de de bedler oder lantfarer bruken, und wart gedelet in xx capitel et paulo plus, dan et sind xx nerungen et ultra dardorch de mensche bedrogen vnd overfürt wart, Dat ander deil sacht summige notabilia de to dem vorgenömeden nerungen hören Dat drit secht van eim vocabulari rotwelsch to dude genömet.

Der bedler orden vnde or sprack.

DAT ERSTE DEL DUSSES BOKES

Van den ho Bregern

DAt erste capitel is van den bregern dat sind bedeler de nein teiken van den hilligen oder wenig an ön hebben hangen, vnd
kommen schlechtlick vnd einfaltiglick för de lude gan vnde
eschen de almissen vmme godes vnde vnser leuen frowen willen, Welcke eim hußarmen man mit klenen kinderen, de bekant
is in der stad oder in dem dorpe dar he esket, vnd wann se
mochten wider kommen mit ören arbeide oder mit anderen er-
liken dingen so leiten se an twiuel van dem bedelen, Went et is
mennich from man de dar bedlet mit vnwillen vnd seck
schempt vor dene de ön kennen, dat he vor tyden genoch heft
gehat vnd nu bedlen müt, möcht he fürder kommen he leit dat
bedlen vnderwegen, Conclusio, dennen bedlern ist wol to geu-
en went et ys wal angelecht.

// Van Stabuleren

// Dat ander capitel ys vann stabuleren, dat sind bedler die
alle land vth striken van dem einen hilligen tom anderen, vnnd
ör krenerin vnd gatzann in alchm, vnd hebben den wetterhan
vnd den wintuanck vol teiken hangen van allen hilligen, vnd ys
de wintfanck gevetzs vann allen stucken, vnd hebben dan de
hutzen de yn den lehem dippen, vnd heft de ein vj oder vij secke
der is nein ledig, sin schötel sin teller sin lepel flasche vnd alle
hußrat da to der wanderschaft hört drecht he mit seck De sölu-
en stabulere laten nummer mer van dem betlen, vnd ör Kinder
wann iögent vp bet in dat older, vent de bedelstaff yys önen erwarmt in den grifflingen, se mögen vnd kunnen nicht arbeiden,
vnd werden glyden vnd glydes vetzer vnd öre gatzann vnd
zwickman vn kaueller, Ock war düsse stabuler hen
kommen in stede oder dörpe so eschen se vor enem huße vm
godes willen, vor den anderen granten vmb sant Valentins willen, vor dem dritten vmme sant kurins willen, sie de aliis ie
nach dem sie getruwen dat men ynen geue, vnd bliuen op nei-
ner nerung allene (Conclusio) du magst öne geuen off du wult
dann se sint halff bösse halff güt nit al bösse mer den
mesten del.

// Von den Loßnern

// Dat iij capitel ys van loßnern, dat sind bedler de sprekenn
se sint vi oder vij jar gefangen gelegen, vnd dragen de keden mit
öne dar in se gefangen sind gelegen, in den vngelöuigen id est
inn der sonnenboß vmme den cristen gelouen willen, Item vp
dem meer in den galleen oder schepen mit ysern versmedet.
Item vmme vnschult in eim toren, vnd heft dat loebsaffot wt
fromden landen van den örsten vnd van dem heren van dem ki-
lam dat et also sy, so gevopt vnde geferbt ist, dann men vint gesellen in der wanderschaft die alle segel vetzen künnen als man
se hebben wil vnd spreken se hebben sick gelouet to vnser leu-
en frowen to den einsedele in des dallingers boß, oder to eim
anderen hilligen inn die schöcherboß, ye darna sie inn einem
lande sind mit eim punt wasses mit ein sulueren crüce mit
einem mißgewand. Vnd ys önen geholpen worden durch de
gelüfte Als se sick verheitten hebben do sind die keden vpgan-
gen vnd tobroken vnd sind onvorseret darvan gangen vnd kommen Item Welke dragen pantzer an, et sic de aliis Nota, die keden hebben sie etwan kummert, etwan laten vetzen oder etwan
geienfft in einer difftel vor sant Lenhart. Conclusio, dussen
bedler schaltu nicht geuen want se gan mit voppen vnd verben
vmme, vnder dusent secht ein nicht war.

// Von den Klencknern

// Dat iiij capitelis van den klencknern, dat sind bedler de vor
den kerken ock vp sitten vp allen festdagen oder kerckwigingen
mit den bösen tobroken schenen, de ein het nein fot de ander
het nein schene, de dritt nein hant oder nein arm Item welke
hebben keden by öne liggen vnd spreken sie sind gefangen gelegen vmme vnschult, vnd hefft gewönlik einen hilligen sanct
Sebastian oder sant Lenhart by önen stan vmb deren willen sie
mit groter iemerliker clagender stemme bidden vnd eischen,
vnd ist dat drit gevopt dat se barlen, vnd wart de mensche dardurch bedrogen, dann den sin schene sin voet in der geuenck-
nuß oder in den plöchern ys afgevult worden vmb böser saken
willen. Item dem is syn hant afgehawen in dem krieg oder vp
den spil, vmb der messen willen, Item mannich verbint ein
schene ein arm mit helenden vnd gat vp krucken, em gebrickt
also wenig als andern mynschen. Ein exempel Item to Vten-

heim is geseten ein preister mit namen her hans ziegler kerck-
her to Roßheim de hefft sin moimen bi seck, et kam ein vp
krucken fur syn huß, die möm bracht em ein stück brots, he
sprack wittu meck sunst nicht anders geuen, sie sprack ich heb
nit anders, he sprack du olde papenhur wiltu den papen rike
maken, vnd flokde ör allerlei flök so he denken kunnt, si wein-
de vnde kam in de dorntzen vnd sede et dem heren, die her hyr
wt, vnd liep öm na, diß liet syn krucken fallen vnd floch dat in
die pap nicht erlopen mochte, darna korts wart dem pape sien
huß verbrant he meind de klenckner had es gedan. // Item ein
ander warlick exempel, // To Schletstat sat ein vor dr kerken de
selue hadde einem dief ein beyn an dem galgen afgehawen vnd
hat en fur sick gelecht vnd had sin gude beyn vpgebunden, de
sölue wort mit einen andern bedler vneins, die liep bald vnd sede dat einem stadtknecht also baldt disse den stadtboden ersein
had, stont he vp vnd liet dat böse beyn liggen vnde leip to der
stad hen wt ein pert mocht ön naw erlopen hebben, He wart
darna baltd to Achern an den galgen gehangen vnd dat dürr
beyn hangt neuen öm, vnd had geheiten Peter van Kreutzenach
// Item sind die aller grösten gotslesterer so man sie finden mag
die sölcks vnd andere des gelyk dön, sie hebben ock die aller
schönsten gliden sie sind die aller ersten vp den meßdagen oder
kerckwigen vnd die lesten dar aff, Conclusio, giff öm vp dat
minst so du kanst wan et sind nicht dann besefler der houtzen
vnd aller menschen.

// Ein exempel

Ein heit Vtz van Lindau die was to Vlm in den spital by xiiij
dagen, vnd vp sant Sebastians dag lag he fur ein kerck vnd ver-
bant die schene vnd hende vnd kund de fote vnd hend verwenden, die wart den stadknechten verraden do he den sach kommen ön to besein, floch he ter stad wt, ein pert had in nicht
mögen erlopen.

// Von dem Debissern oder Dopfern

// Dat v capitel is van debissern, dat sint bedler de sternen
stöter de hostiatim van huß to huß gahn vnd bestriken de hutzen vnd hutzin mit vnser leuen frowen oder mit einem anderen
hilligen, vnd spreken et sy vnse leue frowe van der capellen vn-

de se sint broder in der soluen capellen. Item de capelle si arm vnd eschen flasgarn to einem altar doke der schrefen to einem claffot. Item bruch siluers to einem kelck to verschöchern oder to verionen. Item hantwelen dat de prester de hende dar an droge to verkimmern Item dat sint ock debisser de kerken bedlers dar ein brief vnd segel heft vnd an eine tobrockene difftel breget, oder an ein nige kerck to bowen, sie samlen an ein gotshuß dat licht nich fer vnder der nesen geheten maulbrun, Conclusio, dussen debissern gif allen nicht wann se legen und bedregen deck, Ann ein kerck die in ij oder iij mylen vmme deck licht wan dar frome lude komen vnd eschen, den schal men geuen to der nottrust wat men wil oder mach.

// Von Kemmeserern

// Dat vi capitel is van Kammeseren, dat sind bedler idem io[n]ge scholares iunge studenten de vader vnd moder nicht volgen vnd ören mestern nicht gehorsam wolden syn, vnd apostateren vnd komen hinder böß geselschap de ock gelert sint in der wanderschafft, de helpen ön dat ör verionen versencken vnd verkumern verschöchern. vnd wann se nit mer hebben leren se bedlen oder kammesiern vnd de houtzen beseflen vnd kammesiern als Item se komen van Rome, wt der sonenboß, vnd wellen priester werden am dolmar. Item ein is accolitus, de ander epistoler de drit ewangelier, de verde en galge, vnd hebben nemant dann frome lude de öm helpen mit ören almissen, went syn frende sin ön afgangen van dots nöden.

Item se heschen flas to einem rochele einer gliden to einer hampstuden. Item gelt dat si to einer andern fronfasten furbet gewyget mögen werden in einer sonnenboß vnd wat se ouerkomen vnd erbetlen dat verionen se verschöcherns vnd verbölens. Item se scheren kronen vnn sin nicht geordinert vnd hebben ock nein format wo wal se spreken se hebbent, vnd is ein löß falsche vot, Conclusio, dussen kammiserern gif nicht dann so men ön min gifft so se bet geraden vnd eer, dar van laten, sie hebben ock lose formaten.

// Von Vagerern

// Dat vij capitel is van vagerern, dat sint bedler oder auenturer de de gelen garn an dragen vnd wt frow Venus berch ko-

men vnd de swarten kunst kunnen vnn werden geheiten faren
schöler, de soluen war de in ein huß komen so heuen sie an to
spreken, Hir kumpt ein farnder schöler der souen frien kunsten
ein meister (de houtzen to beseflen) ein beswerer der duul för
hagel för weder vnd för all vngehur, darna spreckt he etlick ka-
racter vnn maket ij oder iij cruce, vnd sprickt war dusse word
werden gesproken dar wirt nemant erstoken, et geit ock nemant
vngeluck to handen hir vnd in allen landen, vnd vel ander köst-
like wort, so meinen den de houtzen et si also, vnd sind fro dat
he komen is vnd se hebben nie nen verfaren schöler gesein, vnd
spreken to dem vagerer dat is meck begegnet oder dat, kunden
gy meck helpen ick wold iw j gulden oder ij geuen, so spreckt
he ia vnd besefelt den houtzen vm et meß, Mit den experimenten begond se seck, de houtzen meinen vmb dat sie spreken sie
kunnen den duuel besweren, so konnen se öm helpen alles dat
öm angelegen is, went du kanst se nicht fragen se konnen deck
enexperiment dar ouerleggen, dat is se konnen deck beschyten
vnd bedregen vmme dyn geldt, Conclusio, Vor dusen vagerern
höt deck, went warmede se vmme gan is al gelogen.

// Van den Grantnern

// Dat viij capitel is van den grantnern, dat sint bedler de
spreken in des houtzen boß, Ach leuen frunde seit an eck bin
beschwert mit den vallenden süken sunte Valentin sant Kurin
sant Vits sant Anthonius, vnd heb meck gelouet to dem leuen
hilligen (vt supra) mitt vi punt wasses mit eim alterdock mit ein
sulueren opper (et cetera) vnd mot dat sammelen mit fromer
lude hulpe, der vmme bid ick iuw dat gi meck wollen geuen ein
heller ein risten flasses ein vnderbant garn to dem altar dat iuw
god vnd de leue hillige wöl behöden, vor de plage oder sick dagen, Nota, ein loß stuck, Item etlick fallen neder for de kercken
ock allenthaluen vnd nemen sepen in den munt dat önen de
schum ein fust grot vp gat, vnd steken sick mit eim halm in de
naßlöcher dat se blodden werden, als off se de siekdagen hadden
vnd is bouendeding, de suluen sind landstriker de alle land bruken. Item et sint vil de sick vp de meinung began vnd barlen also, merket leuen frunde, ick bin ein schlechters son ein hantwercks man, et heft sick vp en tid begeuen, dat ein bedler ist
gekomen vor min vaders huß vnd heft geeschet vmme sant Va-

lentins willen, vnd min vader gaff meck penninck ick schol en öm brengen ick sprack vader et is bouen ding, de vader het meck en öm geuen vnd ik gaff in em nicht, van stund an kam meck de fallen sucke an, vnd heb meck gelouet to sant Valentin mit iij punt wasses vnd mit einer singenden miß vnd mot dat eschen, vnd erbedlen mit frommer lude hulpe, wente eck hebbe dat also gelouet, sunst hedde ick van meck seluen gnock, darvmb bit ick iu vmb hulp dat iuw de leue hillig sant Valentin wol behöden vnn beschermen, vnd wat he secht is al erlogen. Item he heft mer dan xx iar to den dren punden wasses vnd misse gebedlet vnd verionets vnd verschöchertz verbölt dat bedelwerck, vnde deren sint vil die ander subtiler wort bruken wan he gemeldet werden Item etlick hebben bsaffot dat et also si Conclusio, We vnder den grantnern kumpt för din huß oder för de kerken vnd slechtlick heischt vmme godes willen, vnd nit vil geblumter wort bruckt, den soltu geuen, wann et is manch mensche beschwert mit dem swaren seckdage der hilligen, mer de grantner de vil wort bruken und seggen van groten wunderteken wo se seck gelouet hebben vnde kont dat mul wal brucken, dat is ein war teken dat se id lange gedreuen hebben, de sind one twiuel falsch vnd vngerecht, dan se spreken eynem wol eyn fell van eym oge de öne louen will, vor den sulften hude dy vnde giff öne nit.

// Van den Dutzeren

// Dat ix capitel ys van den dutzeren dat sind bedeler de sin lange cranck gelegen als se seggen vnde hebben eine fware fart gelouet to dem hilligen vnde to dem etc, (als bouen steyt) alle dage mit dren helen allmissen Also dat se so lange alle dage von huß to huß willen gan wente dat se dre frommer mynschen finden de öne de dre helen almissen geuen So spanckt dan ein from mynsche wat is ein hele almisse De dutzer spanckt eyn Brunswigische ofte grote Meydburgische pennynck der mot ick alle dage dre hebben, vnd neme mit myn , dan de fart hulpe my anderst nit Welke yp einen scherf, et in toto nichil Vnde de almisse moten se hebben van einem vnvorsprockenen mynschen So sind de frowen der hoffart ehr se vnfrom wolden geheten syn, se geue ehr twey pennig, vnd wiset öne de eine frow to der anderen Se bruket ock vell andrer wordt de hyr nit gemeldet werden Item se nemen den pennyg eines dages mal hundert de öne de geuen wolde, vnd ist al gevopt wat se seggen Item dat heil gedutzt wan ein bedeler vor dyn huß kompt vnd spreckt leue frow ick wolde iw bidden vmme einen lepel vol botteren ick hebbe vel kleiner kinder dat ick öne wekebrot makede Item vmb eyn betzam ick hebbe ein seßwekerin de is ersten achte dage old Item vmme eyne flaschen bers ick hebbe eine crancke frowen et sic de alis, dat hetet dutzen, Conclusio den dutzeren gif nit de do spreken se hebben se heuen gelouet des dages nit mer dan iij oder iiij heler almyszen to bidden, vt supra, de anderen sind halff vnd halff rued halff guet halff böß Auer de meysten böß.

// Van Schleppern de kammeserer heiten
// Das x capitel is van Schleppern dat sind de kammeserer de seck vthgeuen dat se prester sin Se gath in de hüse mit einem schuler de öme den sack nachtreyt, vnd sprekt sus , Hyr kommet eine gewyhde person mit namen her Gerdt westuclink uth Schothlande (woe he seck dan nomen will) vnd bin vth dem dorpe, van dem geschlechte Vnd nemet dan ein geslechte dat se wal kennen, vnd wil vp den dage myn erste mißen singen, in dem dorpe vnde bin gewiget vp den altar in dem dorpe oder in der kercken de heft nein altardock dar is ock nein meßbock, et cetera, dat mach ick nicht volbrengen sunder frommer lude hulpe vnd stwr, dan welkor mynsche seck empfelcht in de engelschen drittig missen mit einem opper oder so mannigen schilling als he gift so mannige zele wort verloset vth dem fegefüre vth synem schlechte // Item se schriuet ock de buren burin in ein broderschop vnd spreken et sie togelathen van dem bischop mit gnade vnde aflate da dorch de altar vp schal kommen So werden dan de weckmödigen frowen beweget, de eine gift garn de ander flaß eder hemp de dridde ein tischlaken oder hantweheln efte brucken sulner alde kroschen, vnd id si nit ein broderschop als de anderen questionerer hebben dan besulften kommen alle iare he kam auer niche mer, dan kem he weder he wurde geflossel Item dusse nerunge wert fast gebruket im Swartwald vnd in dem Sassenlande in dem wendlandt vnd in dem landen dar weinig prester sind vnde de kerken wide van einonder liggen ock de höffe, Conclusio dussen sleppern kammeserern eder bouen giff nit dan et is öuel angeleyt. // Ein

exempel // Ein hete Manswetus de lüd ock buren to siner ersten misse geyn sunte Gallen, vnd do se quemen to sunte Gallen do sochten se öne in den munster auer se funden öne nit Nae der maltid funden se öne in der sonnenboß auer he entlep öne.

// Van den zickissen ader blinden

// Dat .xj. Capitel is van zicksissen dat is van blinden merk id sind dryerley blinden in der wanderschop welck werden plöck-harden, dat sind blinden de van godes gewalt blind sind de gath vp den gades wegen pilgrimacien, vnd wan se in ein stad kommen so verbergen se öre kogel vnd höde vnd spreken to den luden se sind öne gestölen worden ader se heben se verloren an den herbergn dar se gelegen syn, vnd biddet ör ein teyn ader twintich kogeln vnde höde nachen hebben se neyne dan se verkopen de Welke werden genomet blinden den syn de ogen vth gebroken vmme mißdat vnd bösheit willen, de in den landen wanderen vnd gemaltefeles dregen vnd vor den kerken sitten, vnde seggcn se sind to Rom to sunte Jacob geweßen vnde an anderen fernen steden vnde seggen van groten miraculen de do beschehen sind dat all ein bedroch vnde falscheit is // Welke blinden werden genömet Luntscher dat sin de den vor teyan iaren ader mer de ogen vthbrokn sind de sulften nemen dan bawmwollen vnd maken de blodch vnde nemen dan ein dock vnd binden dat ouer de ogen vnd spreken se syn koplude efte kremer geweßt, vnde in em wolde van quaden luden geblindet worden vnde vor .iij. ader .iiij. dagen gestan an einem bom, vnd weren de lude nit van vngeschicht darto kommen so mosten se dar gestoruen syn, vnde dat het mit dem bruch gewanderrt. Conclusio. bekenn de wal so du önen geuen wult myn rat is den bekanden.

// Von dem Swanfeldern oder blickschlagern

// Da .xj. capitel is van schwanfeldern oder blickschlagern dat sind bedeler wan se in ein stad komen so lathen se de cleider in der herberg, vnd sitten gar nakent vor den kerken, vnd zeteren yemerlick vor den luden, dat men gedenken schall dat se groten frost lyden So hebben se seck gesmeret mit netelsamen vnde mitt anderen dingen dat se warm werden, welke spreken se sind berouet van bößen Welke seggen se syn cranck gelegen vnd

hebben öre cleider verteret, welke seggen se sind öne gestolen
worden vnde dat dar vmme dat öne de lude cleider geuen schollen, dann verkommern se de verbölens vnd verianens, Conclusio, Hut deck vor dussen swanfeldern dan id sin bouen, gif öne
nit et sy frow ader man du kennest si dan wall.

// Van den Vopperen vnde Vopperin
// Dat .xiij. capitel is van voppern dat sind bedeler vnde alder
meist frowen de laten seck an yseren keden furen als eft se nit
by synne syn, vnde toriten de houetdöke vnd cleder van ören li-
uen, vmme dat se lude bedregen, id sind ock welke de driuen
voppery vp dutzen, dat is dar eyn auer syn wyff ader auer
einen anderen mynschen steyt vnde biddet sprekende de mynsche sy beseten mit dem bößen geiste vnde doch nicht en is, se
hebben öne gelouet to dem hilligen, den he dan nomet vnd mot
hebben xij punt wasses oder ander dinck dorch dat de mensche
verloßet werde van dem bösen fyend, dat heten vopper die dar
dutzen, Conclusio id is ein böße falsche nerunge Exempel //
Anno 1510 sin int landt to Cleue in ein stadt Santen genomet
by burik in der weken vor Jacobi gekommen twei menne mit
einer frowen de in yßren starken keeden gebunden geweßt de
hebben se dar suluenst vor de kercken gelecht vnd allem volk
geistlick vnde werntlick to verstan geuen dat de sulfte frow
meth den bößen geisten beswart vnd beseten sy, se heft ock ein
grulick gesichte und geschrey dar na gehat, dat al de gene de de
frowen segen anders nit gelofden dan id were also, vnde leten
seck horen se hedden de frowen to sunt Annen to duren gelouet Also gaf in al man, manck welken luden de vor ouer gingen
was ein prester wal gelert verstendig vnde from de hadde me-
delident mit der frowen den solften heren hete se pletener vnde schendede ön mit worden de gaf den rad dat man dat hillige
hochwerdige sacrament vor de fruwen brengen scholde were id
dan sake dat se warachtigen beseten were dat wolde seck van
stund an vth wysen, dat geschach also, vnd so baldt dat sacrament vor se gebracht wardt spyet se dar an, do sprack de prester
id is buferie dar se mede vmme gath Alle duuel in der helle vermögen dat nicht dat se dat hillich sacrament also vneren schol-
den da dat de eine schalck de dat geldt vp nam horde de flete sek
oueren brethart de ander mit der frowen wurden gegrepen

gepiniget, vnd bekandt de man dat he mit sinen kumpen seuen mord hedde gedan tosambt der bouerie de wort vp dat gerichtet vnde drey dage leuendig dar vp lach, de frow bekande der schalckeit auer se wer darto gedwungen wurden vnde hedde de smaheit an gode nicht gedan se were loß worden, vmb de sulften ön sind schand vnde laster warde se in den Rine geflosselt vnde is warachtich geschen // Men singt Welker breger ein erlatin hat, de nit voppen ferben gat de sulften to schlagen mit einem schuhe Id sind ok Welke vopperin mit namen frowen de seggen wo dat öne wee an den borsten sy, vnd nemen ein miltz vnde schellen dat an ener siden vnd leggen dat ouer de borst, vnde keren dat geschelde ende hervth vnde bestriken dat mit blode dat men gissen schal id sy de borst, dat heten voperin.

// Van den dallingern

// Dat .xiiij. capitel ist van dallingern dat sind de vor de kerken stan vnde sind bödels vnd henger weßt vnd heben by twen iaren dar van gelaten, schlan seck suluen mit roden vnde willen ör leuent beteren vnd pilgrimatzien vor öre sunde gan, vnde bedelen vel gudes dar mede wan se dat ein wile driuen vende de lude also bedregen, so werden se wedervmme bodels vnde henger woe vor, Conclusio, gif öne eft du wilt id sind buuen de soliches don.

// Van den Dutzbetterin

// Dat .xv. capitel is van Dutzbetterin dat sind bedlerinn de seck ym land vmme fur de kerken leggen vnde bedecken seck mit einem lynen laken vnde setten waß vnde eyer vor seck als eft se ein seßwekerin sy, vnde spreken ön sy in xiiij nachten ein kind gestorven wo wal ör welke in .x. eder .xx. iaren nein kind heft getelet, vnd de heten dutzbetterin dussen ißt nicht to geuen, Orsack, id lach vp ene tid ein man to Straßburg vnder einem lynen laken vor dem munster vnde de by öne seten seden id were ein seßwekerin den leth de radt opheuen vnde gripen vnde vp den kack lathen setten vnd dar na dat landt verbeden. // Id sind ock welke wiue de nemen seck an wo dat se selzam figur gedragen vnd an de werlt geboren hebben, als korts in den dusenden vef hunderten vnd in dem negenden iar gein pfortzheim ein frow gekomen is de sulfte frowe sede wo dat se in einer

korten tyd hedde ein kind geboren vnde einen leuendigen lorck
den solften lorck heden se gedragen to vnßer leuen frowen to
den eynsedelen dar suluest were he noch leuendich den mot
men alle dage ein punt flesches hebben, de heldt men to den
Einsedeln vor ein wunder vnd bath in dem namen dat se vp
dem wege gein Aken were to vnßer leuen frowen hede ock breff
vnde segel de lethe se vp der Cantzel verkunden, de sulfte hedde einen starcken buuen in der vorstadt in des werdes huß sitten de vp se warde den se fodet mit solickte buuerye, do wart
men se dorch den Thorwerder innen vnde wolde se gripen auer
se wurden gewarschuer vnde qumen dar van, vnd was al buurie
dar mede so vmme gan.

// Van den Sundfegern

// Dat xvj capitel is van den Sundfegern dat sin starke knechte de gat mit langen mesten in den landen vnde spreken se hebben einen dodt geschlagen, auer se hebben ein notwere gedan
vnde nömen dan eynen summen geldes den se geuen möthen,
vnde wö se dat geld vp eyn bestimte tyd nie brengen, so moten
se fare des liues stan, dartho so hebben de sulften onder öne io
welick ein knecht mit öne gan vp sinen kesten de geit in iseren
keden vnde banden beschloten mit ringen, de spreck he si vor
de sum geldes burg worden vnd heb des geldes nit vp genante
tid so mot he ock var sines liues stan, Conclusio, den buven sal
men nit geuen man kenne se dan dat ör bydden wahrhaft sy.

// Van den sundfegerin

// Dat .xvij. capitel is van de sundfegerin dat sin der vorgenömeden knechte krönerin ader ein dell ör glyden de orpen
in dem lande vnde spreken se syn in dem gemeynen open sun-
digen leuen weßt, vnde willen seck beteren vnd bekeren, vnde
bidden de almißen vmme sunt Marie magdalene willen, Conclusio, woe se liegen so schal men öne nicht geuen.

// Van den belddregerin

// Dat .xviij. capitel is van belddregerin dat sind frowen de binden alde plunden ouer dat lyff vmme dat man denken schal dat se
swanger syn, vnd hebben in .xx. iaren neyn kint geboren dat sulfte hett mit der billen gann, Conclusio, den giff nid id is ouel dan.

// Van der iunckfrowen

// Dat .xix. capitel is van der iunckfrowen dat sin bedeler de dregen ein klepperlin eft se spitalisch sind vnd doch nit sin, dat het mit der iunckfrowen gan, Conclusio, wultu den geuen so su dat dat id wol angelecht sy.

// Van Mumsen

// Dat .xx. capitel is van Mumsen dat sind bedeler de in den kledern der bedeler gath, vnd doch nit sind, vnd hebben kogeln als nolbruder, vnde spreken se syn willige armen de solften hebben öre wiue vnde glade iunge docken ann heimeliken stedenn sitten, vnde gath vmme bidden drecht dat syner clötmos tho, Conclusio, den giff nit id is al verloren, du kennest ön dan.

// Van vbern sontzen gangen

// Dat .xxj. capitel is ouern sontzen gangen dat sind de landfarer oder bedeler de spreken se sind edel vnde sind van örlog vnde veide verbrent vnde in gefencknusse vmb dat ör gekomen, vnd gar wol gekleidet als eft se edel weren wowal dat nit is vnde hebben loe bsaffot ader falsche breue dat het ouern sontzen gangen, Conclusio, de öne gift de sterckt ör boßheit, se hebben dan ware bsaffot.

// Van den Ka[n]derenn

// Dat .xxij. capitel is van den Kandieren dat sind bedeler de hebben gude kleider an de seggen woe se koplude gewest sin, vnde dat ör to water verloren, vnd sind manck .xlviij. mannen nit meher als he vnd syn mitgesell vth komen, vnd hebben des loe bsaffot van bischopen als de schlechten fromen lude gelouen, de schalckheit is all im dridden capitel vertelt, ader seggen se sind berouet, dat dan gelogen is, de gat ouern clant de gif nit du wetest dan war bescheit.

// Van den veraneryn

// Dat .xxiij. capitel is van den veranerin de vp keimen gan dat sind frowen de spreken se sind gedofte iodin vnd sin cristen worden vnde seggen den luden eftör vader vnde moder in der helle sy ader nit vnd gylen den luden rock vnd andere kleider aff, vnd hebben den ock falsche breue vnd segel, de sulften

heten veronerin, Conclusio, de also sind den giff nit id is verloren.

// Van Christianern ader Calmierern

// Dat .xxiiij. capitel is van christianern oder calmier dat syn
bedeler de teken an den huden dragen besunder Romische
veronica vnde muschal vnde andere teken, vnd ör ein verkoft
dem anderen teken dat men gissen schal dat se an den enden
vnde steden west sind dar van se de teken dragen wo wol se dar
nit weßt hebben, vnde bedregend den de dar mede vnd heten
calmierer, Conclusio, den is nit to geuen.

// Van den seffern

// Dat .xxv. capitel is van den seffern dat sind bedler de striken em salue an de heit ouen vnde ouen vnd leggen seck dan
vor de kercken, so werden se geschapen als eft se lange kranck
weßt hadden, vnd önen dat angesicht vnd munt wer vthgebroken, vnde wan se nach dryen dagen in den stouen gath so geyt
dat hynweg, Conclusio, den giff nicht id is ouel angelecht.

// Van den Swygeren

// Dat xxvj. capitel is van den swigeren dath sin bedeler de
nemet perdes meß vnde vermengen den mit water vnd bestriken de bein hande vnde arm dar mede, so werden se geschapen
als eft se de gelen socht ader ander grote krankheit hedden, vnd
is dar nicht an dan dat se de lude bedregen vnd heten swiger,
Conclusio, de also sin den gif nit id sin buuen vnd is ouel angelecht.

// Vam burckhart

// Dat .xxvij. capitel is vam burckhart dat sind, de öre hende
in hantscho stotten vnde henckent in ein binden in den hals vnde spreken se hebben sunte Antonius plage ader ein ander plage eines anderen hilligen dath doch nit war is, vnd bedregen de
lude darmede, dat heit vp dem burckhart gan.

// Vam platschieren

// Das .xxviij. Capitel is van platschieren dat sind de blinden
de vor den kerken vp bencken stann vnd slahen vp der drum-
pen vnde singen dar tho mangerley gesang van fernen landen

dar se ne hen quemen, vnd wanner se vth gesungen hebben so fahen se an to voppen vnd ferben woe se blindt sin worden Item de defhengers platschieren ock vor den diffteln vnde teken seck nakent vth vnd schlahen seck mit gerden vmme örer sunde willen vnde gebruken de vopperey dan de lude willen bedrogen syn, dat het platscheren Ock de dar vp den stulen stat vnde seck mit stenen eder anderen dingen schlan vnde van den hilligen seggen de werden gewonlick henger vnde schinder.

// Datander dell

// Dyt is dat ander dell dusses bokes vnd secht van welcken notabilia de to der vorgenomden nerung hort mit korten worden begrepen.

Item id sind welke der vorgenomden de bidden vor neynem huß noch dore Se gan in de hußer vnd in den dorntzen id sy iemant in eder nit, ist nit gud orsak de erken in deck suluen.

// Item id sin ock welke de gan in den kerken eine siden vp de ander aff vnde dregen einen nap in den henden de hebben seck dar vp gerußt mit quaden klederen vnd krenckliken als eft se ser krank syn, vnde gath van einen to dem anderen vnd negen seck depe eft öne yemand wat geuen will, de sulften heten pluger.

// Item id sind ock welke de entlehen kinder vp aller zelen dage eder vp ander hillige dage vnd setten seck vor de kercken als eft se vel kinder hebben, vnd spreken id sin moderlose kinder eder vaderlose, dath gelogen is, dat men öne mer geuen schal vmme adone willen. // Exempel. To Switz in dem dorpe is eine ordenung dat man einem iowelken bedeler gift v.ß. heller dat he vp et weinigest in einem ferndel iars in der sulften iegemod bedelen nit sal Ein frow heft vp ein tyd genomen de sulften v.ß. heller nit mer in gegenod to bidden Also bald darna schnet se ör har aff vnd bedelet dat landt hinaf woe vor, vnd quam weder to Switz in dat dorp vnd sath vor de kercken mit einem kinde do man dat vpdecket do waß id ein hunt do möste se entlopen uth dem lande, de sulfte heft geheten de wysenborgerin vnde sath to zurck im kratz.

// Item id sind welke de leggen gude kleider an vnd bidden vp der straten dar gath se einen an id sie frow eder man vnde spreken se sind lange kranckdegelegen vnde sind hantwerksknecht vnd hebben dat ör vertert vnde schemen seck to bedelen dat men öne to hulpe dat se furder komen mogen de heten goßropfer.

// Item id sind ok welke der vorgenomden de geuen sek vth dat se verborgen geldt ader hemlick schete grauen konnen vnde wan se iemant finden de seck lath ouerreden so spreken se mothen goldt vnd suluer heuen vnde mothen vel missen lathen lessen etc. mit vel anderen gelogenen worden, dar mede bedregen se den adel de geystliken vnde ock de werntliken dan it is nit gehort worden dat solke buuen schette hebben funden bysunder se hebben de lude dar mede bedrogen, vnde heitln sefelgrauer.

// Item id sind ock welcke der vorgenomden de holden öre kinder deste harder, dar mede dat se ok lam werden schollen In wer ock leid dat se sonder gebrek bliuen vp dat se deste beter werden mit ören bosen loen foten de lude to bedregen.

// Item id sind ock welck vnder den vorgenomden wann se in dorper komen so hebben se figerlyn van kunterfey (gel) gemackt vnde maken ein figerlin mit koet unrein vnde spreken dan si hebben id funden eft dat weh kopen wolle So meind dan ein einfaltige houtzin id so suluer vnd kennet des nit vnd gift em vj pennyg oder mer dar vor, dar mede wort se dan bedrogen, des geliken ack pater noster oder andre teken de se vnder den wintfangen dragen de heten wiltner.

// Id sind ock welke questionerer de der hilligen gud dat ön gegeuen wirth id sy flas ader schleyr aber bruck suluer ader anders öuel anlegen, is gud to verstan dem wetten woe auer ör beseflerei is lath ik bliuen dan de gemeyne man will bedrogen syn.

// Ik geue neinen questionerer nichts dan allein den vier botschopen de hir na geschreuen stan, Sunthe Anthonius Sunte Valentins Sunte Bernts vnd des hilligen gestes de sulften sind bestediget van dem stol to Rom.

// Item hude dek vor den kremern de dek tu huß soken dan du kopest nicht gudes van ön id si suluer gekrude eft andre gadung.

// Hud dek desgliken vor den artzten de im lande weder vnde vort tehen vnd Triakel, borstkrude, vnd worteln feil dragen vnd den sek groter dinge vth, vnd besunder sind welke blinden

// Ein genomt Hans von Straßburg is gewest ein iode vnde is to straßburg gedoft worden in den pingsten ver iaren, vnde sind öme syn ogen vthgebroken to Worms, vnd de is intoln ein artzet vnde secht den luden war vnd tuht im lande weder vnde vort, vnn beschit alle werck woe is nit van noden, vor den artzen hude dy.

// Item hud dy vor den spelern vnd ionern de mit beseflery vmme gan vp der karden vnde breff mit afheuen ein den andern mit dem boglin, mit dem spiet, mit der gefetzten karten ouern boden, mit dem anderen deil ouern schranck Vp dem reger ader wurpel mit dem ouerlengten, mit den herten, mit den geburstenn, mit dem afgetogen, mit den metzen, mit dem steben, mit gumnes, mit prissen, mit dem vier knechten voten, mit lom meß ader loen stettinger, vnd vel anderen voten de ik late bliuen auer den rot ouern vthtog ouer den holthupen vmme des besten willen Vndedesulften knaben de teren altid bis den werden to dem kerfstock heten, dath is so vel se betalt neinen werth wat se öme schuldig syn, am afscheiden lopet altid wath mit öne.

// Item noch is ein gegangnuß vnder den lantfarern dath sin de mengen oder spengler de in dem lande vmme tehen de hebben wiue de vor hen vmme gath bregen vnde lyren Welke gath mit mutwillen vmme vnde doch nit all, vnd so man innen nit gift so steken se mit einem meßt eft anderm tug ein holl in ein ketel vp dat ör menne to arbeiden heuen, et sic de alijs de sulften menne de beschuden de horchen girig vmme de wengel so se kommen in des ostermans gisch dat se dan garle mögen girig swachen als iuwer ans gelan mag.

// Dat dridde deil dusses boks is de vocabularius des rotwelschen so de bedeler ok welke andre to bedregen de lude gebruken, vp dath seck malck dar vor huden vnd ör schalckheit verstan, mag, so is de vtleging hir in gedrukt souil des ein Spitalmeister vp dem Ryn geweten hefft de dan dit bock to Pfortzen int erste heft drucken laten dem meinen beste vnd aller werlt to gude.

// VOCABULAJVS

A

Adone	god
acheln	etten
alchen	gan
alch deck	ga hen
alch deck ouern	ga ouer de
brethart	witten
alch deck overn	is gelik so vel
glentz	
achterkatz	dar achter

B

Breithart	wieten
boß	ein huß
boßhart	fleisch
boßhartvetzer	knokenhawer
betzam	ein ey
barlen	reden
breger	bedeler
bregen	bedelen
Brifken	karden
brieff	ein kardt
brissen	todregen
bresem	ein brock
bruß	spitalsche
bleklin	kortling
bleck	ein mathier
bsaffot	ein breff
brefvetzer	schriue
boppen	legen
bölen	scheren
bechöcher	drunker
breitfuet	goß eft ende
butzelman	bint
boß deck	swig
beschuderulin	edel volk
bschiderich	amptman
bolt	ein dreck

bonus dies	ein bonet
binck	ein bur
bollemenz	houet
bedie den bucht	nemet id gelt
bult	ein bedde
bolten	schiten
benen	spreken
boesen	drinken
botten	ethen
baeß	ein mann
boltkas	ein schithuß
bestopen	bedregen
beff	sudt

C

Caueller	ein schmit
claffot	ein cleit
clvffotvetzer	ein schroder
cristian	iacobsbroder
caual	ein roß
caß	ein huß
colt	ein meß
clötmoß	ein hor
clötkas	ein horhuß
clems	geuencknus
crew	fleisch
clötzen	slan

D

Derlinck	ein wurpel
dritling	ein schuh
diren	sehen
diftel	kerck
dalunger	henger
dolmar	ein galg
du ein har	fluch
datsch	ein kutte
daul	penning
dirling	ein oge

dippen	geuen
doß	ein rock
duel	geld
dissen	schlan

E

Ems	gudt
erlat	meister
erlatin	mesterin
Erserken	erraden

F

Funckhart	fwr
floßhart	water
floslink	visch
funkeln	seden ader braden
floslen	bissen
flader	batstoue
fladervetzer	stöuer
fladervetzerin	stöuerin
fluckhart	hon oder vogel
flick	iunge
flosselen	erdrenken
funckharthol	kachelouen
feiling	kremerige
fetzen	arbeiden
focken	lopen
fleb	ein karten
faselen	maken

G

Glentz	feldt
glathart	disch
grifling	finger
genffen	stelen
gatzam	kindt
glyd	huer
glidenvetzerin	hurnwertin
glidenboß	hurhuß
goffin	schlahen

gambart	duuel
gebicken	fahen
gallen	stadt
gfar	dorp
gatkenscher	hun
gurgeln	lantsknecht
gliß	melck
galch	pap
galle	pap
galchenboß	papenhuß
giel	munt
gitzlin	stuklin brots
grim	gud
grimhart	feld
glesterich	glaß
gugelfrantz	monik
gügelfrantzin	nun
grams	kind
gesantemoß	Efrow

H

Hempstud	hempd
herttrik	degen oder meß
hemelsteg	paternoster
houtz	bur
houtzin	burin
hornbock	kue
holderkautz	hun
hork	bur
hellerrichtiger	gulden
hans walter	luß
hay	fluck
hegis	spital
hocken	ligen
hans van geller	grof brot
hoeff	brot

I

Joham	wyn
ionen	spelen

ioner	speler
iuuerbassen	flucken
iltis	stadknecht
	ader bodel
iuffart	ein fryheit
	ader de rot is

K

Kammysirer	ein gelert
	bedeler
keryß	wyn
kummern	kopen
kröner	eman
Krönerin	efrow
kielam	stad
krax	closter
klebiß	perd
klems	gefengniß
klemsen	fahen
koppun	iacopsbroder
klingen	lier
klingenvetzerin	lyrerin
krackling	ein nöt
kabas	haubt
knaßbart	knecht
klötenplysien	vogeln
kybich	gued
kibige diel	schon magt
klöthöbel	gecky ein hund
köt	ein wit penning

L

lehem	brot
loe	quad eder
	falsch
lefrantz	priester
lüßmarkt	koep
lußling	oer
lefrantzin	papenhur
lyms	hemd
lepgüt	quad schalck

lurman	keße
lymdruschel	de korn bidden
loe ötlin	duuel

M

Meß	gelteste munte
menckeln	etent
meng	ketelbode
megen	erdrencken
malsamer	vorreder
mackum	stad
mens	hundt
meps	kleyn
morf	mundt
michels	ick
moel	dot
minots versokt	ick ga wech

N

Narung dun	speß suken

O

P

plickslaher	nakent bedeler
platschirer	de vp den
	bencken
	predigen
platschen	dat sulft ampt
palender	slot eder borch
pluger	de in den
	kerken mit
	schötelen
	vmme gan
primersmoß	papenhur
pig güt	ein deff
pleuir	ein stuuer

Q

Quien	hund
quiengoffer	huntschlager
quinckhart	oege
quant	vel eft grot
quabors	vere

R	
Reger	wurpel
ribling	wurpel
rüren	spelen
richtig	gerecht
rubolt	fryheit
rawschart	stroesack
rippart	seckel
rotboß	bedeler herberg
rueling	swe
regenworm	wurst
reel	swar sikdage
runtzen	voruelschen
	eder beschiten
rantz	sack
roll	mull
rollvetzer	muller
raulinck	iung kind
rumplinck	sennp
roy	bier
resbert	stroe
rottun	bedeler
rotten	bedelen

S	
Schöchern	drinken
schöchervetzer	werth
Sling	flaß
schreiling	kint
schies	pint
schesa	fudt
schreff	hur
schrefenboß	hurhuß
strom	hurhuß
smir	buteren
summen	koppen
swis	twey
sinx	fiffe
swistrums	sesse
sonnenboß	hurhuß

slömkas	slaphuß
slöm	schlapen
schnüren	hengen
schwertz	nacht
sefel	dreck
sefeln	schiten
sefelboß	schythuß
sontz	edelman
sontzin	edelfrow
schmink	schmaltz
floß	sup
speltling	heller
stettinger	gulden
schlun	schlaffen
stolffen	ston
stefung	zil
stabuler	brotsamler
stupart	mel
spitzling	hauern
sprankhart	solt
smalkachel	öuelreden
smaln	öuel redner
	eder sehen
schrentz	stuue
stroborer	gans
schurnbrant	bier
streifling	hoßen
strombart	wald
schwentzen	gon

T	
Terich	land

V	
Verkümmern	verkopen
versencken	versetten
voppen	liegen
vermonen	bedregen
voppert	nar
vorlunschen	vorstan
vantis	kind

W		Z	
Wederhan	huet	Zwirling	oge
wintfang	mantel	Zicküt	blind
wißulm	einfaltig volck	Zwenker	henger
wendrick	keß	Zwengering	wammeß
wunnenberg	suuerlike		
	jungfrow		

ELFTES KAPITEL

Pamphilius Gengenbach und die poetische Gaunerliteratur

Ehe in der Besprechung der wichtigsten Erscheinungen der Gaunerliteratur weitergegangen wird, bedarf es einiger Worte über die sogenannte poetische Gaunerliteratur, von der allerdings einige Proben existieren, die aber auch noch in neuester Zeit eine unrichtige Beurteilung gefunden hat. Seitdem Sebastian Brant in seinem Narrenschiff auch das Bettlerwesen scharf gegeißelt hatte, fand er in Pamphilius Gengenbach[1] alsbald einen Nachahmer, indem dieser den *Liber Vagatorum* versifizierte und nebenbei auch in seiner Gouchmat einzelne Gaunerausdrücke zum Vorschein brachte. So ladet der „Hoffmeister", V. 131 – 144 der Gouchmat[2], ein:

Gbeut auch dem fetzer (Bordellwirt) mit den gliden (liederl. Dirne)
Das sie wöllen vs beliben
Was teglich braucht den sonnenboß (Bordell)
Sie sin klein, jung, alt oder groß,
Der zwicker (Henker) auch mit sinem gsind
Vnd die die rübling (Würfel) rüeren sind.
Die breger (Bettler) vf dem terich (Land),
Auch gugelfranz (Mönch) vf sinem strich,
Vnd all die in dem Häkis (Spital) hucken
Die auch Hans Walter (Laus) stäts tut trucken
Galle (Pfaffe) mit dem jochim (Wein),

1) Pamphilius Gengenbach, herausgegeb. von K. Goedeke, Hannover 1856
2) Goedecke, S. 120 f. Kluge Nr. XXI, S. 83.

Darzu auch gugelfrenzin (Nonne),
Die söllen all ufd gouchmat keren
Vnd helffen de fraw Venus eren. usw.

Wie Gengenbach sich in dem Erfolg verrechnete, ist schon oben gesagt worden. Seine Dichtung blieb unbeachtet und kam kaum über die Schweiz hinaus. Der Grund lag nicht in den holperichten Knittelversen, die zu jener Zeit kaum schlechter waren als andere, sondern in dem großen Unterschied zwischen Stoff und Form überhaupt. Das Bettlertum und Gaunertum an sich hat nichts Poetisches, weil es unbedingt an die Strafe als prosaische Consequenz seines Wesens glaubt und seine ganze Kunst vergeblich daran setzt, sich über diese Folge so lange wie möglich hinwegzusetzen. Die Poesie des freien Umherstreifens als Bettler oder Räuber fließt nicht aus dem Wesen des Bettlertums und Räubertums, sondern liegt in derselben gelegentlichen Freiheit und Frische des Wanderlebens in freier Natur, in der auch der Jäger und Wandersmann durch Wald und Flur dahinstreift. Nie hat ein Bettler oder Gauner sein kaltes Elend soweit bekämpfen und vergessen können, daß in seiner Brust ein poetischer Gedanke lebendig gewuchert und sich zu poetischer Form gestaltet hätte[3]. Es ist uns auch kein einziges echtes altes Gaunerlied überliefert. Der *Liber Vagatorum* hat Kapitel 13 die einzige überaus dürre Redensart

Welcher Breger kein Erkatin hat
Die nicht foppen und ferben gat
Eundem erschlagen sie mit eim schuch!

---

3) Avé hatte keine Ahnung von dem Vorhandensein der *Carmina burana* auf die Freiherr von Aretin bereits 1803 hinwies, und die J. A. Schmeller nach der Handschrift im Kloster Benediktbeuern herausgab. Es sind dies Lieder fahrender Schüler, also Bettler, vielleicht auch gelegentlich listiger Gauner, wie wir den Lebensbeschreibungen Thomas Platters und andern unanfechtbaren Zeugnissen entnehmen können.
Diese Lieder „Blumen verschieden an Farbe und innerem Wert", geben ein lebendiges Zeugnis von der Weise, in der man vor einem halben Jahrtausend klagend oder jubelnd sich ausgesprochen hat, über Gefühle, Freuden und Leiden, die ein altes Herkommen sind und ein ewiges Dableiben unter den Kindern der Menschen (Schmeller, S. IX F.) Auch unter den „Liedern aus dem Rinnstein", die Hans Ostwald sammelte, findet sich mancher mit dem Herzblut geschriebene Erguß, in dem mehr „poetische Gedanken lebendig gewuchert" als in Dutzenden von Goldschnittbänden. Weitere Rotwelsch-Poesien, die Avé entgangen sind, finden sich bei Kluge Nr. XXII und XXIII.

Das ist die einzige originelle poetische Gaunertradition aus jener Zeit, zu der doch die ganze deutsche Volksliteratur in die Volkspoesie überzugehen drohte. Trotzdem Hoffmann von Fallersleben, a. a. O., S. 69, bei Einführung der Knebelschen Handschrift, die Einleitung „als hübsche und willkommene Zugabe" wiedergibt, mit der Dr. Heinrich Schreiber, S. 330, in seinem Taschenbuch[4], die „Baseler Rathsbekanntmachung" nach Johannes Knebel einführt, trotzdem kann der aufmerksam in das damalige Volksleben blickende Historiker nicht sagen, „daß sich die Poesie damals schon längst von dem Adel, Bürger und sogar von den Musensöhnen gewandt und sich an die Bettler und Landstreicher gehalten habe." Schon die trockene Tatsache, daß es keine Gedichte aus jener Zeit gibt, daß Gengenbachs Poesie, in seinem *Liber Vagatorum* und in seiner „Gouchmat" unbeachtet dahinstarb, daß bis zu Moscherosch kaum ein poetischer Versuch gewagt wurde, und daß die späteren äußerst sparsamen Versuche entschieden keine aus dem Gaunertum hervorgegangene, sondern dem Gaunertum angedichtete und höchstens von ihm aufgenommene Poesie sind, bei denen es wesentlich galt, gaunerische Terminologien in poetischer Form zu geben, um in dieser Weise die Poesie in das Gaunertum einzuschwärzen: Alles dies beweist zur Genüge das starre kalte Elend des Gaunertums und daß Gaunertum und Poesie in ihrem Wesen so wenig zusammenpassen wie eine musikalische Komposition etwa für die peinliche Halsgerichtsordnung!

In jener Weise ist das Gedicht: „auf die löbliche Gesellschafft Moselsar", das Moscherosch, II, 661 und 662, seiner Geschichte ausdrücklich als „seinen der Lowerthen Gesellschaft zu Ehren gemachten Gesang" anführt, zu beurteilen, wie auch des Brieger Organisten und Dichters Wencel Scherffer (+ 1674) Dichtung zu seinen „Geist- und Weltlichen Gedichten" I, 421 – 23, zum Briege 1652, die Hoffmann, a. a. O., S. 339, mitteilt, wo auch Hoffmann S. 41 eins seiner eigenen Lieder gibt, in dem bei aller poetischen Frische des neuern Dichters die gesuchte ungelenke Einschaltung von Gaunerausdrücken aus den verschiedensten Jahrhunderten dem Kenner der Gaunersprache schon gleich in den ersten Versen auffällig entgegentritt. Das bei

---

4) Taschenbuch für Geschichte und Altertum in Süddeutschland, Freiburg i. B. 1839.

Grolman[5] abgedruckte, von dem Vielmetter an Grolman mitgeteilte „Wetterauer Räuberlied" hat zwar ebenfalls Frische genug, auch mag es gang und gäbe in der Bande gewesen sein, si-
cherlich ist es aber nicht in der Bande gedichtet worden, da es
mehrere zur Zeit der Bande schon durchaus unüblich gewordene Ausdrücke enthält. Die Gedichte des Manne Friedrich (Philipp Friedrich Schütz), die Pfister, a. a. O. S. 33 – 40, mitteilt,
sind nur platte schlechte Reime eines durch Kerkerhaft mürbe
und verzagt gemachten rohen Verbrechers, wie man solche Reimereien vielfach bei zum Tode verurteilten Verbrechern findet.
Mit den „echten von Kochemern selbst verfaßten Gesängen",
wie dem „Bollerbays-Schal", dem „Chessen-Schal", dem „Ma-
kel-Schal", „Kochemer-Schal", usw. (1818), S. 380 fg., hat
Pfister sich so sehr täuschen lassen, daß er sogar mit ihnen beweisen will, „die sogenannten Gauner seien nicht als bloße Vaganten, sondern als eine ganz besondere Menschenrasse betrachtet!" Ohnehin ist er selbst nicht über den Ursprung der
Lieder unterrichtet. Um so mehr sind auch diese Poesien nach
dem Maßstabe zu beurteilen, nach dem alle diese Erscheinungen zu bemessen sind. Nicht anders ist es endlich auch mit dem
von Hermann, (1818), S. 115, mitgeteilten matten Mordbren-
nerliede und Schottenfellerliede. Selbst das S. 117 mitgeteilte
Kittenschieberlied, eine sehr mißratene Übersetzung des Schil-
lerschen Räuberliedes in das Gaunerische, ist äußerst schlecht
ausgefallen und nimmt dem Liede allen ursprünglichen poetischen Wert.

Noch wertloser in poetischer Hinsicht sind jene Bonmots,
Verse und Parodien, die man auch jetzt noch vielfach von frechen Bettlern und Gaunern in undeutlichem Vortrag bei ihrem
Eintritt in Häuser hört und in denen das aufmerksame Kenner-
ohr leicht die freche Gaunerironie erkennt. Das Vogelsberger
Vater-Unser, das Grolman, a. a. O., S. 179, anführt, kann man in
dieser Beziehung als eine echte Gaunerpoesie ansehen. Die Vogelsberger und Wetterauer Bettler und Baldower summten in
den Häusern das Vater-Unser in Ton und Manier eines Beten-
den her, wenn die Bauern auf dem Felde oder in der Kirche sich
befanden und im Hause nur Kinder und alte Mütterchen allein
zurückgelassen waren. Es lautet bei Grolman:

5) a. a. O., S. 256. Kluge S. 312 f.

„Guten Morgen Finckelmuß (Hexe)!
Lebt der olmisch (alt) Schmalfuß (Kater) noch?
Ja, ja, er lebt noch.
Wo scheft (steckt) er dann?
Im Ringeling (Garten).
Butt (friß) Schund (Dreck) und Schäberling (Rübe)
    Blattfuß (Tanz); Amen!"
Oder auch mit dem Ausgang:
„Schund und Schmunk (Fett, Butter) ist zweierley
Butt du den Schund und ich den Schmunk
So bleiben wir alle beide gesund.
    Blattfuß; Amen!"
Oder in anderer Gestalt:
„Ich war 'mal ins Tyrol gefockt (gezogen)
Und hept (hatte) mer 'n Kiß (Sack) voll Staubart (Mehl)
    geschuppt (gestohlen);
Da kam der Roller nachgefockt (nachgelaufen)
Und hept mer Koberment (Schläge) gedockt (gegeben),
Und hept mer den Staubart wieder gezuppt (genommen).
    Blattfuß; Amen!"
Ähnliche Gebete existieren auch im Niederdeutschen. Ein
mir bekanntes kann seines schmutzigen und lästerlichen In-
halts wegen nicht zum Abdruck kommen.

Reduziert sich alles, was an sogenannter Gaunerpoesie vorhanden ist, auf eine dürre in Verse gekleidete unkritische Auf-
führung von Gaunervokabeln, die als poetische Form in das
Gaunerleben eingeschwärzt ist, so vermißt man auch überall in
diesen Produkten die richtige Auffassung jenes Räubergeistes,
von dem nur die Erfahrung des Polizeimannes und ein reiches
Studium von Gauneruntersuchungen den rechten Begriff geben kann.

Was die jüdisch-deutsche Literatur namentlich an romantischen Dichtungen in überraschender reicher Fülle darbietet,
gehört nicht in die Literatur des Gaunertums, sondern ist ein
wichtiger und untrennbarer, wenn auch leider bislang so gut
wie gar nicht beachteter Teil der deutschen Nationalliteratur.
Jüdisch-deutsche Gaunerlieder habe ich, trotz aller genauesten
Forschung, nicht finden können. Die am Ende des fünften Pe-
rek angeführten beiden Spielerlieder sind moralischen Inhalts

und werden besonders als „von einem vornemer gelernter gedicht" bezeichnet. Die achte und letzte Strophe des zweiten Lie-
des z.B. lautet in diplomatisch genauer Übertragung:

> „Dises is korz und schlecht.
> des edele spilers recht.
> wer sich in spilen stets übt.
> der wert gelobt und gelibt."

Das weitere über diese jüdisch-deutsche Literatur wird im
linguistischen Teile besprochen werden.

So reich nun endlich auch noch der Zigeuner an Liedern und
familienhistorischen Sagen ist, in denen fast allein seine Geschichte und sein geschichtliches Gedächtnis besteht, so häufig
man auch Räuberlieder von den wandernden zigeunerischen
Musikanten zu hören bekommt, so wenig sind die Zigeuner
selbst auch Dichter dieser Räuberlieder, die besonders in der
Walachei größtenteils von den Atamanen der Heiducken selbst
herrühren.[6]

Zum Schluß mag, da sich schwerlich weitere Gelegenheit
findet, auf die Gaunerpoesie zurückzukommen, das Gedicht
von Moscherosch hier Platz finden, so wenig es auch als Probe
echter Gaunerausdrucksweise und Poesie gelten darf.

Vff die Löbliche Gesellschaft Moselsar

1.

Die löbliche Gesellschaft zwischen Rhein
Vnd der Mosel alzeit rüstig sein,
   Nach Vnfall sie nicht fragen,
      Das Terich (Land) hin vnd her,
      Langes durch und die queer,
   Zu Fuß vnd Pferd durchjagen,
      Frisch sie es wagen,
      Kein schewen tragen.

2.

Vber hohe Berg, durch tieffe Thal
Fallen sie offtmal ein wie der Strahl,
   Allweg ohne Weg sie finden;

6) Pott II. S. 522 f.

Zu duster Nachtes Zeit,
Wann schlunen (schlafen) ander Leut,
Sie alles fein auffbinden
Ohn Liecht anzünden,
Bleibt nichts dahinten.

3.

Laffel der weist gar fein außzusehn,
Wo irgend in eim Gfar (Dorf) Klebis (Pferde) stehn;
Wans wer auf zwantzig Meylen,
Beym hellen Mondes-Schein
Die Gleicher (Gauner-Kameraden) insgemein
In einer kurtzen Weylen
Sie übereylen
Vnd redlich theilen.

4.

Bttrwtz der alcht (geht) zur Hinder-Thür hinein,
Bbwtz setzt sich hinder ein Hauffen Stein,
Mit dem andern Gsellen
Dem Quien (Hund) rufft er klug,
Vnd brockt ihm Lehem (Brod) gnug,
Daß sie nicht sollen bellen,
Biß auß den Ställen
Die Klebis schnellen.

5.

Wenn sie nun haben die Hautzen- (Bauern-) roß
So reitten sie nach dem newem Schloß:
Ist Jemand der will kauffen?
Der Putziacala (der Verlarvte, Vermummte)
Ist müd und liget da,
Weil er sich lahm gelauffen,
Schier nicht kan schnauffen,
Drumb will er sauffen.

6.

Herr Wirth, Nun so laß vns lustig sein!
Langt mir den Glestrich (Pokal) vom besten Wein!

Vm Doulmeß (Münze) darffst nicht sorgen;
       Eine halbe gute Nacht
       Vns all zu Sonzen (Edelleuten) macht –
Du kanst uns ja bis morgen
       Die Irtin (Zeche) borgen
       Der Hautz (Bauer) muß sorgen.

7.

Ist das nicht ein Wunderbarlich Gsind,
Daß der Hauz sein Schuch mit Weiden bindt
       Vnd doch die Zech muß zahlen?
       So lang er hat ein Kuh,
       Die Klebis auch dazu,
Die Rappen mit den Fahlen
       Wir alzumahlen
       Durch Giel (Mund) vermahlen[7].

ZWÖLFTES KAPITEL

Die Anekdoten, Biographien und Schelmenromane

Der Schreibseligkeit der Gelehrten, namentlich der Theologen,
des sechzehnten und siebzehnten Jahrhunderts, denen übrigens
eine schätzbare Gelehrsamkeit und eiserner Fleiß´durchaus
nicht abzusprechen ist, hat man zu verdanken, daß eine Menge
der mannigfachsten einzelnen Begebenheiten, die aus den verschiedensten Zeiten in den vielen Chroniken und zahlreichen
Werken aller Wissenschaften zerstreut liegen und sonst leicht
verloren gegangen, mindestens aber nicht leicht aufzufinden
gewesen wären, in voluminöse Sammlungen zusammengetragen ist, deren Brauchbarkeit und Wert man dann erkennt, wenn
man den Mut hat, sich an das Studium dieser zum Teil erstaunlich umfangreichen Werke zu machen. Sie sind vielfach
von theologischer Redaktion, Form und Behandlung. Aber es
gibt keine Wissenschaft, die nicht aus diesen Sammlungen

---

7) Straßburg 1666, S. 661 fg. Kürschners Nation. Literatur, 32. Bd., herausgegeben von Felix Bobertag, S. 299 fg. Die zahlreichen weiteren Quellen bei
   Kluge von Seite 160 an.

irgendeine brauchbare Notiz herausziehen könnte. Sogar auch
für die Literatur des Gaunertums gewinnt man aus diesen
theologischen Arbeiten reiche Ausbeute, wie z.B. aus den 1638
erschienenen „Loci Theologici Historici" oder „Theologisches
Exempelbuch des Magisters Caspar Titius zu Heckstedt in
Mansfeld", worin aus 300 verschiedenen Werken auf 1344
Quartseiten viele tausend beachtenswerte historische Anekdoten mitgeteilt werden. Der gelehrte Fleiß jener Zeit hatte sich
sogar auch speziell auf das Gaunertum geworfen, jedoch seine
Taten weit mehr als pikante Begebenheiten hervorgehoben, als
daß er den materiellen und sittlichen Nachteil beleuchtet und
verdammt, oder gar ein Mittel dagegen zum Vorschlag gebracht
hätte. Das Gaunertum wuchert daher in diesen Sammlungen,
wie eine Lustigkeit fort, und bei der Darstellung wird keineswegs Humor und Laune gespart. So ist es eines Teils Grundlage der zahlreich entstandenen Schelmenromane, teils aber auch
ernsterer ausführlicher Gaunerbiographien geworden.

Unter den vielen Schelmenromanen mag gleich hier der bedeutendste erwähnt werden; es ist der „Simplicius Simplicissi-
mus, das ist Ausführliche unerdichtete und sehr merkwürdige
Lebensbeschreibung eines einfältigen und seltsamen Menschen, Melchior Sternfels von Fuchsheim, wie er seine Jugend
im Spessart verlebt, dann im Dreißigjährigen Kriege gar denk-
würdige und bunte Schicksale gehabt, vierlerlex, Noth, Leiden
und Lebensgefahr ausgestanden, aber endlich noch manchen
frohen Tag genossen." Der Verfasser dieses 1669 zuerst erschienenen Romans ist Christopher von Grimmelshausen,
Straßburgischer Amtmann zu Renchen.

Als eine Art Schelmenroman ist noch anzusehen das sechste
Gesicht des zweiten Teils der „Wunderlichen wahrhafftigen
Gesichte Philanders von Sittewald, das ist Strafschriften Hanß
Michael Moscherosch von Wilstädt. Getruckt und verlegt zu
Straßburg bey Josias Städele 1665." In dem bezeichneten Gesicht wird von dem geistreichen Sittenmaler Moscherosch das
räuberische Leben und Parteigehen der Soldaten und Vaganten
des Dreißigjährigen Kriegs mit lebhaften Farben geschildert.
Neben dieser Schilderung werden auch gaunerische Kunstgriffe und Gebräuche dargestellt und sehr schätzbare Mitteilungen
über die Gaunersprache, Feldsprach, gemacht. Obschon die

ganze Darstellung ein Gesicht genannt wird, so ist das geschilderte Räuberleben in seiner vollendeten Roheit und Barbarei schauerliche Wahrheit, die überhaupt bei der Mehrzahl der in den sogenannten Schelmenromanen dargestellten Begebenheiten überall durchblickt.

Für die Gaunerliteratur sind aus dieser Zeit von Wichtigkeit:

> Beutelschneider, Oder Newe wahrhaffte vnd eygentliche Beschreibung des Diebs Historien, Darinnen der Beutelschneider, Diebe vnd Rauber Arglistigkeit, Verschlagenheit, Bossen, Rencke, vnd Tücke, auch was sie für wunderliche seltzyme Diebsgriffe, Practicken, vnd Fündlein erdacht, gebraucht, vnd sonsten für erschreckliche Mordthaten in Frankreich gestifftet vnd begangen haben. In sonderlichen wahrhafften Historien vor Augen gestellet. Mit sonderbaren nützlichen Observationen, Erinnerungen vnd Warnungen der gestalt zugerichtet, daß die menniglichen zu nothwendiger Warnung, vnd Lehr, auch zur Ergetzlichkeit vnd Lust zu lesen dienen. Auß dem Frantzösischen in die Hochdeutsche Sprache vbersetzt. Franckfurt In Verlegung Johann Beyers 1641. Drei Theile.

Obwohl das Buch nur eine Übersetzung aus dem Französischen ist und besonders das verwegene Treiben der Gauner in Frankreich, namentlich in Paris, darstellt, so ist es doch für die Kenntnis des deutschen Gaunertums im sechzehnten und siebzehnten Jahrhundert von besonderer Wichtigkeit, da die innige gegenseitige Verbindung und Beziehung des französischen und deutschen Gaunertums und der gemeinsame Ausfluß aus einer und derselben Quelle in der Darstellung der zahlreichen Begebenheiten klar hervortritt. Diese Begebenheiten gehen tief in das sechzehnte Jahrhundert zurück, drängen sich aber besonders seit den Hugenottenkriegen viel zahlreicher zusammen. Sie sind ein erstaunliches Zeugnis von der großen Ausbildung der gaunerischen Kunst und Verwegenheit jener Zeit. Man gewinnt nicht nur ein lebendiges Bild von dem Treiben der einzelnen Gruppen, wie z. B. der Rougets und Grisons, sondern findet auch ausführlichere Biographien der einzelnen Koryphäen und eine interessante Darlegung der gaunerschulmäßigen Ausbildung und ihrer Ausbeutung des bürgerlichen Lebens. Besonders treten die Namen de la Chesnay, la Faverie, la Pointe und la Fontaine unter den Rougets und Grisons, ferner Carfour, Rochetaille, la Fleur, de la Viegne, Postel, Grillon, Maillard, d'Escluse, Garandin, Rapini,

Palioly, le petit Jacques, Arpalin usw. in furchtbarer Weise hervor. Übrigens enthält das Werk eine Menge kurzer ethischer Einleitungen und Betrachtungen, die von dem, wahrscheinlich theologischen, Übersetzer herzurühren scheinen.

* *

Schauplatz der Betrüger: Entworfen von vielen List- und Lustigen Welt-Händeln: Als in besonderer Dieberey: Kartenspiel: Liebes-Räncken-, Rechts-Sachen: Discursen: Todtschlägen: Heurathen: Kaufmannschaften und andern unzählichen vielen Begebenheiten. Hamburg und Franckfurth bey Zacharias Herteln 1687.

Ein merkwürdiges Buch, das vielfach an Heinrich Bebels „Facetien"[1] erinnert, eine große Menge von meistens gaunerischen Streichen aller Art mit Lebhaftigkeit erzählt und den Stoff zu vielen Erzählungen und Lustspielen späterer Zeit hat hergeben müssen. Von Wichtigkeit ist die Vorrede, in der schon von den Gaunerschulen und deren Lehrmeistern, Einteilung, Leitung und Disziplin eine ziemlich ausführliche Darstellung gegeben wird. Auch enthält das Buch im Anhange die erste älteste, 80 Seiten lange Biographie der berüchtigten Anna Sophie Meyers, Falsette genannt, sowie die nicht minder interessante 96 Seiten lange Biographie des „durchtriebenen Gaudiebes Du Val, der leichtsinnigen Jugend zur Warnung zusammengetragen durch W. B. M." Beide Biographien sind lebendig und stellenweise mit Humor und behaglicher Satire geschrieben. Sie geben Zeugnis von der außerordentlichen Schlauheit und Verwegenheit der Meyers und des Du Val, die auch noch heutigen Tages unbestritten zu den ersten Gaunerkoryphäen gezählt werden müssen.

* *

Der groß Schau-Platz jämmerlicher Mord-Geschichte: Bestend in CC. traurigen Begebenheiten usw. Durch ein Mitglied der Hochlöblichen Fruchtbringenden Gesellschaft zuerst 1648.[2]

Es ist eine Übersetzung und Nachbildung des Amphitheatre Sanglant des Bischofs Jean Pierre Camus zu Belley und für die Kenntnis des Räuber- und Gaunerwesens, namentlich des sech-

1) München und Leipzig, Georg Müller Verlag.
2) Von Geo Phil. Harsdörffer, siehe Hann-Gotendorf, *Bibliotheca germanorum erotica*, 3. Band, München, Georg Müller, S. 91 ff.

zehnten Jahrhunderts nicht unwichtig, wenn auch die Geschichten in sehr dürrer und geschmackloser Weise erzählt und von unerträglich platten und spielenden Reimereien begleitet sind.

* *

Nicolai Remigii Dämonolatria Oder Beschreibung von Zauberern und Zauberinnen, Mit wunderlichen Erzehlungen, vielen natürlichen Fragen und teuflis. Geheimnissen vermischet. Erster Theil. Der Ander Theil hält in sich: Wunderseltzame Historien von des Teuffels Hinterlist, Betrug, Falschheit und Verführungen, an bey und umb den Menschen. Mit einem Anhange (Thl. 3), Hamburg bei Thomas Wiering 1693, auch Franckfurt und Leipzig bei Zacharias Herteln.

Der erste Teil enthält eine kümmerliche Übersetzung der scheußlichen Dämonolatria des Remigius. Wie bekanntlich die Dämonolatria, so ist auch der zweite Teil dieses merkwürdigen Buches ein Durcheinander von Erzählungen borniertesten Aberglaubens und toller Gespensterseherei, die in anekdotenförmiger Weise aus einer Unzahl „alter und neuer glaubwürdiger Scribenten und Geschichtsschreiber" zusammengelesen sind. Wie die Vorrede des zweiten Teils ausdrücklich sagt, ist das Buch zwei Jahre nach dem Erscheinen der „Bezauberten Welt" des Bekker herausgegeben „um dem durch Bekker entstandenen Unwesen und Streit" zu begegnen. Ohne Sichtung und Kritik wird die wüste leblose Masse jener verwirrten Anekdoten vorgeschoben, aus denen meistens statt des Gespenstes der Schalk hervorblickt, wie das ja ganz ohne Zweifel der Fall ist bei der famosen Annaberger Gespenstergeschichte im Hause des Magisters und Archidiakonen Enoch Zobel, der in gutmütiger Treuherzigkeit sehr ausführlich selbst erzählt, wie „im abgelegten 1691 Jahr das Gespenst 2 Monath lang, viel Schrecken, Furcht und wunderseltzame Schau-Spiel angerichtet hat." Bei keinem Buche wird der Gedanke klarer als bei diesem Buche, daß ein großer Teil der verurteilten Hexen und Zauberer im Grunde ungeschickte Betrüger waren, die von dem Richter mit der Tortur zu Hexen und Zauberern gepreßt wurden. Ein schlagendes Kriterium für Ton und Haltung der beiden ersten Teile ist der dritte Teil, der in völlig unerwartetem humoristischen Tone „viele seltzame so wohl betriegliche Gespenster und Erscheinungen" bringt, wie eine Darlegung bes-

serer Einsicht und Unbefangenheit nach einer derben zurechtweisenden Kritik. Er enthält eine Reihe pikanter Gaunergeschichten, unter andern auch die aus den „Hundstägigen Erquickstund" Frankfurt 1650. S. 644, entlehnte Geschichte von
den Pariser Bauchrednern, namentlich auch von dem Euricles
Verbanzon und seinen Betrügereien.

* *

Leben und Taten der berühmtesten Straßen-Räuber Mörder und
  Spitzbuben, so in den letzten funffzig Jahren in dem Königreich
  England sind hingerichtet worden, Worinnen Ihre seltsame
  Aventüren, listige Räncke, theils lustige Begebenheiten, theils
  erschreckliche und grausame Thaten, nebst ihrem traurigen Lebens-Ende mit historischer Feder beschrieben worden. Von Kapitän Alexander Smith. Aus dem Englischen übersetzt. Franckfurt und Leipzig 1720.

Dieses sehr wichtige und merkwürdige Buch behandelt, wie
„der Beutelschneider" das französische, das englische Gaunertum, zeigt aber noch deutlicher als jenes Werk, die innige Beziehung des englischen Gaunertums mit dem deutschen und
besonders die gegenseitige Vereinigung und Beziehung mit
Holland und Frankreich. In guter und deutlicher Darstellung
werden die sehr interessanten Biographien von nahe an hundert Verbrechern gegeben, unter denen sich auch mehrere
deutsche und französische Gauner befinden. Dabei ist das Buch
eine reiche Quelle von Nachweisen über Kunst, Schule, Einrichtung und Sprache des englischen Gaunertums, sodaß es
nicht nur für den englischen, sondern auch für den deutschen
Polizeimann sehr wichtig ist.

DREIZEHNTES KAPITEL

Die Relationen

Mit dem achtzehnten Jahrhundert beginnt der Kampf der Justiz
und Polizei gegen das in und seit dem Dreißigjährigen Krieg zu
furchtbarer Höhe hinaufgewucherte Gaunertum. In dem blutigen Handgemenge der Justiz mit den verworfensten Elementen
der sozialpolitischen Massen sieht man auch die noch immer

schreibselige Geistlichkeit nicht müßig. In zürnendem ethischen Eifer gebraucht sie nicht allein die geistlichen Waffen gegen die vielen armen Sünder zu ihrer Buße und Bekehrung, sondern auch die Feder, um durch ausführliche Darstellung der verübten Verbrechen und durch genaue Beschreibung des fürchterlichen Hinrichtungszeremoniels auf das Volk einzuwirken. So entstehen jene vielfach von Geistlichen verfaßten sogenannten „Relationen", in denen, neben einer allerdings klaren tatsächlichen Darstellung, sehr viel christliche Dogmatik und gutgemeinte Ethik zum Vorschein kommt. Freilich beteiligen sich aber auch bald die Juristen an diesen Relationen, die nun dadurch an Stoff und Form gewinnen und somit in kriminalrechtlicher und polizeilicher Hinsicht größere Ausbeute gewähren, bis die Relationen sich endlich zu zwanglosen freien Biographien umgestalten. Von jenen Relationen sind besonders folgende bemerkenswert:

> Fürtreffliches Denck-Mahl der Göttlichen Regierung. Bewiesen an der uhralten höchst berühmten Antiquität des Klosters zu St. Michaelis in Lüneburg, der in dem hohen Altar daselbst gestandenen Güldenen Taffel und anderer Kostbarkeiten usw., von M. Sigismund Hosmann, Consistorial- und Stadtprediger, Franckfurt und Leipzig (Celle) 1700.

Dieses von theologischer geschickter Hand geschriebene Werk gibt in 3 Teilen eine interessante Darstellung des in Celle 1698 gegen den berüchtigten Gauner Nicol List und seine Genossen, geführten Kriminalprozesses, wegen der Beraubung der von Kaiser Otto II. zu Lüneburg (969) gestifteten goldenen Altartafel. Ferner die Biographien der Hauptmitglieder dieser gefährlichen über ganz Deutschland verbreiteten und namentlich in Hamburg, Lübeck, Braunschweig und Hannover ihr Unwesen treibenden Bande, der, außer List, noch Schwancke, Jonas Meyer, Christoph Pant, Schwartze, Kramer, Müller, Kayser, Schmuel Löbl und Hoscheneck angehören. Dann eine Darstellung der früher von der Bande verübten großen und gefährlichen Diebstähle. Dadurch wird das Buch zu einem sehr schätzenswerten Beitrag zur Kenntnis der Gaunerliteratur. Das Buch ist übrigens im folgenden Jahre in neuer und vervollständigter Ausgabe, und später noch mehrere Male, zuletzt 1733 in sechster Auflage erschienen. Nicol List und seine Genossen erschei-

nen zumeist als zierliche Schränker und Makkener, wie sie
denn meistens als adelige Personen mit viel äußerem Glanz,
und Nicol List namentlich als Herr von der Mosel, gereist sind.
Der Ertrag ihrer Massematten ist ungeheuer gewesen. So stahl
Nicol List im Jahre 1694 mit dem Juden Nathan Goldschmidt
dem Kaufmann Hübens in Lübeck mittels nächtlichen Einstei-
gens mit einem Male die bedeutende Summe von 24 000 Mark
lübisch Courant. S. 61 – 71 enthält noch eine gegen Jakob
Schaller zu Straßburg: *„Paradoxon de tortura in Christiana
Republica non exercenda"* gerichtete, meist auf biblische Gesetze gestützte Verteidigung der Tortur. Hosmann hat in einem
eigenen Werke: „Das schwer zu bekehrende Judenherz" (Celle
1669) eine interessante, eingehende Darstellung seiner
Bemühungen zur Bekehrung des Juden Jonas Meyer gegeben,
der wegen seiner Gotteslästerungen bei der Hinrichtung wieder
vom Galgen genommen, als Leiche vor das Gericht gebracht
und nach Ausreißung und Verbrennung der Zunge von neuem
und zwar an den Füßen neben einem Hunde gehenkt wurde.

* *

Gründliche Nachricht Von denen, von Einigen Räubern und Spitzbuben. An dem Pfarrer zu Edderitz Herrn Alrico Plesken Und
einem Schneider Hansen Lingen und dessen Eheweib usw. aus-
geübten Diebstahl, gebrauchten entsetzlichen Marter und resp.
begangenen Mord. Auch von andern mit einlaufenden an vielen Orthen geschehene grosse Diebstähle usw. (Köthen 1714).

Dies Buch behandelt in vier Teilen oder 13 Kapiteln in der
breiten Weise jener Zeit die Entdeckung, Untersuchung und
Bestrafung einer sehr gefährlichen Köthener Mörder- und Diebesbande, von der die verwegensten Anführer, Homann, Richter Hinsche und Friese, am 4. Mai 1714 zu Köthen hingerichtet,
ihre Konkubinen Rose, Kerner und Förster usw. gestäubt und
landesverwiesen wurden.

Die für jene Zeit tüchtig geführte Untersuchung gibt ein far-
biges Bild von dem Treiben der verwegenen Bande, die bei ihren
nächtlichen Überfällen und Einbrüchen die Überwältigten mit
Kissen zu bedecken und zu ersticken suchten. In ausgezeichneter Weise tritt in dieser Untersuchung die zugleich mit weiser
Gerechtigkeitsliebe vereinigte Milde und Menschlichkeit der

trefflichen Regentin Gisela Agnesa von Anhalt hervor, wovon
die Akten mehr als ein ehrendes Zeugnis abgeben.

* *

Gründliche Nachricht von Entsetzlichen und Erbärmlichen Mord-
thaten, Schändlichen Kirchen-Raub Und vielen gefährlichen
Dieb-Stählen.
Nebst beygefügtem Verzeichniß der Namen vieler Spitzbuben,
Ihre Gesetze usw. (1715).

Von diesem Buche, das in den sechs Kapiteln ein wunderli-
ches Durcheinander von Mordberichten, Predigten, Gedichten
u. dgl. enthält, während das siebente ein „Zuruf des Höllischen
Fürsten Luzifer an alle Kipper, Wucherer und Schinder usw."
gibt, ist das achte Kapitel darum merkwürdig, weil es ein alphabetisch geordnetes Namensverzeichnis von 140 Spitzbuben
und Diebswirten aufführt, die vorzüglich in Sachsen ihr Unwesen trieb. Das zehnte Kapitel enthält ein Verzeichnis der im Ge-
wölbe der Diebesherberge auf einem Vorwerke gefundenen
Räubervorräte. Darunter 8 Faß Pulver, 6 eiserne Mordkeulen,
40 Flinten, 30 Säbel, 16 Paar Pistolen, 25 Paar Pufferte, 50 starke Brechstangen, 40 Pfund sonderbare Lichte, 30 Blendlater-
nen, 200 falsche Bärte, 25 Holzäxte, 22 Paar Filzschuhe, 2
Schock Brandkugeln, 100 Masken „von allerhand Farben", 400
Dietriche, 30 Pfund grober Hagel, 25 Pfund Schrot, Leitern,
Beile, Stricke usw. Ein Gegenstück dazu ist das „Verzeichnis derer verdächtig gestohlenen Sachen, die (nach dem Publikandum
der Möllenvogtey zu Magdeburg 22. Sept. 1614) in einem Bau-
er-Hause zu Fermersleben bei Magdeburg in 100 Kornsäcken
und 4 Laden gefunden worden", ein Verzeichnis, das zweiund-
zwanzig gedruckte Quartseiten ausfüllt und eine unglaubliche
Menge Geld, Gold-, Silber-, Kirchen- und Hausgeräte u. dgl.
aufführte. Das elfte Kapitel spricht von den „Ceremonien", mit
denen ein Neuling in die Bande aufgenommen wird, dem Eid,
vor dem der Aspirant vier Stunden lang gefoltert wird, und den
übrigen Gesetzen und Einrichtungen.

* *

Des bekannte Diebes, Mörders und Räubers Lips Tullians und
seiner Complicen Leben und Übelthaten, Waldenburg, 1726.

Im ersten Teile dieses wertvollen Buches wird eine Übersicht der in Sachsen von zahlreichen Gaunerbanden seit dem Ende des siebzehnten Jahrhunderts verübten vielen Verbrechern, sowie der gegen das Gesindel erlassenen Mandate und Verordnungen gegeben und dann die von einer eigens am 2. Dezember 1713 eingesetzten Untersuchungskommission gegen das Räubergesindel, namentlich gegen den größten deutschen Gauner des vorigen Jahrhunderts, Lips Tillian (Philipp Mengstein), und seine Genossen, Samuel Schickel, Joh. Gottfr. Sahrberg, Hans Schöneck, Christian Eckholdt, Gabriel Hoffmann, Daniel Lehmann und Michael Hentzschel geführte Untersuchung auszugsweise mitgeteilt. Diese unter dem Vorsitz des Hof- und Justizrates Ritter in Dresden mit großer Umsicht geführte Untersuchung hat bedeutende Resultate geliefert. Ausgezeichnet ist, namentlich im Hinblick auf jene Zeit und auf die herrschende Strenge in der Prozedur, der Umstand, daß von den Inquisiten neun Personen, darunter Lips Tullian selbst, ohne Anwendung der Folter, vollständige Eingeständnisse machten, obschon mehrere von ihnen früher drei bis viermal die Tortur ausgehalten hatten, ohne zu irgendeinem Geständnis gebracht worden zu sein. Als Seelsorger neben dem Archidiakonus Becker fungierte in dieser Untersuchung auch der lutherische Prediger Herm. Joach. Hahn, der am 21. Mai 1726 von dem katholischen Trabanten Franz Laubler meuchelmörderisch erstochen wurde. Dieser Mord erregte die außerordentlichste Aufregung und gab Veranlassung zu sehr klugen polizeilichen Maßregeln von seiten des Gouverneurs Graf von Wackerbarth. Wenn schon die Tat ein fanatischer Meuchelmord war, so verdient doch der Prozeß nebst der Reihe von Schriften, die über die schreckliche Tat erschienen, in vieler Hinsicht Beachtung[1]. Gleich achtenswert ist die königliche Milde gegen den zum Rade verurteilten Tullian, der am 8. März 1715 nebst seinen vier zuerst genannten

1) »Das über den blutigen Tod seines von einem Papisten ermordeten Lehrers Hahn in blutigen Tränen schwimmende Dresden", von Bellaminter, 1726; die „Ausführliche usw. Nachricht vom Leben und Tode des hahn", von Manzel (Dresden 1727); „Wahrhaftiger Bericht des dresdnischen Priestermordes 1726", und „Besonders curieuses Gespräche im Reiche derer Todten usw. zwischen dem Schwedischen Obristlieutenant Joh. Koch von Gyllenstein (der seine Schwiegermutter ermordete) und Franz Laubler" (Halle und Zerbst 1726).

Komplizen mit dem Schwerte hingerichtet wurde. In zweiten
Teile werden ausführliche Lebensbeschreibungen der acht bedeutendsten Räuber gegeben. Sie sind sehr interessant und enthalten für den Kriminalisten und Polizeimann viel bedeutsame
Winke, wie denn das ganze Buch eine wichtige Stelle in der
Gaunerliteratur einnimmt. Lips Tullian mit seiner Genossenschaft erscheint meistens als ein höchst verwegener Schränker,
dem bei seiner riesigen Körperstärke kein Kirchenschloß oder
Kaufmannsgewölbe zu fest war. Er verschmähte auch nicht den
offenen Überfall auf der Landstraße und hat mehr als einmal
seine Hand mit Mord befleckt, wie er ja denn wegen eines solchen am 19. September 1710 zur Haft gekommen ist. Fünf seiner Genossen, namentlich Martin Eger (Mause-Merten) und
Andreas Wesser wurden noch 1718 zur Untersuchung und
Strafe gezogen.

* *

Actenmäßige Relation von den beiden Schloß Dieben zu Berlin
    Valentin Runck, ehemaligen Castellan, und Daniel Stieff,
    gewesenen Hoffschlösser usw. Berlin 1719.

Diese auf königlichen Befehl herausgegebene Relation
gibt eine Darstellung der von Runck und Stieff vier Jahre
lang im königlichen Schloß mit großem Gaunertalent durch
Nachschlüssel und Aufbruch verübten verwegenen und sehr
bedeutenden Diebstähle und ihrer mit Umsicht und scharfer
Gründlichkeit veranstalteten Ermittelung. Durch geschickt angebrachte Bemerkungen wird die Menge der Einzelheiten in
klarem Zusammenhang gehalten und somit die ganze Darstellung lebendig und für den Polizeimann belehrend. Im Gegensatz zu der Dresdener Untersuchung wider Lips Tullian und
Genossen hervortretenden königlichen Milde sieht man hier
das auf Grund der besondern kurfürstlich brandenb. Edikte
vom 22. Jan. 1683, 12. Jan. 1684 und 16. Okt. 1696 vom Krimi-
nalkollegium am 2. Juni 1718 gefällte Todesurteil mittels des
Stranges vom erbitterten Könige umgestoßen und aus dem Ka-
binet die qualvolle Todesstrafe des Rades dafür gesetzt, die auch
an beiden am 8. Juni vollzogen wurde. Der Relation ist noch ein
„theologischer Bericht, von der Bekehrung und dem Ende des
Runck durch das Reformirte Ministerium der Dom- und Paro-

chialkirchen in Cölln und Berlin beigegeben". Auch hat der Prediger Andreas Schmid zu St. Nicolai in einer eigenen Schrift sein hartes Bekehrungswerk an beiden Delinquenten unter dem Titel: „Die erwiesene göttliche Zornmacht in Offenbarung und Heimsuchung heimlicher Sünden", weitläufig dargestellt. Beide Schriften mit der Relation zusammen geben reichen Stoff zum Nachdenken über die geistlichen und sittlichen Zustände, sowie über die Gerechtigkeitspflege jener Zeit und verdienen mit Aufmerksamkeit gelesen zu werden.

* *

Des bekannten Kirchenräubers und Diebes Jacob Neumann Leben und Übelthaten u.s.w. Von J. Ch. Wellmann, *J. U. Secret. Jud. Francf. 1720.*

Auch ein „denen Judicial-*Actis* genau extrahirtes" Werk. Neumann ist eine merkwürdige Erscheinung. Er hat zweiundvierzig Kirchdiebstähle und zwölf andere Diebstähle ganz allein, mehrere andere in Verbindung, namentlich mit dem aus der Untersuchungshaft entsprungenen Jürgen Kupke, verübt, bis er am 16. Jan. 1720 in Frankfurt a.d.O. mit dem Rade hingerichtet wurde. Eigentümlich ist, wie Neumann bei seinen Diebstählen mit dem Brunger Lewone zu legen und mit dem Krummkopf das Eisenwerk aus dem Mauerwerk zu lösen verstand. Fast alle Diebstähle sind in dieser Weise verübt, und Neumann hat zuerst den Diebsgenossen und Richtern die ungeheueren Erfolge des Bohrers gezeigt. Die Behandlung des reichen Aktenstoffes ist klar und belehrend, aber doch auch gerade im wesentlichsten etwas zu mager gehalten, während Wellmann wiederum mit behaglicher Breite seine ganze bei der Aufrichtung des Rades gehaltene Rede an die Gewerke, die Hegung des peinlichen Gerichts und die Hinrichtung vollständig mitteilt.

Eine bei weitem bessere und vollständigere Darstellung gab Wellmann später heraus: „Das von der göttlichen Regierung usw. bewiesene Denkmal" Frankfurt a.d.O. 1725, worin die von Neumann'Witwe, deren Tochter und Sohn in Gemeinschaft mit der Witwe Sotmeyer und deren Sohn und mit anderen Spießgesellen verübte Ansteckung der Lebuser Vorstadt in Frankfurt am 19. Mai 1723 dargestellt wird. Wenn schon die Erzählung dieses lediglich aus Rache verübten Verbrechens, bei dem acht

Personen das Leben verloren, nicht hierher gehört, so verdient doch das für jeden Kriminalisten interessante Werk hier mindestens einer Erwähnung.

* *

Historische Relation von dem Leben und Übelthaten eines verstockten Diebes und Kirchenräubers Johann David Wagner's, sonst Mause-David genannt u.s.w. Leipzig 1722.

Auch der Mause-David ist eine merkwürdige Erscheinung, ein moralisches Ungeheuer, dessen Frechheit, Verstocktheit und Todesfeigheit kaum ihresgleichen findet. Er handelte meistens als verwegener Schränker, wurde auch des Raubmordes auf offener Landstraße bezichtigt und wandte bei seinen Einbrüchen fast beständig den Peiger zur Vergiftung der Hunde an, wie er denn auch stets die *nux vomica* bei sich führte, über deren leichtfertigen Verkauf der Verfasser S. 92 u. 93 eifert. Die Untersuchung zeichnet sich durch den unverdrossenen Fleiß aus, mit dem das Leipziger Gericht seine Anfragen überallhin erließ, wo eine Mitschuld des Verbrechers oder die Spur eines Verbrechens angedeutet war. Das Buch an sich aber ist gerade in der Darstellung der einzelnen von Mause-David verübten Verbrechen dürftig, wenn es auch die vergeblichen Bemühungen vieler Leipziger Geistlichen zur Bekehrung des verstockten Sünders ebenso ausführlich gibt, wie alle Details der Ausführung und Hinrichtung (21. Nov. 1721), wobei denn auch die Kupferstiche nicht gespart sind. Besonders interessant ist noch das erste Kapitel, in dem das Treiben der Räuberbanden in Sachsen und die dawider ergriffenen Maßregeln dargestellt werden. Auch enthält Kap. 9 ebenfalls eine wider die Gegner der Folter, wie Schaller, Nikolaus, Grevius, Matäi und Oldekop u.s.w., gerichtete und auf Bibelstellen gestützte Polemik.

* *

Neu eröffneter Schauplatz der berüchtigsten Betrieger, Spitzbuben, Mörder, Kirchen- und Straßen-Räuber dieses Seculi u.s.w. Hamburg 1725.

Dieses Buch enthält Auszüge aus den obenangeführten Untersuchungsakten gegen Lips Tullian und Konsorten, und gegen

Neumann und Wagner, außerdem noch einen Auszug aus der 1722 erschienenen Übersetzung der französischen Biographie des Louis Dominique Cartouche und noch eine Menge anderer Gaunerbiographien, unter denen die des John Sheppard, des Ernst von Werth und des Heinrich Giesecke, sowie des John Stanley lesenswert sind, und über das gaunerische Treiben der geschilderten Personen merkwürdige Aufschlüsse geben.

* *

Ausführliche Relation von der famosen Zigeuner-Diebs-Mord- und Räuber-Bande, welche den 14. und 15. Nov. 1726 zu Gießen durch Schwerdt, Strang und Rad, *respektive* justificirt worden. Von Dr. Johann Benjamin Weißenbruch, Fürstl. Hessen-Darmst. Vormundsrath, auch Ober-Schultheißen und Peinl. Gerichtsassessor. Frankfurt u. Leipzig 1727.

Ein tüchtiges, empfehlenswertes Werk, voll reicher Belehrung für Juristen und Polizeimänner. In der *Sect. generalis* wird in fünf Kapiteln eine wertvolle Abhandlung über die Zigeuner, ihren Ursprung, erstes Auftreten in Deutschland, im Kapitel 4 über die Frage: „ob die heutigen Zigeuner echte und rechte Posteri von denen ersten Zigeunern seien", und im Kapitel 5: „ob die Zigeuner in einer Republik zu dulden", abgehandelt, wobei interessante Verordnungen wider die Zigeuner in Österreich, Sachsen, Württemberg, Hessen-Darmstadt, Frankreich und Spanien angeführt werden. Die Darstellung der von einer sehr starken Bande im Hessischen und den benachbarten Ländern verübten Untaten und die Anstalten zur Gefangennahme der Bande, sowie die Untersuchung und Ermittelung der in ihr zur Sprache gekommen vielen und schweren Verbrechen ist in den 18 ersten Kapiteln umständlich und klar gegeben. Das neunzehnte Kapitel enthält das Urteil und die Hinrichtung von 25 Mitgliedern der Bande, worunter acht Weibspersonen. Auch bei dieser Bande tritt die Beziehung mit holländischen und französischen Gaunern deutlich hervor, wie denn die Mehrzahl der hingerichteten französischen Namen führte, z.B. die Gebrüder la Foure, die Gebrüder la Fortune, Selantin, St. Amour. Den Schluß des Werkes bildet ein *Responsum de jure principis expellendi et occidendi Zygaros* von der Hand eines Ungenannten, das, ungeachtet der zahlreichen Allegate, sehr flach und kümmerlich ausfällt.

* *

Das über vier Malefitz-Personen ergangene Justitz-Rad, als über Leopold Fixeln, Cristoph Kranichfelden, Abraham Hoffmann und Anna Sophia Wanckin. Von Andreas Schmid, Prediger zu St. Nikolai in Berlin. 1725.

Wieder ein krimminalistisches Thema, von theologischer Hand bearbeitet. Das Buch behandelt die Ergreifung und Aburteilung von sechs im Amte Quielitz betretenen und nach Berlin abgelieferten Mitgliedern einer großen Räuberbande, die in Braunschweig, Mecklenburg, der Neumark, Sachsen und Polen arge Verbrechen verübt hatte, und von der schon früher eine bedeutende Anzahl zu Driesen und in der Neumark hingerichtet war. Die Darstellung geht meistens nur auf die physiologische Beobachtung der Inquisiten und legt sehr ausführlich die mit strengem Eifer vom Verfasser versuchten, an dem frechen Kranichfeld jedoch besonders vergeblich gewesenen, Bekehrungsbemühungen dar. Dennoch bleibt das Buch lesenswert und in mancher Hinsicht belehrend.

* *

Betrugs-Lexicon, worinnen die meisten Betrügereyen in allen Ständen nebst denen darwider guten Theils dienenden Mitteln entdecket. Von Georg Paul Hönn D. F. S. G. Rath und Amtmann zu Coburg. Coburg 1720. Spätere Auflage 1724 und 1761.

Ein sehr merkwürdiges Buch, das wie eine Episode in dieser Literaturperiode erscheint und als erster Versuch einer abstrakten, rationellen Darstellung der vielen Betrugsarten Aufmerksamkeit verdient. In alphabetisch-lexikographischer Anordnung und in 300 Artikeln, von Minister, Hofkavalier an bis zum Alchemisten, Zauberer, Juden und Zigeuner hinunter werden alle sozial-politischen Stände, Berufsarten und Verhältnisse aufgezählt, und bei jedem Stand und Beruf mit großer Gewissenhaftigkeit und Genauigkeit eine Menge von Möglichkeiten dargestellt, wie und welcher Betrug in dieser oder jener Weise verübt werden kann. Mit hohem, sittlichem Ernste führt der wackere Hönn dabei auch viele Dinge auf, die lediglich der Ehre und Gewissenhaftigkeit zu überlassen, vor dem geschriebenen Gesetze aber nicht absolut strafbar sind, wodurch er dem Buche eine mehr ethische als juristische Färbung gibt. Immer aber enthält das Werk manche liebevolle Aufschlüsse über vielerlei versteckte Betrugsarten und zeigt, wie der Verfasser in seiner dreiunddreißigjährigen Praxis wirklich reiche Gelegenheit gehabt hat, den Eingang des Gaunertums in alle sozialpolitische Verhältnisse zu beobachten und objektiv aufzufassen.

* *

Actenmäßiger Bericht von einer zu Kiel im Umschlag 1725 ertappten Diebesrotte usw. Hamburg 1727.

Dieser Bericht handelt von der zu Kiel geführten Untersuchung gegen eine Gaunerbande, die unter Führung des Christoph Werner (Lorentz Möller, auch Meyer genannt) in Holstein, Schleswig und besonders im Januar 1725 zu Kiel, sowie in Mecklenburg sehr verwegene und bedeutende Einbrüche verübt hatte. Die Bearbeitung dieser wichtigen Gauneruntersuchung ist tüchtig und gibt eine klare Anschauung von dem Treiben und den Hilfsmitteln der Bande, von der mehrere Mitglieder, darunter Werner und der Jude Manasse Isaak, gehenkt wurden. Beachtenswert ist die sehr ausführliche Vorrede, in der treffliche Maßregeln zur Verhütung von Diebstählen in Vorschlag, und viele Mängel der Rechtspflege und Sicherheitspolizei mit scharfer Rüge zur Sprache gebracht werden.

* *

Res furciferorum, Diebs-Händel Oder Allerhand Gesetze, Ordnungen, Protocolle, eingeholte Rechtliche Responsa, Gutachten und Urtheile, so die Diebe, ihre Captur, Inquisition, Tortur, und verdiente Straff betreffend usw. Von Veronus Francken vom Steigerwald. Augspurg 1728.

In der Vorrede weist der wackere Verfasser zunächst auf die Notwendigkeit einer zweckmäßigen und sorgfältigen Erziehung der Kinder hin, um diese vor bösen Beispielen und Versuchungen zu bewahren; ferner eifert er gegen das Brandmarken und die öffentlichen Hinrichtungen, gegen die zur Verzweiflung bringenden ehrlosen Strafen, Staupenschlag und Pranger, wie gegen Diebeshehler und empfiehlt die Einrichtung von Zucht- und Raspelhäusern. Sodann gibt er kurze Mitteilungen über Verbot und Bestrafung des Diebstahl nach mosaischem, römischem, germanischem Rechte und den Reichsgesetzen. Interessant ist das sodann ausführlich mitgeteilte fränkische Pönalpatent „wider das Diebs-Rauberisch-Zigeuner-Jaunerisch-Herrenlose und anderer Bettelgesind" d. d. Nürnberg 28. Juni 1720, sowie das „schwäbische Pönalpatent" vom 6. Mai 1720, die neue und mehr „geschärffte Pönalsanction und Verordnung des löbl. Ober-Rheinischen Kreises wider das schädliche Diebs-Raub- und Zigenuer- sodann herrenlose Jauner-Wildschützen- auch müssige und liederliche Bettel-Gesind", d. d. Frankfurt 19. Dezember 1716 und das „Conclusum des fränkischen Kreises, die Ausrottung des Dieb- und Raubsgesindels betreffend", vom 24. Juli 1727. Der zweite Teil des Buchs enthält eine Reihe von Abhandlungen, rechtliche Bedenken der Fakultäten zu Tübingen, Altdorf, Würzburg usw., worunter sich mehrere sehr merkwürdige Fälle befinden, wie z.B. die Untersuchung wider Stophel Baurmann zu Weickersheim usw.

* *

Actenmäßige Designation derer von einer diebischen Judenbande verübten Kirchen-Räubereyen und gewaltsamen mörderischen Einbrüche Samt angefügter Beschreibung derer meisten Jüdischen Ertzdiebe, wie solche in der anno 1734 & 1736 allhier zu Coburg geführten Inquisition usw. bekannt usw. worden.

Diese, ungeachtet mehrmaliger Auflage, selten gewordene Designation, in der auch S. 3 das vollständigere Werk: „Der Jüdische Baldober", angekündigt wird, enthält eine treffliche und klare, zum Verständnis des Baldobers sehr zweckdienliche Übersicht der von Emanuel Heinemann vulgo Mendel Carbe und Konsorten verübten Diebstähle, die man im Baldober ausführlich dargestellt findet. Die Designation enthält noch ein „Actenmäßiges *Supplementum*", dessen letzte Blätter wegen der dort alphabetisch aufgeführten jüdisch-deutschen Gaunervokabeln sehr schätzbar und wichtig sind und in der Lexikographie besondere Berücksichtigung finden.

* *

Entdecker Jüdischer Baldober, Oder Sachsen-Coburgische *Acta Criminalia* wider eine Jüdische Diebs- und Rauber-Bande usw. Coburg 1737.

Diese merkwürdige Untersuchung gibt eine überraschende Auskunft über Zusammenhang und Ausdehnung einer ersichtlich über fast ganz Deutschland seit langen Jahren verbreiteten jüdischen Gaunerbande, von der jedoch nur Emanuel Heinemann (Mendel Carbe) Hoyum Moyses (Johannes Ingolstadt), dessen Ehefrau Lea, Hirsch Halberstadt, Rosine Meyer, Sprenglings Frau, und deren Sohn Isaak Meyer in Koburg zur Haft und Untersuchung gekommen sind, während die vielen übrigen in der Untersuchung zur Sprache gekommenen auswärtigen Verbrechen nicht weiter verhandelt und die zum Teil namhaft gemachten 146 Mitglieder der Bande auch nicht weiter verfolgt worden sind. Was dieses Werk ganz besonders wertvoll macht, das sind die vielen über die Theorie und Praxis der jüdischen Gauner eingestreuten trefflichen Bemerkungen, die von Scharfblick und Erfahrung des Verfassers zeugen, und namentlich für jene Zeit von außerordentlichem Wert für die Kriminalrechtspflege und Sicherheitspolizei gewesen sind. Dagegen tritt aber auch hier zum schweren Nachteil für die unbefangene richterliche Anschauung, jener wüste und blinde Judenhaß hervor, dessen Unbändigkeit bei dem damaligen gänzlichen Mangel aller politischen Ausgleichung der Gegensätze nicht allein für das Judentum sondern auch für alle christlichen sozialpolitischen Verhältnisse von schlimmen Folgen gewesen ist. Im „Jüdischen Baldower" zeigt sich die Autorität des „Entdeckten Judenthums", von Joh. Andreas Eisenmenger[2] in der Kriminalrechtspflege deutlicher als sonst in irgendeiner Untersuchung des vorigen Jahrhunderts. Schon 1644 hatte der Pastor der St. Petri Kirche in Hamburg, Dr. Johannes Müller, in seinem „Judaismus" und 1681 Dr. jur. Joh. Christoph Wagenseil in seinem *Tela ignea Satanae* einen wütenden Kreuzzug gegen die Juden unternommen. Beide Werke, besonders ersteres, mit wie großem Haß und blindem Eifer sie auch geschrieben sind, hatten doch weniger direkten Nachteil für die richtige Beurteilung des Judentums, da sie sich immer doch nur auf dem Gebiete dogmatischer Polemik bewegen und bei weitem mehr den christlichen Eifer der Verfasser als die Verworfenheit des Judentums bezeugen. Eisenmenger polemisiert eigentlich gar nicht. Er stellt einzelne aphoristische judenfeindliche Sätze

2) Zweite Auflage, Königsberg 1711.

apodiktisch trocken und dürr hin und gibt nun mit erstaunlicher Belesenheit aus dem Talmud und aus den besondern hebräischen Werken von 199 talmudistischen Schriftstellern und den verdächtigen Büchern von acht jüdischen Konvertiten des sechzehnten und siebzehnten Jahrhunderts, ohne Berücksichtigung des Zusammenhanges, der Zeit und Person seiner Gewährsmänner, eine Unzahl von Auszügen als Belegstellen zu seinen Paradoxen. Seiner inneren Geltung nach würde das „Entdeckte Judenthum" gar nicht die Aufmerksamkeit erregt und die Autorität erhalten haben, die ihm wirklich geworden ist, wenn nicht das Werk an sich als bibliographische Erscheinung überhaupt ein bemerkenswertes Schicksal gehabt hätte. Als Eisenmenger 1693 als kurfürstlich pfälzischer Archivar mit der kurfürstlichen Regierung nach Frankfurt geflüchtet war und hier sein Werk herausgegeben hatte, erwirkten die über das Buch empörten Juden ein kaiserliches Verbot gegen dessen Verkauf. Überall wurden die bereits vertriebenen Exemplare von den Juden aufgekauft und vernichtet, sodaß die Exemplare dieser Originalausgabe sehr selten geworden sind. Im Jahre 1711 ließ jedoch der König von Preußen, aus dessen Landen die Juden schon seit länger als hundert Jahren vertrieben waren, das Buch von neuem drucken mit einem Privilegium versehen und in der Mehrzahl der Exemplare den Erben des 1704 gestorbenen Eisenmenger zugute kommen. Durch diese Protektion gewann das Buch wieder an Verbreitung und Ansehen. Ein Beweis davon ist der „Jüdische Baldober", der namentlich Kapitel 10 und 11 und ganz besonders in dem Seite 62 im Auszuge mitgeteilten Gutachten des Propstes von der Hardt an das Oberappellationsgericht zu Celle ganz auf Eisenmenger und seine judenfeindlichen Thesen zurückgeht. Trotzdem ist die Untersuchung gegen die Koburger Verbrecher tüchtig geführt und gibt wichtige Aufschlüsse über das damalige Treiben der jüdischen Gauner. Leider sind die offen zu Tage liegenden, weit durch Deutschland reichenden Verbindungen der Bande nicht weiter nachgeforscht und dadurch sehr bedeutende Erfolge verfehlt worden.

* *

Actenmäßige Nachricht von einer zahlreichen Diebs-Bande, welche von einem zu Hildburghausen in gefänglicher Hafft sitzenden jungen Dieb entdeckt worden, nebst einem Anhang aus denen wider die anno 1745 allhier hingerichteten Gaudiebe Johann Georg Schwartzmüller und Friedrich Werner verführten Inquisitions-Actis auch Verzeichniß vorgekommener Wörter von der Spitzbuben-Sprache. Anno 1753.

Diese sehr wichtige Nachrichten sind, nach der im Eingang enthaltenen Mitteilung des unbekannten Verfassers, auf Befehl der Regierung aus den Akten gezogen und gedruckt worden. Trotz dieser gedrängten Kürze weist das Werkchen auf 52 Folioseiten sehr viel Interessantes und Belehrendes auf. Um nach chronologischer Ordnung mit dem Anhang zu beginnen, so enthält dieser die von dem am 21. April 1745 zu Hildburghausen gehenkten Hanns Georg Schwartzmüller unmittelbar nach Verkündung seines Todesurteils gemachten Geständnisse und Aufklärungen über die Bande, zu der er gehörte, und die damals schon länger als 50 Jahre in einer Stärke von 150 Mitgliedern bestand, bis an den Rhein durch Schwaben, Bayern, Sachsen, Böhmen, Hannover und Hessen sich verbreitet und den Krummfinger-Balthasar zum Haupte gehabt hatte. Er handhabte unter der Bande das „Plattenrecht", übte eine eigentümliche scharfe Disziplin, führte auch ein bestimmtes Siegel und ein geschriebenes Gaunerwörterbuch, das in den Versammlungen durch Beiträge bereichert und aus dem die Mitglieder belehrt wurden. Überraschend und merkwürdig sind die von dem sechzehnjährigen Johann Andreas Lorenz Mahr, der beim Einschleichen in das herzogliche Schloß zu Hildburghausen am 24. Januar 1753 angehalten wurde, gemachten Geständnisse, in denen Mahr nicht nur Auskunft gibt über Person und Namen von 137 Mitgliedern seiner Bande, sondern auch über deren unglaubliche Verbreitung und Tätigkeit durch ganz Mittel- und Norddeutschland, über ihre Einteilung und Anführung durch August Beck von Mühlhausen, ihre Unternehmungen und gaunerische Politik. Dieser August Beck, eigentlich Just Mentzling, unter der Bande Just Schwentzel genannt, kam im Oktober 1752 auf Lebenszeit in die Karre nach Magdeburg. Verschiedene Mitglieder der Beckschen Bande reisten als Taubstumme. Mahr selbst war zur Simulation der Epilepsie abgerichtet. Die ganze Bande war im Besitz der gesamten theore-

tischen und praktischen Hilfsmittel, die allen gaunerischen Unternehmungen förderlich waren. Es ist zu bedauern, daß die
Akten nicht ausführlicher bearbeitet sind. Be der Reichhaltigkeit des von Mahr gegebenen Materials hätte sich schon damals
eine ziemlich vollständige Darstellung des Gaunertums geben
lassen. Am Schlusse ist endlich ein aus den Akten gezogenes
aus 434 Vokabeln bestehendes Gaunerwörterbuch beigegeben,
das eine sehr beachtenswerte Stelle in der Gaunerlexikographie
einnimmt.[3]

* *

Neue Erweiterung der actenmäßigen Nachricht von 6 zahlreichen
Diebes-Banden, welche durch nachstehende Gau-Diebe, als: Johann Andreas Lorenz Mahr, Conrad Vollmar und Hanß Adam
Merville, in ihrer gefänglichen Hafft zu Hildburghausen und
Themar entdecket worden sind, nebst einem Verzeichniß der
ausgegebenen Spitz-Buben und derjenigen Orte, wo Platten
sind. Hildburghausen 1755.

Diese 80 Seiten umfassende Schrift enthält zuerst die Gaunernamen, die bei der Untersuchung gegen Mahr entdeckt
wurden. Dann folgen mit eigenem Titelblatt aktenmäßige
Nachrichten über sechs Diebesbanden nach Aussagen der Gau-
diebe Vollmar, Zacharias, Schmal und Merville.

* *

Beschreibung Derer Berüchtigten Jüdischen Diebes-, Mörder- und
Rauber-Banden, welche seither geraumen Jahren hin und wieder im Reich viele gewaltsame Beraubungen, Mordthaten und
Diebstähle begangen haben, vornehmlich hiesigen Hochfür-
sten, sodann auch denen umliegenden churfürstlichen, Gräfli-
chen und Ritterschaftlichen Landen, desgleichen verschiedenen
Reichs- und Hansen-Städten, samt allen deren Criminal-Ge-
richten bey vorkommenden Fällen, zum nützlichen Gebrauch.
Von J. J. Bierbrauer. Cassel 1758.

Dies Werk ist im Grunde nichts anderes als eine Gaunerliste
mit sehr kümmerlichen Personalangaben, aber durch seine numerische Reichhaltigkeit und Beschränkung auf jüdische Gauner bemerkenswert. Es führt deren nicht weniger als 362 auf.
Der Verfasser, der „binnen fünf Jahren diese weitläufige Liste

3) Siehe hierzu Kluge S. 223 ff.

und dabei gefügte sonstige Nachrichten mit großer Mühe durch starke Correspondenz und merkliche auf geheime Kundschaft verwendete Kosten gesammelt" hat, muß Justizbeamter gewesen sein, obschon seine Arbeit in keinerlei Weise auf irgendeine amtliche Stellung oder auf eine bestimmte amtliche Untersuchung hindeutet. Doch repräsentiert der Verfasser recht scharf den abstoßenden Typus der verknöcherten, verstumpften und herzlosen Beamtenschaft seines Zeitalters, die ihre Gegnerschaft nicht geistig zu erfassen und zu beherrschen und, in diesem Bewußtsein der eigenen Ohnmacht, nur mit Haß und Verachtung auf das gesamte Judentum herabzublicken weiß. Nachdem der Verfasser zur Erleichterung der Inquisition fol. 4b – 5b des Vorberichts einige kümmerliche Nachrichten über Beschneidung und Namen, über das dreizehnte Lebensjahr jüdischer Knaben (bar mizwo), über Benschen, Namensveränderungen und über die Jüdischen Jahres-, Monats- und Tages-Rechnungen gegeben hat, stellt er zwanzig flache und ganz nebensächliche Frageformeln als zweckdienliche Musterfragen auf, und schließt fol. 6b seinen Vorbericht in barbarischer Roheit, der nicht einmal die Tortur mehr genügt, mit den Worten: „Kommt er dann aber endlich so weit, daß er (der jüdische Gefangene) zur Tortur genugsam qualificiret ist, so wird er doch dadurch schwerlich, hingegen *per remedia extraordinaria veritatis eruendae* absonderlich durch die Knoten-Peitsche auf der hiesigen (Kasseler) Bank, oder durch dünne Hassel-Stöcke auf der Koburger Bank, viel leichter zur Confession gebracht, dann ein Jude kann dergleichen ohnerwarteten *dolorem praesentem et vehementem* von heftigen Streichen, deren Dauer und Wiederholung ihme unbekannt ist, nicht ausstehen, auf die Inne oder Folter aber, worvon er weiß, daß sie nur eine Stunde währet, hat sich dieses schädliche Räuber-Geschmeiß schon vorhin gefaßt gemacht und wie unter ihnen zuweilen geschiehet, durch wirkliche Anlegung deren Tortual-Instrumenten präpariret."

Dennoch bleibt der Vorbericht sehr merkwürdig dadurch, daß er zuerst eine Klassifikation der jüdischen Gauner nach den verschiedenen Industriezweigen (fol. 2 – 4) aufführt und dabei, in richtigem Verständnis der Gaunerterminologie, zutreffende Definitionen gibt. So klassifiziert er: Schränker, Boskenner

(Posschener), Roller („lassen sich die Bärthe völlig abscheeren, geben sich alsdann vor Christen aus, kommen gegen Abend in die aufm Lande an denen Haupt-Straßen gelegenen Wirtshäuser, worinnen Fuhr- und Handelsleute logieren, legen sich zu selbige auf die Streue und sobald diese ermüdete Leute hart eingeschlafen seynd, schneiden sie ihnen entweder die Katzen mit dem Geld vom Leibe herunter, oder ziehen die Geldbeutel aus deren Kippen gemächlich heraus und schleichen davon"), Schottenfeller oder Uffthuner, Marschandiser (Chalfen), Kuttenschieber (Kittenschieber), Esckocker oder Lohu, Jomackener, Schockgänger, Kisler, Pottfenner („schiessen denen Gaudieben, absonderlich Schrenkern und Boskennern, auf ihre vorhandene Massematten mit dem Beding Geld vor, daß sie ihnen hiernächst die gestohlene Waaren in desto wohlfeilern Preis überlassen werden") und Baldober oder Aus-Kundschafter. – Das Werk, das sich auf der Landesbibliothek zu Kassel befindet, ist, ungeachtet seiner überraschend originellen und auch jetzt noch immer durchgreifenden Einteilung, namentlich von der Polizei, ganz unbeachtet gelassen und ganz in Vergessenheit geraten. Nur ein einziges Mal hat der Advokat Brandes in Celle in Stück 84 des „Neuen Hannoverischen Magazin" von 1807 das Buch als einer merkwürdigen Seltenheit erwähnt. Von dem Herausgeber, J. J. Bierbrauer, der sich in der Einleitung seiner „Beschreibung" als fanatischer Judenfresser offenbart, führt Kluge[4] noch eine „Accurate Beschreibung (so weith solche bis dahin zu erhalten möglich gewesen ist:) Derer Beyden berüchtigten so genannten Francken oder Heßischen und Thüringer oder Sächsischen Diebs-, Mörder- und Rauber-Banden . . . Cassel den 5. May 1755" an.

* *

Aktenmäßiger Verlauf, die vor denen Wohledler Stadt-Gerichten zu Leipzig wegen verschiedener Erzdiebe und Räuber, welche sich zu der Kunzisch-Mehnertisch- und Hessischen Bande gehalten, ergangene peinliche Untersuchung u.s.w. betreffend. Leipzig 1764.

Dies Buch enthält den Prozeß gegen den berüchtigten „böhmischen Hanns" (Johann Gottfried Kunze) und fünf sei-

4) Nr. LXXXXVI, Seite 241.

ner Komplicen, von denen Dachs und Kunze im Gefängnis starben, Voigt, Rehmann, Hahn und Bamberg zu Leipzig hingerichtet wurden. Die aus mehr als 40 zum Teil namhaft gemachten Mitgliedern, worunter auch vier Juden, bestehende und zum großen Teil mit Tabuletkram und Drogen im Lande umherziehende Bande, hielt bei ihrem Treiben vorzüglich den Strich von Hessen durch Mitteldeutschland nach Böhmen inne und zeichnete sich durch verwegenes Einbrechen, besonders durch Lewone legen, und durch eine unglaubliche Menge von Pferdediebstählen aus. Die Bande war im Besitz aller gaunerischen Hilfsmittel und Kenntnisse und hatte einmal die Verwegenheit, ihren Genossen Schmieds Christel mit offener Gewalt aus dem Gefängnis von Brehna zu befreien. Der Böhmische Hans erbot sich sogar während der Untersuchung, trotz seiner behaupteten Schuldlosigkeit, als Vergeltung für seine erbetene Freilassung, ein Gaunerbuch zu schreiben und damit allen Diebereien in Zukunft vorzubeugen. Bemerkenswert ist die Gewandtheit, mit der der schlaue Johann Andreas Bamberg in der Untersuchung Wahnsinn zu simulieren wußte, wodurch er diese so hinhielt, daß er erst acht Monate nach der Hinrichtung seiner Genossen zum Tode geführt wurde. Die Darstellung der von der Bande verübten Verbrechen ist, wie die ganze Untersuchung, klar und faßlich. Auch sind über das Schicksal mancher anderer, außerhalb Sachsens zur Untersuchung gezogener Mitglieder der Bande interessante Nachrichten mitgeteilt.

VIERZEHNTES KAPITEL

Die freiere psychologische Bearbeitung und rationelle Darstellung

Schon bald nach der Mitte des vorigen Jahrhunderts bemerkt man, wie durch die zunehmende sachkundige Bearbeitung des Kriminalrechts, durch die Erstarkung der nunmehr auch zur Wissenschaft hinstrebenden Polizei, durch das Zurücktreten der bisherigen asketisch verdammenden orthodoxen Entrüstung über die verübten Verbrechen gegen die sich geltendmachende humanere, philosophische Auffassung und Behandlung der Verbrechen überhaupt gewinnt, und dadurch die Justiz eine größere intensive Herrschaft über das Verbrechen erhält. Das zeigt sich besonders auch aus den vielen, in zahlreich entstandenen Zeitschriften zum Vorschein kommenden kriminalistischen und polizeilichen Abhandlungen, Mitteilungen und Vorschlägen, die bald in besondere, wenn auch anfänglich trockene Sammlungen und Erläuterungen übergehen, wie z. B. in J. H. Kirchhofs „Schutzreden", J. F. Eisenhard's „Erzählungen von besonderen Rechtshändeln", J. Ch. Quistorp's „Beyträgen", bald aber auch als freiere Bearbeitungen mit psychologischer Auffassung erscheinen, bis sie mit immer freierer Objektivität und klarer Auffassung auf das Gebiet des gesamten Gaunertums übergehen.

Aus dieser Periode sind als besonders belehrend auszuzeichnen:

Nachrichten von merkwürdigen Verbrechen in Deutschland. Zwei Bände. Bornholm 1786.

Dieses recht interessante und mit Beruf aufgeschriebene Werk gibt nach alphabetischer Namensordnung eine ziemlich bedeutende Anzahl kurzer Verbrecherbiographien aus dem 15. bis 18. Jahrhundert, teils nach gedruckten, teils nach ungedruckten Akten, und ist namentlich in historischer Hinsicht eine recht glückliche Ausfüllung mancher Lücke. Neben den meisten schon oben angeführten Gaunerprozessen werden noch anziehende Mitteilungen, z. B. über den Alchimisten Cajetan, Salamon Jacob, Käsebier u. a. gegeben, wodurch das Buch jedenfalls eine Stelle in der Gaunerliteratur verdient.

* *

Beiträge zur Geschichte der Menschheit, in Erzählungen aus wichtigen Gerichtsakten. Altenburg 1790.

Das Buch enthält eine Anzahl merkwürdiger Kriminalrechtsfälle, meist aus der Mitte des vorigen Jahrhunderts, deren Bearbeitung von psychologischem und juristischem Scharfblick des unbekannten Verfassers zeugt. Besonders wichtig ist die Bd. 1 Samml. 1 S. 67, mitgeteilte Geschichte eines Hauptdiebes von der Thüringer Bande, die von 1758 – 68 ihr Wesen trieb, und von der im kursächsischen Amt F. der Anführer der Bande, der schwarze Friedrich, mit 84 Genossen zur Haft und Untersuchung kam. Vorzüglich interessant sind die Enthüllungen des Scheelen Abraham (Abe), der über die damalige thüringische Räubertaktik mancherlei Aufschlüsse gibt. Unter seinen Geständnissen ist das der schon erwähnten gewaltsamen, mit offenem Sturm bewirkten Befreiung seines Genossen Mahler Gustel aus dem Gefängnis von Grossen-Furra am 3. Mai 1759 merkwürdig, sowie für die tückische Mordlust der Bande bezeichnend, daß die Räuber nach Abe's Geständnis bei den nächtlichen Einbrüchen und Überfällen den geknebelten Personen eine Schlinge um den Hals zu legen pflegten, die an den hinten aufgezogenen Füßen befestigt war, so daß bei jeder Bewegung der Füße die Unglücklichen sich selbst erwürgten. Im übrigen ist das durch den Verteidiger des Abe bloßgestellte gerichtliche Verfahren und die grausame Mißhandlung des Abe im Gefängnisse, der nicht nur vom Amtsfrohn, sondern auch vom untersuchenden Aktuar eigenhändig mit der Karbatsche brutal gemißhandelt wurde, und worüber die Zeugenverhöre mitgeteilt werden, als Zeichen der Zeit und Kultur bemerkenswert.

* *

Sammlung merkwürdiger Rechtsfälle, aus dem Gebiete des peinlichen Rechts. Nürnberg 1794.

Auch in dieser Sammlung sind sehr bemerkenswerte Mitteilungen über berüchtigte Gauner und Gaunerbanden enthalten, die sämtlich aus Akten entlehnt sind, bis auf die erste: „Verbrecher aus Infamie", die in schneidendem Gegensatz zu der S. 269 gegebenen Lebensgeschichte des Sonnenwirts Friedrich Schwan steht, und nichts anderes ist als die poetisch ausgeschmückte, aus der „Thalia" abgedruckte Erzählung Schillers, „Der Verbrecher aus verlorener Ehre". Die den Untersuchungsakten entnommene Darstellung des Sonnenwirts (S. 269 – 340) ist vom Sohne jenes Oberamtmannes Abel in Vaihingen abgefaßt, der den Sonnenwirt gefangen nahm. Außer dieser ist die Darstellung des „Charakters und der Lebensgeschichte der Christina Schattinger", des Sonnenwirtes Weib (S. 340 – 50), die grauenerregende Schilderung eines weiblichen Ungeheuers, wie ein solches selten in der Geschichte des Räubertums vorkommt.[1] Die Schattinger stammte aus einer Familie, die seit zweihundert

1) Schäfer, Abriß des Jauner- und Bettelwesens, S. 200, Rote.

Jahren von der Gaunerei gelebt hatte. Ihr Vater, ihre Geschwister und einige zwanzig ihrer nächsten Anverwandten waren auf dem Rade oder Galgen gestorben, oder saßen im Gefängnis oder auf den Galeeren. Mit allen Vorzügen des Körpers und Geistes ausgerüstet, ist sie lediglich durch die Wollust, der sie schon als Kind frönte, auf die Verbrecherbahn getrieben worden, bis sie als noch junges Weib unter den entsetzlichsten Verwünschungen ihr ruchlos verbrecherisches Leben am Galgen endete. Ähnliche erschütternde Darstellungen sind die des scheußlichen Hundssattlers und die sehr ausführliche Mitteilung der haarsträubenden Geschichte des bestialisch verruchten Hannikels und seiner Kameraden, S. 131 – 221, die gänzlich dem unmittelbar nach der Hinrichtung des Hannikel erschienenen Buche entnommen ist: „Hannikel, oder die Räuber- und Mörderbande, welche in Sulz am Neckar in Verhaft genommen und am 17. Jul. 1787 daselbst justificirt worden. Ein wahrhafter Zigeuner-Roman, ganz aus den Kriminal-Acten gezogen." Der Verfasser war vielleicht der Oberamtmann Schäffer zu Sulz, der sich durch den „Konstanzer Hans" und sein Werk über die schwäbischen Jauner so sehr ausgezeichnet hat.

Eine ausführliche Nachricht und eingehende Signalelemente der aus 347 Mitgliedern bestehenden Bande gibt die Sulzer Zigeunerliste von 1787, die G. J. Schäffer aus den weitläufigen, 49.074 Blätter enthaltenden Untersuchungsakten ausgezogen hat. Die Liste ist mit einer „kurzen Schilderung von dem Nationalkarakter der in Deutschland sich noch aufhaltenden Zigeuner und Jauner" eingeleitet.[2]

* *

Leben und Ende des berüchtigten Anführers einer Wildschützenbande, Matthias Klostermayer oder des sogenannten Bayrischen Hiesels, aus gerichtlichen Urkunden gezogen und mit genau nach den Umständen jeder Begebenheit gezeichneten Kupfern gezieret. Frankfurt und Leipzig 1776.

Gleich der schon erwähnten aktenmäßigen Biographie des Friedr. Schwan, Hannikel u. a. ist auch dies Buch, das mit aktengetreuer Ausführlichkeit und lebendiger psychologischer Auffassung das Leben und Ende eines verwegenen, blutdür-

2) Kluge Nr. CIV, S. 250 f.

stigen und beispiellos rachsüchtigen Räubers darstellt, für die
Gaunerliteratur beachtenswert. Vor dem Titel wird in einem
schlecht geratenen Kupferstich der Hiesel mit seinem Buben
und seinem merkwürdigen Hunde dargestellt. Der am Schluß
beigegebene dreigeteilte Kupferstich zeigt die Gefangennahme
und die Hinrichtung des Hiesel.

* *

Nachrichten von den Lebensumständen einiger merkwürdigen
Zuchthausgefangenen, gemeinützig bearbeitet und heraus-
gegeben von M. L. Ch. G. Schmid, Zuchthausprediger in
Zwickau. Leipzig 1797.

Vorliegende Mitteilungen aus den frühern Lebensverhält-
nissen und Beobachtungen über die Individualität der von
Schmid aufgeführten 24 Verbrecher, worunter sich auch mehrere berüchtigte Diebe finden, sind sehr interessant und beurkunden den psychologischen Scharfblick und die tiefe Menschenkenntnis des Verfassers.

* *

Konstanzer Hans eine schwäbische Jauners Geschichte, aus zuverlässigen Quellen geschöpft und pragmatisch bearbeitet. Stuttgart 1789.

In diesem für den Kriminalisten und Psychologen in hohem
Grade wichtigen Buche wird die meisterhaft geschriebene Biographie eines der eigenartigsten Gauner gegeben, der je gelebt
hatte. Die Darstellung ist überall klar und verständlich und
zeichnet sich durch ihre Ausführlichkeit und tiefe geistige Auffassung der Individualität des Konstanzer Hans, Johann Baptista
Herrenberger, aus, dessen Jugendgeschichte, Übergang zum Gaunerleben, Gaunertreiben, sowie Zusammenleben mit der ruchlosen Schleiferbärbel, der Frau des Scherenschleifers Antonius
Krämer, genannt Schleifer-Toni, die überall wie sein böser Geni-
us erscheint (vgl. S. 87 fg.), in der anziehendsten und spannend-
sten Weise erzählt wird. Das Buch ist ein glänzender Beweis von
der ausgezeichneten kriminalistischen Begabung seines Verfassers, des Oberamtmanns Georg Jakob Schäffer in Sulz, der die
schwierige Untersuchung gegen Herrenberger führte, sich seiner
mit seltener Menschenliebe annahm und durch seine unablässi-

gen Bemühungen ihn nicht nur der Todesstrafe entzog, sondern ihm auch später gänzliche Begnadigung erwirkte.

* *

Abriß des Jauner und Bettelwesens in Schwaben, nach Akten und andern sichern Quellen von dem Verfasser des konstanzer Hans. Stuttgart 1793.

Dieser erste Versuch einer rationellen Darstellung des Gaunerwesens ist in der Tat eine erschöpfende Naturgeschichte des Gaunertums, und mit vollem Rechte eine Meisterarbeit zu nennen, die noch immer unübertroffen dasteht. Sie ist zugleich ein Beweis, wie lange schon das Gaunertum fertig und vollendet dagestanden hat, und wie die Gaunerkunst gerade durch ihr schlaues Versteck und durch ihre Ausbeutung aller sozialpolitischen Verhältnisse eben von diesen Verhältnissen selbst getragen und von ihnen um so sicherer geschützt wird, je komplizierter und künstlicher diese selbst werden. Das Buch, das nur dem Titel nach sich auf das Gaunertum in Schwaben beschränkt, umfaßt jedoch das gesamte Gaunertum, wie es in seinem vollen Wucher sich über das ganze kultivierte Europa erstreckt hat, und verdient daher die genaueste Beachtung. Das Werk zerfällt in drei Teile. Im ersten Teile werden die Jauner, im zweiten die Bettler und im Anhange die Zigeuner abgehandelt. Diese Einteilung ist unklar und verwirrt den Überblick, da im ersten Teile nämlich das spezifische Gaunertum mit all seinen Künsten und Ränken, im zweiten Teile, im anscheinenden Gegensatze, das Bettlertum abgehandelt wird, in dem man jedoch auch nach der Darstellung Schäffer's ganz nach der Art des *Liber Vagatorum*, nur die Maske des hinter dem Bettel sich versteckenden Gaunertums erblickt. In gleicher Weise wird in dem kleinen Anhange von den Zigeunern nicht etwa von der exklusiven Eigentümlichkeit, Nationalität und Sprache der Zigeuner, sondern nur von einzelnen ihrer gaunerischen Ränke geredet, die jedoch dadurch nicht den Zigeunern eigentümlich sind, sondern dem Gesamtgaunertum angehören. Das Buch ist eine überaus reiche Quelle der vielseitigen Belehrung und muß auch noch jetzt jedem Polizeimann bekannt sein, dem daran liegt, das Gaunertum in seiner ganzen intensiven und extensiven Gewalt kennen zu lernen.

FÜNFZEHNTES KAPITEL

Die Gruppen- und Personenskizze

Wie bedeutsam und vielversprechend auch die Stufe war, zu der sich, namentlich durch Schäffers treffliche Schriften, die Gaunerliteratur emporgehoben hatte, so erscheint sie doch gleich nach Schäffer plötzlich wie abgebrochen. Die ungeheuere Schilderhebung des Räubertums mit der Französischen Revolution, sein furchtbarer, frecher Angriff auf die öffentliche Sicherheit und Ordnung, vor dem die Polizei sogar lange zurückweichen mußte, stellte den Sicherheitsbehörden eine so große, und bei den schwankenden politischen und Grenzverhältnissen, so überaus schwierige Aufgabe, daß es der angestrengtesten Tätigkeit aller Sicherheitsbehörden bedurfte, den Kampf gegen die verbrecherische Masse nur beginnen zu können. Er durfte jedoch nur in gelegentlichen Angriffen auf einzelne Gruppen versucht, nicht aber mit einem großen Heereszug gegen das furchtbare Ganze gewagt werden. Sieht man in jenen Aufruhr aller verbrecherischen Kräfte hinein, so muß man erstaunen über den Mut und die Erfolge der preußischen Justiz, die einen Kampf unternahm, wo das Räubertum nur einen Triumph feierte man muß erstaunen, daß mitten in dem Kampfe, den man einen dreißigjährigen Krieg der Justiz gegen das Räubertum nennen kann, überhaupt ein literarisches Werk wie die „Actenmäßige Geschichte der Rheinischen Räuberbanden" erscheinen, erstaunen darüber, daß es schon solche Resultate aufweisen, und doch noch hinterdrein so viel zu tun nachlassen konnte. In diesem langen schweren Feldzuge gegen das Räubertum lernte die Justiz seine Taktik begreifen, sie hatte aber keine Zeit, in vollem Kriege theoretische Werke darüber zu schreiben. Sie schrieb Notizen, zeichnete Orte und Individualitäten, und bewies gerade dadurch ihre riesige Anstrengung, daß sie nur diese Notizen gab. So gewann in dieser Tätigkeit die Literatur jene eigentümliche Weise, in der sie vor uns liegt: sie beschränkt sich auf die Gruppen- und Personalskizze, nicht aus geistiger Not, sondern aus der Not der anstrengenden Tätigkeit; denn überall in jedem literarischen Werke blickt in hellen Andeutungen und Versuchen das Streben nach einer gründlichen Darstellung, und die lebendigste Anerkennung ihrer Notwendigkeit hervor. Rebmann gab das Meisterhafteste und Geistvolle in seiner Darstellung des Damian Hessel, aber es waren nur Skizzen und ungeachtet der drei Auflagen, die das Werkchen bei dem freilichen Interesse der Untersuchung erlebte, waren es gerade jene gründlichen Skizzen, die bei weitem nicht genug Berücksichtigung fanden. Vergeblich haben Falkenberg und Wenmoß, Thiele und Zimmermann die Bahn wieder zu eröffnen gesucht.

Seitdem das Räubertum den offenen Feldzug nicht mehr gewagt hat, glaubte man zu fest an Frieden und an die Niederlage des Gaunertums, und beachtete es nicht genug, wie im äußerlichenSchein des Friedens gerade bei dem Siechtum unserer bunt bewegten krankhaft angegriffenen sozialpolitischen Zustände das Räubertum ein heimliches Miniersystem ergriffen hat, bei dem ihm der gelockerte Boden der Sitte und Zucht die Arbeit leicht macht. Die Polizeiliteratur beschränkt sich auch noch heutigen Tages auf die Personalskizze und blickt mit Zutrauen auf die Polizeigesetzgebung, die Masse auf Masse häuft auf eben jenen Boden, dem doch der feste Grund fehlt, und der dazu noch vom Gaunertum immermehr unterwühlt wird. Es ist darum not, daß das ganze Gaunertum offengelegt wird, damit man Acht habe, und damit bei einer Erschütterung des Bodens nicht manches untersinke und verschüttet werde, an dessen feste Sicherung man glaubt. Erst in neuester Zeit scheint die in jenen Zeitschriften und den erwähnten Werken lebhaft angeregte und verbreitete rationelle Literatur sich wieder selbständig erheben und da wieder anfangen zu wollen, wo Schäffer aufgehört hat, wie dies unter anderm das treffliche Werkchen des Kriminalrates F. Hirt in Gera über den Diebstahl beweist. Aus dieser letzten Periode sind nachstehende Werke bemerkenswert:

Actenmäßige Geschichten der Räuberbanden an den beyden Ufern des Rheins. Erster Theil: die Geschichte der Moselbande und der Bande des Schinderhannes, verfaßt von B. Becker, Sicherheitsbeamten des Bezirks von Simmern. Zweiter Theil: die Geschichte der Brabentischen, Holländischen, Mersener, Crevelder, Neußer, Neuwieder und Westphälischen Räuberbande; Aus Criminal-Protokollen und geheimen Notizen des Br. Keil, ehemaligen öffentlichen Ankläger im Ruhedepartement, zusammengetragen von einem Mitgliede des Bezirks-Gerichts in Cöln. Cöln XII. J. (1804).

Das Buch ist die Hauptquelle für die Kenntnis des Räubertums von 1789 – 1804, und das Ergebnis einer außerordentlich mühsamen und fleißigen Arbeit. Sie gibt in aktenmäßig chronologisch geordnetem Auszug eine sehr reiche Darstellung der unerhört vielen Verbrechen, die von den einzelnen Räuberbanden verübt worden sind, und ist deshalb sehr interessant und wichtig. Bei der großen Masse jener einzelnen Räubereien und bei der Beschränkung der eigentümlichen geschichtlichen Darstellung auf eine, ohnehin nicht geschickt und chronologisch richtig angeordnete Geschichte der einzelnen Räubergruppen, verwirrt sich der Blick auf das Ganze; man gewinnt keine klare Übersicht über die ungeheure Gesamtbewegung des Räubertums in diesem kurzen, aber einzig in der Geschichte bestehenden Zeitraum, und verliert sogar manchen der Haupträuber ganz aus den Augen, wenn er von einer Bande zur anderen übergeht. Nur mit angestrengter Aufmerksamkeit und mit Hilfe anderer Quellen kann man jenen Überblick gewinnen und festhalten, der bei der wilden Flut der Begebenheiten und bei dem massenhaften Material dem Verfasser bei der Arbeit selbst sehr erschwert werden mußte. Von S. 430 – 49 des zweiten Teils wird die „Allgemeine Verfahrungs-Art (Taktik) der niederländischen Bande" gegeben, ein Versuch, der, namentlich in Rücksicht auf den ungemein reichen Stoff, den der Verfasser vor sich hatte, nur sehr dürftig ausgefallen ist.

* *

Damian Hessel und seine Raubgenossen. Aktenmäßige Nachrichten über einige gefährliche Räuberbanden, ihre Taktik und ihre Schlupfwinkel, nebst Angabe der Mittel sie zu verfolgen und zu zerstören. Zunächst für gerichtliche und Polizeibeamte an den Gränzen Deutschlands und Frankreichs bearbeitet von einem gerichtlichen Beamten. Dritte usw. Auflage, Mainz 1811.

In diesem kleinen aber ausgezeichneten Werke wird mit kurzen meisterhaften Zügen erst in Beilage III, S. 92, eine skizzierte Lebensgeschichte des Damian Hessel (Dahl, Beutel, Corneli, Cordula, Bocherle, Studentchen) gegeben, eines lediglich

durch Leichtsinn und Hochmut auf die Verbrecherbahn gewor-
fenen merkwürdigen Räubers. Es war früher ein Hauptführer
der Mersener, Krefelder und Neußer Bande. Dann S. 106 seines
Komplizen Franz Joseph Streitmatter, einer ebenso wunderlichen wie bedauernswerten, aber auch gewaltigen Räuberer-
scheinung. Streitmatter war berüchtigt unter den Namen Frey,
Schweizer, Müller, Böbiker Müller und Weiler. Er lebte in
glücklichen und wohlhabenden Verhältnissen, heiratete sehr
jung eine schöne Schweizerin, wurde aber durch seine seltsamen eifrigen Studien mysteriöser und kabbalistischer Bücher,
durch Vernachlässigung seiner Häuslichkeit und seiner bürgerlichen Beschäftigung, durch Wucherer, denen er zuletzt in die
Hände fiel, ruiniert und zuerst Spion, dann Dieb und Räuber
der verwegenen Art, der aus mehr als zwölf der stärksten Gefängnisse entwich, und von dem bis zum letzten Augenblick, in
dem auch seine wunderliche fatalistische Philosophie ihn nicht
verließ, kein Richter ein Geständnis erschmeicheln oder erpressen konnte. In Beilage IV, S. 120 fg., folgt eine kurze Übersicht der im Laufe des Jahres 1810 gegen die Bande Hessels und
andere Räuberhorden in Mainz stattgehabten Prozeduren.
Diese Übersicht ist sehr interessant. Man findet unter den 101
Verurteilten, denen allein 142 Bandendiebstähle mit Nachschlüsseln und nächtlichem Einbruch zur Last fielen, viele alte
Räuber aus der Niederländischen Bande wieder, von denen
Damian Hessel, Streitmatter und Schmaye Nathan 1810 zu
Mainz hingerichtet, die übrigen zu Freiheitsstrafen verurteilt
wurden, während in Kontumaziam gegen drei Juden das Todesurteil, gegen 30 andere Räuber schwere Freiheitsstrafen
ausgesprochen wurden. Der bedeutendste Teil des Buches ist
aber der erste (S. 1 – 88), in dem der Verfasser mit tiefer Kenntnis und Erfahrung das Gaunertum abhandelt, und die trefflich-
sten Mittel zu dessen Bekämpfung angibt. Das kleine Buch
wird durch die vielen hellen und treffenden Gedanken und Bemerkungen über das Gaunertum zu einer wahren Fundgrube
sowohl für den Inquirenten und praktischen Polizeimann, wie
auch ganz besonders für die Polizeigesetzgebung, die auch
noch heutzutage diesem Werke eine viel größere Berücksichtigung schenken sollte, als es bis jetzt, mindestens dem Anschein
nach geschehen ist.

* *

Anlage-Urkunde gegen einen Theil der großen Räuberbande, welche bei dem K. Criminal-Gerichtshof des Werradepartements in Untersuchung gewesen, und in der öffentlichen Sitzung im Monat Oktober verurteilt werden wird. Marburg 1812.

*

Aktenmäßige Geschichte der Räuberbanden an den beiden Ufern des Mains, im Spessart und im Odenwalde. Enthaltend vorzüglich auch die Geschichte der Beraubung und Ermordung des Handelsmannes Jakob Rieder von Winterthur auf der Bergstraße. Nebst einer Sammlung und Verdollmetschung mehrerer Wörter aus den Jenischen oder Gauner-Sprache. Vom Stadtdirektor Pfister zu Heidelberg (Heidelberg 1812). Nebst Nachtrag zu der aktenmäßigen Geschichte usw. Nebst einer neueren Sammlung und Verdollmetschung mehrer Wörter aus den Jenischen und Gaunersprache. Heidelberg 1812.

*

Aktenmäßige Geschichte der Vogelsberger und Wetterauer Räuberbanden und mehrerer mit ihnen in Verbindung gestandener Verbrecher. Nebst Personal-Beschreibung vieler in alle Lande teutscher Mundart dermalen versprengter Diebe und Räuber. Von F. L. A. von Grolman. Gießen 1813.

*

Actenmäßige Nachrichten von dem Raubgesindel in den Maingegenden, dem Odenwald und den angrenzenden Ländern besonders in Bezug auf die in Darmstadt in Untersuchung befindlichen Glieder desselben, von C. Brill, Kriminalrichter in Darmstadt. Darmstadt 1814. 1815.

Vorstehende vier wichtige Werke verhalten sich zueinander wie Anfang, Mittel und Ende, und bilden ein großes Ganzes: die Prozeßgeschichte der tiefer in Deutschland hineingeflüchteten und in neuer Gestaltung auftretenden Überbleibsel der zersprengten Holländischen, Brabanter, Mersener, Krefelder und Neuwieder Räuberbanden, die an den Ufern des Main, im Spessart, am Vogelsberg, in der Wetterau und im Odenwald und in den umgebenden Ländern hausten und in den Jahren 1810 – 15 in Heidelberg, Marburg, Gießen und Darmstadt zur Untersuchung gezogen wurden. Wenn auch aus der trefflich zusammengestellten Anklageurkunde das endliche Schicksal der Angeklagten nicht hervorgeht, so gibt sie doch ein sehr deutliches

Bild davon, wie furchtbar jene Räuber, in denen man sofort die einzelnen Mitglieder der frühern versprengten Banden wieder erkennt, noch immer fort und weiter gehaust haben, und wie unglaublich zahlreich und verwegen ihre Verbrechen gewesen sind. So verschiedenartig nun auch wieder die übrigen drei Werke bearbeitet sind, so gibt doch jedes eine lebendige Darstellung von dem heillosen Treiben jener gefährlichen neugruppierten Banden und alle drei ergänzen sich dergestalt, daß sie zusammengenommen ein einziges, und recht anschauliches Ganzes bilden. Dem Werke Pfisters sieht man freilich an, daß der Verfasser sich erst durch den Prozeß gegen die Mörder des Jakob Rieder in die ihm bislang fremd gebliebene Sphäre des Gaunertreibens hineingearbeitet hat. Daher ist der erste Teil etwas juristisch dürr gehalten, und der Versuch über die Gaunersprache, obwohl schätzenswert, doch dürftig ausgefallen, während der Nachtrag schon bei weitem mehr auf das Wesen und in die Eigentümlichkeit der Gauner eingeht. Von dem Wörterbuche wird noch später gesprochen werden.

Bei weitem tiefer in das eigentümliche Gaunerwesen eindringend, wie das auch schon die Einleitung dartut, ist Grolman, obschon er nur ein Verzeichnis der Vogelsberger und Wetterauer Bandemitglieder gibt. Aber gerade in diesem Verzeichnis zeigt sich Grolman in der ganzen Meisterschaft seiner tiefen geistvollen Auffassung der verschiedenen Individualitäten. Er gibt nicht bloß ganz vortreffliche Personenbeschreibungen der Verbrecher, sondern führt auch ihre Genealogie, ihren Charakter, ihre Verbrechen, ihre Genossen und ihr Schicksal in so ausgezeichneten Zügen vor, daß das ganze Buch einem Album der vortrefflichen und geistvollen Zeichnungen gleicht, die zu eifrigen Studien reizen und immer neue reiche Belehrung geben.

In gleicher Weise, und ersichtlich nach dem von Grolman gegebenen Muster, ist das Werk von Bril gehalten. Bril macht überdies in der Einleitung S. 1 – 30 beachtenswerte Vorschläge zur Ausrottung der Gauner, die auch die verdiente Aufmerksamkeit gefunden und vielen Nutzen gestiftet haben. Alle drei Werke gehören unzweifelhaft zu den besten Schriften, die über das Gauenrtum erschienen sind. Sie haben einen bleibenden klassischen Wert.

* *

Kurze Geschichte des Criminal-Prozesses wider den Brandstifter Joh. Christoph Peter Horst und dessen Geliebte, die unverehelichte Friederike Louise Christiane Delitz, von H. L. Hermann. Berlin 1818.

Dies Buch gibt eine interessante Übersicht über die Menge von Brandstiftungen, die dem Horst, der Delitz und seiner vorzüglich in der Mark hausenden Bande zur Last fallen, ohne daß man über die Bande selbst Näheres erfährt. Horst zog mit seinen Genossen als Räuber und Einbrecher umher und legte Feuer an, um unter Begünstigung des Feuertumultes zu stehlen. Fünfundvierzig Städte und Dörfer wurden in dieser Weise von Horst durch Brandstiftungen heimgesucht. Zehn Menschen verloren auf schreckliche Weise ihr Leben in den Flammen. Der durch diese Brandstiftungen angerichtete Schaden belief sich auf mehr als 300.000 Tlr. und der ganze Gewinn des Horst erreichte nicht den Betrag von 500 Tlr. Die Delitz, die unter andern das gräßliche Feuer in Schönerlinde (23. – 24. Aug. 1810) anlegte, das fünf Personen das Leben kostete, hatte fast gar keinen Vorteil weiter als freie Zeche. Horst wurde mit der Delitz am 18. Mai 1813 in Berlin lebendig verbrannt. Das kleine Buch hat beide Verbrecher recht eigentümlich aufgefaßt und erhebt sich über den dürren Referentenstil hinaus zur lebendigen psychologischen Schilderung. Das dem Buche angehängte Wörterbuch ist zwar klein, aber beachtenswert und ist im 4. Bande genauer besprochen.

* *

Alphabetisches Verzeichnis einer Anzahl von Räubern, Dieben und Vagabonden, mit hinzugefügten Signalements ihrer Person und Angabe einiger Diebsherbergen, entworfen nach den Aussagen einer zu Kiel in den Jahren 1811 und 1812 eingezogenen Räuberbande, von C. D. Christensen. Hamburg 1814.

Der als Polizeimann bekannte Verfasser war Vorsitzender der außerordentlichen Kriminalkommission des holsteinischen Oberkriminalgerichtes in Kiel in Untersuchungssachen gegen die Räuberbande, die, völlig nach der Taktik der niederländischen Räuber, in der Nacht vom 25. – 26. Februar 1811 in dem

nahe bei Lübeck gelegenen Orte Stockelsdorf den Erbpächter
Hardt in dessen Wohnung beraubt und mit seiner Familie
schwer gemißhandelt, und die, begünstigt durch die heillose
Verwirrung während der französischen Okkupation, mitten in
der Stadt Lübeck ihren Wohnsitz hatte, und von hier aus ihre
Räubereien im benachbarten Mecklenburg, Holstein usw. trieb.
Die vielen und lehrreichen Aufschlüsse des Verfassers über das
Gaunertreiben sind Resultate dieser Untersuchung, und das
Verzeichnis der 254 Räuber, unter denen man der Mehrzahl
nach die Mitglieder der versprengten Mersener, Krefelder, Neuwieder und westfälischen Banden findet, ist lediglich nach den
Angaben der Angeklagten abgefaßt. Sehr wichtig ist die der
Sulzer Jaunerliste des Oberamtmannes Schäffer von 1801, S.
76, nachgeahmte schonungslose Aufzählung der durch die Inquisiten angegebenen verdächtigen Herbergen und Schärfenspieler durch ganz Deutschland, S. 140 – 166, ein Beispiel, das
seitdem zum großen Nutzen für die öffentliche Sicherheit
Nachahmung gefunden hat. Interessant ist das vergleichende
und später zu besprechende Wörterbuch.

* *

Beschreibung der in den Herzogthümern Schleswig und Holstein,
den Hansestädten Hamburg und Lübeck zum Theile auch im
Königreiche Hannover und dem Großherzogtum Mecklenburg
in den Jahren 1802 bis 1817 bestraften oder mit Steckbriefen
verfolgten Verbrecher, nach dem Alphabet geordnet, nebst einigen Bemerkungen und einem Register der Hauptkennzeichen,
von C. D. Christensen, Drei Teile. Kiel 1819.

In dem auf dem Titel angegebenen Umfange werden 3172
Verbrecher angeführt, die teils wegen schwerer Verbrechen,
teils wegen leichter Vergehungen gestraft sind. Die Beschränkung auf den sechzehnjährigen Zeitraum und das bezeichnete
Ländergebiet und die, namentlich gegen die geistvollen Zeichnungen von Grolman und Brill sehr abstechende Kargheit der
Signalements und der Bezeichnung der Verbrechen, hindert
nicht, dem Werke eine große und allgemeine Bedeutsamkeit
zuzusprechen. Es steht um so praktischer und wertvoller da, als
das eigene fleißig gearbeitete Register über die in den Signalements vorkommenden besonderen Kennzeichen, ein wesentli-

ches Hilfsmittel zur raschen Erkennung verdächtiger Individu-
en ist, worin das Register sich denn auch vielfach bewährt und
vielfach Nachahmung gefunden hat. Unter den aufgeführten
Verbrechern findet man auch ein starkes Kontingent von Räubern aus allen Teilen Deutschlands und aus den verschiedensten Räuberbanden, als frappanten Beleg von der weiten Verbreitung und der ruhelosen Beweglichkeit des Gaunertums.
Das noch immer sehr nützliche Werk wird als genealogische
Quelle bei Ermittelung von persönlichen Verhältnissen noch
lange Zeit brauchbar bleiben.

* *

Notizen über die berüchtigsten jüdischen Gauner und Spitzbuben,
welche sich gegenwärtig in Deutschland und dessen Gränzen
umhertreiben, nebst genauer Beschreibung ihrer Person. Nach
Criminalakten und sonstigen zuverlässigen Quellen bearbeitet
und in alphabetischer Ordnung zusammengestellt von O. P. T.
Schwencken. Marburg und Kassel 1820.

Dies ausgezeichnete, in der Polizeiliteratur einen klassischen
Rang einnehmende Werk, hat mehr als irgendein anderes,
praktischen Nutzen gestiftet. Es enthält zunächst eine kurze
Übersicht der zu Kassel 1816 gegen Benjamin Joseph und Konsorten geführten Untersuchung, die wesentlich dem Verfasser
Anlaß und Stoff zur Herausgabe des Buches gab. Dann Abschnitt II, S. 11 – 28, einige Bemerkungen zur Charakteristik
der Gauner, die, ungeachtet ihrer Kürze, von tiefem Eindringen
des Verfassers in das Gaunerwesen Zeugnis geben. Der schät-
zenswerteste Teil sind aber die Notizen selbst, denen noch ein
Verzeichnis der in den zwei ersten Jahrzehnten des neunzehnten Jahrhunderts hingerichteten oder gestorbenen Gauner angehängt ist. Die Notizen geben über 650 jüdische Gauner in
ganz Deutschland ebenso genaue wie interessante Auskunft.

* *

Actenmäßige Nachrichten von dem Gauner- und Vagabonden-
Gesindel, sowie von einzelnen professionierten Dieben in den
Ländern zwischen dem Rhein und der Elbe, nebst genauer Beschreibung ihrer Person. Von einem Kurhessischen Criminalbeamten (O. P. T. Schwencken) Kassel 1822.

Wie im vorhergehenden Werke über die jüdischen Gauner in Deutschland, so hat der Verfasser in diesem Werke über die christlichen Gauner in dem großen Gebiet zwischen Rhein und der Elbe eine sehr umfassende und gründliche Gaunerenzyklopädie geliefert, die von demselben praktischen Nutzen ist und ebenfalls ein sehr wichtiges Material zur neueren Gaunergeschichte enthält. Sehr beachtenswert ist die Einleitung, in deren erstem Abschnitt eine kurze Übersicht des Gaunerwesens zwischen dem Rhein und der Elbe während der beiden ersten Jahrzehnte des neunzehnten Jahrhunderts gegeben wird. Es ist dies der erste Versuch einer historischen Darstellung des Gaunertums, die, wenn sie auch skizzenhaft ist und sich nur auf den Zeitraum von zwanzig Jahren beschränkt, doch großen Wert hat, indem sie gerade in dieser wüsten Räuberperiode einen sichern und klaren Anhalt gibt. Der zweite Abschnitt der Einleitung enthält recht praktische Andeutungen über die Mittel zur gänzlichen Vertilgung des Gauner- und Vagantengesindels, die denn auch vielfach von der deutschen Polizeigebung berücksichtigt worden sind.

* *

Versuch einer Darstellung der verschiedenen Classen von Räubern, Dieben und Diebshehlern, mit besonderer Hinsicht auf die vorzüglichsten Mittel, sich ihrer zu bemächtigen, ihre Verbrechen zu entdecken und zu verhüten. Ein Handbuch für Polizeibeamte, Criminalisten und Gensdarmen, von Karl Falkenberg. Zwei Teile. Berlin 1816 und 1818.

Dies von Wermohs (S. 351) mit befremdlicher und leichtfertiger Ungerechtigkeit „ein theures Buch voll Nichts" genannte Werk, behandelt mit großer Ausführlichkeit in den ersten Abschnitten des ersten Bandes die Diebe, Räuber und Diebeshehler, ohne jedoch, trotz der Ausführlichkeit, etwas neueres und originelles zu liefern, als Schäffer und Rebmann in ihren prägnanten und konzisen Darstellungen vor ihm gesagt haben. Auch fällt dem Kenner der Gaunersprache schon gleich im ersten Bande auf, daß der Verfasser in der Gaunersprache und Terminologie schlecht bewandert ist, was man nach dem von ihm eingenommenen und von ihm selbst in der Vorrede bezeichneten verschiedenen Stellungen als Polizeimann und In-

quirent billig nicht erwarten sollte. Im zweiten Teil gibt der
Verfasser Abschnitt I „Über die Mittel, Räuber- und Diebes-
banden zu entdecken", die von der königl. Immediatkommissi-
on zur Wiederherstellung der allgemeinen Sicherheit Instruktion vom 5. November 1810 für die Spezialkommissarien in der
Provinz Kurmark, und findet sich nach deren § 6 veranlaßt, das
höchst verderbliche Vigilantenwesen (S. 24.47) zu empfehlen,
wobei er S. 28 fg. mit Zufriedenheit die Dienste erwähnt, die
ihm bei der Ausmittelung der Horstschen Bande ein von ihm
selbst mehrere Monate lang gehaltener Vigilant geleistet hat.
Im zweiten Abschnitt „Vom Verfahren gegen Vagabonden,
Bettler, von der Führung mehrerer Listen und von der Control-
le verdächtiger Personen" erkennt man überall den erfahrenen
und umsichtigen Polizeimann. Wertvoll sind die im dritten,
vierten und fünften Abschnitte gegebenen Winke hinsichtlich
der Behandlung und Bewachung der Verbrecher während der
Haft und Untersuchung. Der Verfasser führt dabei manche
lehrreiche Erfahrungen und Beispiele aus seiner Praxis an, von
denen namentlich seine S. 301 – 309 mit Offenheit erzählte
Unvorsichtigkeit wirklich zur „belehrenden Warnung" dient.
Der schwächste Teil des Werkes ist der sechste Abschnitt „Von
der Diebessprache", in dem der Verfasser nicht einmal die Zigeunersprache von der Diebessprache unterscheidet, und eine
Menge Flüchtigkeiten, Druck- und Sprachfehler aus der Rotwelschen Grammatik von 1755 ohne Sichtung und Kritik aufgenommen hat.

* *

Über Gauner und über das zweckmäßigste, vielmehr einzige Mittel
zur Vertilgung dieses Übels. Von F .A. Wenmohs. Erster Theil,
oder Schilderung des Gauners nach seiner Menge und Schädlichkeit, nach seinem Betriebe, nach seinem Äußern und als Inquisiten. Güstrow 1823.

Dies der Einteilung wie dem Inhalt nach verworrenen gehaltene Buch, das nach einer gründlichen Darstellung strebt, mei-
stenteils aber nur Biographien und statistische Notizen gibt,
behandelt im ersten Abschnitt den Begriff, die Menge und
Schädlichkeit der Gauner. Nach unklaren Hin- und Herreden
kommt jedoch der Verfasser auf die mecklenburgischen Gefan-

genanstalten, gibt eine dürftige Statistik aus den seit Errichtung des Kriminalkollegiums zu Bützow (1812) bei diesem eingereichten Vierteljahreslisten. Er deduziert aus diesen die überwiegende Anzahl von Verbrechen gegen das Eigentum, und kommt erst S. 30 auf die Gauner zu reden. Dann erklärt er den Begriff des Gauners, und ergeht sich dann wieder in allgemeinen und verworrenen Betrachtungen über deren Schädlichkeit, bricht dann S. 58 ab und gibt im „Anhange zum ersten Abschnitte des ersten Theils", S. 59, zwei Jahre aus dem Leben des Gauners Kaufholz, dann S. 88 die Lebensgeschichte des Marlow, S. 107 des Wallach und S. 130 des Albrecht, ohne jedoch dabei aus dem trockenen Relationston herauszugehen. Desto besser und klarer ist der zweite Abschnitt. „Der Gauner in seinem Betriebe", in dem besonders der nächtliche Hausraub (S. 169 – 241) sehr ausführlich dargestellt wird. Ebenso werden (S. 241 – 304) die verschiedenen gaunersichen Manieren, Griffe und Betrügereien erläutert. Treffend sind (S. 305) die Bemerkungen über Chawrußen, Banden, Bandenführer. Desto magerer und unbedeutender ist nun aber auch wieder der Abschnitt, „Der Gauner nach seinem Äußeren" (S. 319 – 322), worüber sich allerdings sehr viel und wieder sehr wenig sagen läßt. Im vierten Abschnitt: „Der Gauner als Inquisit" (S. 323 – 334), spricht der Verfasser von der schwierigen Stellung und Aufgabe des Inquirenten dem Gauner gegenüber, gibt aber, obschon er als Gaunerschriftsteller auftritt, dem Untersuchenden gar keine Hilfsmittel an die Hand, wodurch die schwere Aufgabe einigermaßen erleichtert werden könnte. Daher schließt er denn auch sein Werk mit der seltsamen Äußerung, „daß er im Vorstehenden so viel ausgeführt zu haben hoffe, daß es höchst wünschenswert sei, des gerichtlichen Verfahrens gegen die Gauner überhoben zu sein und sich auf sonstige Weise vor ihnen sichern zu können!!" Die angehängten Noten (S. 336 – 362) enthalten einige pikante Erfahrungen des Verfassers. Nur reicht die Note 6 (S. 340), in der „Etwas über die Gaunersprache" gesagt wird, nicht einmal an die Belehrung, die man in jedem Konversationslexikon findet. Die Leichtigkeit der Behauptung (S. 351): „ich glaube hiernach die Gaunersprache getrost zu dem Haufen des übrigen Plunders werfen zu dürfen, den man in Zeiten der Not vermehrt oder verstärkt, ohne Hülfe davon zu spüren", bezeugt, daß dem Verfasser, der so wegwerfend über den viel bedeutendern Falkenberg aburteilt, weder ausreichende Kenntnis und Kritik, noch auch überhaupt größern Beruf hatte, auf dem schwierigen und ernsten Gebiete der Gaunerschriftstellerei aufzutreten.

* *

Vollständige Nachrichten über eine polizeiliche Untersuchung gegen jüdische durch ganz Deutschland und dessen Nachbarstaaten verbreiteten Gaunerbanden. Eingeleitet und bis jetzt geführt zu Plassenburg im Obermainkreise des Königreichs Baiern, von Karl Stuhlmüller. August 1823.

Der Verfasser hatte als Vorstand des Zwangsarbeitshauses in Plassenburg und als Polizeikommissar schon lange Verdacht über die Existenz einer weitverbreiteten jüdischen Gaunerbande gefaßt, der durch die Bekanntschaft mit den trefflichen Schwencken'schen Notizen sich zur Gewißheit steigerte. Das bewog ihn, mehrere in Plassenburg gefangene Gauner (S. VIII – VII) zu Geständnissen und Auffschlüssen über die Bande zu bringen. Dies gelang ihm denn auch so vollständig, daß er die großartigsten Entdeckungen herbeiführte. Darüber gibt das vorliegende Werk Auskunft. Zuerst wird eine kurze Geschichte der Untersuchung (S. VII – VIII) gegeben. Dann folgen sehr interessante Notizen (S. XIV – XXVI) über Gaunerindustrie und über die verschiedenen Gauner-Klassen, wobei wohl Schwencken's Bemerkungen mit zu Grunde gelegt sind. Von S. 1 – 181 werden, ganz in derselben geistvollen Weise wie bei Schwencken, die Personalien von 143 außerhalb Baierns, und von S. 181 – 273 die von 95 innerhalb Baierns lebenden jüdischen Gaunern mitgeteilt. S. 273 – 294 enthält das etwas dürr gehaltene Verzeichnis der bei der Plassenburger Untersuchung ausgemittelten 212 Verbrechen und S. 295 – 311 ein Verzeichniß von 138 Gaunerherbergen und Niederlagen in Baiern, Württemberg, Baden und einigen nördlicher gelegenen Nachbarstaaten. Auf S. 311 – 313 findet sich eine Sammlung von 37 Gaunerwörtern zum Verständniß der Nachrichten, und S. 313 – 314 die gaunerischen Benennungen von 28 Ländern und Städten. Die beiden ausführlichen Namens- und Ortsregister erleichtern den Gebrauch des in jeder Beziehung sehr verdienstlichen und für die Geschichte des Gaunertums, sowie für den praktischen Gebrauch noch immer überaus wichtigen Buchs sehr wesentlich. Da das Werk ohnehin als eine Ergänzung und Fortsetzung der Schwencken'schen Notizen angesehen werden kann, so gilt es als eine der wichtigsten und bedeutendsten Erscheinungen in der Gaunerliteratur.

* *

Aktenmäßige Notizen über eine Anzahl Gauner und Vagabonden des nördlichen Deutschlands, von G. J. Giese, königlich hannoverischer Amtsassessor. Celle 1828.

Im Jahre 1824 und 1825 wurden von den hannoverschen Ämtern Scharenbeck, Wüstrow, Lüchow und Dammenberg verschiedene Verbrecher verhaftet, die mehr oder weniger mit einander in Verbindung gestanden, und zum Teil seit einigen Jahren viele gemeinschaftliche Diebstähle in jenen Gegenden begangen hatten. Zur besseren Führung der Untersuchung wurde eine eigene Kommission ernannt. Sie hatte in Celle ihren Sitz, und zählte den Verfasser zu ihrem Mitglied. Somit hatte der Verfasser Beruf und Gelegenheit, diese, in der Geschichte der Kriminalrechtspflege rühmlichst bekannte Untersuchung in ihren Hauptzügen darzustellen. Das hat er jedoch unterlassen und sich nur darauf beschränkt, nach dem Vorbilde Schwenckens und Christensens ein alphabetisches Verzeichnis von 328 Gaunern und Vagabunden mit kurzem Signalement und kurzer Angabe der persönlichen Verhältnisse und erlittenen Bestrafungen zu geben, worin er jedoch seine Vorbilder nicht erreicht, namentlich da die vortrefflichen Spezialregister über besondere Kennzeichen usw., die jene Werke so praktisch und handlich machen, weggeblieben sind. Demungeachtet aber ist das mit Fleiß gearbeitete Buch von Wert und Nutzen, und verdient deshalb eine anerkennende Erwähnung in der Gaunerliteratur.

* *

Aktenmäßige Nachrichten über das Gaunergesindel am Rhein und Main und in den an diese Gegenden grenzenden Ländern von Dr. G. W. Pfeiffer, Polizeiamtsassessor zu Frankfurt a. M., Frankfurt a. M. 1828.

Nach einer kurzen Geschichte der Untersuchung gegen eine 1826 in Frankfurt a. M. aufgehobene Gaunerbande, gibt der Verfasser kurze aber schätzbare Mitteilungen über das weitere Treiben der Gauner am Rhein und Main usw. und über die übliche Gaunertaktik, woran sich das alphabetisch geordnete Verzeichnis von 308 Gaunern schließt, die in den bezeichneten Gegenden hausten und in deren Untersuchung zur Sprache gekommen sind. Das Verzeichnis hat alle Vorzüge des Grolmanschen und Schwenckenschen. Auch ist ein sehr sorgfältiges Register über die in den Signalements vorkommenden besondern Kennzeichen angehängt, dem ein allgemeines Register folgt. In der Einleitung (10 – 12) werden gegen 80 Kochemer Pennen in verschiedenen Ortschaften aufgeführt. Das für die Kenntnis des Räuber- und Gaunertums sehr wichtige Buch liefert übrigens einen schlagenden Beweis von der Lebensfähigkeit und Beweglichkeit des Gaunertums, das, allen Verfolgungen spottend, von einem Landstrich weicht, um in einem andern, weit davon entfernten, wieder aufzutauchen.

* *

Polizeiliche Nachrichten von Gaunern, Dieben und Landstreichern, nebst deren Personal-Beschreibungen. Ein Hülfsbuch für Polizei- und Criminal-Beamte, Gensdarmen, Feldjäger und Gerichtsdiener, von Friedrich Eberhardt, Coburg 1828, und Gotha 1833 – 35. Drei Teile.

In gleich geistvoller und anziehender Weise wie Grolman, Schwencken, Brill und Stuhlmüller gilt der als praktischer Polizeimann berühmte Verfasser Personalbeschreibungen und kurze Nachrichten von 1080 Gaunern, die sich in damaliger Zeit meistens um den Thüringerwald, teils aber auch über ganz Deutschland ausgebreitet hatten. Jeder Abschnitt ist mit einer besondern Einleitung versehen, die von der großen Erfahrung und genauen Kenntnis des rastlos strebenden Coburger Polizeiinspektors ein vollgültiges Zeugnis gibt. Die alphabetischen Orts- und Namensregister erleichtern den Gebrauch des jedem Polizeimanne unentbehrlichen Werkes sehr. Dem ersten Bande sind die Stammtafeln der Graf-Lorchheimer-Gaunerfamilie von einigen 90 Köpfen und der Zellner- oder Dratherles- auch Bleymannschen Familie von einigen 60 Köpfen angehängt. Der

dritte Band enthält im Anhang die Stammtafeln von 14 Gaunerfamilien, deren Überblick ein nicht minder interessantes
Bild von der Verbreitung des Gaunertums gibt, wenn auch diese Familiengruppen bei weitem nicht so zahlreich ausgebreitet
sind, wie die im ersten Bande dargestellten.

* *

Stammtafeln mehrerer Gaunerfamilien in der Provinz Niederhessen, nebst einem Rundschreiben an die Kurfürstlichen Kreis-
räthe und die Fürstlich Rotenburgischen Beamten, von dem Po-
lizeidirektor der Provinz Niederhessen, Regierungsrath F. G.
Pfeiffer. Kassel 1828.

Nach dem, wie der Verfasser S. IV des Rundschreibens vom
23. Oktober 1828 erwähnt, von dem Marburger „Interessanten
Zeichnungen berüchtigter Gauner und Spitzbuben usw."
(1811) sowie von Schwencken, Merker („Mittheilungen zur
Beförderung der Sicherheitspflege", 1927, Nr. 816) und von
Eberhardt gegebenen Vorbilde (welchem letzteren übrigens
auch schon Grolman in seiner „Darstellung der Vogelsberger
und Wetterauer Banden" vorangegangen ist) hat der rühmlich
bekannte Verfasser auf 25 Tafeln den Stammbaum von 35 Gaunerfamilien dargestellt. Diese äußerst mühsam und sorgfältig
zusammengestellten Tafeln müssen ebenso gut als geistvolle
Studien zur Darstellung der Gaunerpropaganda gelten, wie
auch als anerkennenswertes Ergebnis ernsthafter Forschung
und reicher Erfahrung. Freilich hatte der Verfasser Gelegenheit
genug, solche Erfahrungen zu sammeln; denn kaum irgendein
anderer Teil Deutschlands mag von dem Hin- und Herzug der
Reste aus den Rheinischen Banden mehr heimgesucht worden
sein, als gerade Hessen, wo die Niederländer und Neuwieder Itzig Muck und Mendel Polack mit ihrem Anhange, der Diemal-
bande, der Kochschen- und Lumpensammlerbande, sowie der
Bande des Benjamin Joseph, des Stelzner und Müller, und anderen ihr Wesen bis gegen die Zeit des Verfassers hinan trieben.
Leider haben diese vortrefflichen Stammtafeln keine spätere
Nachahmung gefunden, obschon solche Genealogien zur
Kenntnis des gesamten Gaunertums gerade so unentbehrlich
sind wie Stein und Mörtel zu einem Baue. „Freilich", sagt der
Verfasser (S. V.) mit Recht, „ist diese Arbeit nicht so leicht, als

sie auf den ersten Blick erscheinen möchte, und es gehört jahrelanges Forschen und eine unermüdete Geduld dazu, um die unbiegsame Hartnäckigkeit, mit welcher die Gauner ihre persönlichen Verhältnisse, ihr früheres Leben ihre Verbindungen und dergleichen zu verbergen bemüht sind, zu überwinden, indem sie wohl fühlen, daß sie durch solche Aufklärungen aus ihrer bisherigen Verborgenheit herangezogen und dem verfolgenden Auge der Polizei bloßgestellt werden." Doch sind ja gerade die Unterlassungssünden der Polizei der schlimmste Vorschub für das Gaunertum. Möchte doch das treffliche Rundschreiben zum allgemeinen Zirkular für alle deutschen Polizeibehörden und an jeder noch so kleinen Polizeistelle es den Beamten zur Pflicht gemacht werden, bei allen vorkommenden oder verdächtigen gaunerischen Individuen die möglichst genauesten Nachforschungen über Abstammung und Familie einzuziehen, deren Kenntnis von ungemeiner, sehr häufig garnicht vorauszusehender Wichtigkeit ist. Wer sollte es ahnen, daß z. B. von dem im Jahre 1828 zu Kassel entworfenen Stammbaum der Familie Steinbach an den Ufern der Ostsee ein Zweig wucherte, der dem Polizeiamt zu Lübeck manche verdrießliche Mühe machte!

* *

Die jüdischen Gauner in Deutschland, ihre Taktik, ihre Eigentümlichkeiten und ihre Sprache, nebst ausführlichen Nachrichten über die in Deutschland und an dessen Grenzen sich aufhaltenden berüchtigten jüdischen Gauner. Nach Criminalacten und sonstigen zuverlässigen Quellen bearbeitet und zunächst praktischen Criminal- und Polizeibeamten gewidmet von A. F. Thiele, königl. Preußischem Criminal-Actuarius. Berlin 1840.

Die Großartigkeit und der Aufwand, der 1831 zu Berlin wider den Handelsmann Moses Levin Löwenthal und Konsorten mit so erstaunlichen Resultaten angestellten Untersuchung, an der der Verfasser tätigen Anteil hatte, und aus der er eine reiche Anzahl pikanter Gaunerzüge mitteilt, die Neuheit des Versuchs, einer seit langen Jahren nicht unternommenen gründlichen Bearbeitung des Gaunerwesens, und das Hervortreten des Verfassers in das größere Publikum, während frühere Schriften ähnlicher Art meistens nur den Behörden zugänglich gemacht waren, hat diesem jedenfalls verdienstvollen Werke einen Ruf verschafft, obschon ihm auf den ersten Blick sehr bedeutende geschichtliche, literarische und linguistische Mängel anzusehen sind. Thiele hat sich nicht bemüht, zu eigenem richtigen Verständnis des Gaunertums dessen schwierige aber höchst anziehende Geschichte zu studieren, weshalb er sich denn auch arge Blößen gibt. Er nennt z. B. „die unter Luther's Aegide herausgekommene Schrift", die er wiederholt (S. 4, 5 und 200), trotz der auf dem Titel der Luther'schen Ausgabe des *Liber Vagatorum* gedruckten Jahreszahl 1528, in das Jahr 1521 verweist, „das einzig erhebliche Produkt auf diesem Felde der Literatur", ohne Brant, Geiler und Gengenbach zu nennen, begnügt sich nur mit der dürren Anführung der wichtigen Werke von Moscherosch und Schottelius, ungeachtet er des letzteren „Elemental der Rotwelschen Grammatic und Sprache" (S. 1264 – 1267) fast von Wort zu Wort ausgebeutet hat (S. 196 – 198), ohne ihn als seinen einzigen Gewährsmann zu nennen; Er führt S. 5 und 11 den zu Koburg 1737 erschienenen „Jüdischen Baldober" als zu Gotha 1740 erschienen an, erwähnt S. 5 und 11 der Frankfurter Rotwelschen Grammatik von 1755 nur als eines zu Frankfurt 1755 herausgenommenen bloßen Wörterbuches, der „Actenmäßigen Nachricht aus den Mahr'schen Revelationen, 1753 zu Hildburghausen" als Entdeckungen zweier zu Hildburghausen sitzenden Verbrecher usw. Die historischen Notizen, die er S. 4 fg. und S. 10 fg. gibt, sind sehr kümmerlich und unzusammenhängend. Auch ist es auffallend, daß S. 6 – 7 in der Note 1 – 8 die Literatur, aus der er ein richtiges Verständniß der Geschichte des Gaunertums in diesem Jahrhunderte hätte schöpfen können, nicht einmal mit Angabe der Verfasser nachgewiesen ist.

Die von S. 70 – 121 dargestellte „Gauner-Taktik und Resultate daraus" bildet immerhin einen interessanten Teil des Buches, obschon die Darstellung bei weitem nicht eingehend und erschöpfend genug ist, um den Polizeimann und Inquirenten, denen das Buch gewidmet ist, eine ausreichende Belehrung zu geben und obschon es auch nicht erheblich weiter über die von ihm ersichtlich stark benutzten Bemerkungen von Schwencken („Notizen", S. 11 – 28) und Stuhlmüller („Vollständige Nachrichten", S. XVIII – XXVII) hinausgeht. Sehr anziehend und

belehrend sind die in Abschnitt II, IV und V gegebenen zahlreichen Gaunerzüge aus der Untersuchung selbst, die einesteils
ein äußerst lebendiges Bild von der ungeheueren Ausdehnung
und Gewalt des Gaunertums, anderenteils aber ein ehrendes
Zeugniß für die innere Tüchtigkeit und Regsamkeit der preußischen Kriminalrechtspflege geben. Der zweite Teil des Werks
enthält S. 1 – 20 Mitteilungen aus einem Bericht des Polizeide-
partements des Kantons Thurgau zu Frauenfeld in der Schweiz
über die jüdischen Gauner im Elsaß, zu welchem Bericht eine
recht interessante, infolge eines am 7. Jan. 1842 zu Ochsenfurth
ausgeführten Viaschmahandels angestellte Untersuchung Anlaß gegeben hat. S. 20 – 44 enthält kriminalistische Deduktio-
nen aus den Erkenntnissen erster und zweiter Instanz in der
Löwenthal'schen Untersuchung auf Grundlage des Allgem.
Preuß. Landrechts, an deren Schluß der Verfasser die Annahme
des Vorhandenseins einer Berliner Diebesbande vorwirft, da es
an der ausdrücklichen Verbindung zur Verübung von Diebstählen in jener Untersuchung gefehlt hat. Die mit einer Verteidigung gegen den Vorwurf antisemitischer Gesinnung beginnenden Nachrichten über die in Deutschland und an dessen
Grenzen sich aufhaltenden berüchtigten jüdischen Gauner sind
mit großer Sorgfalt, Genauigkeit und Lebendigkeit geschrieben, und stellen sich den besten Schilderungen der Art an die
Seite. Sehr zu bedauern ist, daß diese nur zum Buchstaben „L"
reichenden alphabetisch geordneten Nachrichten nicht weiter
fortgesetzt sind, da sie in ganzer Vollständigkeit eines der bedeutendsten und unentbehrlichsten Hilfsmittel zur Bekämpfung des Gaunertums gewesen wären.

* *

Das Wesen und Treiben der Gauner, Diebe und Betrüger Deutschlands nebst Angabe von Maßregeln, sich gegen Raub, Diebstahl
und Betrug zu schützen, und einem Wörterbuch der Diebessprache Vor Chr. Rochlitz, Polizeibeamter. Leipzig 1846.

Dies kleine Buch ist, wie der Verfasser ausdrücklich bemerkt,
für das Publikum bestimmt, und hat ungeachtet seiner ziemlich
klaren Darstellung für den Polizeimann keinen besonderen
Wert. Es kann nur als ein populär gehaltener Auszug aus dem
obenerwähnten Werke von Falkenberg gelten, von dem auch

der Verfasser in dem sehr mangelhaften Wörterbuch der Diebessprache, in dem auch sich nicht eine einzige sprachwissen-
schaftliche Bemerkung findet, viele Fehler aufgenommen hat.
Das Buch scheint übrigens eine neue Auflage des vergriffenen
mir nicht zugänglich gewordenen Werkes zu sein; „Polizeilicher Schutz und Trutz, oder Anleitung, sich möglicherweise gegen Raub, Diebstahl und Betrug zu schützen, nebst einem Wörterbuch der Diebessprache", vom Polizeikommissar Chr.
Rochlitz (Erfurt 1830), dessen sprachlicher Teil von Thiele sehr
scharf beurteilt worden ist.

* *

Die Diebe in Berlin, oder Darstellung ihres Entstehens, ihrer Organisation, ihrer Verbindungen, ihrer Taktik, ihrer Gewohnheiten
und ihrer Sprache. Zur Belehrung für Polizeibeamte und zur
Warnung für das Publikum. Nach praktischen Erfahrungen
von C. W. Zimmermann, Berlin 1847. Zwei Teile.

Obschon, wie schon der Titel nachweist, dies Buch sich nur
auf das Gaunertum in Berlin beschränkt, so ist es doch auch für
jeden Nichtpreußen von Interesse und recht belehrend, wie es
denn überhaupt mit Geist geschrieben ist und reiche Erfahrung
des Verfassers bekundet. Bedeutsam ist die Beobachtung und
Rüge der krankhaften sozialpolitischen Zustände und die Her-
vorhebung der Mängel in der Gesetzgebung für die Rechts-
und Polizeipflege, obgleich in der Kritik eine bis zur Bitterkeit
gesteigerte unangenehme Schärfe nicht zu verkennen ist.
Man kann auch den Betrachtungen und den Vorschlägen des
Verfassers, namentlich hinsichtlich des Armenwesens und der
„Fundamentalmittel, von deren Anwendung die Abnahme des
Proletariats und des Verbrechens allein zu erwarten stehen
soll", keineswegs ohne weiteres beipflichten. Mitunter greift
auch der Verfasser in seinen Erläuterungen fehl. So z. B. erklärt
er den ganz allgemeinen, schon aus dem masso-umatten, Handel, Geschäft, sich erklärenden, Ausdruck Massematten, der
generell jeden Diebstahl und auch das Diebstahlsobjekt bezeichnet als „die Diebstahlsarten, mittelst welcher durch Anwendung der Brecheisen und Sperrhafen das fremde Gut hinter Schloß und Riegel hervorgeholt wird." Ebenso zeigt der
Verfasser im dreizehnten Kapitel, indem er „die Diebessprache

in Berlin" abhandelt, daß er selbst mit der Gaunersprache nicht besonders vertraut ist. Dennoch bleibt das kleine Gaunerlexikon beachtenswert. In dem Abschnitt von der Gaunersprache wird weiter darauf eingegangen werden. Ungeachtet der durchaus auf Berlin und Preußen beschränkten Beziehung des Werkes, die namentlich im zweiten Teil (S. 139 – 460) und besonders in der „historisch-wissenschaftliche-kritischen Betrachtung der Strafgesetze und des Strafprozesses" hervortritt, ist das Buch jedem deutschen Polizeimann, der einen Begriff von dem Gaunertreiben in einer der bedeutendsten und lebhaftesten Städte Deutschlands und von der Gegenoperation der rastlos tätigen Behörden gegen jenen feindseligen Wucher des Lasters und Verbrechens gewinnen will, als eine belehrende und tüchtige Arbeit zu empfehlen.

* *

Die gefährlichen Klassen Wiens. Darstellung ihres Entstehens, ihrer Verbindungen, ihrer Taktik, ihrer Sitten und Gewohnheiten und ihrer Sprache. Mit belehrenden Winken über Gaunerkniffe und einem Wörterbuche der Gaunersprache. Wien 1851.

Dieses Buch, nach dessen Titel man eine Darlegung der gefährlichen Klassen der Donaustadt erwarten sollte, ist im Grunde nichts als eine Kompilation aus den bekannten Werken des Parent-Duchatelet (H. A. Freggier, Fr. Rittler), Thiele, Zimmermann und anderer, aus denen das Beste, was über Prostitution und Gaunertum gesagt ist, zusammengetragen und auf die Wiener Zustände angewandt wird. Der unbekannte Verfasser hat ebenso viel Geist wie Unklarheit und kann in seiner unruhigen französisch-phraseologischen Manier vor lauter Sentimentalität und humanen Gedanken gar nicht recht zu Worten und wieder vor lauter Worten nicht recht zu klaren Gedanken kommen. Das Bündigste im Buche haben, was der Verfasser auch selbst (S. 96 Note 1) dankbar ausspricht, andere geschrieben. Die verworrenen Beigaben des Verfassers werden durch die unklare Einteilung des Werks eben nicht deutlicher gemacht. Dennoch geben die vielen geistreichen aphoristischen Gedanken in diesem Buche, das man immer mit Interesse liest, eine ganz hübsche Ährenlese. Entschieden Beachtung verdient das Gaunerwörterbuch (S. 140 – 172), das manche bemerkenswerte, dem südlichen Deutschland eigentümliche, Terminologien enthält. Es soll noch weiter besprochen werden.

* *

Erfahrungen eines Criminalbeamten. Bücher über Nachrichten der Gesellschaft, von F. Hirt, Fürstlich. Criminalrat in Gera. Erstes Buch: Der Diebstahl, dessen Verhütung und Entdeckung. Ein Warner und Rathgeber für alle Besitzenden. Leipzig 1856.

Das klar und faßlich geschriebene Werkchen des wackeren Verfassers, der als praktischer Kriminalist eines wohlverdienten Rufes genoß, zeichnet sich durch seine volkstümliche Darstellung aus, mit dem der Verfasser einen neuen Weg betritt, indem er nun auch direkt den Besitzenden selbst eine Reihe praktischer Winke und Warnungen gibt, durch deren Beachtung sie sich vor Diebstahl schützen können. Gerade diese besondere populäre Darstellung schließt nun aber auch keineswegs die Nützlichkeit für praktische Polizeibeamte aus, die sich gewiß oft genug Rats aus diesem, ein kleines Kompendium schätzbarer Erfahrungen bildenden Buche erholen können. Ausgezeichnet ist die Darstellung des Hausdiebstahls (S. 49 – 67), in der der Verfasser deutlich zeigt, wie tiefe Blicke er in das verkümmerte häusliche und Familienleben getan hat, dessen immer schlimmer werdender Abbruch das ganze soziale Leben von Tag zu Tag mehr gefährdet.

Mit diesem Werke schließt die Literatur ab, deren weitere Fortbildung für die Polizei eine dringende Notwendigkeit und für unser gesamtes sozialpolitisches Leben von sehr großer Wichtigkeit ist. Eine Aufzählung der vortrefflichen Polizeiblätter, wie solche in Österreich, Preußen, Sachsen, Hannover, Bayern, Mecklenburg, Nassau usw. erscheinen, gehört nicht hierher, da einesteils diese Blätter nicht für das Gaunertum allein berechnet, andernteils aber nur für die diskrete Benutzung der Behörden bestimmt sind.

Dem äußerst empfindlichen Mangel einer Zeitschrift zur gründlichen Besprechung von Gegenständen polizeilicher Natur, hat schon seit mehreren Jahren der hochverdiente Polizeirat Hermann Müller zu Dresden durch Einführung einer „Allgemeinen Correspondenz über die wichtigern neuen Erscheinungen im Gebiete der Polizeiwissenschaft und Polizeipraxis" abzuhelfen gesucht; auch hat sein wackerer Nachfolger in der Redaktion, Polizeirat Rob. Pikart, diese „Correspondenz" wieder aufgenommen. Doch hat die fast scheue Zurückhaltung gerade der tüchtigsten deutschen Polizeimänner der lebendigen Förderung des rühmlichen Unternehmens recht beklagenswert im Wege gestanden. Das Hannoversche Polizeiblatt bringt, wenn auch nur sehr sparsam, doch sehr tüchtige Notizen, wie solche auch zuweilen das Mecklenburgische Polizeiblatt, „Der Wächter", ausführlicher gibt. Seit dem Oktober 1857 erscheint das „Archiv für deutsches Polizeiwesen. Monatsschrift zur Orientierung in der polizeilichen Literatur, Gesetzgebung und Verwaltung" unter Redaktion des um die deutsche, wie ganz vorzüglich um die mecklenburgische Polizei sehr verdienten C. A. Ackermann in Röbel. Es ist dringend zu wünschen, daß dem Archiv, das mit dem redlichsten Fleiß schon viel Versäumtes nachholt und noch vielmehr nachzuholen hat, die allseitigste Teilnahme und Unterstützung finde, damit die unverhohlene freie Besprechung auch den hellen freien Blick in das bürgerliche Leben und in die von der Polizei zu schützende und zu fördernde Ordnung des bürgerlichen Lebens ermögliche, und in der Frische dieses Lebens erkennen lasse, wie viel Licht und Luft der deutschen Polizei fehlt, und welch arge geistige Verknöcherung die dumpfe Stickluft der hermetisch verschlossenen Polizeibureaus mit ihrer starren automaten Lebensbewegung den deutschen Polizisten droht[1].

---

1) Die Bibliographie der einschlägigen Literatur von 1858 – 1914 ist im dritten Band enthalten   B.

Friedrich Christian Benedict Avé-Lallemant:
Das deutsche Gaunertum
ZWEITER TEIL
Mit 13 Bildbeigaben und 37 Illustrationen im Text

Friedrich Christian Benedict Avé-Lallemant

Das deutsche Gaunertum

in seiner sozialpolitischen, literarischen
und linguistischen Ausbildung zu
seinem heutigen Bestande

Zweiter Teil

Fourier Verlag · Wiesbaden

DRITTER ABSCHNITT:
DAS MODERNE GAUNERTUM

A Die Repräsentation des Gaunertums

ERSTES KAPITEL

Die persönlichen und sozialen Verhältnisse

Nach der bisherigen Darstellung des Gaunertums als historische Erscheinung sieht man, wie das Gaunertum in der Aneignung und Ausbeutung aller Formen des sozialpolitischen Lebens als ein krankhafter Anwuchs dieses Lebens hervortritt, der um so leichter und reichlicher seine Nahrung von ihm gewinnt, je mehr die Verkünstelung des Lebens zugenommen und dessen selbstprüfenden Scharfblick getrübt hat. Das Gaunertum ist ein sekundäres Übel am siechenden Körper des Bürgertums, das nicht eher vertilgt werden kann, als bis der Körper selbst geheilt wird, wozu die immer gewaltiger zunehmende materielle Richtung der gegenwärtigen Zeit die Aussicht mehr und mehr trübt. Mit schwerer Sorge nimmt der Polizeimann wahr, wie großen Zuwachs das Gaunertum aus der Zahl von Kindern bürgerlich unbescholtener Eltern erhält, die daheim weder Familie, noch Hort, noch Familienzucht haben, und zu wie fertigen Gaunern die bloße Lebensverkünstelung jugendlicher Verbrecher, auch ohne Belehrung des Gaunertums, ausbildet, das diesen jugendlichen Zuwachs freudig willkommen heißt. So ist inmitten des Friedens ein Gaunertum nachgewiesen, das fertiger und gefährlicher als jemals dasteht, und bei einer Erschütterung der bestehenden Ordnung sich noch furchtbarer erheben wird, als dies zu Ende des achtzehnten Jahrhunderts die niederländischen Räuberbanden vermocht haben. Die Staatspolizei hat daher jetzt Aufgaben zu lösen, wie sie kaum je ähnlich zur Lösung gestellt worden sind.

Um diese Aufgaben zu erkennen, handelt es sich zunächst darum, das Gaunertum darzustellen, wie es sich in der Gegenwart herausgebildet hat.

Aus der bisherigen Darstellung ergibt sich, daß der Gauner nur ein Gewerbe, gleichsam als seinen Beruf, treibt. Von einem Stande, einer sozialpolitischen Abschichtung, oder gar von einer gesonderten volkstümlichen Gruppe kann nicht die Rede sein. Das Gaunertum repräsentiert vielmehr vom verdrängten Thronerben mit dem Stern auf der Brust, vom verabschiedeten Offizier, vom abgesetzten Geistlichen, vom abgebrannten Bürger an bis zum elendesten Bettler, das verbrecherische Proletariat aller Stände, und der fürstliche Stern des verdrängten Prinzen, das ehrbare bescheidene Äußere des vertriebenen Geistlichen oder verunglückten Bürgers ist ebensoviel Gaunerkunst, wie der versteckte Klamonis des Makkeners, oder die Lumpen und das zur Schau getragene Elend des Bettlers, dem Lumpen und alles andere Gepräge des Elends als Handwerksgeräte zu seinem Fortkommen dienen.

In einer Gaunerherberge fand ich einmal spät nachts ein Landstreicherpaar in einem elenden Bett mit Lumpen bedeckt liegen; zu den Füßen einen in Lappen gehüllten halbverkommenen Säugling. Neben dem Bett auf dem bloßen Fußboden lagen nebeneinander drei Kinder im Alter von vier bis sieben Jahren, mehr nackt als mit Lumpen verhüllt und von der kalten Dezemberluft und dem zahlreichen Ungeziefer, selbst im festen Schlafe, stets in konvulsivischer Bewegung erhalten. Als Neuling tief erschüttert von dem nicht zu schildernden Anblick, fand ich anderen Tags barmherzige Frauen sogleich bereit, die ganze Familie vollständig und warm zu bekleiden. Zwei Tage später wurde die weitergewiesene Familie wieder eingebracht. Die treffliche Kleidung war verkauft und die erstarrten Kinder trugen wieder die alten Lumpen als Handwerksgerät der ruchlosen Eltern.

So wenig wie sich aber ein zutreffendes Bild des Proletariers zeichnen läßt, so wenig läßt sich eine allgemeingültige Zeichnung des Gauners geben. Die Gaunerphysiognomie ist noch immer eine Bezeichnung im Munde des Volks. Betrachtet man die Holzschnitte und Kupferstiche in den alten Gaunerbüchern, so gibt man es sofort auf, in diesen fratzenhaften Zügen, die wie eine Darstellung anatomischer Merkwürdigkeiten oder Mißgeburten vor die Augen treten, ein anderes Porträt zu finden als das der sittlichen Entrüstung des Zeichners oder Kupferstechers. Vergleicht man damit die meistens gut geratenen Kupferstiche zu Anfang dieses Jahrhunderts, so findet man in der widerlichen Darstellung der vier abgehauenen Räuberköpfe bei Pfister den Räuberzug einzig und allein nur zwischen Brett und Hals – da, wo dieser vom Schwerte durchschnitten ist.

In der Polizei- und Richterpraxis wird man völlig über die Physiognomik enttäuscht. Wem es an Erfahrung fehlt, der mag in den vielen Photographien in den heutigen Polizeiblättern die meistens gutmütigen Gesichter mit den raffiniertesten Gaunereien vergleichen. Allerdings findet man unter den Gaunern entschieden jüdische und zigeunerische Gesichtsbildungen. Dieses sind jedoch nur zufällige nationale Typen und keineswegs dem Gaunertum eigentümlich. Der Gauner ist und bleibt für den Ethnographen verloren. Seine Erscheinung geht nicht über den gewöhnlichen Alltagsmenschen hinaus, wie ihn die Natur geschaffen hat, mag auch vielleicht Krankheit, Leidenschaft und Sünde seine Erscheinung mißgestaltet haben[1].

Daraus entsteht die Verwegenheit, mit der das Gaunertum sich alle Formen des sozialpolitischen Lebens anzueignen und in ihnen sich zu bewegen versucht, und die Schwierigkeit, den Gauner unter diesen Formen zu entdecken. Nur eine ganz genaue Kenntnis der vielfachen und verschiedenen Formen und feinen Schattierungen jenes Lebens kann daher allein den Polizeimann instand setzen, den Gauner in den verschiedensten Erscheinungen zu erkennen und zu entlarven.

Eine Statistik des Gaunertums nach Personenzahl, Anzahl der Verbrechen, Höhe des angerichteten Schadens usw. läßt sich

---

1) Avé L. hatte keine Ahnung von der Kriminalanthropologie, die sich allerdings erst lange nach der Abfassung des vorliegenden Werkes entwickelte. Trotzdem hätte er dieses, wie so viele anderer seiner Urteile, nicht mit solcher Entschiedenheit hinstellen dürfen. Schon die von ihm hervorgehobene „idiote Schädelbildung" wäre ein Grund zum Nachdenken gewesen. Man braucht kein Bekenner der Theorie Lombrosos zu sein, um in Hanickel, Manne Friedrich, Holzerlips und Veit Kraemer die Verbrecher zu erkennen und Gaunerphysiognomien festzustellen. Und ob diese Kerle nicht im Leben noch gemeinere Gesichter hatten, als sie der Zeichner darstellte, wissen weder wir noch Avé L., der ihre Typen der sittlichen Entrüstung des Zeichners und Kupferstechers zuschreibt. Dem Schinderhannes hat der Künstler, dem damaligen Zeitgeist folgend, der Rinaldini und seine deutschen Abklatsche zu sentimentalen Helden gemacht hat, zweifellos geschmeichelt. So sah der rohe und feige Straßenräuber wohl kaum aus.   B.

bei dem schlüpfend beweglichen Wechsel des Gaunertums nicht mit Sicherheit geben. Sie ist aber so erschreckend hoch, daß man sich scheuen muß, auch nur in annähernder Weise Zahlen anzugeben. Nach ungefährer Verrechnung ergibt sich, daß seit den Hugenottenkriegen bis zur Mitte des neunzehnten Jahrhunderts, mit Ausschluß der frei umherziehenden Zigeunerhorden, weit über eine Million professionierter Gauner in Deutschland vorhanden war und ihren wesentlichen Unterhalt von Raub und Diebstahl gezogen hat. Diese enorme Summe befremdet nicht, wenn man die Zahl und Aufklärungen der zur Untersuchung gezogenen Gauner in diesem Zeitraume berücksichtigt und auf die ungeheueren Räuberhorden des Dreißigjährigen Krieges sieht, deren offene Verjüngung und Verzweigung zu weiteren Räuberbanden von Generation zu Generation erst vor noch nicht einmal achtzig Jahren abgeschnitten ist. So überrascht es auch nicht, wenn Schäffer im Jahre 1793 in dem kleinen Schwaben, den zehnten Teil des damaligen Deutschlands, mindestens 2726 berufsmäßige Gauner nachweist, Schwencken im Jahre 1820 noch 650 jüdische und 1189 christliche Gauner aufführt, und Thiele, nach einem in der Tat sehr geringen Anschlage, die Zahl der in Deutschland und sprachverwandten Nachbarländer lebenden Gauner auf 10 000 Individuen angibt, welche Zahl andere auf das Doppelte veranschlagen.

Nach Schäffer betrug der von den Gaunern in Schwaben angerichtete Schaden pro Jahr etwa 186.588 Gulden. Der durch das Gaunertum überhaupt angerichtete materielle Schaden läßt sich gar nicht berechnen, seitdem die Gaunerkunst es dahin gebracht hat, die Spuren ihrer Unternehmungen soweit zu verdecken, daß ein Diebstahl häufig zu spät, häufig aber gar nicht einmal bemerkt wird, oder, wenn aber doch der Verlust plötzlich ins Auge gefallen ist, er einem Versehen oder Verbrechen eines Dritten, sogar des Beschädigten selbst, zugerechnet worden ist. Auf diese Weise hat mancher öffentliche Kassenbeamte, um Namen und Amt zu retten, seine ganze Habe hergegeben, ja leider schon mancher Unglückliche in der Verzweiflung über seine vermeinte Nachlässigkeit sich entleibt.

Es ist fast unglaublich, wie ungeheuer viel z. B. in den Seiden- und Modewarengeschäften gestohlen wird, und wie wenig

die Kaufleute sich überzeugen lassen wollen, daß sie von Gaunerinnen um das vor ihren Augen bestohlen sind, was sie als
verkauft oder höchstens als Vermessung oder „Verspillung" in
den Büchern aufzeichnen.

Auch in den gesellschaftlichen Verhältnissen des deutschen
Gaunertums findet sich nirgends eine nationale Eigenart, obschon der Aberglaube mit ganz entschiedenem Einfluß dem
deutschen Gaunertum eine sehr eigentümliche Richtung und
Färbung gegeben hat und in diesem noch immer einen Hauptträger aufweist. So findet sich, daß schon in den Zeiten des bittersten Judenhasses und der schmählichsten Exzesse des Pöbels
gegen die Juden gerade der Aberglaube es war, der die christlichen Gauner zu herablassender Verbrüderung mit Juden führte. Galt doch von alters her der bis in die neueste Zeit herrschende Glaube, daß ein Kirchendiebstahl nicht anders gelingen
und unentdeckt bleiben konnte, wenn nicht wenigstens ein Jude sich an ihm beteiligte.

Selbst die mit unvertilgbarer Zähigkeit festgehaltene, namentlich durch die polnischen Juden, besonders auch in den
drei ersten Jahrzehnten des neunzehnten Jahrhunderts scharf
ausgeprägte, ursprünglich leibliche und geistige Eigentümlichkeit der Juden macht sich in den gaunergesellschaftlichen Ver-
kehrsverhältnissen weniger geltend, obschon der jüdische Gauner mit viel mehr Ruhe, Überlegung und Beharrlichkeit zu
Werke geht und überhaupt die Gaunerei ganz besonders mit
dem vollen Ernst eines geschäftlichen Betriebes ausübt und,
weit entfernt, das Gestohlene so sinnlos wie die christlichen
Gauner zu verschleudern, lieber sich der Gefahr aussetzt, es ohne Vermittlung Dritter selbst zu verwerten, um einen möglichst hohen Gewinn ungeteilt zu erhalten. Auch werden einzelne Gaunermanöver, zu denen selten eine Christenhand
geschickt genug ist, wie z.B. das Linkwechseln oder Chilfen, fast
ausschließlich von Juden betrieben. Die sozialen Verhältnisse
der jüdischen und christlichen Gauner sind aber einander
gleich, ohne daß die Genüge, die erstere den Formalitäten ihres
Kultus leisten, wesentlichen Einfluß auf diese Verhältnisse
selbst ausübt.

Die schon lange und mit vieler Mühe und großen Opfern
unternommene Ansiedlung und Kultivierung der Zigeuner hat

wenigstens den Erfolg gehabt, daß die Zigeuner nicht mehr als nationalgesonderte eigentümliche Gruppe im deutschen Gaunertum erschienen, in das sie vielmehr so weit gänzlich aufgegangen sind, als sie sich noch immer an den Gaunereien beteiligen.

Die gesellschaftlichen Verhältnisse des Gaunertums bieten daher keinen besonderen volkskundlichen Stoff dar. Das Gaunerleben bewegt sich nur im tiefsten sittlichen Elend des niedrigsten Volkslebens, aus dessen Sphäre es mit seiner Kunst in alle oberen Schichten zu dringen versucht. Es hat nur das eigentümliche, daß es in diesem sittlichen Elend seine Vereinigung sucht. Bei der Flut und Ebbe des zu- und abziehenden Gesindels lagert sich der Schlamm der verworfensten Entsittlichung in den Wohnungen und in den Gaunerherbergen (Chessen-Spiesen oder Kochemerpennen) ab. Das unstete Leben und Umherschweifen des Gauners gibt ihm volle Freiheit, seiner ungeheuer wuchernden Sinnlichkeit im weitesten Begriffe ungebändigt nachzugehen und somit die am heimatlichen Wohnort einigermaßen mögliche polizeiliche Aufsicht zu umgehen. Selbst der an die furchtbarsten Erscheinungen des sittlichen Elends täglich gewohnte Polizeimann schreckt zurück, wenn er die Höhlen des Lasters betritt, in denen die Weihe und der Stempel des Elends erteilt und hingenommen wird.

Aber der Gauner bringt Behagen mit in diesen furchtbaren Aufenthalt, wenn er tief in der Nacht von seinen Ausflügen zurückkehrt; ihn erwartet ein behagliches Versteck unter seinesgleichen und die Wollust auf der, wenn auch mit Ungeziefer übersäten Streu; und alles Ekle schüttelt er von sich wie das Ungeziefer, wenn er den Fuß von dannen hebt, um weiter zu schweifen, sein Glück zu versuchen, zu prassen und wieder in anderen Höhlen bei seinesgleichen auszuruhen.

Die Genußsucht und Sinnlichkeit des Gauners sowie seine Verschwendung grenzen an Wahnsinn. Mancher Gauner hat zu verschiedenen Malen schon ein bedeutendes Vermögen erworben gehabt, von dessen Renten er ein bequemes, ruhiges Leben hätte führen können. Aber in kurzer Zeit wurde der Reichtum verpraßt. Der Gauner begreift sein Spiel und dessen Gefahr und Ausgang, und darum klammert er sich mit krankhafter Gier an das Dasein, das ihn hin- und her wirft und ihm eine amphibische Natur verleiht, so daß es nur ihm allein möglich wird, im sinnlosen Genuß oder im tiefsten Elend zu leben. Der Zweck der Ehe ist ihm fremd, obgleich er die geschlechtliche Vereinigung sucht, sobald der frühgeweckte Naturtrieb dazu anreizt. Der Beispiele sind unzählige. Des Sonnenwirtles Frau, Christine Schattinger, gab sich schon als zwölfjähriges Kind preis. Der Gegenstand der Wahl muß unverwüstlich in der Wollust, unverdrossen in Verrichtung der den Weibern allein zur Last fallenden häuslichen Arbeit, kräftig und ausdauernd zum Tragen von Gepäck und Kindern auf der Reise, schlau zum Baldowern und geneigt und geschickt zum Handeln, d. h. Stehlen, sein. Gegen diese Vorzüge schwindet die strenge Forderung körperlicher Schönheit, obgleich sie als angenehme Beigabe willkommen ist. Entsprechende Forderungen stellen die Dirnen und Weiber. Der kräftige, beherzte, verschlagene und renommierte Freier ist der willkommenste. Nur äußerer Zwang führt zur Ehe, die aber keineswegs ein Hindernis ist, anderweitige Verbindungen einzugehen. Oberamtmann Schäffer erwähnt den Gauner Siehler, der zwölf Beischläferinnen zugleich hatte, dann einer mit einem scheußlichen Spitznamen bekannten Gaunerin, die zwei Ehemänner und eine Menge Beischläfer ihr eigen nannte.

Die Beischläferinnen werden mit Schickse, Schicksel, besonders aber mit dem aus dem hebräischen stammenden Pilegesch, Pilegsche bezeichnet. Für den Geliebten wie für den Ehemann wird der Ausdruck Kaffer (Chaver) auch wohl Bal, Isch und Freier gebraucht. Meistens nennt die Gaunerin ihren Beischläfer Kröner, – eine Bezeichnung, die sich schon im *Liber Vagatorum*, wie Krönerin für Ehefrau vorfindet und bis heute erhalten hat. Vielfach halten Verheiratete mit Ledigen zusammen, auch lebt oft genug der Vater mit der Tochter. So war Sibylle Schmidt, trotzdem ihre Mutter Madline noch mit dem Vater lebte, dessen Beischläferin. Er trug den Namen des großen oder Herzogs Keßler[2]. Seltener finden sich Bruder und Schwester in blutschänderischer Gemeinschaft. Die Eheweiber werden häufig vertauscht, und oft wird ein Draufgeld gegeben. Schäffer erzählt, daß ein Ehemann bei einem Weibertausch einen Pudel, ein anderer fünf Gulden als Zugabe erhielt. Ein förmlicher

2) Sulzer, Gaunerlisten von 1801, Nr. 7, S. 4.

Tauschvertrag, zwischen den Gaunern Maw und Wells abgeschlossen und untersiegelt, ist bei Smith[3] abgedruckt; Maw gibt
danach eine Dohle für Wells Weib weg; beide bezeichnen das
Tauschobjekt als „unnützen beschwerlichen Hausrat" und ent-
sagen feierlich allen und jeden Einreden gegen das Tauschab-
kommen.

Vielfach werden die Weiber selbst von ihren Zuhältern oder
Männern als Dappelschicksen an wittsche Leute verkuppelt,
wobei die Weiber sich als geübte Diebinnen erweisen. Noch
häufiger kommt es vor, daß die Weiber in Verabredung mit
ihren Zuhältern sich in flagranti mit den herbeigelockten Männern ertappen lassen und dabei mit den Zuhältern den An-
gelockten gewaltsam berauben oder von ihnen eine Geldbuße
für den beleidigten angeblichen Ehemann erpressen. Meistens
herrscht ungestörte Freundschaft zwischen dem Mann und
dem notorischen Zuhälter seiner Frau oder Geliebten. Oft hat
aber auch der heimliche Betrug die blutigste Rache zur Folge,
wovon die schon erwähnte grausame Ermordung des Toni
durch Hannikel ein schreckliches Beispiel ist. Noch entsetzlicher ist die von Bekker[4] erzählte Rache Johann Müllers an einem an der Untreue seiner Frau völlig unschuldigen französischen Fuhrknecht. Nicht selten kommt es vor, daß eine einzige
Weibsperson der ganzen männlichen Genossenschaft Liebes-
dienste erweist, ohne die Eintracht zu stören; und trotz dieser
nie versagten Gelegenheit zur Befriedigung tierischer Lust,
sind die öffentlichen und Winkelbordelle ebenso besuchte Ver-
kehrsorte der Gauner wie die Kochemerpennen, obschon auch
in diesen die Wollust mit ihrer ganzen Bereitwilligkeit zur
Hand ist.

Die priesterliche Trauung ist bei den gaunerischen Verbindungen Nebensache. Sie wird nicht eher nachgesucht, bis ob-
rigkeitlicher Zwang oder sonstige äußere Vorteile sie zur Notwendigkeit machen. Allerdings wird das Chassnemelochenen,
das Hochzeitmachen oft in den Pennen veranstaltet, wobei ein
Gauner die Rolle des Geistlichen, ein anderer die des Meßners
übernimmt und das gaunerische Paar förmlich traut. Die ganze
ruchlose Szene wird nur gespielt, um Gelegenheit zu den ver-

3) „Rheinische Räuberbanden" I, S. 59.
4) „Straßenräuber", S. 395.

worfensten und schamlosesten Orgien und zur Herbeischaffung der Aussteuer und Hochzeitskosten durch einen Massematten herbeizuführen.

Wie wenig Frieden und wahres Glück eine solche Verbindung bringt, läßt sich denken. Namentlich hat das nur zum gemeinsamen Magddienst und zur bloßen Befriedigung tierischer Sinnlichkeit erniedrigte Weib alle Gemeinheiten, Verwünschungen und Mißhandlungen des rohen Mannes zu tragen, und dazu auch noch zu gewärtigen, daß jener sie mit den Kindern im Stiche läßt, besonders wenn deren Zahl so groß geworden ist, daß er sie nicht ernähren kann, oder daß sie ihm sonst in seinen Gaunereien hinderlich sind. Hierbei treten oft rührende Züge von Mutterliebe hervor.

Bei aller Aufopferung der Mütter für die Kinder ist aber an Erziehung und sittliche Ausbildung nicht zu denken. Was den Eltern selbst fehlt, halten sie auch für die Kinder entbehrlich. Dem Schulzwang entziehen sich die Gauner durch ihr unstetes Umherschweifen. Was aber die Eltern können und treiben, sehen und lernen die Kinder bald, und in dieser trüben Gemeinsamkeit wird die Erziehung so weit vollendet, bis die Knaben, oft schon im siebenten und achten Jahre, zum Baldowern und Torfdrucken reif sind und in die Genossenschaft der Männer eintreten, die Mädchen mit ihren noch kindlichen, aber durch das Zusammenleben mit den Eltern oder Erwachsenen anderen Geschlechts und durch die fortgesetzt vor den Augen stehenden schmutzigen Beispiele und Erlebnisse früh geweckten Reizen ihr Glück versuchen. Von den zahllosen Zügen weiblicher Roheit und Schamlosigkeit nur ein Beispiel: „Von der Wetterauer Bande hatten die beiden Werner mit Ludwig Vielmetter und dessen lediger Schwester Anna Margareta im März 1810 die Kirche zu Herten-Haag erbrochen, um die Kirchenglocke zu stehlen. Sie war jedoch nicht zu lösen, weshalb sich die Diebe mit dem Schwengel begnügen mußten. Darauf wurde die Orgel zerstört und deren Windladen zerschnitten. Dabei wurde ein Pfarrermantel, zwei Leichentücher, der Klingelbeutel und zwei Gesangbücher entwendet, jedes Glockenseil abgeschnitten und der Altar umgeworfen. Einer verrichtete von der Kanzel seine Notdurft, wobei er mit umgehängtem Mantel den Prediger nachäffte, und während die anderen die Zoten und Läster-

reden anhörten und sämtlich den Kot in der Kirche ließen –
unter ihnen die ledige Dirne mit ihrem Bruder[5]."

Diese trübe Skizze dieser einen Seite der gesellschaftlichen
Gaunerverhältnisse zeigt vor allem das Weib und die Ehe mit
ihrer Bedeutsamkeit und ihren Zwecken tief in den Schmutz
gezerrt.

Mit dem ganzen Geheimnis und mit der ganzen Gewandtheit seines Wesens verdeckt aber der Gauner sein sittliches
Elend als unmittelbare Folge und Verrat seiner Verbrechen.
Dieses Bestreben bringt jene innige Verbindung hervor, die, des
Namens der Freundschaft und Verbrüderung unwert, vom
schmutzigsten Egoismus geschaffen, von Verfolgung und Tod
bewacht, seit Jahrhunderten, wie ein geheimnisvolles Rätsel,
überall sichtbar und doch unbegriffen, vernichtend und zerset-
zend, mitten in das sozialpolitische Leben hineingeschritten ist,
das gesunde Leben angesteckt hat und dessen beste Kräfte fortwährend zur Erhaltung seiner verderblichen Existenz auf-
nimmt.

In der Verbindung, weit weniger in der Kunst, beruht die
ganze furchtbare Gewalt des Gaunertums. Darum wird auch die
Verbindung durch das Geheimnis geschützt, und das Geheimnis den Geweihten durch alles, was Kunst und Sprache dazu
hergeben kann, offen und deutlich erhalten. Kein Opfer ist zu
groß, um das Geheimnis zu bewahren und den Verrat zu verhüten und zu bestrafen. Sogar Gefängnisse wurden gestürmt,
um gefangene Kameraden zu befreien und mit ihnen das Geheimnis zu retten. So befreite Picard einen Kameraden, einen
Wittschen Masser, der Geständnisse zu machen angefangen
hatte, aus dem Kerker, ging gleich darauf mit ihm auf einen
Raub aus und schoß ihn unterwegs nieder. Der schele Jickjack,
gleichfalls von der Mersener Bande, grub vorher ein Grab, lud
dann den Verräter zu einem Raube ein, holte ihn ab, ließ ihn bei
dem Grabe niederknien, beten und sich zum Tode vorbereiten,
worauf er ihn, alles Flehens um Gnade ungeachtet, niederschoß
und den Körper in dem Grabe verscharrte[6]. Entsetzlich war die
Rache, die Hann-Bast, Hauptmann von der Wetterauer Kameradschaft mit seinen Genossen an seinem Kameraden Brösch-

5) Grolman, S. 409.
6) „Rheinische Räuberbanden" II, S. 448.

lers, genannt Hunds-Velten, nahm, der bei einem Diebstahl im
März 1807 zwei Taler untermackelt hatte. Der Unglückliche
wurde mit einem Pistolenhieb zu Boden gestreckt, mit Messern
in die Dickbeine und Waden gestochen, aus dem Wirtshaus in
den Hof geschleift, dort auf einen Trog gelegt und ihm eine
Sehne nach der anderen ausgelöst, bis der so schrecklich Ge-
mißhandelte nach zweistündiger entsetzlicher Qual starb[7]. Ein
ähnlicher Unterschleif war der Anlaß zur Todfeindschaft zwischen Picard und Schinderhannes, der deshalb die kaum geschlossene Verbindung mit jenem wieder aufhob und sich mit
seinen Genossen zurückzog[8]. Vorgänge dieser Art kommen
heute wie ehedem vor. Bei der großen holsteinischen Untersuchung wurde der Hauptangeber nach Amerika befördert, um
sein Leben vor Verfolgungen zu schützen, das aber selbst in der
Neuen Welt nicht hinlänglich vor blutiger Rache geschützt sein
mag. Zum mindesten wird der Sslichener gezinkt, in die Wange geschnitten, um ihn kenntlich zu machen und jeden vom
Verrat abzuschrecken. Ich habe in meinen Verhören die überraschendsten Erfahrungen gemacht über die enorme Gewalt, die
die bloße Erscheinung, das bloße Atemholen eines Räubers auf
seinen zum Geständnis geneigten Genossen zu machen imstande ist.

Von diesen furchtbaren Banden wird das Ganze zusammengehalten, in dem jeder einzelne sich hin und her bewegt, wie
sein Interesse, seine Neigung und Sinnlichkeit ihn treibt.

Weit untergeordneter sind die stets gesuchten und geförderten verwandtschaftlichen Verhältnisse, die bunt und wirr
durcheinanderlaufen. Man braucht nur den Stammbaum eines
Gauners, wie den des Vielmetters[9] oder die interessanten verwandtschaftlichen Beziehungen bei Pfeiffer und Eberhard anzusehen, um einen Begriff von dieser ungeheuren Verwandtschaft zu bekommen, durch die fast das ganze Gaunertum
unter sich verbunden ist. Bei der tiefen Entsittlichung der Verbrecher sind diese Bande jedoch nur locker und lassen nach, so
oft Interesse oder Leidenschaft ins Spiel treten. Eltern mißhandeln ihre Kinder auf barbarische Weise und werden von ihren

7) Grolman, S. 245.
8) „Rheinische Räuberbanden" II, S. 326.
9) Grolman, S. 226 f.

Kindern in gleicher Weise behandelt. Die Kinder ziehen davon und lassen die Eltern hilflos im Stich, sobald der Trieb zum Stehlen oder zur Sinnlichkeit erwacht. Die durch Trunkenheit geförderten und gesteigerten rohen Ausbrüche des Zorns, der Eifersucht, der Rache führen zu den schmählichsten Exzessen, wobei häufig Messer und Pistole den Ausschlag geben. Aber unmittelbar nach dem Ausbruch tritt das alte vertraute Verhältnis wieder ein, und Spuren und Folgen des Tumults werden sorgfältig verdeckt und verhehlt, um dem Verrat des Ganzen vorzubeugen. Die sorgfältige Pflege seiner verwundeten oder erkrankten Genossen, die sich der Gauner angelegen sein läßt, ist bei weitem weniger auf Liebe und Freundschaft begründet, als auf der Furcht, daß der schwache und bewußtlose Genosse zu irgendeinem Verrat Anlaß geben könnte. Der Tote wird mit Gleichgültigkeit, ja mit Furcht und Abscheu verlassen, obschon auch hier rührende Züge von Mutterliebe vorliegen. Es gibt Beispiele, daß eine Mutter tagelang mit der Leiche ihres Kindes von Ort zu Ort zog, und sich nicht eher von ihr trennte, als bis sie ihr mit Gewalt abgenommen wurde.

Soviel zur allgemeinen Skizzierung der gesellschaftlichen Verhältnisse der bunten, beweglichen, schlüpfrigen Masse. Sie wird dann erst recht begriffen werden können, wenn man zu dem bereits in historisch-literarischer Hinsicht Gegebenen den Gauner in seinen einzelnen Unternehmungen tätig sieht, und vor allem in das wunderbare Getriebe seiner charakteristischen Sprache und Verständigungsweise eindringt.

ZWEITES KAPITEL

Psychologische Wahrnehmungen

So bunt und wirr das Gaunertreiben seit Jahrhunderten vor den Augen des Forschers steht, so geheim und künstlich das Wesen des Gaunertums waltet, so deutlich ersieht man doch aus den geschichtlichen, inquisitorischen und sprachlichen Offenbarungen, die im Laufe der Jahrhunderte kund geworden sind, daß das in so vielen Atomen bewegliche Gesamtganze doch immer einen von dem allmählichen Fortschreiten der sozialpolitischen Verhältnisse abhängigen Gang genommen hat, in dem sich das Gaunertum recht eigentlich zum Gewerbe ausgestaltet hat, und den man als Konjunktur des Gaunertums bezeichnen kann.

So begann im frühen Mittelalter das Räubertum mit der Wegelagerei auf die Warenzüge des städtischen Handels, bis es, durch die Zeit des Faust- und Fehderechts hindurch, bei den unablässigen Kriegsbewegungen seine hauptsächlichsten Repräsentanten in den Landsknechten fand, während schon der feinere Betrug durch Vorspiegelung eines Gebrechens oder äußerlichen Notstandes auf die christliche Barmherzigkeit spekulierte oder, bei der herrschenden Gewalt der Kirche, durch den Vorschub kirchlicher Buße sich den Weg in das Haus des Bürgers und Landmannes bahnte. So gibt es in der späteren Geschichte unter den unzähligen Ereignissen keine geschichtliche Bewegung, keine Umgestaltung des sozialpolitischen Lebens, bei dem nicht auch das Gaunertum seine Rechnung gefunden hätte. So sind denn auch in neuerer Zeit, seitdem das Kapital immer weiter und mächtiger zu arbeiten angefangen hat, die Nachschlüssel- und Gelddiebstähle, sowie das Chilfen viel häufiger geworden. In kürzerem periodischen Wechsel werden einzelne Industrien gleichzeitig an verschiedenen Orten ausgeübt, als gäbe es eine bestimmte Saison für diese oder jene Industrie. So waren z.B. die Zefirgänger im Sommer 1856 vorherrschend, im Gange, und zwar gleichzeitig besonders in Berlin, Dresden, Hamburg, Lübeck usw.

Bei dieser beweglichen Konjunktur, in der man das Gaunertum recht deutlich als Gesamtheit hervortreten sieht, werden aber auch bestimmte allgemeine Charakterzüge des Gaunertums sichtbar, die man weniger an den einzelnen Individuen als im periodischen Fortleben des Ganzen beobachten und die man als allgemeine psychologische Momente bezeichnen kann. So charakterisiert sich das moderne Gaunertum gegen das frühere auffällig durch den Mangel an wirklichem moralischen Mut.

Zur Zeit des Faust- und Fehderechts machte der romantische Kampf gegen das bewaffnete Geleite der Warenzüge die Wegelagerei sogar mit der Ritterehre verträglich, und die Parteigänge der Landsknechte und der Soldaten des Dreißigjährigen Krieges wurden als kühne Abenteuer betrieben, bei denen es vielfach auf Entschlossenheit und Tapferkeit ankam. Nachdem es aber der Landespolizei gelungen war, das offene Räubertum zurückzudrängen, das sich darauf in das bürgerliche Leben flüchtete, seitdem treibt das Gaunertum sein Geschäft wie ein friedliches bürgerliches Gewerbe, bis es die Gelegenheit zur Vereinigung in größere und offene Gruppen wieder zusammenruft.

Seitdem das Gaunertum den Glauben an die Kraft und Gewalt der Landespolizei gewonnen hat, seitdem wagt der Gauner nicht leicht mehr den offenen räuberischen Angriff. Heimlich, zur Nachtzeit, mit geschwärzten Gesichtern, dicht vermummt, überfielen die Wüteriche der niederländischen Banden die schlafenden Bürger und wichen vor der mutigen Gegenwehr zurück. Jetzt spioniert der Gauner die Gelegenheit aus, wo er mutig sein darf. Nur in Gesellschaft seiner Genossen und im Verlaß auf sie, ist er gegen den Schwächeren mutig bis zur brutalsten Grausamkeit. Darum sind ihm große erschütternde Begebenheiten mit der begleitenden Änderung oder Lähmung der gewohnten Ordnung willkommen.

Nirgends tritt das Gaunertum sichtbarer hervor als bei Kriegsbewegungen, Aufläufen, Feuersbrünsten und sonstigen Unglücksfällen. Ja, die Brandfackel ist sogar ein furchtbares Mittel in der Hand des Gauners, um im Tumult des Unglücks das feige Gaunerwerk zu üben. So schlich der Strolch schwach und mutlos als Lieferant und Marketender hinter den Heeren einher, um in ihren gewaltigen Spuren seine Ernte zu halten; so ließ der Gauner sich als Freischärler oder Soldat in Uniform kleiden, um unter dem Deckmantel soldatischer Ehre, Zucht und Pflicht sein feiges Gewerbe zu treiben.

Auf diesen Mangel an moralischem Mut beruht wesentlich die Theorie des Baldowerns und die Einteilung in jene flüchtigen Gruppen und vereinzelte Aufgebote der Chawrussen[1], um bestimmte Unternehmungen auszuführen und nach der Ausführung sich wieder behende in der Menge zu verkriechen. Die Chawrussen sind stets so groß, daß den Chäwern Mut und Gelingen gesichert ist, und stets so klein, daß sie nicht als größere Masse in die Augen fallen und nicht einen zu geringfügigen

1) Chawrusse oder Chäwre. Von חָבֵר (chaver), der Genosse, Kamerad. Feminium חֲבֵרָה (chavera), die Verbindung, Freundschaft, Genossenschaft.

Anteil an der Diebsbeute für den einzelnen bedingen, obwohl die letztere Rücksicht die untergeordnetere ist. Jene Wahrnehmung ist auch für das sogenannte Brennen wichtig. Obwohl das Sslichnen (der Genossenverrat), wie schon gezeigt ist, furchtbar gestraft wird, so hat doch wesentlich die Furcht vor Verrat das Branntweingeld zu einer Art Ehrensache und das Brennen zu einem zunftmäßigen Grußgeben gemacht. Deshalb zahlt der glückliche Chessen dem fremden Kochemer, der ihn, sein Unternehmen und dessen Erfolg meistens schon eher kennengelernt hat, als der Diebstahl ruchbar wird, ohne Anstand diese lästige und häufig beträchtliche Steuer seiner gaunerischen Tätigkeit, namentlich wenn die Brenner Vigilanten sind, denen jener nie ganz trauen kann.

Charakteristisch ist ferner für das heutige Gaunertum, daß die Meuchelmorde und Raubmorde, mit denen früher bei Unternehmungen größerer Räuberbanden gewöhnlich sogleich, ohne die Gegenwehr abzuwarten, der Anfang gemacht wurde, mindestens in Norddeutschland selten oder gar nicht mehr vorfallen, so gering auch nach der heutigen Gaunerpolitik die Personenzahl einer Chawrusse und um so leichter eine Gegenwehr zu erwarten ist. Zwar haben die Gauner meist Messer (Kaut), Pistole (Glaseime), Stricke (Chewel), Brecheisen (Schaber) und starke Knittel (Jaddrong) zur Hand. Diese Sachen werden jedoch höchstens nur zum „Schrecken", auf der Flucht und als Verteidigungsmittel gebraucht. Nie habe ich bei bewaffneten Gaunern gute Pistolen, fast immer nur kümmerliche Terzerole, wenn auch doppelläufige, und nie beim Herausziehen der Ladung etwas anderes als höchstens Enten- oder Hasenschrot, kein einziges Mal aber eine Kugel gefunden. Die Messer, die mir vorgekommen sind, waren meistens gewöhnliche Einschlagmesser, und gerade bei den gewiegtesten und verwegensten Schränkern habe ich ganz elend schlechte, abgenutzte Taschenmesser neben den Terzerolen, Nachschlüsseln und Uhrfedersägen getroffen. Man kann nicht von einer unmenschlichen Gesinnung des Gaunertums sprechen, wenn die in die Enge oder zur Flucht getriebenen Gauner alles verzweifelt niederschlagen, was sie aufhalten will, und wenn sie gerüstet und gefaßt sind, durch Brandstiftung die Spuren eines schweren Verbrechens zu verwischen.

Eine Unzahl neuer Beispiele beweist, daß die Gauner bei dem leisesten Geräusch die Flucht ergreifen und alles im Stich lassen. Ihr ganzer Mut liegt wesentlich nur im Vertrauen auf die Genossenschaft, auf die feine Kunst und auf die genau erspähte Gelegenheit. Wo alles dies nicht genügt, weicht der Gauner zurück. Wichtig ist diese Wahrnehmung für das Verhör. Durch sie werden dem Untersuchenden, der keine Schwäche und Leidenschaft dem verschlagenen Gauner gegenüber zeigt, außerordentliche Vorteile in die Hand gegeben.

Ein anderer, mit dem vorstehenden zusammenhängender charakteristischer Grundzug des Gaunertums, ist der Aberglaube. Es ist auffallend, daß der Gauner auf den Aberglauben anderer spekuliert, ihn also objektiv aufzufassen weiß und subjektiv doch selbst tief in ihm befangen ist. Ich erinnere an Franz Josef Streitmatter, dessen Leben und Sterben eine Kette von abergläubischen Vorstellungen und Taten war[2]. Diese Wahrnehmung verdeutlicht sich aus der Geschichte des deutschen Aberglaubens, der tief in die ganze deutsche Kulturgeschichte einschneidet und dessen Geschichte einen wesentlichen und wichtigen Abschnitt der deutschen Polizeigeschichte überhaupt bilden wird.

Der persönliche Teufel namentlich spielt, wie in der ganzen Anschauung des Volkes, so auch ganz besonders im Gaunertum eine sehr wichtige Rolle. Alles, was in der mystischen Betrachtung des Anachoreten- und Mönchtums Irrtum, alles, was seit dem ersten Auftreten der arabischen Astrologen in Spanien, bei der Unkenntnis der Naturgesetze, an Selbsttäuschung, und in den Formen dunkler Dogmen und der Scheinwissenschaften der Astrologie, Mantik, Nativitätstellung, Alchimie, Nekromantie, Chiromantie, Metoposkopie usw. zum Vorschein kam, blieb dem Volke noch unklarer, als den Anhängern und Jüngern jener Dogmen und Scheinwissenschaften selbst. Daran wucherte die Dämonologie so rasch zur positiven Wissenschaft und anerkannten Wahrheit herauf, daß auf dieser unfehlbaren Grundlage im Hexenhammer ein *Corpus juris* der Dämonologie geschrieben werden konnte, wie ein ähnliches Werk von menschlicher Verwirrung kaum wieder geschaffen wurde. Der persönliche Teufel war nunmehr nicht nur dogmatisch, sondern

2) Rebmann, Damian Hessel.

auch juristisch anerkannt, und was jene Scheinwissenschaften zum Vorschein gebracht und verbreitet hatten, wurde nun von ihnen selbst fürchterlich gerichtet. Jede auffällige Erscheinung, jede besondere Fertigkeit, jedes unverständliche Wort hatte den Schein und Verdacht des Teufelsbündnisses und war auch der Teufelsjustiz verfallen. Die Chiromanten, Alchimisten usw. glaubten an den Teufel und betrogen mit ihm. Kein Wunder, wenn die Bauchredner und Wettermacher des fünfzehnten und sechzehnten Jahrhunderts des Teufels waren, kein Wunder, daß man den Betrug vor dem Aberglauben unbeachtet ließ, und kurz und bündig jeden Verdächtigen auf der Folter zwang, sich als Teufelsverbündeten zu bekennen. Es ist bemerkenswert, daß der raffinierteste und schlaueste Erläuterer und Verteidiger des Hexenhammers, Delrio, die Zigeuner, die noch zu seiner Zeit als die wesentlichsten Vertreter des Gaunertums galten, gerade in dem Abschnitt von der Chiromantie behandelt, nicht zu gedenken der zahllosen Zauber-, Teufels- und Gespenstergeschichten des siebzehnten und achtzehnten Jahrhunderts, in denen meistens schon die „Gaukelei" offen zutage gelegt wird[3]. Kein Räuber im Dreißigjährigen Kriege war ohne Bündnis mit dem Teufel. Doch fast ein Jahrhundert später hielt man noch Gauner für die Verbündeten des Teufels und viele der Raubgesellen wurden als Hexenmeister und nicht als das, was sie wirklich waren, gerichtet. So verlief der berüchtigte Salzburger Zauberjacklprozeß ganz im Rahmen eines Hexenprozesses. Eckold, der Genosse Lips Tullians, hatte, als er am 7. Juni 1714 verhört werden sollte, sechs Kugeln in seiner Hutkrempe, die vom Amtsphysikus „gar genau untersucht" wurden. Es heißt weiter in den gedruckten Akten: „Vermuthlich sollten diese Kugeln des Teufels Hülffs-Mittel in der Tortur und vor die Schmertzen derselben sein." Noch vor hundert Jahren führte der Hundssattler gegen seine Richter in Bayreuth an, daß er gerade an dem Tage seiner Verhaftung das neunte schwangere Weib habe ermorden wollen, wie er das schon bei acht Weibern getan habe, um ihnen die Frucht aus dem Leibe zu reißen und deren Herz roh zu verzehren, damit er fliegen könne wie ein

---

3) Horsts Zauberbibliothek, Mainz 1821 – 26 III, S. 233 f.; IV, S. 245 f. Soldan-Heppe, Geschichte der Hexenprozesse, herausgegeben von Max Bauer, München (o .J.) I, S. 345; S. 123 ff.

Vogel[4]. Nach Nürnberger Berichten von 1577 und 1601 haben
Unmenschen lebenden schwangeren Frauen die Leiber aufgeschnitten, um sich aus den Fingern der ungeborenen Kinder
Diebslichter zu machen. Ein ähnlicher, die öffentliche Sicherheit gefährdender Aberglaube herrschte unter den Gaunern in
Mittelfranken, daß nämlich das Blut, das man mit drei Holz-
scheiten aus den Geschlechtsteilen eines unschuldigen Knaben
auffängt und bei sich trägt, bei Diebstählen unsichtbar macht[5].
Noch vor einigen Jahrzehnten trieb der schöne Karl allen seinen Beischläferinnen die Frucht ab, um aus diesen die sogenannten Schlaflichter zu machen, bei deren Scheine die Bestohlenen vom Schlummer befallen bleiben[6]. Falkenberg erzählt,
daß Horsts Konkubine, Luise Delitz, frühere Beischläferin des
schönen Karl, verdächtigt war, sogar selbst ihr eigenes Kind zu
diesem Zwecke geschlachtet zu haben[7]. Nach Schäffer[8] „trieb
der Laubheimer Toni seiner Concubine mit starken Sachen das
Kind ab, schnitt dem Kind beide Hände ab. Vor dem Einbruch
hätten sie dann allemahl die zehn Fingerlein hiervon angezündet, soviel nun davon gebrannt, soviel Leute haben auch in dem
Haus, in welchem der Einbruch geschehen sollen, schlafen
müssen; wenn hingegen ein Fingerlein nicht gebrannt, so seye
eine Person weiter in dem Haus gelegen, davon sie nichts gewußt, und die hernach auch nicht geschlafen". Noch immer,
wie zu Zeiten der Rheinischen Räuberbanden, muß ein „dem
Teufel verfallener" Jude bei einem Kirchendiebstahl zugegen
sein, damit der Diebstahl unentdeckt bleibe, und noch im Jahre
1858 hielt ich Leichenschau ab über eine zweiundsechzigjähri-
ge Weibsperson, die früher Bordelldirne, dann Kartenschlägerin

4) Über diesen uralten Aberglauben s. Lex. Sal. III, p.67. Georgitsch, Corp. Juris Germ., S. 127. Rotharis leg., S. 379. Jakob Grimm, Deutsche Mythologie,
IV. Ausgabe von E.H. Meyer, Gütersloh, 2. Bd., S. 904.   B.
5) Dr. G. Lammert, Volksmedizin und medizinischer Aberglaube in Bayern.
Würzburg 1869, S. 84.
6) Über diese auch von Hexen verwendete „Diebeshand" vergleiche Jak.
Grimm, Deutsche Mythologie IV. Ausg., S. 898. Scheible, Das Kloster IV,
S. 217 ff. Hoensbroech, Papsttum I, S. 449. Ed. Eggert, Oberamtmann Schäffer von Sulz, Stuttgart 1897, S. 78. Über Kindesmord zu Zauberzwecken vieles in Soldan-Heppe, heausgegeben von Max Bauer, so besonders II, S. 78,
84.   B.
7) I, S. 31.
8) Jaunerbeschreibung. Sulz am Neckar 1801, S. 85.

gewesen, und mit einem geschriebenen Zaubersegen auf der Brust und mit einer in einem Beutel um den Leib gebundenen lebendigen Katze ins Wasser gesprungen war, um, nach dem Zaubersegen zu schließen, das alte Leben in neuer Sphäre, womöglich noch wucherlicher, wieder beginnen zu können.

Andere ganz ähnliche Beispiele in meiner Praxis haben mich belehrt, daß dieser Aberglaube aber auch in solche Schichten dringt, wo man ihn nimmermehr vermuten sollte. Was soll man sagen, wenn noch im neunzehnten Jahrhundert geschehen konnte, was Rebmann[9] mit Verschweigung des Landes und Richters erzählt, daß nämlich der Räuber Weiler, nachdem er auf unerwartete und kühne Weise aus dem Gefängnis gebrochen war, und sich dazu seiner Fesseln auf unbegreifliche Weise entledigt hatte, bei seiner Wiederverhaftung mit neuen Fesseln, die ein herbeigeholter Kapuziner besprochen hatte, gefesselt, und in jedem Verhör auf einen Teppich gesetzt wurde, damit er als Hexenmeister die Erde nicht berühre!

Bei solchem Befunde ist denn nun auch nicht zu verwundern, daß manche nähere Forschung unterblieben ist, die gewiß merkwürdige Resultate ergeben hätte. So findet sich z.B. nirgends eine Spur, daß Schinderhannes jemals nach der Bedeutung der mystischen Kreuze und der wunderlichen Verse in seinen Briefen, die offenbar eine dämonologische Beziehung gehabt haben, befragt worden wäre. Auffallend erscheint besonders die mystische Nachschrift unter seinem an den Pächter Heinrich Zürcher, auf dem Hofe Neudorf bei Bettweiler, geschriebenen Drohbrief, die sich dicht unter seinem Namen befindet:

> Herr mens Geist be,
> Herr mein Geist be,
> Wer nur den lieben Gott,
> Wer nur den lieben Gott,
> W.W.W.W.
> Wer nur den lieben,
> Wer nur den lieben,
> Wer nur den lieben,
> Johaß Reist heer heer[10].

9) „Damian Hessel", S. 46.
10) Aktenmäßige Geschichte der Rheinischen Räuberbanden, II, S. 116.

Man darf sich endlich vom Ekel nicht abhalten lassen, auf die wichtige Rolle einzugehen, die die *Mumia spiritualis* in der Geschichte des Aberglaubens und des Gaunertums spielt.

In allen alten Zauber- und Gaunerbüchern findet sich dieses Mittel, den Teufel zu bändigen und abzufertigen, der in seinem ohnmächtigen Grimm, namentlich wenn er davonfahren muß, auch seinerseits damit zu imponieren sucht. Dieses Mittel wurde schon im frühesten Mittelalter gebraucht, und dies erklärt auch den derben Ausdruck für täuschen oder betrügen, dessen sich auch Luther häufig und namentlich am Schluß seiner Vorrede zum *Liber Vagatorum* bedient, und der noch heute im südlichen Deutschland, besonders in Schlesien, volksgebräuchlich ist. Die ekle Materie wurde sogar mit dem ganzen Ernst und Ton der Wissenschaft von Ärzten abgehandelt und hat noch lange, bis zum Ende des achtzehnten Jahrhunderts, Anhänger unter den Ärzten gefunden. Auch noch in der Gegenwart hat der Kot bei dem gemeinen Volke eine nicht geringe Autorität als Hausmittel[11].

Diese *mumia spiritualis* spielt aber noch heutigen Tags, wenigstens im nördlichen Deutschland, dieselbe wesentliche Rolle im Aberglauben der Gauner, wie man sie in älteren Akten vielfach angedeutet findet. Bei Einbrüchen, besonders auf dem Lande, die von gewerbsmäßigen Dieben verübt sind, trifft man fast immer in der Nähe der Einbruchsstelle auf frische menschliche Exkremente. Die Gauner haben den Glauben, daß die Schläfer im angegriffenen Hause nicht erwachen, und daß der Einbruch überhaupt nicht bemerkt und gestört wird, solange die Exkremente noch die animalische Wärme haben. Die im Jahre 1844 hingerichteten Stockelsdorfer Raubmörder hatten dieselbe Vorbereitung gemacht. In meiner bewegten Praxis weiß ich nur sehr wenige Fälle auf dem Lande, wo ich nicht bei der Lokalinspektion die gleiche Wahrnehmung hätte machen müssen.

Endlich muß, der weiteren Verbreitung wegen, noch erwähnt werden, daß der scheußliche Aberglaube, durch Beischlaf und Berührung jungfräulicher Personen, namentlich noch unreifer Mädchen, von der Syphilis befreit zu werden, ebenso tief im

---

11) *Dr. O. v. Hovorka und Dr. A. Kronfeld. Vergleichende Volksmedizin, Stuttgart 1908, I. Band, S. 246 f.*

Gaunertum wie im gemeinen Volk haftet, und daß in der Geschichte des Gaunertums bis zu dieser Stunde die Fälle von schändlichen, oft tödlich verlaufenen brutalen Mißhandlungen leider nicht die seltensten sind.

Der Besitz so vieler Hilfsmittel, Fertigkeiten, Geheimnisse und die vielen glücklichen Erfolge und Erfahrungen bringen im Gauner ferner Eitelkeit und Prahlsucht hervor, mit der er schon überhaupt geringschätzig auf den Nichtgauner, den Hautz, Kaffer, Wittschen, Wittstock usw. herabsieht. Wie schon in mehreren Beispielen erzählt ist, geht auch die Prahlerei der einzelnen Gruppen gegeneinander, und die Renommisterei der einzelnen Gruppenmitglieder unter sich in das Unglaubliche, und hat zum Teil zu verwegenen Wettkämpfen, aber auch zu den grausamsten und blutigsten Händeln der Gauner untereinander Anlaß gegeben. Einer sucht es dem anderen zuvor zu tun, um als größerer Meister zu erscheinen. Der Unentschlossene, Zaghafte wird als „Hauhans" verhöhnt und selbst gemißhandelt, ja, wie frühere Fälle beweisen, als unbrauchbar und gefährlich beiseite geschafft. So sind lediglich aus Prahlerei eine Menge schmählicher Mordtaten verübt worden, die keineswegs zu den beabsichtigten Räubereien oder Diebstählen verabredet, nötig oder dienlich waren. So erhielt Matthias Weber den Spitznamen Fetzer, weil er bei allen Räubereien wie ein Wüterich bramarbasierte und alles zerfetzen wollte. Selbst im Gefängnis, im Verhör, wie ja Thiele bezeichnende Fälle genug anführt, verläßt den Gauner die Eitelkeit und Prahlsucht nicht. Die Schwäche ist so groß, daß der Gauner dadurch dem besonnenen Untersuchungsrichter eine wichtige Waffe gegen sich in die Hand gibt, obschon es auch hierbei der größten Vorsicht bedarf, da mancher Gauner sogar so weit von der Eitelkeit sich hinreißen läßt, daß er sich Taten rühmt, an denen er entweder nur geringen oder vielleicht gar keinen Anteil gehabt hat, sobald nur die Tat mit Gaunerschlauheit ausgeführt war.

Mit dieser Eitelkeit und Prahlsucht ist der Hang zur widersinnigsten Verschwendung verbunden, die wieder teils aus der brutalen Genußsucht und Lebenslust des rohen Gauners, teils aber aus der Eigentümlichkeit seiner Erwerbsweise sich erklärt. Wenn der Gauner nicht einmal den vom Rechte geschützten Besitz anderer achtet, wieviel weniger hat er Achtung vor dem

Besitz überhaupt und vor dem eigenen Besitz, den er nur mit
dem Wagnis des raschen Unternehmens, ohne langwierige, sau-
re Arbeit erwirbt. Er genießt nicht den Besitz, sondern er be-
wältigt ihn wie ein Hindernis an seiner weiteren gaunerischen
Tätigkeit, und trägt dabei seiner rohen Sinnlichkeit volle Rechnung. Dieser Zug und die bewußte Notwendigkeit, des verräterischen Diebstahlsobjektes so rasch wie möglich entledigt zu
sein, bestimmt den Gauner, das gestohlene Gut ohne langen
Handel an die Schärfenspieler, die als sichere Vertraute seinem
Schritt und Tritt folgen, häufig für ein Spottgeld zu verkaufen,
wenn er es nicht in äußerst mannigfacher Weise kawure gelegt
hat, wo dann die Not des Augenblicks nicht drängt und Zeit zu
einem vorteilhaften Handel gewonnen wird. Das fatalistische
Sprichwort: „Unrecht Gut gedeiht nicht", hat somit bei dem
Gauner auch eine innere Notwendigkeit. Am Ausgeben erkennt man überhaupt, wie der Mensch den Erwerb versteht.
Der solide reiche Mann bringt der Sphäre, in der er lebt, genau
so viel an pekuniären Opfern, wie ihm die wohlbegriffene Notwendigkeit vorschreibt, um sich auf dieser Sphäre zu halten.
Dieses Maß ist ihm natürlich und individuell, und verleiht ihm
daher die natürliche volle Würde des reichen Mannes. Der als
vornehmer Herr reisende Gauner macht aber umgekehrt glänzende Ausgaben, um damit Würde zu gewinnen. Er versteht
das Ausgeben nicht, weil er nicht mit jener Natürlichkeit und
jenem Takt ausgibt, mag er sonst noch so sehr die Formen der
höheren Gesellschaftskreise sich angeeignet haben. Eine einzige ungeschickte Ausgabe verrät den Gauner an den Polizeimann, der jenes Maß kennt und zu beobachten und zu würdi-
gen weiß.

Bei jener Hast des Erwerbes, des Besitzes, des Vertuns bestimmt des Gauners rohe Sinnlichkeit ihn, alles zusammenzu-
raffen, um in Masse zu genießen, was ihn durch den Mangel an
Maß, Wahl und Wechsel mehr betäubt als erfreut. Daher die
brutalen Orgien und die schändlichen Laster in den Chessenpennen, in die der Blick des Polizeimannes nur selten fallen
kann, da diese Chessenpennen, deren Inhaber vertraute Freunde und Genossen der Gauner sind, unter dem Schein schlichter,
ehrbarer Bürgerlichkeit leben und beständig deren vollsten
Schutz auf die empfindlichste Weise in Anspruch nehmen, zu

versteckt und selbst bei der sorgfältigsten Nachforschung sehr schwer zu entdecken sind. Daher die freche Völlerei sogar bei den Diebstählen selbst, bei denen sie in den Häusern der Bestohlenen die gefundenen Lebensmittel und Getränke ohne Wahl durcheinander mit brutaler Gier verschlingen und sich der Gefahr aussetzen, in sinnloser Trunkenheit entdeckt und verhaftet zu werden. Daher die volle Rechnung, die des Gauners rohe Wollust in den Bordellen findet. In diesen Orten, wo die Schande der Brutalität dient, ist die einzige Legitimation und Wahl das Geld. Auch der schmutzige oder häßliche Gast ist der mit Plunder und Schminke überzogenen Lustdirne willkommen, sobald er sein Geld zeigt, um die handwerksmäßig gebotene Schande zu kaufen. Gerade in diesen Bordellen schwelgt der Gauner am liebsten und am meisten, selbst bis zur Erschöpfung und bis zum Ruin seiner physischen Existenz, weil er hier am sichersten schwelgen kann. Wenn auch nicht die Scham, so schreibt die gebotene Ordnung doch die Heimlichkeit des Genusses vor, und somit schläft der Gauner in den Armen der Lustdirne mit behaglicher Sicherheit, während die für die Meldung jedes einzelnen Fremden streng verantwortlichen Gastwirte keinen Gast ohne Ausweispapiere und Meldung bei der Polizei aufnehmen dürfen. Diese Sicherheit der Bordelle bietet den Gaunern verläßlich Asyl. Wenn auch schon ganz besonders die Geschichte der Rheinischen Räuberbanden die Bordelle als Hauptherde des Gaunertums nachweist, so hat die Polizei noch immer keine bessere oder wenigstens keine der in den Wirtshäusern geübten gleichkommende Gastkontrolle in den Bordellen finden können, weil sie in der Erkenntnis des weitverbreiteten sittlichen Siechtums fürchten muß, heute eine Respektsperson in den Armen einer Lustdirne zu finden, in denen gestern ein steckbrieflich verfolgter Gauner gelegen hat.

Dieselbe Genußsucht führt auch die Töchter von Gaunern, ehe sie sich dem unsteten und beschwerlichen Vagantenleben ergeben, bei dem ersten Erwachen der Sinnlichkeit in die Freudenhäuser, oder wo das Gesetz eine Bordellmündigkeit vorschreibt, in die gefährlichen Winkelbordelle, in denen sogar alle Sanitätsaufsicht fehlt. In den Bordellen, wo mancher heimliche Gast den erlittenen Verlust lieber verschmerzt als anzeigt, findet die vielfach auch mit Gaunern in Verbindung stehende Dirne reichliche Gelegenheit, für die handwerksmäßige Hingebung sich außer der Taxe noch durch Betrug und Diebstahl zu entschädigen, bis sie am Ende mißliebig, abgenutzt oder ruiniert und mit Schulden überhäuft, vom fühllosen Bordellwirt entlassen, von der Polizei ausgewiesen und somit zum Vagantentum übergeführt wird, mit dem erst die eigentliche Gaunerlaufbahn beginnt. Wer sich zum festen Grundsatz gemacht hat, alle eingebrachten Vagantinnen ohne Ausnahme einer ärztlichen Untersuchung zu unterwerfen, wird bald Aufschluß darüber bekommen, wo wesentlich der Herd der jetzt auf dem Lande mehr und mehr um sich greifenden Syphilis steckt, und wie teuer mancher reiche Bauernbursche seine Prahlerei, „mit einer feinen Mamsell oder feinen Kunstmacherin schön getan zu haben", bezahlen muß. Noch ganz kürzlich ist mir eine Dappelschickse von dreiundsechzig Jahren vorgekommen, die abends auf öffentlichen Promenaden Männer anhielt und – syphilitisch befunden wurde. Aus dem Umherstreifen liederlicher Weibspersonen im Freien erklärt sich auch, daß im Sommer die Syphilis weit ärger haust als im Winter.

Bei der Entsittlichung des Gaunertums kann schwerlich von irgendeiner Religiösität die Rede sein. Die, namentlich im siebzehnten und achtzehnten Jahrhundert, von Geistlichen vielfach nicht ohne Selbstgefälligkeit dargestellte Reue und Bußfertigkeit zum Tode verurteilter Räuber und Gauner erscheint meistens nur als mürbe Verzagtheit, die nicht durch den reumütigen Rückblick auf das vergangene sündige Leben, sondern durch den Hinblick auf das nahe Schafott geweckt wurde. Man findet Gauner bei Prozessionen, Wallfahrten, in dichtgefüllten Kirchen, um Diebstahlsgelegenheiten zu erspähen; man findet bei Gaunern Rosenkränze, man sieht sie beten in den Kirchen, aber Rosenkranz und Gebet ist der Schein, unter dem der Gauner seinen erkorenen Opfern näherzurücken sucht, um sie zu bestehlen. In den Kirchen befinden sich, ebensowohl wie an Aborten, die Stätten und Zeichen, an denen die Gauner ihre geheimen Verabredungen auf die mannigfachste Weise treffen.

Schon im Mittelalter hatten besonders die französischen Gauner in irgendeinem Winkel der besuchtesten Kirchen von Ton zusammengedrückte Würfel liegen, die der zuerst in die Kirche kommende Gauner so hinlegte, daß die Eins oben stand.

Der zweite kehrte den Würfel auf Nummer zwei und so fort, damit jeder nachfolgende wußte, wie viele Kameraden der Genossenschaft sich in dem Gedränge zur Ausführung der verabredeten Gaunereien eingefunden hätten.

Um des Scheins willen gehen manche Gauner zur Beichte und zum Abendmahl, nebenbei aber auch oft wirklich, um Absolution zu erhalten für künftige Diebstähle. Ja, die Fälle sind nicht selten, wo Gelübde getan werden für das glückliche Gelingen einer verabredeten Gaunerei. Merkwürdig genug werden diese Gelübde pünktlich erfüllt, wie aus Frucht, daß auch vom Heiligen der Kontakt nicht gehalten werden könne. Ein interessantes Beispiel sind die Gelübde des Manne Friedrich bei Pfister, deren schon früher gedacht worden ist. Bezeichnend ist die Äußerung des zu Buchloe hingerichteten Gottfried Frei[12]: „Unser lieber Herr Gott und liebe Mutter Gottes sollen so große Helfer und Fürbitter sein; diese tun uns aber nie in ein Bauernhaus, Wirtshaus oder Amtshaus, wo viel Geld ist, helfen."

Diese Geschichte des Gaunertums wimmelt von Beispielen, daß Gauner, die zum Tode verurteilt und auf den letzten geistlichen Trost und Zuspruch angewiesen waren, gar und ganz keine Kenntnis vom christlichen Glauben, von den Geboten und den verschiedenen Bekenntnissen hatten. So kam es nicht selten vor, daß ein solcher armer Sünder einen katholischen, dann einen protestantischen Geistlichen, zuweilen beide zugleich, ja sogar dazu noch einen Rabbiner verlangte, und dann wieder alle drei verwarf. Auch der zum katholischen Priester bestimmte und erzogene Damian Hessel verlangte, nachdem er unter Fluchen und Toben sein Todesurteil angehört hatte, einen Rabbiner, um als Jude zu sterben, drohte dem Untersuchungsrichter, ihm in der nächsten Mitternacht nach seinem Tode zu erscheinen, und sprach von dem Gesetze der Natur, nach dem er gelebt habe und auch sterben wolle[13]. Diese tief in das Mittelalter zurückreichende und noch jetzt zu machende Wahrnehmung von den Beziehungen zwischen den christlichen und jüdischen Gaunern ist nicht nur in sittengeschichtlicher, sondern ganz besonders in sprachgeschichtlicher Hinsicht merk-

12) Sulzer, Liste, 1081, S. 71.
13) Rebmann, Damian Hessel, 3. Aufl., S. 106.

würdig. Bei aller Fügigkeit und Behendigkeit des jüdischen Volkes, sich die ihm auch am entferntesten liegenden Volkseigentümlichkeiten anzueignen, hat es doch die Grundzüge seiner ursprünglichen Eigentümlichkeit mit aller Zähigkeit festgehalten. Der das ganze bürgerliche und häusliche Leben des Juden beherrschende religiöse Kultus ist denn auch von den jüdischen Gaunern niemals mißachtet worden. In der Gemeinschaft der schmutzigen christlichen Elemente mit den jüdischen haben die letzteren, wenn auch von den Genossen mit aller Roheit verspottet und verachtet, doch in der dauernden Beobachtung ihrer religiösen Gebräuche eine so entschiedene Wirkung auf jene gehabt, daß, wenn auch dadurch die gleich tief gesunkenen Verhältnisse beider Faktoren gewiß nicht gehoben werden konnten, doch ein sehr bedeutender Einfluß der jüdischen religiösen Kultusweise auf das christliche Gaunertum sich geltend machte, so daß, wenn irgendeine Kultusform an dem gesamten deutschen Gaunertum hervorsticht, diese Form die jüdische ist, wogegen sich die christlichen Kultusformen, mit geringen Ausnahmen, fast gänzlich verleugnen. Dadurch wurde auch vielen hebräischen und rabbinischen Wörtern der Eingang in die geheime Sprache des Gaunertums gebahnt, und das um so eher und mannigfaltiger, als die jüdisch-deutsche Sprache sogar als literaris1ch abgerundetes Ganzes erschienen war und in der deutschen Nationalliteratur sich eine bedeutsame Stelle erworben hatte.

B. Das Geheimnis des Gaunertums
Das Geheimnis der Person

DRITTES KAPITEL
Die gaunerische Erscheinung

Seitdem die Landespolizei anfing, selbständig aufzutreten und die mit offener Gewalt hausenden Räuberbanden ernstlich zu verfolgen, sieht man, wie das hart bedrohte und bedrängte Gaunertum sich immer mehr von der offenen Räubergruppierung entfernt, dafür aber mitten in das Herz aller Volksschichten eindringt und die offene Gewalt mit dem geheimnisvollen Wirken vertauscht. Bezeichnend für diesen Wechsel und seine Zeit ist, daß gerade in der ersten Hälfte des achtzehnten Jahrhunderts der eigene Kunstausdruck „link", im Gegensatz von rechts, recht, rechtlich, wahr, vom Gaunertum erfunden wurde, um die versteckte Täuschung auszudrücken. So entstand Linker, der Fälscher, Täuscher, Gauner; Linke-Messumen, falsches Geld, Link-Chalfen oder Link-Wechsler, falscher Wechsler, Dieb beim Geldwechseln; linken, auf einen Betrug spähen, beobachten, und die ganze Wortfamilie, die man im Lexikon findet. Je mehr die Polizei zur Wissenschaft hinstrebte, desto mehr unternahm dies auch das Gaunertum mit solcher feinen Berechnung und mit solchem Erfolg, daß man nur durch die genaueste Berücksichtigung alles dessen, was in der geschichtlichen Ausbildung aller sozialpolitischen Verhältnisse geschehen und gegeben ist, sich erklären kann, woher die weite und tiefe Verbreitung des Gaunertums in die heutigen Verhältnisse gekommen ist. Schon vor mehr als hundertfünfzig Jahren zählte Hönn in seinem „Betrugslexikon" mit dem ganzen Eifer sittlicher Entrüstung dreihundert verschiedene Gewerbe und Lebensverhältnisse auf, in denen die Versuchung lauert und in denen Täuschung oder Betrug möglich ist. Jene Verhältnisse sind seitdem noch viel zahlreicher geworden und liegen jetzt noch bunter und wirrer durcheinander. Wenn man jetzt ein Betrugslexikon schreiben wollte, so würde es eine ungeheure Enzyklopädie geben, die selbst bei der größten und umfangreichsten Ausführlichkeit jährlich durch beträchtliche Zusätze ergänzt werden müßte. Alle Stände und Berufsarten ohne Ausnahme, sogar in den feinsten Schattierungen, sind im Gaunertum vertreten; keine Form ist so alt und bekannt, daß Sie nicht immer wieder und mit neuer Täuschung ausgebeutet würde. Es hilft wenig, daß der vorzüglichste Vorschub gaunerischer Bewegung, das handelsmännische Reisen, so sehr beschränkt und überaus scharf beaufsichtigt wird: der Handel hat zu viele Strömungen, als daß man diese bändigen könnte. Je mehr man aber auf Kosten und zur Belästigung des Verkehrs, dessen Beschränkung stets auch eine Mitleidenschaft des reellen Ganzen mit sich führt, die Handelsbewegung kontrolliert, desto behender springt das Gaunertum auf andere Verkehrsformen über. So ist es gekommen, daß das Zunftwesen, das Jahrhunderte lang der Anhalt der sittlichen Volksentwicklung gewesen ist, indem es den Lehrling an Zucht, Ordnung und Gehorsam gewöhnte und dadurch die Anbildung und Erhaltung des ehrsamen Bürgerstandes mächtig förderte, jetzt, nachdem die angeblich veraltete Zunftformen der materiellen Richtung und freien Bewegung haben weichen müssen und damit auch das sittlich-gesunde innere Wesen der Zünfte geschwunden ist, zum hauptsächlichsten Versteck des Gaunertums dient. Es sendet jetzt in reisenden Handwerksburschen und zu Fabrikarbeitern gewordenen Zunftgesellen seine Jünger auf die Landstreicherei, anstatt auf die ehrbare Wanderschaft aus.

Bei dem durch die Eisenbahnen mächtig geförderten Fremdenverkehr in Wirtshäusern, zählt das Gaunertum seine überaus starke Jüngerschaft in Kellnern, Hausknechten und Stubenmädchen, die den ungerechtfertigten Erwerb schon durch ihre oft sinnlose Vergeudung und Putzsucht verraten.

Neben diesem Zunft- und Dienerschaftsproletariat ist das Gelehrten- und Künstlerproletariat im Gaunertum am stärksten vertreten, so daß das fahrende Schülertum des Mittelalters in seiner ganzen Ausdehnung wieder aufgelebt zu sein scheint. Nicht nur, daß der Polizeimann sich mit allen vier Fakultäten herumschlagen muß, um sogar im Doktor der Philosophie und Professor der Theologie den Gauner zu entlarven, er muß auch den Nimbus und die Staffagen aller Künste und Gewerbe durchdringen, um auf Gauner aller Art zu geraten, und hat doch dabei alle feinen Rücksichten vorsichtig zu beobachten, die in den prätendierten sozialen Formen ihm entgegengeschoben werden.

Diese Rücksichten nimmt das in Gouvernanten, Gesellschafterinnen und Offiziers- und Beamtenwitwen jetzt besonders stark vertretene weibliche Gaunertum vorzüglich in Anspruch, wobei oft schmerzlich zu bedauern ist, daß alles, was weibliche Feinheit, vorzügliche Erziehung und Bildung an Rücksicht und Achtung verdient, an der verdorbensten gaunerischen Gesinnung und Führung verloren gegangen ist. Nicht mehr der Hausierer, nicht der in Lumpen gehüllte vagierende Bettler, nicht mehr der Kesselflicker, Scherenschleifer, Leiermann, Puppenspieler und Affenführer allein ist es, der die Sicherheit des Eigentums gefährdet, alle äußeren Formen des Lebens müssen zur Maske der gaunerischen Individualität dienen.

Zwei Faktoren sind es besonders, die in neuerer Zeit dem Versteck und der Beweglichkeit des Gaunertums großen Vorschub leisten: die Eisenbahnen und das Paßwesen. Die Eisenbahnen heben die Entfernung und Räumlichkeit auf. Was früher bei den beschränkten Verkehrsmitteln sich nur langsam dem Auge der Polizei entziehen und darum immer wieder leichter ausgeforscht werden konnte, taucht plötzlich an einem entfernten Orte als völlig unverdächtige Erscheinung auf, kann sich als solche frei bewegen und ebenso rasch wieder entfernen.

In der Paßgesetzgebung hat es trotz aller bis an das Ungeheuerliche grenzenden Ausführlichkeit und peinlichen Genauigkeit, die Reisende und Kontrollbeamte gleich lästig drückt, noch immer nicht gelingen wollen, in den Pässen Urkunden herzustellen, in denen die beurkundende Behörde und der beurkundete Paßinhaber mit voller Verlässigkeit beglaubigt ist. Dieser offenliegende Mangel hat schon lange im Gaunertum ein eigenes Gewerbe, das Fleppenmelochnen, hervorgerufen. Dieses wird die vorhandenen Mängel so lange ausbeuten, bis es durch entgegenwirkende Paßeinrichtungen unschädlich gemacht wird. Selbst bei der unzweifelhaften Echtheit und Unverfälschtheit der Paßurkunde und der völlig bewiesenen Berechtigung des Inhabers zu ihrer Führung, ist doch noch immer keine Sicherheit der Person gegeben, die den Paß führt, da nur die äußere Erscheinung, in der der Inhaber auftritt, oder in der er der ausstellenden Behörde legitimiert oder bekannt ist, beglaubigt wird, wobei kaum in irgendeiner Weise oder durch ein Geheimzeichen die Verdächtigung einer Person angedeutet werden kann, ob nicht ihre Erscheinung die bloße Larve einer ganz anderen Individualität ist. Diese große Schwierigkeit und Bedenklichkeit ist es, die die scharfe und so überaus lästige Paßkontrolle einigermaßen rechtfertigt, obschon es aber auch immer angemessener erscheint, auch den abgehenden Reisenden ebenso scharf zu kontrollieren wie den ankommenden. Die Ungleichheit dieser Kontrolle wird recht unmittelbar an und neben den Eisenbahnen ausgedrückt durch die Telegraphendrähte.

Die Aufsicht in der Heimat und die Unverdächtigkeit in der Ferne ist der Hauptanlaß, weshalb das Gaunertum in steter Beweglichkeit ist, um unter dem bürgerlichen Scheine, fern von der hinderlichen Beobachtung, seiner verbrecherischen Tätigkeit nachzugehen. Wie trüglich der bürgerliche Schein ist, indem sogar ein Gauner mit dem anderen unerkannt zusammentreffen kann, beweist das bei Thiele[1] erzählte Beispiel des Schmulchen Frankfurter, der einmal im Gasthofe zu Helmstädt in das Zimmer eines ausgewanderten holländischen Kanonikus brach und aus dessen Koffer 125 Louisdor nebst einer Menge Prätiosen stahl, im Koffer aber auch einige Terzerole, eine zur Säge zugerichtete Uhrfeder, ein Brecheisen, vier Ennevotennekästchen und mehrere bezeichnete Gelddüten vorfand, in denen sich statt des angegebenen Geldes sechsundvierzig sauber gearbeitete Dietriche vorfanden.

Diese Beweglichkeit und Trüglichkeit des Gaunertums rechtfertigt die starke Beaufsichtigung der Wirtshäuser, bei der jedoch die Wirte leider meist nur dann der Polizei behilflich sind, wenn sie für sich selbst Gefahr vom Gaste wittern oder schon von ihm hintergangen sind. Würden aus allen Wirtshäusern die Beobachtungen, die die Wirte zu machen Gelegenheit haben, der Polizei kund, so würde dem Gaunertreiben wesentlich mehr Einhalt getan werden können. So aber rechnen die Gauner mit Sicherheit auf die Erwerbslust der Wirte, und lassen gerade in Wirtshäusern so viel aufgehen, daß schon durch das Übermaß der Verdacht rege werden müßte.

1) II, S. 169.

Je mehr die Aufsicht auf den Eisenbahnhöfen gegen die Ankommenden verschärft wird, desto mehr entzieht sich der Gauner dieser Kontrolle dadurch, daß er eine oder ein paar Stationen vor dem Ausgangspunkt seiner Reise die Bahn verläßt und im unansehnlichen Fuhrwerk oder auch zu Fuß seinen Einzug hält.

Der Kontrolle auf der Landstraße entgeht der verdächtige Gauner dadurch, daß er den Weg ganz besonders auf oder neben den Eisenbahnlinien einschlägt. Vor nicht langer Zeit gestand mir ein aus dem Zuchthause ausgebrochener gefährlicher Räuber, daß er größtenteils am lichten Tage in der kenntlichen Züchtlingskleidung eine sechs Meilen lange Strecke auf und neben der Eisenbahn zu Fuß zurückgelegt hatte, bis er im Abenddunkel sich bei einem Trödler andere Kleidungsstücke kaufte, mit denen er seinen Einzug in Lübeck hielt, wo er in einem Wirtshause zur Haft gebracht wurde.

VIERTES KAPITEL

Die Simulationen

Der schärfste Ausdruck der Sicherheit und Verwegenheit, mit der das verkappte Gaunertum sich mitten im gewöhnlichen Leben bewegt, ist die vermessene Vortäuschung von Krankheiten und Gebrechen, durch die der Gauner die allgemeine Aufmerksamkeit absichtlich auf seine äußere Erscheinung zu lenken sucht, um hierdurch seine gaunerischen Absichten desto sicherer zur Geltung zu bringen. Dieser Betrug ist so alt, wie die christliche Barmherzigkeit, auf die er es von Anbeginn an abgesehen hat. Über diesen Betrug klagt schon der heilige Ambrosius in seinen Briefen an den Symmachus; schon die Kapitularien warnen vor den Betrügern: *qui nudi cum ferro prodeunt*; der *Liber Vagatorum* zeichnet eine Menge simulanter Siechen. Die Epilepsie wurde in der Zeit der Hexenverfolgungen als Betrug geahndet oder als Teufelswerk mit Exorcismus oder dem Scheiterhaufen ausgetrieben, während die Kinder der Gauner im achtzehnten Jahrhundert abgerichtet waren, ebenso geschickt den Taubstummen zu spielen, wie „auf

die Pille zu schnorren", wie der bekannte Gauner, der noch
heute (1858) unter der Larve eines Gärtners schon seit mehreren Jahren ganz Deutschland durchzieht und von der erheu-
chelten Epilepsie seinen ganzen Lebensunterhalt zieht.

FÜNFTES KAPITEL

Die körperlichen Entstellungen
und ihre künstlichen Merkmale

Das verbrecherische Interesse macht es für den Gauner zur
Hauptaufgabe, seine äußere Erscheinung so zu geben, daß,
wenn sie in einer Urkunde polizeilich aufgezeichnet ist, ihm
doch immer eine Änderung der persönlichen Erscheinung
möglich bleibt, um gerade nach der von ihm vorgenommenen
Änderung den Unterschied seiner jetzigen persönlichen Erscheinung mit der früher aufgezeichneten darlegen, mithin für
eine ganz andere Persönlichkeit gelten zu können. Die gaunerische Praxis hat daher besonders die in den Pässen und Steckbriefen immer wiederkehrenden Personalangaben zu einem
wahren Kunstkatalog gemacht, an dessen Vervollkommnung
sie rastlos arbeiten und mit täglich neuen Verbesserungen hervortritt. Selbst die gemessene Körperlänge ist, wie die Erfahrung zeigt, einer Veränderung fähig. Besonders gelingt es Weibern, bei nicht sehr genau vorgenommener Messung die Knie
zu beugen und den Körper so zusammenzudrücken, daß eine
erhebliche Abweichung stattfindet. In den sechs verschiedenen
steckbrieflichen Signalements einer hier zur Untersuchung gezogenen Gaunerin fanden sich Abweichungen zwischen der
hier und auswärts nach demselben Maßstabe gemessenen Körperlänge von drei bis fünf Zoll.

Die gewöhnlichen Toilettenkünste werden vom Gaunertum
in vorzüglicher Weise vervollkommnet. Die Färbung der Kopf-
haare, Augenbrauen, des Bartes, die Befestigung falscher Haare
geschieht mit größter Fertigkeit. Ich habe Gauner, die mit
schlechten Zähnen angekündigt waren, mit so herrlichen
künstlichen und so ausgezeichnet durch Schrauben in den
Zahnwurzeln befestigten Zähnen gefunden, daß sogar sehr ge-

schickte Ärzte dadurch irregeführt wurden. Eine hier in Lübeck zur Untersuchung gezogene Gaunerin hatte früher einmal in der Voraussicht, daß ihr doch einmal das Entspringen gelingen werde, siebzehn Monate lang mit bewundernswürdiger Ausdauer eine erhöhte Schulter und einen steifen Finger so geschickt simuliert, daß sie selbst den Scharfblick des sehr erfahrenen Arztes täuschte, und später, nach zwei Jahren, als sie wirklich entsprang, in weiter Entfernung entdeckt und nach jenen „besonderen Kennzeichen" beschrieben wurde, die zu ihrer Verhaftung angegangene auswärtige Behörde so vollständig zu hintergehen wußte, daß sie auf freien Fuß bleiben und sich davonmachen konnte. Dieselbe Person hatte ihre defekten Haare und Zähne so ausgezeichnet ergänzt, wie es in ähnlicher Vollkommenheit nicht leicht wieder nachgeahmt werden kann.

Sehr häufig vorkommende, vorzüglich aber dann, wenn die zu beschreibende Person selbst darauf aufmerksam gemacht hat, verdächtige und daher genauer zu untersuchende besondere Kennzeichen sind die vielfach absichtlich mit Höllenstein geätzten Muttermale, Leberflecke und dergl. an Gesicht und Händen, die sich zur gelegenen Zeit leicht wieder entfernen lassen.

Überraschend und ebenso interessant wie wichtig ist die von Kasper in Berlin gemacht und nach ihm besonders von den französischen Ärzten Hutin und Tardieu durch zahlreiche Beobachtungen geprüfte Entdeckung, daß Tätowierungen, die im Leben vorhanden waren, an der Leiche bis zur völligen Unsichtbarkeit spurlos verschwunden sein können. Noch merkwürdiger ist die durch eine Menge Untersuchungen als unzweifelhaft bewiesene Tatsache, daß der Färbestoff der Tätowierungen von den Lymphganglien ausgesogen wird und daß der Färbestoff der Tätowierungen am Arme sich in den Achseldrüsen unverkennbar deutlich wiederfindet. In dem beim Kasperschen „Handbuch" befindlichen Atlas[1] ist eine solche Achseldrüse mit eingesprenkeltem Zinnober dargestellt. So behauptet auch derselbe Autor, daß schon bei Personen, die erst vor kurzem tätowiert waren, sich Zinnober, Kohle und dergl. in den Lymphdrüsen fand.

1) Taf. 8, Fig. 25.

Die Schwangerschaft

Die Vorschützung der Schwangerschaft ist eine von verhafteten Gaunerinnen zunächst fast regelmäßig geübte Täuschung, um aus der strengen Haft und Hausordnung der Untersuchungsgefängnisse in die leichtere Verwahrung der Krankenhäuser überzugehen, in denen das Entspringen sehr erleichtert wird und sehr häufig gelingt. Mir ist eine derartige Person untergekommen, die vierzehn Monate lang angab, im ersten Monat schwanger zu gehen, daraufhin viel Almosen und Kinderkleidung zusammengebracht und letztere verkauft hatte. Vagierende Dirnen schützen stets Schwangerschaft vor, wie die Dutzbetterinnen des *Liber Vagatorum*, weil sie die Scheu der Behörden vor den Wochenbetten ausweisloser Personen kennen.

Die auch im Gefängnis ebenso gut anzustellende Beobachtung des Arztes muß hier allein entscheiden, und die Übersiedlung darf nur auf die bestimmteste Anordnung des Arztes geschehen, da die Gaunerinnen mit nichts mehr und feiner Intrigen spinnen, als mit der Schwäche der weiblichen Natur. Erfahrene und ausweislose umherziehende Gaunerinnen säugen ihre Kinder sehr lange, und sorgen, selbst wenn das Kind gestorben ist, dafür, daß ihnen die Milch nicht vergeht. Sie rechnen auf die Sorglosigkeit der Behörden und auf die lästige Umständlichkeit der Kinderverpflegung, wenn sie bei einer Verhaftung auf Verdacht angeben, daß sie im benachbarten Orte einen hilflosen Säugling zurückgelassen hätten, wobei denn die allenfalls angestellte ärztliche Untersuchung das Vorhandensein eines Säuglings wahrscheinlich macht, und wozu denn auch wohl nötigenfalls aus der ersten besten Chessenpenne irgendein Kind von den vertrauten Genossen zur Aushilfe herbeigebracht wird. In solcher Weise werden nicht selten Gaunerinnen über die Grenze geschoben mit ganz fremden Kindern, die sie hinter dem nächsten Bauernhause aussetzen, wenn Sie ihnen nicht sogleich von den Lieferanten wieder abgenommen werden.

SIEBENTES KAPITEL

Die Epilepsie

Eine der am meisten vorkommenden Betrügereien ist die Simulation epileptischer Zufälle (Tippel, Pille, Fallsucht). Sie ist teils ein Mittel, Mitleid zu erregen und Unterstützung und Pflege zu erhalten, teils um bei öffentlichen Gelegenheiten, in Verabredung mit Taschendieben, die allgemeine Aufmerksamkeit zu erregen und einen Zusammenlauf zu veranlassen, teils aber auch im Verhör den plötzlichen Abbruch einer, für den in die Enge getriebenen Gauner gefährlich gewordenen Situation zu bewirken. Eine genaue Kenntnis der Symptome ist daher wesentlich förderlich, die Simulation von der Wirklichkeit zu unterscheiden. Bestimmt und treffend zeichnet Schürmayer die Unterschiede: „Das wirkliche Vorhandensein der Epilepsie hat immer einen besonderen Ausdruck in den Gesichtszügen, die den mehr oder weniger deutlich ausgedrückten Stempel von Traurigkeit, Furchtsamkeit und Dummheit an sich tragen, insofern die Krankheit schon einige oder längere Zeit dauert, was durch Betrug nicht wohl nachzuahmen ist. Bei dem wahren Epileptiker zeigen die oberen Augenlider die Neigung, sich zu senken, und man bemerkt die Gewalt, die sich der Epileptiker antut, um die Augen offen zu halten, wenn er etwas betrachten will; auch sprechen solche Kranke nur ungern von ihrer Krankheit, suchen sie sogar zu verheimlichen. Die simulierten Konvulsionen sind sich, da die Betrüger ihre Rollen gewissermaßen auswendig lernen, in allen Paroxysmen fast ganz ähnlich, haben auch etwas Grimassenartiges, was bei der Epilepsie nicht der Fall ist. In den wahren epileptischen Anfällen sind fast immer die Augen offen, die Pupille ist meistens erweitert oder auch krampfhaft zusammengezogen, die Iris in einer zitternden Bewegung; bei manchen Kranken rollen die Augen fürchterlich in ihren Höhlen umher, sind aber auch wohl in einzelnen Momenten fast wie leblos fixiert. Dieser Zustand ist nicht nachzuahmen, und der verstellte Anfall wird besonders dadurch erkennbar, wenn bei schnellem Anbringen eines Lichts vor die Augen die Pupille sich gleich zusammenzieht. Das beschwerliche und röchelnde Atemholen, meist mit bläulicher Auftreibung des Gesichts gepaart, kann anhaltend nicht nachgeahmt werden, ebensowenig der Schaum vor dem Munde in einem gewissen Grade, wenn nicht Seife dazu verwendet wird[1], und das Herzklopfen mit dem kleinen unterdrückten Pulse. Bei den wahren Anfällen ist eine ungewöhnliche Körperkraft zu konstatieren, die Betrüger, wenn sie nicht von Natur aus stark sind, nicht nachzuahmen vermögen. Wenn Epileptische schreien, so geschieht dies vor dem Fallen, nachher tritt völliges Schweigen mit Bewußtlosigkeit und Verlust des Gefühlsvermögens ein. Betrüger verstoßen sich oft hierbei, zumal wenn ihnen Anlaß gegeben wird. Tritt namentlich auf Anwendung von Kitzeln, Nießmitteln u. dgl. Reaktion ein, so ist Simulation als gewiß anzunehmen. Endlich unterscheidet sich der gleich nach dem Anfall eintretende Zustand des Körpers und Geistes bei simulierenden Epileptischen, indem erstere die als notwendige Folge dastehende Abspannung nicht zeigen, oder nicht nachhaltig genug."

Diese Unterscheidungen sind sehr wichtig und genau zu beachten, wenn man nicht nach stundenlangen Verhören gerade in wichtigsten Moment durch den in die Enge getriebenen Gauner mit seiner gemachten Fallsucht um die Resultate angestrengter Mühe gebracht sein will. Es gibt Gauner, die schon vor dem Ausbruch eine Schwäche vortäuschen und eine Unpäßlichkeit bemerkbar zu machen wissen, nur um sich zu gewissern, ob der Verhörende ängstlich ist, wonach denn der epileptische Anfall entweder ausbleibt oder zum Vorschein kommt. Sehr beachtenswert aber ist die Bemerkung, die Schürmayer[2] macht, daß nämlich erfahrungsmäßig gewisse anfangs simulierte Krankheiten zuletzt in wirkliche übergehen können, daß dies jedoch immer noch solche krankhafte Zustände sind, die sich in sogenannten nervösen Zufällen, wie Krämpfen, Zuckungen u. dgl. kundgeben. Die Wahrheit dieser merkwürdigen Behauptung scheint ebensowohl in körperlicher wie sogar auch in physischer Hinsicht sich zu bestätigen. Jeder aufmerksame Untersuchungsrichter findet reichliche Gelegenheit, Beobachtungen dieser Art zu machen.

1) *Liber Vagatorum*, Kap.8.
2) Lehrbuch der griechischen Medizin, § 531.

ACHTES KAPITEL

Die Taubstummheit

Die Vorspiegelung der Taubstummheit ist einer der am häufigsten vorkommenden gaunerischen Versuche, um dem entstandenen Verdachte die Arglosigkeit und Unbeholfenheit des Taubstummen entgegenzusetzen. Viele Gauner wissen jene eigentümliche Lebendigkeit der Gebärden und Bewegungen der Taubstummen, denen die Hauptwege der physischen Ausbildung, Gehör und Sprache, versagt sind, und die dafür nur durch das Auge Ersatz finden, meistens mit vielem Glück nachzuahmen und sogar sich das Ansehen zu geben, als läsen sie die vom Inquirenten gesprochenen Worte von dessen Lippen, wobei sie auch in jener rauhen unmodulierten Sprachweise mit offensichtlicher Anstrengung zu antworten suchen.

Der Betrug ist nicht schwer zu entdecken.

Der Simulant kann nicht den Unglücklichen nachahmen, der auf der niedrigsten Stufe der menschlichen Bildung steht. „Der Taubstumme besitzt", wie Friedreich[1] sagt, „solange man seine Kräfte nicht ausbildet, seine Fähigkeiten nicht übt, keine Kenntnisse ihn lehrt, nichts als Empfindungen der Gegenwart ohne augenblickliche (momentane) Eindrücke, fast gar keine Erinnerung der Vergangenheit und ebensowenig Erwartung der Zukunft."

In Stellung, Haltung, Miene, Blick und Wesen kann der Simulant durchaus nicht, oder nicht dauernd, so über sich gebieten, daß er eine so augenfällig eigentümliche äußere Erscheinung darstellt, wie jener Zustand bedingt. Er kann sich für nicht weniger darstellen, als für einen unterrichteten Taubstummen, der ein Verständnis haben und wiedergeben kann. Er muß also die eigentliche schulmäßige Taubstummenbildung kennen, die ihn allein zum Verständnis fähig machen konnte, oder muß seine Unkenntnis und damit die Verstellung verraten.

Dem Fachmann gegenüber ist daher sein Spiel rasch verloren. Ja meistens bedarf es kaum des Fachmannes. Der Verhörende, sobald er nur den Schein gutmütigen Glaubens und

1) System der gerichtlichen Psychologie, Regensburg 1852, S. 332.

Mitleidens bewahrt und ohne Zurüstung und Verabredung in Gegenwart des Simulanten mit einer Überraschung gegen ihn hervortritt, vermag sehr häufig schon ohne Sachverständigen den Simulanten zu entlarven. Dieser ist vollständig entlarvt, wenn er das Hauptmittel seiner Bildung, das Schreiben, nicht verleugnet und zu schreiben anfängt. Dem Taubstummen ist jedes Wort ein Bild. Sein Unterricht, seine ganze geistige Schulung bestand in der Auffassung von richtig vorgezeichneten Wortbildern, die in ihrer bloßen richtigen Form ihm den Begriff verliehen. Daher gibt der Taubstumme seine Begriffe genau in den erlernten richtigen Formen wieder, und schreibt daher die ihm gelehrte reine Schriftsprache ohne Provinzialismen und ohne solche Fehler, die aus falscher Aussprache entstehen, wenn er auch in der Anordnung der einzelnen Formen Fehler begeht und einzelne Buchstaben in einem Worte, oder Worte in einem Satze, zuweilen unrichtig, hinstellt.

In der Wahl phonetischer Mittel muß man sehr vorsichtig sein. Ich habe einen wirklichen Taubstummen vernommen, der, während ich ihn mit Schreiben beschäftigte, von der Lufterschütterung eines hinter ihm explodierenden Zündhütchens in die Höhe fuhr. Andere Taubstumme fühlten im Zimmer des zweiten Stockwerkes die Erschütterung des Schlagens einer einzelnen Trommel auf der Straße. Noch andere konnten fühlen, daß im Nebenzimmer Klavier gespielt wurde. Überraschend ist die Anwendung der Ätherisierung zur Entlarvung eines Simulanten in Brüssel.

Von zwei eines Diebstahls angeklagten Individuen namens Lerch und Daubner hatte Daubner sich taubstumm und blödsinnig gestellt. Man wußte jedoch, daß er von Geburt an nicht stumm sei und daß er seine Lage vollkommen begreife, da er im Gefängnis bereits einen Selbstmordversuch gemacht habe. Lerch wurde zur Zwangsarbeit verurteilt, Daubner aber, von dem die Ärzte behaupteten, er simuliere, der Ätherisierung unterzogen. Beim Eintritt ihrer Wirkungen begann er sogleich sehr geläufig Französisch zu sprechen, obwohl er bei seiner Verhaftung in Holland vorgegeben hatte, nur Deutsch zu verstehen. Aus dem Ätherrausche erwacht, wollte er wie früher die Rolle eines Taubstummen spielen, wurde aber zu zehnjähriger Zwangsarbeit verurteilt.

Eine richtige und ruhige Behandlung des Betrügers wird bald zu seiner Entlarvung führen, obschon dieser es immer bis auf das Äußerste ankommen läßt, da er nicht nur die Strafe für seinen Betrug, sondern auch für das Vergehen zu fürchten hat, das er mit der Simulation zu verdecken suchte, und für das er durch diese einen bedeutenden Verdachtsgrund gegen sich selbst vorbringt. Der Verlust dieses doppelten Spieles ist es aber auch, der, wie kaum sonst in ähnlicher Weise, einen ganz eigentümlichen Eindruck auf den Verhörenden macht, sobald der Simulant mit einem Male die geläufige Sprache gewinnt und sich, im schneidenden Gegensatz mit dem bisherigen simulierten beschränkten Wesen, urplötzlich als eine Persönlichkeit von freier, ja raffinierter Geistigkeit hinstellt, in der er einen neuen frischen Kampf mit raschem Angriff beginnt. Es ist wenig, den Betrüger zum Abstehen der Simulation gebracht zu haben, wenn der Richter nicht seinen Triumph vollkommen zu unterdrücken und kalt und nüchtern die Beseitigung der Simulation ganz als Nebenwerk zu behandeln und ruhig auf das gesteckte Ziel, auf die Entlarvung des Gauners, weiterzugehen weiß.

Neuntes Kapitel

Die Schwerhörigkeit

Wohl die verdrießlichste Simulation dem Richter gegenüber ist die vorgespiegelte Schwerhörigkeit, da sie meistens auf das Schikanieren des Richters abgesehen ist.

Der Gauner weiß recht gut, daß die Schwerhörigkeit ihn keineswegs als arglosen und unverdächtigen Menschen hinstellt, so wenig wie sie ihn bei Verübung und Verhehlung seiner Gaunerei von irgendeinem Nutzen sein kann; aber im Verkehr mit Beamten und in Verhören treibt er sein boshaftes Spiel damit, den Fragenden absichtlich falsch zu verstehen und auf die an ihn gerichteten Fragen mit dem vollen Scheine des unbefangenen Mißverständnisses beißende und boshafte Antworten zu geben. Erfahrene Gauner können dies Spiel mit großer Beharrlichkeit und eiserner Ruhe fortsetzen, auch wissen viele sogar jene klanglose gedämpfte Sprachweise, die den wirklich

Schwerhörigen eigen ist, sehr gut zu kopieren. Der Richter schont sich am meisten und den Simulanten am wenigsten, wenn er unablässig durch einen Unterbeamten mit kräftigem Sprachorgan seine Fragen dem Simulanten dicht und laut ins Ohr rufen läßt, was meist auf die Dauer dem Simulanten unerträglich wird, dem wirklich Schwerhörigen aber wenig verschlägt.

ZEHNTES KAPITEL

Geisteskrankheiten

Geisteskrankheiten werden von Gaunern nur selten und in ganz besonderen Fällen vorgetäuscht, da die Erscheinung geistiger Störung zu auffällig und bedenklich ist, als daß nicht die Behörden ein mit solchen Symptomen auftretendes Individuum berücksichtigen und einziehen sollten. Indessen wird oft, um Vertuß zu machen, besonders auf Jahr- und Viehmärkten, von Gaunern Blödsinn simuliert, wobei denn seine Genossen zu schottenfellen und torfdrucken suchen. Selten tritt ein solcher Simulant selbst als Haupthändler, sondern meistens als Nebenperson, Musikant, Gepäckträger u. dgl. auf, der wenn er gehänselt wird und seine schlechte Geige zerschlagen läßt, sich sehr häufig durch geschicktes Torfdrucken reichlich für den ihm zugefügten Schimpf und Schaden zu erholen weiß. Auch bei dem Schmierestehen spielen die Gauner häufig neben dem Betrunkenen auch den Blöden, um herzukommende Wächter und Bestohlene aufzuhalten und zu täuschen. In der Untersuchungshaft und Strafhaft kommen jedoch häufiger Simulationen geistiger Störungen vor[1], die durchaus von Fachmännern sorgfältig beobachtet und von jenen wirklichen Störungen unterschieden werden müssen, die leider eine ebenso häufige wie traurige Folge strenger Einzelhaft sind.

1) „Aktenmäßiger Verlauf der Peinlichen Untersuchung gegen die Kunfelsche usw. Bande", S. 219 – 260. „Geschichte der rheinischen Räuberbanden" II, S. 333.

Elftes Kapitel

Affekte

Affekte endlich werden sehr häufig von Gaunern in Verabredung mit ihren Genossen vorgemacht, besonders um bei Marktdiebstählen die Aufmerksamkeit der Menge auf einen Punkte und von den handelnden Gaunern abzulenken (s. Vertuß, Kap. 21). Besonders aber im Verhör und in der Gefangenschaft spielt der Gauner mit allen Affekten und läßt keine Rolle und keine Gelegenheit unversucht, um dem Verhörenden zu imponieren und ihn irrezuführen. Darüber wird im Kap. 104 noch gesprochen werden.

Das geheime Verständnis

Zwölftes Kapitel

Die Gaunersprache

Bei dem tiefen Geheimnis, auf dem der ganze Organismus des Gaunertums begründet ist, sind die durch Jahrhunderte hindurch zusammengetragenen, immer verbesserten Verständigungsmittel sehr zahlreich und mannigfaltig. Sie tragen alle Spuren ihrer Schöpfung und Vervollkommnung durch Übereinkunft an sich und geben sowohl von der Verworfenheit, wie auch von dem Scharfsinn und Übermut ihrer Erfinder Zeugnis. Vor allem erkennt man in der wüsten und wirren Gaunersprache, die durch alle Jahrhunderte hindurch wie ein trüber Bodensatz in beständiger gärender Bewegung gehalten ist, den geistigen Ausdruck der gemischten, schmutzigen Volkselemente, die diese Sprache zusammentrugen und mit immer neuen Zusätzen bereicherten. Die Gaunersprache ist daher nicht nur in sprachlicher, sondern auch in kulturgeschichtlicher Hinsicht eine Merkwürdigkeit, die in einem besonderen Abschnitt ausführlicher behandelt werden soll.

DREIZEHNTES KAPITEL

Das Zinken

Das Wort: der Zink oder Zinken bedeutet allgemein jede geheime Verständigung durch Laute, Gesten, Mienen und graphische Merkzeichen, und wird daher von Thiele mit: Wink, Zeichen, Bezeichnung richtig übersetzt. Es ist von dem lateinischen *signum*, französisch signe[1] abzuleiten. Der Bedeutung des Wortes Zinken entsprechend, ist das dem deutschen Schreck in Verbindung zu setzende jüdisch-deutsche schreko vom hebräischen שְׁרִיקָה und dies von שָׁרַק, er hat gezischt, gelockt, gewinkt, wovon schrecken, auch sriken, zischen, durch Zischen herbeigerufen, winken, und Schrecken und Sriker, der zur Unterstützung des Schottenfellers (Ladendiebs) mit in die Läden geht.

Das Wort Zink – in der heutigen Volkssprache bedeutet Zinken die Nase – ist dem *Liber Vagatorum* und der alten rotwelschen Grammatik fremd. Auch bei Moscherosch und bei Schottelius kommt der Ausdruck nicht vor. Man findet ihn zuerst in dem „Hildburghauser Verzeichnis von 1753" als Kompositum, Zinkenplatz, d.h. Ort, wo sich die Diebesbande hinbestellt, und Zinkenstechen, d.h. Lärm zum Abmarsch machen, rufen, einem etwas zu verstehen geben, auf einem gewissen Ort hinbestellen. Die rotwelsche Grammatik von 1755 hat diese Terminologie aufgenommen. Dem Judendeutsch ist der Ausdruck fremd, obgleich er den jüdischen Gaunern vollkommen geläufig ist. Auch wird durchgehends die ganze Personalbeschreibung ein Zinken, das Signalisieren einer Person abzinken und der Steckbrief Zinkfleppe genannt.

Schon aus der sprachlichen Bedeutung des Zinken ersieht man, welch großen Komplex von Verständigungsmitteln das Zinken umfaßt. Man kann kaum alle diese Mittel darstellen und einteilen, zu deren Kenntnis dem Polizeimann oder Gefängnisbeamten vorzügliche Gelegenheit geboten wird. Gerade in der Bedrängnis wuchert der gaunerische Geist an Behelfen herauf, von denen man auf den ersten oberflächlichen Anblick keinen Begriff hat, und gerade in Vorhalten oder bei den immer

1) Pott II, S. 226 f.

höchst gewagten Gegenüberstellungen, gaunerischer Gefangenen nimmt der scharfe Beobachter psychologische Momente wahr, die ihn zum Erstaunen, ja oft zur Bewunderung hinreißen. Trotz der gleichmäßigen Schule und Ausbildung, trotz des feinsten Verständnisses aller Gauner unter sich, ist und bleibt jeder einzelne Gauner nach seiner Persönlichkeit immer doch noch ein eigener Lehrsatz, der von dem genau beobachtenden Polizeimann so klar begriffen werden kann, daß er jeden Gauner für ein Original erklären muß und kaum eine Analogie von einem Gauner auf den anderen zu ziehen wagen darf. Ein Gauner versteht am anderen jede Bewegung des Auges, Mundes, jede Stellung der Füße jede Regung eines Fingers, jeden Griff an Hals, Mund, Haar, jedes Räuspern, Husten, Niesen, wie scheinbar unwillkürlich und wie natürlich alles zum Vorschein gebracht werden mag. Einem Räuber, den ich zum Geständnis gebracht und der mir auch den wirklichen Namen seines mitgefangenen Genossen genannt hatte, wußte dieser bei der Gegenüberstellung, ungeachtet der schärfsten Beobachtung, so sehr durch ein starkes Atemholen zu imponieren, daß jener die gemachten Geständnisse in seiner Gegenwart nicht zu wiederholen wagte, aus Furcht, wie er später eingestand, daß er einmal als Sslichner ermordet werden würde.

VIERZEHNTES KAPITEL
Die Jadzinken

Unter den Zinken, die eine gleichmäßige und systematische Ausarbeitung haben, sind zunächst die Jadzinken (Fehmzinken oder Grifflingzinken) zu merken.

Es sind dies Zeichen, die mit der Hand oder eigentlich mit den Fingern gemacht werden. Diesen Jadzinken liegt das einhändige Alphabet der Taubstummen zugrunde. Man findet viele Gauner, die, ohne taubstumm zu sein, sich die Handsprache vollständig zu eigen gemacht haben, da die Hand mit ihrer stillen und doch lebendigen Sprache, selbst in Gegenwart Dritter, ein genaues Verständnis vermitteln, und wo der tönende Mund geschlossen bleiben muß, durch eine geringe Öffnung, durch

Fenster und Gitter lautlos kaspern kann. Das Jadzinken ist die optische Telegraphie des Gaunertums, die der Polizeimann genau kennen muß, um sie beobachten und verhindern zu können.

In meiner Polizeipraxis hat mir diese Kenntnis manchen Nutzen, namentlich bei Entlarvung von Simulanten, gebracht, die nicht auf diese Verständigungsform eingehen konnten. Auch die ganze Menge der mit eigentümlicher Lebendigkeit und mit scharfer Form vorgebrachten Gesten und Manipulationen der Taubstummen ist dem raffinierten Gauner bekannt.

Besonders wird noch als Zinken ausgebeutet das Schreiben von Wörtern mit dem Finger in die Luft, so daß der Genosse die Buchstaben als Spiegelschrift erblickt, oder auch das Schreiben mit dem Finger in die offene Hand des Genossen, in die die Buchstaben streifend hineingeschrieben und durch das Gefühl aufgefaßt werden, was besonders im Dunkeln und in Gegenwart Dritter ein vollkommen ausreichendes Verkehrsmittel ist.

FÜNFZEHNTES KAPITEL

Die Kenzinken

Von der Kenntnis des Handalphabets der Taubstummen, die das heutige Gaunertum besitzt, ist ein Beweis der allgemein gewordene Kenzinken – Ken = jüdisch-deutsche bejahende Partikel – oder Kundezinken, der besonders in wittschen Wirtshäusern, wo der Gauner seine Umgebung nicht kennt, und besonders beim Haddern (Kartenspiel) und sonstigen Spielen, Wetten und Kunststücken angewandt wird. Will der Gauner einen Genossen ausfindig machen, so schließt er die Hand zu Faust, so daß die Daumenseite nach oben kommt, streckt den Daumen gerade aus gegen den gekrümmten Mittelfinger und hält den Zeigefinger in leichter Krümmung über dem Daumen, ohne jedoch diesen damit zu berühren. Damit wird der Buchstabe C gebildet, und aus der in dieser Haltung wie absichtslos auf den Tisch gelegten Hand weiß jeder anwesende Gauner, daß er einen Genossen, Chessen, vor sich hat. Undeutlicher (wahrscheinlich aus dem F, G oder K verstümmelt) ist das andere all-

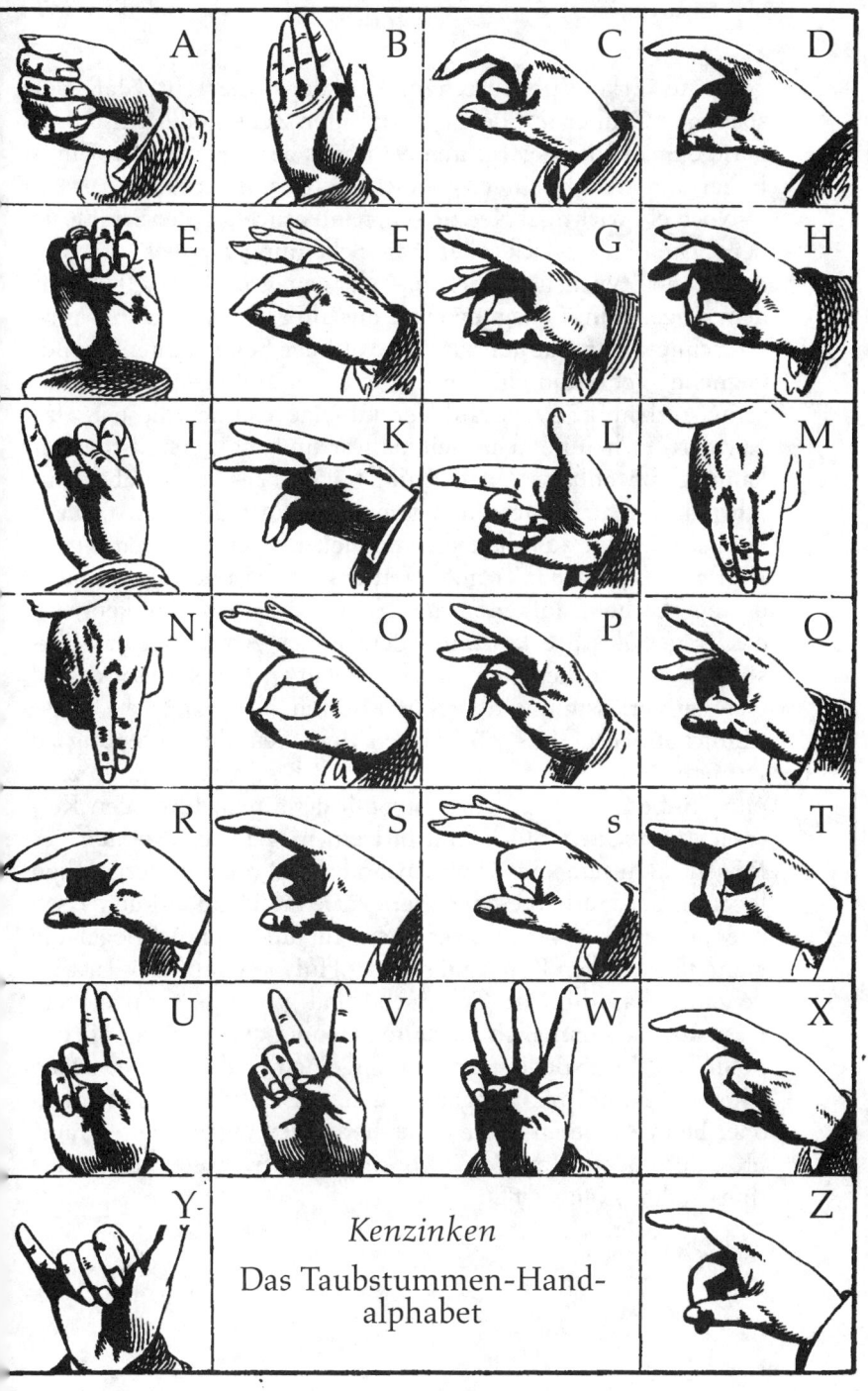

Kenzinken

Das Taubstummen-Hand-alphabet

gemeine Erkennungszeichen, das darin besteht, daß der
spähende Gauner mit dem gekrümmten Zeige- oder Mittelfinger die Spitze des gestreckten Daumens berührt und den Ring-
finger und kleinen Finger gerade und frei ausstreckt.

Noch ein wichtiger Kenzinken, namentlich auf der Straße, ist
der Scheinlingszwack oder das Scheinlingszwickeln – vom
deutschen Zwicken, Zwacken – der eigentümliche Blick mit
dem Auge. Beim Begegnen eines auszuforschenden Unbekannten schließt der Gauner das Auge auf der Seite, an der der Be-
gegnende geht, und blickt mit dem anderen Auge über die Na-
senwurzel hinüber, worauf der kundige Gauner diese Fratze
erwidert, sich mit Sicherheit nähert und die persönliche Bekanntschaft anbahnt. Auf Landstraßen, besonders aber auf
Jahrmärkten und Messen hat man häufig Gelegenheit, diese
komische Fratze zu sehen, die von vielen als bloßes Produkt des
Mutwillens oder der Trunkenheit angesehen und mit verwun-
dertem Lächeln aufgenommen wird. Andere Kenzinken, wie
das Tragen des Stockes unter dem linken Arm, oder das Einstecken des Stockes quer durch oder über den Reisesack, sind
weniger verlässig und üblich und führen, da sie anderen volkstümlichen, besonders zünftischen Bräuchen ähneln, häufig zu
Irrungen, die für den Gauner bedenklich sein können. So z. B.
pflegen die Zimmergesellen nur mit dem quer durch den Reisesack gesteckten Stock und mit einem gelösten Riemen des
Reisesacks in eine Stadt einzuwandern. Die Drechslergesellen
legen in der Herberge oder Werkstätte die Hand auf den Tisch
oder auf die Drehbank, stecken den Hut auf den Stock, legen die
Hand flach an den Kopf und sagen: „Hui Geselle!" usw. Fast jede Zunft hat ähnliche Gebräuche und geheime Kennzeichen.
Deshalb sind denn auch jene alten Gaunerkennzeichen, die ohnehin in ihrer Bedeutsamkeit allgemein bekannt geworden
sind, mehr und mehr abgekommen, wie z. B. beim Zutrinken
oder beim Anbieten einer Prise die leicht hingeworfene Frage:
„Kunde?" oder „Ken Cay", worauf die Antwort ist: „Ken Mat-
thies" oder „Ken Cay".

SECHZEHNTES KAPITEL

Die graphischen Zinken

Außer diesen systematischen Zinken, die unmittelbar von Person zu Person gebraucht werden, gibt es noch eine Menge anderer Zinken, die einen mehr allgemeinen monumentalen Charakter tragen, jedoch ebenso genau, wie jene direkten Zinken das Verständnis vermitteln. Jeder Gauner hat sein bestimmtes Zeichen, gleich einem Wappen, das von seinen Genossen so geachtet wird, daß keiner es nachzuahmen wagt, da er sich sonst der blutigsten Rache für die schwere Ehrenkränkung aussetzen würde. Die schwerste Beleidigung ist das Hinzeichnen eines Gaunerzinkens an einen Galgen, Schandpfahl oder Halseisen, während wiederum die Abtritte und andere ekle Orte gerade am meisten zum Zeichnen der Zinken dienen und auch zu diesem Zwecke besucht werden. Bald ist es ein Tier, wie ein Pferd, Hund, Fuchs, Ziege, Schwein, Schaf, Hahn, Ente, Eule usw., bald ein Kreis, Oval, Viereck, Dreieck, bald ein Kreuz mit diesem oder jenem Beiwerk, wie z. B. mit einer Schlangenlinie durchwunden. So enthalten z. B. die Akten des Justizkollegiums zu Erlangen von 1765 – 66, in der großen Untersuchung gegen die Gaunerin Kirschner und deren Sohn Günner, das rohe Zeichen der Kirschner:

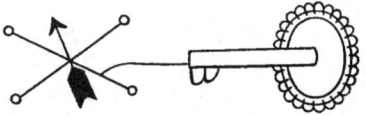

Bei dem Einbruch im Hause des Bauernhausbesitzers Matthias Diete zu Gerstberg, Bezirk Amstetten in Niederösterreich, am 28. Juli

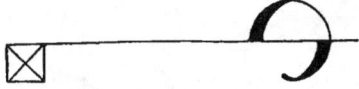

1856, hatte der Einbrecher unterhalb des Fensters, dessen Gitter weggerissen worden war, den beistehenden Zinken mit Rotstift aufgezeichnet.

Der allgemeine Diebeszinken ist ein Schlüssel, durch den ein Pfeil geht:

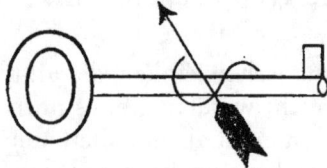

Es finden sich aber auch einzelne landsmannschaftliche Zinken, wie z. B. der Stuttgarter Zinken:

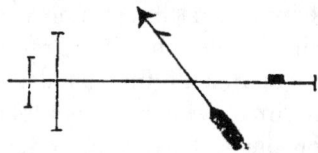

Auch für einzelne Gaunergewerbe finden sich Zinken. So kommt noch in der Untersuchung gegen die Kirschner ein unbekannter, wahrscheinlich aber allgemeiner Bettlerzinken vor:

Als Zinken für Hochstapler auf Adelsbriefe findet sich nachstehende Figur:

Der Zinken für fechtende Studenten sind zwei Hieber mit einem Pfeil gekreuzt:

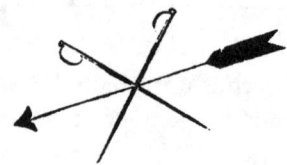

Die auf falsche Würfel reisenden Spieler (Kuwiostoßen) haben nachstehenden Zinken (Fig. A); die falschen Kartenspieler (Freischupper) den Zinken (Fig. B). Auch gibt es Zinken, die einen allgemeinen Begriff oder eine spezielle Besorgnis ausdrücken, z. B. die Befürchtung der Gefangenschaft (Fig. C).

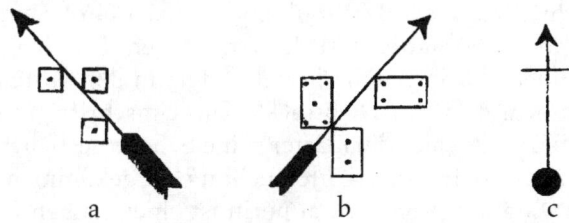

a   b   c

Der Zinken, der die gelungene Tat anzeigt, ist meistens ein Strich mit einer Schlangenlinie durchwunden, deren Ende gewöhnlich auf die Richtung deutet, die die abziehenden Gauner genommen haben[1],

oder ein Anker, dessen Kabelende dazu dient, die Wegerichtung anzudeuten. Dieser Zinken wird gewöhnlich dicht am Tore der Stadt

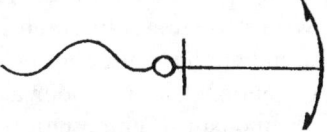

oder des Gehöftes oder am Ausgange, den die Gauner aus dem erbrochenen Verschluß genommen haben, gezeichnet. Auch wird endlich wohl noch das Datum der Tat oder der Passage neben den Zinken gesetzt, z. B.[2]

Auch auf Petschafte und Siegelringe werden Zinken mit heraldischem Beiwerk gestochen. Die Gravierungen werden von den Gaunern selbst gefertigt, die mit dieser ihrer Kunst auch

1) Christensen, Alphabetisches Verzeichnis, S. 14 und 21.
2) „Österreichisches Zentral-Polizeiblatt", 20. Jan. 1854, Nr. 10, S. 105.

vielfach die Jahrmärkte beziehen, wo sie mit Leichtigkeit die bestellten Gravierungen sofort ausführen, wenn man auch die
Sauberkeit und die von gründlich gebildeten Graveuren stets
berücksichtigten allgemeinen heraldischen Regeln daran vermißt. Das erwähnte Siegel des Krummfinger Balthasar war
nach Schwarzmüllers Beschreibung „von der Größe eines Kay-
ser-Guldens und hatte, statt der Armaturen, Pistolen, Pulver-
horn, Funckschure, Schoberbartel u. dgl., in der Mitte aber einen Mann mit einem Diebssack". Die Umschrift lautete: Bin
ich ein tuaf Cafer, der dem Cafer seine Schure bestieben kann[3].
Das mir jüngst in einer Untersuchung vorgekommene Siegel
einer als Gräfin reisenden Gaunerin ist einen halben Zoll hoch
und drei achtel Zoll breit, achteckig, mit französischem Schild,
durch dessen Pfahlstelle der Pfeil gerade aufsteigt. Das Herz der
Schilder ist mit einem runden Kreise bedeckt, durch den der
Pfeil geht, und über den auch, gegen die Regel, die roten Lini-
en des ganzen Schildes laufen. Auf dem Schilde ist ein königli-
cher Helm, der als Schmuck einen Fuchs trägt. Das Siegel ist
schlecht und unregelmäßig gestochen.

Die Zinken werden mit Kohle, Kreide, Rotstift, Bleistift an
den Gebäuden, Kirchen, Klöstern, Kapellen, Scheunen, Wirtshäusern, die an der Landstraße liegen, angebracht. In den
Wirtshäusern und Herbergen findet sich der Zinken oft an oder
neben der Tür. Oft wird der Zinken in einen Balken des Wirts-
hauses, oder in einen nahen, oder auf dem Felde, oder abgeson-
dert nahe am Wege stehenden Baum oder auch Meilenzeiger,
Landstraßen- und Schlagbaum eingeschnitten. Am meisten
werden die Zinken in den Abtritten der Wirtshäuser und Bahnhöfe gezeichnet, ebenso an einzelstehenden Pavillons, Balko-
nen, Balken oder Türmen, an den Enden öffentlicher Gärten
und Belustigungsorte. Auch in und an Kirchen, Kapellen und
Klöstern, besonders wo in letzteren am meisten Almosen ver-
abreicht werden, dienen die Mauerwände zum Aufzeichnen
von Zinken. Vorzüglich noch werden an der Teilung von Wegen
mit dem Stocke Zinken in den Sand gezeichnet. Im Winter werden sie in den Schnee geschrieben.

Von diesen Gaunerzinken heißt es im ersten Viertel des achtzehnten Jahrhunderts: „In denen Wirths-Häusern, wann sie

3) Hildburghauser Akten, S. 41.

fortgehen, machen sie gewisse Zeichen, daß die andern, welche nachkommen, daran erkennen, was vor einen Weg sie genommen, wohin sie gegangen und wie viele ihrer gewesen, das Zeichen sehe also aus:

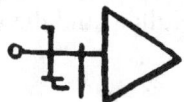

Davon bedeute der obere Spitz, wohin sie marschirt; das Strichlein, welches durch den langen Strich gehe, bedeute einen Mann, dasjenige, welches nicht gar durchgehe, ein Weibs-Bild; das überzwerche ein Kind, und das untere Ringlein einen Hund[4]."

Der Auslauf einer Schlangenlinie, oder besonders die Spitze eines Pfeiles, bedeutet die Richtung des eingeschlagenen Weges an. Ein oder mehrere Knoten in den Weidenzweigen am Wege, ein flatterndes Band oder Bindfaden mit Knoten, oder ein Stück Papier mit Strichen, eine oder mehrere Strohschleifen an Gebüsch und Baum in der Nähe des Weges namentlich kurz vor Dörfern und Städten, zeigt den Durchzug und die Zahl der vorübergezogenen Genossen an. Sehr häufig wird neben den Weg ein abgeschnittener Busch oder Zweig hingelegt, dessen Schnittende auf die eingeschlagene Richtung zeigt, und in dessen Stamm jeder Genosse eine Kerbe schneidet, um den nachfolgenden die Zahl der bereits Vorübergegangenen anzugeben.

Will ein Gauner, der mit seiner Chawrusse versprengt war oder aus dem Zuchthause entlassen ist, seine Rückkehr und Anwesenheit anzeigen, so zeichnet er seinen Zinken an irgendeine bekannte Stelle mit dem Datum hin, und verläßt sich darauf, zur bestimmten Zeit oder mindestens bei dem nächsten Neumonde seine Kameraden oder doch einen Teil von ihnen an dem Platze zu finden. Will er andeuten, wohin er sich gewendet hat, so fügt er seinem Zinken den Pfeil oder die Schlangenlinie hinzu. Schon Schäffer gibt eine interessant Zeichnung und Beschreibung eines komplizierten Gaunerzinkens, wodurch die Gegenwart des Gauners, seine Begleitung und Wegrichtung genau angegeben wird.

4) Verzeichnis derer jenigen seither einigen Jahren her in denen beeden Hochlöbl. Craysen Schwaben und Francken herum Vagierenden Zigeuner- und Jauner-Pursche...Ludwigsburg 1728. S. auch Kluge I, S. 355, 495.   B.

Neben dem Gaunerzinken wird der die Wegrichtung bezeichnende Strich gezogen. Die oberhalb des Striches angebrachten Haken bedeuten die Männer, die unteren die Weiber; die Kinder werden mit Nullen bezeichnet. Die oberhalb des Striches gezeichneten Nullen sind die Kinder des Wappeninha-

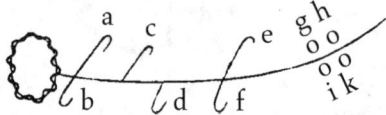

bers, die unterhalb des Striches Kinder anderer Gauner. Vielfach werden auch die Männer mit kleinen Querstrichen, die Weiber mit Nullen bezeichnet.

Der Strich *a* neben dem Zinken des Gauners bedeutet seine Person, *b* ist seine Frau oder Geliebte, *c* ein Kamerad, *d* eine mit ihm nicht verbundene Gaunerin, *e* und *f* ein anderes Gaunerpaar, *g* und *h* die Kinder des Gauners, *i* und *k* die Kinder eines anderen Gauners.

Bei den niederländischen Banden war es üblich, daß an jedem Kreuzwege der erste vorübergehende Gauner einen langen Strich in den Weg zog und einen kleineren daneben, wobei der kleinere dazu diente, die eingeschlagene Richtung zu bezeichnen. Jeder der nachfolgenden machte ebenfalls einen Strich, so daß der neu herankommende immer sehen konnte, wie viele schon vor ihm da waren.

Diese gezeichneten Zinken sind schon sehr alt. Sie lassen sich schon nach den lombardischen Noten bei Vulcanius bis in das fünfte Jahrhundert zurückdatieren, von welcher Vulcanius aus den Überresten eines uralten Manuskriptkodexes höchst interessante Charaktere mitteilt, die mit ihrer Bezeichnung allgemeiner, appellativer und topischer Begriffe weit über alphabetische Abkürzungen hinausgehen und sich schon der heraldischen Deutung nähern. Ähnliche heraldische Zeichen finden sich in alten Handschriften und in Inkunabeln, wo meistens sie allein es sind, die Auskunft über Drucker und Druckzeit geben. Man darf auch nicht die zahllosen kabbalistischen und Zaubercharaktere übersehen, in denen die Zeichen vorzüglich ausgebildet erhalten und meistens auch zum Betruge ausgebeutet worden sind. Man findet in den alten Zauberbüchern für jeden Dämon ein bestimmtes Zeichen, das vom Erfinder sehr geheimgehalten und oft für ungeheure Summen verkauft wurde. Noch jetzt findet man auf den fliegenden Blättern der Bänkelsänger und Taschenspieler, die zumeist ihre besonderen Holzschnitte bei sich führen, eine Andeutung geheimer und mindestens spezifisch eigentümlicher Zeichen. Sie werden, natürlich in verschiedenartigster Form, noch heute in Anwendung gebracht.

Der abergläubische Bauersmann geht scheu an diesem Zinken vorüber; teils erblickt er in den Knoten der Weidenzweige ein sympathetisches Mittel gegen das Wechselfieber, teils irgendeine andere sympathetische Kur, bei deren Störung er die gebannte Krankheit anzuerben fürchtet, teils findet er in den an Kreuzwegen in Sand oder Schnee gezeichneten Zinken Zauber- und Hexenkreise, deren Berührung ihm Gefahr oder Tod bringen könnte. Deshalb werden die Zinken von niemand mehr beschützt, als von dem abergläubischen Landmann, zu dessen Schaden sie doch gerade dienen. Die Zerstörung solcher Zinken, selbst wenn Sie noch so unscheinbar sind, muß jedem Sicherheitsbeamten zur Pflicht gemacht werden. Selbst das Beschreiben der Kirchenwände usw., das von den Handwerksburschen mit besonderer Liebhaberei betrieben wird, sollte strenger als bis jetzt geschehen, verboten und bestraft werden. Sogar in Gefängnissen finden sich solche Inschriften und Zinken, die teils ihrer mühsamen, teils ihrer häufig sauberen Darstellung wegen, von den Gefangenenwärtern mit einer Art Pietät erhalten werden, ohne daß bei ihrer scheinbaren Unverfänglichkeit oder Unverständlichkeit (ich habe sogar jüdisch-deutsche Kurrentschrift gefunden) die Verfänglichkeit in einzelnen, besonders gezinkten Lettern bemerkt wurde.

SIEBZEHNTES KAPITEL

Die phonischen Zinken

Auch die Nachahmung von Tierstimmen ist noch ein unter den Gaunern gebräuchlicher Zinken, besonders zur Nachtzeit und zum Fernsignal in Feld und Wald. Von den Chouans ist durch die niederländischen Banden das Eulengeschrei, das ja auch das hauptsächlichste Signal der Indianer in den Waldungen Nordamerikas ist, nach Deutschland gebracht worden. Das Pfeifen, Rufen oder Räuspern verrät den Menschen nur zu deutlich, während das geschickt nachgeahmte Eulengeschrei bei seiner Unheimlichkeit den Hörer eher verscheucht als zur Nachforschung und zum Angriff herbeizieht. Andere Tierstimmen, z. B. Wachtelruf, Hahnenschrei, Hundegebell usw. werden zwar auch, jedoch seltener und immer mit großer Vorsicht, gebraucht. Noch andere hörbare Zinken, wie das Schnalzen mit der Zunge, Händeklatschen, Husten, Niesen u. dgl., auch der kurze Ruf „Lampen!" oder „Heraus!" oder „Lewon!", oder auch, besonders in Norddeutschland: „Mondschein!", „Mahndschien!", oder wie früher bei den niederländischen Banden: „Husar du Stroh!" usw., sind verabredete Parolen, die für jedes einzelne Unternehmen oder für eine bestimmte Verbindung verabredet und angewandt werden, um die Aufmerksamkeit der Genossen zu erregen oder sie zur Flucht bei nahender Gefahr aufzufordern.

ACHTZEHNTES KAPITEL

Der Sslichnerzinken

Sslichner kommt von סָלַח (Salach), er hat vergeben. Bekanntlich sagen die Juden acht Tage vor dem Neujahr (Rosch Haschana) bestimmte Gebete, Sslichos, her, um andauernde Vergebung der Sünden. Das Slichnen entspricht der christlichen Beichte und ist vom Gaunertum auf das Geständnis vor Gericht und überhaupt auf den Verrat der Verbrechergeheimnisse übertragen.

Es ist schon erwähnt worden, wie blutig der Genossenverrat am Sslichner gestraft wird. Diese Ermordungen kamen noch im ersten Viertel des neunzehnten Jahrhunderts sehr häufig vor. Ein solcher Ermordeter hatte den eigentümlichen Namen „Horeg". Die Gaunergepflogenheit ist, jedoch hierin milder geworden, und die Rache begnügt sich meistens damit, den Sslichner zu zinken, das heißt, ihn derb in die Wange zu schneiden, damit an der zurückbleibenden Narbe der so gezinkte Sslichner der ganzen übrigen Genossenschaft als Verräter gekennzeichnet bleibe.

Dieser Sslichnerzinken scheint jedoch ebenfalls in Abnahme gekommen und einem derben Durchprügeln gewichen zu sein. Von letzterer Praxis sind mir manche schwere Fälle bekannt geworden; aber nur ein einziges Mal habe ich einen alten jüdischen Vaganten getroffen, dessen starke Narbe auf der linken Wange die Vermutung eines Sslichnerzinkens zuließ.

NEUNZEHNTES KAPITEL

Die Gaunernamen

Wie jedes besondere Kennzeichen an der Person des Gauners als Zinken angesehen und benannt wird, so geben auch besondere Kennzeichen, Fehler, Gebrechen, ja auch die besondere Herkunft oder besondere Ereignisse und Erlebnisse Anlaß, jeden einzelnen Gauner mit einem eigenen Spitznamen zu zinken, von denen jeder Gauner wenigstens einen hat. So hieß der zum Studieren bestimmte Damian Hessel „das Studentchen" oder „Bocherle", bis eine ekle Krankheit ihm einen anderen Schmutznamen verschaffte; Matthias Weber von seiner bramarbasierenden Wildheit „Fetzer"; die beiden Schiffersöhne Franz und Jean Borbeck „het Scheppertje". So gibt es den Beinamen Parrach (Grindkopf), Einäugiger, Einohr, Dicker, Langer, Schiefbein, Kurzarm, Schnut usw. Auch werden, wie im gemeinen Leben, die Geburtsorte zur Namensbezeichnung gebraucht, z. B. Hamburger, Frankfurter, Dresdener, Moislinger, Berliner, Stuttgarter, Franzos, Böhm, Pollack usw. Auch ein bürgerliches Gewerbe dient zur Bezeichnung, z. B. der Schuster Spengler, Scherenschleifer, Keßler, Weber usw. Die Kenntnis all dieser Namen in Verbindung mit der Person, die sie führt, ist für den Polizeimann von großer Wichtigkeit, da alle Gauner solche Spitznamen tragen, und hinter diesem Versteck ihre Person und Vergangenheit zu verbergen suchen.

Die Namen, unter denen die Gauner öffentlich auftreten, sind gewöhnlich falsch, so strenge auch die Gesetzgebung die Führung eines falschen Namens zu bestrafen sucht. So oft ein Gauner ein Ausweispapier auf einen anderen Namen erschleichen, anfertigen, stehlen oder kaufen kann, verändert er den

Namen nach diesem Paß. So lange dies nicht gelingt, führt er seinen einmal angegebenen Namen unfreiwillig fort. Auf die Namen, unter denen die Gauner frei auftreten, oder auf die ursprünglichen richtigen Namen ist weit weniger Wert zu legen, als auf die Namen, unter denen der Gauner in der Gaunerwelt bekannt ist. Es ist daher ein großes Verdienst der Polizeiliteratur, namentlich der Zeitschriften, daß sie beständig auf die verschiedenen Spitznamen, die dieses oder jenes Subjekt führt, aufmerksam machen, da hierdurch die wahre Person und die Verhältnisse viel leichter ermittelt werden können.

Die Führung mehrerer Namen bei den Juden, die ihnen jetzt von den meisten Gesetzgebungen untersagt ist, rührt bekanntlich von der Namensänderung her, die Abraham (ursprünglich Abram) und Sara (Sarai) nach Genes., Kap. 17., V. 5 und 15, und Israel (Jakob), Genes., Kap 32, V 28, auf göttlichen Befehl vornahm, sowie auch von den Beinamen, die der sterbende Israel (Genes., Kap 49) beim letzten Segen seinen Söhnen beilegte, z.B. Juda, Arje, Löwe, Benjamin, Seew, Wolf usw. Die Änderung des Namens galt bei den Juden seit undenklichen Zeiten als ein Mittel, ein unglückliches Geschick in ein günstigeres zu verwandeln, weshalb in solchen Fällen bis auf die neueste Zeit z.B. bei schweren Krankheiten die Genesenden entweder auf dem Krankenbette oder in der Synagoge vom Rabbiner sich benschen (Segnen) und einen anderen Namen beilegen ließen. Sehr häufig lassen die Juden auch ihren Geschlechtsnamen, namentlich den Namen Kohn und Levi, fort, und begnügen sich mit dem Vornamen.

Zu diesen uralten Willkürlichkeiten, denen erst, wie bemerkt, in neuester Zeit Einhalt geboten wurde, kommt aber die von den jüdischen Gaunern stark ausgebeutete allgemeine Verstümmelung der ursprünglichen Namen, die aber auch wieder in der schlechten Aussprache ihren Grund hat. Diese Verstümmelungen sind so arg und durchgreifend, daß sie dem Polizeimann geläufig sein müssen, weshalb nach den schon Selig[1] und von Schwencken[2] gegebenen Verzeichnissen die hauptsächlichsten Verstümmelungen hier angeführt werden sollen:

1) „Lehrbuch der jüdisch-deutschen Sprache", S. 62.
2) A. a. O., S. 27.

Aaron	Arnd, Arendchen.
Abigdon	Vitor.
Abraham	Aberl, Afrom, Afroemche.
Ascher	Anschel, maschil.
Baruch	Boruch, Borach.
Benedikt	Bendet.
Benjamin	Seef, Wolf, Wulf.
Canoch	Hennig, Haendel.
Dowid	David, Dovidchen.
Elieser	Eleasser, Leefer, Leyser, Loeser, Laser, Lazarus.
Elija	Elias, Elie.
Emanuel	Manuel, Mendel.
Ephraim	Fraime.
Feibel	Philipp.
Feidel	Feitele, Veitele, Veudt.
Feist	Feis.
Gabriel	Gafril, Gefril.
Gerson	Geronam, Geronymus.
Gideo	Gedide.
Gumpel	Gumperts, Gumprecht, Gumperich.
Heinemann	Heim, Chaium, Chaimche, Heimann, Hermann.
Hesekiel	Cheskel, Heskel.
Jakob	Jakof, Jekof, Jokof, Jainkof.
Jehuda	Juda, Juidel, Judchen, Löwe, Löb, Lev.
Jeremias	Jeremie.
Jesaias	Jessel, Jees, Jeschaje.
Jissroel	Isreal, Isril, Isrul, Isserl.
Joachim	Jochime, Jochine, Jochum.
Joel	Jool, Jolchen, Jaulchen, Julius.
Jonas	Jone, Jonichen.
Kain (Chaijim)	Chaium, Heyne, Heinemann.
Katz	Kahn.
Levi	Leib, Levinche, Löb, Löw, Löbel, Lion, Lepold.
Lukas	Likes.
Manasse	Mones, Manes.
Manus	Magnus, Mannes, Mantje.
Markus	Mark, Mordchen, Mottchen.
Matassiohu	Matthäus.
Mausche	Moses, Mosche, Moritz.

Michel	Machol, Macholchen.
Mordechai	Markus, Merkel.
Naphthali	Zewi, Hirsch, Hirschel, Höschel.
Nathan	Nathgen, Natje, Natiche, Nosen.
Sacharja	Zacharias.
Schimon	Simeon, Schimme, Schiman, Simchen.
Schimschon	Samson, Simson.
Schlomo	Salomo, Salman, Sami,
Schmuel	Samuel, Sanwil.
Sender	Sendel, Alexander.
Tobias	Dubie, Debele.

Als die bekanntesten und gewöhnlichsten Judennamen hat Selig[3] noch angeführt: Aaron, Uri, Ephraim, Ittomer, Eljokim, Elchonan, Ickal, Brocho, Boruch, Berachia, God oder Gad, Gedalja, Gawwriel (Gabriel), Don oder Dan, Hillel, Hendel, Hillmann, Walk oder Falk, Gußmann, Gerach, Cheskija, Febel, Jossef oder Joseph, Jachiel, Jaunosson oder Jonathan, Joir, Jainkof oder Jakob, Jokor, Jeruchom, Kaßriel, Lemel, Moril, Moschil, Meier, Michal, Monis, Mono, Mnachem, Meschallem, Nauach oder Noah, Nachmann, Nissan, Nosson oder Nathan, Sender, Auser, Aikiwa, Asriel, Ensel, Feibesch, Feibel oder Philipp, Peretz, Zemach, Koppel, Kaddisch, Ruben, Schabße oder Schebßel, Schallum, Schauel oder Saul, Schmaija, Tanchem, welche Namen auch vielfach von jüdischen Gaunern geführt werden, und unter denen sich dann alle Gauner genau kennen.

ZWANZIGSTES KAPITEL

Der Zinkplatz

Endlich werden auch bestimmte Orte und Stellen von den Gaunern gezinkt, die davon den Namen Zinkplätze führen. Zinkplatz – jüdisch-deutsch Wiatzef, von יָצַב, הִצִּיב jazaf, hizif, „er hat aufgerichtet, hingestellt", wovon מַצֵּבָה (matzewa) Monument, Statue, Grabmal, oder Emet, Emeß, אֱמֶת, die Wahrheit, Bestimmtheit – heißt jeder von Gaunern besonders bezeichne-
3) S. 63.

te und bestimmte Ort, und kann daher sowohl jede Behausung als auch jede Stelle im Freien auf Wegen, im Feld und Wald sein.

Daneben bezeichnet das vollständig in die Gaunersprache aufgenommene Emeß die Wahrheit, ganz besonders aber das Geständnis im Verhör. Emeß machen, schmusen, dabbern, dibbern, medabbern, Geständnis ablegen; Emeß pfeifen ist eine verächtliche, erbitterte Bezeichnung des verräterischen Geständnisses (Sslichnen).

Der Zinkplatz, Wiatzef oder Emeß, dient zur Vermittlung des gaunerischen Verkehrs, wie auch zum besonderen Versammlungsort vor oder nach einem Handel. Auf dem Wiatzef, der jedesmal schon bei dem Baldowern, spätestens nahe vor Ausübung des einzelnen Diebstahls bestimmt wird, versammelt sich die Chawrusse, und dorthin zieht sie sich auch wieder nach vollbrachter Tat zurück, wenn nicht dafür ein anderer Wiatzef als Intippel (s.d.) bestimmt oder das Unternehmen gestört und die Chawrusse in die Flucht gejagt ist. Besteht der baldowerte Massematten aus schwer zu transportierenden Gegenständen, die nicht bequem in Tragsäcken, Kissimer (von כִּיס Beutel, Säckel) fortzuschaffen sind, so bleibt ein Chäwer auf dem Zinkplatz mit dem Fuhrwerk, Agole, Michsegole, zurück. Zum Zinkplatz, wo das Fuhrwerk die Diebe erwartet, wird eine versteckte Stelle hinter einem Gebäude der Vorstadt, hinter einem Stall oder einer Scheune oder unweit des Tores, zur Seite einer dunklen Allee, gewählt, wobei die Geschicklichkeit des Fuhrmanns darin besteht, dem Begegnenden oder Beobachtenden irgendeinen unverfänglichen Vorwand anzudeuten, warum er hier hält, z. B. daß er dem Pferde zupfeift oder auch vom Wagen steigt und am Geschirr herumschnallt, als ob etwas daran schadhaft geworden ist, oder auch die Pferde füttert. Mißlingt ihm dieses Bemühen und kann er nicht bleiben, ohne Verdacht bei dem Beobachtenden zu erregen, so ist er abgezinkt und muß wegfahren. Abgezinkt ist überhaupt jeder Dieb, der bemerkt und beobachtet und daher in seinem Unternehmen verhindert ist, oder auch nach vollbrachtem Diebstahl Spuren nachgelassen hat, an denen er erkannt und entdeckt werden kann[1].

---

1) Vgl. im Wörterbuch: zinken und abzinken.

EINUNDZWANZIGTES KAPITEL

Der Vertuß

Vertuß – vom Mittelhochdeutschen: tüschen, täuchen; Niederdeutsch: Tüschen und tüssen, verdecken, zudecken, beschönigen, besänftigen – bedeutet, dem Sinne des heutigen volkstümlichen Wortes vertuschen entsprechend, die Verdeckung einer Handlung durch Vornahme einer anderen, die die Aufmerksamkeit der Anwesenden in Anspruch nimmt. Der Vertuß ist somit jede Handlung, die dazu dient, die Aufmerksamkeit von einer Haupthandlung abzulenken. Der Vertusser oder Vertußmacher hat zur Unterstützung seines Kameraden einen Freier, das heißt die Person, die bestohlen werden soll, nach Verabredung, nach gemeinsamer Kunstregel und nach Ort und Gelegenheit so zu beschäftigen, daß des Freiers Aufmerksamkeit auf ihn gelenkt und vom Diebe abgeleitet wird. So macht der Gauner Vertuß , wenn er vor einem Schauladen auffallende Bemerkungen macht, aufsehenerregende Handlungen begeht, z.B. wie durch Zufall eine Fensterscheibe einstößt, damit er die Aufmerksamkeit auf sich zieht, während sein Kamerad einem Nebenstehenden in die Tasche langt. Vertuß macht der Gauner, der den Freier an irgendeinem öffentlichen Ort wie einen alten Bekannten umarmt, hält und beschäftigt, während sein Kamerad jenem oder auch einem anderen die Uhr oder Dose nimmt, oder der Gauner, der sein Kind öffentlich mißhandelt und die Aufmerksamkeit auf sich und das Kind zieht, oder der mit jemandem auf öffentlichem Wege Streit anfängt, oder epileptische Zufälle simuliert, den Betrunkenen spielt, als scharfer Reiter sein Pferd straft usw.

Dann wird oft versucht, ein Gedränge zu bewirken, namentlich beim Zusammenströmen einer größeren Menschenmenge, was auf Jahrmärkten, im Theater und bei öffentlichen Versammlungen besonders der Fall ist, vorzüglich, wenn kein besonderer Vertuß verabredet ist und der Dieb, der einen guten Freier in der Nähe hat, plötzlich den Zink zum Vertuß gibt. Bei dem Vertuß mit Gedränge fallen häufig arge Prügeleien vor, und der dienstgefällige Vertußmacher muß die alte silberne Spindeluhr, die sein Kamerad dabei stiehlt, meist mit schmerzhaften Beulen und aufgelaufenem Gesicht bezahlen, wenn er nicht gar überdies noch als Händelmacher in Haft und Untersuchung genommen wird.

Der Dieb kann aber auch selbst, ohne Beihilfe eines Dritten, Vertuß machen, z.B. durch Vortäuschung von Trunkenheit und Albernheit, oder durch Provokation sonstiger Auffälligkeiten, die die lebhafte Aufmerksamkeit nach einer bestimmten Richtung lenken, wie dies z.B. durch Feuerruf in Theatern und zahlreichen besuchten Versammlungen geschieht.

Auf alle Fälle ist es klug und geboten, jeden, der öffentliches Aufsehen erregende auffällige Handlungen begeht oder Händel anstiftet, sofort anzuhalten, zu untersuchen und nach Befinden zu strafen, wozu schon der bloße Friedensbruch auf Märkten und offenen Wegen und Stegen genugsam Veranlassung gibt, wenn man auch nicht immer imstande ist, die öffentlich dargelegten Handlungen und Gebrechen gleich auf der Stelle als Simulation und Vertuß zu unterscheiden. In dieser Beziehung zählt schon der *Liber Vagatorum* eine Menge Vertußarten auf, die auch noch jetzt zur Anwendung kommen. Mehr als einmal hat wohl jeder Polizeimann verfolgte Bettler und Hauseinschleicher die Krücken wegwerfen und eiligst davon laufen sehen, daß, wie der *Liber Vagatorum* sagt, „ein Pferd ihn nicht möcht' erreichen". Ein fast täglich und besonders von Kindern gemachter und immer noch nicht sogleich richtig gewürdigter Vertuß ist das laute Weinen und Jammern auf den Straßen unter dem Vorgeben, Geld verloren oder ein Gerät zerbrochen zu haben, um die Vorübergehenden zum Mitleid zu bewegen, die meistens auch sehr rasch eine oft überreichliche Sammlung veranstalten. In dieser Weise gibt es noch unzählige Vertußarten, die zumeist auf das Mitleid berechnet und gegen die man sich nur durch kalte Besonnenheit schützen kann.

ZWEIUNDZWANZIGSTES KAPITEL

Das Schrekenen

Obschon nach der bereits angeführten Etymologie das jüdisch-deutsche Wort Schreko gleichbedeutend ist mit dem Worte

Zinken, so wird das davon abgeleitete Schrekener, schrekenen oder Srikener, srikenen, doch nur im beschränkteren Sinne des Vertusses, und zwar auch dabei wieder in der Beschränkung auf Diebstähle in offenen Läden und vor den Augen des Verkäufers, besonders beim Schottenfellen und Chilfen, gebraucht. Der Schrekener oder Srikener begleitet den Ladendieb (den Schautenpicker) oder den Chalfen in die Geschäfte, und hat dabei die Aufgabe, Vertuß zu machen (weshalb der Srikener auch Vertusser genannt wird), oder, wie das Vertußmachen speziell in Läden heißt, zu srekenen, d. h. des Verkäufers Aufmerksamkeit zu fesseln, damit sein Kamerad, der Schautenpicker, desto unbemerkter stehlen kann. Über dieses Schrekenen wird bei dem Kapitel vom Schottenfellen und Chilfen weiter gesprochen.

Das Meistern

Eine sehr schwierige und feine Art des Vertussens ist das Meistern. Darunter versteht man die von dem Begleiter eines Diebes, oder von diesem selbst bei Verübung eines Diebstahls ausgehende Beschäftigung und Bannung der Aufmerksamkeit des unerwartet herannahenden Freiers oder einer dritten Person, damit das schon begonnene Unternehmen verborgen bleibe oder dessen Vollendung nicht gehört, auf alle Fälle aber der Rückzug gesichert werde. Man begreift, welche Geistesgegenwart und Verwegenheit dazu gehört, ein so plötzliches Dazukommen, den Aufstoß, nicht nur zur Sicherheit der Gauner, sondern auch zur Fortsetzung und Vollendung des Verbrechens zu gestalten. Gerade hierin enthält die Geschichte des Gaunertums zahlreiche Beispiele von erstaunlicher Geistesgegenwart, ja Frechheit.

Als Lips Tullian nach dem großen Brand in Wurzen in die Domkirche gebrochen war und die Wächter auf das Geräusch, das beim Aufbrechen der Sakristeitür entstand, herbeieilten, bemerkten sie den im Fenster sitzenden Lips Tullian nicht. Sie setzten sich aber dem Fenster gegenüber unter einen Baum. Da trat Lips Tullians Kamerad, Zimmermann, der Schmiere gestanden hatte, heran, spielte den schwer Betrunkenen, hockte dicht bei den Wächtern nieder, indem er seine Notdurft verrichtet. Darauf zogen sich die Wächter lachend und murrend zurück[1].

Vorzüglich fällt den Schmieren das Meistern zu, weshalb denn auch die geübtesten Gauner als Schmieren ausgestellt zu werden pflegen. Außerhalb des Hauses ist es den Schmieren meistens nicht sehr schwer, den in später Nacht vielleicht aus fröhlicher Gesellschaft zurückkehrenden Freier durch Fragen, Bemerkungen u. dgl. aufzuhalten. Auch läßt sich die Aufmerksamkeit der Nachtwächter leicht auf Nebendinge lenken, indem nach der Uhr gefragt und ein Gespräch angefangen, in einiger Entfernung vielleicht von einem anderen Kameraden Geräusch als Vertuß gemacht wird, um die Aufmerksamkeit der Wächter dorthin zu lenken. Die rheinischen Banden hatten ein besonderes Geschick, die Aufmerksamkeit der Nachtwachen auf Stadtteile zu ziehen, die gerade in entgegengesetzter Richtung von den Straßen lagen, wo das Massematten gehandelt werden sollte. Es sind Fälle bekannt, daß mit einem aus dem Fenster blickenden Hausmädchen ein Liebesgespräch begonnen wurde, während um die Ecke des Hauses der andere Dieb die Fensterscheibe ausschnitt. In einem anderen Falle wurde bei einem Ständchen mit Gitarrebegleitung im Nachbarhause eingestiegen, um dem das Rouleau aufziehenden Freier die Gegenwart zweier als Schmieren aufgestellter Personen auf der Straße zu motivieren.

Sehr bedenklich ist das Meistern beim Aufstoß im Hause, namentlich zur Nachtzeit, in welchem Falle meistens die Flucht versucht, wenn nicht zur Gegenwehr und Gewalt gegriffen wird. Am Tage ist die Gegenwart eines Fremden, der beim Aufstoß sogleich nach einem Herrn Müller, Mayer oder Fischer usw. fragt, einigermaßen unverdächtig anzusehen, namentlich wenn er sich als Geschäftsmann zu irgendeinem Gewerbe, als zum Frisieren, Rasieren, Klavierstimmen, Tapezieren, Uhrenaufziehen, oder die weibliche Gaunerin als Hebamme, Lavementsetzerin, Putzhändlerin bestellt, in Gasthöfen auch wohl sich sogar für eine Angestellte des Hauses ausgibt. Selbst im schon aufgeschlossenen Zimmer kann der Dieb beim

1) Lips Tullian I, S. 165 f.

Aufstoß sein Eintreten durch die offengefundene Tür entschuldigen.

Aus gleicher Vorsicht geht der schon mit gestohlenen Sachen bepackte Dieb stets rückwärts die Treppen hinab, indem er bei herannahendem Geräusch sofort die Treppen hinansteigen kann, als ob er die Sachen an Herrn Müller, Meyer, Fischer usw. bringen will, wobei er denn meistens von dem Bestohlenen selbst als in eine falsche Wohnung geraten, aus dem Hause gewiesen wird, das er denn auch mit einer flüchtigen Entschuldigung rasch verläßt. Andere feste Regeln können kaum geführt werden. Die jedesmalige Situation gibt die Norm, beim Aufstoß den Freier zu meistern, damit der Massematten vollständig „gehandelt" werde.

Das Zuplanten

Mit der Vollendung des Diebstahls ist der Besitz des gestohlenen Gutes noch nicht gesichert und die Gefahr der Entdeckung noch nicht beseitigt. Der Gauner weiß, daß der Besitz einer gestohlenen Sache ein schwerer Verdachtsgrund gegen ihn ist. Deshalb ist seine erste Sorge, das Gestohlene sofort aus seinen Händen in die der Genossen zu geben, deren Gegenwart oder Beteiligung beim Diebstahle gar nicht in Frage kommt oder doch nur schwer zu beweisen ist. Dieses rasche und heimliche Fortgeben in die Hände der Genossen heißt „zuplanten", d. h. zupflanzen, in die Hand eines Dritten pflanzen, und geht äußerst behende vonstatten, da bei allen gewagteren Unternehmungen, die ein Zuplanten nötig und nützlich machen, sich die Genossen jedesmal dazu bereithalten, das Gestohlene dem Dieb rasch abzunehmen. So ist oft schon eine Uhr oder Dose längst aus dem Theater, ehe der noch bei dem Diebe sitzende Bestohlene (Balhei) diese vermißt.

Der Balhei hat nun selbst bei dem dringendsten Verdacht keinen Beweis gegen den Dieb, und setzt sich bei einer Anschuldigung den gröbsten Beleidigungen oder sogar einer lästigen gerichtlichen Prozedur aus. Oft ist aber auch der Verdacht so rasch und dringend, daß der Gauner das Gestohlene nicht schnell genug den Genossen zustecken kann. Hier kommt es nun darauf an, dem Balhei selbst oder dem ersten besten in der Nähe befindlichen Unbekannten unvermerkt das Gestohlene zuzuplanten, was häufig bei der erstaunlichen Fertigkeit der Gauner glänzend gelingt, und dann den anschuldigenden Balhei in die peinlichste Situation versetzt.

Von der staunenswerten Gaunergewandtheit im Zuplanten gab es in der Löwenthalschen Untersuchung auffallende Beispiele. In dem einen Falle wußte der Gauner Wolff Moses am 18. Mai 1930 nicht weniger als dreißig Taler, die er einem Handelsmann beim Wechseln aus der Geldkatze gestohlen hatte, diesem wieder zuzuplanten, als dieser ihn anhielt, ihm ins Quartier folgte und dort auf Wolff Moses' Verlangen sein Geld nachzählte, das er nun staunend ganz richtig fand. In einem anderen Falle wußte Jakob Bernhardt aus dem Lübeckschen Dorfe Moisling, in einem Berliner Laden, wo er Medaillen stehlen wollte und von dem zuvor gewarnten Ladenbesitzer nebst zwei im Laden versteckten Polizeibeamten scharf beobachtet wurde, nicht nur vier Medaillen zu stehlen, sondern auch bei seiner Verhaftung dem ihn begleitenden Polizeikommissarius in die Tasche zuzuplanten[1].

Unübertroffen bleibt jedoch die Gewandtheit und Frechheit des Cartouche (1694 – 1721). Als er am meisten in Paris von sich reden machte, äußerte der König einmal bei der Abendtafel, er möchte den Cartouche doch einmal sehen. Andern Morgens auf dem Wege zum Audienzsaal, in Begleitung zweier Kammerherrn, bemerkte der König in einem Zimmer einen Menschen, der die silbernen Wandleuchter zu putzen schien. Die Leiter, auf der er stand, drehte sich, sowie der König sich näherte, und drohte umzufallen. Der König sprang sogleich hinzu und hielt sie mit den Worten: „Nehmen Sie sich in acht. Sie konnten leicht verunglücken!" Cartouche stieg von der Leiter und verbeugte sich vor dem König mit den Worten: „Eure Majestät sind ein zu gnädiger Monarch, unter dessen Schutz ich nie verunglücken werde." Der König lächelte über diese Worte des vermeintlichen Leuchterputzers, ging in den Audienzsaal, in dem er sofort in seine Tasche nach seiner Dose griff.

1) Thiele II, S. 111.

Zu seinem Erstaunen lag in der Dose ein Billett: „Cartouche hat die Ehre gehabt, mit Eurer Majestät zu sprechen. Er konnte die silbernen Wandleuchter nehmen und auch Eurer Majestät Dose, denn sie waren in seinen Händen. Allein Cartouche raubt seinem Könige nichts. Er wollte nur Eurer Majestät Wunsch erfüllen." Natürlich hatte Cartouche sich sogleich aus dem Staube gemacht[2].

Das Zuplanten und das Chilfen erfordert die äußerste Gewandtheit, und gilt daher bei den Gaunern als Bravourstück, dessen sie sich gern und laut unter ihresgleichen rühmen, sobald ihnen ein solches Geschäft gelungen ist. Es ist auch die Hauptgrundlage bei der Taschenspielerkunst, womit eine Unzahl reisender Gauner das Publikum in Erstaunen zu setzen weiß.

Das Einverständnis der Gauner zeigt sich aber am gefährlichsten bei den Besuchen, welche die wirklichen und angeblichen Angehörigen des gefangenen Gauners in den Gefängnissen abzustatten suchen. Um diesem Geld und Fluchtmittel zuzuplanten. Ungeachtet der Gegenwart des Gefängnisbeamten und seiner genauesten Aufmerksamkeit kann es nicht verhindert werden, daß der gefangene Gauner dem ihm vielleicht ganz ferne stehenden, aber durch den ersten Blick und Zink als Gauner nahe verbundenen Besucher weinend mit gespielter Leidenschaft um den Hals fällt, ihn herzt, daß er ihn im unendlichen Schmerze mit den Händen an den Kopf faßt, und ihm dabei aus dem Halstuch, Haar, Ohr oder Bart eine feine Feder oder Feile herauszieht, während sein fest auf den Mund des Besuchers gepreßter Mund einen Klamoniß oder ein Goldstück in Empfang nimmt. Vorzüglich drängen sich in dieser Weise die Weiber und Geliebten in die Gefängnisse, und bringen auch Kinder mit, die oft dem Gauner ganz fremd sind, an deren Gegenwart er jedoch gleich bemerkt, daß in der Flöte, Trompete oder dem anderen unverdächtigen Spielzeug des Kindes ein Gegenstand steckt den er im Scherzen und Spielen mit dem Kinde geschickt herauszuholen weiß. Auch schleicht sich häufig ein getreuer Pudel oder Spitzhund mit herein, springt an dem lange vermißten Herrn wedelnd in die Höhe, der ihn berührt umarmt und liebkost, dabei aber unter dem Schwanz, Halsband

2) Neuestes Räuber-, Diebs- und Gaunerarchiv, Quedlinburg 1812, S. 138.

oder aus dem dichten Haar zwischen den Vorderbeinen des Tieres die Klamoniß, Feilen u. dergl. nimmt, die feine Genossen daran befestigt haben.

Die Hunde spielen überhaupt eine wichtige Rolle bei den Gaunern. Abgesehen vom merkwürdigen, fast historisch gewordenen Hunde des bayrischen Hiesel, der in der Tat der tapferste und gefürchtetste Begleiter des Hiesel war, findet man die bestdressierten Hunde bei Gaunern, die ja auch häufig mit ihnen zur Schau umherziehen. Als Tom Gerhard am 24. August 1711 zu Tyburn gehenkt wurde, lief sein sehr hübscher Bologneserhund dem presbyterianischen Geistlichen Dr. Burges zu, der sich des verwaisten Tieres annahm. Zum Schrecken des geistlichen Herrn zeigte der Hund jedoch bald bei den Gängen durch die Straßen, daß er sehr geschickt den Leuten die Geldbeutel aus der Hand wegzuschnappen wußte, die er seinem Herrn brachte. Dieser ließ nun aus Furcht, daß auch im Versammlungshause einmal das Talent zum Ausbruch kommen möchte, das verfängliche Erbstück aus der Welt befördern[3].

Die Hunde sind nicht nur dazu abgerichtet, alles, was der Herr hinwirft, aufzugreifen und an niemand als an diesen abzugeben: sie rennen auch auf einen Wink des Herrn davon, wenn er ihnen bei einem Taschendiebstahl das Gestohlene hinwirft, ja sie springen auf einen Wink des Herrn hurtig auf einen bezeichneten Gegenstand zu und rennen damit fort, während der Gauner hinter seinem Hund herläuft, als ob er ihm das Gestohlene abjagen wollte, und mit ihm verschwindet. Über andere Arten des Zuplantens wird noch gelegentlich gesprochen.

FÜNFUNDZWANZIGSTES KAPITEL

Das Brennen

Der innige Zusammenhang des Gaunertums, die gemeinsame Kenntnis der gewerbsmäßigen Kunstgriffe, der geübte Blick, den unter dem Schein bürgerlicher Ehrlichkeit einhergehenden gaunerischen Genossen alsbald unter der Maske zu erkennen,

3) Smith, S. 373.

das rasche Auffinden aller geheimen Schlupfwinkel im fremden Orte und der scharfe Überblick des dortigen Verkehrs, befähigt den Gauner nicht nur sehr bald alle ihm verwandten Elemente auszuspähen, sondern auch rasche Kunde von allen vollführten Unternehmungen zu erlangen. Die Gauner, die einen glücklichen Handel ausgeführt haben, erhalten daher sofortigen Zuspruch von Genossen, die an dem Handel selbst nicht teilgenommen haben, und werden teils beglückwünscht, teils erhalten sie Winke und Anerbietung, das Gestohlene beiseite zu schaffen und Tat und Täterschaft zu verhehlen, teils endlich sucht die geschäftige Eigennützigkeit eine drohende Gefahr darzustellen, Verschwiegenheit und Beihilfe zu geloben und sonst sich wichtig zu machen. Meistens sind diese Gratulanten Gauner, die am Orte selbst wohnen und daher an diesem nicht leicht selbst ein Unternehmen wagen dürfen, häufig auch bestechliche Vigilanten, oft aber auch fremde Gauner, denen die Kunstreise mißglückt ist, indem sich ihnen keine günstige Gelegenheit zu einem Geschäft darbot. Derartige Besuche sind den glücklichen Gaunern ebenso lästig wie gefährlich, da diese rührige Bewegung des Gaunertums beim scharfen Blicke des geübten Polizeimannes nicht leicht entgeht, weshalb denn auch ein Grund mehr für den Dieb vorhanden ist, zur Sicherheit seiner Person und des Gestohlenen sich so rasch wie möglich aus dem Staube zu machen. Oft können jedoch die glücklichen Gauner der lästigen Gratulation dennoch nicht entgehen und müssen daher die durch Herkommen eingeführte, nach Umständen unverschämt dreist und hoch geforderte Gewerbesteuer, das Branntweingeld – jüdisch-deutsch Schibbauleß, von שִׁבֹּלֶת, die Kornähre, wie überhaupt jeder Anteil an der Diebesbeute genannt wird, den ein Vertrauter für irgend geleistete Dienst erhält, der nicht selbst direkt den Massematten mitgehandelt hat –, den Gratulanten, Brennern bezahlten, die sie um das Branntweingeld brennen.

Das Maremokum

Das geheime Verständnis und die versteckte Verbindung des Gaunertums wird auch selbst im Gefängnisse nicht unterbrochen, so sehr alle Mittel von der Behörde angewandt werden, die Verbindung zu verhindern. Das gesamte gaunerische Interesse erfordert, den gefangenen Gauner sobald wie möglich wieder auf freien Fuß zu bringen. Wo diese Befreiung nicht durch äußere Gewalt, durch Bestechung der Gefangenenwärter oder durch Zuplanten von Befreiungsmitteln erreicht werden kann, wird der Weg des Alibibeweises eingeschlagen. Der hartnäckig leugnende Gauner kann bestimmt darauf rechnen, daß seine Genossen Zeugen stellen werden, die seine Gegenwart an einem fernliegenden Aufenthalte zur Zeit des verübten Verbrechens bereitwillig beschwören. Dieser gewerbs- und pflichtmäßige Alibibeweis wird das Maremokum genannt, von מַרְאֶה (mare) Ware, das Sehen, die Erscheinung, persönliche Erscheinung, Gestalt, und מָקוֹם (makom), Ort, Wohnort, Ortschaft, Stadt, Dorf, in der Zusammensetzung Maremokum Ortsanzeiger (auch Buchregister), der falsche Beweis des Alibi und der falsche Alibizeuge selbst, daher die Redensarten: Maremokum dafnen, Maremokum auße sein, Maremokum geben. Maremokum tun oder machen, ein falsches Alibi zeugen, Maremokum stellen, die falschen Alibizeugen stellen.

Gewöhnlich wird schon vor der Ausübung des Verbrechens auf alle Fälle bestimmt, wo der Gauner sich aufgehalten haben soll, so daß seine gerichtliche Aussage mit der der Zeugen in Übereinstimmung gebracht werden kann. Meistens ist das die Behausung des Gauners selbst, wenn diese nicht allzu weit vom Orte des Verbrechens liegt. In diesem Fall stellen die Weiber und Angehörigen sofort und ohne weiteres die Zeugen. An entfernteren Orten, wo der Gauner gewohnt hat oder auf der Reise gesehen worden ist, beschwören, sobald die Gefangenschaft und die Zeit des Diebstahls bekannt geworden ist, die von der Genossenschaft oder Begleitung gekauften Zeugen das Alibi. Ein einziger von den unzähligen Zinken genügt, um den Gefangenen zu einer übereinstimmenden Angabe zu befähigen,

oder die bisher nur teilweise Verständigung vollkommen zu ergänzen. An Zeugen fehlt es nie. Es ist eine herbe Wahrheit, daß
sich besonders christliche Zeugen immer bereit finden lassen,
für Geld das Maremokum zu beschwören, ja daß manche ein
stehendes Gewerbe davon machen, während die Zahl der Juden
als falsche Zeugen dagegen immer nur sehr gering ist. Auffällig ist das von Thiele aus der Löwenthalschen Untersuchung
angeführte Beispiel, daß sogar der Bürgermeister von Betsche
zugunsten des Moses Levi Altenburger beschwor, daß er ihn am
28. Mai 1830, an welchem Tage Altenburger einen großen
Nachschlüsseldiebstahl zu Strehlen begangen hatte, des Morgens mit einer brennenden Pfeife in Betsche gesehen habe.
Gleich überraschend ist Thieles statistische Notiz, daß an jener
Untersuchung achtundzwanzig solcher falscher Zeugen beteiligt waren, unter denen sich nur ein einziger Jude befand.

SIEBENUNDZWANZIGSTES KAPITEL

Das Kaßpern

Das Kaßpern, die Kaßperei, von כָּזַב (kasav) jemand belügen,
heucheln, täuschen, durchstechen, auch Kassiwe oder Kassiwer
genannt, bedeutet jeden geheimen mündlichen, aber auch
schriftlichen Verkehr der Gefangenen unter sich oder mit anderen in der Freiheit befindlichen Gaunern; es ist mithin der
allgemeine Ausdruck für die gesamte, dem Gauner im Gefängnis mögliche Verständigung mit seinesgleichen. Hierzu gehört
auch in mehrfacher Hinsicht das Zinken und Zuplanten.

Wer das Treiben in den Gefängnissen, namentlich in den Untersuchungsgefängnissen beobachtet hat, in denen durchweg
eine milde Behandlung der Gefangenen stattfindet, der muß
gestehen, daß gerade alles, was im Gefängnisse sich befindet,
und was in dieses hineingerät oder aus ihm herauskommt, dem
scharfen erfinderischen Geist des Gauners zum Kaßpern dient.
Das Genie des Gauners spottet aller Wachsamkeit, und feiert
Triumphe, die einer besseren Sache würdig wären. Die Kaßperei ist in der Tat die spezielle Gaunerei im Gefängnis, und ein
ganz eigenes Feld und Studium, bei dem es gilt, die Untersu-

chung um ihre wichtigsten Tatsachen zu bestehlen und den Untersuchenden selbst zum Balhei darin zu machen. Niemals sollte ein Richter, dem die anvertraute Untersuchung und mit ihr der Gefangene und seine ganze Behandlung so lange angehören muß, bis die Untersuchung beendigt ist, sich die genaueste Oberaufsicht in den Untersuchungsgefängnissen nehmen lassen; nie sollte irgend etwas anderes angeordnet werden, als was mit seinen eingehendsten Weisungen übereinstimmt; denn durch das Kaßpern und durch seine leichte Möglichkeit wird die Untersuchunghaft zu einer fortgesetzten Gegenbeweisführung gegen alle Indizien gemacht, die der fleißige und eifrige Richter mit saurer Mühe und scharfem Nachdenken sammelt. In den Mängeln der Untersuchungsgefängnisse liegt ein Hauptgrund, weshalb auch hinter dicken Mauern Leben, Wesen und Kunst des Gaunertums gedeiht, daß das Gaunertum so wenig an seiner Stärke wie an seiner Werbekraft verliert, und daß Gaunerverhöre so wenig zufriedenstellende Ergebnisse liefern.

ACHTUNDZWANZIGSTES KAPITEL

Das Pißchen-pee

Schon mit der Tür fängt das erste und natürlichste Gelegenheitsmittel zum Kaßpern an. Die Tür bietet mindestens im Schlüsselloch einen freien Durchgang für das leise Wort. Das Flüstern durch das Schlüsselloch wird sehr bezeichnend Pißchen-pee genannt, von Pessiche, das Schlüsselloch (פָתַח, er hat aufgetan); davon Pessach, die Tür, und Pee (פֶּה) der Mund. Davon wird überhaupt jede heimliche Verabredung und jede dadurch vermittelte übereinstimmende Aussage Pißchen-pee genannt, mag sie nun durch Worte oder Zinke konform gemacht sein. Die älteste Stelle, an der dieses Wort gebraucht ist, habe ich auf Seite 48 und 49 des *„Ceremoniel der Gawdieb"* oder *„Sonderliche Curieuse Historie von Isaak Winckelfelder"*, von Niklaus Ulenhart, Neue Auflage 1724, gefunden, wo der Ausdruck „bisgepent" und „bispenen" (etwa das neuhochdeutsche kliepern, flüstern?) für bekennen (pfeifen, slichnen) vorkommt.

Zu dieser allgemeinen Deutung scheint auch der tatsächliche Umstand Anlaß gegeben zu haben, daß seit der Aufmerksamkeit, die man auf die bauliche Einrichtung der Gefängnisse verwendet hat, mit der Sicherung der Türen und Schlösser, mit der Anwendung von Doppel- und Schalltüren und mit den Korridorwachen usw. Der Verkehr durch das Schlüsselloch fast gänzlich aufgehoben und für den Gefangenen sogar gefährlich gemacht worden ist. Somit hat das Pißchen-pee mehr sprechgeschichtliche Bedeutsamkeit als praktische Geltung, zu der es jedoch immer noch in schlecht eingerichteten Gefängnissen gelangt.

Das Challon-kasspern

Die mannigfaltigste und am schwierigsten zu bekämpfende Kassperei ist die durch das Fenster, Challon (חַלּוֹן) Plural: Challonim und Challones, wovon verderbt: Gollonen und Gallones. Sie geschieht durch Zinken, Zuplanten, Singen, Beten, Pfeifen, Husten, Räuspern usw.

Das Zinken ist dann möglich, wenn der Gefangene das Fenster erreichen oder ein Aussicht auf andere Fenster, Gebäude oder Durchlässe gewinnen kann, von denen her er Zinken bekommen und wohin er Zinken wiedergeben kann. Es ist nicht leicht, Gefängnisse derart herzustellen, daß sie das Zinken durchaus unmöglich oder auch nur schwierig machen. Man sollte aber zum wenigsten zu Untersuchungsgefängnissen nicht jedes abhängige Gebäude hergeben, das weiter keinen Vorzug hat, als daß es für die Behörde freisteht. Auch ist es eine kurzsichtige Humanität, die noch nicht überführten Gefangenen ohne Unterschied in einem solchen abgesetzten Gebäude die volle Bequemlichkeit einer bürgerlichen Wohnung in einer zur ebenen Erde oder im ersten Stock gassenwärts gelegenen Stube nahe an der Straße oder Passage genießen zu lassen, und dabei noch die Gelegenheit einer Verständigung durch Zinken oder gar zum Zuplanten von Fluchtmitteln zu bieten, die von dem Gauner sofort in vollständiger Weise ausgearbeitet wird.

Es ist nicht lange her, daß ein im Ausland bestrafter Lübecker Vagant auf Schub hier ankam und bei seiner am Abschube versäumten Visitation hier im Besitze mehrerer sauber geschnittenen Holz- und Knochenmodelle von Schlüsselbärten zu den Zellen zurückgebliebener Untersuchungsgefangener befunden wurde, nach denen er hier Schlüssel machen lassen und in die Fenster der zur ebenen Erde gelegenen Zellen werfen sollte.

Ist aber durch die baulichen Einrichtungen und genaue Bewachung die Verständigung durch Zeichen und Wahrnehmungen beschränkt und verhindert, so bietet die Sprache die verschiedenartigsten Mittel zum Kasspern durch das Fenster. Der in ein Gefängnis geführte Gauner hat nicht nur in der ersten Stunde die Zelle und ihre Lage und Umgebung untersucht, sondern lernt auch sehr bald seine Nachbarschaft kennen. Er tritt an oder unter sein Fenster, räuspert sich, pfeift oder singt, und er bekommt sofort eine Antwort. Er ruft den „Nachbar oben, unten, links, rechts" usw., nennt Nummer und Namen der Zelle, seinen eigenen Gaunernamen oder irgendeine Beziehung, und empfängt dafür dieselbe Auskunft von dem Unbekannten, an dessen erster Antwort und Weise er, ohne zu sehen und gesehen zu werden, erkennt, mit wem er es zu tun hat, und ob jener ein Wittscher ist, oder ob er mit ihm Kochemer schmusen kann. Ein einziges Niesen oder Räuspern oder auch das Stillschweigen auf eine Frage benachrichtigt ihn, daß das Geräusch belauscht wird. Wird das Schmusen aus den Fenstern nach der Hausordnung scharf kontrolliert und bestraft, so fängt der Gauner an zu singen oder zu beten, als ob er zu seiner Erbauung einen Gesang oder ein Gebet anstimmt, und singt in der Gaunersprache nach Art des im ersten Teil gegebenen Vogelsberger Vaterunser seinem Genossen zu, was er ihm im Gespräch nicht mitzuteilen wagen darf, oder pfeift eine bekannte Gaunermelodie. Rücksichtslose Durchführung einer strengen Hausordnung und nach Befinden öfterer Zellenwechsel kann einigermaßen den Unfug steuern.

Die Kutsche

Ist es dem Gauner nicht möglich, oder erscheint es ihm der Umgebung und Bewachung wegen nicht ratsam, durch Wort, Gesang und andere Stimmittel mit seinem Genossen in Verbindung zu treten, oder hat er ihm sonst irgend etwas zuzuplanten, so wird die Zuflucht zur Kutsche, Agole, genommen. Die Kutsche ist ein Faden, der von einem Fenster zum anderen gelassen, und nicht etwa allein gerade herunter, sondern auch schräg und zur Seite nach einem Fenster geführt werden kann. Aus dem Garn der Strümpfe, aus den Fäden der Hemden, Strohsäcke und Decken werden mit großem Geschick leichte und starke Schnüre zusammengesetzt, ja selbst von Strohhalmen habe ich feine, sauber geflochtene, lange Schnüre gesehen. Ein Stückchen Brot oder der Knäuel am unteren Ende des Fadens führt den Faden senkrecht in das untere Zellenfenster. Sehr häufig wird der Faden in pendelmäßige Schwingungen gebracht, daß er das seitlich unten gelegene Fenster erreicht, zu welchem Zwecke auch wohl der Faden an einem steifen Ende Strohseil befestigt wird, um die Schwingung zu verstärken. Bei hohen Gefängnissen, an deren Mauerflächen der Luftzug scharf vorbeistreift, flattert der lose Faden seitlich weg, namentlich, wenn ein Blatt Papier aus dem stets geforderten Erbauungsbuch am unteren Ende befestigt ist, wobei denn die mittels eines Strohhalms oder Splitters mit Blut markierten Buchstaben zugleich die Mitteilung erhalten. Mir sind Stücke Leinwand vorgekommen, die eine Gaunerin von ihrem Hemd abgerissen und beschrieben hatte. Auf einem Butterbrot waren einzelne aus einem Erbauungsbuch gerissene Buchstaben zu einer Nachricht zusammengeklebt und im Gefängnishof unter einen Ziegelstein gelegt.

Ist die Kutsche erst von einem Fenster zum anderen geführt, so dauert die Verbindung der Gauner so lange, bis die Kutsche entdeckt wird, was bei der Feinheit und meistens dunkeln Farbe des Fadens und bei der Höhe der Gefängnisse oft erst spät geschieht, oder bis die Kutsche reißt. Die Enden der Kutsche werden so lang in jedes der korrespondierenden Fenster geführt, daß sie nachgelassen werden können, wenn ein Kassiwer oder ein Megerre oder Pezire nach dem anderen Fenster gezogen wird, so daß also der mitzuteilende Gegenstand in der Mitte der Kutsche mit einer Schlinge festgebunden wird, und beständig als Gemeingut hin und her gezogen werden kann. Die Enden der Kutsche werden gewöhnlich außerhalb des Fenster an einem Fensterhaken befestigt, auch sonst versteckt unten um eine Gitterstange gelegt, damit sie die Aufmerksamkeit der Ronde entgehe.

Es ist kaum glaublich, mit welcher Mühe und Geduld die Kutschen gearbeitet werden, und welche Sorgfalt angewandt wird, um das Ausreißen der Fäden an Strohsäcken und Kleidung der Wachsamkeit der Beamten zu verbergen. Ich habe mehrere Male ganze Knäuel unter Zellenfenstern im Gartenraum gefunden, die wahrscheinlich beim Zuschnellen abgerissen waren, und die aus einer erstaunlich großen Menge ganz kurzer, mürber Garn- und Wollfäden bestand und mit außerordentlicher Mühe zusammengeknotet waren. Die Mühe wird aber auch reichlich belohnt durch die ungemein großen Erfolge, die die einmal hergestellte Verbindung durch die Kutsche liefert.

EINUNDDREISSIGSTES KAPITEL

Die Kassiwer

Das Wort Kassiwer bedeutet jede schriftliche Mitteilung der Gefangenen unter sich und mit Dritten außerhalb des Gefängnisses.

Nur bei grober Nachlässigkeit ist es möglich, daß dritte Personen dem Gefangenen von außen her Kassiwer durch die Kutsche zukommen lassen können. Aber in anderer verschiedenartiger Weise können dennoch Briefe von außen in die Gefängnisse gelangen, und zwar gerade durch die Gefängnisbeamten selbst. Solange es elend besoldete Beamte gibt, solange wird es auch pflichtvergessene, bestechliche Gefängniswärter geben, bei denen für Geld gar viel zu erlangen ist.

Aber auch der strengste Beamte wird häufig getäuscht, und gegen seinen Willen zum Vermittler der Verbindung gemacht, wenn er zuläßt, daß dem Gefangenen Wäsche oder Speisen u. dergl. von angeblichen Verwandten oder sonstigen mitleidigen Seelen zukommen. Man sollte überall fest darauf halten, daß keine andere Verpflegung und Wäsche geliefert werde, als unmittelbar durch die Hausverwaltung selbst. Bei der genauesten Besichtigung der Wäsche kann noch immer in einer Naht oder Falte irgendein eingenähtes Papierstreifchen unbemerkt bleiben. Im Brote, in einer Kartoffel, einem Kloß, unter dem Mark eines Fleischknochens, im Maule eines gebackenen Fisches, in einer Rübe, Birne usw. kann irgendein geöltes Papierröllchen oder ein Kügelchen eingeschoben sein; unter dem metallenen Teller, der Schüssel, auf dem Grund der Suppenschale können Notizen gekritzelt sein; selbst unter dem Boden des porzellanen Suppentellers kann mit wässeriger oder öliger Tinte etwas geschrieben stehen, das der Gefangene, sobald er es gelesen, leicht mit dem Finger wegwischen kann. Auf dem Boden oder unter dem Boden des Speisetragkorbes, unter dem Geflecht des Henkels und auf der inneren Seite des Tragriemens können Notizen ins Gefängnis getragen werden.

Zwischen die Sohlen der Fußbekleidung werden besonders gern Briefe und Fluchtmittel genäht. Ja, mir ist ein Fall bekannt, daß ein Gefangener sein noch gutes Fußzeug absichtlich zerriß, um sich nur andere Fußzeug zuschicken lassen zu können. Es sind soviel Möglichkeiten da, daß man durchaus keinerlei Zulassungen von außen dulden darf. Hat man Rücksichten zu nehmen, so reinige die Verwaltung die Wäsche in der Anstalt, und niemals lasse man andere Eßbestecke oder anderes Eßgeschirr zu als das der Anstalt, in das das zugeschickte, sorgfältig untersuchte Essen übergefüllt werden muß. Der Kunst, die beständig arbeitet und sich täglich vervollkommnet, kann nur das grundsätzliche Mißtrauen, der Glaube an jede Möglichkeit und unerschütterlich feste Beharrlichkeit entgegengestellt werden, wenn man sie einigermaßen mit Erfolg bekämpfen will.

Ein genaues Augenmerk ist auf Briefe zu richten, die der Gauner beständig an seine Angehörigen zu schreiben begehrt. Man sollte solche Briefe gar nicht erlauben, sondern nur das unerläßlich nötige nach der Gefangenen Mitteilung durch Beamte, und zwar nie nach dem wörtlichen Auftrag des Gefangenen, sondern nur dem Sinne nach schreiben lassen. Der gefan-

gene Gauner weiß die bedeutsamsten Winke in die unverfänglichsten Redensarten zu kleiden. Das ist für alle Briefe, auch die
an Gefangene gerichteten, ganz besonders zu beachten. Vorzüglich bedenklich erscheinen Briefe von jüdischen Gaunern,
einmal, da sie besonders gern in der von Christen schwer oder
gar nicht zu verstehenden und daher in und aus Gefängnissen
gar nicht zuzulassenden, jüdisch-deutschen Kurrentschrift geschrieben werden, und ferner, selbst auch, wenn sie in deutscher Kurrentschrift geschrieben werden, doch eine Menge jüdischer eigentümlicher und ritualer Ausdrücke enthalten, in
denen fast immer eine bestimmte Deutung versteckt liegt. So
ist z. B. die schon ganz von den christlichen abweichende jüdische Zeitrechnung dadurch noch schwieriger zu verstehen, daß
die Juden noch jetzt häufig ihre Data in Briefen und Dokumenten nach ihren Festtagen berechnen und anführen und dabei
sogar die Monate weglassen. So z. B. ist das Datum Schwuoß
(Pfingstfest) der sechste Tag des Monats Siwan; das Passach
(Ostern) fällt auf den vierzehnten Tag des Monats Nisan; vom
zweiten Ostertag an bis Schwuoß werden neunundvierzig Tage
gerechnet, und diese Zeit, Sphiraß Aumer genannt, dient ebenfalls als Basis für die Berechnung der Daten, so daß es also mit
Auslassung des Monats heißt: am fünften, vierundzwanzig-
sten, dreiundzwanzigsten Tage nach der Zählung des Aumer;
außerdem wird auch noch (wie das entsprechend auch bei dem
Laubhüttenfest der Fall ist) nach den sogenannten Mitteltagen
gerechnet, da das achttägige Osterfest nur an den zwei ersten
und zwei letzten Tagen ganz gefeiert wird, während die Mittel-
tage, Chol Hammoed, nur halb gefeiert werden, so daß also z.B.
der zweite Tag nach der Sphiraß Aumer auch der erste Tag des
Chol Hammoed genannt wird usw. Mit Hilfe dieser eigentümlichen und schwer zu verstehenden Berechnung läßt sich sehr
leicht vom jüdischen Gauner ein Maremokum zinken, zumal
durch andere teils jüdisch-deutsche Terminologien, teils durch
bestimmte Wendungen, Redensarten und Umschreibungen
sich ein vollkommen klares Verständnis mit dem Adressaten
erreichen läßt. Schon aus einer krummgeschriebenen Zeile,
entweder auf der Adresse oder im Briefe selbst, ersieht der
Adressat, daß er den Inhalt nur als eine aus Zwang geschriebene Mitteilung anzusehen hat, der verschiedenen Zeichen und

Züge im Briefe und selbst auf der Adresse nicht zu gedenken, die unter einzelnen näher verbundenen Mitgliedern einer Einzel- oder Verwandtschaftsgruppe verabredet sind.

Widersteht auch der Gefangenwärter aller Verlockung durch Schmeichelei, Vertraulichkeit, geheuchelte Kümmernis, Versprechungen und Geld, so wird er doch oft gegen seinen Willen und ungeachtet aller Wachsamkeit zum Träger der Geheimnisse des Gauners gemacht. Der geriebene Gauner kritzelt auf dem Trink- und Eßgeschirr, sei es von Metall oder Holz, mit leichten Zügen seine Notizen hin, und benutzt selbst das Nachtgeschirr dazu, in der Berechnung, daß dies Geschirr von einer Zelle zur anderen gewechselt werden kann. Um des Wärters Aufmerksamkeit zu täuschen, reinigt er selbst alles Geschirr vor dessen Augen, damit jener es nicht weiter ansieht, sondern sorglos weglegt und weiterbringt. Selbst auf dem Holz zwischen den Borsten eines Handfegers oder einer Bürste kann ein Papierkügelchen mit Brot angeklebt sein. Immer sollte daher jegliches Gerät und Geschirr einer Zelle mit der Zellennummer versehen und nur für den Gebrauch dieser Zelle, niemals aber für den Gebrauch einer anderen Zelle hergegeben werden.

Andere Beispiele der Überlistung einfältiger Gefangenwärter sind in nicht geringer Zahl vorhanden, und aus dem Umstande zu erklären, daß der Gauner ebensogut den Gefangenwärter studiert wie den Untersuchungsrichter, und oft schon vor der persönlichen Berührung mit ihm weiß, mit wem er es zu tun hat. Ein guter Richter und ein guter Gefangenwärter erwirbt sich bei weitem rascher einen Namen unter den Gaunern als in der Beamtenwelt.

Ist die Beförderung der Briefe ein Gegenstand der raffiniertesten Schlauheit und gewandtesten Benutzung der Gelegenheit und Personen, so ist doch auf alle Fälle auch stets der Inhalt der Briefe an sich so fein und geheimnisvoll gehalten, daß es einer genauen Kenntnis der Gaunersprache und der Gaunerschliche bedarf, um durch den dichten Schleier zu dringen. Jeder Brief eines Gauners ist des Studiums wert, und gerade Briefe, wie sie von Rebmann[1] und von Thiele[2] angeführt sind, verdienen die genaueste Beachtung, weil man namentlich mit

1) „Damian Hessel", S. 89 f.
2) I, S. 35 f.

den hinzugefügten Noten und Schlüsseln den Ton und die Bedeutsamkeit dieser gefährlichen Schriftstellerei daraus recht anschaulich kennen lernt.

Bislang ist vom Kasspern in Isolierhaft gesprochen worden. Es sollte kaum die Rede sein dürfen von mehreren zusammensitzenden Untersuchungsgefangenen. Denn in keiner Weise ist es zu dulden, daß überhaupt mehrere Untersuchungsgefangene in einer Zelle zusammengehalten werden. Schon der tiefe Ernst der Einsamkeit mit dem Bewußtsein des Verbrechens, und dem Bewußtsein, sich in der Hand der strafenden Gerechtigkeit zu befinden, übt auf den Verbrecher einen gewaltigen Einfluß aus, der häufig viel zu wenig beachtet wird, der aber auch auf den gewiegtesten Gauner einwirkt, weshalb dieser ja denn auch sogleich mit allen Mitteln eine Verbindung in der unerträglichen Einsamkeit herzustellen sucht. Der mit anderen Gefangenen zusammengesperrte Häftling verkürzt sich die Zeit im Gespräch und denkt nicht über seine Handlung und Lage nach, holt sich vielmehr von seinen Kameraden Rat, und steht somit für alle wichtigen Momente der Untersuchung völlig gerüstet da, wenn er sich ihr überhaupt nicht schon durch die Flucht entzieht. Noch weniger zu rechtfertigen ist es, daß man auf kurze Haft verurteilte Strafgefangene mit Untersuchungsgefangenen zusammensperrt. Ganz abgesehen von der sittlichen Verderbnis, der man den einen oder den anderen dadurch aussetzt, so ist es als gewiß anzunehmen, daß der zuerst entlassene Gefangene mit Aufträgen versehen wird, die die Flucht des Zurückbleibenden fördern, jedenfalls aber höchst nachteilig auf den Gang der Untersuchung einwirken können. In diesen Taktlosigkeiten ist weit mehr der Grund der Erfolglosigkeit von Gauneruntersuchungen zu suchen, als im Genie des Gaunertums, das in seinem Schmarotzertum immer nur an der Schwäche emporwuchert. Welche Fülle der traurigsten Erfahrungen liegt in dieser Weise vor! Man könnte ganze Untersuchungen wieder zur Untersuchung ziehen, die als Verbrechen gegen den Staat aus Unwissenheit, Sorglosigkeit und Nachlässigkeit von Beamten begangen sind.

ZWEIUNDDREISSIGSTES KAPITEL

Das Hakesen

Ein sehr gefährliches, in allen Gefangenenanstalten, namentlich in Untersuchungsgefängnissen, schon sehr lange bekanntes und geübtes Verkehrsmittel ist das Hakesen, das Klopfen der Gefangenen. Es ist von jeher der geheimnisvolle Schlüssel zu vielen und feinen Machenschaften gewesen. Alle Versuche, durch umständliche und kostspielige Baueinrichtungen dieses Verständigungsmittel zu beseitigen, haben zu keinem Ziele geführt. Selbst die vielgerühmten Scheckschen Zellen, in denen die Gefangenen durch drei Steinwände mit Zwischenräumen voneinander getrennt sind, können das Hakesen nicht hintanhalten. Eine der überraschendsten Erfahrungen der neuen Zeit war die während des großen Polenprozesses in Berlin gemacht Entdeckung, daß zwei Gefangene in der mit ausgezeichneter Umsicht und mit genauer Berücksichtigung strenger Isolierung eingerichteten neuen königlichen Strafanstalt aus den Zellen verschiedener Stockwerke miteinander in solcher Verbindung standen, daß sie sogar Schachpartien unter sich spielten.

So alt und bekannt diese Art der Kassperei ist, so oft sie wahrgenommen und so eifrig sie beobachtet worden ist, so wenig ist doch das unleugbar zugrundeliegende förmliche System dieses Verbindungsmittels entdeckt worden. Der Hauptgrund, warum diese Kenntnis nicht erreicht ist, liegt wohl darin, daß man, nicht mit Unrecht, es stets für wichtiger gehalten hat, die Verständigung selbst zu unterbinden, als das System mit Zulassung einer vollständigen und ungestörten Kommunikation zum Nachteil der Untersuchung zu erforschen. Wer aber, so weit tunlich und möglich war, Beobachtungen angestellt hat, wird bei dem Klopfen entweder einen gleichmäßigen Schall mit rascher oder langsamer kombinierten Schlägen oder auch einen Wechsel zwischen leisen und lauten oder auch zwischen hellen und dumpfen Schlägen gefunden haben, gleich dem unterschiedlichen Schall, den das Klopfen mit dem Knöchel des gekrümmten Fingers und dem fleischigen Teil der unteren Faust, oder eines Schuhes oder Pantoffels und der nur mit dem Strumpf bekleideten Ferse gegen den Fußboden, gegen eine Tür oder gegen eine Wand hervorbringt. Die detailliertesten Verständigungen beweisen auf das bestimmteste das Vorhandensein eines vollständigen alphabetischen Systems, das wiederum in verschiedenartiger Weise ausgebildet sein kann.

Das beweist am interessantesten Franz von Spaun, der im März 1826 zu München starb.

Spaun war bis zum Jahr 1788 vorderösterreichischer Regierungsrat und Landvogt im Breisgau. In diesem Jahr wollte er, damals fünfunddreißig Jahre alt, als neugewählter Reichskammergerichtsassessor nach Wetzlar abreisen, als er wegen einer für staatsgefährlich gehaltenen Schrift verhaftet wurde und als Staatsgefangener zuerst nach Munkatsch, dann nach Kufstein kam, in welcher Gefangenschaft er zehn Jahre lang gehalten wurde, ohne Bücher und Schreibmaterial erlangen zu können. In den letzten Jahren seiner Gefangenschaft bekam Spaun einen Unglücksgefährten zum Nachbar, von dem ihn jedoch eine dicke Mauer schied. Da fiel er auf den glücklichen Gedanken, sich durch Pochen verständlich zu machen, und erfand zu diesem Behufe eine Pochzeichensprache, die nach der Mitteilung eines seiner langjährigen Freunde überaus sinnreich war. Das Schwierigste blieb aber hier immer, dem Nachbar, der vielleicht gar nicht der deutschen Sprache kundig war, den Schlüssel mitzuteilen. Spaun fing damit an, vierundzwanzig mal an die Mauer zu klopfen, und setzte diese Manöver so lange unverdrossen fort, bis der Unbekannte endlich merkte, daß die vierundzwanzig Buchstaben damit gemeint seien und zum Zeichen seines Verständnisses das Klopfen erwiderte. In wenigen Wochen konnten sie sich schnell und fertig mitteilen und sich gegenseitig ihre Schicksale erzählen. Der Nachbar Spauns war Herr M., später französischer Staatssekretär und Herzog von B., der auch edel genug war, seinen Unglücksgefährten nicht zu vergessen, und früher in Freiheit gesetzt als Spaun, diesem eine Pension auswirkte, von der er bis zu seinem Tode lebte. „C'est Spaun ou le diable!" rief der Minister zehn Jahre später, als bei seiner Anwesenheit in München Spaun ihn zu besuchen kam und an die Zimmertür in der alten Weise klopfte[1].

Leider hat Spaun über seine Klopfsprache und deren Schlüssel anscheinend nichts hinterlassen, und mehr als vorstehende Notiz seines Freundes – tz ist darüber nicht bekannt worden.

1) Morgenblatt für gebildete Stände, 1826, S. 320.

Selbst der Ausdruck Hakesen ist nur spezifisch jüdisch-
deutsch und kaum weiter als unter den jüdischen Gaunern bekannt. Es ist vielleicht von נָכָה, im Hiphil הִכָּה, im Piel נִכָּה,
Nacho, hikko, hakke, herzuleiten, wovon auch Makko (der
Schlag) herstammt, und bedeutet schlagen, hacken, klopfen, besonders zu einer bestimmten Form, prägen, was auch aus dem
wahrscheinlich davon abzuleitenden Haker (auch Chaker), der
Dukaten, noch deutlicher wird, während makkeinen, makeaji-
nen, schlagen, prügeln, mißhandeln bedeutet.

Daß nun in neuester Zeit bei dem Hakesen ein bestimmtes alphabetisches System vorhanden und sogar schon von dem Gaunertum ausgebeutet ist, das ist seit der Einführung und seit der
durch die Unzahl von Eisenbahnbeamten und Telegraphisten bis
zur Popularität gediehenen Kenntnis und Verbreitung der Mor-
seschen elektromagnetischen Telegraphie eine unbestreitbare
Tatsache. Für die sinnliche Auffassung findet zwischen dem Hakesen und der Telegraphie eine auffallende Ähnlichkeit oder sogar volle Gleichmäßigkeit statt. Obschon nämlich in der elektromagnetischen Telegraphie für die sinnliche Wahrnehmung
zuerst das Gefühl durch die elektrische Strömung, oder durch
die freilich sehr kleinen aber doch deutlichen Funken das Auge
in Anspruch genommen wird, so ist doch die nächste deutlichste
sinnliche Wahrnehmung die durch das Gehör, indem durch die
Bewegung des magnetisch gemachten Ankers so deutlich hörbare Schläge hervorgebracht werden, daß geübte Telegraphisten,
ohne die künstliche, mit der Bewegung des Ankers verbundene
graphische Darstellung zu sehen, auch der bloßen hörbaren Bewegung des Ankers, im Dunkeln, den Inhalt einer Depesche allein durch das Gehör vollkommen deutlich auffassen können.
Eine Unterscheidung des monotonen Schalles ist nur durch die
rhythmische Kombination mehrerer Schläge möglich, und in
dieser Weise ist das allgemein bekannte und im ganzen deutsch-
österreichischen Telegraphenverein übliche Morsesche System
ebenso einfach wie sinnreich zusammengesetzt, das für die sinnliche Auffassung durch die sekundäre graphische Darstellung
nur noch deutlicher gemacht wird, als die primäre akustische
schon an und für sich ist.

Aus diesen einfachen Wahrnehmungen scheint es erklärlich,
wie in der Einsamkeit und Not der sinnende menschliche Geist

bei der Entbehrung aller künstlichen Mittel zu einem geistigen Rapport, durch die kümmerlichsten Mittel, wie das bei Franz von Spaun der Fall war, auf die einfachsten Formen gewiesen werden konnte, um durch sie geistiges Leben mit anderen einzutauschen. Ein Schuh oder Pantoffel, ein hölzernes Trinkgefäß, ein Löffel, eine Bürste oder der gekrümmte Finger genügt, um den Gedanken Form und Sprache zu geben.

So alt die Klage über das Hakesen der Gefangenen ist, so alt und so einfach ist die Ausübung. Aber eben diese unscheinbare Einfachheit war der geschickteste Deckmantel für die Kunst, die vom erkünstelten Leben gerade in Gefangenenzellen und 'in dieser ihrer Einfachheit nicht eher geahnt wurde, bis der gewandte Gauner die glänzenden Erfolge davongetragen hatte.

Man findet nur diese Erfolge, niemals aber das System der Verständigung in den Zuchthausannalen verzeichnet, und die wiederergriffenen Gauner sind höchstens über den gemeinschaftlichen Ausbruch und Verbleib, selten oder gar nicht über das System ihrer vorgängigen Verständigung ausgehorcht worden, das kaum bemerkt und nie begriffen wurde, immer aber mit der Zufälligkeit körperlicher Bewegungen entschuldigt und verdeckt werden konnte, wenn je der Scharfblick des Untersuchungsrichters auf das Geheimnis gefallen war. Es ist sehr gut möglich, daß es schon mehrfache Systeme auf dieser Grundlage gegeben hat.

Wie in allen Begegnungen des Gaunertums, so gilt es auch hier, die größte Aufmerksamkeit und Vorsicht anzuwenden. Scharfe Beobachtungen werden glückliche Erfolge liefern und den Fingerzeig zur Verhütung von Verbindungen geben, die auch bei den besten Einrichtungen doch immer noch möglich bleiben.

Um demjenigen, der noch keine eigenen Beobachtungen hat anstellen können, ein Beispiel zu geben, wie nach obigem System etwa der aus dem Verhör zurückkommende Gauner, der dem neben, unter oder über seiner Zelle befindlichen Komplizen mitteilen will, daß er nichts eingestanden habe, sich durch Klopfen verständlich macht, stehe hier als Beispiel die hier eingeschlagene Redensart: „Ich bin unschuldig." Dies drückt der Gauner entweder im unterschiedlichen Wechsel von weichen Schlägen (mit dem unteren weichen Teil der Faust), wozu als

Bezeichnung der Strich (-) dient, und von harten kurzen Schlägen (mit dem Fingerknöchel), wozu der Punkt (.) dient, durch
Klopfen an die Tür, an die Wand oder auf den Fußboden so aus:

..⁻⁻⁻⁻ ⁻... ..⁻. ..⁻⁻. ...⁻⁻⁻⁻..⁻.⁻..⁻.. ..⁻⁻.

i ch   b in   un s ch u l d   ig.

Oder auch, ohne weichen und harten Wechsel, mit eintönigen
Schlägen eines und desselben harten Gegenstandes, wie
eines Stück Holzes oder des Pantoffelabsatzes gegen Fußboden,
Wand, Türe, oder mit dem Finger gegen die Fensterscheibe, so
daß zwei einander rasch folgende Schläge den weichen Schlag
ersetzen:

.. ..

i ch   b in   un s   ch u l d i g.

Man erkennt hieraus, auf wie mancherlei Weise eine Verständigung durch das Klopfen möglich ist, wie aber auch aus der
Ferne her in das Gefängnis hinein durch weitschallende Ton-
mittel, z.B. durch eine Trompete, Pfeife, Hupe, Trommel, Glocke
oder Metallzungeninstrument eine Verständigung eröffnet
werden kann, und welche Aufmerksamkeit man anwenden
muß, um in Untersuchungs- und Strafgefängnissen und in
deren weitester Umgebung Verständigungen zu verhüten.

DREIUNDDREISSIGSTES KAPITEL

Das Baldowern

Baldower (von בַּעַל Baal, Herr, Besitzer, Mann, Sachkundiger,
Künstler, abgeleitet von בָּעַל, er hat besessen, geherrscht [ge-
heiratet], und דָּבָר Dabar, Wort, Sache usw.) bedeutet zunächst:
den Herrn einer Sache, der eine Sache in der Gewalt hat, der ein
Unternehmen leitet, daher den Anführer eines Unternehmens,
der die Rollen austeilt, die wesentlichste Tätigkeit übernimmt
und die Beute verteilt.

Da aber diese Leitung eine genaue Kenntnis des Ortes und
der Gelegenheit voraussetzt, so hat Baldower auch ganz besonders die Bedeutung des Ausspähers, Kundschafters erhalten,
und baldowern bedeutet daher vorzüglich: eine Diebstahlsgelegenheit ausspähen, erkunden und den Gaunern mitteilen. Zu

dieser Bedeutung ist der Ausdruck „baldowern" so wesentlich übergegangen, daß für den primitiven Begriff des Baldowers der eigene Name Balmassematten (von בַּעַל Baal, und מַשָּׂא וּמַתָּן Masso Umattan, Diebstahl, Diebstahlsobjekt), als Herr, Leiter und Ordner des Diebstahls, Anführer der Genossenschaft und Verteiler der Beute aufgekommen ist und Baldower jetzt nur noch den Ausspäher, Gelegenheitsmacher zum Stehlen bedeutet.

Vollkommen gleichbedeutend mit baldowern ist noch der Ausdruck auskochen, richtiger wohl auskochemen, von Chochom; ein ausgekochter Massematten ist gleich dem baldowerten Massematten, ein vollständig ausgekundschafteter Diebstahl. In Berlin nennt man einen mit allen Salben geschmierten Menschen einen ausgekochten[1], was ganz gut mit Chochom in Verbindung zu bringen ist. Auch wird auskochen noch besonders für Blindemachen gebraucht[2].

Das Baldowern ist die Einführung der praktischen Gaunerkunst in das Verkehrsleben. Es ist der feinste Teil des Gewerbes, es ist die Psychologie und Logik der Gaunerei, die beobachtet und Schlüsse zieht, um dann handeln zu können.

Eine genaue Kenntnis der Örtlichkeit, der Personen und Verhältnisse des Bodens, auf dem der Gauner seine verderbliche Tätigkeit entwickeln will, ist daher seine erste Aufgabe. Schon Delrio wundert sich bei dem Zigeunerhäuptling, den er in Spanien traf, welche genaue Kenntnisse aller Personen und Verhältnisse, aller Hilfsquellen und aller Schlupfwinkel Spaniens er besaß, und wie er sogar das Spanische trotz des geborenen Toledaners sprechen konnte. Welche Geheimnisse, Örtlichkeiten und Personalverhältnisse lernt nicht aber noch heutzutage der Polizeimann gerade durch das Gaunertum kennen, die unter anderen Umständen ihm durchaus unbekannt geblieben wären. Er wird in eine ganz neue Welt eingeführt, die Millionen Menschen gänzlich verschlossen bleibt.

Es gibt keinen besseren Topographen und Statistiker als den Gauner. Nicht nur jedes Land, jeden Ort, an dem er nur kurze Zeit verweilt hat, kennt er genau; er weiß auch alle Schlupfwinkel, kennt die Einrichtung jedes Hauses, das er betreten hat,

1) Prof. Hans Meyer, Der richtige Berliner, V. Aufl. 1904, S. 11.
2) Thiele I, S. 228.

und hat genaue Kunde von den Verhältnissen seiner Bewohner. Er kennt das Gerichtsverfahren, das Magistratspersonal, die Richter, die Polizei und wie viel oder wie wenig er von ihnen zu fürchten hat, die Gefangenenanstalten, Gefangenwärter, die Hausordnung, Behandlung der Gefangenen usw. Denn niemals unternimmt der Gauner irgend etwas, wenn er nicht sicher ist, daß ihm die Tat vollständig gelingt, und er selbst unentdeckt bleibt, bis er sich zurückgezogen hat. Was der eine Gauner erkundet hat, das weiß auch seine Genossenschaft, denn die Kenntnis des einen ist Gemeingut des Ganzen. Unzählige Vorwände dienen ihm, diese und jene Kenntnis zu erlangen.

Sowie ein Gauner in einen Ort kommt, so erkundigt er sich nach allen Personen und Verhältnissen, die er ausbeuten kann. Eine der ersten Fragen im Wirtshaus ist die nach dem Adreßbuch oder Staatshandbuch. Fast alle fremden Gauner, die ich verhört habe, hatten nach sehr kurzem Aufenthalt schon eine ganze Liste distinguierter Personen notiert; manche Wohnung war nach einer alten Ausgabe des Adreßbuches mit der früheren Straße und Hausnummer aufgezeichnet. Häufig kommen Gauner schon mit solchen Listen an, die sie bereits auswärts nachgewiesen erhalten hatten.

Jede Schwäche, die von einem Gauner entdeckt wurde, wird auch von mehreren gekannt. Der vornehme alte Lüstling, der eine Mätresse bezahlt hat, kann darauf rechnen, daß er auch von fahrenden Dappelschicksen heimgesucht und betrogen wird, die sich ihm als *pauvres honteuses*, unglückliche Beamten- und Offizierswitwen, durchreisende Gouvernanten oder Künstlerinnen vorstellen. Es gibt Stellen, wo junge Mädchen als Bonnen, Erzieherinnen und Gesellschafterinnen erzogen und mit guten und gefälschten Papieren und Empfehlungen fortgeschickt werden, um in weiter Ferne ein Unterkommen zu erlangen, dem Hauptzwecke nach aber, um Massematten zu baldowern, die denn auch durch ihren Nachweis und mit ihrer Hilfe gehandelt werden, ohne daß auch nur der Schein des Verdachtes auf die verkappte Gaunerin im Hause fällt. Die menschenfreundliche christliche Werktätigkeit der inneren Mission ist zum Gegenstand ihrer eigenen Spekulation geworden. Liederliche Dirnen verlassen das Bordell, spielen die Reuige, werfen sich der inneren Mission in die Arme, werden bald als ge-

bessert entlassen und erhalten nun Empfehlung und Unterkommen in Familien, wo sie bald ihren Genossen die alten
Dienste durch Baldowern leisten und auch wohl gar endlich mit
ihnen verschwinden. Der Kolporteur, der Bettler, der Krüppel,
der Sieche, der Blinde mit sehenden Augen, der sich von einem
Kinde führen läßt, geht in die Häuser, um die Lokalität und
die Schlösser zu besehen, ob dieser oder jener Klamonis anzuwenden ist. Das weinende Kind, das von der Not der Eltern erzählt; der kecke Knabe, der mit schlauem Lächeln den Fremden
im Gasthofe fragt, ob seine Schwester oder Kusine ihn besuchen darf; das schüchterne, selbst auch wenn ihre Schüchtern-
heit plötzlich in Preisgebung umschlägt. Der verkappte Polizei-
diener, der nach den Papieren des Reisenden fragt; der
Kommissionär, der seine Vermittlung zu Geschäften, der Lohn-
diener, der seine Dienste anbietet, will nichts weiter als den
Platz erspähen, wo Koffer und Kasse des Fremden stehen. Das
alte Mütterchen, das beim Wechsler einen Kassenschein
umsetzt, ersieht, wo und wie die Geldladen stehen, und zählt
im Davontrippeln die Schritte vom Fenster nächst der Lade
bis zur Tür. Der Handelsreisende, der mit dreisten Manieren
dem Geschäftsmann im Kontor oder Verkaufsladen Proben
anbietet; der Handwerksbursche, der halb erstarrt beim Wirte
um Quartier bittet; der Fleischer oder Viehhändler, der bei
dem Landmann Vieh erhandelt; der Aufkäufer, der mit dem
Müller oder Gutsbesitzer Korngeschäfte anbahnt, baldowert
unter dem Schein des täglichen Verkehrs, Handels und Wandels
usw.[3]

Nicht minder kennt der Gauner alle Jahrmärkte und Messen,
wo es besondere Gelegenheit zum Handeln gibt. Er kennt auch
die Hebungs- und Zahlungstermine, zu denen Pächter, Förster,
Kassenführer und andere Beamten größere Summen bereit
halten; er weiß auf Woll- und Kornmärkten , welche Bankiers
vorzüglich viel Geld zum Zahlen stehen haben, und wer davon
Geld mit in die Heimat bekommt; er erspäht, wer mit der Post
und den Dampfschiffen Beträge empfängt und weiß, wo eine
Hochzeit nahe ist und wo die Aussteuer dazu liegt, da, wenn er

---

3) Es braucht nicht betont zu werden, daß aus dem eben aufgestellten Verzeichnis des Fanatismus des eingefleischten Polizisten hervorsieht, der in
   allem und jedem ein Verbrechen oder den Verbrecher wittert.   B.

nicht selbst heimlich die Beobachtung gemacht hat, seine vertrauten Genossen und Bekannten, platte Leute, meistens am Orte oder in der Nähe wohnende Gaunerwirte alte abgestumpfte, zum Stehlen nicht mehr taugliche Gauner und deren Angehörige und Bekannte ihn davon unterrichten, wo ein Massematten steht.

Zum Baldowern gehört auch die genaue Erspähung, wie viele männliche und weibliche Bewohner das zu bestehlende Gebäude hat, ob Eheleute, die zeitig das Bett aufsuchen und bald einschlafen, ob unruhige kleine Kinder, alte Leute, die an Schlaflosigkeit leiden, darin wohnen; ob Widerstandswaffen zur Hand sind; wo die Schlafstuben liegen; wie weit diese vom Platz, wo das Geld oder die Ware liegt, oder von den gelegensten Einbruchsstellen entfernt sind; wo Knechte und Mägde schlafen; wo Hunde im Hause oder in dessen Nähe sind; ob und welche Nachtwächter im Orte, ob sie jung oder alt sind; ob im Orte starker und später Wirtshaus- oder Gesellschafts- und Postverkehr ist usw.

Unzählig sind die verschiedenen Formen des Baldowerns; sie sind dazu so unauffällig wie die meisten Ereignisse des alltäglichen Lebens, und behalten um so mehr die Unscheinbarkeit, je fester der Grundsatz steht, daß der Baldower selten oder niemals den baldowerten Massematten selbst handelt, und daß er zwischen Baldowern und Handeln längere Zeit, oft Jahre verstreichen läßt, um allen Verdacht schwinden zu lassen. Dafür geht der Gauner denn auch bei seinem Vorhaben so sicher, daß er oft einen schon erreichten Massematten längere Zeit liegen läßt und davongeht, bis er vermuten kann, daß er sich gebessert hat und der Mühe mehr verlohnt. Beispiele der Art sind nicht selten[4].

Häufig wird auch beim Baldowern schon ein indirekter Anfang des Diebstahls selbst unternommen, z.B. ein Schlüssel abgezogen oder ein Wachsabdruck von ihm oder vom Schlüsselloch gemacht, ein Überfallhaken von irgendeinem Fenster abgehängt, eine zum Einsteigen passende Fensterscheibe die durch Zufall oder Ungeschicklichkeit eingestoßen, um bald darauf den frischen Kitt der neueingesetzten Scheibe desto leichter mit dem Messer lösen zu können, ein Hund vergiftet, Entfer-

4) Thiele I, S. 37.

nungen mit Schritt und Auge gemessen. Um eine möglichst genaue Kenntnis der ganzen Gelegenheit und die möglichste Sicherheit des Unternehmens zu gewinnen, wird unmittelbar vor der Ausführung des Diebstahls ein Mitglied der Chawrusse, oft auch eins nach dem anderen, an den Ort des Diebstahls geschickt, um eine Blinde zu machen, d. h. nochmals überall genau nachzusehen, und die Probe abzuhalten, wie nun unmittelbar vor der Ausübung die ganze Lage ist. Der Ausgeschickte beginnt den Scheinangriff, um zu sehen, ob alles für das Unternehmen gesichert ist, klopft leise an der Einbruchsstelle oder an den Fensterschaltern (Blinden), ob jemand erwacht oder bei der Hand ist, und wie es überhaupt augenblicklich mit der Bewachung des Hauses und seiner Umgebung durch Wächter oder Hunde aussieht. Ist die Überzeugung des Gelingens gewonnen, so wird rasch an das Werk gegangen. Scheint die Gelegenheit bedenklich, so machen sich mehrere oder wohl auch alle Genossen der Chawrusse nacheinander daran, die Blinde zu machen. Gewöhnlich entscheidet darauf die Mehrheit für oder gegen die Ausführung des Handels. Der gefaßte Beschluß bindet dann auch die Minderheit, obschon nicht selten ein heimliches Davonschleichen vorgekommen ist, immer aber auch schwer gestraft wird. Ein in solcher Weise sicher gestellter und als ausführbar erkundeter Diebstahl heißt „ein ausgekochter (ausgekochemter) Massematten".

Die Kawure

Die Kawure (jüdisch-deutsch: kwuro, von קֶבֶר kever, Grab, Grube) bedeutet im Jüdisch-Deutschen das Begräbnis, Grab, Grabmal, wird aber in der Gaunersprache für jeden Versteck, Versteckort und für das Versteckte selbst gebraucht. Kawure legen heißt daher: verstecken, verbergen, verscharren; die Kawure erheben heißt: das Verteckte, Vergrabene hervorholen, herausgraben.

Dem Gauner muß natürlich daran liegen, die Tat mit ihren Anzeichen zum mindesten bis zur Beseitigung der Gefahr zu verbergen. Da er die Gewichtigkeit der Anzeichen vor, bei und nach der Tat kennt, so richtet er besonders seinen Scharfblick darauf, daß er sich aller seiner Diebesinstrument entäußert und in gleicher Weise auch das Gestohlene kawure legt.

Dieses Kawurelegen geschieht auf die verschiedenartigste Weise. Keinen Teil des Hauses von der Krone des Schornsteins bis zum Brunnen im Keller, keine Wand, keinen Stein, keinen Balken, keinen Fußboden, keine Fußplatte, keinen Abort, keinen Stall, keine Scheune, keinen Stroh- und Misthaufen, keinen Graben, keine Brücke, kein Hausgerät bis zum Blumentopf und Vogelbauer, kein Kleidungsstück, ja kaum eine Körperöffnung oder Körperhöhlung gibt es, die nicht zur Kawure benutzt werden könnte. Man bekommt einen Begriff von den tausend und aber tausend Gelegenheiten, wenn man erst mehrere Untersuchungen mitgemacht hat. Die Gelegenheit der Kawure ist meistens so unscheinbar, daß man oft kaum begreift, wie der Gauner einen solchen Versteck wählen konnte, wie man andererseits sich wundern muß, daß man an jenem Ort das Versteckte finden konnte. Aber aus der Gelegenheit des Fundes und Verstecks begreift man fast immer die ganze Situation des Verbrechers beim Diebstahl. Wenn man auch aus der Kombination der bei dem Verbrechen und dem Orte des Verbrechens hervortretenden Umstände ziemlich sichere Schlüsse auf die Täterschaft und Kawure ziehen, obwohl sich dabei keine anderen Regeln geben lassen, als den scharfen Blick auch auf das Unscheinbarste zu richten und sich keine Mühe verdrießen zu lassen.

Die auffällige Gegenwart eines fremden Menschen auf einem Vorplatze oder in einem verschlossen gehaltenen Raume gibt Verdacht gegen ihn, und sogar wohl Anlaß, ihn zu untersuchen.

Das weiß der Makkener und hat daher den Grundsatz, seine Klamoniß, sobald er damit einen Verschluß geöffnet hat, kawure zu legen. Die Durchsuchung der dem geöffneten Verschluß nächsten Umgebung, der hohlen Füße unter den Schränken, der Gurte unter Stuhlpolstern, der Tischschubladen usw., wohin der vorsichtige Gauner die Schlüssel für den Fall des Aufstoßes hinlegt, um sie beim ungefährdeten Hinweggange wieder mitnehmen zu können, ist daher eben notwendig wie die persönliche Durchsuchung.

Die Kawure an seinem Körper ist dem Gauner die nächste und behendeste. Sie gewährt ihm zugleich den Vorteil, in der dringendsten Gefahr die verdächtigen Sachen am unauffälligsten verstecken zu können, ohne auch darum die Hoffnung auf die Wiedererlangung aufgeben zu dürfen. Der letztere Umstand macht daher den Transport von Gaunern, bevor sie durchsucht sind, namentlich im Dunkeln sehr bedenklich, da sie auf dem Wege zum Gefängnis, sobald sie nicht zu entkommen hoffen können, heimlich alles Verdächtige von sich werfen. Man kann daher nie genug die Aufmerksamkeit des Unterbeamten auf die schleunigste und gründlichste Durchsuchung gefangener Gauner lenken. Das Durchsuchen der Taschen eines Kleidungsstückes genügt nicht allein: das Futter, jede Naht, jeder Rockkragen und jede Falte, Stiefel- oder Schuhsohle, jeder Strumpf, Handschuh, Hut und Mütze, besonders aber die zum Versteck von Feilen, Sägen und Klamoniß sehr geeigneten Bruchbänder müssen auf das sorgfältigste nachgesehen werden, da namentlich Geld und die zur äußeren Feinheit gearbeiteten Sägen und Feilen darin verborgen sein könnten. Besonders wichtig ist eine genaue Untersuchung der Knöpfe, da durch sie vorzüglich Geld, namentlich Gold, zur Bestechung der Gefangenwärter in die Gefängnisse kommt. Ein Louisdor auf einen Knopf gelegt, der mit einem Stück Lasting, Seide oder Tuch geschickt übergebunden oder überzogen wird, ist unter dieser Hülle sicher geborgen, wenn man nicht den Knopf aufschneidet. Ebenso sind vorzüglich die Stiefelsohlen, besonders wenn sie nicht mit Stiften geheftet, sondern genäht sind, so auch die Binsennähte und Kappen sorgfältig zu durchsuchen, da in ihnen meistens Geld, Feilen, Sägeblätter und Klamoniß verborgen werden. Besondere Aufmerksamkeit ist dabei auch auf die Bekleidung der den verdächtigen Gauner begleitenden Kinder zu verwenden. Auch im doppelten Boden der Reisekoffer und Taschen, in hohlen Stöcken, in Schirmen und Schirmüberzügen, in versiegelten Geld- und Goldrollen, Rasier- und Reisebestecken finden sich vielfache Verstecke für Diebsinstrumente, die auch in Geldbeutel und Portemonnaies angebracht werden können. Von den verschiedenen Taschen männlicher Kleidungsstücke und auch von den Fuhren und Golen der Weiber wird beim Schottenfellen noch die Rede sein. Kein Widerwille und Ekel darf den Beamten abhalten, alles, auch das schmutzigste Stück Leibwäsche nachzusehen. Namentlich rechnen Weiber darauf, daß ihre in ekelhafter Weise besudelte Leibwäsche, die sie oft monatelang ungewaschen im Gepäck oder am Leibe führen, aus Zurückhaltung oder Ekel nicht scharf genug untersucht werde, weshalb sie denn meistens solche Wäsche zur Kawure gebrauchen.

Jedoch nicht die Kleidung allein, sondern auch der nackte Körper dient zur Kawure. Nicht nur unter Toupets, Perücken, falschen Locken und Flechten wird Geld und Diebsgerät versteckt, auch im natürlichen Haar und Bart kann im Nu ein feines Laubsägenblatt mit behendem Drehen so gut befestigt werden, daß sogar beim Durchkämmen des Haars häufig die Säge durch den Kamm gleitet und unentdeckt bleibt, weshalb denn auch immer gegen den Strich gekämmt werden muß. Ebenso werden solche Gegenstände in den Ohrmuscheln, Nasenlöchern, im Munde, unter den Achselhöhlen, unter den gekrümmten Fußzehen, an und in den Geschlechtsteilen, besonders in der Vagina und im After verborgen. Vor nicht langer Zeit kam mir der Fall vor, daß ein auf Verdacht eingezogener Dieb einen kleinen ledernen Beutel mit Kurantgeld und vier Stück preußischen Talern mit einer ledernen Zugschnur auf eine gefährliche Weise fest hinter das Scrotum gebunden hatte.

Die niederländischen Räuber hatten tagelang Schlüssel, Feilen und Sägen im After, und hauptsächlich Damian Hessel ertrug dabei die heftigsten Schmerzen mit standhaftem Mute. Die besonders jetzt in Masse und zu verschiedenen Zwecken immer mehr gefertigten Kautschukröhren dienen für kleine Feilen, Sägen und Geldstücke zu bequemen Futteralen, um eine schmerzhafte Verwundung und Entzündung der inneren Teile zu verhüten.

Meistens verrät sich diese Versteckweise am geschränkten langsamen Gange, am zurückgehaltenen Atem, und noch deutlicher beim unbehilflichen Niedersetzen, das stets langsam, bis die Untersuchung vorüber, oder im Gefängnis ein Ort ermittelt ist, wo jene Gegenstände sicher verwahrt werden können. Der Versteck wird jedoch bald entdeckt, wenn man den Gefangenen gleich bei der Verhaftung nicht aus den Augen läßt, namentlich sobald er ein Bedürfnis befriedigt, das man bei dringendem Verdacht sogleich durch Anwendung eines Klistiers mit etwas Essig oder schwacher Tabakeinflösung befördern kann, – ein Mittel, das auch schon Rebmann[1] empfiehlt.

Reisen Gauner mit eigenem Fuhrwerk, so haben sie am Wagen unter den Achsen, an deren Seite zwischen dem doppelten Boden, mancherlei Verstecke angebracht, nach denen ebensogut gesucht werden muß, wie nach denen am Pferdegeschirr. Selbst unter den häufig zierlich aufgeflochtenen Mähnen und in den aufgeknoteten Schwänzen der Pferde kann man Klamoniß finden. Nichtsdestoweniger bleibt der Raum hinter der Pferdekrippe immer zu beachten, da trotz der mannigfachen Entdeckung doch diese Stelle beständig ihren alten ersten Rang unter den Kawuren behauptet.

In den Gefängnissen bieten schlechtgearbeitete oder schadhaft gewordene Fußböden, besonders an den Enden, Seiten und da, wo sie gegen die Wand stoßen, sowie auch die Rahmen und Fuße von Öfen Gelegenheit zu Kawure legen. Hauptsächlich sind aber die Strohlager und Strohsäcke den Gefangenen sehr willkommene Versteckmittel. Unglaublich ist die Behendigkeit gefangener Gauner, aus Stroh derbe und dauerhafte Stricke zu flechten. Damian Hessel befreite sich aus dem mehr als sechzig Fuß hohen Turm von Überdingen mittels eines von ihm „in den ersten Augenblicken seiner Einsamkeit" zu einer gleichen Länge geflochtenen Strohseils.

Man sollte deshalb alle Strohlager und Strohsäcke, schon der Kostspieligkeit wegen, aus den Gefängnissen verbannen. Zudem ist das Stroh eine stete Schmutzerei im Gefängnis und sehr schwierig zu durchsuchen, so daß bequeme Gefangenwärter höchstens die obere Schicht nachlesen und auflockern, während das Stroh in den Ecken zu dichtem feuchtem Mist zusammenfault. Auch ist das Auftrennen und Durchsuchen der Strohsäcke eine zu umständliche Arbeit, als daß es täglich vorgenommen werden könnte.

---

1) „Damian Hessel", S. 81.

Ausgezeichnet bewähren sich die in den Hamburger Gefangenanstalten schon seit Jahren eingeführten Säcke mit Buchweizenstreu. Diese halb mit dieser gutgesiebten Streu gefüllten Säcke können äußerst leicht nachgesehen und durchwühlt, bei jeder Ronde des Nachts, wo der Gauner sich sicher fühlt, umgetauscht werden, und eigenen sich deswegen sehr schlecht zum Kawure legen. Sie sind zudem selber elastisch weich und bequem, und das beste Material für Gefängnisse, da sie überaus lange vorhalten und auch sehr wohlfeil herzustellen sind.

Von der Kawure am Körper anderer Personen und an Tieren, die von dem gefangenen Gauner im geheimen Einverständnis erhoben wird, ist schon beim Zuplanten gesprochen worden.

Der Schärfenspieler und Kochemerspieße, die dem Gauner das Gestohlene abnehmen und somit eigentlich die lebendige Kawure der handelnden Gauner bilden, wird ebenfalls noch besonders gedacht werden. Das Untermakkelen (das Unterschlagen von Diebsbeute), das dem Sslichenen gleichgestellt und bestraft, dennoch aber fast immer entweder schon beim Diebstahl oder bei der Teilung der Beute gehandhabt wird, beruht wesentlich auf der Geschicklichkeit, den Kameraden gegenüber, etwas geschwinde Kawure legen zu können, oder wenn es, was seltener gewagt wird, im Einverständnis mit einem anderen versucht wird, im geschickten Zuplanten. Von der blutigen Ahndung solcher Wagnisse sind schon Beispiele angeführt worden.

C. Die Gaunerpraxis

Die allgemeine Praxis und Terminologie

Die bisher dargestellten allgemeinen Grund- und Charakterzüge des Gaunertums geben weniger Zeugnis von einer wirklichen Eigenart des Gaunertums, als von seiner Befähigung und Bestrebung, das bürgerliche Leben objektiv aufzufassen und auszubeuten. Dasselbe ist auch mit der Technik des Gaunertums der Fall. Es gibt eigentlich keine wirklich eigenartige Technik und keine besondere Kunstoriginalität im Gaunertum. Die armselige, ohnehin der Vogelleimrute ähnliche Stipprute ist beinahe schon veraltet. Das Gaunertum kann es auch mit technischen Mitteln nicht wagen, in irgendeiner offenen Originalität aus seinem Versteck hervorzutreten. Es beutet nur die Technik des gewerblichen Lebens aus, hat diese aber in vieler Hinsicht so fein ausgebildet, daß es sie in ihrer bürgerlichen Praxis weit hinter sich gelassen hat, und daß man gerade nur in dieser Verfeinerung die gaunerische Tätigkeit erkennt. Insofern kann aber allerdings von einer eigenen Gaunertechnik die Rede sein. Eine gesonderte Darstellung dieser Gaunertechnik würde aber auch eine Darstellung der ganzen Gewerbstechnik erforderlich machen und somit die dem vorliegenden Werke gesetzte Grenze weit überschreiten. Die Technik erklärt sich am kürzesten und deutlichsten in ihrer Anwendung bei den einzelnen gaunerischen Unternehmungen, deren Darstellung nunmehr erfolgen soll.

Alle praktische gaunerische Tätigkeit wurde ursprünglich mit dem Ausdruck Fetzen bezeichnet. Im *Liber Vagatorum* finden sich die verschiedenartigsten Zusammensetzungen wie Claffotfetzer, Schneider, Fladerfetzer, Pflastermacher; Bader, Barbier; Schöcherfetzer, Wirt; Klingfetzer, Leiermann, Bosserfetzer, Schlachter usw. Die Ableitung vom lateinischen facere ist ohne Zweifel richtig. Auch im *Calao*, der portugiesischen Gaunersprache, hat das Wort faxar ganz die Bedeutung des facere und fetzen. Von fetzen bildet sich im sechzehnten und siebzehnten Jahrhundert der volkstümliche Ausdruck pfetzen, pfitzen, mit der Bedeutung zupfen, kneifen, abkneifen, klemmen, stehlen, die noch später auf das spezifisch-gaunerische Fetzen übergegangen zu sein scheint[1]. In der heutigen Gaunersprache ist der Begriff jedoch sehr beschränkt, indem Fetzen nur noch das lostrennen, Losschneiden einer Sache zu ihrer Habhaftwerdung oder Vernichtung, also schneiden, stechen, ermorden, abschneiden, zerschneiden usw. bedeutet. Statt dessen ist aber das Wort Handel als deutsche Übersetzung des Facere aufgekommen, und Handel heißt daher allgemein jedes Raub- oder Diebstahlunternehmen, einen Handel machen oder handeln heißt stehlen. Dazu kommt noch in ganz gleicher Bedeutung der schon angeführte jüdisch-deutsche Ausdruck Massematten, der jedoch neben der Bedeutung des Diebstahls selbst auch noch die des Diebstahlsobjektes hat und in der pleonastischen Zusammensetzung einen Massematten handeln (einen Handel handeln) stehlen, am häufigsten vorkommt. In etymologischer Hinsicht ist noch zu bemerken, daß auch durchgehends der Plural Händel in dieser Bedeutung bei früheren Juristen gebräuchlich gewesen ist, z. B. bei Steigerwald in den „Res furciferorum und allerlei Diebshändel", ebenso im „Schauplatz der Betrüger", ohne daß der Begriff von Streitigkeit damit verbunden ist, der im Grund genommen auch nicht einmal in den noch heute gebräuchlichen Ausdrücken: Rechtshändel, Kriegshändel, politische Händel usw. liegt, sondern nur allgemein die Tat und Tätigkeit bezeichnet. Doch ist der Plural Händel als Bezeichnung einzelner Gaunerindustriezweige in der Gaunersprache nicht gebräuchlich. Überhaupt geht der Gaunersprache die substantivische Bezeichnung für den allgemeinen Begriff des Metiers fast ganz ab. Massematten heißt allgemein der Diebstahl und das Diebstahlsobjekt, im Gegensatz zu Esek oder Eisek, das Geschäft, die Arbeit, der Fleiß, Gewinn, Anteil im ehrlichen Sinne. Jeder einzelne Gauner hat vielmehr nach seinem besonderen Industriezweig besondere Namen, z. B. Schränker, Makkener, Kittenschieber usw., und sein Beruf wird paraphrasisch bezeichnet, indem er sagt: Ploni פְּלוֹנִי ist Kittenschieber, Makkener, oder handelt als Schränker oder Makkener usw.

1) Stieler, Sprachschatz, S. 1442; Schottelius, S. 1373.

Selten oder wohl gar nie handelt ein Gauner in einem Industriezweige allein, wenn er auch einen speziellen Zweig mit besonderer Liebe und Geschicklichkeit kultiviert; er ist vielmehr bereit, alle und jegliche Gelegenheit auszubeuten, die sich ihm darbietet, und kaum gibt es einen Gauner, der nicht fertig mit den Klamoniß umzugehen wüßte und nicht solche fast immer bei sich führte.

Zur Bezeichnung der gaunerischen Tätigkeit gibt es eine Menge Stammworte, die in der Zusammensetzung mit andere Worten je nach Zeit, Tätigkeit und Ort eine bestimmte Gaunerindustrie bezeichnen. Dahin gehört: Gänger, Geier, oder jüdisch-deutsch: Halchener, Lekicher, Latchener, Springer, Hopser, z. B. Chassnegänger, der mit Gewalt einbrechende nächtliche Räuber; Lailegänger, Fichtegänger, der Dieb zu Nachtzeit; Tchillesgänger, Erefhalchener, der Dieb zur Morgenzeit; Schuckgänger, Marktdieb; Medinegeier, Landhausierer; Jomlekicher, Dieb bei Tage; Ssussimlatchener, Pferdedieb; Scheinlatchener, Dieb zu Tageszeit; Scheinspringer, ebendasselbe; Golehopser, der Dieb, der die Koffer von den Wagen während des Fahrens schneidet. Ferner: Händler, Fetzer, Spieler, Macher, Makker, Melochner, Zieher, z. B. Schwärze- oder Fichtehändler, Nachtdieb; Jeridhändler, Marktdieb; Jaskehändler, Kirchendieb; Tchilleshändler, Dieb zur Abendzeit; Kracherfetzer, Kofferdieb; Reiwechfetzer Schwindler, Beutelschneider; Stoßenspieler, Schärfenspieler, Ankäufer gestohlener Sachen; Vertußmacher, der Gauner, der dem Genossen Gelegenheit zum Diebstahl macht; Fallmacher, der zum Spiel anlockt; Jommakker, Dieb zur Tageszeit; Kassiwe- oder Fleppemelochner, der Anfertiger falscher Pässe; Cheilezieher, Taschendieb. Ferner Schieber und Stappler (Stabuler des *Liber Vagatorum*, von Stab, Stecken), z. B. Kittenschieber, Hauseinschleicher; Hochstapler, Bettler von angeblichem Stande[2]; Linkstapler, Bettler auf falsche Papiere. Endlich wird auch noch zur Bezeichnung der gesamten gaunerischen Tätigkeit zu einer besonderen Zeit oder an einem bestimmten Ort der Ausdruck Abhalten gebraucht, z. B. den Schuck, den Jerid abhalten, den

2) Das Wort Hochstapler findet sich zum erstenmal in „Liste derjenigen Hochstablers-Bande, so sich im Hochlöbl. Fränck- und Schwäbischen Creyß auffhalten solle... de Anno 1727".   B.

Markt oder die Messe wahrnehmen, auf ihnen gegenwärtig sein, etwas machen[3].

In den folgenden Abschnitten folgt nun die Darstellung der wichtigsten Gaunerindustriezweige, wie solche heutigen Tags in Brauch und Blüte sind.

Die spezielle Praxis

Das Schränken

Sechsunddreissigstes Kapitel

Der Verschluß im weiteren Sinne

Schränken, vom deutschen Worte Schranke, heißt das gewaltsame Angreifen einer Schranke, um eine durch diese Schranken geschützte Sache zu stehlen, daher mittels Einbruch stehlen, und Schränker: der Einbrecher. Noch ziemlich tief in den Anfang des neunzehnten Jahrhunderts hinein wurden alle Räuber Schränker genannt, weshalb die Einbrecher, die keine Gewalt an Personen verübten, zum Unterschiede zierliche Schränker genannt wurden. Die Bezeichnung ist jedoch veraltet[1].

Das Recht und der Wille des Menschen, sein Eigentum gegen fremde Angriffe zu schützen, hat ihn dazu geführt, durch technische und mechanische Mittel sein Eigentum so zu umgeben, daß jeder Dritte von ihnen abgehalten werden kann, sobald die schützende, persönliche Gegenwart dazu nicht vorhanden und möglich ist. Jene Mittel werden als Verschluß bezeichnet. Verschluß im weiteren Sinne ist die technische Umgebung durch Mauern, Wände und Geländer, die den Zugang verhindern; Verschluß im engeren Sinne der mechanisch bewegliche Teil des weiteren Verschlusses, durch den der Zugang zum eingeschlossenen Eigentum hergestellt wird.

---

3) S. auch Bettlerliste von 1742, Kluge, Rotwelsch, S. 209 ff.
1) Thiele I, S. 311, Note.

SIEBENUNDDREISSIGSTES KAPITEL

Der Einbruch, Unterkabber, Aufbruch und die Hilfsmittel dazu

Niedrige Verschlüsse, Mauern, Holz- und Plankenwerk, Geländer, die leicht zu übersteigen und nicht mit eisernen Zinken
oder Stachelwalzen geschützt sind, bieten dem Schränker keine
Hindernisse. Hohe hölzerne geschützte Planken sind dies schon
eher, und werden daher, wenn nicht einzelne Bretter sich
geräuschlos abreißen lassen, mit dem Bohrer und dem Messer
durchschnitten und eingelegt, so daß schon in dieser Weise vom
Einbruch, Lekiche, die Rede sein kann. Lekiche, von לָקַח
(lakach), nehmen, vorzüglich von Feindes Beute, heißt eigentlich jeder Diebstahl, besonders aber der gewaltsame Diebstahl
mit Einbruch, wofür übrigens noch der besondere Ausdruck:
Lekiche bekauach, verderbt: perkooch, vom jüdisch-deutschen
כֹּח (kauach), Stärke, Kraft, Gewalt, daher Lekiche machen oder
außen stehlen, mit Einbruch stehlen. Ebenso lekichnen, was
aber besonders in Zusammensetzungen auch nehmen heißt,
z. B. Schauchad lekichnen, Geschenke annehmen zur Bestechung. Lekicher-Dieb, Lekicher perkooch, Einbrecher, Schränker. Pessuch (von פָּתַח ist gleichfalls die Öffnung, der gewaltsame Einbruch, während Passung allgemein den Eingang, sei es
durch Einbruch oder mit Nachschlüssel, bedeutet. Pessuch melochnen heißt daher einbrechen, Passucher, Einbrecher, Passung
machen, einen Eingang auf eine oder die andere Weise herstellen.

Ernsteren Widerstand bieten die Mauern. Die sogenannten
Schachtwände (Leim-Chaume, Leim-Kaußel, Leim-Kir), die besonders im nördlichen Deutschland, namentlich bei Scheunen
und Ställen, aber auch bei Wohnhäusern der Leichtigkeit und
Billigkeit wegen zu Wänden gebraucht werden, bereiten dem
Schränker geringere Schwierigkeit. Sie bestehen aus Holzstäb-
chen (Schächten, Staken), die in den Ständer und Riegel des
Gebäudes eingeklemmt und mit einem Anwurf von Lehm und
kurzem Stroh verstehen werden. Sie sind die schlechtesten
Umfassungsmauern und verraten sich, selbst wenn sie mit Kalk
übergesetzt sind, durch die überall hervortretenden Strohhal-

me, können auch sehr leicht durch das Wegkratzen des bröckligen und mürben Lehms mit einem Brecheisen oder spitzen Stück Holz und durch Herausbiegen oder Zerschneiden der Holzstäbe mit dem Messer[1] eingelegt werden. Die Wände sind daher immer die bevorzugten Angriffsstellen der Schränker. Man sollte diese Wände ganz verwerfen, da sie obendrein der Witterung schlechten Widerstand leisten. Mit kaum geringerer Leichtigkeit sind die Fachwände, namentlich wenn sie mit ungebrannten Ziegelsteinen (Klutsteinen) hergestellt sind, einzulegen. Das Fach einer solchen Wand wird Schild genannt. Das Herausnehmen oder Herausbrechen eines solchen Faches: Schild einlegen, was überhaupt auch für Einbrechen genommen wird.

Selbst tüchtig gebrannte Ziegelsteine sichern, besonders wenn sie mit Lehm statt mit Kalks vermauert sind, wenig gegen den Schränker, da der bündige Zusammenhang zwischen dem Holzwerk und den Steinen fehlt: das Holzwerk wirft sich, schwindet oder fault zusammen, wodurch an den Seiten der Ständer und namentlich unter den Riegeln mehr oder minder breite Fugen entstehen, die das Herausnehmen der Steine mit dem Brecheisen wesentlich erleichtern. Fast immer fängt der Schränker den Einbruch einer Fachwand unterhalb des Riegels an und nimmt die Steine von oben nach unten heraus, und zwar so, daß eine Ständerseite ganz freigelegt wird und die Einbruchstelle die Gestalt eines rechtwinkligen, auf einem spitzen Winkel gestellten Dreiecks gewinnt. Nur wenn keine Tür oder kein Fenster von innen zur Flucht oder zum Transport größerer Sachen geöffnet werden kann und die Einbruchstelle die einzige Durchgangsstelle bleibt, wird ein ganzes Fach (Schild) eingelegt.

Der erfahrene Schränker schichtet auch die behutsam gelösten Ziegel neben der Einbruchstelle gegen die Wand auf, teils um die Aushebung des Fachs für den etwa herzutretenden Wächter oder sonstigen Dritten als die unvollendete Tagesarbeit eines Maurers erscheinen zu lassen, teils um das Poltern der unordentlich übereinanderliegenden Steine zu verhüten,

1) Im Jüdisch-deutschen: Ssa Kin; davon vererbt: Sackum, Sackem, Sacken, Zackum, Zacken; auch besonders Kaut, Hertling, Herterich, Kanif, oder das zigeunerische Tschurin oder Tschuri.

besonders aber, um auf der Flucht kein Hindernis an der Einbruchstelle zu finden. Nur dann dürften Fachwände eine größere Sicherheit bieten, wenn man an die gegen Riegel und Ständer zu vermauernden Steine Zapfen anhaut und diese in Nuten
des Holzwerks hineinlegt, oder Holzwerk und Steine da, wo
sie sich berühren, durch Federn und Zapfen von tüchtigem
Holz verbindet. Massive Mauern (Ewen-chaume, Ewen Kaußel,
Ewen-Kir) bieten den meisten Widerstand, besonders wenn
sie mit gutem Mörtel aufgeführt sind. Sind sie jedoch mit
Lehm vermauert, so lassen sich die Steine sogar mit einem spitzen harten Stück Holz aus den Fugen lösen. Der Angriff einer
gut in Mörtel aufgeführten Wand erfordert, wenn nicht das
große Brecheisen, den Krummkopf, Reb-Masuche, Reb-Tau-
weie (beides von רָבָה [rava], groß, viel; Mausche, von מָשַׁל [ma-
schal] , es hat geherrscht, und תָּבַע [tava], er hat mit Gewalt
gefordert), auch Groß-Klamoniß, doch wenigstens das kleine
Brecheisen, Schabber, Jadschabber (Schabber, von שָׁבַר [scha-
var], er hat zerbrochen, abgebrochen, und יָד [jad], die Hand),
Groß-Purim, Kleinklamoniß. Der Schabber ist ein gewöhn-
liches kleines Mauerbrecheisen, ein Stemmeisen, das besonders
auch bei Aufbrechen von Schränken, Koffern, Kisten und kleinen Verschlüssen vielfach in Anwendung kommt. Der Krummkopf dagegen ist eine derbe, dicke eiserne Brechstange von verschiedener Größe, unten spitz zulaufend, oben im Kopf in
breiter hakenförmiger Gestalt gebogen und gewöhnlich in der
Mitte des Kopfes mit einem Einschnitt versehen, der dem Kopf
das Ansehen einer Rindklaue gibt, weshalb in Norddeutshcland
eine solche Stange auch Kuhfuß genannt wird. Mittels des Ein-
schnittes lassen sich sehr starke Nägel, Hängen und Krampen
leicht fassen und ausziehen. Der Krummkopf in seiner
egentümlichen Konstruktion ist eine furchtbare Waffe sowohl
zum Herausbrechen von Steinen, wie auch besonders zum
Aufsprengen von Verschlüssen. Mit Kopf oder Spitze läßt sich
leicht ein Loch oder eine Spalte herstellen, wodurch der
Krummkopf einen Stützpunkt für seine ungeheure Hebelkraft
gewinnt. In Seestädten werden vorzüglich noch die sogenannten Marmelpfriemen, starke, stählerne, sehr spitz zulau-
fende runde, glatte, gegen ein Fuß lange, oben drei bis vier
Zoll im Umfange haltende Pfriemen, deren sich die Matrosen

zum Ansplissen von Kabeln und beim Segelwerk bedienen, zum Schränken gebraucht. Sie sind ihrer Spitzigkeit, Rundung und Stärke wegen ein höchst gefährliches Schränkerwerkzeug, mit dem Hängeschlösser leicht abgewürgt und Bretter und Mauern rasch und sicher weggebrochen werden können. Sie sind meistens mit einem Knopf oder Loch am Kopfende versehen.

Mit solchen gefährlichen Instrumenten beginnt der Schränker, ganz anders wie bei der Fachwand, die Ewenchaume von unten, wo am Fundament die Steine – mit Granit fundamentierte Mauern bieten daher größeren Widerstand – gewöhnlich am ehesten verwitterten, zu durchbrechen, indem er zuerst einen einzelnen Stein, dann die seitlichen Steine heraushebt und nun von unten nach oben das Loch (Pessuch, passung, auch Nekef) zum Durchgange erweitert. Ist die Wand in dieser Weise durchbrochen, so bieten etwa vorhandene Panälwände (verkroschente [von קֶרֶשׁ Keresch; Plural: Kroschim], Brett oder vertäfelte Wände) noch einen Widerstand, der dadurch beseitigt wird, daß mit dem Bohrer, Brunger, in das Holzwerk ganz nahe nebeneinander Löcher im Umfange der Einbruchstelle gebohrt und die Zwischenräume zwischen den Bohrlöchern mit dem Messer herausgeschnitten werden, so daß eine entsprechende Öffnung, Lewone, im Holzwerk zum Durchgange hergestellt wird. Von der Brauchbarkeit des Brungers, der übrigens jetzt meistens als Zentralbohrer angewandt wird, hat schon der berüchtigte, am 6. Januar 1720 zu Frankfurt a. O. hingerichtete Kirchenräuber Jakob Neumann durch eine lange Reihe der schwierigsten und verwegensten Einbrüche Zeugnis abgelegt. Der Brunger ist bei der Geräuschlosigkeit, Geschwindigkeit und Kraft seiner Wirksamkeit zweifellos eines der furchtbarsten Instrumente in der Gaunerhand, die im Nu jedes Schloß zu umbohren weiß. Ich habe oft die schönsten Möbelstücke auf diese Art ruiniert gefunden.

Die Panäle bieten nur dann vollkommenen Widerstand, wenn sie, was man niemals in Kassengewölben und Kontoren vernachlässigen sollte, mit Eisenblech oder Bandeisen gefüttert sind. Die geübtesten Schränker haben erklärt, daß sie nicht imstande sind, diese deshalb sehr empfehlenswerte Sicherung zu vernichten. Haben die Schränker den Krummkopf oder Schabber nicht zur Hand, oder wollen sie die Wand nicht durchbrechen, so versuchen sie, wenn jene leicht fundamentiert und auf der anderen Seite kein festverbundener Fußboden befindlich ist, einen Unterkabber zu machen oder die Wand zu unterkabbern, d. h. mit dem Spaten, Gruber, hart an der Wand ein Loch zu graben, um unter der Wand hindurch auf die andere Seite zu gelangen. Dies geschieht meistens bei Gartenmauern, die auf der anderen Seite mit Spalieren besetzt sind, oder bei dicken Plank- und Palissadenwänden, sowie bei Blockwänden, die nur langsam und mit zu großer Anstrengung und zu großem Geräusch zu durchbrechen oder zu durchsägen sein würden.

Einen merkwürdigen Unterkabber, durch den ein in Untersuchung befindlicher Räuber seine Flucht bewerkstelligt hatte, habe ich in einem benachbarten Patrimonialgefängnis gesehen. Der Räuber hatte den mit Urin gefeuchteten Bretterfußboden mit einem Nagel durchschnitten, die Erde unter dem Mauerfundament in einer Nacht herausgegraben, und das außen befindliche Erdreich von unten in die Höhe gehoben, indem er rückwärts in das Loch gekrochen war und mit dem Gesäß gegen das Erdreich gedrückt hatte.

Soll eine Tür gebrochen werden, so wird, wenn sie nur von innen verriegelt oder verknebelt ist, durch Drücken in den äußeren Ecken untersucht, wo die Hängen und wo die Riegel (Manul, zigeunerisch: Glitschin, Glitsch) sitzen. Durch dieses Drücken erforscht der Schränker zugleich, ob der Riegel stark oder schwach ist; im letzteren Falle wird durch geräuschloses fortgesetztes Drücken häufig ein schlecht angenagelter Riegel oder Knebel gelöst, oder auch mit durchgestecktem Kaut oder Schabber zur Seite oder in die Höhe gehoben. Sonst wird der Riegel lewone gelegt, d. h. das Holz ringsumher wird mit dicht nebeneinandergesetzten Löchern durchbohrt und mit dem Messer ausgeschnitten, so daß der Riegel mit dem Holz, woran er befestigt ist, herausfällt. Dasselbe geschieht bei Schlössern, Haken und Knebeln, um sie aus der Tür zu lösen. Im Niederdeutschen existiert dabei der eigentümliche Ausdruck Jökeln, offenbar vom lateinischen Jocus, da jökeln besonders scherzen, Albernheiten begehen, heißt. Häufig wird in der Nähe der Stelle, wo ein Riegel oder Haken vermutet wird, eine

Lewone[2] gelegt, um mit dem Arm nach innen langen und den Riegel aufziehen zu können. Bei den rheinischen und späteren Räuberbanden, die durch ihre Masse offenen Trotz bieten konnten, wurden mit dem nächsten besten Stück Bauholz, Balken oder Hebebaum, dem Drong (von Drang, dringen), die Türen durch heftiges Stoßen auf das Schloß gewaltsam aufgesprengt und ganze Fachwände eingerannt, was jetzt höchstens noch bei ganz abgelegenen Gebäuden und auch da nur sehr selten gewagt wird.

Soll das Eindringen durch Fenster (jüdisch-deutsch Challon; Plural Challauneß oder Gallones, Scheinling, Scheibeling, Feneter und Fenette genannt) bewirkt werden, so kommt es zunächst darauf an, die Überfallhaken von innen abzuhängen. Hat das Fenster Bleifassung, so wird das Blei um die Scheibe, Blöde, mit dem Messer zurückgebogen und ausgeschnitten, die Scheibe herausgenommen und durch die Öffnung mit durchgesteckter Hand, oft noch mit dem Stocke der Überfallhaken abgehängt.

Eingekittete Fensterscheiben werden mittels eines auf die Scheibe gebreiteten, mit fettigen Substanzen (Talg, Teer, Lehm, Kot, frischem Kuhdung, namentlich Schmierseife) bestrichenen Lappens oder Papierbogens eingedrückt, um das Klirren des springenden Glases zu dämpfen. Erfahrene und geübte Gauner vermeiden jedoch das Eindrücken, da es keineswegs leicht ist, ohne festen kurzen Druck, den man mit der freien Hand nur sehr schwer bewirken kann, die elastische Scheibe zum springen zu bringen. Dies ist nämlich immer unter allen Umständen von einem dumpfen Knall begleitet, den man deutlich hören und unterscheiden kann. Dieser Knall macht es nötig, daß der Schränker eine Zeitlang warten muß, um zu erforschen, ob nicht etwa das Geräusch von den Hausbewohnern gehört worden ist. Dieselbe Vorsicht ist auch bei dem Herausnehmen der Glasscherben aus dem Rahmen nötig, da die Scherben fast immer lebhaft dabei knistern und beim Herausbrechen

---

2) Lewone, Mond, Mondschein von לָבָן (lavan) weiß. Wird ein Stück Brett an der Kante nur von drei Seiten ausgebohrt, so heißt die ausgebohrte Stelle Halbe oder Choze-Lewone; wird aber mitten im Brett oder der Tafel ein meist kreisförmiges Loch gebohrt, so heißt die Stelle eine volle Lewone oder schlechthin Lewone.

laut klingen. Der gewiegte Schränker zieht es daher vor, die Scheibe ganz herauszunehmen, indem er den entweder frischen oder verwitterten und namentlich auf dem Lande besonders nach der Sonnenseite hin bald mürbe und brüchig werdenden Kitt mit dem Kaut losschneidet, wobei ihm die elende Verstiftung der Scheiben mit dünnen Drahtstiften fast gar keine Schwierigkeit darbietet. Beim Baldowern sind die Fenster mit ihrer Verkittung schon immer ein Gegenstand scharfer Beobachtung. Vielfach werden aber auch die Überfallhaken der Fenster mit dem Brunger ausgebohrt, was sich rasch und leicht bewerkstelligen läßt.

Werden die Fenster durch Schalter von außen gesichert, die von innen abgeschraubt werden, so werden die Schraubenmuttern, wenn ihre Niete oder Stifte nicht mit der scharfen Kneifzange, dem Beißer, abgekniffen und mit der Mutter abgedreht werden können, lewone gelegt. Schalter mit durchlochten Querstangen, die mit Bolzen und Splinten von innen befestigt werden, bieten sehr große Schwierigkeiten, namentlich wenn die Bolzen innen durch gute Schnappfedern gehalten werden, oder wenn die Splinte gut gefedert sind, oder zwischen Stiften laufen, daß sie nicht durch Drehen des Bolzenknopfes zum Herausfallen gebracht werden können. Der Schränker hat selten soviel Zeit, unbeachtet unter der Stange eine Lewone zu legen, die Scheibe einzudrücken und die Splinte mit der Hand auszuziehen, obgleich diese schwierige Operation nicht selten mit rascher Kunstfertigkeit gewagt wird, sobald nur der Schränker sich einigermaßen sicher weiß. Sind die Schalter von innen angebracht, so können die von innen übergelegten Riegel oder Stangen nach Öffnung des Fensters leicht mittels einer Lewone oder mit dem Kaut oder Schabber in die Höhe geschoben werden.

Ein weit gefürchteteres Hindernis bieten aber die auf den Fensterbänken befindlichen Blumentöpfe, die beim Zurückschieben der Schalter herunterfallen und durch ihr Geräusch die Schränker verraten. Man sollte deshalb nie versäumen, abends nach Schließung der Schalter die Blumentöpfe wieder auf die Fensterbänke zu stellen.

Ist das Fenster mit Eisenstäben oder Gittern, Barsel, (Eisengitter), Barseilm בַּרְזֶל [barsel], das Eisen, eisernes Werkzeug, eiserne Fessel, Gitter) versehen, so werden diese entweder gewaltsam herausgebrochen, geschwächt, oder auch, wenn die Zeit und Gelegenheit es erlaubt, mit der Säge, Magseira (מַסּוֹר [masor], eigentlich die Art zum Holzfällen), Megerre, Mascher oder der Feile, Pezire (פְּצִירָה, eigentlich Stumpfheit, Scharte, schartiges, stumpfes Schwert), Barselschärfe, gefetzt, d. h. durchschnitten; das Schwächen wird besonders dann vorgenommen, wenn das Gitter außerhalb der Fensterscheiben angebracht ist. Ein tüchtiger Strick חֶבֶל chevel [Kabel], Gewel, Kabohl, Längling, Regierung), den sich der Schränker gewöhnlich unter dem Rock um den Leib wickelt, und unter dem sie auch wohl die zum Wegtragen des gestohlenen Gutes dienenden Säcke, Kissimer (von כִּיס [kis], Beutel) legen, wird durch die Mitte des Gitter geschlungen, um einen tüchtigen Hebebaum oder Wiesenbaum (Drong) geknüpft und das Gitter durch Wuchten des Baumes herausgerissen, wobei entweder das Gitter aus der Zarge bricht oder die Zarge mit herausreißt. Diese Prozedur geht bei der ungeheuren Hebelkraft des Drong meistens ohne große Schwierigkeit vor sich und wird teils durch die schlechte Vermauerung der Gitter und Zargen, teils durch die schlechte Befestigung der Gitter in den Zargen selbst sehr erleichtert. Einzelne Stangen lassen sich noch leichter herausbrechen.

Am sichersten wählt man verbundene Gitter, bei denen das Eisenwerk sich gegenseitig steift und trägt, verwirft die hölzernen Zargen ganz, wählt dafür eine steinerne Einfassung, oder vermauert die dicken hölzernen Zargen wenigstens so, daß sie gehörig tief und in der Mitte des Mauerwerks zu stehen kommen, um weder nach innen noch nach außen bewegt werden zu können. Zu aller Rücksicht ist es gut, das Eisenwerk stets in Ölfarbe zu halten, da der geübte Blick des Schränkers an dem matten faserigen Aussehen das gute und an dem glänzenden Aussehen das schlechte Eisen sehr wohl zu unterscheiden weiß.

Soll ein Vorhängeschloß, eine Tole (von תָּלָה [tala], aufhängen), erbrochen werden, so wird der Schabber oder Krummkopf durch den Hals oder Bügel gesteckt und das Schloß, dessen Riegel und Niete leicht der großen Gewalt nachgeben, abgedreht, gewürgt. Bei sehr starken und schweren Schlössern, die dieser Gewalt etwa Widerstand leisten sollten, wird der Bügel mit der Säge durchschnitten oder mit der Feile durchgefeilt. Die Feinheit, mit der die Feilen jetzt gearbeitet werden, macht es möglich, daß die Schränker, die früher selbst aus Uhrfedern nur unvollkommene Sägen zurichteten oder sich mit den groben Feilen oder Bruchstücken davon behelfen mußten, mit den verschiedensten Sorten feiner Feilen und Sägen reichlich versehen sind, die sie mit Leichtigkeit verstecken können. Die feinen Laubsägenblätter, die man in den verschiedensten Sorten in jedem Eisenwarenladen kaufen kann, sind äußerst gefährliche Instrumente, da man mit ihnen, wie ich das selbst versucht habe, in kurzer Zeit zolldicke Eisenstangen sehr behende durchschneiden kann.

Zum Aufbrechen von Verschlüssen aller Art dient ferner noch das den Krummkopf und Schabber vielfach ersetzende Kardem (קַרְדֹּם [kardom, Beil, Art], auch Kotener Kardem, von קָטָן [katan], klein) oder Kotener Mühlkracher genannt. Das scharfe, mit einem starken Stiel von Weißbuchen- oder Apfelbaumholz versehen Kardem wird als Hebel zum Einsetzen in Spalten und Fugen, wie zum Wegbrechen und Wegschneiden von Verschlägen, Schlagleisten u. dergl. gebraucht, und läßt sich viel bequemer führen als Krummkopf und Schabber, indem es unter dem Rock mit dem Stiel durch das Westenärmelloch gesteckt wird, so daß das eiserne Blatt flach gegen die Brust liegt. Dadurch, daß sich das Beil auch leichter und unverdächtiger wegsetzen läßt und auch im Notfall zu einer gefährlichen Verteidigungswaffe wird, findet es bei dem Schränken immer größere Aufnahme und Anwendung. Zum Aufbrechen von Geldkisten, deren Transport auf das freie Feld nicht möglich ist, um sie dort mit der Axt oder schweren Steinen zusammenzuschlagen, bedienten sich in früherer Zeit die Schränker[3] der Kaffeemühle, d.i. einer gewöhnlichen Wagenwinde, mit der die Deckel der Kisten aufgeschraubt werden. Schon der umständliche und auffällige Transport dieses schwerfälligen Instruments macht seine Anwendung schwierig und bedenklich. Die Kaffeemühle scheint seit der Beseitigung offener Räuberbanden gänzlich abgekommen zu sein.

Gilt es, wenn keine Nachschlüssel oder Dietriche zur Hand sind, nach Abdrehung oder Abschneidung der Tolen den Deckel der Lade zu erbrechen, so wird an einer Ecke der Versuch ge-

3) Thiele I, S. 79.

macht, mit dem Schabber, Krummkopf oder Kardem unterzufassen, was bei sehr vielen Geldladen gelingt. In die entstandene Spalte wird der Schenkel der Kneifzange oder ein Schabber oder auch ein keilförmiges Stück Holz, der Vorleger, gesteckt und mit dem Brechinstrumente weiter vorgefaßt. Ist übrigens der Deckel nur ein wenig auf einer Seite gehoben, so können die Schließriegel und Haken der furchtbaren Hebelgewalt des Krummkopfs schwerlich lange widerstehen. Das sogenannte Zusammendrücken der Geldladen[4] wird von den Schränkern mit richtigem Blick auf den Umstand, daß die eisernen Bänder und vielen Nieten das Holzwerk der Laden für den Druck von außen nach innen eher schwächen als verstärken, und daß das dünne Eisen der Ladewände sich nach innen biegen läßt, während es durch den übergreifenden Rahmen des Deckels eigentlich nur vor dem entgegengesetzten Druck geschützt wird, desto eifriger geübt. Das Zusammendrücken mittels eines um die Lade gelegten und durch Drehen eines eingesteckten Knittels zusammengezogenen Taues setzt allerdings eine schwache Konstruktion der Lade voraus. Neuerdings sollen auch starke, durch eine mit Stricken um die Geldlade befestigte Flügelmutter laufende eiserne Schrauben, die gegen das Schlüsselloch gesetzt werden zum Zusammendrücken von Geldladen gebraucht worden sein. Eine eiserne Schraube von eineinhalb Fuß Länge und eineinhalb bis zwei Zoll Dicke müßte schon eine unwiderstehliche Gewalt auf die Geldladenwand üben.

Die Durchziehung einer Mittelwand innerhalb der Geldlade und die Besetzung des Deckels mit einem inneren Rahmen, gegen die der von außen bewirkte Druck der Ladenwände sich lehnt, scheint ein ziemlich sicheres Schutzmittel gegen diese neuauftauchende Methode zu sein.

Die vorstehend genannten Gerätschaften werden unter dem Sammelnamen Schränkzeug begriffen. Wahl und Gebrauch des Schränkzeuges nach der dargestellten Methode wird schon bei dem Baldowern bestimmt, und besonders auch noch, wenn die Blinde gemacht wird, das heißt, wenn kurz vor der Ausführung des Diebstahls eine nochmalige eingehende Übersicht und Durchforschung der ganzen Örtlichkeit und Gelegenheit durch eines oder durch mehrere Mitglieder der Chawrusse genommen wird.

4) Thiele, S. 85.

Oft wird das Schränkzeug nur wenig oder gar nicht gebraucht, je nachdem sich eine andere günstige Gelegenheit darbietet. Die Katzenlöcher in den Türen, besonders auf dem Lande, sparen den Schränkern manche Lewone, da durch diese
Löcher mittels eines Stockes die hinderlichen Knebel, Riegel
und Haken leicht weggeschoben werden können. Die Schränker
finden auch auf dem Lande vielfach Gelegenheit, mit Wagenlei-
tern oder anderen Bodenleitern in offenstehende oder schlecht
verwahrte Fenster und Speicherluchten einzudringen, oder auf
Dachrinnen zwischen Gebäude zu gelangen, von denen sie
durch Zurückschieben oder Aufheben der inneren Knebel und
Haken der gewöhnlich schlecht und lose schließenden Luchten
mit dem Kaut oder Schabber in die Gebäude dringen, somit Arbeit und Zeit sparen und dabei auch der Gefahr der Entdeckung
leichter entgehen. Oft werden von den Dachrinnen aus Dach-
ziegel zum Einsteigen genommen. Dazu wird auch zuweilen
der Weg über das Dach eines oder mehrere benachbarter Häuser gewählt, wenn an das zu bestehlende Haus nicht sicher an-
zukommen ist. Letzteres geschieht besonders dann, wenn das
Haus von guten Hunden bewacht wird, denen kein Gift beizu-
bringen ist.

ACHTUNDDREISSIGSTES KAPITEL

Das Pegern

Gewöhnlich versuchen die Schränker oft schon mehrere Tage
vor dem Diebstahl, die ihnen hinderlichen Hunde zu pegern,
d. h. zu vergiften. Der den Hunden vorgeworfene vergiftete
Teig, Kuchen oder sonstiges Gebäck, namentlich auch Fleisch
und am häufigsten Wurst wird sam סַם Gewürz, Gift) oder Peiger genannt (von פֶּגֶר Leichnam, Aas, Luder).
Das Gift besteht nicht immer aus der allerdings am leichtesten von allen Giften aus Drogenhandlungen und Apotheken
unter irgendeinem Vorwande zu kaufenden *Nux vomica*, sondern auch aus Kupferoxyd, das leicht aus schmutzigem Mes-
sing- oder Kupfergeschirr zusammenzukratzen oder auch aus
trockenen giftigen Farben zu gewinnen ist. Die tödliche Eigen-

schaft der phosphorhaltigen Schwefelhölzer ist gleichfalls den Schränkern wohlbekannt. Häufig werden auch, wenn es nicht auf eine sehr rasche Tötung ankommt, die Hunde mit Badeschwamm, der in Stücke geschnitten und mit Fett und Salz zusammengebacken ist, getötet, wie man ja denn auch in dieser Weise den Ratten und Mäusen einen qualvollen Tod bereitet, in deren Eingeweide der mit den Verdauungssäften durchzogene Schwamm wieder aufquillt.

NEUNUNDDREISSIGSTES KAPITEL

Die Zeit, die Kohlschaft und die goldene Choschech

Die Wahl der günstigsten Zeit für die ausführenden Schränkmassematten ist von großer Wichtigkeit. Es gibt im allgemeinen eine Gaunerjahreszeit, nämlich die Monate im Herbst und im Frühling, die lange finstere Nächte, Stürme und Regenschauer bringen, und wegen dieser ihrer günstigen Gelegenheit die Kohlschaft קָהָל, kahal, die Versammlung, Gemeinde), d. i. die Versammlungszeit, Gaunersaison, oder auch wegen ihrer Ergiebigkeit die goldene Choschech חֹשֶׁךְ, die Finsternis) genannt werden. Zum Handeln des einzelnen Massematten wird jedoch die günstigste Zeit und Gelegenheit mit bestimmter Berücksichtigung aller Umstände abgewartet. Kein Moment wird außer acht gelassen, in dem der Freier nicht geneigt und befähigt ist, seine Aufmerksamkeit auf die äußeren Umgebung zu richten, wie bei Erkrankungen oder sonstigen trüben Ereignissen, von denen der Baldower Kunde erlangt hat. „Ein geschickter Dieb muß wissen, wo die Leute schlafen, ob sie alt oder jung sind, denn alte Leute wachen leicht auf, zumal nach Mitternacht; jungen Eheleuten hingegen kann man eine Stunde nach dem Schlafengehen ohne Furcht eine Visite abstatten[1]." Mehr als einmal ist es daher vorgekommen, daß Schränker in eine Wochenstube oder in ein Leichenzimmer geraten sind. Aber auch dann besonders, wenn freudige Ereignisse oder gesellschaftliche Erheiterungen, wie eine Soiree oder ein Ball,

1) Rebmann, Damian Hessel. 3. Aufl., S. 117.

die Hausbewohner und Dienerschaft auf einen bestimmten Teil des Hauses rufen, vorzüglich aber unmittelbar nach solchen Festlichkeiten, wenn alles im Hause sich ermüdet zurückgezogen hat und das meiste unordentlich und unverwahrt umherliegt, werden die meisten Einbrüche mit Erfolg verübt. Alle einzelnen Situationen und Gelegenheit, selbst die persönlichen Eigenschaften, Alter und Zahl der Hausbewohner, von denen schon oben beim Baldowern die Rede gewesen ist, werden mit scharfem Blick aufgefaßt, um auch das unscheinlichste Moment ausbeuten zu können. Selten und nur unter ganz günstigen Umständen wird bei Tage bei Schein, bajom (יוֹם der Tag), in der Regel bei Nachtzeit, ba leile לַיְלָה laila, die Nacht), oder wie es auch heißt, Baiscon lailo בָּאִישׁוֹן לַיְלָה in der schwarzen Nacht, oder bei Schwärze oder in der Fichte geschränkt.

Die Schmieren und Lampen

Eine Hauptaufgabe ist, die als günstig erkannte Gelegenheit so lange günstig zu halten und jede Störung von ihr fernzuhalten oder den handelnden Chawern sofort mitzuteilen, bis der Massematten gehandelt und der Rückzug gedeckt ist. Diese schwierige Aufgabe haben die Schmieren zu erfüllen, zu denen für jeden einzelnen Massematten gewöhnlich die erfahrensten und gewandtesten Gauner von dem Balmassematten gewählt werden. Die rohe Auffassung des Wortes Schmiere (vom jüdischdeutschen Schmiro, Schmiruß [von שָׁמַר er hat bewacht, behütet] die Wache, Wacht, Wachthaus, Wachtposten, Laileschmier, der Nachtwächter) hat nicht nur die falsche Schreibweise Schmiere fest eingebürgert, sondern auch in diesen sinnverwandten Wörtern Butter und Käs (auch sogar Chäs) mit gleicher Bedeutung von Schmiro geschaffen, so daß man für den Begriff Wache stehen und Wache aufstellen ebensowohl sagen kann: Schmiere stehen, Schmiere stellen, als Butter oder Käs stehen oder stellen. Je nachdem Örtlichkeit und Gelegenheit es vorschreibt, stellt sich die Schmiere offen in der Gegend des Einbruchs zu Beobachtung der etwa zu befürchtenden Störung auf, und hat dabei die Aufgabe, die Störung aufzuhalten und wie z. B. durch das Meistern, wovon schon oben gesprochen ist, zu hintertreiben, aber auch, wenn das nicht gelingen will, den verabredeten Zinken zum Rückzug zu geben.

Sehr oft müssen sich aber die Schmieren versteckt aufstellen. Diese versteckten Schmieren werden mit dem Kunstausdruck „betuchte Schmieren" bezeichnet (von בֶּטַח [betach], Vertrauen, Sicherheit, wovon das jüdisch-deutsche Adjektiv betuach, sicher zuverlässig, geborgen). Von den Zinken, die gegeben werden, wenn ein Wächter, der Bestohlene oder ein Dritter, ein Lampen, herzukommt, ist schon oben im Abschnitt vom Zinken gesprochen worden. Die Zinken werden, wenn sie nicht schon in einer Chawrusse ein für allemal oder für eine bestimmte Zeit festgesetzt sind, vor Beginn des Unternehmens verabredet, so daß ein Zinken, gewöhnlich ein Schnalzen mit der Zunge, den von ferne nahenden Wächter oder Bestohlenen als „stillen Lampen", ein anderer Zinken den schon nahen und Unternehmen und Unternehmer ernstlich bedrohenden Wächter usw. den „vollen Lampen", bezeichnet, bei dem letzteren Zinken, der gewöhnlich in dem lauten Rufe „Lampen" besteht, alles die Flucht ergreift. Das Gestörtwerden des Unternehmens in dieser Weise nennt der Schränker „Lampen bekommen". Lampen eigentlich Lamden (von לָמַד, er hat sich gewöhnt, gelernt), wovon das jüdisch-deutsche Lamdon, der Gelehrte, Geweckte, Aufpasser; aber auch der verfolgende Bestohlene (Balhei) und jede andere verfolgende Person.

Einundvierzigstes Kapitel

Das Massemattenhandeln

Sowie der Einbruch hergestellt, durch die Schmieren gedeckt und der Eingang in das Gebäude gewonnen ist, begeben sich die Schränker auf Strümpfen, in Filzschuhen oder auch wohl barfuß in das erbrochene Gebäude. Die Behendigkeit ist fabelhaft, mit der sich geübte Schränker unbemerkt an Schläfern und sogar Wachenden vorbeischleichen können[1]. Bei einem Einbruch

1) Thiele I, S. 164.

in der Nähe von Lübeck fand ich, daß der Schränker eine Uhr von der Fensterbank weggeholt und den Weg zum Fenster und von da zurück durch die ganze Schlafstube zwischen den nur vier Fuß breit voneinander getrennten Betten des bestohlenen Ehepaars hindurch genommen hatte. Noch dazu war das Kind des Bestohlenen krank und eine Wärterin schlief im Vorzimmer, durch das der Schränker gehen mußte.

Nicht selten, namentlich wenn die Besorgnis vorhanden ist, daß die Schränker im Hause belauert werden, wird auf einem Stocke zunächst eine Mütze durch die Einbruchstelle gesteckt, um zu erwarten, ob etwa ein Hieb auf diese geführt wird. Diese Vorsicht, die der Konstanzer Hans einmal auf den Rat des berüchtigten Schleiferbärbele bei einem Einbruch anwandte, bei dem im Dunkeln ein schwerer Hieb auf seine durchgesteckte Mütze fiel, rettete dem Konstanzer Hans das Leben. Das war auch der Anlaß, warum der dankbare Räuber sich an das Schleiferbärbele gebunden erachtete, das auf sein ganzes Leben einen fast unbegreiflichen Einfluß übte.

Ist alles so weit sicher, so besteht die erste Sorge der durchgekrochenen Schränker darin, den schleunigen Rückzug auf alle Fälle dadurch zu ermöglichen, daß die Haken und Riegel gelegener Türen und Fenster abgehängt und zurückgeschoben werden. Das hat den Zweck, daß, wenn erforderlich, die draußen befindlichen Chawern Eingang finden, oder die gestohlenen Sachen in Empfang nehmen und nötigenfalls mit ihnen sofort entfliehen können. Zum behenderen Durchgang durch das Fenster wird gewöhnlich von innen ein Stuhl unter die Fensterbank gestellt.

Naht sich im Hause ein Widerstand, so ziehen sich die Schränker zurück, sobald sie eine Überlegenheit oder einen Gegner zu fürchten haben. Fühlen sie sich dem Widerstande gewachsen, so wird auch zur Gewalt geschritten, der Widerstand Leistende zu Boden geworfen, geknebelt und ihm unter schweren Drohungen Schweigen geboten, und dies auch wohl durch Verstopfen des Mundes mit einem Tuche erzwungen.

Obwohl der Schränker auf alles gefaßt ist, auch fast immer Waffen führt, so kommen absichtliche Tötungen jetzt nur selten vor. Die meisten Todesfälle sind nur die unbeabsichtigte Folge erlittener Mißhandlungen bei der Gegenwehr oder starken Aufregung des Überwältigten, die meistens in leichter Nachtkleidung geknebelt auf dem Fußboden oder im Hausflur zurückgelassen werden. Ein Schränker, dessen Hinrichtung ich beiwohnte, hatte bei seinen Chäwern in einer kalten Novembernacht eine alte Frau mit ihren Strumpfbändern geknebelt und im Hemd auf den Hausflur hingelegt, wo sie morgens, wahrscheinlich vom Schlage gerührt, tot aufgefunden wurde.

Kaum sind die Schränker, wie das doch früher immer der Fall war, jetzt irgend einmal mit Knebelstricken versehen. Strumpfbänder, abgeschnittene Uhrschnüre, Waschleinen, Handtücher, Pferdehalter und dergl. werden bei dem unvermutet gefundenen Widerstand meistens im Hause selbst angetroffen und benutzt.

Eine oft befolgte Vorsicht der Schränker ist, die Schlafstubentüren leise zu versetzen durch vorgestellte Tische, Koffer, Kisten oder auch dadurch, daß sie eigene Schmieren davorstellen, obgleich sie sehr wohl wissen, daß sie im Hause bei weitem weniger Gefahr laufen als bei dem Einbruch von außen her, weshalb dann auch die Schmieren mit großer Vorsicht gewählt werden und zu Werke gehen. Die Schränker zählen nicht mit Unrecht darauf, daß derjenige, der im Hause ihre Anwesenheit merkt und in der Dunkelheit über ihre Zahl und Stärke sich nicht unterrichten kann, lieber sein Hab und Gut auf das Spiel setzt als sein Leben und seine Gesundheit. Kaum glaublich erscheinen die vielen Fälle von Mutlosigkeit auf der einen und der dadurch hervorgerufenen übermütigen Dreistigkeit auf der anderen. Kaum ein Hilferuf aus dem Fenster in die Nachbarschaft wurde gewagt, während die Schränker in den Stuben sich gütlich taten mit Speisen und Getränken, die sie sich zusammengetragen hatten.

Sobald nun die Vorbereitungen so weit getroffen sind, wird an den Massematten selbst gegangen. Die Verschlüsse werden mit dem Klamoniß geöffnet, mit dem Schabber gesprengt oder mit dem Brunger lewone gelegt. Meistens sind die Verschlüsse schon bei dem Baldowern den Schränkern genau bekannt geworden. Die bei den niederländischen Räubern durchgängig gebräuchliche Beleuchtung der Gebäude mit eigens dazu vorgerichteten Lichter Neireß (vom hebräischen נֵר ner, Plural: Neroß, jüdisch-deutsch neireß), ist mit dem offenen Überfall und Sturm jetzt beinahe gänzlich aus der Praxis der Schränker verschwunden, und kommt nur noch da vor, wo noch offene Räuberbanden vorhanden sind.

Ist etwas seit dem Baldowern verändert oder versetzt, so wird mit dem Streichholz behutsam hingeleuchtet oder auch ein Stümpfchen Talglicht angesteckt. Finden die Schränker nichts von dem Massematten vor, so wird oft aus Rache und Übermut alles im Hause auf vandalische Weise gesprengt und zerstört, auch wohl der Freier mit Drohungen und Mißhandlungen zum Nachweis des Verborgenen gezwungen. Das Gefundene wird in Säcke, Kissimer, auch wohl Klumnick, verpackt und den Chawern zugelangt, die damit zum Zinkplatz eilen oder es auch sofort kawure legen.

Ist der Massematten gehandelt, so wird der Rückzug angetreten, Tür und Fenster angelehnt und überhaupt jede Spur des Einbruchs so gut wie möglich verwischt, um die Entdeckung möglichst lange aufzuhalten und Zeit zur Bergung der Person und des Gestohlenen zu gewinnen. Früher wurde der Zinken eines der handelnden Schränker aus Übermut oder zur Notiz für die abwesenden Genossen bei der Einbruchstelle hingemalt.

Für den Fall, daß der Schränker im Hause gesehen oder beobachtet werden sollte, pflegen die Gesichter mit Kohle oder Lampenschwärze, durch angeklebte Bärte, an deren Stelle auch ein dunkles Tuch oder auch ein dunkler wollener Strumpf wie ein Backenbart vom Kinn bis zu den Ohren gebunden wird, seltener durch schwarze Wachstuchlarven unkenntlich gemacht zu werden. Auch werden die Stimmen verstellt und womöglich fremdartige Dialekte affektiert, Brocken fremdländischer Sprachen, auch wohl Gaunerausdrücke eingemischt, und niemals Namen, sondern immer die Ausdrücke „Kamerad, Bruder, Junge" usw. gebraucht. Doch wird zuweilen ein ortsbekannter Name genannt, um den Verdacht des Diebstahls auf nahe Ortseingesessene zu lenken.

ZWEIUNDVIERZIGSTES KAPITEL

Der Rückzug

Haben die Chawern Lampen bekommen, so flüchtet sich jeder so gut er kann, und sucht den Zinkplatz zu erreichen, auf dem das Fuhrwerk hält, um die dort zurückgebliebenen Genossen zu warnen. Werden die Schränker versprengt, so finden sie sich an einem anderen ein für allemal oder speziell verabredeten Zinkplatz leicht wieder zusammen. Bekommen sie Nachjagd, das heißt, werden sie verfolgt vom Bestohlenen, Balhei, oder von sonstigen Personen, Lamden, so halten sich die Schränker zum Widerstande und zur gegenseitigen Befreiung zusammen, bis die Verfolgung und Gefahr aufhört. Zu diesem Zwecke werden besonders die Waffen geführt und um jeden Preis für die Befreiung angewandt. Die Geschichte des Gaunertums enthält zahlreiche Beispiele sowohl der mutigsten Gegenwehr, wie auch der verzagtesten Feigheit und gemeinsten Treulosigkeit.

Einer der merkwürdigsten Fälle von Gegenwehr war die unter Leitung von Adolf Weyers, Overtusch, Damian Hessel und Karl Heckmann bei dem Einbruch in Daden gegen etwa tausend Bauern und französische Soldaten gelieferte zweistündige Schlacht im Mai 1798, bei der zwanzig der berüchtigtsten Räuber gefangen wurden. Ebenso großartig war die Verteidigung des bayrischen Hiesel, als er am 14. Januar 1771 im Wirtshaus von Oberzell von fürstlich Dillingischen Truppen belagert und gefangen wurde[1].

In allen Zügen erkennt man aber nur den nackten Egoismus, der in der Kameradschaft nur die eigene Person zu sichern sucht und keine Spur von wahrer Freundschaft verrät. Die Verhaftung von Gaunern, namentlich durch den einzelnen nicht weiter unterstützten Beamten, ist jener oft verzweifelten Gegenwehr wegen äußerst schwierig, und sollte vom Vorgesetzten immer anerkannt werden, der hinter dem Verhörtisch kaum einen Begriff davon hat, wie gefährlich die Verhaftung der ihm vorgeführten Arrestanten war.

---

1) Der bayrische Hiesel, S. 126f.

Die Kawure, der Intippel und die Cheluke

Das Gestohlene wird so rasch und weit wie möglich vom Diebstahlsorte in Sicherheit gebracht. Häufig erlaubt die Menge und Schwere des Gestohlenen, namentlich wenn kein Fuhrwerk zur Hand ist, keinen weiten Transport. Die nächste Chessenpenne bietet daher die erste Zufluchtsstätte, bis die Schränker anderweitige Verfügungen über das Geborgene treffen. Häufig wird aber auch das Gestohlene hinter Zäunen, in Stroh- und Neudiemen, in Mist, in Waldungen, Buschkoppeln, hohlen Bäumen, Wegesielen, Gräben, Brücken, Mergel- und Sandgruben, Fuchs- und Dachsbauten vorläufig kawure gelegt, nicht selten aber auch in Teiche und Sümpfe versenkt, bis die Gelegenheit zum Hervorholen und Teilen sicher geworden ist. Der Ort, die Chessen- oder Kochemerpenne, Spieße, wohin die Beute geborgen und geteilt wird, heißt der Intippel, wovon Intippeln, sich mit dem gestohlenen Gute in den Intippel oder Eintippel begeben. Tippeln kommt von טָפַף, (tafaf), schnell beweglich sein, kleine schnelle, kokette Schritte machen, besonders von Frauen, wovon das jüdisch-deutsch טִפָּה (tippa), der Tropfen, dann das gaunerische Gehen, Laufen, Fallen. Damit hängt zusammen Tippel, die Fallsucht. Dappel-(Tippel-)schickse, die Lustdirne, tippen, concumbere usw.

Die Teilung, Cheluke (von חֵלֶק [chelek], Teil, Anteil, besonders an der Kriegsbeute; Cheluke halten und Melkenen teilen), geschieht zu gleichen Teilen, wobei auch der Wirt, der Chessenspieß, von der Baldower berücksichtigt werden . Der Chelek, den ein solcher Chawer erhält, der nicht selbst mitgestohlen hat, heißt Schibbauleß שִׁבֹּלֶת die Kornähre). Gewöhnlich wird das Gestohlene an den Chessenspieß, der fast immer auch Schärfenspieler ist, oder an bestellte Schärfenspieler verschärft und das Geld geteilt. Seltener ist die Naturalteilung, bei der jedes einzelne Stück abgeschätzt, auch wohl dem Meistbietenden zugeschlagen wird. Häufig entscheidet der Würfel, das Los oder der Messerwurf. Ein größerer Anteil des Balmassematten kommt ihm gewöhnlich nur dann zugute, wenn er beim Baldowern oder beim Handeln selbst besondere Dienste geleistet hatte.

Ungeachtet der blutigsten Rache und Strafe wird bei fast allen Massematten, die von mehreren Chawern gehandelt werden, das eine oder andere untermakkelt, da jeder möglichst seinen Vorteil wahrnimmt. Wird einem Chawer nach der Teilung sein Anteil von Gendarmen oder Polizeibeamten abgenommen oder von andern gar gestohlen, so erhält er, oder wenn er krank (gefangen) ist, seine Familie, einen verhältnismäßigen Ersatz. Der Gewinn wird mit sinnloser Verschwendung und in brutaler Völlerei rasch vertan, so daß der Schränker sehr bald so arm wird, wie er vor dem Massematten war. Die größten Vorteile von dem Massematten haben die Schärfenspieler, denen das Gestohlene immer um ein wahres Spottgeld zugeschlagen und bei denen, als Chessenspießen, meistens auch das Geld von den Chawern vertan wird.

VIERUNDVIERZIGSTES KAPITEL

Besondere Arten und Terminologien des Schränkens

Übersieht man nun die dargestellte, in voller Blüte stehende Praxis der Schränker, so muß man gestehen, daß, wenn man auch die sprachliche Unterscheidung zwischen Schränkern und zierlichen Schränkern veraltet ist, doch in Wesen und Tat das ganze alte Räubertum fortbesteht, nur mit dem Unterschied, daß, wo früher die Räuber mit offener Gewalt und in frechem offenen Auftreten die Häuser stürmten, jetzt der Räuber heimlich hineinschleicht und heimlich dasselbe Verbrechen gegen das Eigentum und gegen die widerstandleistende Person ausübt, das die Räuber vor einigen Jahrzehnten mit lautem Getümmel im Sturmangriff verübten. Dies auch noch heute andauernde Vorhandensein derselben geschichtlich nachgewiesenen Elementen ist nicht wegzuleugnen. Sie sind von manchen trefflichen Einrichtungen der Polizei, namentlich von der Gendarmerie, nur im offenen Treiben behindert, nicht aufgehoben, sondern nur versprengt; sie haben sich als Schmarotzer an das Bürgertum gehängt, und haben für dessen Schwächen ihre augenblickliche Bereitschaft zum alten offenen Angriff, so daß man sich nicht wundern darf, wie rasch und wie nachhaltig die Räuberbanden vor unseren Augen zusammentreten, sobald irgendeine große oder stürmische Bewegung den mühsam und mit großen Opfern aufrechterhaltenen Gang der gewohnten Ordnung unterbricht. Trotz der gegenstandslos gewordenen Unterscheidung zwischen Schränkern und zierlichen Schränkern existieren, zum Zeugnis der unvergessenen Praxis, alle Räuberterminologien fort, von denen hier noch die wesentlichsten angeführt werden sollen.

Chaßne, eigentlich Chassune (vom hebräischen חֲתֻנָּה, Vermählung, Hochzeit und Kofcheß, nach dessen Zahlenwert [28] der nächtliche Einbruch auch Achtundzwanziger genannt wird, Initalbuchstaben [krumme Kaf, כ, Krummkopf, und Cheß, ח], von Chessen oder Chaßne), ist der lärmende nächtliche Überfall, wie er von den rheinischen Banden verübt wurde durch Einrennen der Türen mit dem Drong, mit Erleuchtung des erstürmten Hauses durch Lichter, Neireß, und mit Knebelung, Mißhandlung oder Ermordung der Bewohner. Chaßnegänger sind die Räuber die auf diese Weise verfahren. Koochegehen (von Kauach, die Gewalt), auf nächtlichen Einbruch, auf Räuberei ausgehen. Perkoochhändler, Pessucher, Einbrecher, Schränker, Galan (von גָזַל wegreißen, rauben), ist allgemeiner Ausdruck für Räuber; Gasel, der Raub; Gaslonuß, die Räuberei. Kuffer (von Kippe, Kuppe, Schrank, Verschluß) ist allgemeiner Ausdruck für Räuber, aber auch für Nachschlüsseldieb (vgl. Makkener, Kapitel 47). Dorfkuffer ist der Einbrecher auf dem Lande; Rozeach, Rezeich (von רָצַח, totschlagen), der Raubmörder; Rezach oder Roziche, der Raubmord; Serfer oder Sarfener (von שָׂרַף [saraf], brennen), der Räuber der Feuer anlegt, um im Feuertumult zu stehlen; Rezichesarfener, der Mordbrenner; Stradekehrer, vom niederdeutschen Straad, die Straße, Landstraße, der Straßenräuber; Stradekehren, Straßenraub treiben, wohl zu unterscheiden von Stradehandeln, auf der Strade handeln und Strade halten.

FÜNFUNDVIERZIGSTES KAPITEL

Das Pleitehandeln und das Challehandeln

Endlich gehört noch hier das Pleitehandeln (von פָּלַט [palat], flüchten, davongehen), das vorzüglich auf dem Lande und in Wirtshäusern geschieht. Finden die Schränker keine Gelegenheit zum Einbruch, so sucht ein Chawer ein Nachtquartier in dem zu bestehlenden Hause zu bekommen. Dieser ist ihnen dann des Nachts behilflich, durch Öffnen der Verschlüsse in das Haus zu gelangen und geht nach vollzogenem Diebstahl mit ihnen von dannen. Ist die Diebstahlsgelegenheit derart, daß der Quartiernehmer den Hausbesitzer heimlich und allein bestehlen kann, so geht er erst andern Morgens mit Wissen des Besitzers und mit Zahlung der Zeche fort. Diese Art des Stehlens und Verabschiedens wird „eine Challe handeln" genannt, von חַלָּה, der Opferkuchenteig. Von dem Kuchen wird bekanntlich ein Stück abgebrochen und ins Feuer gelegt zum Opfer, während das übrige zum Genusse verbleibt. Im gleichbedeutenden Sinne ist die Redensart „eine Challe backen" gebräuchlich, d. h. heimlich, unbemerkt so viel stehlen, daß der Bestohlene nicht gleich merkt, also auch: nicht alles stehlen, sondern etwas übrig lassen. Ebenso gibt es „eine Challe schlagen", gleich untermakkeln, d. h. von der Diebesbeute den Genossen etwas entwenden, verheimlichen, unterschlagen.

SECHSUNDVIERZIGSTES KAPITEL

Der Schutz gegen das Schränken

Bei der Frage nach den Mitteln, mit denen dem gewaltsamen Überfall und Einbruch wirksam entgegenzutreten sei, möge man, statt aller Erörterungen über das offenliegende und vielbesprochene Mißverhältnis der Polizei zum Bürgertum, einmal einen kurzen Blick in die Geschichte zurücktun.

Sehr merkwürdig sind die alten einfachen Bauordnungen, die vorzüglich auf eine derbe und solide Konstruktion der Häuser hinwiesen und schlicht und recht das Bürgerhaus als Burg und Hort der Familie darstellten. Zur Befestigung dieses seines Hauses trug der Bürger nun auch gern das Seine bei, erbaute Mauern, Türen und Fenster fest und stark und versah alles mit derben Schlössern, Riegeln und Gittern. Der ganze wesentlich veränderte Verkehr, die billige fabrikmäßige leichte Arbeit an Stelle der alten zünftigen, das künstlerische Leben, die große Lebenslust und die vielen Lebensgenüsse haben jene solide freiwillige bürgerliche Zutat, zum eigenen Nachteil des Bürgers, bedeutend, ja fast gänzlich beseitigt und damit dem Verbrecher durch die leichtgearbeiteten Fenster mit großen Fensterscheiben, durch die dünnen Türen von Föhrenholz mit leichten Füllungen und schlechten Fabrikschlössern den Weg in das Haus gebahnt, bei dessen Festigkeit in früherer Zeit der Räuber vorüberging, ohne an Einbruch zu denken. Die heutigen Bauordnungen stehen wesentlich auf denselben alten soliden Grundlagen, sind aber doch auch wieder im Rückstande geblieben. Von der einen Seite sind die Bauordnungen strenge, in anderen Beziehungen sind dagegen manche alte wohlbedachte Einrichtungen und Rücksichten geschwunden, und für das Geschwundene nichts Ausreichendes gesetzt worden. So sind mit der früheren Verpflichtung zur festen und sicheren Bauart der Häuser die strengen Nachbarrechte als lästige Beschränkungen fast gänzlich aufgehoben worden, ohne daß man bedeutend in Anschlag brachte, daß jene allen gemeinsamen Rechte gerade auch allen gemeinsame Pflichten enthielten und auf gegenseitigen Schutz berechnet waren. Wenn ein Hausbesitzer jetzt sein leichtgebautes Haus schlecht in Verschluß hält und dem Diebe Gelegenheit gibt, in sein Haus und durch dieses an und in des Nachbars Haus zu dringen, so wird letzterer ebensosehr durch die Nachlässigkeit des ersteren an Hab und Gut bedroht, wie wenn er selbst nachlässig und feuergefährlich baute und wirtschaftete? Welchen Schutz gewährt der Staat dem Bürger gegen die schlechte Bewachung seines Nachbarhauses, das für die ganze Nachbarschaft ebenso gefährlich sein kann, wie eine allerdings gemeingefährliche Feuersbrunst, die doch aber auch immer zunächst die Nachbarn bedroht? Ein Weitergehen der Bau- und Wohnungspolizei, mindestens in bezug auf die äußere Solidität und Bewachung des Hauses, ist dringend notwendig, zumal der Bürger, der sein Haus nicht fest genug gegen den

Einbruch sichert, beständig und ungestüm von der Polizei Schutz gegen den Einbruch fordert, und sie laut und scharf in ihren Einrichtungen tadelt, wenn ein Einbruch geschehen ist. Mit welcher Empfindlichkeit wird aber jede Warnung oder gar Bestrafung von demjenigen zurückgewiesen, der über Nacht sein Haus oder sonstige Verschlüsse offen ließ und sich und die Nachbarschaft in Gefahr setzte! Unzweifelhaft darf der Staat aus denselben Gründen, mit denen er gegen den Verschwender, Trunkenbold und Geistesschwachen einschreitet, dem Bürger zur Pflicht machen, daß er das stets von ihm eifersüchtig in Anspruch genommene hausherrliche Recht auch wirklich und wenigstens insoweit ausübe, daß er dadurch das Interesse Dritter oder des Ganzen nicht in Gefahr bringt.

Auch der nächtliche Schutz des Bürgerhauses und der städtischen Gemeinde, die früher der Bürger selbst sich dringend angelegen sein ließ, ist gegen früher ganz vernachlässigt. Seitdem der Potestas zu Bologna 1271 die zünftigen Waffenausschüsse vermochte, sich der Öffentlichkeit Sicherheit und Wohlfahrt anzunehmen und jene Fähnlein der „Lombarden", „von der Klaue" und „vom Greiffen" bildete, fand diese rühmlich Einrichtung auch in Deutschland rasche Verbreitung und bis in die neuere Zeit eine so ständige Beibehaltung, daß sogar die mittelalterliche Bewaffnung der Nachtwachen mit Hellebarde oder Spieß usw. an vielen Orten sich noch bis auf den heutigen Tag erhalten hat. Diese Beteiligung des Bürgertums an der öffentlichen Sicherheit hat gänzlich aufgehört. Dafür fordert der Bürger sogar vom Staate auch den äußeren Schutz seines ohnehin leicht oder nachlässig gebauten und verschlossenen Hauses, und betrachtet es als eine lästige und unberechtigte Forderung, wenn ihm zugemutet wird, daß er im Gemeindeverbande selbst für die nächtliche Sicherheit sorge. Immer genügt er dieser Forderung dann nun auch zum eigenen Schaden lässig und unwillig, und nur dann, wenn er ihr nicht ausweichen kann. Nirgends kommen häufiger Einbrüche vor, als in kleinen Städten und Dörfern, nicht so sehr, weil diese Ortschaften offen liegen, als weil die Nachtwache schlecht eingerichtet ist und häufig aus einem einzigen alten stumpfen, halb blödsinnigen Hirtenknecht besteht, der für einen erbärmlichen Lohn sich dazu hergibt, einige Male des Nachts in der Dorfgasse auf und ab zu gehen. Wie wenig Widerstand findet das Verbrechen mit seiner Verwegenheit, wie reichlich kann es sich nähren von der so vielfach gebotenen Gelegenheit, und wie wenig darf das Bürgertum die Ausrottung der Verbrechermasse hoffen, wenn es sich nicht bald mit der Polizei verständigt, wozu die schon immer mehr begriffene Not beider Teile zuletzt doch noch zwingen wird.

Das Makkenen

Der Verschluß im engeren Sinne.
Das Makkenen und seine Terminologien

Der Verschluß im engen Sinne, d. h. der mechanisch bewegliche Teil des bisher dargestellten Verschlusses im weiteren Sinne, durch den der Zugang zu der verschlossenen Sache vermittelt ist, wird vorzugsweise durch das Schloß hergestellt, dessen Gebrauch man schon bei den alten Griechen und Römern kannte. Seine allmähliche Verbesserung ist ein interessanter Beweis von dem rastlosen Fortschreiten des Gaunertums, das gerade in seiner unablässigen Arbeit gegen das Schloß wesentlich die Kunst hervorgerufen hat, die man am Schlosse bewundert. Dennoch ist der Sieg der Schlosserkunst, ganz abgesehen von der Gewalt, der jedes Schloß zuletzt doch unterliegen muß, bis auf die neueste Zeit noch sehr zweifelhaft geblieben, wie das aus der Darstellung des Nachschlüsseldiebstahls hervorgehen wird. Das Makkenen ist der Diebstahl aus Verschlüssen – ohne Einbruch oder ohne ganze oder teilweise Zerstörung der Verschlüsse – mit Anwendung von Schlüsseln, die dem für das Schloß ursprünglich gearbeiteten Schlüssel mehr oder minder vollständig nachgearbeitet sind, und daher Nachschlüssel, Diebsschlüssel oder auch Dietriche genannt werden. Die Kunst des Makkenens hat daher auch die zwiefache Aufgabe: die Herstellung der Nachschlüssel und die heimliche und geschickte Anwendung der Nachschlüssel. Beide Aufgaben weiß das Gaunertum vollständig zu lösen. Keine gaunerische Kunst ist verlässiger und ergiebiger, keine Kunst hat eine einfachere Grundlage und eine breitere Kultur als das Makkenen. Es ist wohl das Gaunertum gewesen, das zuerst über das Prinzip des Schlosses und seiner einfachen Bewegung nachgedacht hat, während der bürgerliche Betrieb das alte, durch viele Jahrhunderte auf die neueste Zeit gelangte Gewerbe wie eine alte Erbschaft hingenommen hat, ohne es für die Anforderungen des inzwischen in materieller und sittlicher Hinsicht unendlich künstlicher gewordenen Verkehrs genau und ausreichend zu berechnen und auszubeuten. Eine einfache Beschreibung des Schlosses, seiner Konstruktion und Bewegung wird den Scharfblick des Gaunertums, aber auch die Einfachheit des Makkenens in ein helleres Licht treten lassen. Vorher jedoch eine kurze Erläuterung der wesentlichsten, beim Makkenen vorkommenden gaunertechnischen Ausdrücke.

Makkenen ist der allgemeine Ausdruck für den Nachschlüsseldiebstahl überhaupt, sowie für das Öffnen von Verschlüssen mit Nachschlüsseln; Makkener, der Nachschlüsseldieb, beides von נָכָה (nacha), Hiphil הִכָּה (hikka), er hat geschlagen, davon מַכָּה (makka), der Schlag, Streich, Plage, Sünde, Fehler, falscher Stich der falschen Spieler (Freischupper) im Kartenspiel; daher auch im Kartenspiel: makkenen, das Stechen einer Karte, besonders das falsche Stechen. Ferner Jommakkener, auch Jommakker (von יוֹם jom, der Tag), der Dieb, der bei Tage (mit Nachschlüsseln) stiehlt, im Gegensatz von Laile makkener, der Makkener zur Nachtzeit; Kaudenmakkener, Zefiromakkener, Nachschlüsseldiebe, die zur frühen Morgenzeit, Erefmakkener, Tchillesmakkener, Nachschlüsseldiebe, die zur Abendzeit handeln; Dorfmakkener, Nachschlüsseldiebe, die auf dem Lande, Erntmakkener, Nachschlüsseldiebe, die besonders während der Erntezeit, wo alles auf dem Felde beschäftigt ist, handeln.

Klamoniß (von כְּלִי [keli], das Gerät, und אֻמָּנוּת [ummanot], das Handwerk), allgemeiner Ausdruck für alles beim Makkenen gebräuchliche Gerät, besonders für Nachschlüssel, Diebsschlüssel, Dietriche, Haken und Abstecher. Speziell wird aber das große Brecheisen (Krummkopf, Rebmausche, Rebtauweie) noch Großklamoniß genannt, im Gegensatz von Kleinklamoniß, dem Schabber, kleineren Brecheisen, Jadschabber, Abste-

cher, Nachschlüssel, Schatz-Klamoniß, das vollständige Bund
Diebsschlüssel aller Art durcheinander.

Klein-Purim, im Gegensatz von Groß-Purim (das das zum
Schränken erforderlich kleine Brecheisen [Schabber, Jadschab-
ber] Kleinklamoniß bedeutet), ist wie das Schaß-Klamoniß, ein
Bund Diebsschlüssel, deutet jedoch, ohne Rücksicht auf die
Vollständigkeit, mehr die Verschiedenartigkeit der Schlüssel an.

Taltal טלטל [tiltel], hin und her bewegen, davon Plural: tal-
talim, die schwankenden Palmenzweige, z. B. im Hohenliede
5,11), allgemeiner Ausdruck für Nachschlüssel, Taltalmisch אִישׁ
[isch], der Mann), der Nachschlüsseldieb, Makkener. Taltel-Ne-
kef נֶקֶב [nekef], Loch), das Schlüsselloch.

Ein Zeitwort von Taltel gibt es nicht; dafür ist, nach der
Übersetzung des Taltel mit Drehrum, der Ausdruck: auf
Drehrum handeln, mit Nachschlüssel stehlen; auf Drehrum bei
Schwarz handeln, mit Nachschlüsseln bei Nachtzeit stehlen.
Dem Taltel entspricht das zigeunerische Glitsch, Schlüssel, Rie-
gel; glitschinèskero cheachhéw, Schlüsselloch, wovon Glitscher,
Nachschlüsseldieb, glitschen, schließen, mit Nachschlüssel
stehlen.

Echoder, Echeder (von אֶחָד [echad], Eins, die Eine), ist der am
Rohrende statt des Bartes mit einem einfachen Stifte oder Ha-
ken versehene Schlüssel, Dietrich; Deutsch-Echeder, auch
Aschkenas-Echeder, der Dietrich mit hohlem Rohr; Welsch-
Echeder, auch Zarfeß-Echeder, der Dietrich mit vollem Rohr zu
französischen Schlössern. Je nachdem der Stift in eckigem
Winkel nach vorn oder nach hinten gebogen ist, wird er Vor-
derschieber oder Hinterschieber genannt, mit dem Zusatz
Welsch oder Deutsch, je nachdem das Rohr voll oder hohl ist.
Ebenso wenn der Stift in rundem Haken gebogen ist: Hinter-
bogen, Vorderbogen, Deutsch-Vorderbogen, Welsch-Hinterbo-
gen.

Dalmer und Dalme, allgemeiner Ausdruck für Schlüssel,
Nachschlüssel; Dalmerei, das Schloß; Dalmernekef, das Schlüsselloch. Dalme ist weder deutsch noch jüdisch-deutschen Ursprungs, scheint aber doch mit dem hebräischen (tala), hängen
oder דָּלָה (dala), oder דֶּלֶת (delet), Tür, zusammenzuhängen.

Mafteach (מַפְתֵּחַ), spezifisch-hebräischer und jüdisch-deutscher allgemeiner Ausdruck für Schlüssel, der aber auch in die

Gaunersprache übergegangen ist; von פָּתַח (patach), er hat aufgetan. Gleiche Ableitung hat Pessach, die Tür, auch das Gelaß, in das die Tür führt, Kammer, Stube; Pessiche, das Schlüsselloch, aber auch das Schloß, verdorben; Besiche, Beseiach, auch platte Besiche; Miftoch, die Öffnung, Schlüsselloch, poschenen, schließen, besonders mit dem Nachschlüssel schließen; Posschenen, Nachschlüsseldieb; Mafzer und Mifzer, das Schloß; Passung, der durch den Einbruch oder durch Nachschlüssel bewirkte Zugang; Passung machen, den Zugang durch Einbruch oder durch Nachschlüssel bewirken; vgl. oben unter Schränker: Pessuch.

Von Sssauger sein סָגַר [sagar], er hat geschlossen), zuschließen, verschließen; Maßger, der Verschluß; messager, der Schlosser, wofür meistens Barselmelochner, Taltelmelochner und Dussemelochner gebraucht wird. Zigeunerisch von buklo, Schloß; buklengero gatscho, der Schlosser.

Tole (von תָּלָה, er hat gehängt), das Vorhängeschloß, Dusse, das Schloß, Hängeschloß; dussen, schließen; Dussemelochner, der Schlosser; Chozer (eig. das Vorhaus), das Schloß.

Abstecher (jüdisch-deutsch מַרְצֵעַ [marzea]) ist ein Spitzbohrer oder stählerner Pfriemen, der meistens als Pfeifenräumer an Taschenmessern oder Feuerstählen angebracht ist, und zur Sonde der Schlösser, vorzüglich aber zum Schieben des Schloßriegels von außen am Stulp gebraucht wird, wenn die Zuhaltung des Schlosses durch den Echoder aufgehoben ist.

Endlich sind beim makkenen zu bemerken die jüdisch-deutschen Ausdrücke Dron, auch Drum oder Drehm, der Schrank, Kasten, die Truhe, Lade, Kiste, Kippe, Kife, Kuppe, Kuffe und Kuff; niederdeutsch: Kuf-Kleines, Wirtshaus, Bordell, Bett, besonders das Schrankbett, der Kasten, Koffer, Kramladen, Handelsgewölbe. Mooskuppe, der Geldkasten. Kuffer, der Nachschlüsseldieb, Chenwene, der Kram, die Kramkiste, Kramladen, besonders die Jahrmarktsbude. Tiefe, Schrank, Kasten, Kiste, Koffer. Schilchener, Schrank, Kasten, Schublade. Lesfinne, der Ladenschubkasten, in dem sich das Geld befindet, Ladenkasse.

Schon aus der weiten und unbestimmten technischen Terminologie ersieht man, daß von einer genau bestimmten Anzahl von Klamoniß beim Makkenen nicht die Rede sein kann und daß es kein vollständiges „Schaß-Klamoniß von achtundzwanzig oder dreißig Schlüsseln" gibt. Die Größe oder Kleinheit der Schlüsser, ihre Konstruktion und Besatzung sind die wesentlichsten Grundlagen, nach denen die Klamoniß angefertigt werden. Ebenso unmöglich ist das Vorhandensein von eigenen chessen Taltelmelochnern, die ausschließlich die Klamoniß anfertigen und sich ihr Fabrikat mit Geld aufwiegen lassen sollen, wie in Norddeutschland der Glaube herrscht, daß namentlich in Posen und Stuttgart ausgezeichnete Barselmelochner existieren sollen. Der Makkener von Fach macht seine Klamoniß selbst aus alten abgezogenen oder bei dem Trödler erhandelten, oder auch aus den in den Eisenwarenhandlungen nach allen Größen für sehr billiges Geld verkäuflichen Schlüsseln mit unausgearbeiteten Bärten, deren Verkauf nicht allein der Schlosserei großen Abbruch tut, sondern auch die Versuchung überall weckt und die Sicherheit des Eigentums sehr bedeutend gefährdet. Wer die Feile und Laubsäge nur einigermaßen handhaben kann, begreift am besten, wie leicht jene keineswegs künstlichen, sondern höchst einfach gestalteten Klamoniß sich herstellen lassen. Es genügt aber auch schon ein Blick auf das Bund Dietriche, das jeder Schlosser führt, um mit diesen einfachen Instrumenten seine künstlich und mühsam gearbeiteten Schlösser behende zu öffnen und damit selbst seine eigene Kunst zu paralysieren.

ACHTUNDVIERZIGSTES KAPITEL

Das Schloß, der Schlüssel und seine Bewegung

Der Mechanismus des Schlosses besteht in der horizontalen oder vertikalen Bewegung des Schloßriegels, um die bewegliche Tür oder den Deckel eines Verschlusses mit dem ganzen Verschlusse zu verbinden. Die Kunst dieses Mechanismus beruht aber darauf, die durch den Schlüssel bewirkte Bewegung des Riegels für jede andere Bewegungskraft außer dem dazu bestimmten Schlüssel untunlich zu machen. Um hiervon einen klaren Begriff zu bekommen, bedarf es einer näheren Kenntnis der Konstruktion und Bewegung eines Schlosses. Auf der nebenstehenden Tafel befindet sich Fig. 1, die Zeichnung eines von einem tüchtigen Meister verfertigten gewöhnlichen, sogenannten eingesteckten Zimmertürschlosses mit abgehobener Decke; Figur 2 ist der dazu gehörige Schlüssel.

A B D E ist das Schloßblech, auf dem der ganze Mechanismus befestigt ist. Das Schloßblech ist von *B A E D* mit einem Blechrahmen, dem Umschweif, umgeben, um Staub und Holzsplitter vom Schlosse abzuhalten. An dem vorderen Streif *C C*, dem Stulp, ist das Schloßblech befestigt. Der durch Schrauben bei *z z* in das volle Holz des Rahmens geschraubte Stulp dient zur Befestigung des Schlosses und läßt durch eine entsprechende Öffnung die Falle *F* und den Schloßriegel *K* durchlaufen, damit diese in die entsprechenden Öffnungen des in der Türzarge befestigten Schließbleches eingreifen können. Auf das Schloßblech wird zu gleichem Zwecke vorn ein entsprechendes Blech, die Decke, aufgelegt und angeschraubt. Zur Einführung des Schlüssels befindet sich in der Decke ein Schlüsselloch, das dem Schlüsselloch im Schloßbleche *L* entspricht.

Der obere Teil des Schlosses enthält die Vorrichtung zum Öffnen der Türe durch Zurückziehen der Falle *F*. Die Falle bewegt sich im Stulp und in dem Einschnitt des festgenieteten Hinterstudels *G*. Sie wird durch die untere dem Riegel und der Zuhaltung flach auf dem Schloßblech laufende Feder *f f* stets nach außen gedrückt und durch Drehung der Nuß, durch die in der Öffnung *I* die Stange des Türgriffes läuft, nach der entgegengesetzten Seite geschoben. Die Bewegung der Falle enthält also nichts besonders Künstliches und kann selbst dann durch ein bei *I* eingeschobenes eckiges Eisen oder Stück Holz hervorgebracht werden, wenn der Türgriff gänzlich abgenommen ist.

Desto künstlicher ist aber der Mechanismus des unteren Teiles. Der Riegel *K* läuft durch den Stulp *C C* und außerdem mittels der in ihn gefeilten Öffnung *O O* auf den Zapfen *P*, der auf dem Schloßblech festgenietet ist, so daß der Riegel frei seitwärts hin und her bewegt werden kann. Diese Bewegung wird nun durch die zirkelförmige Bewegung des durch das Schlüsselloch *L* gesteckten Schlüssels oder vielmehr des Schlüsselbartes hervorgebracht, der in den Riegeleinschnitt *M* eingreift und dadurch instand gesetzt ist, den Riegel willkürlich hin zu her zu schieben. Um nun aber dem Stande des Riegels Festigkeit zu

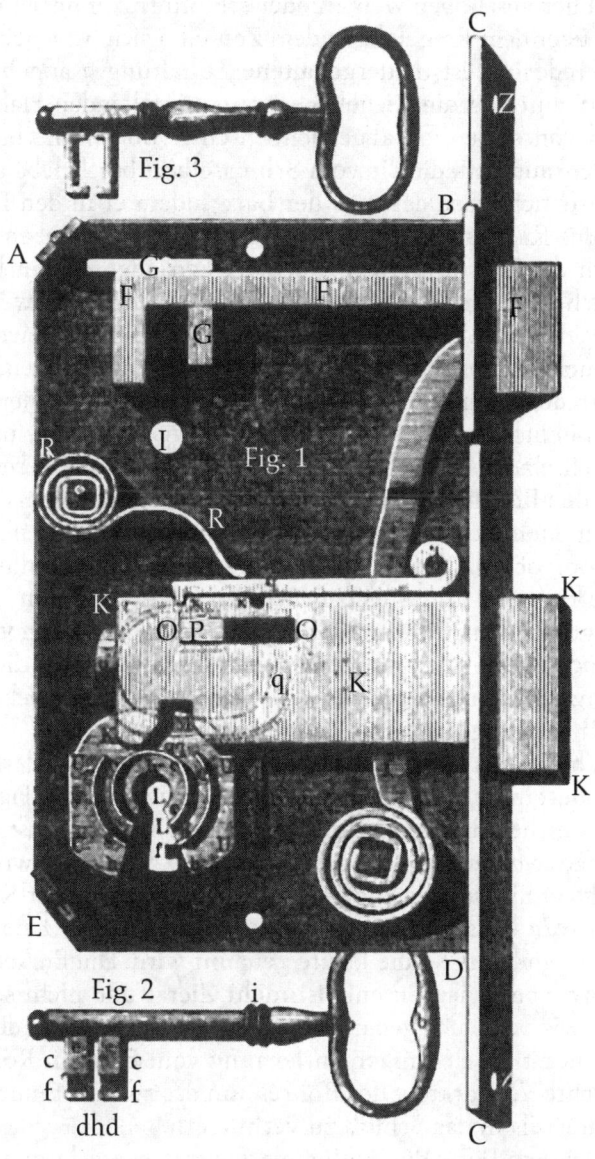

Fig. 3

A

G

F F

G

R

I Fig. 1

R

K K

O P O

q K

K

L
L
f

E

D

Fig. 2 i

c c
f f
dhd

C

Z

B

F

K

K

C

geben und zu verhüten, daß der Riegel nicht willkürlich hin und her geschoben werden oder schlottern könne, ist unmittelbar über dem Riegel die in dem Zapfen S sich bewegende, durch die Feder R fest niedergehaltene Zuhaltung q angebracht, die bei x einen in die Riegeleinschnitte einfallenden Haken bildet und von diesem an abgeflacht in einer Bogenlinie hinter dem Riegel ausläuft, die die vom Schlüsselbart beschriebene Kreislinie schneidet, so daß also der Bart, indem er in den Einschnitt M des Riegels K eingreift, um diesen wegzuschieben, zugleich auch die Zuhaltung q mit dem Haken oder Zapfen bei x, der durch sein Eingreifen in den Einschnitt x die Bewegung des Riegels hindert, in die Höhe hebt und somit der Bewegung des Riegels freien Spielraum gewährt. Diese zweifache Operation kann demnach ohne besondere Vorrichtung von jedem Schlüssel verrichtet werden, dessen Bart lang genug ist, um in den Einschnitt M hineinzureichen und mit seiner äußeren Kreislinie den Bogen der Zuhaltung q bei q q zu schneiden. Es würden dazu eine Menge Schlüssel imstande sein, die nötigenfalls schon nach bloßem Augenmaße der Form des Schlüsselloches mit leichter Mühe angepaßt werden könnten. Die in ihrer Weise geistreiche Erfindung der sogenannten Besatzung verhindert jedoch, wenn auch nicht immer, so doch meistens die Anwendung jeglichen Schlüssels, dessen Bart auch die soeben dargestellte äußere Form und Länge hat.

Ehe jedoch von der Besatzung geredet werden darf, müssen die Bestandteile des Schlüssel bemerkt werden. In Figur 2 ist b die Reithe, die beim Schließen mit der Hand gefaßt wird. Die Länge a-bb ist das Rohr, das entweder hohl oder, wie Figur 2, dicht (voll) ist. Das Ende des Schlüssels a heißt der Knopf. Der Teil ccdd heißt der Bart, dessen Länge von d bis zum Rohr die Höhe und von c-c die Breite genannt wird. Die Einkehlung des Rohres bei i, das Gesenk, ist mehr Zierat und nicht so wesentlich wie bei den sogenannten englischen Schlüsseln der Ansatz, das heißt die in einiger Entfernung vom Bart am Rohre angebrachte Verstärkung des Rohres, um das zu tiefe Eindringen des Schlüssels in das Schloß zu verhindern.

An dem Barte des Schlüssels, Figur 2, bemerkt man mehrere Einschnitte. Zunächst ist der in der Mitte bei h bis an das Rohr der Höhe nach mit einem geraden Einschnitte, dem Mittelbruch, versehen. Sodann finden sich zu beiden Seiten des Mittelbruchs die Einschnitte (Kreuze) *ee* und *gg*. Diese sämtlichen Einschnitte dienen dazu, den Schlüssel für die durch die Besatzung gegebene besondere Konstruktion des Schlosses geeignet zu machen. Um nämlich die Bewegung jedes der äußeren Form nach zum Schlosse passenden Schlüssels zu verhindern, wird ein zu beiden Seiten rechtwinklig gebogenes Stück Blech *U* in der Höhe einer halben Bartbreite über dem Schlüsselloch angebracht und bei *W* an dem Schloßblech vernietet, auch über dem Schlüsselloch *L* in geeigneter Weise *hhh* ausgeschnitten, so daß, wenn der Schlüssel in das Loch gesteckt und umgedreht wird, dies so angenietete Blech, der Mittelbruch genannt, in den mittelsten langen Einschnitt des Bartes, der auch Mittelbruch genannt wird, gerät, der so zweigeteilte Bart sich zu beiden Seiten dieses Bleches bewegt und das zwischen diesem Mittelbruch und der Decke befindliche Bartstück den Riegel in dem Einschnitt *M* faßt und hin und herschiebt. Der Mittelbruch hindert also schon den Gebrauch jedes Schlüssels, der nicht mit dem ihm angepaßten Einschnitt (Mittelbruch) versehen ist. Da nun aber dieser Einschnitt sehr leicht mit der Bogenfeile oder Laubsäge in den Bart zu machen ist und somit nur ein geringes Hindernis bietet, so hat man den Mittelbruch noch mit anderen Vorrichtungen versehen, welche die Bewegung jedes fremden Schlüssels verhindern. Diese Vorrichtungen, Besatzungen, sind überaus zahlreich und künstlich und lassen der Erfindung reichen Spielraum. Da es sich aber hier nur darum handelt, einen Begriff von der Bestimmung und Konstruktion der Besatzung zu geben, so wird hier nicht einmal die allgemeinste Einteilung der Besatzungen angeführt, sondern nur einfach die Besatzung der Figur 1 deutlich gemacht. Auf und unter dem Mittelbruch *U* sind nur die kreisrunden Stückchen Bleche *e* und *g* so genau aufgelötet, daß die Kreuze *ee* und *gg* des bewegten Schlüssels in sie eingreifen. Somit wird für jeden fremden Schlüssel, der nicht mit dem Mittelbruch und mit den Kreuzen genau nach der ganzen Besatzung gerichtet ist, die Bewegung im Schlosse untunlich gemacht. Diese Besatzungen werden nun auf höchst mannigfache und zum Teil sehr künstliche und sinnreiche Weise angebracht. Auch sind sowohl auf dem Schloßbleche selbst, als auch auf der Decke, ähnliche Besatzungen aufgelötet, so daß äußerlich auf beiden Breiten des Schlüsselbartes entsprechend Einschnitte sich befinden.

Eine andere Vorrichtung, den Eingang eines fremden Schlüssels in das Schloß zu verhindern, besteht darin, daß man die Figur des Bartes, vom Knopf aus gesehen, so gestaltet, daß die Bärte mit geraden, in Winkeln gebogenen Linien, oder auch mit rundgebogenen Linien, geschweift werden. Die Schlüsselbärte erhalten dadurch eine bunte Form, und die Spielerei hat auch hier sich darin gefallen, den Bärten die Gestalt von Zahlen und von Buchstaben zu geben. Diese Gestaltung hat jedoch nur Wert in bezug auf das Eindringen des Schlüssels durch die Decke oder durch das Schloßblech, durchaus aber nicht für seine Bewegung im Schlosse selbst. Schloßblech und Decke werden der Form des Bartes entsprechend ausgefeilt, und bieten in ihren Schweifungen ein nur beschränkteres Hindernis, das sich leicht durch Ausbiegen oder Wegfeilen beseitigen läßt, wenn gar diese eigentümliche Form dem Eingang des Echeder, Klamoniß oder Abstechers überhaupt ein wirkliches Hindernis ist. Endlich hat man noch für die hohlen deutschen Schlüssel, die mit dem Rohre über einem auf das Schloßblech des selbstverständlich nur von einer Seite schließenden Schlosses aufgenieteten Stift, dem Dorn, sich drehen, außer den einfachen runden Dornen auch noch runde und überdies noch eckige, besonders dreieckige oder achteckige Röhren, nach denen das Schlüsselrohr entsprechend eingekeilt ist. Diese eckigen Röhren drehen sich mit dem eingebrachten Schlüssel herum und bieten, ebenso wie die Dorne selbst, bei weitem nicht solche Hindernisse wie tüchtige Besatzungen, da sie leicht mit einer Drahtzange oder einem Abstecker oder Jadschabber ausgebrochen werden können.

Das auf der Tafel dargestellte Schloß ist von beiden Seiten schließbar. Die zu Schränken, Kasten usw. dienenden Schlösser sind natürlich nur von der einen Außenseite her verschließbar. Ihre Einrichtung entspricht aber der in der Figur dargestellten Konstruktion. Nur hat das Schloßblech nicht den Einschnitt des Schlüssellochs wie bei der Decke, sondern nur ein rundes Loch, in dem der Schlüssel mit dem Knopf sich dreht, oder auch, wenn der Schlüssel ein hohles Rohr hat, einen Dorn, über den der Schlüssel greift und sich bewegt. Auch die Vorhängeschlösser haben im allgemeinen die entsprechende Bauart, obgleich auch bei ihnen vielerlei Kunst angewandt wird, die aber in bezug auf den Gauner insofern verschwendet ist, als ihr durch Krampen, Stangen oder Riegel gezogener freiliegender und selten über einen halben Zoll Dicke hinausgehender Bogen oder Hals stets mit der Laubsäge behende und rasch durchgeschnitten werden kann, wodurch das oft mühsamere und zeitraubendere Aufschließen gespart wird.

Die Kunst und die Kunstmittel der Makkener

So künstlich und sinnreich auch alle oben angedeuteten Vorrichtungen sind, so können sie doch sämtlich durch die einfachsten Mittel vom Makkener hinfällig gemacht werden. Der Grund dazu liegt darin, daß die Bewegung des Schloßriegels immer die alte einfache geblieben ist, während die Schlosserkunst sich besonders darauf beschränkt hat, die Einbringung und Bewegung des Schlüssels im Schlosse durch die kunstreichsten Zusammensetzungen zu erschweren. Der Schlüssel ist ein einfacher Hebel, dessen Stützpunkt im Rohre a-bb (Fig. 2) und dessen Endpunkte in der Reithe bei bbb und am Ende der Barthöhe bei dd liegen. Die Zuhaltung wird durch den Schlüsselbart gehoben und zugleich der dadurch völlig frei und beweglich gemachte Riegel hin oder her bewegt. Um auch die Zuhaltung zu heben, bedarf es nur eines Druckes von unten. Dieser Druck wird am leichtesten durch den Echeder (Dietrich) bewirkt.

Der Echeder ist eine in eine rechten Winkel gebogene Eisendrahtstange, die sich leicht in das Schlüsselloch und durch die Besatzung hindurch gegen die Zuhaltung bringen läßt, um die-

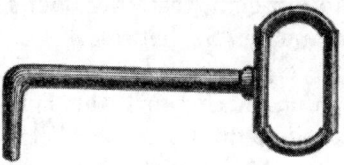

se zu heben und dann zugleich durch Drehen den Riegel zu bewegen. Oft aber reicht der Escheder nur dazu aus, die Zuhaltung allein zu heben. Dann wird gewöhnlich mit dem Abstecher entweder im Schlosse selbst oder außerhalb durch die Türspalte, die sich bei dem Stulp befindet, der durch Aufhebung der Zuhaltung beweglich gemachte Riegel zurückgeschoben, während die eine Hand mittels der Escheders die Zuhaltung in die Höhe gehoben hält. In dieser Weise können auch die besten Türschlösser ungemein behende geöffnet werden. Ich habe Echeder ganz vorzüglich aus dünnen Fensterstangen (Windeisen) ohne besondere Reithe improvisieren gesehen in der Gestalt:

Auch läßt sich jeder Sturmhaken oder, sehr unverdächtig, je-

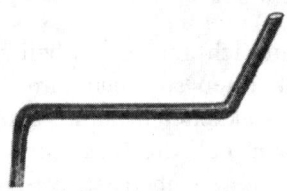

der Stiefelhaken sehr leicht zum Echeder umgestalten, während bei kleinen Kassenschlössern häufig schon ein Nagel oder bloßer Eisendraht ausreicht, der meistens erst bei dem Diebstahl selbst vor dem Schlosse mit der Drahtzange zurechtgebogen wird.

Das Heben und Halten der Zuhaltung erfordert den beim Makkenen überhaupt wichtigen Handgriff, daß man den mit der rechten Hand gefaßten und in das Schlüsselloch eingebrachten Echeder in das erste Gelenk des hart an das Schlüsselloch gedrückten Zeigefingers der linken Hand legt und mit diesem Zeigefinger den Echeder fest in die Höhe gegen den oberen Teil des Schlüsselloches drückt, wodurch der Echeder eine feste Lage und seine Bewegung große Sicherheit gewinnt, auch die einmal gehobene Zuhaltung stehen bleibt, so daß die rechte Hand frei wird und mit dem Abstecher oder schmalen Stemmeisen frei arbeiten und den Schließriegel zurückschieben kann. Dieser äußerst sichere Handgriff läßt sich schon durch geringe Übung erwerben, und macht auch die Echeder mit hohlem Rohr (deutsche Echeder) immer entbehrlicher und seltener, da die Dorne mit leichter Mühe mittels einer spitzen und inwen-

digen platten Drahtzange weggebogen werden können, wenn
nicht der Echeder schon allein den Dorn beim Einbringen um-
geht, wegbiegt oder wegbricht. Hat das Schloß keine besondere
Zuhaltung, sondern, wie meistens bei kleineren und namentlich bei Fabrikschlössern der Fall ist, eine einfache Feder über
dem Riegel, so schließt schon der Echeder allein das Schloß mit
vollkommener Leichtigkeit auf und es bedarf des Abstechens
und einer anderen Operation nicht weiter. Der Echeder hat
auch noch den Vorteil, daß mit ihm besonders leicht der Riegel
auf halben Schluß gestellt, d. h. nur so weit zurückgeschoben
werden kann, daß das Schloß zwar geöffnet wird, die Zuhaltung
aber nicht in den zweiten Riegeleinschnitt fällt, indem der Riegel nicht völlig bis zum Einfallen des Zuhaltungshakens
zurückgeschoben wird. Somit kann nach vollendetem Diebstahl
die Hauptaufgabe des Makkeners, das Wiederzuschließen des
Schlosses durch einfaches Vorschieben des Riegels leicht bewirkt und die Entdeckung des Diebstahls sehr hingehalten und
erschwert werden

Kann der Echeder nicht selbst zum Heben der Zuhaltung
oder zum Schieben des Riegels verwendet werden, so bleibt er
doch immer die beste Sonde eines Schlosses, mittels der man
sich durch das bloße Gefühl ziemlich genau von der inneren
Konstruktion und Besatzung eines Schlosses unterrichten
kann. Zum Sondieren ist schon der Abstecher oder auch ein
dünner Echeder von Draht am geeignetsten, um zu bestimmen,
welcher Nachschlüssel zur Anwendung kommen kann.

Geübte Makkener wissen jedoch schon gleich mit dem
bloßen Echeder hinlänglich zu sondieren, und überlassen die
Drahtsonde den minder Geübten, die indessen sehr bald die
Konstruktion des aufzuschließenden Schlosses begreifen und
überhaupt auch schon bei dem Baldowern sich möglichst genau
davon zu unterrichten suchen.

Hat der Makkener sich überzeugt, daß nur der Mittelbruch
eine Besatzung hat, so schließt er schon mit dem Echeder das
Schloß auf. Ist der Echeder aber vielleicht zu kurz oder zu dünne im Bart, Winkel oder Rohr, oder überhaupt nicht anwendbar,
so wählt der Schränker bei dieser Besatzung den Hauptschlüssel (Englisch-Welsch, Haupter).

Der Bart eines Haupters ist inwendig ausgefeilt, und hat nur

Seitenschenkel, die auf der Höhe des Bartes im Winkel zusammenstoßen und nur für den Mittelbruch durch einen Einschnitt *d* getrennt sind. Beim Drehen greift der Schlüssel durch den Einschnitt (Mittelbruch) zu beiden Seiten des Mittelbruchs, geht aus dem ausgefeilten Raume *c* über die ganze Besatzung des Mittelbruchs fort, hebt mit der Höhe *d* die Zuhaltung und schiebt den Riegel mit großer Leichtigkeit hin und her. Die Verbindung zweier Hauptschlüsselbärte an einem Rohr, die sich gegenseitig zur Reithe dienen, ist sehr bekannt und üblich:

Die sehr belieb-

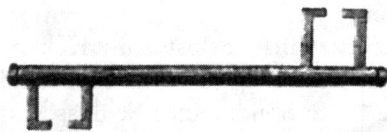

ten, mit Ausnahme von Kunst- und Gaunerhand nicht leicht zu öffnenden billigen Schlösser ohne Mittelbruch, jedoch mit Besatzung auf dem Schloßblech und der Schloßdecke, die einen Schlüsselbart, etwa von der Gestalt der Figur erfordern:

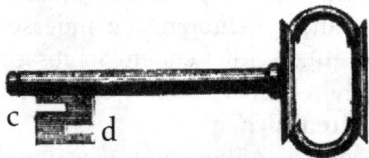

Sind, wie man sieht, durch den Echeder nicht leicht zu öffnen, da die durch *c* laufende Besatzung des Schloßbleches durch die Besatzung der Decke bei *d* gedeckt wird. Es bedarf daher eines eigenen Nachschlüssels, der folgende Gestalt hat, also dem Barte der obigen Figur im Äußeren gleicht, jedoch die Einschnitte *c* und *d* bedeutend erweitert hat, wodurch er aber auch

für mehrere Schlösser ähnlicher Größe anwendbar ist. Liegt die
Besatzung der Decke höher als die des Schloßblechs, so hat der

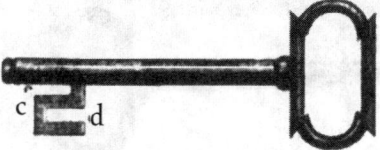

Klamoniß die umgekehrte Gestalt:
Hat nun ein Schloß ohne Mittelbruch die Besatzung nur auf

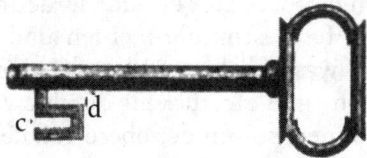

einer Seite, so ist zu unterscheiden, ob die Besatzung auf der
Decke oder auf dem Schloßblech ist. Im ersteren Falle wird der
Hinterschieber gebraucht von dieser Form,
der gleich dem Englisch-Welsch in den ausgefeilten Raum c

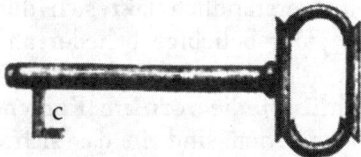

über die Deckenbesatzung sich wegdreht. Hat das Schloßblech
allein die Besatzung, so wird der Vorderschieber gebraucht, dessen leerer Raum c über die Schloßblechbesatzung sich dreht.
Hinter- und Vorderschieber werden auch in sehr praktischer

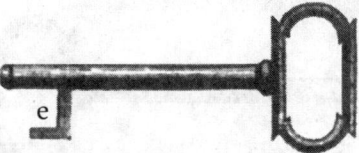

Weise an einem und demselben Rohr vom Makkener konstruiert. Der nachstehende Klamoniß a b hat nämlich durch das
Rohr bei c ein rundes, besser viereckiges Loch. Das Rohrende
a c ist mit einem Schraubengewinde versehen, in das die

Schraube *a c* paßt, die im Knopf *a* einem Einschnitt zum Schrauben hat. Der Winkel (Bart) *d e c* wird in das Loch *c* ge-

steckt und mit der Schraube festgeschraubt und bildet so den Vorderschieber. Umgekehrt kann er auch in der anderen Figur *ced* eingesteckt und festgeschraubt werden und bildet so den Hinterschieber. Die wesentlichsten Vorteile hierbei sind, daß die Bärte mittels Hin- und Herrückens durch *c* verlängert und verkürzt werden können, soweit der obere Teil des Schlüsselloches beim Einschieben des Schlüssels dies gestattet. Ferner erspart man sich dadurch das verräterische Führen eines größeren Schlüsselbundes, da sich in dieser Weise eine Menge Bärte, die leicht im Geldbeutel oder in den Uhr- und Westentaschen zu verbergen sind, auf ein einziges Schlüsselrohr anbringen lassen. Selbstverständlich läßt sich durch Einsetzen eines bloßen Stiftes jeder beliebige Echeder an diesem Rohr herstellen.

Man hat auch Schlüssel, die vorn am Kopfende mit einem Schraubengewinde verstehen sind, in das sich die einzelnen Bärte hineinschrauben lassen. Sie haben bei dem Transport und Versteck der Schlüssel dieselben Vorteile, die oben gezeigt sind, bei der Anwendung aber den Übelstand, daß sie zwar die Schlösser aufschließen, nicht aber (wenn jene nicht sehr leicht schließen), daß sie die Schlösser wieder ebenso leicht zu-

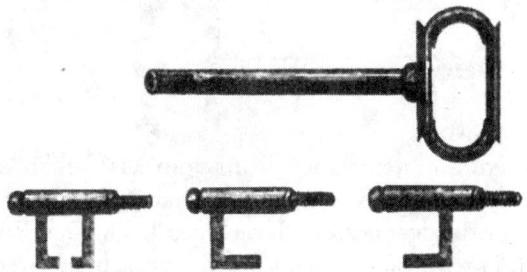

schließen, da, je nach dem Schnitt der Schraube, die Bärte rechts oder links sich leicht abschrauben. Auch bedarf es stets zweierlei solcher Schraubenschlüssel mit den passenden Bärten, je nachdem die Schlösser links oder rechts schließen. Übrigens habe ich gerade in dieser Art äußerst sauber gearbeitete Schlüssel gefunden.

Hat ein Schloß gleichzeitig Besatzungen auf dem Schloßblech oder der Decke, um den Mittelbruch, oder alle drei zugleich, so wird dem Nachschlüssel immer die Grundform des Hauptschlüssels gegeben und dabei die Form der Bartschenkel nach den Besatzungen geschweißt. In solche Weise können die mannigfachsten Schlüssel hergestellt werden, je nach Beschaffenheit der Schlösser, deren genaues Studium eine Hauptaufgabe der Makkener ist. Dazu werden alle möglichen Schlösser zum Studium ihres Mechanismus und ihrer Zusammensetzung auseinandergenommen, wie z. B. Damian Hessel und Fetzer sich tagelang übten, Schlösser mit Dietrichen, Nägeln und Haken zu öffnen. Hessel öffnete zum Beweise seiner Fertigkeit mit einem Bindfaden und einem Stückchen Holz die innere starke Tür seines Kerkers[1]. Das scheint schwer glaublich. Und doch habe ich ebenfalls von einem Raubmörder gesehen, daß er mit einem zusammengedrillten Bindfaden ein sogenanntes Schneckenschloß wie im Nu öffnete, so daß er in Fesseln geschmiedet werden mußte.

Die Anfertigung solcher Schlüssel, über deren Einfachheit man erstaunen muß, wenn man sie mit der künstlichen und mühsamen Arbeit des Schlosses und Schlüssels vergleicht, den jene überwinden, ist sehr leicht mit einigen guten Feilen und einer Laubsäge zu erreichen. Die Hauptrücksicht beim Anfertigen von Klamoniß ist: die Barthöhe als Endpunkt des einen Hebel bildenden Schlüssels muß notwendig in fester Verbindung mit dem Stützpunkt und dem anderen Hebelende stehen. Es kommt nur darauf an, diesen, wie gezeigt ist, leicht zu findenden Verbindungsgang zu ermitteln, der bei allen Schlössern vorhanden ist und sich leicht passend herstellen läßt. Meistens findet man, wie schon oben erwähnt, bei den Trödlern eine Menge alter Schlüssel vorrätig, bei deren passender Auswahl man schon viel vorgearbeitet finden kann. Es ist bemerkens-

1) Rebmann, Damian Hessel, 2. Ausgabe, S. 15.

wert, daß man unter den bei Schränkern angetroffenen Schlüsseln selten andere als alte Schlüssel findet, mit vorn dünn gefeiltem Rohr und eigens zugefeiltem Bart. Ich habe in meiner Praxis im ganzen nur wenige Schlüssel gefunden, die gleich von Anfang an zu Nachschlüsseln gearbeitet zu sein schienen. Auch kann man bei jedem Eisenwarenhändler Schlüssel aller Größen mit nicht ausgearbeitetem Bart, die in den Fabriken unter Druckschrauben zu vielen Tausenden hergestellt oder gegossen werden, bekommen, um sie zum beliebigen Gebrauch zuzurichten.

Bei der Billigkeit und flüchtigen Arbeit der Fabrikschlösser bedarf es oft nur weniger Feil- oder Sägenstriche, um die Nachschlüssel zu verfertigen. Die Einförmigkeit der Schlösser und Schlüssel, die in den Fabriken zu Tausenden nach einem und demselben Modell gemacht werden, spart dem Makkener viele Mühe und bahnt ihm den Weg in unglaublich viele Verschlüsse. Die Nachteile, die somit auch in dieser Rücksicht aus den Fabriken für die Sicherheit des Eigentums und auf die Moralität entstehen, sind außerordentlich groß, und schon scheint es zu spät zu sein, durch eine rege Begünstigung und Förderung der Schlosserkunst und durch ihre Wiedereinsetzung als Kunstgewerbe gegen den leichtfertigen und demoralisierenden Behelf der massenhaften Fabrikproduktion dem Unheil zu steuern. Die Schlosserei hat ihren wesentlichsten Verlaß nur noch in ihrer reelleren Arbeit, und ihre Hauptkunst besteht nur noch in Anbringung von Vexieren und anderen Künsteleien, die jedoch vom Scharfblick des professionierten Makkeners bald durchschaut werden.

Endlich sei noch ein praktikaler Klamoniß erwähnt, der bei einer Untersuchung in Lübeck einem Makkener abgenommen wurde, der selbst Barselmelochner war. Dieser Klamoniß hat diese Gestalt:

Durch die viereckige, mit einer Flügelschraube b versehene

Nuß *a* liegen zwei nach außen abgerundete, inwendig platt gegeneinanderlaufende Stangen *c d* und *e f*, bei der *c* und *e* in einen rechten Winkel zu Echedern, bei *d* und *f* ebenfalls in rechte Winkel gebogen, mit einem nach innen gerichteten Haken versehen sind und beliebig nebeneinandergeschoben werden können, sobald die Flügelschraube *b* gelöst ist. Die Stange *c d* ist bei *l* etwas geschweift, ebenso die Stange *e f* bei *m*, damit die Winkel respektive bei *c* und *f* in gleicher gerader Linie mit den Winkeln *e* und *d* stehen. Es kann dadurch auf beiden Seiten der Bart zu einer Menge von Hauptschlüsseln von verschiedener Breite, z. B. *g h i k*, geschoben werden. Außerdem können die Stangen *c d* und *e f* aus der Nuß herausgenommen und auf den Enden *c* oder *e* zu Echedern, auf den Enden *d* und *f* zu Vorder- und Hinterschiebern gebraucht werden. Dieser Klamoniß ist sechsundeinhalb Zoll lang und schließt, wie ich das oft selbst versucht habe, eine sehr große Menge Schlösser. Einfacher ist der praktikable Hauptschlüssel.

In der hohlen Röhre *a b*, die unter *a* mit dem festen Bart-

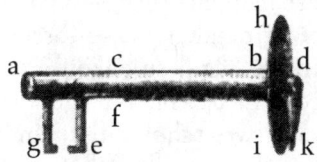

schenkel *g* und bei *b* mit dem Handgriff *h i* versehen ist, läuft die Stange *c d*, die bei *c* in den Bartschenkel *c e* und bei *d* in den Handgriff *d k* gebogen ist, aus dem Ausschnitt *c f* herausragt und in diesem Ausschnitt durch Hin- und Herschieben bei *d* bewegt und zu verschiedenen Breiten eines Hauptschlüssels gestellt werden kann.

Auf ähnliche Weise lassen sich noch eine Menge anderer Kalmoniß je nach der Form und Einrichtung der Schlösser herstellen. Die Klamoniß werden nach der Beschaffenheit des Schlosses gewählt, auch vorher eigens zu einem bestimmten Schlosse zugerichtet.

Der Makkener läßt sich nicht verdrießen, das zu bestehlende Lokal vorher zu besuchen, ehe der Massematten selbst gehandelt wird, um seinen Klamoniß gehörig zuzurichten. Er untersucht dabei das Schloß viel lieber mit dem Echeder, als daß er vom Schlüsselloch einen Abdruck in weichgeknetetem Wachs nimmt. Dies Abdrücken des Schlüsselloches in Wachs ist sehr untergeordnet und dient höchstens nur zur Messung der Höhe, Breite und Schweifung des Schlüsselbartes. Der erfahrene Gauner weiß, daß das Blech des künstlich ausgefeilten Schlüsselloches, wenn es nicht von ungewöhnlicher Dicke ist, sich leicht zurückbiegen oder sonst beseitigen läßt, und daß es nicht wesentlich darauf ankommt, die Schweifung des Schlüsselbartes zu kopieren, da man aus der bloßen Schweifung auch nicht entfernt auf den Mittelbruch und die verschiedenen Besatzungen folgern kann. Vermag der Makkener nicht das Schloß mit dem Echeder gehörig zu untersuchen und sich durch das Gefühl von dessen Bau zu unterrichten, so überzieht er den Bart eines in das Schlüsselloch passenden Schlüssels mit Wachs, oder schneidet, nachdem er die Tiefe des Schlosses gefunden hat, einen passenden hölzernen Schlüsselbart, überzieht ihn mit Wachs und dreht den in das Schloß gesteckten hölzernen Schlüssel gegen die Besatzung, die sich nun deutlich auf das Wachs abdrückt. Glückt es aber dem Schränker, beim Baldowern sogar den Schlüssel des zu öffnenden Verschlusses auch nur einen kurzen Augenblick in die Hand zu bekommen, so wird ein rascher Abdruck auf eine in der Handfläche verborgene weiche Wachsplatte genommen, was schon durch einen leichten Druck möglich wird, da es nicht auf ein vollständiges Modellieren, sondern nur auf ein leichtes Andeuten der Form und der Einschnitte des Bartes ankommt. Es ist daher unvorsichtig, wichtige Schlüssel frei hängen zu lassen oder gar jemand auch nur einen Augenblick in die Hand zu geben. Oft genügt schon der bloße Blick auf den Schlüssel, um dem geübten Makkener zu zeigen, wie dem Schlosse beizukommen sei.

Wie bei den Schränkern die Klugheit und die Standesehre erfordert, die Spuren eines Einbruchs möglichst zu verbergen, so leidet auch die Makkenerehre nicht, daß der aufgeschlossene Verschluß, nachdem der Massematten gehandelt ist, unverschlossen bleibe. Die Schlösser werden daher vom Makkener soviel wie möglich geschont und wieder zugeschlossen. Zum rascheren Wiederzuschließen sucht der Makkener, wenn er mit dem Echeder gearbeitet hat, soviel wie möglich jedes, namentlich größere Schloß, auf halben Schluß, d. h. den Schließriegel so zu stellen, daß die Zuhaltung zum Aufschließen nicht in den letzten Riegeleinschnitt fällt, worauf sich der Schließriegel viel rascher und leichter mit Echeder wieder zuschieben läßt. Wie endlich die Schränker immer mit Klamoniß versehen sind, so führen auch die Makkener, namentlich wenn sie belaile handeln, wenigstens einen Jadschabber, oder auch einen Brunger, Vorleger oder Pezire und Magseire bei sich. Auch haben sie meistens um den bloßen Leib oder unter dem Rock Leilekissimer gewickelt und noch andere Schränkerwerkzeuge, die beim Baldowern etwa nützlich werden könnten.

Die Verbesserungen von Chubb, Bramah und Newell

In dem Wettkampf, in den die Schlossertüchtigkeit mit dem Makkener geraten ist, hat sie in neuester Zeit endlich eine Verbesserung gefunden, die, statt der bisherigen auf die Erschwerung der Schlüsselbewegung beschränkten Kunst, nunmehr auch die Bewegung des Riegels selbst genauer berücksichtigt und bei zunehmender Vervollkommnung einen immer vollständigeren Sieg über das Gaunertum verheißt. Es sind die Schlösser, die die englischen Mechaniker Chubb und Bramah, sowie der Nordamerikaner Newell (mit seinem *Permutation bit-keys*) erfunden haben. Alle drei Arten Schlösser haben ganz vorzüglich auf die Bewegung des Riegels geachtet, wobei der Schlüssel in höchst einfacher Konstruktion erscheint. Die nebenstehende Beschreibung[1] gibt einen deutlichen Begriff von dem Bau des von Chubb erfundenen Schlosses.

„Das Chubbschloß besteht aus sechs verschiedenen und genau doppeltourigen Sperrungen (Tumblers) mit Hinzufügung eines Angebers, durch den jeder Versuch des Nachschlüssels beim Gebrauche des rechten Schlüssel verraten wird. Die umstehende Abbildung ist eine Darstellung eines nach folgenden Prinzipien gebauten Schlosses.

„*A* ist der Riegel, *B* die viereckige Studel, die inwendig ver-

1) Johann König, Grundriß der Schlosserkunst, S .78.

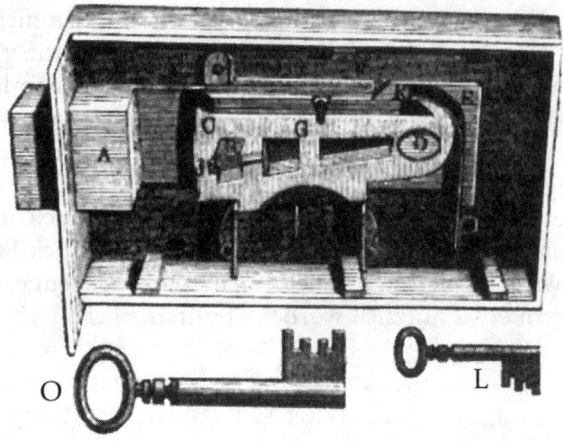

nietet ist und einen Teil des Riegels bildet; C sind die Sperrungen, sechs an der Zahl, die sich auf den Zentralkegel D bewegen; sie sind eine über die andere gelegt, aber vollständig isoliert und gesondert, um jeder Sperrung zu erlauben, in verschiedener Höhe emporgehoben zu werden; E ist eine geteilte Feder mit sechs verschiedenen Sprüngen, die auf die Enden der sechs Sperrungen treffen; F ist die Anzeigefeder. Es muß bemerkt werden, daß der Grundsperrer einen Zahn nahe der Anzeigefeder hat; G ist eine Studel oder Schrube, inwendig befestigt und einen Teil der untersten Sperrungen bildend, und O ist der Schlüssel.

Nun ist es ersichtlich, daß alle Sperrungen genau zu der verschiedenen erforderlichen Höhe gehoben werden müssen, um der viereckigen Studel B zu erlauben, durch die Längendurchschnitte der Sperrungen zu passieren, so daß der Riegel fortgezogen werden kann. Wir brauchen nicht zu sagen, was geschieht, wenn eine oder die andere Sperrung zu hoch oder nicht hoch genug gehoben wird; noch weniger kann die Kombination dieser sechs Sperrungen entdeckt werden, und wenn ein falscher Schlüssel eingebracht wird und eine der Sperrungen sollte übermäßig gehoben werden, so fängt die Anzeigefeder F den Grundsperrer C und hält ihn fest, so daß der Riegel nicht passieren kann, und bei der nächsten Anwendung des wahren Schlüssels wird man also bald sehen, daß der Versuch einer widerrechtlichen Öffnung des Schlosses gemacht wurde, da man mit dem richtigen Schlüssel das Schloß nicht mit dem gewöhnlichen Verfahren auf einmal öffnen kann. Dreht man den Schlüssel jedoch in umgekehrter Weise, so wird der Sperrer wieder in seine vorherige gewöhnliche Lage kommen, dem Riegel erlauben, sich vorwärts zu bewegen und die Studel *B* in die Kerbe *I* zu fassen. Der abgeschrägte Teil des Riegels *A* wird sodann die Anzeigefeder aufheben und dem Bodensperrer *C* erlauben, in seinen alten Platz zu fallen. Das Schloß ist nun zu seiner gewöhnlichen Stellung zurückgebracht und kann wie sonst geschlossen und geöffnet werden. Es ist ersichtlich, daß, wenn das Schloß angezeigt hat, es sei falsch berührt, nur der wahre Schlüssel es wieder in den gewöhnlichen Zustand bringen kann.

Bei Schlüsseln, nach dieser Art konstruiert, können ungemein viele Wechsel der Formen angewandt werden. Der klein gezeichnete Schlüssel *L*, der aus sechs Stufen und Einschnitten besteht, ist siebenhundertzwanzig Abänderungen fähig, während dabei den größeren Schlüsseln diese Zacken dreißigmal und die Riegeleinschnitte zwanzigmal verändert werden können, sich die Summe von 7776000 möglicher Abänderungen ergibt."

Das Chubbschloß ist 1846 und noch später vom Erfinder verbessert worden, wie aus der von König gemachten Beschreibung hervorgeht. Die Verbesserung besteht zunächst in einem aus vier verschiedenen Schlössern zusammengesetzen Schloß, das durch einen mit vier verschiedenen Bärten versehenen Schlüssel geschlossen wird, und ferner in der Anbringung einer Metallblende, die im Innern hervortritt, und das Schlüsselblech und Werk deckt, sobald ein falscher Schlüssel eingebracht wird.

Das von Bramah erfundene Schloß ist der Kleinheit wegen besonders zu Schreibtischen, Kästchen, Dokumententaschen, Vorhängeschlössern usw. geeignet, und hat eine ganz eigentümliche Riegelbewegung und Zuhaltung, auf der die großen Vorzüge des ganzen Schlosses wesentlich beruhen[2].

Auf ähnlicher Grundlage hat Newelle seine Permutation bitkeys zusammengestellt, zugleich aber dadurch, daß er auch den Schlüsselbart teilweise beweglich machte, das vollkommenste erreicht, was bis jetzt die Schlosserkunst aufzuweisen hat. Der Bart des Schlüssels (Fig 1 u. 2, *a, c, b d*) ist vorn am Rohre fest-

2) König, a. a. O., S. 82 f.

geschweißt. Durch den Vorderzapfen *n b d* geht bei *e* eine Schraube bis in *f* auf den Zapfen *a c*. Die mit einem Schraubenloch versehenen sechs Zapfen von verschiedener Länge sind

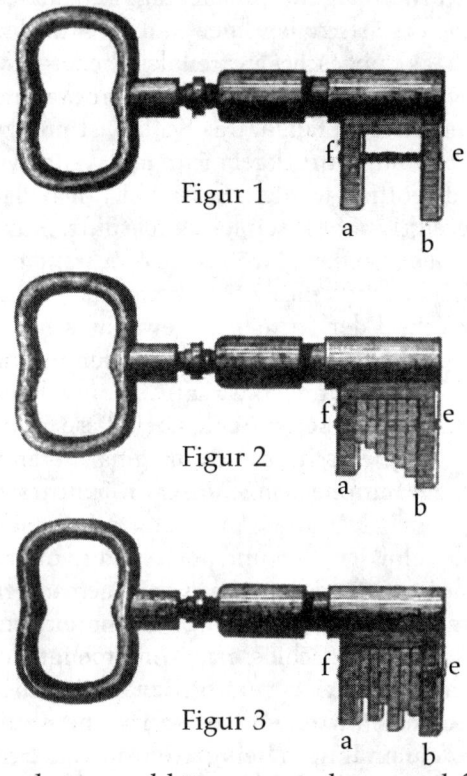

Figur 1

Figur 2

Figur 3

zum herausnehmen und können zwischen *e* und *f* in den verschiedensten Kombinationen willkürlich versetzt und festgeschraubt werden, wie z. B. in Figur 3. Das mit einer bestimmten Bartzapfenstellung geschlossene Schloß, wie z. B. in Figur 3, läßt sich auch nur mit derselben Zapfenstellung aufschließen. Bei dem Versuche, mit einer andere Zapfenstellung aufzuschließen, springen die Federn (Indikators) vor und vereiteln nicht nur das Aufschließen, sondern schließen auch nicht einmal mehr auf die richtige Zapfenstellung des richtigen Schlüssels, wenn nicht mit dieser die Drehung so gemacht wird, als solle das zugeschlossene Schloß nochmals zugeschlossen werden, worauf die Federn in die richtige Lage springen und somit das

Aufschließen möglich wird. Die Kombinationen dieser Schließ-
weise sind, wie bei den Chubbschlössern, außerordentlich zahlreich, namentlich da es Schlüssel gibt, die statt der dargestellten
sechs Zapfen acht und zehn Zapfen enthalten, also um so mannigfacher gewechselt werden können. Selbst der völlig gleich
nachgebildete Nachschlüssel vermag nicht, das Schloß zu öffnen, wenn nicht dabei die Zapfenstellung bekannt ist, die der
Schlüssel beim Zuschließen hatte.

EINUNDFÜNFZIGSTES KAPITEL

Das Makkenen und Kittenschub

Allerdings sind diese wichtigen Verbesserungen noch zu neu
und zum Teil noch zu wenig bekannt, auch wohl noch zu teuer,
als daß sie schon die verdiente allgemeine Verbreitung gefunden hätten. Dabei wuchert das Makkenen denn auch noch immer als eine der gewinnbringendsten Künste fort, die ihren
Jünger vollauf ernährt und ihn häufig zum reichen Manne
macht.

Die Leichtigkeit, mit der die Klamoniß herzustellen und anzuwenden sind, hat das Makkenen zur verbreitetsten Gaunerkunst gemacht, und den Makkenern von Fach in der Person von
Gesellschafterinnen, Erzieherinnen, Hausgesinde, Kontoleuten,
ja sogar Schülern und kleineren Kindern eine Konkurrenz geschaffen, die den Makkener zwingt, sein so verkümmertes täg-
liches Brot mit mehr Wagnis, aber auch mit mehr Meisterschaft
zu verdienen, und sich auf den Kittenschub zu legen, um im
Verkehrsgetümmel bei lichtem Tage die Sorglosigkeit auszubeuten, die meistens nur für die Nachtzeit ernsterer Sorgsam-
keit und Vorsicht weicht.

In Gasthöfen, und namentlich während der Messe und
während der Badesaison, findet der Makkener denn auch die
meiste Gelegenheit, seine Kunst zu üben.

Meistens steigt er in den ersten Gasthöfen ab unter dem Namen eines Rittergutsbesitzers, Offiziers, hohen Beamten oder
eines Bankiers, während seine Chawern unter ähnlichem Scheine in anderen Hotels wohnen und sich dort ebenfalls nach

Gelegenheit umsehen, auch ihn besuchen, und mit ihm viel aufgehen lassen, um die Umgebung zu blenden. Ist ein Massematten baldowert, so sucht der Makkener, meistens unterstützt von einem Vertusser oder einer Schmiere, die besonders den Freier zu meistern hat, die Zimmertüre des baldowerten Massematten zu öffnen. Wird er dabei von einem Gaste oder Kellner betroffen, so weiß er sich das Ansehen eines der im Gasthofe logierenden Fremden zu geben, von deren Person bei dem großen Verkehrsgetümmel selten genauere Notiz genommen wird, so daß kaum einmal eine Anrede vorkommt. Hat er noch nicht das Zimmer aufgeschlossen und bemerkt er Aufmerksamkeit auf sich, so geht er dem Aufmerkenden entgegen, tut eine Frage, z. B. nach dem Bewohner des Zimmers, dessen Name und Stand er vorher erkundet hat usw. und entfernt sich für diesmal (er geht koscher oder kaschert sich). Ebenso verfährt er, wenn er gleich beim Eintritt in das Haus Verdacht bemerkt. Er geht dann in die Etage oder an das Zimmer, wo er stehlen will, jedoch womöglich ohne Klamoniß, falls er angehalten und untersucht würde, und begibt sich, ohne irgend etwas zu unternehmen, wieder fort, sucht aber sobald wie möglich heimlich wiederzukommen, wenn er den Verdacht geschwunden glaubt. Ist die Tür aufgeschlossen, so legt er mit derselben Vorsicht die Klamoniß hinter den Füßen der meistens auf den Vorplätzen stehenden Schränke oder auf deren Gesimsen, oder auch in Tischschubladen oder sonst in der Nähe kawure, bis der Handel gemacht ist, worauf die Türe wieder verschlossen wird. Bekommt er im Zimmer Aufstoß, so hat er die Tür nachlässigerweise unverschlossen gefunden und fragt nach irgendeiner Person, die hier wohnen soll.

Bei dringender Gefahr ist hier auch wohl eine glänzende Gelegenheit zum Zuplanten oder Verfarkenen. Beim Weggange beobachtet der Makkener alles, was ihm etwa begegnet, ob er etwa selbst beobachtet wird, wobei er auf der Straße nach den gegenüberliegenden Häusern blickt, ob er von dort aus bemerkt ist. Ist das der Fall, so kleidet er sich in seinem Quartiere oder in einer Chessenpenne um, oder entfernt sich wohl gar mit dem Gestohlenen aus dem Orte, wenn er es nicht platten Leuten anvertrauen oder kawure legen kann.

Handelt der Makkener ohne Vertusser oder Schmiere, oder

hat, was selten der Fall ist, der Vertusser den Freier nicht meistern können und bekommt der Makkener nun Aufstoß, so
hilft er sich mit großer Geistesgegenwart in der Weise, wie
oben unter dem Kapitel von Meistern angeführt ist, bis er sich
dann kaschern kann.

ZWEIUNDFÜNFZIGSTES KAPITEL

Das Kittenschieben: Erklärung und Terminologien

Kittenschieben einen Kittenschub halten כַּסֵא [kisse], Sessel, besonders bedeckter Sitz, Thronsessel, tectum, Dach, Haus; im
Niederdeutschen Kit, Femininum, ein gebräuchlicher Ausdruck
für Krughaus, Bordell[1] [von כִּסָּה, bedecken] und schieben שָׁב,
schuf, zurückkehren, wiederkehren, umkehren, sich wenden],
gehen, schleichen), bedeutet allgemein das Hauseinschleichen
der Gauner in der Absicht zu stehlen, ohne besondere Rücksicht
auf eine bestimmte Weise, wie der Massematten dabei gehandelt
wird, und zu welcher Tageszeit dies geschieht. Ein Kittenschub
kann daher zu jeder Tageszeit, mit und ohne Schränken und
Makkenen gehalten werden, und Kittenschieber ist daher allgemein der Hauseinschleicher. Gleichbedeutend ist der Hosen
(vom deutschen Haus, Hauser, hausieren), Hauseinschleicher.
    Endlich ist gleich der allgemeinen Bedeutung Kittenschieber
und Hosen der Ausdruck Zgocker, eigentlich Zugucker, vom
deutschen Gucken, Sehen, Zusehen, zu unterscheiden von
Zchocker, Spielen (vgl. Kap. 76).

---

1) Matth. Kramer, Hoch-Nieder- und Nieder-Hoch-Deutsches Dictionarum,
   1719, S. 146.

DREIUNDFÜNFZIGSTES KAPITEL

Arten des Kittenschiebens: Die Zefirgänger

Nach der Zeit, in der der Kittenschub gehalten wird, unterscheidet man verschiedene Arten von Kittenschiebern. Die Raudemhalchener (von קֶדֶם [kedem], vorm. Osten, Ostwind, Sonnenaufgang, Morgen); Kaudemgänger oder Zefirhalchener (von סְפִירָה [sefira], Kopfschmuck, frühe Morgenzeit). Zefirgänger sind Diebe, die besonders früh am Tage sich in die von Gesinde offengelassenen Haustüren schleichen und, während das Gesinde auf dem Gange zum Bäcker oder sonst innerhalb oder außerhalb der Wohnung beschäftigt ist und die Herrschaft noch im Bette liegt, aus den Zimmern, oft auch mit Makkenen, stehlen. Besonders arbeiten die Zefirgänger, die, wie alle gewerbsmäßigen Kittenschieber, mit leichtem Fußzeug bekleidet sind, in Gasthöfen, namentlich zur Meßzeit oder Badezeit. In der frühen Morgenzeit ist in den Gasthöfen die geringste Aufsicht. Somit gelingt es dem Zefirgänger leicht, auf den Korridor zu gelangen und entweder an eine Tür, wo ein Massematten baldowert ist, oder an die erste beste Tür anzuklopfen. Erfolgt kein Hereinruf auch auf das wiederholte Anklopfen, so öffnet er die Tür und tritt mit leisem Morgengruß ein. Den Blick beständig auf den Schlafenden gerichtet und mit gedämpfter Stimme den Morgengruß wiederholend, rafft er Geld, Uhr, Ringe, Brustnadeln, die der Reisende gewöhnlich auf dem Tische neben dem Bette liegen hat, zusammen, durchsucht auch die Kleidungsstücke, auch wohl die offene Schreibklappe oder Kommode und geht rückwärts langsam und mit beständigem Morgengruß und Blick auf den Schläfer aus dem Zimmer, dessen Tür er jedesmal wieder in die Falle klinkt. Der Reisende, der etwa im Halbschlummer und bei herabgelassenen Vorhängen den Eintretenden hört, ist gewohnt, daß frühmorgens der Hausknecht die Kleider zum Reinigen abholt und wiederbringt, weshalb er meistens unbekümmert um die eintretende und dreist guten Morgen wünschende Person bleibt. Ist der Reisende wach, und fragt er nach dem Begehr des Eingetretenen, so gibt er sich für einen bestellten Barbier, Leichdornschneider und dergl. aus und führt deshalb auch wohl Scherbeutel bei sich.

Vielfach treten Frauenzimmer als Zefirgängerinnen auf, da nicht leicht von einem vorübergehenden Kellner oder Fremden angenommen wird, daß ein Frauenzimmer, ohne bestellt zu sein, zu so früher Zeit in ein Fremdenzimmer tritt, namentlich wenn Sie die Attribute einer helfenden Kunst halb verhüllt blicken läßt, oder wo die Liederlichkeit eines Ortes oder die Schamlosigkeit eines Wirtes so weit geraten ist, daß feile Dirnen ungescheut in die Fremdenzimmer gehen und dort sich anbieten dürfen.

Unglaublich ist es, wie beständig und wie viel durch das Zefirhalchenen in Gasthöfen gestohlen wird, und wie die Sorglosigkeit der Wirte so wenig auf den Ruf ihrer Gasthöfe, auf den sie sonst so überaus eifersüchtig sind, in dieser Beziehung Rücksicht nimmt und so wenig für den Schutz des Gastes tut. Die gedruckten Anzeigen in den Gastzimmern, mittels derer sich der Wirt von seiner Haftung aus dem *receptum cauponis* bequem zu befreien sucht, indem er sich als besonderer Aufbewahrer anbietet und nur als solcher haften will, können ihn rechtlich nicht von der allgemeinen Haftung befreien, da der Gast ihm nicht allabendlich im Nachtkleide auch seine ihm für die Nacht unentbehrliche Uhr oder seinen Geldbeutel und andere Wertsachen übergeben und von ihm einen Empfangsschein dafür fordern kann. Eine eigene sichere Wache auf jedem Korridor, und deren strenge Verpflichtung, jeden einlaßbegehrenden Fremden zu beobachten und dem Inhaber des Zimmers zu melden, dürfte schon bessere Abhilfe gewähren, und namentlich gegen die Gauner schützen, die verkappt in demselben Gasthofe wohnen, des Nachts oder frühmorgens Besuche abstatten und sogar dabei den Nachschlüssel anwenden. Am sichersten ist es, in Gasthöfen die Stube von innen abzuschließen; den Schlüssel im Schlosse stecken zu lassen und durch die Reithe des Schlüssels die Spitze des mit einem Bindfaden an den Türgriff zu befestigenden Stockes oder Schirmes zu stecken, damit nicht der Schlüssel von außen her mit einem Escheder oder einem gehärteten hohlen, inwendig ausgezahnten Schlüsselrohr, das von den Makkenern fest auf den Knopf des von innen einsteckenden Schlüssels gesetzt wird, herumgedreht und aus dem Schlüsselloch in das Zimmer gestoßen werden kann, um den Klamoniß Platz zu machen. Hirt[1] empfiehlt den auf Fußreisen in zweifelhaften Dorfgast-

1) Der Diebstahl, dessen Verhütung und Entdeckung. S. 107.

höfen abgestiegenen Reisenden einen eisernen Keil und eisernen Winkel mit Schrauben zum Anschrauben an Stubentüren, die kein Schloß und Riegel haben. So zweckmäßig diese Vorrichtung auch erscheint, so umständlich ist doch immer die Anfertigung und der Transport. Ohnehin ist man nicht vor der Reise von der Notwendigkeit ihrer Anwendung unterrichtet, um diese Dinge anfertigen zu können, und zum Improvisieren von Verschlüssen oder Mitteln zum Wecken ist in jeder Lokalität genug Gelegenheit vorhanden, wie man ja durch Versetzen der Türe mit Stühlen, einer Bank, die man mit dem Schnupftuch oder einem Band oder Riemen fest an den Türgriff bindet, und vielleicht eine Flasche oder Wagschale auf Stuhl oder Bank stellt, um durch deren Herabfallen aus dem Schlaf geweckt zu werden, seine Besorgnis als Fußreisender einigermaßen beschwichtigen kann. Will man eine einfache mechanische Vorrichtung für aus- und einschlagende Türen, so genügen zwei eiserne Ringschrauben von der Gestalt und Größe nachstehender Figur:

die man in jedem Eisenwarenladen und sogar bei jedem Landkrämer vorrätig findet und in der Westentasche oder am Schlüsselbunde leicht führen kann. Die eine Schraube wird in die Türzarge, die andere nahe dabei in die Tür selbst geschraubt und durch beide ein starker Bindfaden gezogen. Fürchtet man ein Zerreißen oder Durchschneiden des Bindfadens, so biegt man durch die eine Schraube einen kleinen eisernen Haken, der bei einschlagenden Türen als Riegel sich steift, bei ausschlagenden Türen als Haken bindet.

VIERUNDFÜNFZIGSTES KAPITEL

Die Erefgänger

Die Erefhalchener, Erefgänger, Erefhändler (von עֶרֶב [erev], Abend, und הָלַךְ [halach] gehen), oder Tschilleshalchener, Tchillesgänger, Tchilleshändler, תְּחִילָה [techilla], der Anfang des Abends, der Nacht) sind Kittenschieber, die zur Abendzeit in die Häuser schleichen. Mit Eintreten der Dunkelheit pflegt man vorsichtshalber die am lichten Tage bewachten und leicht zu beaufsichtigenden Haustüren in die Falle zu legen und sich bei Eintritt eines Fremden auf die Haustürglocke zu verlassen. Eine Hauptaufgabe und Übung der Erefhalchener ist daher, die Haustür so leise und vorsichtig zu öffnen, daß der oben an der Haustür befindliche eiserne Arm an der in schwingender Feder hängenden Haustürglocke vorbeistreicht, die Glocke langsam zur Seite biegt, und daß nach Vorüberführen des Armes die Tür mit dem Arm gegen die Glocke gedrückt wird, um die beim Abgleiten des Armes entstehende Schwingung der freigewordenen Glocke zu verhindern.

Zur weiteren Vorsicht pflegt man abends die Haustürkette überzulegen, um das willkürliche und heimliche Eintreten in das Haus zu verhindern. Häufig sind diese Ketten an sich so schwach oder so schwach befestigt, daß sie bei einem festen Druck nachgeben; sie lassen sich auch oft mit der durchgesteckten Hand abhaken, oder sind zu lang, so daß eine schlanke oder kleine Person behende unter der Kette weg durch die klaffende Tür in das Haus gelangen und die Kette von innen abhängen kann.

Man findet deshalb, daß die meisten Tchillesgänger junge Dirnen und Buben sind, die übrigens auch vielfach von Erwachsenen zum bloßen Durchkriechen und Abhängen der Kette verwendet und dann fortgeschickt werden. Sehr oft werden diese Kinder aber auch unter die Ketten durchgeschoben, um zunächst zu erkunden, ob und welche Personen zu Hause sind, und ob mit oder ohne Gewalt ein Diebstahl auszuführen ist. Die Anwesenheit solcher Kinder hinter zugehängten Haustüren erheischt daher strenge Aufmerksamkeit.

Bei einem Aufstoß geben sich die Tchillesgänger meistens für verschämte Arme aus, oder fragen nach einem Rechtsanwalt, einem Arzt, einer Hebamme, irgendeinem Beamten, Geistlichen usw., und sind keck und verwegen genug, wie die Zefirgänger auf das Geratewohl an Stuben- und Küchentüren zu klopfen, und wenn keine Antwort erfolgt, einzutreten und zu stehlen.

Die Kegler

Eine besondere Art der Kittenschieber sind ferner die Kegler, richtige Gacheler, Gachler, auch Gackler, Kakler. Das Wort ist wohl nur von dem hebräischen Stammwort גַּחַל (gachal), er hat entzündet, wovon Gecholim גֶּחָלִים, brennende Kohlen, abzuleiten. Im Niederdeutschen ist der Ausdruck kakeln, mit Licht oder Feuer Kakeln, für „spielen mit Licht, leichtfertig mit Feuer umgehen", sehr gebräuchlich. Sie suchen besonders in die Küchen und Dienstbotenstuben zu gelangen, um das dort von den Domestiken nach den Mahlzeiten zum Reinigen hingelegte Silbergerät zu stehlen, während die Bedienung außerhalb der Küche beschäftigt ist. Der Ausdruck Kackler mag vielleicht auch die Ursache sein, daß der Suppenlöffel mit den kleineren Eßlöffeln in der Gaunersprache als „Glucke mit Kücken" bezeichnet wird.

Der Merchitzer

Die verwegenste Art der Kittenschieber sind die Merchitzer (von Merchaz, das Waschen, die Wäsche, und dies von רָחַץ [rachaz], er hat gewaschen), auch Margitzer, Marchetzer, das heißt Hauseinschleicher, die sich durch das ganze Haus hinaufschleichen bis auf die Böden, wo sie vorzüglich die zum Trocknen aufgehängte Wäsche stehlen. Gewöhnlich wird die vorn an der Treppe hängende Wäsche an ihrem Platz gelassen, damit man die hinten weggestohlene Wäsche nicht sogleich vermißt. Die gestohlene Wäsche wird in Bettsäcke gepackt und vom Merchitzer rückwärts die Treppen hinuntergetragen, damit er beim Aufstoß sogleich die Treppe hinaufsteigen kann, als ob er einen Packen bringen wollte.

Nur in bezug auf diese Weise über die Treppe zu gehen wird der Kittenschieber auch Kockweiler genannt. Eine eigene Klasse der Kittenschieber bilden aber die Hockweiler nicht.

Einen lustigen Kittenschub verübte einmal der Gauner William Getting bei einem Arzte in Wils-clone.

Getting hatte ein kostbares Bett aus einer Bodenkammer des Arztes zusammengepackt und fiel damit die Treppe hinunter. Er hatte, obgleich schmerzhaft gequetscht, die Geistesgegenwart, dem mit seinem Sohne auf das Geräusch herbeieilenden Arzt einen Gruß von einem Mr. Hugh Hen auszurichten und gebeten, die Last im Hause des Arztes zur Aufbewahrung ablegen zu dürfen. Der Arzt, der den genannten Herrn nicht kannte, wies ihn barsch zur Tür hinaus, wobei er ihm noch den schweren Packen auf die Schulter heben half[1].

Die höchst verwegenste Art, das ganze Haus zu durchgehen bis auf den Boden, hat denNamen Merchitzer zu einem allgemeinen Ehrennamen gemacht, und dem der Gauner jeden raffinierten und esonders geschickten Genossen belegt, wenn er auch nicht das Wäschestehlen als Spezialität betreibt.

Wie endlich der Kittenschub, je nachdem er in der Stadt oder auf dem Lande gehalten wird, als Kittenschub in Mokum oder auf der Medine unterschieden wird, so gibt es auch Kaudemhalchener, Zefirgänger, Tchilleshalchener, Erefgänger und Kegler in Mokum oder auf der Medine, je nachdem zur Morgenzeit oder Abendzeit in der Stadt oder auf dem Lande in einer oder der anderen Weise Kittenschub gehalten wird.

Das Schottenfellen

Schottenfellen, Schautenfällen (von שַׁטָה [schita], närrisch werden, wovon Schote, Schaute, der Narr, und dem wahrscheinlich aus dem Lateinischen *fallere* herzuleitenden fallen [wovon Falle][1], herabwerfen, fangen, betrügen, also eigentlich Narrenbetrug) ist das Stehlen von Waren aller Art in offenen Handelsläden, Gewölben, Buden, Butiken vor den Augen des Verkäufers und während des Besehens und Behandelns von Waren; Schottenfeller, der Dieb, der auf die angegebene Weise stiehlt.

1) Smith, Straßenräuber, S. 567f.
1) Stieler, Sprachsatz, S. 424f. Schothelius, S. 1312.

Das Schottenfellen ist eine schwere Steuerauflage, unter deren Druck die Kaufleute und Detailisten ganz außerordentlich leiden. Die jährliche Ausbeute der Schottenfeller ist ungeheuer, obschon die von den Schottenfellern mit dem keineswegs schmeichelhaften Namen „Schaute" belegten Kaufleute ungern gestehen mögen, daß sie in ihrer Gegenwart und vor ihren Augen so arg bestohlen werden, wobei sie den unleugbar vorhandenen Lagerabgang bei der Jahresinventur auf jegliche andere Ursache schieben, nur nicht auf das Schottenfellen.

Kein Industriezweig des Gaunertums hat sich in das Handelsleben so tief eingebürgert wie das Schottenfellen, das ebensogut unter der Maske einer schlichten Bürgersfrau und manirierten Gouvernante betrieben wird, die Leinwand zu einer Schürze oder ein seidenes Kleid kaufen, wie von der Baronin oder dem Grafen, der in der Equipage vorfährt und um die teuerste Ware handelt.

Das Schottenfellen hat keinen sichtbaren technischen Apparat, keine andere Manipulation als das geschickte heimliche Verschwindemachen unter dem Gange des alltäglichen Scheins, Gespräches und Handelns.

Dieser Umstand gerade ist es, der dem Verkäufer noch immer Vertrauen zu rechtlicher Kundschaft und dem Schottenfeller so große Sicherheit gibt, daß er schon bei einiger Übung und Erfahrung den Vertusser oder Schrenker ganz beiseite läßt, und auf eigene Hand und Gefahr Schätze aus den Läden hebt, die in das Unglaubliche gehen, und von deren Umfang man eine Ahnung bekommen kann, wenn man auf die Spottpreise achtet, für die eine Unzahl der verschiedensten Waren aus den Läden wie auf der Hausiererkarre „unter der Hand, durch besondere Gelegenheit, unter Einkaufspreise, im Ausverkauf, als Bergegut, aus Assekuranzauktion", oder wie sonst die Redensarten lauten, verkauft wird.

Oft haben mir Kaufleute mit großer Zuversicht ausgesprochen, daß es ganz unmöglich sei, in ihrem Laden bestohlen zu werden, da sie mit ihren Angestellten bestimmte Zeichen verabredet hätten, um gegenseitig die besondere Aufmerksamkeit auf verdächtige Personen zu lenken. Dahin gehört das Zurufen einer scheinbaren Preisauszeichnung oder Preisangabe, wie z. B. D. C. S. = die Canaille stiehlt!, D. L. K. = das Luder klaut!,

P. A. C = Paß auf (die) Canaille! u. dergl. Aber die raffinierten Schottenfeller geben sich gerade das unverdächtigste Aussehen, wissen sehr genau, was alle jene Zurufe zu bedeuten haben und verdoppeln dabei nur ihre Geschicklichkeit erst recht.

Besonders wird das Schottenfellen von Frauenzimmern betrieben. Die meisten weiblichen Gauner sind Schottenfellerinnen. Doch vernachlässigen die Männer keineswegs diese ergiebige Erwerbsquelle. Gewöhnlich geht der Schottenfeller in Begleitung eines oder mehreren Genossen in die Läden. Der Routinierte ist sich indessen selbst genug. Sein Äußeres ist mindestens ehrbar und anständig. Er wünscht dieses oder jenes zu kaufen, läßt sich vom Kaufmann die Waren in verschiedenen Sorten und Mustern vorlegen, prüft, macht Ausstellungen, lobt, handelt, kauft und bezahlt auch etwas, verlangt noch mehr, und beschäftigt die Aufmerksamkeit des Verkäufers, der sich die Vorlage der verschiedenen begehrten Waren von einem Warenfache zum andern tummeln, bald sich bücken und bald dem Käufer den Rücken zuwenden muß. Diesen Augenblick nimmer der Schottenfeller wahr, um unvermerkt Waren vom Ladentisch in seine Tasche gleiten zu lassen, was um so unvermerkter und leichter gelingt, je mehr er den Tisch zwischen sich und dem Verkäufer voll Waren hat aufhäufen lassen.

Zum Verbergen der Waren an seinem Leibe hat der mit einem Mantel, Sackrock, Paletot oder langem Überrock bekleidete Schottenfeller in dem Unterfutter des Brutteils und der Schöße seiner Oberkleidung weite und lange Taschen (Golen, Fuhren), in die sich einer Menge Pakete verbergen lassen.

Um das schwere Herunterhängen der Oberkleidung zu vermeiden, wodurch Verdacht entstehen könnte, fangen die Schottenfeller an, wie die Matrosen um den Leib mit einem Gurt mit einem kleinen Ringe an der Seite zu tragen, in den ein an der Tasche befindlicher Haken gehängt wird, so daß der Rock frei und leicht herunterfallend bleibt und vorn sogar aufgeknöpft weden kann, wenn auch die Tasche schwer gefüllt ist. Die weibliche Kleidung ist noch geeigneter, solche Golen zu verbergen. Gewöhnlich werden zwei Unterrocke zur Gole zusammengenäht und vorn im faltenreichen Oberkleide und im Unterrocke wird ein langer Schlitz gelassen, um die Ware einstecken zu können. Doch tragen auch erfahrene Weiber, besonders wenn sie Nachjagd fürchten, sehr häufig eine eigene sackartige, aus einer doppelten Schürze zusammengenähte, mit einem Schlitz und oben mit einem starken Bande zum Vorbinden um den Leib versehene Gole. Diese hat den Vorteil, daß sie rasch abgeworfen, versarkent, werden kann, wenn die Schottenfellerin sich bei Verdacht oder Verfolgung kaschern will.

Meistens geben sich die Schottenfeller als Standesperson aus, lassen die behandelten Waren, von denen sie häufig, namentlich wenn sie meinen, Verdacht zu erregen, einen Teil bezahlen, zur Aufbewahrung bis auf den anderen Tag, oder zu Absendung in einen anständigen Gasthof zurück, entfernen sich mit aller Unbefangenheit, versprechen, das Geld dem Überbringer der Waren im Gasthofe auszuzahlen und ersuchen dazu immer, eine quittierte Rechnung mitzuschicken.

Um ganz sicheren Vertuß, namentlich in größeren Handlungen, zu machen, wo mehrere Verkäufer hinter dem Laden stehen, geht der Schottenfeller mit einem Chäwer, zu dem auch, je nach Gelegenheit, noch ein dritter oder vierter nach und nach wie durch Zufall hereintritt, ohne daß einer die Bekanntschaft mit dem anderen irgendwie verrät, in den Laden. Bei dieser Verbindung macht der eine den Vertuß, indem er des Kaufmanns Aufmerksamkeit fesselt, weshalb er auch Vertusser oder Schrekener, Srikener, Schmuser (Sprecher) genannt wird, während der Begleiter als Schautenpicker (von Schaute, Narr und Picken = aufklauben, aufpicken, wie die Vögel die Körner aufpicken) handelt, d. h. die bis zur Hand liegenden Waren stiehlt und verbirgt.

Hat der Schautenpicker den Massematten gehandelt, so gibt er dem Schrekener einen Zink, worauf sich beide auf gute Manier entfernen. Vielfach nehmen die Schottenfellerinnen außer männlicher Begleitung auch wohl eine Gesellschafterin, Kammerjungfer oder am liebsten eine als Amme gekleidete Genossen mit einem Kinde zum Vertussen mit. Die Amme hat häufig die Aufgabe, durch geheime Mißhandlung das Kind zum Schreien zu bringen, damit die Aufmerksamkeit des Verkäufers auf Kind und Amme gerichtet wird und die angebliche Herrschaft unterdes als Schautenpicker handeln kann. Das spielende oder weinende Kind wird von der Amme tändelnd auf den Ladentisch gesetzt, wo es mit seinem langen Kleide ein Warenpaket bedeckt, das dann mit dem Kinde aufgenommen und von dessen weitem Kleide vollkommen bedeckt wird. Auch größere Kinder werden zu Unarten, Albernheiten und Unfug abgerichtet, um dadurch Vertuß zu machen. Von der Schottenfellerin wird wohl auch in gleicher Absicht eine verabredete Ohnmacht affektiert, wie denn die Verschlagenheit der Gaunerei unzählige Gelegenheiten herbeizuführen und auszubeuten versteht, die immer neu und originell sind. Kleinere Pakete werden auch in den wie unabsichtlich auf den Ladentisch gelegten Muff oder in Schachteln und Körbe mit doppeltem Boden gesteckt. Auch werden in die gegen die Ladentische gesetzten Regenschirme unglaublich viel Waren weggetragen, wie mir denn ein Fall vorgekommen ist, in dem eine Schottenfellerin zwei ganze Stück Wollmusselin, jedes von einigen dreißig Ellen, in ihrem Regenschirm aus einem Ausschnittladen mitgenommen hatte. Die Mode der weiten Rockärmel, mit locker gehefteten weiten Manschetten, dient ebenfalls den Schottenfellern zu geheimen Taschen für kleinere Ware, namentlich Gold- und Silbersachen. Den gleichen Zweck haben kleinere Taschen innerhalb der Halsbinden, unter dem Rockkragen, innerhalb der Weste, hinter dem Vorhemd und zwischen den gefütterten Hosenträgern. Kleinere wertvolle Gegenstände werden von Schottenfellerinnen auch wohl heimlich auf die Erde geworfen, mit den Zehen geschickt gefaßt und in den Schuh gelegt. Viele Schottenfeller besitzen auch die angeübte besondere Geschicklichkeit, mit einem zwischen die Schenkel gesteckten Pakete nicht nur behende gehen, sondern auch sogar laufen zu können. Die Schottenfeller, die auf diese Weise Waren transportieren, werden Rachwner (Reiter) genannt, von רָכַב (rachaf), er hat geritten.

Je lebhafter der Verkehr in einem Laden, je dichter das Gedränge vor Meß- und Jahrmarktsbuden ist, desto leichter gelingt es dem Schottenfeller, Waren von den Verkaufs- und Schautischen herabzulangen und in die Gole zu stecken.

Man kann nun vom Kaufmann, dessen ganze Aufmerksamkeit beim Verkaufe begreiflich nur eine sehr materielle Richtung hat, nicht verlangen, daß er psychologische Beobachtungen anstellt; indessen muß ihm doch jeder geschwätzige Fremde, der viel zu suchen und mäkeln hat, als verdächtig erscheinen, namentlich wenn er die erhandelten Waren nicht gleich bezahlt, sondern zurücklegen läßt. Gewöhnlich zieht der Schottenfeller gleich anfangs, sobald er sich Waren vorlegen läßt, den oft mit Kupfermünzen oder Jetons stark gefüllten Geldbeutel und legt ihn auf den Ladentisch, teils um mit einer wohlgefüllten Börse zu prahlen, ganz besonders aber, um nicht beim Hineingreifen in die Beinkleidertaschen, wenn er etwas bezahlt, den Rock zurückschlagen zu müssen und die gefüllten Golen im Unterfutter zu zeigen. Meistens führen die Schottenfeller daher auch das Portemonnaie oder den Geldbeutel in der Brusttasche, und deren Hervorlangen aus dieser macht schon immer verdächtig. Die niedrigen Ladentische begünstigen aber auch das heimliche Wegziehen der Waren ungemein, indem mit Händen, Unterarm und Ellenbogen beim Überbeugen über den Ladentisch leicht ein Stück Ware zwischen die Schenkel oder gar schon direkt in die Gole des Schottenfellers geschoben werden kann. Reichen die Ladentische nur etwas über die Ellenbogenhöhe eines erwachsenen Menschen hinaus, was ohnehin das Bücken erspart und das Besehen der Ware erleichtert, so kann der Unterarm nicht leicht ohne augenfällige Bewegung des Oberarmes agieren. Namentlich ist dann der Mantel dem Schottenfeller hinderlich. Aus einer Erhöhung der Ladentische entspringt für den Kaufmann die Bequemlichkeit, daß er unter ihnen weite und geräumige Fächer einrichten kann zur Aufnahme von Waren, die mit den in den hohen Wandfächern gegenüber befindlichen korrespondieren, so daß er sich nicht nach den Wandfächern umzudrehen braucht, sondern das aus diesen Verlangte sogleich unter dem Ladentisch hervorlangen kann, ohne den verdächtigen Käufer aus den Augen zu lassen. Unerläßlich ist aber an Ladentischen die Anbringung eines Gesimses, einer Leiste oder eines kleinen Geländers von etwa ein bis zwei Zoll Höhe auf der Seite, wo der Käufer steht. Die etwaige Unbequemlichkeit läßt sich durch geschmackvolle Zierlichkeit der Anlage ausgleichen. Der Schottenfeller hebt niemals ein Stück Ware vom Ladentisch, sondern bringt es mit der Hand oder dem Unterarm zum Gleiten auf der glatten Fläche, indem er es leise zupft oder schiebt. Ist eine kleine Leiste vorhanden, so muß er das Stück heben und seine Manipulation schon bemerkbarer machen. Sehr zweckmäßig ist es, die Stücke aller weichen Stoffe, wie das meistens auch schon bei den französischen Seidenstücken geschieht, auf dünne Brettchen oder starke Pappen zu wickeln, weil dann die Stücke, anstatt auf der Käuferseite schlaff herunterzuhängen, beim Herabzerren der Steifigkeit wegen aufschlagen und viel schwieriger vom Tisch in die Gole zu bringen sind. Passend an den Wänden angebrachte und nicht durch Waren verdeckte Spiegel und Spiegelstreifen, wie man solche mit Geschmack und Geschick in den Gesimsen der Wandrepositorien anbringen könnte, so daß der Kaufmann den Käufer mit seinen Bewegungen im Auge zu behalten vermag, wenn er ihm auch den Rücken zuwendet, dürften dem Kaufmann manchen Verlust ersparen. Gardinen an Ladenfenstern sind geradezu Lockungen für Schottenfeller, die am liebsten solche Läden aufsuchen, deren Fenster mit Gardinen und zur Schau gestellten Stoffen verdunkelt sind. Erfahrene Kaufleute lassen mindestens die obere Hälfte der Fenster frei und hängen dabei nur dünne, durchsichtige Stoffe nach oben.

Wer übrigens seine Waren auf der Käuferseite oft sogar an oder inner- und außerhalb der Türe aufhängt, dem möchte es eine nicht unverdiente Strafe seiner Nachlässigkeit sein, wenn er bestohlen wird. Die erfahrenen Schottenfeller wenden solchen bis zur Türe drapierten Läden mit besonderer Vorliebe ihre Aufmerksamkeit zu, nicht so sehr, um die draußen hängenden, oft unbedeutenden Waren zu stehlen, wie darum, weil sie in dieser Ausstellung, oft wohl nicht ohne Grund, einen sorglosen Verkäufer erblicken, bei dem schon etwas zu unternehmen ist. In der Messen- und Jahrmarktszeit, oder wo ein lebhafter Ladenverkauf ist, lohnt, sich die Anstellung eines Portiers und anderer Bedienung im Laden zur Aufbewahrung von Schirmen und zu sonstigen Handreichungen auf der Käuferstelle überreichlich, wie mir das auch schon, mit Dank für den gegebenen Rat, ausgesprochen worden ist.

Auch in Gold- und Silberläden, Konditoreien, Delikateßgeschäften usw. wird der Verkäufer hinter seinem Ladentische als „Schaute" behandelt und mit derselben Frechheit und Gewandtheit bestohlen, wie in den Schnittwarenhandlungen. Gewöhnlich bietet dabei des Abends die helle Erleuchtung der Läden Gelegenheit, den günstigen Moment von außen durch das Fenster zu erspähen, bevor der Schottenfeller in den Laden tritt.

ACHTUNDFÜNFZIGSTES KAPITEL

Das Chalfenen

Chalfenen, oder Chilfen und Chillefen (jüdisch-deutscher Ausdruck, von חָלַף [chillef], er hat gewechselt, vertauscht, für wechseln im gewöhnlichen guten Sinne) ist in der Gaunersprache das Stehlen von Geld bei einem Geldwechselgeschäft vor den Augen des Wechslers, entspricht also dem Schottenfellen. Chalfan, Chalfen, Chilfer ist der Wechsler, jedoch in der Gaunersprache nur der Wechsler, der beim Wechseln stiehlt, nicht etwa der bestohlene Kaufmann oder der Bankier, obwohl Chalfen im Jüdisch-Deutschen immer auch der Wechsler im guten Sinne ist. In der deutschen Gaunersprache wird auch der Ausdruck Linkchalfenen, Linkchalfen gebraucht, wobei die Silbe Link den Betrug, den Diebstahl besonders bezeichnet. Auch ist der Ausdruck Linkwechseln, Linkwechsler als deutsche Übersetzung von Chalfenen, Chalfen, unter den Gaunern gebräuchlich.

Das freche Manöver des Chalfen besteht darin, daß er den Wechsler dahin bringt, ihm einen Haufen Geld, besonders Gold, vorzulegen, aus dem er vor dem Auge des Wechslers heimlich Goldstücke heraussstiehlt. Zu diesem Zwecke geht der Chalfen als ehrsamer Landmann, Viehhändler, als Kaufmann, Offizier usw. zum erkorenen Kaufmann an das Kontor oder vor den Laden und bittet, ihm ein bestimmtes Goldstück, Dukaten, Louisdor gegen Silbermünzen, die er, oft mit dem Anerbieten eines guten Agios, sofort aufzählt, wechseln zu wollen. Eine bescheiden und freundlich vorgebrachte Bitte schlägt man nicht leicht ab; der Kaufmann gibt das gewünschte Stück Gold her, bei dessen Anblick der Chalfen bittet, ihm doch ein anderes Goldstück, etwa einen Imperialen, Napoleondor, holländischen oder dänischen Dukaten usw., – kurz, ein Stück Gold von anderem Gepräge wie er erhalten hat, zu wechseln. Der gefällige und arglose Kaufmann durchsieht seinen Vorrat und schüttet die Kasse aus auf den Tisch, um das bezeichnete Goldstück zu suchen. Dies ist gerade das, was der Chalfen will. Im scheinbaren Suchen nach der verlangten Münze fährt er sortierend und emsig forschend im Goldhaufen mit dem Zeigefinger umher und weiß durch rasches und geschicktes Schnellen ein Goldstück nach dem anderen gegen den Daumen mit Hilfe des letzteren gegen den halb und beweglich gekrümmten Mittelfinger und sodann unter den lose geschlossenen vierten und fünften Finger zu bringen, die die in die Hand geschnellten Geldstücke festhalten. Übung und Geschicklichkeit machen dieses Manöver unmerklich. Eine wesentliche Förderung dabei ist aber die Stellung des Chalfen, der stets sich so hinstellt und die Hand so hält, daß der Bestohlene ihm nicht in und unter die Hand sehen, sondern nur die obere Handfläche von der Seite des kleinen Fingers her überblicken kann. Hat der Chalfen auf diese Weise gestohlen, so leert er die Hand in eine Tasche, zum Schein, nach der Börse, der Uhr, dem Taschentuch oder dem Schnupftuch greifend.

So verwegen und gefährlich dieser Diebstahl ist, so häufig gelingt und gewinnbringend ist er. Die Sicherheit des Chalfen wird aber noch gesteigert durch die leichte Möglichkeit, sich zu koschern, indem er das Gestohlene dem Kaufmann behende wieder zuplantet, d. h. wieder in den Geldhaufen fallen läßt, über dem er die Hand hält, in dem Augenblick, wo der argwohnschöpfende Kaufmann rücksichtslos und rasch die Hand des anständig gekleideten Fremden festhält, das das einzige, aber auch bei der angegebenen leichten Möglichkeit des Zuplantens gewagte und kompromittierende Mittel ist, den Chalfen zu entlarven, der sonst schon längst fort ist, wenn der Kaufmann seine Kasse durchzählt und seinen Verlust bemerkt. Wird der Chalfen angehalten und kann er den Diebstahl nicht verstecken, so hat er in der Regel vergoldete Jetons zur Hand, die er dem Kaufmann vor die Füße oder gar ins Gesicht wirft, der nun lieber sein Geld aufzusammeln als den sich losreißenden und davoneilenden Chalfen verfolgen wird.

Sieht der Chalfen, daß der Kaufmann eine Geldrolle zum Wechseln anbricht, also die Stückzahl in der Rolle weiß, oder merkt er, daß der Kaufmann den Bestand seines herbeigeholten Geldbeutels kennt, so bittet er ihn, das Geld zu zählen und abgezählt und eingesiegelt für seine Rechnung bis zum anderen Tage, wo er seine Kasse bringen will, aufzuheben. Geht der Kaufmann darauf ein, so weiß der Chalfen bei dem Zuzählen, der Zwiere (von Gsfire, auch Gsippur, jüdisch-deutsch: die Zahlung, von, סָפַר er hat gezählt), des einzuwechselnden Geldes einen Teil wegzuchalfenen, sei es, daß er das Geld selbst nachschießt oder auch sonst nur hilfreiche Hand beim Einwerfen in den Geldbeutel leistet.

Erfahrene Kaufleute, namentlich Wechsler, wissen schon, wen sie vor sich haben, wenn ein Fremder nach einem bestimmten Goldstück fragt. Sie lassen sich daher nicht auf das Geschäft ein, oder sie nehmen das Silbergeld mit dem Agio, geben das Gold ab und zeigen ihren Vorrat weiter nicht.

Desto schlimmer ergeht es aber den Unerfahrenen, namentlich Verkäuferinnen, die in den Putz- und Modeläden, Konditorläden u. dergl. als Verkäuferinnen die verschiedensten Geldsorten einnehmen und nebenbei nicht gleichgültig gegen die Galanterien höflicher Chalfen bleiben. Auch den Landleuten und Viehhändlern auf den Korn-, Woll- und Viehmärkten werden von Chalfen oft ganz bedeutende Summen abgechilft, da auch sie das angebotene hohe Agio nicht gern verschmähen. Der Gewinn, den der Chalfen von seinem Handel zieht, ist enorm, weil er meistens in Gold Geschäfte macht, obwohl er, je nachdem er die Gelegenheit dazu findet, auch in Silbergeld, vom Viergroschenstück bis sogar zu Doppel- und Krontalern, arbeitet, von welchen größeren Münzsorten er oft eine beträchtliche Menge in der Hand bergen kann. In der großen Berliner Untersuchung wird der Fall erzählt, daß Moses Simon Bernhardt am 22. November 1819 dem Krüger Hoffmann zu Peterwitz beim Geldzählen nicht weniger als achtzehn Taler in ein paar Sekunden weggechilft hatte, welchen Diebstahl, als er nach Jahren zur Sprache kam, der Bestohlene gar nicht bemerkt haben und zugeben wollte. Die Chalfen sind so gewandt und sicher bei ihrem Betrieb, daß gerade das Chalfenen auf Reisen und bei augenblicklicher Verlegenheit das erste und sicherste Hilfsmittel ist, rasch zu Gelde zu kommen.

Häufig nehmen endlich die Chalfen noch einen Chawer als Vertusser, Schrekener oder Schmuser mit, der dann ganz die Rolle zu spielen hat, die dem Schrekener beim Schottenfellen zugewiesen ist. Da jedoch in diesem Falle Cheluke gehalten werden muß, so operiert der nur einigermaßen sicherer Chalfen lieber auf eigene Faust, um die Früchte seiner Kunst allein zu genießen.

NEUNUNDFÜNFZIGSTES KAPITEL

Das Ennevotennemachen oder Chassimehandeln

Das Ennevotennemachen (von Pluralis עֵין en, von עַיִן [ajin], das Auge, und אוֹת [ot, oß], Zeichen, Abzeichen, auch Chassimehandeln, von חָתַם [chatam], er hat gesiegelt, auch ein Puddelche handeln, wahrscheinlich verdorben vom Stammwort בָּדַל [bidel], er hat abgeteilt) ist der heimliche Umtausch versiegelter Wertsachen gegen wertlose oder geringfügige Gegenstände, die vom gleichen Äußeren oder mit gleichem Verschluß und Siegel wie jene versehen sind. Zu diesem Zwecke geht der Ennevotennemacher, oft mit einem Schrekener, Vertusser oder Schmuser, zu einem Juwelier oder Geldwechsler, behandelt diese und jene Ware, oder wechselt eine Münzsorte ein, tut solche in ein mitgebrachtes Kästchen, Beutel oder Papierrolle, versiegelt diese Verschlüsse in Gegenwart des Verkäufers und bittet unter irgendeinem Vorgeben, daß z. B. seine Kasse nicht reiche und er nicht erst das Geld heute aus dem Gasthofe holen wolle, wobei er jenen oft noch durch Zahlung eines Angeldes oder Agios sicher macht, die so versiegelten Wertsachen bis zum anderen Tage zurückzulegen. Bei der Verhandlung weiß der Ennevotennemacher die versiegelten Gegenstände mit bereitgehaltenen, an Form, Packung und Siegel gleichen Behälter, die mit wertlosen Dingen gefüllt sind, geschickt zu verwechseln und jene Wertsachen sich zu nehmen. Diese Manöver, das allerdings sorgfältige Vorbereitung und große Geschicklichkeit erfordert, ist, da es sich oft um bedeutende Schmucksachen und mehrere Geldrollen handelt, sehr gewinnbringend, und wird weit mehr als das Chalfenen von Frauenzimmern, und zwar immer in sehr eleganter Toilette und fast jedesmal mit Anwendung von Siegelringen, auf denen adlige Wappen graviert sind, besonders in Gold- und Silberhandlungen ausgeübt. Die Ennevotennemacher führen im Reisekoffer oft ganze Sätze von Kästchen oder Schachteln (jüdisch-deutsch Schkedele), in Dubletten bei sich, deren Besitz bei einer Durchsuchung immer mit der Benutzung zum Aufbewahren von Seide, Nadeln, Band u. dergl. von Frauen gerechtfertigt wird, während die Kasten von Männern gewöhnlich für Probekasten ausgegeben werden.

Stiehlt der Ennevotennemacher bares Geld in dieser Weise, so wird dieser Handel mit dem Ausdruck Chassime chalfenen bezeichnet, da er ja auch mit dem Chalfenen viel Ähnlichkeit hat. Abgezählte Gold- und Silberrollen sind während des Geschäftes am geschicktesten zu chalfenen. Nicht selten sind aber Gauner, namentlich wenn sie von einem Vertusser gut unterstützt werden, verwegen genug, ziemlich schwere Geldbeutel mit Silbergeld gegen gleichgesiegelte mit Kupfergeld zu verwechseln.

Auch andere Privatpersonen, namentlich Wirte, die sich in argloser Gutmütigkeit dazu hergeben, Geld in Verwahrung zu nehmen, werden auf diese Weise oft um bedeutende Summen geprellt, wenn sie über die ihnen zugestellten Geldbeträge Empfangsscheine ausgestellt haben, da der verübte Betrug natürlich vom Gauner sogleich bei der Rücklieferung den Depositar zugeschoben und die vollwichtige Summe nach dem Empfangsschein gefordert wird. Man tut daher am besten, sich in keiner Weise zum Depositar eines Fremden herzugeben, ohne das erhaltene Geld genau nachzuzählen, zu prüfen und in Gegenwart von Zeugen oder mit einem Beamtensiegel oder aber auch mit des Fremden Siegel, jedoch immer nur selbst zu versiegeln und sofort sicher zu verwahren, niemals aber dem Fremden das Siegeln zu überlassen und niemals nach der Versiegelung ihm das Versiegelte in die Hand zu geben.

SECHZIGSTES KAPITEL

Das Neppen

Das Neppen ist eine der ältesten Gaunerkünste, deren der *Liber Vagatorum* umständlich erwähnt, indem er Notabilie 7 vor den Wiltnern warnt, die „Fingerlein von kunterfey gemacht", zum Verkauf als Silber, „desselben gleichen pater noster oder ander zeychen, die die vnder den mentlen tragen", und die sie besonders den „einfeltigen hutzin" anbieten. Ebenso hat die Ausgabe der „Rotwelschen Grammatik" von Deff das Wort „Wietnern" in sein Vokabular aufgenommen.

Wiltner entspricht vollständig dem heutigen Nepper. Die Abstammung des Wortes ist vollkommen unklar. Vielleicht ist

Wiltner mit dem mittelhochdeutschen wildenaer (Jäger), wegen der unsteten Lebensweise, in Verbindung zu bringen. Das Wort Wiltner ist vollständig außer Gebraucht. Dafür kam aber später der Ausdruck Feling (Krämer) des *Liber Vagatorum* auf, das Pott[1] von feil ableitet. Die Felinger spielten als umherziehende Tabulettkrämer und Hausierer schon am Schluß des Mittelalters eine außerordentlich große und gefährliche Rolle, die sich bis tief in das neunzehnte Jahrhundert hineinzog[2]. Namentlich im siebzehnten und achtzehnten Jahrhundert trieben die Felinger den ärgsten Betrug als Quacksalber, Zauberer und Beschwörer.

Das Wort neppen kommt zuerst bei Krünitz[3] und bei Grolman[4] vor. Letztgenannter bezeichnet mit Neppes Kostbarkeiten, Haarschmuck, Perlen, wonach es wohl mit dem französischen nippes und nipper zu verbinden sein würde. Grolman bezeichnet aber das Wort als jüdisch-deutschen Ursprungs, obwohl es im Jüdisch-Deutschen nirgend zu finden ist, wenn man nicht die schmutzige Bedeutung bei Krünitz gelten läßt und Neppe gleichbedeutend mit Raffke nimmt, das im Jüdisch-Deutschen die niederste und gemeinste Sorte der Prostituierten bedeutet. In der französischen Gaunersprache ist qiet nep die Bezeichnung einer gewissen jüdischen Gaunerabart[5]. Barbieur[6] kennt den Ausdruck aber nicht. Ebensowenig kommt das Wort in einer anderen lebenden Sprache oder in der Zigeuner- oder irgendeiner Gaunersprache vor. Neppen scheint direkt aus dem Hochdeutschen hergeleitet werden zu müssen und identisch mit dem auch besonders im Schwäbischen gängigen Nippen, necken, plagen, zu sein[7]. Schmeller führt auch noch noppen und noppeln und Hausnopper „als Cumpan der Diebe, Mörder und Mausköpff" aus einem Ingolstädter Druck von 1588 an[8].

---

1) II, S. 37.
2) Schäffer, S. 84 – 132.
3) Enzyklopädie CXXVIII, S. 39.
4) Wörterbuch, S. 51.
5) Franzisque Michel, Études de philologie comparée sur l'argot, Paris 1856, p. 291.
6) Antibarbarus der französischen Sprache, Frankfurt a. M. 1853
7) Schmid, Schwäbisches Wörterbuch, Stuttgart 1821.
8) Schmeller, Bayrisches Wörterbuch, Stuttgart und Tübingen 1828. 2. Teil, S. 699 f.

Neppen ist die betrügerliche Veräußerung unechter wertloser Gegenstände, Neppsschaure, von סָחַר (sachar), im Lande umherziehen in Handelsgeschäften, davon Sschore, Sschaure = Ware, als echte, wertvolle Gegenstände, sei es durch Verkauf, Versatz, Verpfändung, Hinterlegung oder Tausch. Nepper ist der Gauner, der in dieser Weise betrügt. Auch das Zeitwort neppen ist gebräuchlich, obwohl der Ausdruck „eine Neppe handeln" geläufiger ist.

Während die bisher dargestellte Gaunerindustrie wesentlich auf die gewaltsame oder heimliche Entwendung fremden Eigentums gerichtet ist, erscheint das Neppen als offenes Angebot von Gegenständen des täglichen Bedarfs und Gebrauchs. Diese Gegenstände sind jedoch an sich wertlos und nicht zu dem vollen Gebrauche geeignet, zu dem sie nach der ihnen betrüglicherweise gegebenen äußeren Form geeignet erscheinen und vom Nepper hergerichtet und ausgeboten werden. Der Betrug liegt also in der Fälschung des dargebotenen Gegenstandes, und findet seine häufigste und gewöhnlichste Vermittlung im Schacher- oder Hausierhandel, wie dieser denn ja auch seit Jahrhunderten von den Wiltnern, Felingern und Paschkusenern in ausgedehntester Weise betrieben worden ist.

Die Feinheit und Sauberkeit, mit der, namentlich in gegenwärtiger Zeit, eine Menge Gegenstände des täglichen Bedarfs und Luxus angefertigt werden, besonders die ausgezeichnete Verarbeitung von Bronze und Neusilber, dazu die kalte und galvanische Vergoldung usw., gibt dem Nepper, namentlich der immer mehr auf dem Lande und in den unteren Volksschichten um sich greifenden Putz- und Glanzsucht gegenüber, reichliche Gelegenheit, zahllose Betrügereien auszuüben, deren Entdeckung nur durch den Sachkenner und meistens erst dann gelingen kann, wenn der Betrug schon vollendet ist. Die unglaublich vielen und mannigfaltigen Täuschungen, die fast bei allen nur denkbaren Handelsgegenständen mit ebensoviel Verschlagenheit wie mit Gefahr für Gesundheit und Leben seit vielen Jahrhunderten betrieben werden und bis auf die neueste Zeit einen ganz ungemeinen Aufschwung genommen haben, sind der Hauptanlaß zur Verfolgung und Unterdrückung des so überaus schädlichen Hausierhandels geworden, namentlich auf dem Lande, wo die polizeiliche Aufsicht und die kennermäßige Prüfung der angebotenen Ware am schwierigsten ist.

Die raffinierten Betrügereien haben sogar eine eigene Literatur hervorgerufen, in der auch die Wissenschaft mit deutlicher Aufklärung und Belehrung sich dem Betruge gegenüberstellt und ihn bekämpfen hilft. Zur vollständigen Würdigung des Betrugs und um einen Begriff zu bekommen von der Feinheit und Mannigfaltigkeit der Täuschungen im Handel und Wandel muß man sich mit dieser Literatur vertraut machen, und dazu die dem Polizeimann noch immer häufig genug gebotene Gelegenheit nicht vorüberlassen, den bunten Inhalt eines Tabulettkastens oder eine Jahrmarkts- und Glücksbude genau zu durchmustern. Wie man aber erstaunen muß über die reißenden Fortschritte, die die Industrie gemacht hat, schlechte, wertlose und unbrauchbare Gegenstände aller Art in einer glänzenden bestechlichen Form und Hülle darzustellen, so muß man auch gerade beim Neppen vollkommen überzeugt davon werden, daß der Hausierhandel, abgesehen von allem anderen Vorschub, den er fast aller übrigen Gaunerindustrie leistet, niemals strenge genug überwacht werden kann.

EINUNDSECHZIGSTES KAPITEL

Der Viaschmahandel oder das Polengehen

Ungeachtet der Gauner weiß, daß es ihm leicht gelingen kann, dem Unkundigen und Unerfahrenen eine Tombakuhr oder eine vergoldete Silberuhr für eine goldene, einen Löffel von Neusilber für einen silbernen, einen in Gold gefaßten böhmischen Stein für einen Brillanten aufzuschwatzen und für echt zu verkaufen, so gebraucht er dennoch, um jedem möglichen Argwohn entgegenzutreten und das Verbot und die polizeiliche Kontrolle des Hausierhandels zu umgehen, eine Menge Schliche, die ihm das Gelingen seines Betruges erleichtern.

Dahin gehört das unter mehreren Gaunern verabredete Auftreten unter der Maske eines unglücklichen, reisenden oder verfolgten Mannes, meist von höherem Stande, der in Flucht und Not ein ihm teures und wertvolles Kleinod dem Wirte oder

Landmann verkaufen oder versetzen muß, um weiterzukommen und das Leben zu fristen. Bei großen und namentlich unglücklichen Ereignissen findet sich für den Gauner reichliche Gelegenheit, sich für eines der zahlreichen Opfer dieser Begebenheiten auszugeben. Ein in Begleitung eines angeblichen Dieners und mit eigener Equipage oder Extrapost vorausgereister Chawer, der den reichen Mann spielt und dem zum Opfer erkorenen Wirt oder Landmann durch sein Auftreten zu imponieren weiß, trifft mit dem Unglücklichen, dem später nachkommenden Nepper, den er natürlich ganz fremd behandelt, zusammen, und erklärt das zufällig erblickte falsche Stück dem beiseitegezogenen Wirt für ein wertvolles Kleinod. Gewöhnlich wird der Landmann oder Wirt, bei dem die Szene gespielt wird, überredet oder von Gewinnsucht verlockt, das angebliche Kleinod zu kaufen oder gegen Darlehn in Pfand zu nehmen, wobei er zu spät, wenn die Ermittlung des davongereisten Gauners schwer oder unmöglich ist, seine törichte Leichtgläubigkeit bereuen lernt. Dieses Manöver, der Viaschmahandel (Kiaschma, richtiger Kiatzma, ist polnischen Ursprungs und bedeutet Zeugnis), kam besonders seit den französischen Kriegen zu Anfang des neunzehnten Jahrhunderts in Schwung. Die Viaschmahändler traten besonders als polnische Offiziere oder Edelleute auf und wurden deshalb Polenhändler oder Polengänger genannt. Nach Stuhlmüller[1] soll der in der Plassenburger Untersuchung verwickelte Baruch Benjamin der Erfinder oder Hauptverbreiter des Viaschmahandels gewesen sein. Stuhlmüller beschreibt auch das Kostüm, in dem die Viaschmahändler, besonders in Bayern und Württemberg, aufzutreten und zu prellen pflegten[2].

ZWEIUNDSECHZIGSTES KAPITEL

Das Merammemooßmelochnen oder Linkenesummemelochnen

Die Falschmünzerei als Inbegriff mehrere Verbrechen gegen das Münzregal oder gegen öffentliche Treue und Glauben ist

1) A. a. O., S. XXIII und 85.
2) S. XXIV.

ihrer Natur nach nur zum Teil und nur in untergeordneter
Weise zu den gaunerischen Fertigkeiten zu zählen, da namentlich die unbefugte Anfertigung von Geld bei der eigentümlichen umständlichen Weise der Herstellung des Geldes und bei
der sehr genauen und strengen Überwachung des Münzregals
eine fortgesetzte gewerbsmäßige Betreibung des Falschmün-
zens nicht behende genug macht und daher nicht leicht möglich
und immer zu gewagt, auch der Entdeckung zu sehr preisgegeben ist. Nur die Münzfälschung, d. h. die täuschende Veränderung echten Geldes, um diesem einen höheren Wert zu geben
durch Versilberung oder Vergoldung, und die Versilberung und
Vergoldung von Zähl- und Rechenpfennigen, um sie als Silber-
oder Goldstücke auszugeben, oder die Entwertung des echten
Geldes mittels Beschneidung, Durchbohrung oder Aushöh-
lung, um dieses so entwertete Geld zum Nennwerte auszugeben, ist Gegenstand der Gaunerei, die in diesem Umfange mit
den jüdisch-deutschen Ausdrücken Merammemooßmelochnen
(von רִמָּה [rimma], er hat hingeworfen, betrogen und מָעוֹת [ma-
ot], bares Geld, und מְלָאכָה [melacha], die Arbeit) oder Linke-
nesummemelochnen (vom chaldäisierenden Stamme זָמַם [sa-
mam], im Piel זִמֵּם [simmem], er hat zubereitet, bar, abgezählt,
und מָעוֹת [maot], Geld und melochnen) bezeichnet und von den
Gaunern in großem Umfange und mit glücklichem Erfolg betrieben wird. Selbst die plumpste Art der Münzfälschung, die
leicht herzustellende Vergoldung echten Kupfer- oder Silber-
geldes und dessen Verausgabung als Goldgeld, gelingt dem
Gauner nur zu gut, obschon der Wert des Stückes immer deutlich in der Prägung angegeben ist.

Noch mehr glückt die Verausgabung vergoldeter Rechen-
pfennige als Goldgeld. Der gemeine Mann oder der Landmann,
dem weniger Goldgeld als Silbergeld vor die Augen kommt,
weiß den Wert des ersteren nicht abzuschätzen und läßt sich
durch die glänzende Vergoldung seiner solid geprägten Spiel-
marke nur zu oft irreleiten.

DREIUNDSECHZIGSTES KAPITEL

Der Konehandel oder das Blütenschmeißen

Erscheint die Verausgabung solcher falscher Münzen nun im täglichen Handel und Verkehr, wo man schon aufmerksamer zu sein pflegt und bei der Ruchbarkeit des vielgeübten Betruges allerdings gewagt und bedenklich, so hat die Gaunerindustrie ein eigenes Manöver ausgedacht, diese vergoldeten Zählpfennige (Blüten) sicherer an den Mann zu bringen.

Der Vorgang wird Blütenschmeißen, auch Blütenstechen (Plitestechen, sogar Pleitestechen), Konehandel oder Kaunehandel (von קָנָה [kana], kaufen) genannt, und besonders in Dörfern an dem unerfahrenen Landmann und auf den Landstraßen an Fußreisenden, vorzüglich reisenden Handwerkgesellen versucht.

In Wirtshäusern, besonders auf dem Lande, sucht der Konehändler unter dem Vorgeben, daß sein Silbergeld verausgabt sei, mit einem Goldstück zu bezahlen und sich den Überschuß seiner Zeche in Silbergeld auswechseln zu lassen. Der Wirt, der den Wert oder Kurs des Goldstücks nicht kennt, wird gewöhnlich vom Konehändler, der gleich Unkenntnis vorschützt, gebeten, den Kurs eines vom Konehändler dargereichten echten Goldstücks bei dem Ortsgeistlichen, Schulmeister oder Landkrämer erkunden zu lassen. Ist dies geschehen, so weiß der Konehändler das echte Goldstück mit einem vergoldeten Zahlpfennig geschickt umzutauschen und prellt so den Wirt in zweifacher Hinsicht. Bietet der Konehändler einen kleinen Abzug von dem angegebenen Werte des Goldstücks, so ist der gewinnlustige Wirt oder Landmann gerne bereit, auch noch mehrere Goldstücke zu wechseln, wie dem solche arge Unwissenheit namentlich in Norddeutschland noch häufig genug ausgebeutet wird. In anderer Weise handelt der Gauner auf Kone dadurch, daß er auf der Landstraße sich einem fußreisenden Handwerksgesellen anschließt, und einem entweder von seinem ihm vorausgegangenen Chawer oder von ihm selbst heimlich hingeworfenen Geldbrief von der Straße aufrafft, für guten und ganzen Fund erklärt und endlich auf Bitten des Reisenden sich dazu versteht, den Fund mit ihm zu teilen, wobei der ihm aber stets das im Briefe eingeschlossene Goldgeld, vergoldete Jetons, gegen Zahlung des Halbparts in Silbergeld ganz überläßt. In gleicher Weise werden auch unechte Ringe und andere kleine vergoldete unechte Schmucksachen in Briefe und Kästchen gelegt und als Fund von der Straße aufgenommen und auf Halbpart verkauft.

So abgeschmackt und abgedroschen dies platte Manöver ist, so unglaublich oft wird es noch immer mit Erfolg ausgeführt. Meist sucht der Betrogene bei seiner Ankunft auf der nächsten Visitierstation Auskunft und Hilfe bei der Polizei, ohne zu bedenken, daß er sich selbst als Teilnehmer an einem Funddiebstahl strafbar gemacht hat. Nur dadurch, daß man jeden Kläger der Art als Funddieb unerbittlich bestraft, scheint dieser noch fast täglich vorkommende Betrug mehr und mehr beseitigt werden zu können.

VIERUNDSECHZIGSTES KAPITEL

Das *George-Plateroon*

Die Entwertung eines Goldstücks durch Beschneiden übt der Gauner von Fach wenig oder gar nicht aus. Die Operation ist zu mühsam und zu wenig lohnend gegen das leichtere und einträglichere Vergolden von Zählpfennigen. Auch bringt der lebenslustige Gauner lieber das ganze Goldstück in Völlerei und Liederlichkeit durch, als daß er sich mit dem kümmerlichen Betrage des abgeschnittenen oder abgefeilten Randes begnügen möchte.

Indessen gibt es auch sparsame und nüchterne Gauner, die sich in den Ferien oder in stiller Zeit noch immer nützlich zu beschäftigen wissen. Die Beschneidung geschieht namentlich bei Goldstücken mit scharfen Nagelscheren aus freier Hand. Mit der Feile wird nachgeholfen und durch schräge Striche oder auch einem stählernen Durchschlag der Rand angestoßen. Große Silbermünzen ohne Randgepräge werden im Schraubstock mit grobgehauenen Feilen bearbeitet. Die Verausgabung solcher entwerteter Geldstücke ist jedoch, besonders bei geringen Zahlungen oder im Einzelwechsel, immer schwierig, da die

Verkleinerung des Volumens schon immer für das prüfende Auge auffällig ist und somit das entscheidende Nachwägen kaum noch nötig wird.

Diese Schwierigkeit hat nun aber wieder auf eine alte Operation zurückgeführt, vermöge der die beiden Prägeseiten des größeren und dicken echten Silbergeldstücks in sehr dünnen Platten abgeschnitten und nach Herausnehmen des Mittelstücks auf eine entsprechende Scheibe unedlen Metalls befestigt und mit einem Silberblechrand umlötet werden. Durch die geschickte Behandlung der Münzen wird die Täuschung vollkommen, und es befindet sich eine sehr große Menge Münzen der Art im Umlauf. Dieser Betrug ist schon sehr alt. Smith in seinen *„Lebensbeschreibungen berühmter englischer Straßenräuber"* erzählt, daß der am 22. September 1704 zu London gehenkte berüchtigte Gauner Tom Sharp mit einer Falschmünzerbande außer der Anfertigung falscher Münzen von englischem Zinn oder „Kompositium" auch noch eine Kunst, *George-Plateroon*, betrieben habe, Münzen (*black dogs*) herzustellen, die „inwendig lauter Kupfer seien und auswärts nur ein dünnes Blechlein hätten".

Diese alte Kunst scheint entweder vom Gaunertum längere Zeit unberücksichtigt liegengeblieben oder von der Polizei unbeachtet gelassen worden zu sein. Bei den technischen Mitteln der Neuzeit ist sie aber wieder lebhaft in Schwung gekommen, hat aber trotzdem in der deutschen Gaunersprache noch keinen besonderen Namen erhalten. In keiner mir bekannten Gaunersprache habe ich einen Ausdruck für das George-Plateroon finden können. Es scheint daher im Wesen und Namen eine englische Erfindung zu sein.

Zu dieser Operation werden nur echte und neue Silbermünzen mit breitem Rand gewählt. Wahrscheinlich werden sie auf der Drechselbank durchgesägt, an der sie sich leicht, wie bei allen Abdrechselungen von Scheiben von hartem Stoff, mit Pech auf die Patronen befestigen lassen. Die abgeschnittenen Blechscheiben mit dem Gepräge sind sehr dünn, so daß man bei ihrem Biegen den eigentümlich knatternden Laut hört, wie bei dünnen Weißblechstücken. Bei einem in meinem Besitz befindlichen Fünffrankenstück von 1830 sind die beiden Prägeplatten von dem inneren Kupferstück abgelöst. Unter dem deutlich wahrnehmbaren Schnellot und der fettig anzufühlenden Schmutzschicht der Silberplatten, die mit Alkohol und Salmiakgeist löslich ist und also auf die Anwendung von Lötwasser schließen läßt, sind sogar deutliche Feilstöße von den verschiedensten Richtungen her sichtbar, so daß unverkennbar mit der Feile nachgeholfen ist, weil vielleicht die Scheiben noch zu dick abgeschnitten waren. Die für das ausgeschnittene Mittelstück der Münze eingesetzte runde kupferne Scheibe trägt deutlich die Spuren von Lötwasser und Schnellot, und hat vollkommen gleiche und glatte Flächen. Die Kupferscheibe wiegt zweihundertfünfzig Gramm, wogegen die beiden abgeschnittenen Blechplatten zusammen gerade nur einhundert Gramm wiegen, woraus man auf die bedeutende Entwertung der Münze und auf den Gewinn schließen kann, den die auf der Drechselbank rasch und leicht auszuführende Arbeit abwirft. Der um die Kupferscheibe befestigte Rand ist von sehr dünnem Silberblech und außerordentlich fest und gleichmäßig umlötet, so daß er nicht abzulösen ist, obwohl er mit der Laubsäge an verschiedenen Stellen durchgeschnitten wurde. Die Buchstaben der Umschrift: „DOMINE SALVUM FAC REGEM" sind ungleich und unregelmäßig aufgeschlagen. Alle entwerteten Münzen dieser Art fallen schon beim Zählen durch ihren sehr scharfen Rand auf, der sich schon im bloßen flüchtigen Gefühl merklich von dem Rande ungefälschter Geldstücke unterscheidet. Ebenso unterscheidet sich die stets unordentlich und unregelmäßig angebrachte Randumschrift entwerteter Münzen sehr augenfällig von der akkuraten und sauberen Randumschrift, ungefälschter Geldstücke. Ein leichter Teilstrich auf der Randdecke der verdächtigen Münzen, oder ein leichtes Wegschleifen auf einem gewöhnlichen Wetzstein legt den gefährlichen Betrug unverkennbar bloß, der oft sogar von Silberarbeitern erst dann erkannt wird, wenn sie solche Münzen einschmelzen.

Der Pischtimhandel

Eine der großartigsten und ärgsten Neppereien wird namentlich auf Jahrmärkten und im Hausierhandel, besonders auf dem
Lande mit dem Leinwandhandel getrieben.

Leider verschwinden Spinnrad und Wegstuhl immer mehr
aus der ländlichen Behausung, und der Landmann, der höchstens noch den Flachs baut, ohne ihn selbst zu verarbeiten, hört
auch damit auf, Kenner der Leinwand zu sein, so daß gerade er
jetzt am meisten mit dem Leinenhandel, Pischtimhandel, betrogen wird.

Der Betrug geht nicht von den Fabriken aus, die zur Herstellung eines billigeren Preises Seide, Wolle, Leinen und Baumwolle miteinander verweben, sondern von den Händlern, die
den Unkundigen den gemischten Stoff als rein und echt verkaufen und so absichtlich damit betrügen.

Pischte, Pischtim wird von den Pischtimhändlern die reine
Leinwand genannt, Meschi, Meschech, Seide; Zemer, die reine
Wolle; Zemergefen ist die Baumwolle, Schaatnes, Schatnes,
oder Schetnes sind Stoffe, die aus Wolle und Leinen, Wolle und
Baumwolle oder Baumwolle und Leinen, aus Seide mit Baumwolle usw. gewebt, also gemischt, unrein oder unecht sind. In
dem Muster und der Appretur wird auch den Schatnes ein
glänzendes und täuschendes Äußere gegeben. Daher geht und
gelingt denn auch die Übervorteilung herbei aufs äußerste, so
daß der Pischtimhändler seine Schatnes oft zum drei- bis vier-
fachen Preise des wahren Wertes bei dem Unkundigen anbringt. Die Pischtimhändler haben meistens Fuhrwerk bei sich,
und spielen dabei fast immer die Ausländer, die der deutschen
Sprache nicht mächtig sind, während sie auf die unverschämte-
ste Weise untereinander kochemer schmusen und mit eingestreuten holländischen und französischen Brocken den ver-
dutzten Landleuten die Güte und den Preis der von ihnen selbst
aus den besten Fabriken bezogenen Ware begreiflich zu machen
wissen.

SECHSUNDSECHZIGSTES KAPITEL

Das Stippen

Das niederdeutsche Wort Stip, Stippel, Stipje bedeutet einen Punkt, Tupf; davon stippen, stibitzen, tunken, eintauchen, in der Gaunersprache durch heimliches Hineinlangen wegnehmen, namentlich von kleineren Gegenständen, wie denn auch das heimliche Wegnehmen des Geldes bei den Chalfenen stippen genannt wird, Besonders wird mit Stippen das Stehlen von Geld aus Ladenkassen, Lesfinne, durch die Geldritze, Nekef, mittels der Stipprute bezeichnet. Die Stipprute ist eine dünngeschabte Stange Fischbein, ein bis einundeinviertel Fuß lang, die mit Vogelleim bestrichen und in die Geldritzen gesteckt wird, so daß das in der Kasse befindliche Geld an der Rute anklebt, die dann mit dem Gelde herausgezogen wird. Das Stippen wird oft unter Beistand eines Vertussers oder Schmusers vorgenommen, ist aber immer ein gewagtes und wenig lohnendes Unternehmen, da nur kleine Münzen fest an der Rute bleiben, während die größeren leicht anstoßen und durch ihr Abfallen verdächtiges Geräusch erregen. Die Stipprute wird daher meistens nur von unerfahrenen Anfängern angewandt, bis sie bei der Operation ertappt und vorsichtiger werden.

Im Falle der Entdeckung bleibt dem Gauner nur die rasche Flucht übrig, die er häufig dadurch erleichtert, daß er dem Entdecker die Stipprute ins Gesicht schlägt, um ihn für den ersten Augenblick zu erschrecken.

Die Stipprute ist eine alte Erfindung, die besonders von John Hall (gest. 1707) und von Koch, dem Genossen Lips Tullians, angewendet wurde. Die Opferstöcke wurden früher sehr arg mit der Stipprute bestohlen, bis man inwendig um die Geldritze eine Schürze von Drahtringen oder Tuch legte, die man bei allen mit Geldritzen versehenen Geldbehältern anwenden sollte. Das Stippen wird auch wohl von Kindern ohne Stipprute durch hineinlangen in die Geldritzen mit den zur sogenannten Schere (vergl. das nächste Kapitel) gebildeten Fingern ausgeführt, namentlich in Läden, wo die alten Ladentischplatten keine mit Metall gefütterte Geldritzen haben.

Das Torfdrucken oder Cheilefziehen

Torf (vom hebräischen טָרַף [taraf], er hat zerrissen, zerfleischt, namentlich von wilden Tieren, wovon teref, Beute, Speise, und טְרֵפָה [trefa], das von wilden Tieren zerrissene Fleisch, dessen Genuß den Juden verboten ist) ist in der Gaunersprache die durch Raub, Überfall und Überraschung gemachte Diebesbeute, besonders die aus dem Taschendiebstahl gewonnene Beute. Das Wort drucken kommt einzeln nicht in der Gaunersprache vor, sondern ist nur in der Zusammensetzung mit Torf gebräulich. Es ist offenbar nur eine Verstümmelung des niederdeutschen Wortes treffen ziehen, was sich aus der früher üblichen hochdeutschen Bezeichnung Beutelzieher für Torfdrucker ergibt.

Von der flinken Arbeit werden die Torfdrucker auch Cheilefzieher (von חֵלֶב [chelef], Fett, Talg) und in schlechter Übersetzung auch Seifensieder genannt, ohne daß mit dieser Benennung eine besondere Art des Taschendiebstahls bezeichnet wird. In der Berliner Gaunersprache heißt der Torfdrucker auch Paddendrücker, von Padde, die Geldbörse. Padde ist niederdeutsch und bedeutet Kröte, besonders Schildkröte, daher der Name Schildpatt. Padde ist der Gegensatz von Tafel oder Plattmulije, der Brieftasche. Das lose in der Tasche befindliche Geld (Pich) wird loses Pulver genannt.

Das Torfdrucken ist der rasche heimliche Diebstahl gegen Personen an Gegenständen, die die Person in ihrer unmittelbaren körperlichen Verwahrung hat, als nicht allein der Diebstahl aus der Tasche einer Person, sondern auch an allen den Sachen, die eine Person unmittelbar am Körper hält oder trägt, wie der Diebstahl aus und nebst dem Armkorbe, aus und nebst der Tragtasche, das heimliche Wegziehen eines Pakets unter dem Arme oder aus dem Brustteile eines Rockes usw. Der Zefirgänger, der dem schlafenden Reisenden die Taschen seiner auf dem Stuhle vor dem Bette liegenden Kleidung leert, ist so wenig Torfdrucker wie der Räuber, der auf der Landstraße dem Reisenden mit Anwendung physischen oder psychologischen Zwangs die Taschen plündert.

Die Hauptrequisiten bei diesem Diebstahl sind die unverdächtige Annäherung, ein behender heimlicher Griff und subsidär ein rasches Zuplanten des Gestohlenen an die Genossen, falls ein Verdacht rege werden sollte. Eine der Gelegenheit angemessene äußere Erscheinung seiner Person ist daher die nächste Sorge des Torfdruckers, der sich ebensowohl zum Elegant im Theater und an anderen öffentlichen Orten wie sich zum derben Viehhändler und Bauersmann auf den Märkten herauszustaffieren wird, oder als soliden Kaufmann auf den Messen, oder als frommen Andächtler in den Kirchen darzustellen weiß.

Diese so vollkommen leichte und unverdächtige Annäherung und behende Ausbeutung aller gesellschaftlichen Formen, in deren bunter Zahl und Bewegung die falsche und sichere Unterscheidung immer schwieriger geworden ist, hat auf das gesamte bürgerliche Leben einen bedeutsamen Einfluß geübt, und jene kalte Zurückgezogenheit wesentlich gefördert, die zwar im vertrauten Kreise gern wie ein lästiger Zwang abgeworfen wird, aber doch immer das Gesamtleben beherrscht, und sehr häufig den Schein der Kaltherzigkeit und Fühllosigkeit annimmt. In der massenhaft gedrängten Bewegung der großen Städte, namentlich Englands und Frankreichs, in denen der Taschendiebstahl besonders seine Rechnung findet, tritt jene Abgeschlossenheit gegen alles Fremde am sichtbarsten hervor, so daß der Unbekannte nirgends verlassener ist, als in der großen Menschenmasse um ihn herum.

Aber auch einen ganz entschiedenen Einfluß auf die Kleidung und deren Schnitt und Taschen hat von jeher der Taschendiebstahl geübt[11]. In früherer Zeit, wo die Taschen nicht in der Kleidung befestigt waren, sondern an Riemen und Bändern über die Schultern oder Brust, oder um den Leib getragen wurden, konnten die Beutelschneider oder Schnapphähne sich mit einem kurzen Schnitt oder Ruck leicht der ganzen Tasche bemächtigen. Seitdem die Taschen aber an und in der Kleidung angebracht sind, ist dem Diebe eine schwierige Aufgabe gestellt, die aber mit immer täglich neuen Kunstgriffen, oft zum schweren Nachteil für Gesundheit und Leben des Bestohlenen,

---

11) Gust. Klemm, Allgem. Kulturgeschichte der Menschheit IX, G 100 ff. Hüllmann, Städtewesen des Mittelalters IV, G. 134. f.

gelöst wird, da zum Aufschlitzen und Abschneiden der sicheren Taschen vielfach auch scharfe Scheren und Messer in Anwendung kommen, wie zum Durchschneiden der feinen Uhr- und Halsketten kleine und feine Beißzangen gebraucht , und auch sonst Fingerringe, Broschen und Ohrringe mit Gewalt weggerissen werden. So erzählt Smith[2], daß der berüchtigte Simon Fletscher einmal einem Landmann, der, auf seinem Stock vornübergelehnt, mehreren Sängern zuhörte, gräßlich verstümmelte, als er ihm die Geldtasche vor dem Beinkleid wegschneiden wollte.

Kaum irgendeine Gaunerindustrie ist mit dem sozialen Leben so direkt und innig verbunden wie das Torfdrucken, weil das Verbrechen immer erst eine bestimmt Situation und Bewegung des Lebens abwartet oder herbeiführt, um sich in sie hineinzudrängen und sie auszubeuten. Daher ist der Taschendiebstahl in allen nur denkbaren Lebenslagen möglich und wird ebensowohl von Weibern und Kindern, wie von Männern ausgeübt.

Die Beteiligung des weiblichen Geschlechtes am Torfdrucken gehört keineswegs der neuesten Zeit an. Die berüchtigte „Sacklangerin" Elisabeth Gaßner, vulgo schwarze Lies, stahl, nach dem Rechtsgutachten von 1788 des württembergischen Oberamtmanns Klein, bei Anwesenheit des Großfürsten in Ludwigsburg, in der Kirche dem „Malefizgrafen" Schenk von Castell einen Beutel mit 1400 Gulden[3]. Die Gaunerin, die sich stets „mit der einem ieden Ihresgleichen eigenen finesse durch Angebung des falschen Zunahmens (Spitznamens) und praefacter Ablaignung der wider sie obhandenen Inzichten mit solchem Erfolg zubedienen, daß sie iederzeit mit einer Tracht Schläge poenae loco davon gekommen", ereilte in Dillingen ihr Schicksal. Sie wurde am 16. Juli 1788 durch das Schwert gerichtet[4].

Etwa hundert Jahre vorher zeichnete sich die schon erwähnte Falsette (Meyers) in Lübeck, Hamburg, Rostock usw. durch ähnliche Gewandtheit aus; so auch die deutsche Prinzessin in Köln und Spaa, in England Mary Hawkins, Anna Hollandia, Anna Harris, Debora Churchill, Mary Frith (Mol Cutpurse), Anna Hereford u.a.m.

2) S. 710.
3) Ernst Arnold, der Malefizschenk und seine Jauner, Stuttgart 1911. S. 118.
4) Arnold, S. 126.

Jeder Taschendiebstahl ist eine pikante gesellschaftliche Anekdote, in der das Gaunertum seine Siege feiert. Deshalb existieren so viele Sammlungen echter und falscher Anekdoten, besonders aus der englischen und französischen Gaunerwelt, die in Erstaunen setzen, sobald man sie auf der Folie des alltäglichen ruhigen Lebens betrachtet, und nicht zugleich dabei auf die Schwachheit, Eitelkeit und Unbedachtsamkeit der Betrogenen blickt. Wolle man die verschiedenen Kunstgriffe aufzählen, so müßte man sie mit einer Anekdote verbinden, und so viel Anekdoten wiedergeben, wie Situationen des Lebens schon ausgebeutet wurden. Dennoch würden jene Aufklärungen wenig nützen, denn wenn auch irgendeine Situation unter diesen und jenen Verhältnissen mit ihren gefahrvollen Momenten deutlich gezeichnet wird, so kann gerade dadurch, daß diese bestimmten Momente nun besonders genau beobachtet werden, eben durch die Vertiefung in sie irgendein anderes neues Moment desto geschickter zum Diebstahl ausgebeutet werden. Die bekannten Gaunergriffe, daß der seinen Nachbar im Theater um eine Prise bittende Gauner in die geöffnete Dose eine kleine Bleikugel mit einem Seidenfaden fallen läßt, an dem er später die Dose aus der Tasche zieht; oder die Vortäuschung falscher Hände mit Handschuhen, die sichtbar auf den Knien ruhen, während der Gauner seinen Nachbar im Postwagen oder im Eisenbahnkupee heimlich die Taschen ausplündert; das gefällige Abstäuben von Schnupftabak, Zigarrenasche oder Staub vom Rocke, während ein im Siegelringkasten verstecktes scharfes Einschlagmesserchen den Rock über der Brusttasche aufschlitzt usw., – alle diese Gaunergriffe können noch so bekannt und veraltet sein, sie kommen doch immer wieder zum Vorschein. In dieser Weise wird kein Kunstgriff alt, während noch immer neue Zusätze hinzukommen.

Unlängst war ein sechzehnjähriger Bursche am hiesigen Polizeiamte in Untersuchung, der bei einem Volksfeste vor den Schaubuden den Zuschauerinnen auf das Kleid trat, und in dem kurzen Augenblick, in dem die Zuschauerin unwillkürlich mit der Hand das Kleid aufraffte, ohne die ganze Aufmerksamkeit auf die gefährliche Nachbarschaft zu wenden, mit äußerster Behendigkeit in die Taschen des straffgezogenen Kleides griff und in dieser Weise reiche Ausbeute machte.

Eine Dirne wußte auf den Marktplätzen den Käuferinnen unter dem gefälligen Anerbieten, ein gelöstes Schuhband wieder zu knoten, sogar in kniender Stellung die Kleider mit einer Hand niederzuziehen und mit der anderen Hand die Portemonnaies aus den Taschen zu stehlen. Noch eine ganz junge Dirne beobachtete abends durch die Ladenfenster, an welcher Seite des Kleides die Käuferinnen ihre Geldbörsen in die Taschen steckten, und wußte unter unbefangenen tändelndem Kindergeschwätz neben den ihr ganz unbekanntne Personen eine Zeitlang einherzutrollen, bis sie unvermerkt den Geldbeutel aus der Tasche gestohlen hatte. Rennende Jungen wissen so geschickte Griffe in die Körbe oder gegen die in der Hand getragenen Beutel und Taschen zu machen, daß der Diebstahl oft erst spät bemerkt, oder, wenn der Verlust bemerkt, doch an den Diebstahl zunächst nicht geglaubt, vielmehr durch Suchen nach dem verloren geglaubten dem Diebe Gelegenheit zur unverdächtigen oder raschen Entfernung gegeben wird.

Der den Taschendieben eigentümliche Griff heißt die Schere. Zur Schere dient der Zeige- und Mittelfinger, die seitlich voneinander bewegt und wie die Schneiden einer Schere zusammengeführt werden, um die in der Tasche des Freiers befindliche Geldbörse usw. zu fassen. Der Torfdrucker führt die Hand gewöhnlich so in die Tasche, daß der Rücken seiner Hand gegen den Körper des Freiers gewendet ist, damit er desto leichter die Tasche vom Körper abbiegen und jede körperliche Berührung vermeiden kann. Der Daumen, der vierte und fünfte Finger liegen leicht in der inneren Hand und werden nach Bedürfnis zur Ausweitung der Taschenfalten bewegt, um so den Durchgang und die Arbeit der Schere zu erleichtern.

Unglaublichen Ertrag geben die Taschendiebstähle in den Bordellen, in denen die verworfenen Geschöpfe bei der Preisgebung mit desto größerer Zuversicht stehlen, als sie wissen, daß der Bestohlene seinen Verlust, wenn er auch später den Diebstahl merkt, lieber verschmerzt, als seine Ausschweifung der Polizei verrät. Besonders kecke Taschendiebinnen sind die sich in Verstecken preisgebenden Gassendirnen (Doppelschicksen), die später schwer oder gar nicht aufgefunden werden können. Nicht minder frech ist das Ausplündern aufsichtsloser Kinder, die zu dem Zwecke, besonders von Weibern, beiseite in Torwege, auf Hausfluren usw. gelockt, oft aber auch auf der Gasse selbst, am lichten Tage, ihrer Ohrringe, Tücher oder Körbchen beraubt werden. Hierher gehört besonders auch alles, was schon früher vom Vertuß und Meistern gesagt ist, und besonders das Wandmachen, d. h. das verabredete Verdecken des Diebes vor dem Beobachter oder vor dem Bestohlenen, durch Vorschieben einer Personengruppe oder eines anderen Gegenstandes, was, wie schon gesagt ist, auf Messen und Märkten ganz besonders geübt wird.

Der Taschendiebstahl ist wegen seiner Heimlichkeit, Apparatlosigkeit, Behendigkeit, seiner ausgesuchten Gelegenheit in der arglosen Lebensbewegung, und besonders wegen der durchgängigen Kleinheit und Gleichmäßigkeit seines Objektes äußerst schwer in flagranti zu entdecken, selbst wenn der Bestohlene den Mut hat, den Verdächtigen auf frischer Tat zu ergreifen. Der Torfdrucker weiß im Nu das Gestohlene seinen Genossen zuzuplanten, das rasch von Hand zu Hand geht, und oft schon weit außer dem Bereich der ganzen Umgebung ist, wenn der Diebstahl bemerkt wird. Im Falle der Bedrängnis und des Alleinseins versarkent (von זָרַק [sarak], er hat gesprengt, gestreut, geworfen) der Torfdrucker den Massematten oder Kiß (כִּיס [kis], Beutel, Geldbeutel, bares Geld, den Dallas bekifs haben = Armut im Beutel haben, armer Schlucker. – Kies, für Geld, leitet sich gleichfalls von Kifs her), d. h. er wirft das Gestohlene heimlich fort, damit ihm dessen Besitz nicht nachgewiesen werden, und er also den Diebstahl leugnen kann. Besteht der Diebstahl in Geld, so wirft der Torfdrucker das Behältnis, Beutel, Portemonnaie bald tunlichst von sich, und ist gewiß, daß ihn der Besitz des bloßen Geldes nicht mehr verdächtigen oder überführen kann, als jeden andern in der Nähe, der Geld in der Tasche hat.

Natürlich feiert auch hier die Geschicklichkeit ihre Triumphe im Zuplanten der geleerten Geldbörsen. Die fast jedem großen Taschendieb nacherzählte berühmte Anekdote von der Verwandlung des Geldes in Kot stammt von dem 1707 in Tyburn hingerichteten John Hall her. Er stahl auf einem Viehmarkt in Smithfield einem Viehhändler einen Beutel mit dreißig Pfund Sterling, den er ihm, mit Kot gefüllt, so geschickt in die Tasche zu befördern wußte, daß der Viehhändler hoch und heilig

schwur, noch vor einer kleinen Weile dreißig Pfund gehabt zu
haben, die ihm der leibhafte Teufel verzaubert habe. Wertvolle
kleinere Sachen, wie Brillanten, Perlen usw. werden wohl auch
in den Mund gesteckt oder gar verschluckt[5], oder in die Nasen-
höhlen, in die Ohren oder sonstige Verstecke gesteckt, oder
heimlich dem wohldressierten Hunde hingeworfen, der damit
fortläuft und nur von seinem Herrn oder dessen Genossen sich
anhalten läßt.

Dem offenen geselligen deutschen Wesen widerstrebt der
Zwang, den ihm die Sorge für die Sicherheit der Person und des
Eigentums im gesellschaftlichen Verkehr auflegt. Es erfüllt den
Deutschen vor allem mit Mißbehagen, wenn er an Bahnhöfen,
Meßplätzen und an anderen öffentlichen Orten, ja selbst in
Gasthöfen, die ihm das eigene sichere Haus ersetzen sollen, auf
den gedruckten Warnungstafeln die Unsicherheit und Schutz-
losigkeit proklamiert findet, dessen behaglichen Frieden er gerade von der warnenden Person oder Behörde zunächst verlangt. Aber eben dieses Mißbehagen und Verlangen beweist,
daß der Deutsche, der die Polizei mehr in Erzählungen als in
der direkten Berührung liebt, zu wenig von seiner behaglichen
Sorglosigkeit opfern mag und zu wenig selbst für seine Sicherheit tut. Er trägt die Uhr, die vielleicht an zwanzig bis dreißig
Taler kostet, an einer Kette um den Hals und seine Brieftasche
mit Kassenscheinen und Wertpapieren von mehreren tausend
Taler Wert in der Hosentasche oder in der klaffenden Brusttasche. Er macht sogar erst Bekanntschaft durch Anbietung einer
Prise aus einer silbernen oder goldenen Dose, die ihm bald nach
dem Wegstecken gestohlen wird. Er hält es für eine Beleidigung, wenn er sogar dem geringen Mann das Feuer seiner Zi-
garre abschlägt, und bleibt selbst im raschen Geschäftsgange
gefällig stehen, während der Taschendieb ihm die Uhr zupft.
Die kalte Abgeschlossenheit des Engländers sichert diesen
ebenso sehr vor der unerwünschten Annäherung, wie dem
Franzosen seine feine Höflichkeit diesen Schutz verleiht, mit
der er selbst die Entfernung abmißt, die Dritte gegen ihn zu beachten haben. Der englische Komfort findet in Deutschland eine ebenso starke Nachahmung wie schlechte Übertragung. Die
praktische Nützlichkeit des unkleidsamen Sackrockes zum Bei-

5) Smith, S. 714.

spiel, mit dem der Engländer seine Person und Taschen wie mit einer Schutzmauer überzieht, wenn er auf der Straße oder auf Reisen geht, ist in Deutschland bedeutend abgeschwächt durch die Taschen, die noch dazu von außen angebracht, also für den Taschendieb leicht zugänglich sind. Der Engländer wickelt seinen klafterlangen starken Plaid fest um die Hüften, steckt die Enden zwischen die Beine und wärmt dadurch sowohl den Körper, wie er auch den Taschen eine größere Bedeckung und Sicherheit verleiht, wenn er im Eisenbahnkupee einschlafen sollte. Der anglisierende deutsche Handlungsreisende legt denselben Plaid hohl über die Schenkel und läßt die Enden hinten zurückschlagen oder zur Seite herabhängen, ohne eigentlichen Nutzen von diesem äußerst praktischen Reisestück zu haben usw.

Die Sicherheitsvorschläge, die Hirt[6] macht, sind genau nach den angeführten Rücksichten bemessen und empfehlen sich als praktisch und nützlich. Die Befestigung der Portemonnaies an Schnüren oder Stahlketten, wie Hirt vorschlägt, ist dem Taschendieb gewiß in den meisten Fällen ein Hindernis. Ebenso sicher sind die tieferen Taschen in Beinkleidern, Westen und Röcken. Die durchgehende Befestigung der hinteren Rocktaschen an das Unterfutter verhindert das rasche Abschneiden. Brieftaschen, Dosen und Wertsachen sollte man vernünftigerweise nie anders als in den inneren Brusttaschen tragen, die mit einer Klappe zum Zuknöpfen versehen sein müssen. Gegen das Aufschneiden der Brusttaschen von außen her im Gedränge schützen die Wattierungen noch besser, wenn man sie mit dünnen, elastischen Federn von rundgewickeltem Draht quer durchziehen läßt. Dem Fußreisenden, der erwarten muß, daß er mit fremden Leuten zusammen auf einer gemeinsamen Streu schlafen und vielleicht das Aufschneiden seines Reisesacks fürchten muß, ist allerdings die von Hirt vorgeschlagene, auf dem bloßen Leibe oder doch unter dem Beinkleide zu tragende Gurttasche von sicherem Nutzen. Für Markteinkäuferinnen sind ebenfalls Ledertaschen mit stählernem Bügel und Kettchen anstatt der leicht abzuschneidenden Schnürbeutel, sowie das Tragen von Leibtaschen unter dem mit einem Schlitz versehenen Kleide zu empfehlen.

6) A. a. O., S. 32 f.

Solche Leibtaschen trugen früher als sicherstes Schutzmittel die Gaunerinnen selbst auf dem bloßen Leibe. Maria Agnes Brunnerin, die Geliebte des berüchtigten Hanns Frey, trug solche Taschen, die sie ihren Hammelsack nannte, beständig auf dem bloßen Leibe, und sie hatte immer hundert bis hundertfünfzig Gulden darin[7].

Die Vorsichtsmaßregeln gegen die Taschendiebsgeschicklichkeit lassen sich um eine vermehren, die, so praktisch sie ist, nur schwer ausführbar sein dürfte. Tom Taylor, einer der größten englischen Taschendiebe, wurde einmal wirklich – geangelt.

Im Drurylanetheater hatte nämlich Taylor eines Abends einem neben ihm sitzenden Herrn vierzig Guineen aus der Rocktasche gestohlen. Er war verwegen genug, am nächsten Abend wiederzukommen und, da er den Bestohlenen wieder auf demselben Platze erblickte, sich zu ihm zu setzen. Der Zuschauer erkannte Taylor trotz seiner Verkleidung sofort wieder und fühlte bald darauf die Hand des Gauners in seiner Tasche. Die Tasche war jedoch am Eingang mit Fischerhaken besetzt, die das Zurückziehen der Hand verhinderten. Nach einer Weile stand der Engländer, dem der geangelte Taylor wohl oder übel folgen mußte, kaltblütig auf, ging über die Straße in einen Gasthof. Dort zwang er ihn zur Wiedergabe des Gestohlenen, prügelte ihn ordentlich durch und überließ ihn dem herbeieilenden Volk, das ihn schwemmte und sog arg mißhandelte, daß er einen Arm und ein Bein dabei brach.

ACHTUNDSECHZIGSTES KAPITEL

Das Stradehandeln, Goleschächten und Golehopsen

Das Wort Stradehandeln, richtiger Straathandlen, ist von dem niederdeutschen Straat herzuleiten, das Straße, Gasse bedeutet. In der Gaunersprache wird jedoch Straat, Strat oder Strade ausschließlich für die Straße außerhalb eines Ortes gebraucht und bedeutet somit die Landstraße, Chaussee, Heer-, Land- und Feldweg, im Gegensatz von Rechof (רְחוֹב), die Straße in der

7) Sulzer, Gaunerliste 1801, S. 67.

Stadt, und Schuck (von שׁוּק), vom gleichlautenden Verbum schuck, laufen, strömen, nachlaufen, das besonders noch die belebte Stadtstraße, den Marktplatz und Markt bedeutet, daher Schuckgänger, der Marktdieb, den Schuck abhalten, den Markt besuchen. Stradehandeln oder auf der Strade handeln, ist der allgemeine Ausdruck für den gaunerischen Diebstahl auf oder an der Landstraße, im Gegensatz von dem allgemeinen Ausdruck: In Mokum oder auf dem Schuck handeln, d. h. in der Stadt, auf dem Markte Gaunereien verüben. Auch der Schränker, der die an oder nahe bei der Landstraße gelegenen Dörfer, Höfe, Mühlen usw. heimsucht, handelt auf der Strade. Das Umherziehen, namentlich Hausieren auf dem Lande, wird Medinegehen, auf der Medine gehen oder geien genannt, wovon Medinegeier, der Landhausierer.

Im gleichen Gegensatze zu dem Ausdruck: Der Schuck abhalten, d. h. auf den Märkten erscheinen, um die Gelegenheit zu Gaunereien wahrzunehmen, verhält sich die Redensart: die Strade halten, oder kurzweg Stradehalten, d. h. auf der Landstraße reisen, um die Gelegenheit zu Diebstählen auf ihr zu benützen. Stradekehrer sind dagegen Straßenräuber, die Fuhrwerke und Personen auf der Landstraße anfallen und berauben.

Das Stradehandeln ist im Grunde nur die modernisierte Wegelagerei. Die Raubritter des Mittelalters, die vom Sattel oder Stegreif lebten, hatten an den schlechten Wegen, die kaum etwas anderes waren als unordentlich gewundene Fuß- oder Reitsteige, und bei den schlechten und unbeholfenen Karren, die langsam und schwerfällig aus den schmalen und niedrigen Stadttoren auf den holperigen Wegen einherfuhren, allerdings eine leichtere Arbeit, sich ganzer Warenzüge zu bemächtigen und das bewaffnete Geleit niederzuwerfen oder in die Flucht zu schlagen. Die schlechten Wege in Deutschland haben dem Straßenraub sehr lange Vorschub geleistet, und erklären auch die vielen Postberaubungen, die noch bis tief in das Neunzehnte Jahrhundert hinein so verwegen wie häufig unternommen wurden. Die sehr späte und wohl erst von der napoleonischen Zeit her zu datierende Herstellung von wirklichen Kunststraßen, die mit Chaussee- und Posthäusern, sowie mit Gendarmeriestationen besetzt und gesichert sind, hat auch behendere Gefährte und ihre beschleunigtere Bewegung hervorgebracht, so daß auch das Gaunergewerbe ein übriges tun mußte, um leichten Schritt mit diesen Vervollkommnungen zu halten. An Stelle der früheren an den Ort gebundenen Wegelagerei ist das Stradehandeln eine ambulante Praxis geworden, deren rührige Bewegung ganz außerordentlich ist und auch außerordentliche Wachsamkeit nötig macht.

Zur raschen Bewegung und zum schnellen Transport der von den Fahrzeugen auf der Landstraße gestohlenen Gegenstände dienen den Stradehaltern die Agolen, Michsegolen[1], von deren Ursprung schon die Rede gewesen ist. Es sind gewöhnliche leichte Stuhl-, Leiter- oder Korbwagen mit einem zum Niederschlagen eingerichteten Leinen plan, nach Art der Frachtwagen, mit einem oder zwei nicht auffällig gezeichneten Pferden, die von der Genossenschaft auf gemeinschaftliche Kosten unterhalten werden. Der Plan wird bald auf-, bald niedergeschlagen, je nachdem die Chawrusse sich sehen lassen zu dürfen oder verbergen zu müssen glaubt. Die Agolen haben meistens einen Korb, versteckten Behälter oder doppelten Boden zum Verbergen des nötigen Schränkzeuges.

An den Hafenkais, Packhöfen, Speichern und Wirtshäusern erfährt der Chawrusse durch die Baldower, welche Waren auf den Latschen gelandet sind. Jedes Mitglied der Chawrusse kennt die Stauregeln trotz dem besten Fuhrmann, und weiß daher, welche Waren in der Latsche oben, hinten und an die Seiten geladen werden müssen. Ebenso weiß sie die Richtung und nächste Station, wo der Fuhrmann übernachtet. Sehr häufig fährt die Chawrusse auf das Geratewohl in der Dunkelheit die Landstraße entlang, und ersieht sich das weiterfahrende oder abgespannte Fuhrwerk und die Gelegenheit, wie ihm beizukommen ist. Bewegt sich der Frachtwagen auf der Landstraße und scheint

1) Agole (עֲגָלָה), der Wagen, Fracht-, Reisewagen, auch verdorben: Eglo ausgesprochen. Davon die Ausdrücke: Goleschächter und Golehopser. Im Jüdisch-Deutschen kommt noch vor: מֶרְכָּבָה (merkava) und רֶכֶב (rechev), in der allgemeinen Bedeutung von Wagen. Dagegen heißt in der deutschen Gaunersprache, der Frachtwagen die Latsche, von der langsamen Fortbewegung, dem Latschen. Die Latsche belotschenen oder bestachern, den Frrachtwagen bestehlen. מְכַסֶּה (michse), ist die Decke des Zeltes, Schiffes Hauses, Dach, Verdeck, Frachtwagenplan. Michsegele ist der mit einem abnehmbaren Leinenplan überspannte Gaunerwagen, aber auch Frachtwagen. Golemichse oder Agolemichse ist der Wagenplan an Gauner- und Frachtwagen.

Zeit und Gelegenheit günstig, namentlich das Wetter schlecht, so fährt die Agole rasch vorbei und läßt an einem versteckten Orte, in einem Graben, Busch oder hinter einem Steinhaufen, unter einer Brücke, einen oder zwei Chawern zurück, fährt beiseite auf einen Zinkplatz, während nun einer der vorher abgesetzten Chawern hinter dem Frachtwagen oder an der Seite aufsteigt, auf die Gole hopft (wovon er den Namen Golehopser hat), den Plan zerschneidet, d. i. Gole schächtet, daher der Name Goleschächter, und so leise wie möglich Packen und Kisten auf den Weg fallen läßt; dann steigt er selbst vom Wagen, schleppt mit seinem Chawer die herabgeworfenen Sachen beiseite und gibt der mit der Agole auf dem Wiatzef wartenden Chawrusse einen Zink. Diese fährt nun heran, hilft die Sachen aufladen, worauf alle auf einem Nebenwege davonfahren.

Gewöhnlich hält der Frachtfuhrmann die abgerundete, trockene und ebene Mitte der Chaussee, und geht auch meistens neben dem Sattelpferde an der linken Seite einher. Die Chawrusse fährt daher gewöhnlich an der rechten Seite des Frachwagens vorbei, und überzeugt sich durch einen Schlag mit der Peitsche, oder auf sonstige Weise durch lustiges Rufen und Jauchzen, ob ein Hund in oder bei dem Wagen ist. Im letzteren Falle wird eine Strecke voraus auch wohl der Peiger[2] für den Hund ausgeworfen. Dunkles regnerisches Wetter, das Klappern und Rasseln des schwerfälligen Frachtwagens, namentlich auf gepflasterten Dämmen oder neu oder schlecht gebesserten Chausseen, erleichtert das Golehopsen und Goleschächten ganz bedeutend, namentlich in solchen Gegenden und besonders noch, wo wenig Kunststraßen sind. Beschränkt sich das Golehopsen und Goleschächten nicht allein auf die Latschen, sondern erstreckt sich auch auf alle Reisewagen. Im Dunkeln wissen die Golehopser bei waldigen und schlechten Wegestellen geschickt hinten auf die Packbretter und Koffer zu springen, und die letzteren entweder ganz abzuschneiden oder doch aufzubrechen und den Inhalt auf die Chassee ihren nachfolgenden Genossen zuzuwerfen. An Postwagen werden diese, im achtzehnten Jahrhundert sehr viel und verwegen versuchten Diebstähle jetzt weniger verübt, weil die hinter den Wagen angebrachten Magazine gewöhnlich durch Blechfütterung und

2) Vgl. Kap. 38.

starkes Stangen- und Schließwerk gut gesichert sind, was bei anderem Reisefuhrwerk, selbst bei den Extraposten und Beichaisen, keineswegs immer der Fall ist. Desto häufiger kommen jedoch diese Diebstähle bei Privatfuhrwerk vor, namentlich bei Equipagen von Gutsbesitzern, sobald sie von den immer doch durch den lebhaften Verkehr geschützeren Straßen auf die Seitenwege abfahren.

Auch die vor den Wirtshäusern haltenden Latschen sind vorzugsweise dem Goleschächten ausgesetzt. Der Fuhrmann hat meistens einen eigenen Hund, den er des Nachts unter dem Frachtwagen anbindet, oder auch in dem Frachtwagen selbst unterbringt. Sehr oft muß aber auch der unter den Frachtwagen gebundene Hund des Wirts den Wachdienst verrichten. Die Latsche wird gewöhnlich dicht vor die Fenster der zu ebenen Erde befindlichen Gaststube, deren Schalter offen bleiben, und in der der Fuhrmann mit anderen Gästen auf der Streu liegt, aufgefahren und von einem in das Fenster gestellten Licht, oder auch von einer Wagenlaterne erleuchtet. Erblicken die Goleschächter im Vorüberfahren solche Sicherheitsmaßregeln, so lassen sie in einiger Entfernung einen Chawer absteigen und im Wirtshause Quartier nehmen, damit er die Hindernisse wegräumen kann, zu denen übrigens die schlechte und immer nur von einer Seite fallende Beleuchtung keineswegs gehört. Meistens beschränkt sich diese Beihilfe auf das Pegern des Hundes. Sehr oft findet aber der Chawer dazu noch Gelegenheit, den Torfdrucker gegen den Fuhrmann oder dessen Schiafkameradschaft zu machen, oder gegen den Wirt eine Pleite oder Challe zu handeln. Ist ein Wächter im Dorfe, so hat ein anderer Chawer diesen zu beobachten und zu meistern, während die handelnden Chawern die Latsche schächten, was oft mit ungemeiner Leichtigkeit und mit hohem Ertrage geschieht. Für den Fall der Überraschung wird wohl noch die Haustüre zugebunden oder das Schlüsselloch durch einen Pflock verstopft, damit der gewöhnlich auch im zugeschlossenen Schlosse innen steckengebliebene Hausschlüssel nicht gedreht werden kann und die Chawrusse Zeit findet, mit ihrem Massenmatten davonzuziehen.

Die gehörige Bewachung der abgespannten Frachtwagen erfordert durchweg einen eigenen Wächter, der die Nacht hindurch bei dem Wagen zu bleiben hat. Auf Hunde ist kein voller Verlaß, selbst dann nicht, wenn man sie gegen das Peigern durch einen Maulkorb sichert, oder sie in einen dichten Latten- oder Drahtkäfig unter oder in den Wagen einsperrt. Bei lebhaftem Verkehr auf der Landstraße schlägt der wache Hund jedesmal an, wenn ein Wagen, Reiter oder Fußgänger vorüberkommt, und macht den Fuhrmann sicher, daß er nicht bei jedem Geräusch aufsteht und nachsieht. Die Goleschächter erfahren auch durch wiederholtes Hin- und Herfahren, ob ein Hund überhaupt da, ob er wach und ob er eingesperrt, angebunden und mit einem Maulkorbe versehen ist, und nehmen danach ihre Maßreglen, wie schon beim Schränken angegeben ist. Die Dorfwächter, wozu verkehrte Sparsamkeit meistens alte, stumpfe, oft halb blödsinnige Hirtenknechte wählt, die ohnehin noch von ihrer Tagearbeit ermüdet sind, werden, wie schon erwähnt, überaus leicht gemeistert.

Der beste Schutz gegen die Golehopser ist der, daß der Fuhrmann, dem eine wertvolle Fracht anvertraut ist, einen Fuhrknecht hinter dem Wagen einhergehen läßt und ebenso des Nachts einen eigenen rüstigen und zuverlässigen Wächter bei seinem Wagen aufstellt. Bei Reisewagen schützt die Anbringung der Koffer unter dem Bedientensitz am besten. Ist ein solcher Sitz nicht vorhanden, so müssen die Koffer unter dem Kutschersitz angebracht werden, wenn nicht im Wagen selbst unter den Sitzen, oder in einem mit dem Wagen verbundenen, nur von innen zugänglichen, mit Blech gefütterten Magazin hinter dem Wagenkasten. Ist die Anbringung der Koffer auf dem Packbrette hinter dem Wagen nicht zu vermeiden, so sind mit spitzen Zinken versehene eiserne Gliederstangen, die über den Koffer gelegt und mit einer schließbare Querstange befestigt werden, ein sicheres Mittel, dem Golehopser das Aufspringen und Aufsetzen unmöglich zu machen, weil das Stoßen des Wagens dem Golehopser keinen festen Sitz auf dem Koffer gewährt und ihn daher schweren Verwundungen aussetzt, ohne daß er seinen Zweck erreicht.

Zum Goleschächten sind noch die Diebstähle zu rechnen, die auf den Eisenbahnen während der Fahrt in den Gepäckwagen an Reiseeffekten vorkommen. Diese Diebereien, die namentlich im Jahre 1854 auf der Sächsich-Schlesischen, auf der Main-Weser- und der Niederschlesisch-Märkischen Eisenbahn einige Zeit als Gewerbe betrieben, jedoch endlich entdeckt wurden, sind doppelt strafbar, da sie wohl nur von Beamten dieser öffentlichen Beförderungsanstalten selbst verübt werden können, deren Aufsicht und Schutz der Reisende sich mit seinem Vermögen anvertraut. Die erwähnten gewerbsmäßigen Gaunereien sind dann auch besonders scharf gestraft worden.

Die Schwierigkeit, die die strenge Bewachung der Gepäckräume auf den Eisenbahnhöfen und die geschwinde Bewegung der Bahnzüge den Golehopsern bereitet, hat zur Beraubung der Fahrzeuge auf den Strecken von den Bahnhöfen bis zum Gasthofe oder Privathause Anlaß gegeben. Die Bahnhöfe liegen meistens außerhalb der Vorstädte, ja oft noch weit über diese hinaus. Die angestellten und vereidigten Gepäckträger geben allerdings eine Garantie für die richtige Ablieferung des Gepäcks. Auch die Wirte, die eigene Omnibusse zwischen den Bahnhöfen und ihren Gasthöfen unter Schutz eines Schaffners und Hausknechts fahren lassen, sichern durch diese ihre Leute den Reisenden und sein Gepäck. Für den Reisenden, der jedoch eilig von einem Dampfschiff oder Bahnhof zum anderen oder in ein Privathaus will und sich dazu der nächsten besten Droschke am fremden Orte bedient, ist allerdings schon Gefahr für sein Gepäck vorhanden, wenn er es durch einen anderen als durch einen Gepäckträger in die Droschke selbst abliefern läßt, oder wohl gar dem nächsten ihm unbekannten Bummler übergibt, der sich hervordrängt, sich auch wohl zum Kutscher, einem alten Kameraden, setzt, und gelegentlich auf dem langen oder absichtlich verlängerten Wege zum Absteigequartier mit einem Packen verschwindet. Nur eine sehr genaue polizeiliche Aufsicht der Droschkenführer und Dienstleute in den Hafenkais, Bahnsteigen und deren Nähe, und die Zurückhaltung aller Müßiggänger und verdächtigen Bummler kann den Reisenden gegen diese Golehopser sichern, die ihr Wesen in höchst verwegener Weise treiben.

Ähnliche freche Diebstähle an Postgut sind in neuerer Zeit auch auf den Strecken zwischen den Posthäusern und Bahnhöfen und zwischen den einzelnen Poststationen vorgekommen. Gewandte Gauner haben den Augenblick wahrgenommen, in

dem die Postwagenverschlüsse noch offen standen und von
nachlässigen Beamten ohne Aufsicht gelassen waren, wie das
besonders auch noch auf den Zwischenstationen der Fall ist, auf
denen die Verschlüsse geöffnet werden. Jedesmal sind jedoch in
solchem Falle Nachlässigkeiten von Beamten, seltener Mängel
in den postalischen Einrichtungen selbst, nachgewiesen worden, die bei der jetzigen Vortrefflichkeit des deutschen Postwe-
sens kaum noch hier und da zu finden sind, und schwerlich
noch irgendwie jene gewerbsmäßige Beraubung durch die Trararumgänger der früheren Zeit möglich machen dürften, von
denen Falkenberg[3] eine ausführliche Darstellung gibt, und unter denen der 1814 zur Untersuchung gezogene Karl Grandisson oder Grofjean einer der bedeutendsten war.

Diese Trararumgänger – bloße Nachahmung des Posthorn-
klanges – reisten gewöhnlich als Kaufleute oder Handlungsreisende unter falschem Namen mit der Post, um in den Posthäusern, auf den Stationen, durch Makkenen, Ennevotennemachen
oder Schränken und dergleichen wertvolle Poststücke zu er-
beuten. Grosjean war lange Zeit als Trararumgänger in Frankreich und Deutschland gereist. Er hatte sehr bedeutende Summen gestohlen, bis in Heidelberg eine Untersuchung gegen ihn
eröffnet und er in Berlin verhaftet wurde, wo er sich am 21.
Mai 1814 in der Stadtvogtei an seinem Taschentuch erhängte,
ehe er noch eigentlich verhört worden war[4].

Doch dürfte der Posterpedient a. D. Wasserlein, der am 2.
August 1858 durch sein verwegenes Auftreten als höherer
Postbeamter den niederen Postbeamten auf der Niederschlesisch-Märkischen Eisenbahn so zu imponierten wußte, daß sie
ihm zu angeblichen Revision bedeutende Postgelder übergab-
en, schwerlich zu den Trararumgängern zu zählen sein. Er
muß als frecher Betrüger gelten, der durch seine verwegene
Anmaßung und Ausbeutung höherer Beamtenstellung den
mehr an unbedingten Gehorsam gegen die Uniform als an eigenes Nachdenken und Aufblick gewohnten Subalternen zu
imponieren verstand, und ein vereinzeltes Verbrechen beging,
das weniger wegen der Größe des Betrages als wegen seiner

3) I. S. 88 – 94.
4) Karl Grandisson oder Grosjean, der berüchtigte Postwagendieb und Betrüger. Eine kriminalistische Novelle. Heidelberg 1816.

kulturhistorischen Bedeutsamkeit und wegen seiner raschen und behenden Entdeckung durch die Berliner Polizei merkwürdig erscheint[5].

Das Jedionen. Etymologische Erklärung

Jedioner (von יָדַע [jada], wissen, kennen, erkennen, erfahren, יִדְעָן, Wahrsager)[1], spezifisch jüdisch-deutscher, aber sehr früh in die deutsche Gaunersprache übergegangener Ausdruck, den schon das Vokabular des *Liber Vagatorum* in der Form „Joner", Spieler, aufführt, ist im weitesten Sinne dem späteren Kochemer oder Chessen gleich, und bedeutet den gewerblich ausgebildeten Gauner überhaupt, im Gegensatz von Wittscher, Nichtgauner, in engerer Bedeutung jedoch besonders den Gauner, der unter dem offenen Schein der Wissenschaft oder Kunst seine Betrügereien ausübt. Aber auch dieser Begriff beschränkte sich schon zu Anfang des sechzehnten Jahrhunderts auf die Wahrsagerei und schwarze Kunst, die nach Kapitel 7 des *Liber Vagatorum* besonders von den Vagierern oder fahrenden Schülern (ein bestimmter gaunersprachlicher Ausdruck fehlt), sowie von den Stabulern und von denen, die „in der Mumsen oder obern Sontzen gangen", also Hochstaplern, gelegentlich geübt wurde, während die Quacksalberei und Schatzgräberei und die damit verbundenen Betrügereien den ambulanten Felingern (Terrialkskrämern) und das Jonen besonders den eigentümlichen Spielern (den späteren Freischuppern, Hadderern und Kuwiostoßern) zufiel. Doch diese Unterscheidungen sind nicht durchgreifend, sondern schwanken im Sprachgebrauch er verschiedenen Zeiten. So hatte der jetzt fast ganz außer Sprachgebrauch gekommene Ausdruck Felinger im siebzehnten und achtzehnten Jahrhundert wesentlich den ganzen Begriff und

---

5) Hier sei ganz nebenbei an den Schuster Voigt, den Hauptmann von Köpenick, erinnert, der das Verbrechen Wasserleins in verbesserter Auflage herausbrachte.

1) Callenberg, Jüdisch-Deutsches Wörterbuch, S. 135; Selig, Jüdisch-Deutsches Wörterbuch, S. 191; Prager, Jüdisch-Deutsches Wörterbuch, S. 64; Vollbeding, Jüdisch-Deutsches Wörterbuch, S. 41; Itzig Feitel Stern, Medr. Seph., S. 133.

Ausdruck des Jedioners im weitesten Sinne umfaßt, nachdem die äußere Erscheinung der fahrenden Schüler, Stappler usw. vor der Findigkeit der Polizei noch rascher verschwinden mußte als der, seiner scheinbaren Unschädlichkeit oder Nützlichkeit wegen weniger beobachtete, ja sogar häufig begünstigte Hausierhandel.

Der *Liber Vagatorum* spricht noch in Kap. 23 über die Veranerinnen, welchen Ausdruck die „Rotwelsche Grammtik" im Kapitelindex als „getaufft Judin, Wahrsagerin" übersetzt , aber ebensowenig wie der *Liber Vagatorum* in das Wörterverzeichnis aufgenommen hat.

Der Ausdruck ist eine augenscheinlich gesucht Verstümmelung des im „Baseler Ratsmandat" vorkommenden, in der Ebenerschen und Brücknerschen Handschrift in gleicher Schreibart enthaltenen, in der Knebelschen Handschrift ganz fehlenden Ausdrucks Vermerin. Das Mandat und nach seinem Vorgange der *Liber Vagatorum* und die „Rotwelsche Grammatik" erklärt Vermerin als „besunder allermeist Frowen, die sprechent, Sy sient getoffet Juden und sient Christen worden und sagent den Lüten ob ihr Vatter oder Mutter in der Helle sient oder nit". Der Ausdruck Vermerin ist jedoch niemals später für Wahrsagerin gebraucht worden, obgleich alle späteren Auflagen der „Rotwelschen Grammatik" ihn aufgenommen haben.

Bemerkenswert ist ferner, daß die zigeunerischen Ausdrücke durker oder durgeaf, wahrsagen, durgepaskro, Wahrsager, und durgepaskri, Wahrsagerei[2] – obschon gerade die Wahrsagerei, besonders die Chiromantie, die Hauptvermittlung war, durch die die Zigeuner des fünfzehnten Jahrhunderts sich den Eingang in alle Gesellschaftsschichten zu verschaffen wußten – in keiner weise von der deutschen Gaunersprache aufgenommen oder auch nur nachgeahmt worden sind. So bleibt denn in sprachlicher Hinsicht nur der einzige spezifisch jüdisch-deutsche Ausdruck Jedionen für den Begriff des Wahrsagens übrig, der denn nun gelegentlich von Hochstaplern, Medinegerern, Paschkusenern usw. (wie von den früheren Felingern) betrieben wird, wenn sie den Schuck abhalten oder Strade halten.

---

2) Pott, Die Zigeuner II. S. 317; Bischoff, S. 103; Beitrag zur Rotwelschen Grammatik, S. 34.

Das Wahrsagen

Der schon im fernsten Altertum erkennbare, zu einer Menge von Mitteln und Formen der verschiedensten Art greifende Hang des Menschen, zukünftige Dinge vorherzusehen und dazu eine besondere Begabung zu erlangen, die besonders den mit der Gottheit näher in Verbindung stehenden Priestern und Priesterinnen zugeschrieben wurde, ist bereits im ältesten deutschen Heidentume sichtbar, wo nicht nur Priesterinnen[1] aus dem Blute der geopferten Gefangenen, sondern auch die Familienväter aus dem Loswerfen, Vogelflut, Pferdewiehern, Begegnen von Tieren usw. weissagten. Neben diesem Götterkultus bildete sich jedoch ausnahmsweise, nicht als Gegensatz, die Zauberei aus, die höhere geheime Kräfte wirken läßt.

Die Zauberei wurde im germanischen Heidentum vorzugsweise den Frauen zugeschrieben, die sich zusammentaten und in größeren Versammlungen ihr Wesen trieben. Das Christentum bildete diese vorgefundene, durchaus heidnische Erscheinung weiter aus, und gab manche Zutaten dazu[2]. Allmählich drängte sich die dem deutschen Heidentume fremde Idee des Teufels ein, woraus zunächst seit dem dreizehnten Jahrhundert die Ketzerverfolgung und dann die Buhlschaften zwischen Teufel und Hexe entstanden.

Diese vom rohesten Aberglauben geschaffene und getragene Ansicht von den Teufelsbündnissen gab den Anlaß zu den scheußlichen Hexenverfolgungen, die erst gegen das Ende des achtzehnten Jahrhunderts völlig aufgehört haben. Sie waren aber auch die blutige hemmende Schranke gegen die Ausbildung vieler Wissenschaften, bei denen man, wenn auch ihre Ergebnisse vielfach auf unwichtige, läppische, ja schmutzige und gottlose Dinge hinausliefen, doch in der geistigen Betätigung selbst vielfach großen Scharfsinn, rastlosen Fleiß und tiefe Gelehrsamkeit bewundern, aber dabei auch bedauern muß, daß so viel geistige Arbeit ganz nutzlos verloren ging, anstatt – was bei gehöriger Beschützung, Förderung und Läuterung zu

1) Grimm, Mythologie, IV. Ausgabe, I, S. 333; III, S. 115.
2) Soldan-Heppe, Hexenprozesse, herausgegeben von Max Bauer. I, S. 71 ff.

erwarten stand – sich zur Wissenschaft abgeklärt und gedeihliche Früchte getragen zu haben.

So haben fast alle unsere heutigen physikalischen und chemischen Wissenschaften, oft sogar schon im fernsten Zeitalter, eine oft reiche und viel verheißende Kindheit gehabt, in der sie aber unter dem Gifthauche des Aberglaubens langsam dahinstarben, oder doch in einem elenden siechen Zustande hinvegetierten, wo sie aus dem hellen Tageslicht flüchten mußten und in den Klöstern und Gelehrtenstuben ein einsiedlerisches Asyl gefunden hatten. In diesen Zufluchtsstätten und auf jenen schwächlichen Grundlagen entstand das Heer jener Scheinwissenschaften, deren Begründer und Jünger das unverstandene noch unverständlicher machten durch weitläufige Bearbeitung in mystischen verworrenen Formen, um demselben menschlichen Geiste Genüge zu leisten, der ebensowohl schon vom grauen Altertum her ein unbefangener Anschauung göttlicher und natürlicher Offenbarung nach höherer Erforschung strebte, wie er heutzutage der kahlen Empirie der Naturwissenschaften, meist ohne wahres sittliches und religiöses Streben, verfallen ist.

Daraus wird aber auch klar, daß, ungeachtet die zum Betruge ausgebeutete Wahrsagerei und Zauberei niemals gewerblich, sondern höchstens nur gelegentlich von dem Gaunertume betrieben wurde, dennoch so viele Gauner unter dem Schein der Zauberei den Hexentod sterben mußten.

Ein kurzer Blick auf die Ausbildung des deutschen Zauberwesens macht dies noch deutlicher. Nicht allein die deutsch-heidnischen und christlichen Ansichten waren die Grundlage zu dieser Ausbildung. Ein sehr wesentlicher, schon vor dem Eingang des Christentums auf deutschem Boden erschienener und mit geheimem Nachruck wirkender Faktor ist wesentlich übersehen oder nicht in seiner vollen Bedeutsamkeit hervorgehoben worden: die jüdische mystische Überlieferung, die Kabbala[3].

3) Hier habe ich die Auslassung Avés über die Kabbala entfernt. Trotz dem breitesten Ausführung vermag Avé nicht zu überzeugen, daß das Hauptwerk der jüdischen Mystik mit dem Gaunertum überhaupt und dem deutschen besonders im Zusammenhang steht. Ferner wirken die Angaben Avés durch ihre Unklarheit, Oberflächlichkeit und die mehr als ungenauen Erläuterungen nur verwirrend. Wer sich über das Wesen der Kabbala unterrichten will, sei auf die Werke von Erich Bischoff, Die Kabbala, Leipzig 1903, und Elemente der Kabbala, von demselben Verfasser (Berlin 1913), hingewiesen.

Die Kabbala war das geheimste Studium jüdischer Gelehrter, und wurde nur den jüdischen Jüngern mitgeteilt, die sie immer mehr als traditionelle Mystik ausübten, und in ihren geistreichsten und scharfsinnigsten Forschungen ebenso viele erhabene wie auch kleinliche, ja nicht selten schmutzige und verworfene Anschauungen zum Vorschein brachten. Während die kümmerliche deutsche Gelehrsamkeit des Mittelalters mit roher Verachtung auf das sich ihr ganz abschließende geheime Fortleben der jüdischen Gelehrsamkeit herabblickte, wurde doch mit der aufkommenden humanistischen Richtung des fünfzehnten Jahrhunderts die hebräische Sprache einiger Aufmerksamkeit gewürdigt, obgleich ihr tieferes wissenschaftliches Studium und namentlich die wunderbare Kabbala, ausschließliches Eigentum der Juden verblieb, oder nur ganz wenigen christlichen Gelehrten teilweise, nie aber gänzlich klar oder übersichtlich faßlich gemacht wurde.

Aus diesen verworrenen Bruchstücken, zu denen nun eine Menge Zutaten aus griechischen, römischen und anderen Altertümern hinzukamen, bildete sich in hochmütiger, selbsttrügerischer Weise, mit unverstandenen und unverständlichen Formen, die geistlose, platte und verworrene christliche Zaubermystik aus, die die siechste und ekelste Stelle in der Geschichte der sonst überall ernst, tief und wahr forschenden deutschen Gelehrsamkeit ist. Selbst die ungeheuersten Bilder, selbst die abgeschmacktesten Parabeln, Allegorien und Symbole der jüdischen kabbalistischen Mystik haben Sinn und Bedeutung, so gesucht und gezwungen diese auch sehr oft erscheinen. Die christliche Zaubermystik war und bleibt aber eine ungeheuere Verblendung und Verwirrung, so daß kaum ein einziger gesunder klarer Gedanke aus ihr herausgezogen werden kann. Die ganze Menge deutscher Zauberbücher, und die aus diesen entsprungene ungeheure Literatur ist daher völlig unverständlich. Nur in einzelnen Formen und Charakteren erkennt man hier und da die kabbalistische Form und Eigenart, aber ohne Beziehung, ohne Zusammenhang zu und mit einem Ganzen. Gerade in diesen einzelnen, unverstandenen und verstümmelten kabbalistischen Sinnsprüchen liegt der Beweis, wie tief das Geheimnis der Kabbala von den jüdischen Gelehrten bewahrt, und wie wenig die Kabbala außer ihnen gekannt und verstanden wurde. Jene kümmerlichen Brocken konnten ab so wenig der christlichen Zaubermystik Halt und Bestand, wie dem Gaunertum eine überall bestimmte Gelegenheit geben, sich darin festzusetzen und die ungeheure Schwäche gewerblich auszubeuten. Selbst die von den Indiern, Arabern und Chaldäern geübte und besonders durch die Zigeuner ausgebeutete Chiromantie verfiel so sehr der verworrenen deutschen Zaubermystik und ihrer breitgelehrten Behandlung, daß sie, obschon sie sogar als besondere Wissenschaft auf deutschen Universitäten noch zu Anfang des achtzehnten Jahrhunderts gelehrt und in Lehrbüchern[4] dargestellt wurde, vom scharfen Blick des Gaunertums doch immer als nichtig und unbrauchbar erkannt und mißachtet blieb. Gelgentlich aber, wie zur Lust und zur verdienten Züchtigung blödsinnigen Aberglaubens, in verschiedenster Weise ausgebeutet wurde. Viel später als Gaunertum begriff die gelehrte Forschung die Nichtigkeit der ganzen Zauberlehre, und gerade die zu Anfang des achtzehnten Jahrhundert sich breitmachende rationelle Belehrung und Bearbeitung machte sich selbst noch lächerlicher als den Aberglauben, von dem sie die Lehre „reinigen" wollten. Merkwürdig und nicht ohne Beziehung ist der Umstand, daß, sobald die unverfälschte Kabbala und der auf ihr beruhende jüdische Mystizismus in Deutschland bekannt und klar wurde, die christlichen Zauberbücher in der Geltung zu sinken, die Hexenprozesse abzunehmen, und an Stelle der scheußlichen Judenverfolgungen jene milderen, wenn auch ungelenken orthodoxen Proselytenmachereien aufzukommen begannen.

Von diesem Standpunkt aus wird die bereits besprochene Ansicht deutlicher, daß die Gaunerprozesse vom fünfzehnten bis siebzehnten Jahrhundert fast gänzlich in die Hexenprozesse auf- und untergegangen sind. Somit wird man sich bei genauerem Aufblick auf die Menge Hexenprozesse, Gespenstergeschichten und Zauberbücher klarer, und begreift die vielen abgeschmackten feierlichen und geheimnisvollen Plattheiten, zu denen das Gaunertum, wie zum Spott und aus Ironie sowohl gegen den blödsinnigen Aberglauben des Volkes, wie auch gegen den lächerlichen Abschluß der geheimen Zaubergelehr-

4) Ennemoser, Geschichte der Magie, Leipzig 1844. E. D. Hauber, *Bibliotheca acta et scripta magica*, 1741.

samkeit, sich herbeiließ. So darf man sich denn auch nicht wundern, wie äußerst wenige platte und elend kümmerliche Reste aus Dr. Hartliebs (Leibarzt des Herzogs Albrecht von Bayern[5]) „Buch aller verboten Kunst unglaubens und Zauberei" (1455) und aus der „Goetie" des Arztes Georg Pictor von Villingen (geb. 1500), der alle Gattungen der „Ceremonialmagie"[6] aufzählt, übriggeblieben sind, die sich aus dem gelehrten mystischen Nimbus heraus endlich in das Kartenspiel und in den dicken Kaffeesatz geflüchtet haben.

Eine Aufzählung aller dieser läppischen und sinnlosen Vorschriften und Kunststücke, die man bei unzähligen älteren und neueren Schriftstellern findet, kann hier nicht meine Aufgabe sein. Je platter die ganze Weise ist, desto mehr gefällt sich aber auch der moderne Spott in der unablässigen verschiedenartigsten Darlegung und Ausbreitung des verderblichen Unsinns durch die Masse alberner und abgeschmackter, in immer neuen Auflagen von buchhändlerischer Spekulation zum Vorschein gebrachter Traumbücher, Punktierbücher, Wahrsagebücher und dergl. Je breiter sich aber der frivole Spott macht, desto mehr blickt doch auch der Dämon hinter ihm hervor. Denn eben unsere nivellierende Zeit ist es auch gerade, die dem Spiritismus und dem Tischrücken eine Aufmerksamkeit und Anhänglichkeit bewiesen hat, vor der man erschrecken muß[7].

So ist es denn nicht zu verwundern, wenn der aufmerksame Blick der Polizei in den zahlreichen Verstecken, in denen besonders alte Kupplerinnen und ausgemusterte Lustdirnen die rohe Unwissenheit, den unausrottbaren Aberglauben und die tolle Genußsucht ausbeuten, noch immer die schmählichsten Betrügereien aufdecken, durch die schon vielfach der vollständige sittliche und bürgerliche Ruin und der Weg in das Armenhaus, Zuchthaus oder Irrenhaus gebahnt und Selbstmord herbeigeführt wurde.

Nie ist das Jedionen zur Gaunerkunst geworden. Das Gaunertum selbst war niemals eine mystische, sondern immer eine

5) Grimm, „Mythologie", Anhang, S. LVIII.
6) Scheible, Das Kloster, 3. Band, S. 613 ff.
7) Dem Magnetismus und seiner Beziehung zum deutschen Gaunertum hat Avé-Lallemant ein eigenes beachtenswertes Buch gewidmet, das 1881 bei Brockhaus in Leipzig erschienen ist.   B.

durchaus rationelle Kunst. Die rohe Unwissenheit und Habgier
des Volkes drängte sich aber zu oft und arg, wie im Bedürfnis
zum Betruge, hervor, als daß die Gelegenheit zur Ausbeutung
vom Gaunertum hätte verschmäht werden können. So wird
denn auch das spezifische Jedionen niemals eine förmliche Gaunerkunst werden, aber doch unablässig seine Opfer suchen und
finden, sobald nicht wahre Aufklärung im Volke herbeigeführt,
die geheime Wahrsagerei überall scharf überwacht und bestraft, vor allem aber nicht länger geduldet wird, daß im Trubel
der Großstädte, auf Jahrmärkten und Volksfesten, wenn auch in
Scheinbar unverfänglicher Form und Weise, die elende Fertigkeit gehandhabt wird, für die der große Haufe bis hinauf in die
höchsten Gesellschaftsschichten immer noch Glauben und
Geld genug hat, die aber auch für den Spott zu ernst ist, da um
ihretwillen schon Millionen auf der Folter und dem Scheiterhaufen die schrecklichsten Qualen erlitten haben.

EINUNDSIEBZIGSTES KAPITEL

Das Kelfen

Die Spielkarten, deren starker Gebrauch und Mißbrauch zu
Glücksspielen und Wetten man schon im vierzehnten Jahrhundert aus den mannigfachsten zu Regensburg, Augsburg, An-
gers, Avignon, Bergamo u. a. erlassenen Verboten erkennt, wurden von den Zigeunern sogleich bei ihrem ersten Auftreten zum
Wahrsagen gebraucht. Dadurch wurde auch das Gaunertum gelegentlich zum Wahrsagen mit Karten angeleitet, soweit es sich
überhaupt zur Wahrsagerei herbeiließ. Bemerkenswert ist, daß
dessenungeachtet die besondere technische Bezeichnung der
einzelnen Karten – zigeunerisch Pelcki oder Pelski[1] – sowohl in
der Zigeunersprache[2] wie auch in der deutschen Gaunersprache
fehlt, wenigstens nicht im gängigen Sprachgebrauch ist, und
nur die jüdisch-deutschen Bezeichnungen von der Gaunersprache aufgenommen wurden. Auch beschränken sich diese Bezeichnungen ursprünglich nur auf die deutschen Karten (Die

1) Pott, S. 361; Bischoff, Zigeunerisches Wörterbuch, S. 60.
2) Bischoff, S. 85 und Note.

Kelofim; Plural von קְלָף [kelaf], eigentlich Papier, Pergament).
Die französischen Karten sind erst viel später zum Kartenlegen
gebraucht worden, und erst, nachdem die deutschen Karten und
meist deutsche Spiele verdrängt und seitdem die Industrie und
flache Lustigmacherei eine Menge willkürlicher und spaßhafter
Methoden im Kartenlegen zum Vorschein gebracht hatte.

So verschiedenartig nun auch der lächerliche Hokuspokus
ist, den auch noch die heutigen Kartenleger der alten Schule
anwenden, so ist doch die Bedeutung der Karten noch immer
ziemlich durchgreifend dieselbe alte geblieben.

Die Grundlage bilden die vier Farben. Danach bedeutet:

Grün: Betrübnis, Krankheit und Verdruß, besonders mit
Geistlichen, was besonders bei dem grünen As der Fall ist.

Rot: Liebe, Verlöbnis, Hochzeit. Das rote As ist besonders
glückbringend.

Ecker: Glück, gute Freunde, gutes Auskommen, Geschenke.
Besonders bedeutet das Eckerdaus Geschenke; die Zehn bares
Geld, das man bekommen soll.

Schellen: Falschheit, Betrug, Mißgunst. Schellenas und Zehn
bedeuten zu erwartende Briefe.

Neben dieser Grundbedeutung der Farben gelten die Könige
für hohe Gönner, die Oberbuben für weniger einflußreiche Personen und Gönner, die Unterbuben für gewöhnliche Herren
ohne besondere Bedeutung. Die Zehnen sind in allen Farben
Weiber, die Neunen Witwen, die Sieben junge Mädchen. Die
Achten und Sechsen haben keine besondere Bedeutung.

Die Manipulation besteht im Mischen und dreimaligen Abheben zu drei Haufen. Dann wird beim Aufschlagen der zu-
sammengelegten Karten stillschweigend von Sieben bis zum As
gezählt. Die beim Aufschlagen zutreffenden Blätter werden
nach der Reihenfolge, ohne Unterschied der Farbe, nebeneinander hingelegt, und die übriggebliebenen Karten immer aufs
neue durchgezählt und aufgeschlagen, worauf nun der Anhalt
zur Beantwortung der gestellten Fragen gegeben ist.

Um dieses Grundthema dreht sich eine Menge willkürlicher
Variationen bis nahe zur völligen Unkenntlichkeit der Grundlage.

Der Anhalt an die alte positive Geltung und Bedeutung der
einzelnen Farben und Karten hat die ganze Kartenwahrsagerei

aus dem Ruin der zaubermystischen Wissenschaften gerettet, aber damit auch einen wesentlichen Teil der Zaubermystik selbst aufrecht erhalten, und somit dem Aberglauben und Betrug das Feld offen gelassen, auf dem Habgier und Torheit noch immer arg ausgebeutet werden.

Aber nicht nur der sittliche und bürgerliche Ruin der Betrogenen ist das Beklagenswerte bei dem schmählichen Gewerbe; wer in die Verstecke und Geheimnisse jener Priesterinnen des Aberglaubens näher eingedrungen ist, dem kann die Wahrnehmung nicht entgangen sein, daß der positive Anhalt, den jene in der feststehenden Bedeutung der Karten finden, eine so unheimlich Gewalt auf die Persönlichkeit der Kartenlegerinnen selbst ausübt, daß diese nach und nach ihre Orakel für das Resultat mystischer Offenbarung und für positive Gewißheit halten, und dadurch fast durchgehends in eine wunderliche geistige Zerfahrenheit geraten, die sich durch die auffälligsten Kundgebungen im bürgerlichen Leben verrät und vielfach mit Irrsinn oder Selbstmord der Kartenlegerin endet. Die meistens leichthin angesehenen und daher vernachlässigten Untersuchungen gegen solche Kartenlegerinnen geben merkwürdige Bilder und Beweise von jener eigentümlichen geistigen Zerfahrenheit, deren Erkennung zu den interessantesten, aber auch trübsten Erfahrungen auf dem Gebiete der polizeilichen Tätigkeit gehört.

ZWEIUNDSIEBZIGSTES KAPITEL

Das Schocher-majim

Der weit durch das Volk verbreitete Drang nach positiven Grundlagen in der Wahrsagerei griff bei dem festen Abschluß der geheimen Zauberwissenschaften und Künste schon früh und vielfach zu den gewöhnlichsten Dingen, und hieß namentlich die Gegenstände des täglichen Hausgebrauchs als Mittel zur Erforschung der Zukunft willkommen. Die schon erwähnte „Goetie" Georg Pictors gibt treffende Belege dafür. Von den vielen speziellen Künsten der Goetie machte sich besonders noch die Cäromantie[1] geltend, bei der geschmolzenes Wachs in

1) Scheible, Kloster, 3. Band, S. 618.

kaltes Wasser gegossen und aus den durch die rasche Erkaltung gebildeten Figuren die verschiedenartigste Deutung gegeben wurde.

Während die ganze Kunst, nur mit Veränderung des Wachses in Blei oder Zinn[2], sich noch lange vollständig erhalten hat und sogar jetzt noch das Wachs bei gewissen Prophezeiungen – z. B. bei der Bestimmung der Lebensdauer; als Material werden brennende Lichterchen verwandt – und in der Neujahrsnacht auch noch jetzt von abergläubischen Personen Blei gegossen wird, gab der Zufall, seitdem der Kaffeegenuß allgemein geworden ist, der Langweile und dem Betruge das naheliegende und einfache Mittel an die Hand, aus den Figuren, die sich zufällig aus dem getrockneten Kaffeesatz bilden, eine bestimmte Deutung zu ziehen und auf dieser harmlosen und wohlfeilen Grundlage eine neue Wahrsagekunst zu begründen. Diese Kunst ist bereits in Leipzig um 1774 beglaubigt[3]. Sie steht noch immer in großer Gunst bei den unteren Volksschichten, ungeachtet das Bestimmen und die Deutung der Figuren das Platteste und Geistloseste ist, was es geben kann. Es scheint beinahe, als ob die ganze trügerische Albernheit sich lediglich hinter dem Geheimnis aufrecht erhalten hat, das von keiner Wahrsagerin verraten wird, weil der Grundsatz obenansteht, „daß die ganze Prophetengabe verloren geht, wenn sie einem anderen, der nicht kunstbeflissen ist, offenbart wird", wobei denn die meisten Wahrsagerinnen vorgeben, das Geheimnis bei Verlust der Prophetengabe beschworen zu haben.

Das platte Verfahren und die Auslegung dabei verdient kaum eine oberflächliche Andeutung: der Kaffee wird nicht filtriert, sondern gekocht[4]. Das Kaffeemehl muß fein gemahlen sein. Die Prophetin trinkt aus einer gefüllten Tasse den Kaffee bis auf den geringen Satzrest ab und gießt diesen Rest in die leere Tasse des Orakelsuchenden, der dreimal in die Tasse hauchen muß. Dann schwenkt die Wahrsagerin den Kaffee in der Tasse umher, daß sich der Satz möglichst weit vom Boden aus in der Tasse verbreite und stürzt dann die Tasse um in die Unterschale.

2) D. A. Wuttke, Volksaberglaube der Gegenwart. 3. Bearb. Berlin 1900. S. 241, Nr. 346.
3) I. J. W. Zichariä, der Renommist III, 47.
4) Bischoff, Chochemer Loschen, S. 69.

Nach einiger Zeit trocknet der an den inneren Wänden der Tasse herabgelaufene Kaffeesatz fest. Die Tasse wird umgekehrt, und die durch das Abtriefen der Feuchtigkeit angetrockneten Überbleibsel bilden nun allerlei Figuren, aus denen sowohl die alberne Phantasie wie der nüchterne Betrug eine Menge verschiedenartiger Figuren herauszudeuten wissen. Das ganz lange Verzeichnis dieser abgeschmackten und sinnlosen Figuren und Deutungen findet man bei Peuschel[5] aufgeführt.

Die Haupteinteilung beruht auf offen (glückbedeutenden) und geschlossenen (unglückbedeutenden) Wegen. Offene Wege sind die Streifen, die ohne zusammenzulaufen, bis an den Rand der Tasse gehen; geschlossene Wege sind die Streifen, die zusammenlaufen oder durch Querlinien verbunden sind. Je näher dem Rande die Figuren stehen, desto früher tritt die Erfüllung ein; je näher aber dem Boden, desto später.

DREIUNDSIEBZIGSTES KAPITEL

Der Erbschlüssel

Noch eine von den Wahrsagereien, die Pictor in seiner „Goetie" Kap. 21, anführt, die Cosciniomantie (τὸ κόσκινον, das Sieb), hat sich genau mit derselben Manipulation, doch mit etwas verändertem Material und modernisierteren Formeln erhalten. Ein Bild in Scheibles „Kloster"[1] zeigt die Operation: eine Schafschere oder Zange, die von außen mit den Schneiden ein hölzernes Sieb faßt und mit ihrem kreisförmig federnden Handgriff auf den Spitzen zweier Finger schwebt.

Der Zweck dieser Übung war, bestimmte Personen zu bezeichnen, um sie in Beziehung zu einer gewissen Begebenheit oder Handlung zu bringen, ganz besonders aber Diebe zu ermitteln.

Dazu ließen zwei einander gegenüberstehende Personen die runde Endfeder oder den Handgriff der Schere oder Zange, die mit den Schneiden oder Armen ein Sieb gefaßt hielt, auf der Spitze der geradegestreckten rechten Zeigefinger schweben und

5) A. a. O., S. 340 f.
1) 3. Band, Abt. 2, S. 621.

sprachen dann die völlig unverständlichen sechs Worte: „Dies Mies Ieschet Benedocfest, Dovvima, Enitemaus." Dadurch sollte der Dämon in das Sieb getrieben werden und bewirken, daß sobald der Name des Diebes genannt wurde, das Sieb zum Zeichen der Schuld sich herumdrehte und mit der Schere oder Zange von den Fingern herabfiel).

Diese geistlose Propheterei hat sich noch heute hauptsächlich in Norddeutschland, erhalten. Sie wird aber gerade von den Gaunern selbst, besonders unter dem abergläubischen Landvolk, verbreitet, um den Verdacht der von ihnen selbst verübten Diebstähle auf andere zu lenken.

Die Kunst des Erbschlüssels besteht darin, daß man einen großen Schlüssel so in ein Buch legt, daß der Schlüssel mit der Raute und etwa dem dritten Teil des Rohres oben aus dem Buche herausragt. Beide Stücke, Buch und Schlüssel, dürfen aber nicht neu, sondern müssen alt und ererbt sein, daher der Name Erbschlüssel. Um das Buch wird stillschweigend beliebige Male ein Band gewickelt, und nun lassen zwei Personen, A. und B., auf der Spitze der unter der Raute gesetzten rechten Zeigefinger den Schlüssel mit dem Buche schweben. A. fragt nun, indem er den Namen des ersten Verdächtigen nennt: „NN. hat den Geldbeutel (u. dergl.) gestohlen", worauf B. antwortet: „Das hat der nicht getan." Dies wird bei jedem Verdächtigen fünfzehnmal gesagt und beantwortet, bis die ganze Reihe der Verdächtigen durchgemacht ist, oder der Schlüssel von den Fingern gleitet, wodurch der beim Abgleiten Genannte als Schuldiger angezeigt ist. So läppisch dieser ganze Vorgang ist, so verdient er doch, wo er nach einem Diebstahle vorgenommen wird, genaue Beachtung der Sicherheitsbeamten, da, wie erwähnt, meistens die diebischen Gauner selbst die Erbschlüsselpropheten zu spielen pflegen.

2) Carl Wayer, Der Aberglaube des Mittelalters, Basel 1884, S. 284; H. B. Schindler, Der Aberglaube des Mittelalters, Breslau 1858, S. 217; Wuttke, S. 254, Nr. 368.

VIERUNDSIEBZIGSTES KAPITEL

Das Sefelgraben

In der scharfen Beobachtung und Erkenntnis der Zaubermystik, sowie der Habgier und Leichtgläubigkeit des Volkes, faßte
das Gaunertum schon früh die tatsächlich bewiesene Möglichkeit auf, Schätze zu finden, die durch Menschenhand oder von
ungefähr verborgen worden waren. Es bildete das Schatzgraben
als eine eigene, mit kümmerlichen und willkürlichen mystischen Formeln staffierte Wissenschaft aus, die es selbst in frivoler Anerkenntnis ihrer Richtigkeit und ihres Truges mit dem
frechen Namen des Sefelgrabens bezeichnet.

זֶבֶל (sevel), Mist, Kot, Dreck, ist ein chaldäischer, im Talmud
häufig gebrauchter Ausdruck, der sehr früh in das Jüdisch-
Deutsche und in die deutsche Gaunersprache übergegangen ist.
Schon der *Liber Vagatorum* und die Rotwelsche Grammatik er-
wähnen die Sefler als „gemalte Siechen" und haben die Ausdrücke Sefel, Sefeln, Sefelboß, und in der Rotwelschen Gramm-
matik auch Sefelgräber als Schatzgräber. Deutsch-jüdisch ist
„Mesabel sein" und das gaunersprachlich gewordene „Sefeln"
scheißen und besefeln, betrügen.

Der Betrug geht auf die Verleitung der durch den Schatzgräber von dem Dasein seines Schatzes überredeten und zu dessen
Hebung verlockten Personen, die zur Lösung des immer unter
der Wache Belials oder eines bösen Geistes stehenden Schatzes
oft bedeutende Summen Geldes zusammenschießen müssen
zum Opfern für den Geist, zur Zahlung eines Honorars für
Nachweisung und Hebung des Schatzes und zur Herbeischaffung des notwendigen geheimnisvollen Zauber- und Druden-
bücher, besonders der Christophelesgebets[1] und der sogenannten Weimarischen Bibel von 1505 mit den sieben Büchern
Moses usw., zu deren Aufsuchung und Ankauf der Schatzgräber mit dem zusammengeschossenen Gelde fortreist, um nicht
wiederzukommen. Schäffer[2] erzählt von einer aus dreißig bis
vierzig Personen bestehenden Gaunergesellschaft, die mit dem
Suchen der Weimarischen Bibel und Fausts Höllenzwang so be-

1) Scheible, Kloster, 3. Band, S. 343 f.; Schäffer, Abriß, S. 126 f.
2) A. a. O., S. 125.

deutende Geschäfte machte, daß sie in einen kurzen Zeitraum gegen zweihundert Bauern im Schwarzwald betrog, indem sie ihnen vorschwindelte, daß der heilige Christoph ihnen 500 000 fl. herbeitragen müsse.

Bleibt der Schatzgräber zur Stelle, weil er das zusammengebrachte Geld nicht eher als bei der Verschwörung selbst in die Hand bekommen kann, so geht er erst bei oder gleich nach der Beschwörung mit dem Gelde durch, während die Betrogenen mit saurer Mühe nach dem Schatze graben müssen. Beschwörungsformeln mit Zeichnungen und Beschreibungen der Zauberkreise und Amulette findet man in Horsts „Zauberbibliothek".

So platt, lästerlich und gaunerisch alle diese widerlichen Formeln sind, und so sicher der Betrug jedesmal aufgedeckt wurde, so ist doch die Sefelgräberei noch immer ein oft und mit Glück versuchtes Unternehmen des Gaunertums. Gerade die aufklärenden, fast täglich neu zum Vorschein kommenden Entdeckungen auf dem Gebiete der Technik und Naturwissenschaften, die dem gemeinen Manne unbekannt bleiben, geben dem Betruge immer reichere Mittel und Gelegenheit an die Hand, den Aberglauben und die Unwissenheit des gemeinen Mannes auf die schmählichste Weise auszubeuten. So ist denn die Schatzgräberei geradezu als eine besondere Art des Betruges auch von den meisten deutschen Strafgesetzgebungen, freilich mit verschiedenartiger Auffassung, behandelt worden. Aber gerade weil die Betrogenen die gesetzliche Strafe oder doch den Spott bei Bekanntgabe des erlittenen Betruges zu fürchten haben, wuchert die Schatzgräberei noch immer ungestraft fort, und somit erfährt der Polizeimann noch immer Züge des rohesten Aberglaubens und der Stumpfsinnigsten Unwissenheit, die nachzuerzählen er beinahe Bedenken tragen muß. Sogar der Verkauf von Erdmännchen, Geldmännchen, Alraunen u. dergl. kommt noch immer bei dem heimlichen Hausierhandel vor. Es werden als Geldmännchen vorzüglich Kröten, Frösche, Eidechsen und andere kleine Reptilien, auch große Käfer, besonders die Gryllotalpa benutzt, denen man rotes Tuch mit Schaumgold anklebt oder auch durch die Haut heftet. Diese Geldmännchen werden in kleinen, phantastisch beklebten Schachteln geführt, die dem Abergläubigen ein wenig geöffnet wird, so daß er durch die Spalte das rätselhafte Geschöpf nicht deutlich unterscheiden kann. Nur zu oft gelingt es noch heute, diese Ware für bedeutendes Geld abzusetzen.

Noch andere grobe Betrügereien werden mit metallischem Streusand, namentlich mit Zinn-, Messing- und Kupferspänen, zum Goldmachen und Metallverwandeln getrieben; kaum begreiflich würde es erscheinen, wie solche Betrügereien auch in höheren Ständen vorkommen, wenn nicht zugleich auch zutage läge, daß Aberglaube und Unwissenheit auch in diesen Kreisen noch immer den alten Platz hartnäckig behaupten. Die Wünschelrute hat noch nicht aufgehört, ihre alte Rolle zu spielen, – im Gegenteil, sie ist die Grundlage der modernen Rhabdomantie, und die, wenn sie kein Glück mehr hat beim Auffinden von Metallen, doch noch dazu dienen muß, Wasseradern zu Brunnen unter der Erde zu finden, wie denn Beispiele genug vorliegen, daß solche Rutengänger in weite Fernen zum Wassersuchen verschrieben werden.

FÜNFUNDSIEBZIGSTES KAPITEL

Die Rochlim

Das durch die heimlichen Hausierer, Pascher und Paschkufener, Medinegeier[1] in diesem oder jenem Kunstzweige mehr oder minder geübte Jedionen wird auch noch als besondere Kurpfuscherei von den Rochlim betrieben.

Rochel oder Rauchel; Plural: Rochlim (vom hebräischen רָגַל [ragal], herumlaufen, verleumden, auskundschaften) ist der umherziehende Kräuter-, Drogen- und Spezereihändler, wandernder Apotheker, Quacksalber, Wunderdoktor. Schon im Mittelalter, und ganz besonders später im siebzehnten und achtzehnten Jahrhundert bis tief in das neunzehnte Jahrhundert hinein, spielten die ambulanten Tabulettkrämer unter dem Namen Felinger[2] eine große Rolle, und trieben den ärgsten Betrug als Quacksalber, Theriakkrämer, Zauberer, Schatzgräber, Beschwörer u. dergl., welchem Treiben freilich seit der Ein-

1) Siehe dazu 89. Kapitel.
2) Siehe Kapitel 60.

führung einer besseren polizeilichen Aufsicht und besonders durch die Einführung tüchtiger Medizinalordnungen sehr bedeutender Abbruch getan ist, während noch zu Anfang des neunzehnten Jahrhunderts die „Staatsfelinger", von Komödianten, Seiltänzern, Gauklern, Affen und Hunden begleitet, in Equipagen einherfuhren und, mit Zeugnissen und Konzessionen versehen, mitten in den Städten auf offenen Plätzen ihre marktschreierische Quacksalberei betreiben durften[3], Stadt und Land mit ihren schlechten und schädlichen Medikamenten überschwemmten, und nicht nur mit inneren und äußeren Mitteln, sondern auch mit sympathetischen Kuren die leichtgläubige Menge betrogen.

Die Arzeneien bestanden gewöhnlich aus Terpentin, Theriak, Skorpionöl, Glieder-, Lebens- und Nägelesbalsam, Schwefelbalsam, Magentropfen, grüner schwarzer und gelber Waldsalbe, allerlei Pulvern von Minium (Mennig), Blaustein und Gorcum, verschiedenen Wurzeln, Rauchkerzen, die wohl heute noch in den Apotheken verlangt werden. Über die Schwindelhaftigkeit aller dieser Mittel gab man sich schon sehr früh keiner Täuschung hin. Murner läßt sich darüber in seiner Nonnenbeschwörung[4] sehr deutlich aus.

Mit den scharfen Verboten der neueren Zeit trat auch die Medizinalpolizei aufklärend zur Bekämpfung des vom Betruge mit den verderblichsten Folgen für das körperliche und geistige Wohl des Bürgertums verbreiteten und ausgebeuteten schweren Übels rasch und kräftig hervor. Doch ist diese Wissenschaft noch zu neu, als daß sie schon, wie not ist, ganz volkstümlich sein könnte, um namentlich dem leicht zu betrügenden und noch immer viel und arg betrogenen Landmann hinreichend Aufklärung und Schutz zu gewähren. Die Apotheken sind überall einer weisen und strengen Kontrolle unterworfen. Dagegen aber fallen indem stets seine volle Freiheit beanspruchenden Handel die ärgsten Exzesse gegen die Medizinalpolizei vor, und besonders sind es jetzt die Drogisten und Materialisten, die ihre Waren und Präparate in Massen an Hausierer absetzen, die damit im geheimen und offenen Hausierhandel das alte Unheil

---

3) Schäffer, Abriß, S 84 f.; Theod. Hampe, Die fahrenden Leute in der Deutschen Vergangenheit, Leipzig 1902,S. 107 ff.
4) Kapitel 56: „Lügen durch einen stählernen Berg."

immer wieder von neuem verbreiten. Dazu kommt noch der äußerst fühlbare Mangel einer Veterinärpharmakopöe und einer strengen Aufsicht der Tierarznei, die in ihrem jetzigen Zustande noch immer nicht verhindert, daß Scharfrichter und Schinder mit denselben Rezepten, mit denen sie das Vieh behandeln, auch wahre Roßkuren mit der ihnen zahlreich zuströmenden Menschenmenge vornehmen können. Unglaublich groß ist das Ansehen und die Praxis solcher Scharfrichter, nicht allein als Heilkünstler, sondern auch als Besitzer geheimer sympatethischer und Zaubermittel, zu denen nicht nur der rohe ungebildete Haufe, sondern auch eine große Zahl aus den sogenannten gebildeten Ständen noch immer seine Zuflucht nimmt.

Während so die Scharfrichter, Viehärzte und Hirten noch immer die ständigen Vertreter der Kurpfuscherei sind, bilden sie als Händler mit Ätherischen Ölen, Leichdornschneider, Zahnärzte, Jäger, Kammerjäger u. dergl. umherziehende Rochlim die fahrende Jüngerschaft. Nicht nur werden überhaupt, ohne Kenntnis der von den Leidenden dargestellten Krankheit und der Eigenschaft und Wirkung der vom Händler dafür gegebenen Mittel zu heben, die gefährlichsten, drastischsten Medikamente verkauft, es werden oft sogar äußerliche Mittel als innerliche gegeben. Der auf die Unwissenheit und den Aberglauben des Volkes sich stützende Betrug gibt auch für schweres Geld häufig die nichtswürdigsten und ekelhaftesten Mittel, wie Seifenwasser mit Sandelholz gefärbt „zum Reinigen des Geblüts", Branntwein mit Blaustein, Guyak- oder Franzofenholz oder Nägelein; ferner mit einem Stück Placenta uterina gekochtes Bier zur Ordnung der Menses; Hunde- und Katzenfett, Pillen und Latwerge aus den ekelhaftesten Sachen, von denen man nur dann den rechten Begriff bekommt, wenn man den Arzneikasten oder die Niederlage eines Rauchel untersuchen läßt.

Die lediglich von den Drogisten und Materialisten, und aus alten medizinischen und Zauberbüchern – wie z. B. dem früher auf allen Jahrmärkten feilgebotenen Romanus-Büchlein[5] – in der Heilkunst zunächst unterrichteten Rochlim bieten aber noch dadurch eine desto gefährlichere Erscheinung dar, daß sie nach und nach in den Besitz einer Menge roher und zusammenhangloser wissenschaftlicher Formeln und Floskeln

5) Scheible, Das Kloster, 3. Band, S. 489 f.

gelangen, deren Geläufigkeit ihnen bei dem gemeinen Manne ohnehin schon einem immer sich vergrößernden Ruf und Kredit verschafft, ihnen selbst aber auch eine so hohe Meinung von sich einflößt, daß sie sich selbst in der Tat für wirkliche Heilkünstler halten und mit unvertilgbarer Zähigkeit, trotz aller Verfolgung und aller Strafen, doch das alte Verbotene, wie aus innerlichem Berufe, immer wieder von neuem beginnen.

Somit bieten sich denn auch häufig bei den Rochlim dieselben psychischen Abweichungen und Sonderbarkeiten dar, die man bei den Kartenlegerinnen findet. In ihrem ganzen Wesen und Walten erscheinen die Rochlim heutzutage als die Hauptträger und Förderer des, besonders auf dem Lande, noch immer weit und tief verbreiteten Zauber- und Aberglaubens, in dem das unausrottbare Dogma der Verhexung von Menschen und Vieh obenan steht, und nach dem Menschen und Vieh mit denselben Mittel, kaum mit Unterschied der Dosen, gegen Verhexung behandelt werden[6]. Das Geheimnis der vielen noch heute in dem Landmann in Ansehen und Brauch stehenden sonderbaren, oft unerklärlich scheinenden Hausmittel und Arkana, namentlich die seltsamsten und ekelsten Räucherungen, die durch ihre hundertjährige Vererbung kaum ausrottbar erscheinen, beruht wesentlich auf diesem Dogma, so weit entfernt jene auch in ihrer heutigen Form und Anwendung davon zu sein scheinen.

Auch die unselige Quacksalberei zeigt sich als eine direkte verderbliche Folge des überall schädlich wirkenden Hausierhandels. Eine unerbittlich strenge polizeiliche Aufsicht und Bestrafung der Kurpfuscher, namentlich auf dem Lande, und eine scharfe Aufsicht über das Treiben der Drogisten und Materialisten, die der bestehenden Aufsicht über die Apotheken entspricht, sowie eine strenge Regelung und Beaufsichtigung der Tierarzt- und Scharfrichterpraxis wir dem nichtswürdigen Betruge mit größerem Erfolge steuern können, als die nach den meisten deutschen Medizinalordnungen lediglich den Bezirksärzten übertragene, kaum mit einem Nachdruck, fast niemals aber mit energischer Nachhaltigkeit von diesen zu übende Aufsicht auf die Quacksalberei das bis jetzt vermocht hat.

6) Goldan-Heppe, herausgegeben von Max Bauer, 2. Band, 27. Kapitel: Hexerei und Hexenverfolgung im neunzehnten Jahrhundert. Die neuesten Vertreter des Glaubens an Hexerei, S. 335 ff.

SECHSUNDSIEBZIGSTES KAPITEL

Das Zchokken oder Freischuppen

Wenn auch schon der Gebrauch der Würfel dem fernsten Al-
terum bekannt war, so findet sich doch zunächst erst im dreizehnten Jahrhundert, daß Würfel- und Kugelspiele als verderbliche Glücksspiele, gleich den späteren Glückspielen mit Karten,
verboten waren. In Bologna wurde zu jener Zeit dem Spieler
mit falschen Würfeln der Daumen der rechten Hand abgehau-
en[1]. In Zürich wurde der falsche Würfelspieler durch den See
geschwemmt, das heißt an einen Kahn gebunden und durch das
Wasser gezogen.

Das Kartenspiel scheint um jene Zeit jedoch noch nicht so
sehr wegen des Falschspiels, als wegen des Hazardierens und
Wettens verboten gewesen zu sein. Aber schon die Notabilien
des *Liber Vagatorum* warnen ausdrücklich vor den Jonern, den
falschen Karten- und Würfelspielern, die „mit beseflerey vmb
geen vff den brief (Karten) mit abheben einer dem anderen
(Volte schlagen) mit dem gefetzten Brieff (falsche gezeichnete
Karte) vff dem Reger (Würfel) mit dem Geburften (Borst) mit
dem Abzogen" (abschleifen oder abschaben der Haut des Daumens und der Würfelecken) usw., so daß in der Tat fast alle heutigen Karten- und Würfelbetrügereien schon gegen Schluß des
Mittelalters in den Hauptgrundlagen bekannt gewesen zu sein
scheinen. Von der außerordentlichen Menge Glücksspieler und
Glücksspiele gibt die Verfügung von 1386[2] Zeugnis, nach der in
der Kriegsnot das Spielen freigegeben wurde, um nur die Landstreicher und Glückfahrer zu locken, daß sie sich als Söldner
anwerben ließen.

In sprachlicher Hinsicht sind die technischen Ausdrücke
bezeichnend und bemerkenswert. Freischupper, in der Ludwigs-
burger Gaunerliste von 1728 als „Freyen Schupper"bezeichnet[3],
falscher Spieler überhaupt, ist erst eine spätere Erfindung.
Schupper ist herzuleiten von Schuppe (squama) und Schuppen,
Beschuppen; desquamare, abschuppen, den Rock, die Schaube

1) Hüllmann, Städtewesen IV, S. 249. *Statuta Bononix I*, S. 500 f.
2) Hüllmann, Städtewesen Iv, S. 251.
3) Kluge, Rotwelch, S. 195.

oder Juppe ausziehen, ausplündern, betrügen, und scheint nicht
außer Beziehung mit dem erwähnten Verbot des Regensburger
Rats zu stehen, in dem es untersagt wurde, den Spielern mehr
Geld zu leihen, als ihre Kleidung wert sei, die also aushilfswei-
se als Sicherheitspfand oder Spielschilling gedient haben mag.
Die Zusammensetzung mit Frei ist der des Freikäufers analog
in der Bedeutung von Erwerben ohne Entgeltung, oder auch in
dem Sinne, in dem der Betrogene oder Bestohlene überhaupt
als Freier bezeichnet wird.

Allgemeiner Ausdruck für Spielen ist Jonen, dessen Herkunft
schon bei dem Jedionen gedacht ist, mit der Nebenbedeutung
des betrüglichen Spielens. Ferner Ratschen, eigentlich ratzen,
wovon Ratscher, Ratzer, von Ratze, der Ratz, der Rätzer – der Il-
tis[4], Spieler, das Bischof[5] fälschlich für den Kartenspieler allein
gebraucht. Zchokken und Sechokken, vom hebräischen צָחַק
(zachak) oder שָׂחַק (sachak), lachen, scherzen, verspotten, jemand in Schande bringen, spielen, besonders mit link und siuf
verbunden , falsch spielen; Link-Sechokker, falscher Spieler. Daher das jüdisch-deutsche Zachkan und Zachkener, der Spieler
überhaupt, und Siufer Zachkener, der falsche Spieler. Das jüdisch-deutsche Kelef ist die Spielkarte, die im *Liber Vagatorum*
Brief (niederdeutsch: Bref, Brev, von Brevis) genannt wird, Ke-
lefen, überhaupt mit der Karte spielen[6]. Der alte, auch noch jetzt
gebräuchliche deutsche Gaunerausdruck für Kartenspiel, besonders betrügliches Kartenspiel, ist Hadder; für Kartenspielen
Haddern, vom deutschen Hadern, d. i. Streiten, um die Wette
streiten, dem analog für Würfel das Wort Ribling vom *Liber Va-*
gatorum vorkommt, vielleicht vom hebräischen רִיב (riv), das
ganz die Bedeutung des deutschen Haderns oder Hadderns hat,
und wobei, wie das so bei äußerst vielen hebräischen Wörtern
der Fall ist, die deutsche Endung dem hebräischen Stammwort
angehängt ist. Für Würfel sind noch die alten Ausdrücke Reger
(Motor, concutiens) und Rührling, beide deutschen Ursprungs,
gebräuchlich. Im Jüdisch-Deutschen ist noch Kuwio קְבִיָה, Plural: Kuwjooß, wahrscheinlich wegen der Höhlung der Würfel
oder des Würfelbechers, vom chaldäischen קְבַב, wölben, oder

4) Stieler, S. 1524.
5) Kochem. Loschen, S. 51.
6) Vgl. oben Kapitel 71.

auch von כּוֹבַשׁ, Helm, und Kuwojostoß, der Würfelspieler und der Brettspieler[7]. Der Ausdruck Derling oder Tarling ist niederdeutschen Ursprungs und stammt vom plattdeutschen Tarrel, Würfel. Dagegen ist Doppelen (niederdeutsch: Doppeln, Dobbeln, Dubbeln) wohl mit dem alten Tuopeln[8], aus dem Lateinischen von duplus, abzuleiten. Im Niederdeutschen ist Dabeler, Spieler, besonders Brett- und Würfelspieler, und Babelsteen, Brettstein, noch jetzt ebenso gebräuchlich wie im Hochdeutschen Doppeler, Spieler, Der Ausdruck Knepperling oder Knöpperlng für Würfel scheint nicht vom Koppeln, sondern vom niederdeutschen Kneep, Kniffe, Ränke, herzukommen.

SIEBENUNDSIEBZIGSTES KAPITEL

Das Haddern

Bei dem haddern, dem betrüglichen Kartenspiel der Freischupper (Link-Zchokker oder Link-Zachkener), haben die Karten die alten ursprünglichen jüdisch-deutschen Benennungen behalten, die den deutschen Karten beigelegt wurden. Diese Benennungen sind jedoch sowohl hinsichtlich der Farben wie der Geltung der einzelnen Karten ebenfalls auch auf die französischen übergegangen. Die Benennungen der deutschen Karten sind.

As,	Chasser, Eß.
König,	Melach.
Ober,	Kofri (von Kapher, Kaffer [כְּפָר], der Bauer, das Dorf.
Unter,	Tachet (von תַּחַת [Tachat, Tachas], unten).
Sechser,	Muwer.
Siebener,	Sojener.
Achter,	Chesser.
Neuner,	Tesser.
Zehner,	Jusser.
Grün *(pique)*,	Schocher (Von שָׁחוֹר [schechor] schwarz sein).

7) G. Selig, Jüdisch-deutsches Wörterbuch, S. 269.
8) v. Stieler, Sprachschatz, G. 225, Schottelius, S. 1303.

Eichel *(tréfle)*,   Zelem (צֶלֶם, Götzenbild, Bild, Kreuz).
Herz *(coeur)*,   Lef (לֵב, das Herz).
Schellen *(carreau)*,   Efen (אֶבֶן, Stein, Edelstein, Fels,
                         Gewicht).
Trumpf *(à tout)*,   Guttelzeife (verderbt aus godel zewa, die
                         große, beste Farbe).

Die französischen Karten werden auch mit den einfachen
Zahlen benannt. Also:

Zwei	= Bet.	Zehn	= Jud.
Drei	= Gimel.	Bube	= Kaffer.
Vier	= Dalet.	Dame	= Malka.
Fünf	= He.	König	= Melach.
Sechs	= Wav.	As	= Eß oder Chasser
Sieben	= Sajin.		(von חֲזִיר [chasir],
Acht	= Chet.		Schwein), wovon die
Neun	= Tet.		Redensart: Schwein
			haben.

Karten mischen: magbia sein (von גָבַה [gava], hoch sein, abheben, erheben, erhöhen). Karten geben: Nassenen oder Nauße
sein (von נָתַן [natan], geben, legen, von sich legen, Karten rauben). Umtauschen: gasseln (von גָזַל [gasal], wegnehmen, wegreißen, rauben). Die Karte stechen: Makke sein oder Mekajenen
(von נָכָה [nacha], schlagen). Passen: Hivresch sein (von פָּרַשׁ
[parasch], trennen, unterscheiden, sich absondern). Draußen
sein (seine Zahl Points haben): Dajene haben (von דַי [dai], genug, die Menge, das Bedürfnis).

Würde man es unternehmen wollen, alle Betrügereien darzustellen, deren sich die Zchokker bei den verschiedenen Kartenspielen bedienen, so müßte man eine weitläufige Beschreibung aller Kartenspiele geben, die nicht nur in den
verschiedenen Ländern Deutschlands, sondern auch in den einzelnen Städten und Dörfern, in den mannigfachsten Variationen üblich sind. Es gilt hier nur vorzugsweise, die wesentlichen
Mittel darzustellen, deren sich die Zchokker bedienen.

Das Volteschlagen, eigentlich nichts anderes als ein falsches
Mischen der Karten, ist die Fertigkeit, bestimmte Karten, die
der Zchokker sich gemerkt hat, heimlich an die Stelle im Kar-

tenspiel zu bringen, wohin er sie haben will. Man findet die Beschreibung der Volte in ihren verschiedenen Arten, mit zwei Händen oder mit einer Hand, in allen Kartenkünstlerbüchern, in denen sich aber jede Beschreibung unbeholfen macht, wenn man die eminente Praxis dieses, selbst bei angestrengter Beobachtung, kaum in einer unscheinlichen kurzen Handbewegung wahrnehmbaren, ungemein geschickten Kunststückes sieht. Doch entgeht dem aufmerksamen Blicke jene leichte Handbewegung nicht in dem Augenblick, wenn der Zockker gleich nach dem Abheben die beiden Kartenhaufen aufeinander legt und die Karten in die Hand nimmt. Weniger Übung kostet das verschiedenartige künstliche Mischen, bei dem die von dem Zchokker gewählten Karten mit dem Winkel des Daumens und Zeigefingers vor oder hinter den zum Mischen bewegten Karten festgehalten und nach oben und unten gelegt, und nach dem Abheben mittels der Volte an die beabsichtigte Stelle gebracht werden. Bei scharfer Aufmerksamkeit, namentlich in dem Augenblick, wenn der Spieler die Karte nach dem Abheben wieder in die Hand nimmt, wird auch dieser Trug nicht unentdeckt bleiben können.

ACHTUNDSIEBZIGSTES KAPITEL

Das Kelofim-Zinkenen

Aus den Andeutungen des *Liber Vagatorum* sieht man, daß die noch heutigentages unter den Zchokkern angewandten Methoden, die Karten zu zeichnen, sehr alt sind.

Dahin gehört beim Hazardspiel das Zeichnen, Zinkenen der Hauptkarten mit feinen Nadelstichen in der rechten oberen Ecke der Karten. Gewöhnlich pflegt nur ein Stich in dieser Winkelecke zu stehen; doch werden, je nach der Geltung die Karten, auch zwei bis drei, ja bei manchen spielen sogar fünf bis sechs Stiche angebracht, die für das Auge kaum sichtbar und nur durch ein sehr feines, geübtes Gefühl auf der Rückseite der Karte zu entdecken sind. Zu diesem Zwecke schaben die Zchokker die Haut des oberen Gliedes an dem Daumen mit einem scharfen Federmesser aus auf die unter der Epidermis liegende feine Hautlage ab, wodurch der Daumen äußerst feinfühlig wird. Diese Operation wird „den Daumen abziehen" genannt. Der Daumen ruht beim Halten der Karten mit dem Ballen auf den Karten, und somit kann der Zchokker leicht an den Stichnarben fühlen, welche Karte oben aufliegt. Hat der Gegenspieler eine Karte zu fordern, so wird die obere günstige Karte rasch etwas zurückgeschoben und dem Gegner eine andere weiter unten liegende Karten gegeben.

Eine andere Art des Kelofim-Zinkenens besteht darin, daß der Zchokker feingepulverten Bimsstein in ein Beutelchen von Leinwand tut, damit den Rücken der geringen Karten bestäubt und nun mit dem Finger oder einem Läppchen die Karte etwas rauf auf dem Rücken schleift, ohne daß dadurch die punktierten Verzierungen auf dem Rücken angegriffen werden. Dadurch wird die Karte besonders für den abgezogenen Daumen leicht erkennbar. Die Hauptkarten: As, König usw. werden hingegen auf dem Rücken mit guter trockener venezianischer Seife gerieben und mit einem Plättkolben geglättet. Mit der Volte kann der Zchokker nun auch beim Abheben die leicht kennbaren Karten hinbringen, wohin er will.

NEUNUNDSIEBZIGSTES KAPITEL

Das Kelofim-Mollen

Endlich ist noch das Mollen (von מול, d. h. Beschneiden der Karten) zu bemerken. Der Zchokker schneidet von allen Karten bis auf die Hauptkarten entweder an der schmalen oder an der langen Seite, je nachdem er weiß oder merkt, daß sein Gegenspieler die Karten beim Abheben an den Breitseiten oder Langseiten faßt, um eine Linie breit mit einem scharfen Messer, einer Schneidemaschine oder einer Schere ab. Durch das Beschneiden der Karten kommt es, daß die Hauptkarten etwas hervorragen, also beim leichten Abheben als untere Karte des abgehobenen Haufens gefaßt werden und somit dem kartengebenden Zchokker zugute kommen. Endlich werden auch noch bestimmte Karten, wenn sie nicht schon in der Kartenfabrik besonders dazu hergerichtet sind, durch Radieren oder Aufmalen so gefälscht, daß sie für zweierlei Karten gebraucht werden können. Der Zchokker radiert z. B. von der Pik-Drei das untere Pik weg, so daß die Karte dieses Aussehen gewinnt:

Soll diese Karte für eine Drei gelten, so zeigt der Zchokker die Karte beim Abziehen so vor, daß er den Daumen auf die radierte Stelle bei *c* hält. Soll sie für ein Aß gelten, so zeigt er die Karte vor mit dem Daumen auf *a*. Ebenso wird die Sechs in eine Vier verwandelt, wenn die auf *b* radierte Karte mit dem Daumen auf *a* gehalten wird. Diese Betrügerei erfordert jedoch

große Vorsicht des Zchokkers, daß er nicht die ganze Karte offen hinlegt oder aus der Hand gibt.

So alt und bekannt diese zum Teil platten Betrügereien sind, so sehr sind sie doch noch, namentlich in Wirtshäusern niederen Ranges und vor allem auf Dorfjahrmärkten, im vollen Gange. Sie sind aber auch da, wo sie angewendet werden, den Wirten bekannt, die sehr oft gefälschte Spiele aller Art in Vorrat bei der Hand haben, wenn der Zchokker, um seine Mitspieler durch den Wechsel ganz arglos und sicher zu machen, ein neues Spiel Karten fordert.

Meistens können diese Betrügereien nur bei Hazardspielen in Anwendung kommen, deren es leider eine Unzahl gibt, und die trotz aller Verbote und so mancher unglücklicher Opfer noch ungemein stark im geheimen von Leidenschaft, Habsucht und Betrug getrieben und gefördert werden.

ACHTZIGSTES KAPITEL

Die neue Fahrt

Die Scheu vor Verlust und Strafe, von der sich noch manche abhalten lassen, auf verbotene Spiele einzugehen, wird von den Zchokkern weniger durch direkte Überredung, als durch künstliche Verführung überwunden. Diese systematische Verlockung wird „die neue Fahrt" genannt.

Gewöhnlich ist eine ganze Chawrusse Zchokker vereinigt, die aber nicht zusammengehen, sondern wie durch Zufall in einem Wirtshause zusammentreffen und sich durchaus fremd gegeneinander stellen. Der Hauptspieler heißt der Premier, die übrigen sind die Eintreiber oder Fallmacher. Sind Gäste im Zimmer vorhanden, so macht ein Fallmacher zum Schein Bekanntschaft mit dem Premier und ladet ihn zu einem Spiel ein. Der Premier bezeigt anfangs keine Lust, stellt sich einfältig, verliert eine Partie nach der anderen und will endlich aufhören, „da er seinen Meister gefunden hat". Der Eintreiber überredet den Premier zu einem anderen Spiele, gewöhnlich zum Häufeln, wobei schon zugleich gezinkte oder gemollte Karten in Anwendung kommen, und läßt nun den Premier gewinnen und verlieren, worauf nun die übrigen Eintreiber, wie von Neugierde gelockt, nach und nach an den Tisch treten, sich durch Wetten am Spiel beteiligen, nach gegebenen Zinken gewinnen und nun die übrigen unkundigen Zuschauer ebenfalls zum Wetten und Spielen ermuntern; dies gelingt denn auch meistens, wobei die miteinander einverstandenen Zchokker bedeutenden Gewinn machen.

Die Eintreiber oder Fallmacher haben jedoch nicht die einzige Aufgabe, zum Spielen und Wetten anzulocken. Sie treten auch zu den Spielenden, und verraten dem Premier und ihren Chawern durch Zinken mit der Hand, dem Fuße, durch Räuspern, Pfeifen, Singen, durch ein hingeworfenes Gaunerwort, durch Zinken gegen den Spiegel usw., welche Karten der Gegenspieler hat, oder wenn der Eintreiber selbst mitspielt, welche Karten er selbst hat.

Beim Spielen wird überhaupt die Kunst des geheimen Verständnisses im weitesten Umfange und in den feinsten Schattierungen geübt. Sehr oft werden Bekanntschaften, die im Wirtshause mit Landleuten, Fußreisenden, Fuhrleuten u. dergl. gemacht sind, erst im Freien fortgesetzt und ausgebeutet. Wenn nämlich die Zchokker die Aufsicht im Wirtshause zu sehr scheuen und den erkorenen Freier dort nicht hinlänglich ausplündern können, so gehen Sie den Weg vorauf und fangen am Wege an, unter sich zu haddern, wozu sie den später Nachkommenden einladen und wobei sie ihn selten ohne Verlust seiner ganze Barschaft u. dergl. von sich lassen.

Da die Zchokker gewöhnlich auch Merammemoßmelochner oder mindestens eifrige Sammler falschen Geldes sind, so hat der etwa gewinnende Freier durch keinen Vorteil von seinem Gewinn sondern noch alle Widerwärtigkeiten, die aus der späteren Verausgabung falschen Geldes entspringen.

EINUNDACHTZIGSTES KAPITEL

Das Kuwiostoßen: Das Würfelschleifen

Auch die Betrügereien mit den Würfeln, Kuwio, Ribling, Rührling, Reger, Derling, Knöpperling (vgl. oben Kap. 76), sind nach der Warnung am Schlusse der Notabilien des *Liber Vagatorum* schon sehr alt. Der älteste Betrug ist wohl das Würfelschleifen. Ein richtig bezeichneter Würfel[1] ist so geaugt, daß die Augen der einander gegenüberstehenden Seiten zusammenaddiert sieben ausmachen, also 1 – 6, 2 – 5, 3 – 4.

1) J. P. Hryson, Enthüllte Zaubereyen und Geheimnisse der Arithmethik, Berlin 1796. Über die Wahrscheinlichkeitsrechnungen beim Würfelspiel.

Das jetzt nur noch wenig gebräuchliche Schleifen geschah in der Weise, daß der Kuwiostoß an einer Seite des Würfels die Ecken auf einem feinen Sandstein abschliff und mit Bimsstein und Kreide nachpolierte. Drei Würfel wurden auf die Eins (Fehler) und drei auf die Sechs (Treffer) geschliffen und nach Gelegenheit, wie es galt vertauscht. Die Würfel fallen begreiflicherweise viel leichter auf die breite als auf die schmaler geschliffene Seite. Indessen ist das Schleifen fast gänzlich abgekommen, weil der Kuwiostoß seiner Würfel nur dann sicher ist, wenn die Seiten sehr stark abgeschliffen sind, was aber leicht in die Augen fällt.

ZWEIUNDACHTZIGSTES KAPITEL

Jung und Alt

Eine zweite Art der Würfelfälschung ist das Futtern der Würfel, in der Gaunersprache Jung und Alt genannt. Das Futtern geschieht auf zweifache Weise. Die eine, die wohl deshalb abgekommen ist, weil die Würfel meistens nicht mehr aus dem Becher, sondern unmittelbar aus der Hand geworfen werden, besteht darin, daß um die Ecken der Fehler- oder Trefferseiten kurze schwarze Schweinsborsten – vff dem Reger mit dem Gebursten[1] – eingebohrt und eingekittet sind, so daß diese jedoch nur zum Gebrauch – auch auf Mänteln, Billardtafeln oder Teppichen – bestimmten Würfel durch die Borsten beim Rollen aufgehalten und auf die berechnete Seite gesetzt werden. Diese Fälschung, die jetzt nur noch selten vorkommt, ist leicht zu entdecken, wenn man mit den Fingerspitzen zart gegen die Ecken des Würfels, oder auch mit dem Würfel über die Wange streicht, wobei sich die Borsten durch ihr Stechen verraten.

Desto häufiger ist aber die zweite Art des Jung und Alt. Sie erscheint um so unverdächtiger, weil sie nur bei massiv aus Knochen oder Elfenbein u. dergl. gearbeiteten Würfeln vorkommt. Die Würfel werden ebenfalls auf zweierlei Weise gefälscht: für die Treffer und für die Fehler. Legt man einen Würfel auf die Eins, so daß die Sechs oben und die Drei gerade vor

1) *Liber Vagatorum*, Notabilien II.

dem Blicke steht, so hat man links die Fünf und rechts die Zwei. Gewöhnlich wird nun von den unteren Augen der Zwei, nahe unter der Fläche der Eins hindurch, nach dem Schrägen, gegenüberliegenden unteren Auge der Fünf ein röhrenförmiges Loch, Kanal, gebohrt, und mit Bleidraht ausgefüllt, dessen Enden, weil sie in Augen auslaufen und in den Augenhöhlungen ausgeschnitten und schwarz überlackiert werden, nicht zu entdecken sind. In gleicher Weise wird für die Fehler von dem unteren Auge der Drei schräg unter der Fläche der Sechs hindurch bis zum unteren Auge der Vier ein Bleidraht gezogen. Auf diese Art werden drei Trefferwürfel und drei dem Äußeren nach jenem gleiche Fehlerwürfel hergerichtet und zur passenden Gelegenheit beim Wetten angewandt. Die Bleidrähte, die beim Rollen der Würfel deren Fläche, über die sie unmittelbar gezogen sind, vermöge ihrer Schwere nach unten bringen, lassen sich auch noch in anderer Richtung ziehen, je nachdem die Drähte dicht oberhalb derjenigen Fläche durchgezogen werden, die beim Werfen unten zu liegen kommen soll.

Die Betrügerei ist, weil sie bei dem vollen oder massiven Material der Würfel am wenigsten zu ahnen ist, gerade die am meisten geübte. Auf Jahrmärkten wird, besonders in den Glücksbuden, ungeheuer damit betrogen. Die Prüfung der Würfel ist leicht. Man darf nur mit einem spitzen Messer oder Nagel in ein verdächtiges Würfelauge schaben, um nach Entfernung des schwarzen Lackes das blinkende Blei zum Vorschein kommen zu sehen. Noch besser dient dazu ein Spitzbohrer oder ein Schusterpfriemen, mit dem man die Bleistange von einem verdächtigen Auge her mit Leichtigkeit aus dem gegenüberstehenden Auge herausschieben kann.

DREIUNDACHTZIGSTES KAPITEL

Die Sanduhr

Ein noch feinerer Betrug ist die Sanduhr, die ebenfalls vielfach von den Kuwiostossen in Anwendung gebracht wird.

Die Sanduhr läßt sich bei hohlen Würfeln anbringen. Diese Würfel sind aus einem hohlen Tierknochen zugeschnitten und gefeilt. In die beiden einander gegenüberstehenden Öffnungen sind ein paar runde Knochenscheiben eingeschraubt. Meistens sind diese Scheiben gerade die Sechs und die Eins. Die Kuwiostossen bringen nun mitten in der Höhlung des Würfels ein Blech oder eine Knopfform an, die in der Mitte ein kleines Loch hat. Dieses Loch verbindet die beiden durch die Knopfform getrennten Höhlungen des Würfels miteinander. Die untere Höhlung des etwa auf sechs ruhenden Würfels wird mit feinem Uhrsand gefüllt und dann die Platte mit der Eins auf den Würfel aufgeschraubt. Legt man nun den Würfel auf die Eins, so fällt der Sand durch das Loch der Scheidewand in die Höhlung zwischen der Eins und der Scheidewand. Wirft man jetzt den Würfel rasch fort, so wird die Sechs oben kommen, da der Sand, der während des Wurfes nicht so rasch aus der Höhlung weichen konnte, diesen Teil des Würfels bedeutend schwerer macht und nach unten drückt. Beim Wetten faßt der Kuwiostoß die Würfel so, daß die Sechs oder die Eins nach oben steht, je nachdem seine Gegenspieler auf diese oder jene Zahl setzen. Nach Befinden wendet der Zchokker mit dem Anschein, als ob er die Einsätze nachsieht, seine die Würfel fallende Hand so, daß der Sand auf die Eins oder Sechs abläuft und wirft dann die Würfel rasch ab.

Bei der Sanduhr ist nicht einmal eine Vertauschung der Würfel nötig. Dieser Umstand macht daher die Anwendung der Sanduhr sehr geläufig.

Man kann den Betrug leicht entdecken, wenn man den eine kurze Zeit auf die Eins oder Sechs gestellten Würfel leicht zwischen Daumen und Zeigefinger an zwei entgegengesetzten Ecken faßt, wobei der Würfel mit der gefüllten Höhlung sich nach unten senken wird. Hier und da sind auch mit Quecksilber gefüllte Würfel vorgekommen. Das Quecksilber läuft jedoch beim Werfen zu rasch durch das Loch der Mittelwand, macht somit den Wurf unsicher und klappert auch beim prüfenden Schütteln des Würfels, was bei der Sandfüllung wenig oder gar nicht der Fall ist.

Dagegen wird das Quecksilber bei den Drehwürfeln angewandt. Die Drehwürfel haben bekanntlich oben einen runden Handgriff zum Schnellen oder Drehen, und unten eine Spitze, auf der der kreisende Würfel läuft. Der Würfel hat gewöhnlich sieben bis zwölf Seitenflächen mit Nummern nach willkürlicher Ordnung. Diese Würfel sind ebenfalls hohl, und Handgriff und Spitze sind einander gegenüber eingeschraubt. Die Kuwiostossen teilen nun den Würfel der Länge nach durch ein Blech oder Holzblättchen in zwei Höhlungen, so daß gegen die eine Höhlung draußen die kleinen, gegen die andere Höhlung draußen die großen Zahlen stehen. Die innere Querwand ist nun unten in einer Ecke mit einem Loche versehen. Nachdem der Würfel mit einer nur kleinen Menge Quecksilber gefüllt ist, wird er durch Aufschrauben des Handgriffs geschlossen. Je nachdem nun der Würfel gedreht wird, bleibt das Quecksilber in der einen Höhlung zurück, wenn es durch das Drehen in die Ecke der Höhlung geschnellt wird, wo das Verbindungsloch der Scheidewand sich nicht befindet, oder tritt in die andere Höhlung, sobald die entgegengesetzte Drehung das Quecksilber auf die Seite der Scheidewand schnellt, auf der es durch das Verbindungsloch in die andere Höhlung treten kann. Der Kuwiostoß, der die Einrichtung seines Würfels kennt, weiß genau, in welcher Höhlung das Quecksilber sich befindet, wenn er den Würfel in die Hand nimmt, und dreht nun nach rechts oder links, wie es sein Interesse beim Spiel erfordert. Den Betrug entdeckt man ebenfalls dadurch, daß man den Würfel leicht an den Spitzen zwischen Daumen und Zeigefinger faßt, worauf die mit Quecksilber gefüllte Höhlung nach unten sinkt. Äußerlich erscheint die Drehwürfel schon dadurch verdächtig, daß die Zahlen meistens nicht in regelmäßigem Wechsel, sondern so angebracht sind, daß die kleinen Zahlen den großen gegenüber, die Zahlen also in fortlaufender Reihenfolge auf dem Würfel stehen.

VIERUNDACHTZIGSTES KAPITEL

Der Scheffel

Ebenso wie das falsche Karten- und Würfelspiel, verdienen besonders in Wirtshäusern und auf Jahrmärkten und Volksfesten noch andere Betrügereien beim Spiel die schärfste Überwachung. Zu dieser gehört der Scheffel.

Der Scheffel ist eine runde hölzerne, von einer Bande umschlossene Scheibe mit flachen, runden, rot und schwarz gemalten und numerierten Vertiefungen, die kreisförmig um den Mittelpunkt, den Haupttreffer, das Martsch, laufen. In den Scheffel wird eine Kugel geworfen, die eine Zeitlang darin umherläuft, bis sie in einer Vertiefung liegen bleibt. Der Scheffel wird gewöhnlich auf einen etwas lose gesetzten Tisch gestellt, so daß er während des Laufens der Kugel durch heimliches Heben und Senken in seiner horizontalen Lage verändert werden und somit der Kuwiostoß immer seinen Vorteil dabei finden kann. Beim Wellen auf Rot oder Schwarz werden die Löcher dieser oder jener Farbe auf verschiedenen, dem Kuwiostoß allein bekannten Stellen oder Kreisen des Scheffels mit trockener Seife ausgerieben und nachgewischt, so daß die Kugel leicht wieder aus der geseiften Höhlung heraus in eine andere, minder glatte, läuft. Der Kuwiostoß kennt die Löcher genau nach den Nummern, und hilft durch heimliches Heben und Senken des Scheffels nach. Wenn auch der Scheffel, dieser Vorläufer des Roulette, ziemlich aus der Mode gekommen ist, so findet er sich doch noch hier und da auf Jahrmärkten.

FÜNFUNDACHTZIGSTES KAPITEL

Das Deckeles

Obschon das Deckeles, Deckeln, Deckelspiel, Fingerhutspiel ein so plattes wie verrufenes Kunststück ist, so findet es doch noch immer auf Jahrmärkten sein Publikum, da dies Spiel immer nur in Chawrusse gespielt wird, dem Deckeler oder Premier also genug Leute durch die Eintreiber oder Fallmacher zugeführt werden.

Der Deckeler hat drei große Fingerhüte oder kleine Becher von Holz oder Metall vor sich auf dem Tische stehen, und dazu ein kleines weiches Kügelchen von Seide, Baumwolle, Papier oder Wachs. Mit einem der Becher wird in raschem Wechsel das hin und her geschnellte Kügelchen bedeckt. Der Premier setzt eine Summe aus für den, der einmal die Kugel unter dem Becher errät.

Zunächst wird das Spiel ganz langsam gemacht, um die Vorübergehenden zu kirren. Die Eintreiber lassen sich zuerst auf das Spiel ein, setzen und gewinnen, bis nun auch andere zum Spiele verlockt werden. Jetzt werden allerlei Betrügereien vorgenommen. Während des Deckelens weiß der Premier die kleine Kugel zwischen dem langgewachsenen Nagel des Mittel- oder Zeigefinger geschickt einzuklemmen und aus dem Spiel zu entfernen. Oder er läßt recht sichtbar einen Becher über die Kugel fallen, oder stößt, wie aus Ungeschicklichkeit, die Kugel unter dem Becher hervor, bedeckt die Becher rasch mit dem Hute oder Tuche, und schlägt eine neue Wette vor, während er heimlich unter Hut oder Tuch die Kugel unterschiebt oder entfernt, oder auch einen anderen Becher einschiebt.

Ähnliche Betrügereien können noch mehrfach bei diesem elenden Spiele vorkommen. Zuweilen werden die Betrüger vom kundigen Gegenspieler dadurch wieder betrogen, daß letzterer heimlich ein feines Kopfhaar an die Kugel klebt, das unter dem Becher hervorragt und die Kugel verrät.

SECHSUNDACHTZIGSTES KAPITEL

Das Riemenstechen oder Bandspiel

Das in Norddeutschland weniger bekannte, aber in Mittel- und besonders Süddeutschland desto häufiger noch in Wirtshäusern und auf Jahrmärkten vorkommende Riemenstechen oder Bandspiel ist eine sehr platte gemeine Gaukelei. Dieses Riemenstechen wurde in Österreich schon 1752 durch ein Kaiserliches Patent, verschärft durch ein Patent vom 1. Mai 1794, das 1840 erneuert wurde, verboten. Auch unter Friedrich dem Großen war das Riemenstechen in den Gouvernementsbefehlen von Berlin den Soldaten untersagt, oder doch nur um Pfefferkuchen, Gläser usw., nicht aber um Geld erlaubt[1].

Der Riemenstecher führt einen langen, etwa einen Zoll breiten an den Enden zusammengenähten Riemen, den er in mehrere, allmählich verkürzte Falten nebeneinander legt, die er mit

1) Der Bär, 7. Jahrgang, Berlin 1881, S. 89.

dem langen übrigbleibenden Riemenende dicht umwickelt und fest anfaßt, so daß er mit dem Daumen und den ersten Fingern den Riemen gerade an dessen Doppelenden in der Hand hält. Bei der abfallenden Kürze der Lagen entstehen Höhlungen in dem Gewinde, die innerhalb der Weitung des ganzen Riemens zu sein scheinen, in der Tat aber außerhalb oder blind sind. Der Unkundige wird nun durch die Eintreiber des Riemenstechers, die zuerst vor seinen Augen gewinnen, leicht verlockt, mit dem Pfriemen oder Messer durch eine Höhlung des Riemens auf den Tisch zu stechen, um den zusammengenähten Riemen darauf festzuhalten, wird aber immer getäuscht und um seinen Einsatz gebracht, wenn der Riemenstecher den Riemen abzieht, da die nicht von der Hand des Riemenstechers bedeckten Höhlungen sämtlich blind sind.

SIEBENUNDACHTZIGSTES KAPITEL

Die Glücksbuden

Außer den Würfelspielen und dem Scheffel kommen in den Glücksbuden noch die verschiedenartigsten Nachäffungen der Lotterie vor, deren Aufzählung ermüdend sein dürfte[1]. So genau auch die Kontrolle über diese Glücksbuden ist, so sehr werden die beaufsichtigenden Beamten durch die mit dem Glückshäfner in Verbindung stehenden Eintreiber getäuscht, die zum Anlocken der Menge die markierten Treffer geschickt aus dem Glückstopf zu holen und dafür wiederum beim Eingreifen eine Menge Nieten in den Glückstopf zu praktizieren wissen, wie denn überhaupt die gesamte Taschenspielerei gerade in den Glücksbuden am ärgsten ihr Wesen treibt.

Der Verkehr auf den Jahrmärkten und vor allem das stabile Wirtshausleben, dem leider die unteren Stände bei weitem mehr verfallen sind als die höheren, fördert die Berührung des Gaunertums mit dem Bürgertum in immer umfangreicherer und bedenklicher Weise. Es gibt kaum ein Spiel in den Wirtshäusern, bei dem das Gaunertum mit seinem Betruge sich nicht einzudrängen gewußt hätte. Die Habsucht der Wirte wird von

1) W. J. Dainecke, Das Lotto in allen seinen Spielformen. Wien 1857.

den Betrügern durch eine starke Zeche, hohes Spielgeld und einen erklecklichen Anteil am Gewinn befriedigt, und somit der schon so sehr verfärbte, alte, schützende und gemütliche Charakter des Wirtstums mehr und mehr bis zur gänzlichen Ausmerzung, verdorben. Wenn es Wirte genug gibt, die jede Art gezinkter und gemollter Karten, gefälschte Würfel und sogar falsche mit Blei ausgegossene Wurfkugeln beim Kegelspiel u. dergl. zur Hand haben, so wird dadurch die Aufgabe der ahnenden oder wissenden Polizei ungemein groß, schwierig und undankbar. Der Bürger sollte aber bei dem Ernste der Sache nicht über „Verkümmerung seines unschuldigen Vergnügens und seiner harmlosen Erholung" sich beklagen, wenn er sieht, daß die Polizei ihm sein Vergnügen und seine Erholung frei von Betrug und Gefahr zu halten strebt, indem sie eine scharfe Aufsicht über die Wirtshäuser übt. Wer die ungeheure Menge schmählicher Betrügereien kennen gelernt hat, die vom Gaunertum bei allen, auch den unverfänglichsten und harmlosesten Spielen der Erholung ausgeübt werden, der wird ferner nicht von der „Bevormundung selbständiger Bürger" reden, wenn man ihnen die vom Betruge geleiteten und von den verderblichen materiellen und sittlichen Folgen bedrohten Glücksspiele überhaupt verbietet.

Wie das Torfdrucken mit dem Lebensverkehr durch Abwarten oder Herbeiführung irgendeiner äußeren Bewegung oder Situation sich zu verbinden sucht, um gelegentlich den heimlichen Diebstahl auszuüben, so machen es sich die Zchokker zur Aufgabe, mit scharfer Beobachtung die geistige Schwäche der einzelnen Spieler in den gegebenen Situationen zu erforschen und die erkorenen Opfer auszubeuten. Auch hier hat es der Betrug ganz vorzüglich auf die deutsche Offenheit und Redlichkeit abgesehen, der nur erst die Tatsache des Diebstahls und der Verlust des Gestohlenen begreiflicher ist, als der fein rüstende und operierende Betrug, dessen Annäherung und Weise sie nicht zu erkennen, und dessen Folgen sie meistens als ein hartnäckiges Unglück anzusehen pflegt.

Die sogenannten Promessenspiele haben endlich in neuester Zeit die Aufmerksamkeit der Behörden auf sich gezogen, und sind teilweise als Betrug angesehen und geahndet worden. Solange aber der Promittent nicht einen sicheren Gewinn verheißt, und solange er sich nur auf die Möglichkeit eines Gewinnes bei seinen Nachweisen gegen eine bare Einlage beschränkt, solange kann auch die Promesse nicht als Betrug geahndet und das Unternehmen nicht als gaunermäßiger Betrieb angesehen werden. Doch erfordert die nach Beschaffenheit der einzelnen Promessen, Personen und Gelegenheit immerhin vorhandene Möglichkeit des Betrugs ein scharfes Aufsehen der Sicherheitsbehörden.

ACHTUNDACHTZIGSTES KAPITEL

Das Fleppenmelochnen

Das niederdeutsche Flep, Fleppe, Fleppen, Flebbe, Flebken oder Flöbken bedeutet die auf die Stirn fallende Spitze oder Schnippe der früher allgemein gebräuchlichen Weiber- oder Kindermützen oder Kopftücher (driekantig hoofd-dök), die besonders von Witwen getragen werden, und bei denen auch wohl die Länge der Schnippe (Schnebbe) den höheren Grad der Trauer ausdrückte.

Im Niederdeutschen ist Flep gleichbedeutend mit Sleep, Schnippe, Schnebbe, Schleppe[1]. Die Fleppen waren von feiner Leinwand, Samt oder Flor. Von der Auffälligkeit der Fleppen wird auch heute noch im Plattdeutschen alles Auffallende im Gesicht, ganz besonders aber dicker, hervorstehender Mund, Flap, Flaps, Flappe oder Flappe – in Berlin auch Flebb[2] – genannt, und auch zu Falbbsnut (Schnauze, Dickschnauze) zusammengesetzt, wofür dann wieder die Abkürzung Snut, für Flabbsnut gebraucht wird. So wurde der berüchtigte Itzig Muck von der niederländischen Bande wegen seines ungestalteten Mundes Itzig Schnut oder Snut genannt[3]. Flap oder Flaps heißt ferner noch eine entstehende Wunde im Gesicht, auch wohl der Schlag in das Gesicht. Endlich wird es als Flaps oder Laps zum Schimpfwort für einen ungeschlachten Menschen; Flapsen heißt auch: sich küssen.

1) Kramer, Niederd. Diktion. I, 84; G. Richey, Hamburger Idioticon, S. 59.
2) Meyer, der richtige Berliner, S. 37.
3) Schwencken, No 292; Becker II, S. 184, 265, 302, 465, Nr. XXX.

In der Gaunersprache bedeutet der auch in das Jüdisch-Deutsche aufgenommene Ausdruck Fleppe oder Flebbe jeden schriftlichen Ausweis, Zeugnis, Brief, öffentliche und private Urkunde, besonders auch den Paß, wovon linke Fleppe: gefälschtes Papier, falscher Paß; Zinkfleppe: Steckbrief; Fleppenmelochner, jeder, der überhaupt Dokumente neu gestaltet oder umgestaltet, ganz besonders aber auch der Urkundenfälscher, anstatt des ausdrücklichen Linkefleppenmelochner. Der Ausdruck Kassimelochner ist mit dem Fleppenmelochner von gleicher Bedeutung, wenn er auch nicht so gebräuchlich ist wie dieser.

Neuerlich ist der Ausdruck Findchen- oder Pfindchenmelochnen für Fleppenmelochnen in Aufnahme gekommen. Findchen oder Pfindchen ist in der Gaunersprache besonders der Paß, das Wanderbuch und wohl nur eine Verstümmelung vom jüdisch-deutschen פִּנְקָס (pinkas), Notizbuch, Tagebuch, Schuldbuch, Handelsbuch.

Da aus inneren Gründen und nach bestehenden Gesetzen Urkunden einen besonderen Glauben in Anspruch nehmen dürfen, durch ihre ganze oder teilweise Fälschung aber große und unrechtmäßige Vorteile erlangt und Treue und Glauben verletzt werden, auch der Verkehr und Kredit große Störungen erleiden kann, so hat die Gesetzgebung die Urkundenfälschung besonders genau und scharf berücksichtigt, und auch die Wissenschaft sich eifrig bemüht, die Fälschungen möglichst zu erschweren und zu verhindern, oder, wenn begangen, doch leicht und sicher zu entdecken, ehe der beabsichtigte Vorteil vom Fälscher erreicht ist.

Aber auch das Gaunertum, das in den Fleppen die wichtige Sicherung seiner äußeren Erscheinung findet, hinter der es seine verbrecherische Persönlichkeit versteckt, ist nicht zurückgeblieben und hat seit dem sechzehnten Jahrhundert, in dem schon, wenn auch nur kümmerliche, Schriftfälschungen mit Anwendung von Säuren und Alkalien vorgenommen wurden, mit Hilfe derselben Wissenschaft, die den Betrug bekämpft, die Fälschungskunst auf einen solchen Standpunkt gebracht, daß sie mit der vollen Sicherheit einer gewerblichen Kunst, mithin als wahre Gaunerindustrie, betrieben wird, und unzählige Fälschungen mit den verschiedenartigsten Dokumenten vorge-

nommen, leider aber auch meistens übersehen werden, da bei
der Masse solcher umlaufenden Schriftstücke nur die wichtige-
ren einer genaueren Prüfung unterworfen zu werden pflegen.
Die Technik des Fleppenmelochnens erfordert viel Studium und
Übung. Jede Handschrift hat etwas Subjektives, auf dessen Entäußerung es zunächst beim Fleppenmelochnen ankommt, um
desto behender und geschickter die graphische Ausdrucksform
dritter Personen objektiv genau aufzufassen und nachzubilden.
Diese Fertigkeit wird nicht durch kalligraphische Übung, sondern durch genaues Studium und scharfes Auffassen fremder
Handschriften erworben. Daher findet man auch nur selten unter den Fleppenmelochnern wirkliche Schreibmeister oder
Schreibkünstler, sondern zumeist solche Personen, deren Beruf
ihnen Gelegenheit gibt, eine Menge verschiedenartiger Handschriften zu sehen und zu studieren, also Kupferstecher, Stein-
drucker, Schreiber, Kontoristen, Registratoren u. dergl. Dabei
ist die eigene Handschrift des Fleppenmelochners selten schön,
meistens aber von eigentümlichem, wenn auch sehr verschie-
denem Ausdruck. Von Wichtigkeit ist die Wahrnehmung, daß
die Nachahmung von Schriftzügen um so leichter und besser
gelingt, je weniger der Nachahmende die einzelnen Schriftcha-
raktere ihrer Bedeutung nach versteht, oder je mehr die Züge
von ihm als bloßes materielles Bild, ohne sein eigenes subjektives Verständnis aufgefaßt, also bloß mechanisch nachgebildet
werden. Man überzeugt sich hiervon, wenn man einen Schreiber Schriftsätze oder Wörter aus fremden Sprachen mit eigentümlichen Buchstaben, die er nicht kennt und versteht, z. B.
Griechisch, Hebräisch, Jüdisch-Deutsch (Syrisch) oder Russisch
usw. kopieren läßt. Man wird dabei die Ähnlichkeit, ja man
kann sagen, vollkommene Gleichheit beider Handschriften finden und sich davon überzeugen, wie wichtigen Einfluß die Entäußerung der subjektiven Handschrift mit ihrem subjektiven
Verständnis auf das Gelingen solcher Schriftnachahmungen
hat, und wie wenig bei entstandenem Verdacht entscheidend
sein darf, ob der verdächtige Schreiber vom Fach ist oder nicht.
Der im gewöhnlichen Leben üblichste unverfängliche Behelf
bei einer Schriftänderung, das Radieren mit dem Messer, Radiergummi oder Radierpulver, wird von den erfahrenen Fleppenmelochnern nur wenig und äußerst behutsam zur Anwen-

dung gebracht, weil jede, auch die geschickteste Radierung das Papier schwächt, gegen das Licht transparent macht und selbst bei schlecht gearbeitetem, an sich schon fleckigem Papiere leicht erkennbar wird. Gewöhnlich werden solche dünnradierten Stellen, oft auch das ganze Blatt, auf dem Rücken mit Papier überklebt, um das scheinbar durch Gebrauch und Alter faltig, brüchig oder mürbe gewordene Dokument zusammenzuhalten.

Gerade diese, auf den ersten Anblick bemerkbare Beklebung erregt schon sogleich den Verdacht einer Fälschung. Zur genaueren Untersuchung muß das aufgeklebte Papier durch eintauchen in Wasser erweicht und vorsichtig entfernt werden. Dies gelingt meistens leicht, da die Beklebung gewöhnlich durch leicht lösliche, schlechte Bindemittel, am häufigsten mit Mehl und Wasser, vorgenommen wird, um ihr den möglichsten Schein der Unverfänglichkeit zu geben. Sogar mit gekautem Brot vorgenommene Beklebungen radierter Stellen sind mir vorgekommen. Schon durch das bloße Befeuchten des radierten Papieres mit destilliertem Wasser entdeckt man leicht, ob eine Stelle radiert ist, und ob sie nach dem Radieren, um das Fließen der Tinte darauf zu verhüten, mit Radiergummi oder Radierpulver nachgerieben ist, da diese so nachgeriebenen Stellen das Wasser nicht annehmen. Ist die radierte Stelle mit Leim überstrichen worden, so hat das Papier um diese Stelle eine weniger weiße Farbe. Ist auch die Farbe und Schwärze der Tinte, sowie die Schrift der gefälschten Stelle mit der Originalschrift durchaus gleich, so kann man doch meistens durch die Lupe die durch das Radieren rauh geschabte und zerrissene Stelle entdecken. Die Untersuchung mit dieser Lupe ist wichtig, namentlich wenn das hinter die verdächtige Schrift geleimte Papier sich nicht durch Erweichen trennen lassen sollte.

Wegen der Übelstände, die das Radieren mit sich bringt, wählen die Fleppenmelochner zur Vertilgung der betreffenden Stellen viel lieber Chemikalien, besonders die javellische Lauge, Salzsäure und Oxalsalbe oder Kleesäure, mit welchen Flüssigkeiten sich die Tinte gänzlich wegwaschen läßt, so daß sogar auch ganze beschriebene Stempelbogen, mit Schonung des darauf befindlichen Stempels, durchaus frei von der Schrift gewaschen und als neue Stempelbogen verkauft werden.

Zunächst kommt es hier zur Entdeckung der Fälschung, wie bei dem Radieren, ebenfalls auf die genaue Untersuchung an, ob die Schriftzüge vollkommen gleich, frei, unverflossen und rein sind. Vorzüglich wichtig ist aber hier die Untersuchung des Papieres, ob es an Farbe überall gleich ist. Ungleichfarbige Stellen, Flecke mit gefärbten oder mit weißer als das übrige Papier hervortretenden Rändern oder Höfen deuten schon auf eine Anwendung solcher chemischer Mittel.

Zur Entdeckung dieser Betrugsweise hat die Wissenschaft eine Reihe von Hilfsmitteln in Bereitschaft, von denen die einfacheren, deren Anwendung leicht ist, Erwähnung verdienen. Eine starke Erwärmung des verdächtigen Papiers führt schon meistens mit Sicherheit auf die Entdeckung der Fälschung. Legt man das verdächtige Papier zwischen zwei Bogen Löschpapier und fährt mit einem mäßig stark erhitzten Plätt- oder Bügeleisen darüber hin, so kommen, wenn auch das Papier ein noch so weißes Ansehen hat, gefärbte Stellen zum Vorschein. Namentlich treten die Spuren der weggewaschenen Tinte in rötlichgelber Färbung so deutlich hervor, daß man die frühere Schrift lesen kann, sobald man sie mit einer Abkochung von Galläpfeln benetzt. In dieser Weise lassen sich besonders auch bereits benutzte Stempelbogen, deren alte Inschrift weggewaschen war, leicht untersuchen.

Das Befeuchten mit reinem destilliertem Wasser läßt ebenfalls sehr häufig eine Fälschung entdecken. Man legt das verdächtige Dokument auf einen Bogen weißes Papier, oder noch besser auf eine Glastafel, und befeuchtet das Papier mittels eines reinen feinen Pinsels. Die radierten Stellen saugen das Wasser leichter ein, die ausgekratzten Buchstaben erscheinen sehr oft wieder und lassen sich dann, sobald man das Dokument gegen das Licht hält, deutlich lesen, da sie durch das Wasser transparent werden, namentlich wenn die Urkunde mit saurer Tinte geschrieben war, und das Papier kohlensaures Salz enthielt, wobei das Papier durch Einwirkung der Tinte stark angegriffen wird.

Seitdem in neuerer Zeit die Urkundenfälschungen immer ärger und häufiger getrieben worden sind, haben die Regierungen selbst, besonders in Frankreich und England, sich eifrig bemüht, dem schmählichen Betruge vorzubeugen. Besonders forderte 1825 das Justizministerium in Frankreich die Akade-

mie der Wissenschaften in Paris zu Vorschlägen auf, infolge-
dessen es denn auch an zahlreichen Versuchen und Vorschlägen
nicht gefehlt hat. Es handelte sich hauptsächlich um Herstellung unauslöschlicher Tinten und um Erzeugung sogenannter
Sicherheitspapiere, deren Farbe bei jedem Versuche, die Schrift
auszulöschen, sich verändert. Allerdings hat es noch immer
nicht glücken wollen, eine völlig unauslöschliche Tinte zu finden. Glücklicher ist man in der Herstellung von Sicherheitspa-
pieren gewesen, bei deren Bereitung es wesentlich darauf ankommt, daß bei jedem Versuche, die Schrift auszulöschen,
zugleich auch die Farbe des Papieres verändert wird[4]. Unter
letzteren bewährt sich wohl das von Grimpe erfundene, von Se-
guier 1848 empfohlene Sicherheitspapier als das beste. Beide
Seiten des Papierbogens werden mittels eines Zylinder, auf dem
eine Zeichnung graviert ist, mit gewöhnlicher und zugleich gegen die Wirkung aller zur Löschung der Handschriften benutz-
ter chemischer Stoffe sehr empfindlicher Farbe bedruckt. Die
Feinheit der die Zeichnung bildenden Linien und die Beschaffenheit der angewandten Farbe macht nicht nur die Nachahmung mit der Hand, sondern auch jede Herstellung durch
Nachdruck oder durch irgendeine andere Weise unmöglich.
Dieses Verfahren hat überdies den Vorteil, daß es sich ebenso
gut bei Handpapier wie bei Maschinenpapier anwenden läßt.

Die Verlässigkeit der Sicherheitspapier hat ihrer Verwendung, namentlich zu Reisepässen, in neuester Zeit immer mehr
Bahn gebrochen. An Stelle der früheren kümmerlich gedruckten Paßblanketts geben die neuesten Pässe insoweit vollständige Sicherheit, indem zu ihnen ein Sicherheitspapier verwandt
wird, das seiner ganzen Beschaffenheit nach eine Fälschung
äußerst schwierig, ja, wohl kaum noch möglich macht.

Der Fleppenmelochner beschränkt sich nicht allein auf die
ganze oder teilweise Tilgung und Umänderung von Dokumenten, sondern weiß auch – und da ist besonders für die Kontrolle des Verkehrs der Gauner unter sich sehr genau zu beachten
– zur Vermittlung einer geheimen Verständigung, mittels sympathetischer Tinte auf weißem Papier, ein Kuvert oder ein sonstiges harmlos aussehendes beschriebenes oder bedrucktes Papier eine unsichtbar Geheimschrift herzustellen. Ihm sind eine

4) Westrumb I. S. 329.

große Anzahl verschiedener Mischungen bekannt, die aber meistens schon durch einfache Erwärmung zu entdecken sind.

So geben die verdünnten Auflösungen des salzsauren, essigsauren und salpetersauren Kobaltoxyds mit dem vierten Teile Seesalz eine Tinte, die, wenn die mit ihr geschriebenen Buchstaben eingetrocknet sind, durchaus unsichtbar ist, aber in blauer Färbung hervortritt, sobald das Papier nur gelinde erwärmt wird. Ebenso gibt durch Erwärmung eine grüne Farbe: eine Mischung aus salzsaurem Kobaltoxyd und salzsaurem Eisenoxydul, oder auch eine Mischung von Nickel. Stark verdünnte Schwefelsäure läßt anfangs die Buchstaben unsichtbar, die aber durch Erwärmung schwarz werden und nicht zu vertilgen sind, weil die Schwefelsäure nach Verdunstung des Wassers das Papier verkohlt. Etwas umständlicher wird die Schrift mit sympathetischer Tinte aus Eisenvitriolauflösung durch eine schwache Galläpfelauflösung, oder eine mit schwefelsaurer Kupferauflösung geschriebene Schrift durch Ammonikdämpfe sichtbar gemacht.

Die Korrespondenz mit sympathetischer Tinte wird viel zur Verständigung mit gefangenen Gaunern von außen her benutzt. Daher ist jedes in die Gefangenanstalten gelangende Papier, ob als weißer Packbogen, Umschlag, Kuvert, oder beschrieben oder bedruckt, und jeder noch so unverfänglich scheinende Brief verdächtig, auf das sorgfältigste zu prüfen, da sonst dem Gefangenen die wichtigsten Mitteilungen kund werden können, sobald er das ihn zugesandte Papier über das Licht oder gegen den Ofen hält.

Eine sehr alte geheime Schreibweise der Gefangenen unter sich, von einer Zelle zur anderen, besteht darin, daß mit einem gespitzten Stück trockenen Talg auf Papier geschrieben wird, das der Empfänger auf einen Tisch oder den Fußboden legt und stark mit einem geknoteten Tuche oder Lappen schlägt, wodurch die bis dahin unsichtbare Schrift ziemlich deutlich hervortritt. So unbeholfen diese Mitteilungsweise an sich ist, so karg nur stets die Mitteilung selbst sein kann, da begreiflich nur mit sehr großer Schrift dabei geschrieben wird, so häufig wird sie doch noch immer in Gefängnissen benutzt, und bleibt immer gefährlich, da ja oft ein einziges Wort oder Zeichen zu einem vollkommenen Verständnis ausreicht.

Endlich verdient hier der trockene Druck auf Holz erwähnt zu werden, der unter den Buchdruckern sehr bekannt ist.

Die Mitteilung wird mit gewöhnlichen Drucklettern gesetzt und ohne Schwärze oder Farbe auf ein Stück weiches Holz, wie z. B. Linden-, Weiden-, Föhren-, Zedern-, Kastanien- oder Pappelholz, scharf aufgedruckt. Dadurch wird der Druck tief in das Holz eingetrieben. Um nun dem Dritten die Mitteilung verborgen zu halten, wird das Holz mit einem Ziehling, Glasscherben oder feinem Doppelhobel genau bis auf die Tiefe des Drucks weggeschabt oder gehobelt, so daß der Druck vollständig verschwindet. Der in das Geheimnis eingeweihte gefangene Empfänger benutzt nun das Holz mit Wasser oder einer sonstigen Feuchtigkeit, worauf an dem Holz die unterhalb des sichtbar gewesenen aber abgeschabten Drucks zusammengepreßten Letterstellen herausquillen, so daß die Mitteilung nun in ziemlich deutlicher Erhabenheit erscheint. In dieser Weise lassen sich auf einem Lineal, Stock, dem Boden oder Deckel einer Schachtel oder eines Kästchens, auf einer Nadelbüchse u. dergl. ziemlich ausführliche Mitteilungen machen, von denen der Uneingeweihte um so weniger eine Ahnung hat, als der Glanzlack, mit dem ein so bedrucktes Holzstück zu größerer Täuschung überzogen wird, das Aufquellen des Holzes keineswegs verhindert.

Die sehr große Menge von Urkunden, die in den Bureaus ausgestellt werden und in diese gelangen, erfordert auch eine Menge von Schreibern zur Ausfertigung der Urkunden oder Ausfüllung des Urkundenblanketts. Man ist daher gewohnt, gleichgültig auf die Handschrift selbst zu sehen, von der man nur Deutlichkeit und Sauberkeit verlangt, und sucht die Beglaubigung der Urkunden wesentlich in der Unterschrift, in dem Siegel und Stempel. Dieser Umstand hat nun aber auch die Kunst der Fleppenmelochner auf die Nachbildung von Siegel- und Stempelformen geführt, und das Chassimemelochnen (Chassima, von חָתַם [chatam], siegeln, einprägen, vollenden, ist das Siegel, die Unterschrift, die Beglaubigung) zu einer Ausbildung gebracht, die kaum einmal so groß zu sein braucht, wie sie ist, da sparsame Behörden sowohl bei Anfertigung ihrer Stempel- und Siegelformen sehr wenig für ihr weniges Geld vom Graveur verlangen, wie auch bei dem Gebrauch und der Kontrolle der Stempel- und Siegelformen im raschen Geschäftsgange vielfach Nachlässigkeiten sich zuschulden kommen lassen. Man findet heutzutage nicht selten zu den wichtigsten amtlichen Urkunden noch Siegel benutzt, die außer der Jahreszahl auch noch durch ihre arge Abgenutzheit ihr zwei- bis dreihundertjähriges Alter sehr stark verraten, oder wenn auch neue, doch so einfach, schlecht und unordentlich gestochene Stempel, daß man sie sofort für das Fabrikat der auf Jahrmärkten umherziehenden Graveure erkennt, die gerade die gefährlichsten Chassimemelochner sind[5].

Ferner bedient man sich zum Siegeln gerade in den größeren Bureaus am meisten des schlechtesten weichen Siegellacks von schmutzigbrauner Farbe, das gar nicht einmal das Siegel deutlich und anständig ausdrückt. Zeichnung und Inschrift wird auch schon durch den geringen Druck des Falzens oder durch die Postverpackung verunstaltet, und das Siegel sogar mit anderen Briefen in unzertrennliche Gemeinschaft zusammengeklebt. Auch die Farbedrucke sind selten leserlich, weil die Stempel nicht ordentlich aufgesetzt, sondern zu ihrem raschen vollständigen Ruin hastig aufgeschlagen werden und dazu auch die Farbe auf den Tupfballen selten ordentlich behandelt und gehalten wird.

Alle diese offenbaren, nur scheinbar unbedeutenden Nachlässigkeiten machen den Fleppenmelochnern das Chassimemelochnen sehr leicht, so daß nur zu oft sogar ganz plumpe Siegelfälschungen unbeachtet bleiben. Der Besitz eines Siegelabdrucks oder Gipsabgusses genügt dem als Graveur umherreisenden Chassimemelochner, um in unglaublich kurzer Zeit ein Petschaft, besonders auf Zinn und Schiefer, herzustellen, das für eine Menge linker Fleppen ausreicht. Bei dem am 17. Juli 1852 in Bremen verhafteten Fleppenmelochner Stahlhauer fand man an Siegeln, die zum Schwarzdruck auf Schiefer graviert waren: das Siegel des preußischen Ministeriums des Innern, der Stadt Greifswald, der Stadt Stade, der königlichen Regierung zu Potsdam, des Polizeipräsidiums von Berlin, des Polizeiamtes in Wittenberge, der Polizeidirektion in Bremen, Basel, Trier, München, Hamburg und Cöln, des Kammergerichts in Berlin, der königlichen Regierung in Stralsund, des

5) Über die betrügerischen Siegelstecher in früherer Zeit s. Kluge I, S. 213.

mecklenburgischen Amtes Mirow, der Städte Woldegk und Neubrandenburg.

Besonders viel werden die Siegel größerer Ämter nachgestochen, weil von diesen die meisten Legitimationspapiere ausgehen, und im raschen Geschäftsgange der Blick weniger auf die speziellen Einzelheiten gelenkt, auch gewöhnlich des massenhaften Gebrauchs wegen der schlechteste Lack verwendet wird, der selten oder nie eine genaue Vergleichung und Prüfung der Siegel zuläßt.

Noch undeutlicher und gefährlicher ist das, meistens noch dazu hastig betriebene Siegeln auf Papier mit unterlegter großer sogenannter Notaroblate, einem ärmlichen mürben Teig aus Weizenmehl und Wasser. Das Siegel drückt sich selten gut aus; entweder wird bei hastigem schiefen Druck nur ein Teil des Siegels deutlich, oder bei geradem, aber zu scharfem Druck reißt der Deckmantel, so daß Oblatenteig durchquillt und das feuchte Siegel beim Hinlegen oder Verpacken der Dokumente plattgedrückt und sogar auch wohl klebrig wird. Obendrein ist nichts leichter, als ein solches Oblatensiegel von einer Urkunde durch allmähliches Befeuchten der Rückseite loszulösen, um es auf ein anderes zu übertragen, da die Oblaten, noch dazu eklerweise mit Speichel, meistens nur flüchtig befeuchtet werden und sehr unvollkommen haften.

Noch leichter gelingen die Fälschung und Nachahmung sogenannter Farbe- oder Schwärzesiegel. Aus falscher Sparsamkeit werden selbst die täglich zu hundertmal gebrauchten Stempel anstatt auf gutem Stahl nur auf bloßem Messing gestochen und anstatt mit einer Schrauben- oder Hebelpresse mit der Hand auf die Urkunden, Pässe u. dergl. hastig geschlagen, nachdem sie auf den staubigen zerrissenen Tupfballen mit zusammengetrockneter zäher Färbemasse eilig und aufs Geratewohl aufgestoßen werden, wobei auch wohl die einmalige Färbung oft zu zwiefachem Abdruck reichen muß. So kommt es, daß selbst die sorgfältig gearbeiteten Siegel sehr bald abgenutzt werden und bei der nachlässigen Färbung und Handhabung sehr schlecht und undeutlich auf das Papier kommen. Daher genügen denn auch die von kunstgeübten Fleppenmelochnern mit spielender Leichtigkeit und Schnelligkeit gefertigten Nachstiche in Messing, Schiefer und Zinn fast immer zum vollständigen Betruge, und es kommt dabei nicht einmal groß auf die Sauberkeit und Schärfe der Umrisse und der Inschriften an. So werden denn nicht selten solche Siegel in Holz, ja sogar in Kork ausgeschnitten, und geben kaum schlechtere Abdrücke als die nachgeahmten Originale selbst.

Zum Nachahmen der Färbesiegel nehmen die Fleppenmelochner auch oft noch ein Stückchen geöltes Papier, befestigen es mit einigen kleinen Streifchen sogenannten englischen Pflasters auf das zu kopierende Färbesiegel, und zeichnen mit Bleistift das Siegel genau durch. Nach Abnahme des Ölpapiers wird auf dessen Rücken mittels einer Schwärze von Kienruß, Leinöl oder dünnem Talg, oder mit einer fettigen schwarzen Kreide, auch wohl mit feiner Lindenholzkohle, die in Spiegelschrift durchscheinende Zeichnung nachgezeichnet, darauf das Ölpapier mit der Rückseite auf der Zeichnung auf das gefälschte Dokument gelegt, und mittels eines Glättekolbens aufgerieben, oder mittels eines starken Druckes oder Schlages aufgepreßt. Dem geschickten Fleppenmelochner, der gut zeichnet und sich Zeit läßt, gelingen diese Siegel sehr gut; auch kann er sie durch neue Schwärzung des Ölpapieres vervielfältigen. Meistens werden aber diese Durchzeichnungen in den Herbergen und Spießen ziemlich hastig vorgenommen, und glücken dann oft nicht. Erfahrene Fleppenmelochner lassen jedoch diese nicht überall gleichmäßig ausgedrückten Siegel ohne Retusche. Ungeschickte dagegen zeichnen zuweilen die zurückgebliebenen Buchstaben mit Bleistift oder Tinte nach. Dadurch kommen aber die Buchstaben undeutlicher zu stehen, und verraten sich durch ihre ungleiche Färbung, namentlich wenn man das Papier gegen das Licht hält. Findet man auf dem Dokumente keinen Eindruck des Stempels im Papier, und läßt sich beim Reiben mit der Fingerspitze die Farbe des Siegels wischen, so liegt schon Verdacht einer Fälschung vor, der mindestens eine genauere Prüfung der ganzen Urkunde erfordert.

Beklagt man sich in Deutschland über die sowohl in ihrer großen Masse als in ihrer peinlichen Kleinlichkeit gleich drückend Platzgesetzgebung und über die lästige Kontrolle aller Reisenden ohne Ausnahme, so ist der Grund des Übels wesentlich in dem Mangel an Umsicht, Genauigkeit und Aufmerksamkeit in den Bureaus zu suchen, der den praktischen, außerhalb des Bureaus vigilierenden Beamten soviel sauere und undankbare Mühe macht und gerade bei den vielen sichtlich hervorgetretenen Übelständen die Gesetzgebung zu jener Menge von einzelnen Bestimmungen veranlassen mußte, von der sie sich neuerlich durch Einführung der einfachen und behenden Paßkarten befreit, und wobei sie zugleich deutlich und treffend angezeigt hat, daß allein in der Aufmerksamkeit, Genauigkeit und Verantwortlichkeit der ausstellenden Beamten, also in den Bureaus, die Sicherheit und Verlässigkeit der Personenlegitimation zu suchen ist.

In Wirklichkeit wird aber auch hierin eine Reform der Ämter und eine tüchtige Heranbildung und Anleitung der Unterbeamten von direktem glücklichem Einfluß auf die gesamte öffentliche Sicherheit sein, und das Fleppenmelochnen wesentlich hintangehalten, das, wie das ganze Gaunertum überhaupt nur an der erspähten Schwäche emporwuchert, lediglich in den Mängeln der Bureaus die ganze Basis seiner verderblichen Kunst finde. Die Bereitung der Sicherheitspapiere ist auf einen so vollkommenen Standpunkt gebracht, daß ihre Anwendung durchaus zu allen Ausweispapieren, also nicht allein zu allen Arten von Pässen und Wanderbüchern, sondern auch zu Geburts- und Heimatscheinen, Kundschaften, Sittenzeugnissen u. dergl. stattfinden sollte. Dazu muß aber noch eine feste Ordnung und Kontrolle bei der Ausfertigung der Dokument eingeführt und darauf gesehen werden, daß die Ausfertigung der Urkunden, die Ausfüllung der Blanketts usw. mit genauer Beobachtung aller Formalien, ohne Flüchtigkeit und Fehler geschehe. In großen Bureaus ist es tunlich, die Ausfertigungen auch im raschen Geschäftsgange durch mehrere Hände gehen und kontrollieren zu lassen. Auch sollte ein eigener Beamter für das vielfach nur obenhin angesehene und betriebene, jedoch so überaus wichtige Siegeln eingeübt und angewiesen werden, daß er, mit gutem Material und behenden einfachen Hebelpressen versehen, die tüchtig in Stahl gravierten Siegel genau und sorgfältig anbringt, sich durch Anlegung einer Siegelsammlung in Kenntnis mindestens der allgemeinsten Siegel setzt, sowie auch der Inhalt, die Formalien und Siegel der einkommenden Papiere besonders genau prüft und nötigenfalls mit anderen vorhandenen Originalen vergleicht.

NEUNUNDACHTZIGSTES KAPITEL

Das Schärfen und Paschen

Das Wort Schärfen ist vom niederdeutschen scherven, scharben (durch Transposition: schraben, schrapen), hacken, kleinhacken, klein machen, herzuleiten, und hängt mit Scherf, Scherflein (ein halber Heller) *Uncia aereolus*[1], zusammen. Schärfen heißt in der Gaunersprache die gestohlenen Sachen im großen ganzen (im Stoß) ankaufen und im einzelnen wieder verkaufen, besonders aber ankaufen, während für das Verkaufen solcher Sachen der Ausdruck verschärfen gebräuchlich ist: Der Ankäufer wird Schärfenspieler, nach neuerem Ausdrucke Stoßenspieler genannt. Vorausgesetzt beim Schärfen oder Stoßen wird immer, daß der Schärfenspieler oder Stoßenspieler das gekaufte Gut als gestohlen kennt.

Schon aus der Erklärung des Wortes Schärfen ersieht man, daß die Schärfenspieler platte Leute, d. h. vertraute Genossen der Gauner sind. Sie bilden in der Tat die allergefährlichste Klasse der Gauner, da sie durch Abnahme und Verwertung der gestohlenen Sachen dem Diebstahl erst Wert und Interesse verleihen, sie, wie die Gauner, „verdienen". Die meisten Schärfenspieler sind früher bestrafte Verbrecher, oder alte abgestumpfte Gauner, oder Krüppel, die selbst nicht mehr wagen dürfen, einen Massematten zu Handeln; Weiber, Dirnen, Bordellwirte, Gaunerwirte, Aufkäufer, Trödler und Pfandleiher.

Die Vorsicht, Not und Lebenslust treibt den Gauner, des Gestohlenen so rasch wie möglich sich zu entledigen und schleunigst in Besitz baren Geldes zu gelangen. Der Schärfenspieler kennt die Gefahr des Diebes und die Notwendigkeit der raschen Entäußerung des Gestohlenen. Daher bietet er Preise, bei denen er einen ungeheuren Gewinn macht, und sich unendlich viel besser steht als der Dieb selbst, da er oft nicht den zehnten oder gar zwanzigsten Teil des wahren Wertes zahlt.

Die Schärfenspieler sind die wahren Tonangeber und Gewalthaber (Mauschel) der handelnden Diebe, deren Person und Gewerbe ihnen genau bekannt ist, und die sie im Bewußtsein ihrer Unentbehrlichkeit und Gewalt sogleich nach gehandeltem

1) Schottelius, a. a. O., S. 1397, und Stieler, a. a. O., S. 1737.

Massematten oft auf eine berechnet zudringliche und gefährliche Weise umschwärmen, um sie zu desto rascherem Absatz des Gestohlenen zu zwingen. Jener außerordentliche Gewinn ist der Grund, weshalb die Schärfenspieler, die immer mit dem Schein des ehrlichen Erwerbs sich den Weg durch alle bürgerlichen Kreise offen halten, die eifrigsten und gefährlichsten Baldower sind, die den verbündeten Gaunern nicht nur die gelegentlichen Massematten nachweisen, sondern auch geradezu bestimmte Waren bei ihnen bestellen, deren Absatz augenblicklich günstig ist, und die dem Schärfenspieler beim Verkaufe den besten Gewinn abwerfen.

So sehr man bei Entdeckung eines Schärfenspielerlagers über die große Menge und Mannigfaltigkeit aller nur denkbaren Handelsgegenstände erstaunen muß, die man darin findet, so ist es doch nicht erstaunlich zu sehen, wie in solchen Lagern, namentlich Manufakturwarenlagern, so vollständige Assortiments vorhanden sind, daß man weit eher auf einen bedachten handelsmäßigen Nachkauf des Fehlenden, als auf die gelegentliche Ergänzung durch Diebstahl schließen sollte. Aus Fabriken und Fabriklagern werden besonders in ganz unglaublicher Menge solche Diebeslager begründet und ergänzt. Der Handel der Schärfenspieler bietet sogar dem Kleinhandel eine sehr ernstliche Konkurrenz, die in kleinen Binnenstädten, wo der ganze Handel kaum mehr als Detailhandel ist, schwer empfunden wird.

Trotz der bunten Reichhaltigkeit der Schärfenspielerlager findet man selten den ganzen Vorrat eines Schärfenspielers an einem Orte vereinigt. Bei der Gefahr der Entdeckung gebietet die Klugheit, die Vorräte zu verteilen, die oft in irgendeinem Privathause, in einer nahen Ortschaft oder auf dem Lande, mit oder ohne Durchstecherei des Vermieters, untergebracht sind. In den Gaunerherbergen sind hinter Panälen, tapezierten Bretterwänden, zwischen den Zimmerdecken, unter den Fußböden, unter den Steinen und Platten in Kellern so versteckte Räumlichkeiten angebracht, daß nur ein sehr scharfes geübtes Auge den geheimen Versteck auffinden kann. Nur durch sehr genaue Untersuchung und Aufmerksamkeit können die heimlichen Zugänge zu solchen Gelassen entdeckt werden. Man muß sich daran gewöhnen, niemals das Unscheinbarste für unerheblich und nebensächlich zu halten, und es nicht von sich weisen,

Nachforschungen selbst zu leiten. Man wird jedesmal um einige Erfahrung reicher werden und immer mehr begreifen lernen, daß die Belehrung nicht allein am Verhörtisch gewonnen wird. Bei Recherchen in Kellern ist es oft von Nutzen, Wasser auf den Fußboden zu gießen und an den Stellen, wo die Fugen das Wasser einsaugen und Luftblasen werfen, die Steine aufzuheben, um den Zugang zu einer Kawure zu finden.

Auf dem Lande werden Scheunen, Heuschober, Kartoffelgruben usw. zu Niederlagen benutzt; ja sogar hohle Bäume, Fuchshöhlen und Dachausbaue dienen nicht selten zu einstweiligen Verwahrungsorten, die sogar die besondere Bezeichnung „die Lege" haben. Besonders arme und isoliert wohnende Bauern und Tagelöhner wissen die Gauner durch Versprechungen und Geschenke dahin zu bringen, daß sie sich zu Aufbewahrern gestohlener Sachen nur zu oft hergeben. Bei diesem sorgfältigen Versteck hat dennoch der Schärfenspielerverkehr und Umsatz eine unglaubliche unstete Beweglichkeit, die, aller strengen Unterdrückung und Verfolgung zum Trotz, gerade im Hausierhandel ihren reißenden Abfluß findet. Die Dorfjahrmärkte sind für den Schärfenspieler nur die Stationen, auf denen er mit dreister Sicherheit seine geschärften Waren unter dem Schein des ehrlichen erlaubten Verkaufes ausbietet. Hauptsächlich benutzt er aber die Jahrmärkte, um von einem zum anderen zu ziehen, und ganz vorzüglich unterwegs, allen Verboten, Siegeln und Plomben zum Trotz, aus seinen Warenpacken einen ergiebigen Handel, vor allem den Pischtimbandel zu treiben, bei dem er an Genossen, Weib, Beischläferin und Kindern gewandte und beredet Unterstützung findet.

Aber nicht allein der Hausierhandel und Vertrieb des Schärfenspielers ist der hauptsächlichste Abfluß. Wie der Schärfenspieler die „handelnden" Gauner in sklavischer Abhängigkeit von sich zu halten weiß, so übt er auch gegen seine zahlreichen Abnehmer, gegen die er sich äußerlich als emsiger redlicher Handelsmann zu stellen weiß, und die seine verbrecherischen Verbindungen und Handlungen nur ahnen, nicht aber nachweisen können, eine scharfe Despotie, indem er sie durch Kredit von sich abhängig macht, bei dem er sich stets zu sichern und schadlos zu halten versteht, selbst auch wenn er durch Unglück oder Betrug eine Einbuße erleiden sollte. So sind es denn

auch nicht immer Betrüger, die mit dem schweren Hausier-
packen in Wind und Wetter heimlich von Dorf zu Dorf ziehen
und ihre Ware feilbieten, sondern zum großen Teil die unglücklichen Leibeigenen versteckter Verbrecher, die, um Weib
und Kind durchzubringen, sich zu dieser Sklaverei hergeben
müssen, und um so elender daran sind, als bei dem Mangel an
augenblicklicher richtiger Unterscheidung der Schein, und somit auch die Verfolgung und Gefahr des Verbrechens, mindestens aber des schmutzigen und betrügerischen Schachers, auch
auf sie fällt. Eines der ergreifendsten Beispiele dieser furchtbaren moralischen Gewalt bleibt die Verführung des armen fränkischen Leinwebers durch den Hundssattler[2]. Empörend ist
auch die Behandlung der Savoyarder Gipsfiguren- und Ratzi-
fallenjungen durch ihre Herren, für die sie arbeiten, betteln, gelegentlich auch stehlen müssen.

Diese moralische Gewalt der Schärfenspieler ist so groß, daß
sie selbst hinter jenem Schein vollen Schutz finden, wie groß
und schwer der Verdacht auch immer gegen sie selbst sein mag.
In wie vielen Fällen auch dieser Verdacht gegen bestimmte Personen gerechtfertigt erscheint, in so wenig Fällen darf doch der
Polizeimann wagen, den Verdacht auszusprechen. Nur scharfe,
lange und mühsame Beobachtungen können ihm nach und
nach Gewißheit und Gelegenheit zum überraschenden Angriff
auf den so schlau und sicher gedeckten Verbrecher geben. Die
Beobachtung darf sich nicht irremachen lassen durch den Hinblick auf die Beweglichkeit der Schärfenspieler und auf die Behendigkeit der Verkehrsmittel, durch die der alte gaunerische
Grundsatz, daß der Verbrecher am Orte des verübten Verbrechens sicherer ist als auf der Flucht, gerade nur noch mehr an
Halt gewinnt.

Besteht ein Massematten aus einer größeren Menge oder aus
leicht kenntlichen Gegenständen, so ist ein sofortiger Weiter-
transport nicht ratsam für den Gauner. Solche Gegenstände
werden sofort an die Schärfenspieler am Orte der Tat, oder in
dessen unmittelbarer Nähe hinterlegt oder verschärft. Der so-
fortige schnelle Transport auf den Eisenbahnen wird durch die
erforderliche solide Verpackung, und durch die auf den Bahn-

2) Sammlung merkwürdiger Rechtsfälle. Nürnberg 1794, S. 222; A. G. Meiß-
ner, Skizzen. Karlsruhe 1792, 12. Band.

höfen konzentrierte scharfe polizeiliche Beobachtung verhindert, oder doch erschwert und gefährdet. Auch ist der Transport auf besonderen Fuhrwerken sehr bedenklich, da diese ebenfalls einer polizeilichen Kontrolle unterliegen und durch Nacht- und Torwachen, Zoll- und Ukzisebeamten u. dergl. leicht angehalten werden können. Am Orte des Verbrechens selbst und in dessen unmittelbarer Nähe ist daher vorzüglich die Aufmerksamkeit der Behörden auf alle des Schärfenspielens verdächtige Individuen zu richten, während die dabei allerdings auch niemals zu vernachlässigende rasche Benachrichtigung in die Ferne nur immer für den Fall der Möglichkeit geboten ist.

In ihrem eigentümlichen Wesen und Walten erscheinen die Schärfenspieler geradezu als die intellektuellen Urheber und Hehler der von ihren gaunerischen Verbündeten und Günstlingen begangenen Diebstähle.

Es ist merkwürdig, wie auch dieses Treiben der Schärfenspieler von der Gaunersprache, die sonst für jede feine Abart gaunerischer Tätigkeit einen bestimmten Kunstausdruck hat, ebenso kurz wie scharf bezeichnet wird. Die Gaunersprache hat für den Begriff, Hehler, Trödler und Hausierer nur den einen und selben Ausdruck Pascher. Das Wort Feling oder Felinger des *Liber Vagatorum*, das den Krämer und Hausierer bedeutet, ist veraltet. Das allerdings auch vorkommende Wort Kinjer, von Kinjenen[3], ist keineswegs ausschließlich der Hehler, sondern allgemein der Ankäufer, auch in gutem Glauben. Das Wort Verkowerer, das bei Grolman unter der Beschränkung als Hehler vorkommt, ist allgemein jeder, der etwas kawure legt. Verkowerer stimmt sprachlich mit Verkawwern, bekabern, von קָבַר Grab, überein. Gleicher Abstammung ist Kober, Wirt[4] und Kobera, Wirtshaus[5].

Aus dieser Etymologie wird die Hehlerei der Schärfenspieler erst recht deutlich, die danach keineswegs als bloße Depositare der Gauner für einen geringen Anteil oder Gewinn an der Diebsbeute, sondern als handeltreibende Gauner erscheinen, die ihre gewinnbringenden Einkäufe aus bestellter und unbestellter Diebsbeute machen.

3) Bischoff, S. 48.
4) Waldheimer Wörterbuch.
5) Hildenburghausener Wörterverzeichnis.

In ihrer Gewalt über die diebischen Genossen geben sie nur selten, und auch dann immer nur äußerst geringen Vorschuß für herzugebrachte unbestellte Ware; aber mit und ohne Vorschuß ist die einmal in ihren Händen befindliche Ware ihnen als ihr Eigentum verfallen, weshalb die Gauner denn auch viel lieber einen von jenen baldowerten und bestellten, vorher aber soweit möglich abgeschätzten und bedungenen Massematten handeln. Vorzüglich bei den rheinischen Räuberbanden fanden in solcher Weise ungeheure Geschäfte und Betrügereien statt, trotz der entschiedenen Gewalt, die die Räuber über alle, mit denen sie in Berührung traten, also auch über die Schärfenspieler erlangt hatten.

Der fahrende Trödel, der nichts anderes ist als Hausierhandel, läßt sich mit denselben Mitteln unterdrücken, mit denen der Hausierhandel verfolgt und unterdrückt wird, soweit dies überhaupt möglich ist. Einen argen Vorschub leistet aber den Schärfenspielern der feste Platztrödel. So strenge fast alle deutschen Trödelordnungen sind, nach denen die Trödler in paginierte und von Zeit zu Zeit durch die Behörde nachgesehene Bücher jede angekaufte Sache in chronologischer Reihenfolge, mit Angabe des Verkäufers usw. eintragen müssen, so ist es doch nicht möglich, von jedem einzelnen Ankauf vollständige Rechenschaft zu erhalten. Selbst der ehrliche Trödler, der vom Althandel leben und verdienen will, und die ihm billig angebotene Sache natürlich gern und stets in gutem Glauben und häufig aus Mitleid mit der vom Verkäufer ihm dargestellten Not kauft, ist überhaupt schon selten imstande, einen Gegenstand so genau zu beschreiben, daß er bei der, ohnehin immer zu spät und meistens schon nach dem Wiederverkauf vorgenommenen polizeilichen Nachfrage als eine der Behörde verdächtige oder geradezu als gestohlen bezeichnete Sache zu erkennen und zur Stelle zu schaffen ist, und wenn ihm Bedenken aufstoßen sollten, so ist und bleibt die sichere Aussicht auf einen guten Verdienst immer eine Versuchung, bei der er mindestens sich nicht bewogen fühlt, den Verkäufer auszuforschen und dadurch zu verscheuchen. Für den gewissenlosen Trödler ist aber die Gelegenheit zur Umgehung des Gesetzes allzu verführerisch, so daß man geradezu verzweifeln muß, den unter allen Umständen bedenklichen Platztrödel praktisch so zu kontrollieren, wie das

Gesetz und die öffentliche Sicherheit das verlangt, wenn man nicht den Platztrödel unter die unmittelbarste und strengste polizeiliche Aufsicht stellt, oder auch für ihn den Leihhäusern entsprechende, öffentliche Institute einrichtet.

Ungeachtet der Schärfenspieler die Freiheit des Bürgers zu kaufen und zu verkaufen, was ihm beliebt, in der ausgedehntesten Weise auszubeuten und somit die laxe Grenze zwischen dieser Freiheit und dem berechtigten Gewerbe noch willkürlicher zu ziehen weiß, so sucht er doch in dem gaunerprinzipmäßigen Streben nach einem Versteck hinter irgendeiner bestimmten Gewerbeform auf das eifrigste danach, irgendeine solche bürgerliche Gewerbekonzession zu gewinnen, zu deren Pflichten und Lasten er dann mit dem äußeren zur Schau getragenen Schein strenger Redlichkeit sich gerne bequemt. Der als Trödler verkappte Schärfenspieler zeigt unerbittlich den armen Bauarbeiter an, der ihm alte, aus Bauschutt herausgesammelte Nägel zum Verkauf anbietet, damit er nur seinen gaunerischen Verbündeten desto unverdächtiger das gestohlene Silber- oder Hausgerät abkaufen kann.

Keine gewerbliche Form ist aber dem Schärfenspieler günstiger und genehmer, als das Leihen auf Pfänder[6], weil hier die persönliche Beziehung des Pfandleihers zum Diebe, der eine gestohlene Sache versetzt, namentlich wenn der Versatz durch dritte Hand geschieht, leicht verdeckt, oder wenigstens nicht leicht nachgewiesen werden kann, und weil der Pfandleiher bei einer erwiesenermaßen gestohlenen Sache und bei seiner hartnäckig behaupteten Unwissenheit über diese Eigenschaft der Sache meistens nur den Pfandschilling auf die gestohlene Sache wagt, der bei der Gefahr des Diebes, der selten an eine wirkliche Einlösung denkt, sondern den Pfandschilling meistens schon als Kaufschilling hinnimmt, und bei der Vorsicht des Pfandleihers immer nur gering und gegen den anderweitigen außerordentlichen Gewinn des Pfandleihers leicht zu verschmerzen ist.

---

6) Das Pfand. Maschkon (מַשְׁכּוֹן), er hat gewohnt. Davon Maschkonoß jaschwenen und verjaschwenen (von יָשַׁב [jaschaw], er hat gesessen), sitzen, setzen, setzen lassen vom Pfandnehmer und -geber, auf Pfand leihen. Ebenso maschkenen, Pfand nehmen und geben, aber auch pfänden, auspfänden. Maschkenbajis, das Pfandhaus. Maschkonkeim, der Pfandnehmer.

Die Entdeckung einer gestohlenen Sache auf einem so bunten Lager, auf dem der Pfandleiher die gestohlenen Sachen geschickt zu verstecken weiß, ist außerordentlich schwer. Der Pfandleiher, der durch die Rundschreiben der Polizeibehörde regelmäßig und sofort in Kenntnis von einzelnen Diebstählen gesetzt wird, findet gerade aus der genauen Beschreibung der einzelnen Gegenstände die Sachen heraus, die er gekauft und zu verbergen hat, und weiß nun immer geschickt ähnliche Gegenstände vorzuschieben und damit seine Bereitwilligkeit und Ehrlichkeit darzutun, während die gestohlenen Sachen im sichersten Versteck liegen. In der Buchführung ist ebensowenig wie bei den Trödlern die Aufsicht so zu führen, wie das Gesetz es verlangt. Der Erfolg hat gezeigt, daß sogar die öffentlichen Staatsleihhäuser für den Dieb eine sichere und gute Gelegenheit sind, seine gestohlenen Sachen durch Versatz zu verwerten, ungeachtet der mit der Polizei eng verbundenen Beamten, die als Staatsbeamte mit der möglichsten Aufmerksamkeit und Vorsicht zu Werke gehen. Dadurch ist aber der schlagendste Beweis gegeben, wie schwer eine vollkommen ausreichende Aufsicht zu führen ist.

NEUNZIGSTES KAPITEL
Der Intrippel und die Spieße

Schon in Kapitel dreiundvierzig beim Schränken ist bemerkt worden, daß der Ort, wohin sich die Schränker nach gehandelten Massematten begeben, um Cheluke zu halten, der Intippel genannt wird. Der Intippel ist immer die Behausung platter Leute, daher auch immer die Behausung eines Gauners oder Gaunerwirtes, der regelmäßig auch Schärfenspieler ist, somit das erste Anrecht zum Schärfen der Massematten hat, und dies Recht gegen die gänzlich in seine Hand gegebenen Gauner in drückender und despotischer Weise geltend macht. Treffend wird der Begriff des Gaunerwirtes durch das Wort Spieß ausgedrückt, das, eine Verkürzung vom jüdisch-deutsch שׁפּוּד (Oschpis oder Ospeß, auch Hoschpes) offenbar das lateinische hospes ist und, wie dieses, die freiwillig gebotene Gastfreundschaft be-

zeichnet. Nur im ausdrücklichen Gegensatz von nichtgauneri-
schen Wirten wird Spieß zu den Wörtern Kochemerspieß,
Chessenspieß, Femininum: Kochemer- oder Chessenspiste zusammengesetzt; auch sind für die Kinder der Wirte, wie aber
auch für alle Gaunerkinder, die Ausdrücke Kochemerschekez
und Kochemerschickse (von שֶׁקֶץ [schekez], der Christenknabe
und schickzo und schicksel, das Christenmädchen) gebräuchlich, die aber meistens zu Schekez und Schickse vereinfacht
werden. Die Behausung des Spieß wird im Jüdisch-Deutschen
Oschpiso bait (von בַּיִת, bai, Haus; oder Oschpisa), gaunerisch
kurzweg Spieße genannt. Zur bestimmten Bezeichnung wird
Kochemerspieße und Chessenspieße, wie Kochemerbajit, Ko-
chemerkitt und Chessenkitt gebraucht. Auch ist besonders in
Süddeutschland noch der Ausdruck Chessenfinkel üblich. In
gleicher Bedeutung und Zusammensetzung wie Spieße, wird
auch Penne (von פָּנָה [pana], sich wenden, einkehren) gebraucht, wovon das verdorbene Finne und Finchen, kleines
Behältnis, Kurg, Glas, und Lesfinne, die Ladenkasse, sowie das
niederdeutsche Pinn für Herberge, Verkehr, besonders Gaunerverkehr. Ebenfalls nur zur bestimmteren Bezeichnung dient die
Komposition Chessenpenne, Kochemerpenne. Für das Einkehren in die Penne oder Spieße wird auch noch das Zeitwort pennen gebraucht, das dann auch schlafen bedeutet.

Allgemeine Ausdrücke für Wirtshaus ohne besonderen Bezug auf Gaunerverkehr sind: Aules (in analoger Derivation wie
Penne von Pino, abzuleiten von עָלָה [ala], aufsteigen, hinauf-
ziehen), Krug, Krugwirtschaft, Wirtshaus. Ferner Schwäche,
Schwächeaules, Schwächekitt (von שָׂבַע [sava] und שָׂבֵעַ [savea],
satt werden, sich sättigen mit Speise und Trank), das Wirtshaus,
wovon Schwächer, der Wirt; schwächerlich, durstig; Schwäch-
finchen, Schwächbecher, das Trinkgeschirr, Trinkbecher. Endlich
Schöcherkitt (von שָׁכַר schikker, trinken), das Krughaus, besonders Bierhaus, Weinhaus, wovon schöchern trinken; Schöcher,
der Wirt, Bierwirt; Schechor, starkes Getränk, besonders Bier;
schikker, betrunken, der Säufer; Schikkoron, die Trunkenheit,
und Schächerschurrig, Trinkgeschirr aller Art, Glas, Tasse, Kan-
ne, Flasche.

Je sicherer der Versteck in den Spießen oder Pennen ist, desto freier waltete das Gaunertum darin. Den Zwang und Bann,

den ihm ein Verkehr im bürgerlichen Leben auferlegt hat, wirft der Gauner hier wie eine schwere Last von sich: Hier ist er bloß der physische Mensch, der den Genuß wie eine Rache gegen jenen Zwang sucht, und vom Vergnügen, statt des Reizes, nur das mechanische Begängnis hat, in dem selbst die wildeste Leidenschaft, ja sogar die körperliche Existenz erschöpft und ruiniert wird. Auch die Wollust ist hier nur Tatsache, ohne die geringsten Flitter der Illusion, ohne den geringsten Reiz des Geheimnisses und der Scham, ohne eine andere Vergeltung als den verworfensten Hohn und Spott, der den Genuß mit der Flut der gemeinsten Ausdrücke zu brandmarken, und dazu die Anzahl nichtswürdiger Spitz- und Ekelnamen zu erfinden weiß, die wie Schmutz hinter jedes Individuum hergeworfen werden. Schon die ältesten Gaunerlisten geben von ihnen Ausweis.

Bemerkenswert ist, daß die ältesten Bezeichnungen der Prostitution, die im *Liber Vagatorum* verzeichnet sind, meistens deutschen Stammes, zum Teil in die Volkssprache übergegangen und noch jetzt im Gebrauch sind, weshalb sie in sprachlicher Hinsicht Interesse haben. Während die hochdeutsche Sprache zu jener Zeit für den Begriff des scortum kaum einen anderen Ausdruck hatte als den der „gemeinen Frawe" oder „gemeinen Tochter", „Amye", „Früne", „fahrende Frawe" oder „Tochter", und beziehungsweise „Kebsweib" (Keb, Käbe, Kebe, Kebs, Käbs), von cava, gleich der fornix der römischen Dirnen[1] -, weist schon die älteste Gaunersprache eine beträchtliche Zahl frivoler Ausdrücke auf. So findet sich im *Liber Vagatorum* Schref (Schrefenbos) vom niederdeutschen schreep, Streif, Strich, wovon die noch heute gängige Redensart: ut de Schreef gan, aus dem Strich (der Schranke) gehen, über die Schnur hauen, wofür auf den Strich gehen, liederlich umherstreifen, gebraucht wird. Eine ähnliche Etymologie hat Glyde, Gliede (Gliedenfetzer), nicht sowohl von geleiten, als vom niederdeutschen glyden (glyen, gibberen, gleiten, rutschen, fahren [vagari]. Der spätere Ausdruck Glunde ist vom mittelhochdeutschen Klunte, Klunse, auch Gluntz[2] (rima, apertura, fissura) abzulei-

---

1) Das ist nicht richtig. Über welche reiche Auswahl an Dirnenbezeichnungen die Vorzeit gebot, darüber siehe mein Buch „Die Dirne und ihr Anhang in der Deutschen Vergangenheit", Berlin-Charlottenburg, S. 301, und Prof. Dr. L. Günther in der Anthropophyteia."

2) Stieler, S. 966 und 989; Schottelius, S. 1327.

ten, wovon Klünsen (rimas agere, deflorare), und entspricht vollständig dem hebräischen נָקַב (nakav), perforavit, wovon נֶקֶב (nekev), incisio, rima, und נְקֵבָה (nekeva), Frau, im Gegensatz zum Mann; wovon wieder die jüdisch-deutsche Bezeichnung Nekefe und Nekeife für Dirne hergeleitet ist. Das Wort Sonne (Sonnenboß) ist hebräischen Ursprungs. Andere spätere Ausdrücke haben sich ganz zu allgemeinen Volksausdrücken gebildet, wie z. B. dat Strick, niederdeutsch wohl von strieken (vagari), liederliche Gassendirne, ähnlich wie die Glyden des *Liber Vagatorum*. Ferner Strunze, von Strunzen (discurrere, vagari, concurrere), niederdeutsch strunt, nichtswürdig, schmutzig. Nickel (von nicken), niederdeutsch Füllen, junges Schwein, liederliche Dirne; auch Nuckel und Nucke. Ebenso findet sich die Zusammensetzung Struntnickel als gemeinstes Schimpfwort für die umherlaufende liederliche Dirne (französisch: pierreuse). Das neuere Dappeln (scortari), Dappelschickse (meretrix), ist, wie Tippeln, Tippen und Intippeln, von טַף oder טָפַף herzuleiten.

Im Jüdisch-Deutschen sind die gebräuchlichsten Worte: Sone, Sonne, Saune, זוֹנָה (meretrix), von זָנָה (sana), buhlen, hinter jemanden herlaufen (von Genuß und Gnuß), die Prostitution; Roesonos, der Dirnenjäger; und Genuß treiben, mit Dirnen umhertreiben. Chonte, Konkubine, Mätresse, wohl von גָחַן (gachan), sich beugen, niederlassen, lieben. Kdescho, Femininum von קָדֵשׁ ((kadesch)[3], puer mollis (von der Prostitution der Knaben und Mädchen bei dem Götzendienst der Aramäer, besonders bei dem Dienste der Astarte), beschimpfte Ausdruck für die Prostituierte. Ebenso zur Bezeichnung der sittlichen und körperlichen Unreinigkeit Nide, Nidde, von נִדָּה, die Unreinigkeit des Blutes, Menstruation, Abscheulichkeit, wovon das gemeinste gaunerische Schimpfwort Mamser ben hanide, verdorben: Mamserbenidde oder Mamserbenette[4]. Ähnlich Tmea, von טָמֵא (tame), körperlich und moralisch unrein sein, wegwerfen-

---

3) Kodesch ist in der jüdischen Gaunersprache besonders der Kuppler, der liederliche, moralisch verkommene Mensch, dem Mamser entsprechend. Kedeschos, liederliche Metze, ist die absichtliche höhnische Verwechlung mit Kedoschos, die Heilige ehrsame Frau und Jungfrau.

4) מַמְזֵר (Mamser) ist der Bastard, aber auch eine gemeine, verschmitzte, hinterlistige Person. Mamser ben hanide ist der während der Menstruation erzeugte Bastard.

der Ausdruck für die niedrigste Dirne. Endlich noch Nafke, von נָפַל (nafal), abfallen (davon Nefel und Nefelche, ein vorzeitig geborenes Kind, Abortus), die gemeinste, verworfenste Prostituierte, wovon nafkenen, scortari.

Für Bordell hat die alte Gaunersprache an Worten deutschen Stammes Kandich und Strom, ersteres wahrscheinlich von Kante, kantig, von der Lage der Freudenhäuser an den Enden oder Kanten der Städte, jenes von strömen, Strömer, vagari, vagabundus. Mit dem jüdisch-deutschen Beth und bos, Haus, zusammengesetzt hat der *Liber Vagatorum* Gliedenbeth (bos), Sonnebeth (bos), Schrefenbeth (bos). Spezifisch jüdisch-deutsch ist קוּבָּה, Kübbe oder Kauwo.

Außerdem wird im Jüdisch-Deutschen der Ausdruck Bestifle (von תָּפֵל [tafel], ungesalzen, ungereimt, töricht; Schofelbajis, von שָׁפֵל [schefel], niedrig, gemein) und Beskarge gebraucht.

Die Penne der Spieße ist die Vereinigung alles moralischen Elends, aller maßlosen Instinkte. Spiel, Orgien, Buhlerei, Säuferei, Erzählungen verworfener Abenteuer und Händel, Teilung, Verschärfung der Diebesbeute, Entwürfe neuer Pläne, Zänkereien, Gewalttaten und Raufereien wechseln in den dumpfen, verqualmten, versteckten Räumen miteinander ab. Die wilden Leidenschaften drängen sich, wie nach einer inneren Notwendigkeit, zusammen auf dem Ruin aller Sitte und Zucht, so daß sie sich mit tödlicher Gewalt in die eine Richtung – zur Vernichtung der physischen Existenz – vereinigt zu haben scheinen. Wer es nicht von sich gewiesen hat, mit persönlicher Gefahr das Elend auch in seiner Wiege und Schule aufzusuchen, wird Bilder gefunden haben, bei deren Anblick er den Tod als den glücklichsten Wechsel menschlichen Elends preisen lernen mußte.

Die Prostitution in den Pennen beschränkt sich aber nicht auf die Chessen allein, die „die Spieße mahane sind", sie hat auch ihren gefährlichen Auslauf auf den Pennen direkt in die bürgerliche Gesellschaft, wo sie durch Betrug und körperliche Ansteckung grauenhafte Verwüstungen anrichtet. Die Dappelschicksen suchen besonders junge Leute auf abendlichen Gängen in die abgelegene Behausung platter Leute zu locken und sich im geheimsten Versteck preiszugeben, wobei, wenn nicht ein Taschendiebstahl ausgeführt wird, doch der Inhaber des

Absteigequartiers oder der erste beste Beischläfer der Dappel-
schickse als beleidigter Ehemann auftritt, dem überraschten
Gefangen eine Geldbuße auflegt und ihn, oft unter schweren
Mißhandlungen, ausplündert. Nur selten hat ein in solcher
Weise gemißhandelter und beraubter junger Mensch Erinne-
rung und Mut genug, Tat, Täter und Behausung nachzuweisen.

Kann man auch solche geheime Räubereien als vereinzelt
und nur vom jedesmaligen Gelingen abhängig bezeichnen,
so ist doch die mit dieser geheimen Prostitution verbunden
Gefahr der syphilitischen Ansteckung sehr groß, und desto
bedenklicher, daß der Infizierte den Ansteckungsherd nur selten nachzuweisen weiß oder wagt. Alle sanitätspolizeiliche
Aufsicht und Strenge in den konzessionierten Bordellen ist
überall da hinfällig gemacht, wo nicht strengste Aufsicht
und Ausrottung des sogenannten Striches gelingt. Die Syphilis
wird bei weitem mehr in die Bordelle getragen, als aus ihnen
heraus.

So verderblich nun auch die geheime Prostitution auf die
bürgerliche Gesellschaft einwirkt, so hat doch die zugelassene
Prostitution, die in eine, friedlich nur sehr trügerische, äußere
Schranke gebannt ist, ebenso gefährliche Folgen.

Die Bordellwirtschaft ist unbedingt als ein untrennbarer Industriezweig des Gaunertums anzusehen.

Die Bordellwirte treiben unter den Augen der „Sittenpolizei" einen lohnenden Erwerb, der sich vom Sklavenhandel
kaum unterscheidet, und für dessen Zufuhr Kuppler, Kommis-
sionäre, Makler, Verschickfrauen und Reisende mit den infam-
sten, meistens von den Wirten angegebenen und bezahlten
Kniffen und Künsten sorgen.

So habe ich in einer Untersuchung beiläufig die Entdeckung
gemacht, daß ein vom Bordellwirt zum Dirnenwerber gewor-
dener Ehemann aus einer benachbarten großen Stadt seine seit
neun Jahren mit ihm verheiratete Frau mit falschem Namen
und gefälschten Legitimationen als Bordelldirne bei einem hiesigen Freudenhauswirt untergebracht hatte. Er hatte dabei dem
Wirt eine beträchtliche Geldsumme als angebliche Schulden
der Frau im vorigen Bordell abgeschwindelt und wenige Wochen später seine Schwägerin mit dem gleichen Betrug in demselben Bordell untergebracht.

Die Verworfenheit der Prostitution liegt viel mehr in ihrer künstlichen Beförderung, als in der Preisgebung selbst, bei der doch immer die Gewalt irgendeiner menschlichen Leidenschaft zugrunde liegt, während jene nur mit kalter Berechnung vorgeht. Bei aller Sinnlichkeit, Täuschung, Leichtfertigkeit, Verführung und Not, die ein weibliches Geschöpf in das Bordell geführt hat, läßt sich doch noch ein Ziel und Ende hoffen: alles scheitert aber an der materiellen Not und Abhängigkeit, in der die Bordellwirte ihre Opfer, aller polizeilichen Aufsicht zum Trotz, zu halten wissen. Nach dem geheimen Gewerbskartell, in dem die Bordellwirte miteinander stehen, ist die Aufnahme einer Dirne nichts anderes als ein unter dem Namen der Auslösung bestehender Kauf, bei dem wirklich, oder nur dem Scheine nach, die sogenannten Schulden einer Dirne bezahlt werden, die entweder gar nicht oder doch nicht in solcher Höhe vorhanden sind. Nicht allein ein ungeheures wöchentliches Kostgeld, nicht allein dreiunddreißig bis fünfzig Prozent vom verdienten Lustsolde, nicht allein eine unglaubliche Summe für Wäsche und Bedienung, eine schmähliche Miete für das Umhängen des vom Wirte abzuborgenden klapprigen Schmucks, und eine Menge Geschenke, die bei den vielen gesuchten Gelegenheiten dem Wirte geopfert werden müssen, hat das Bordellmädchen aufzubringen. Das Schlimmste ist die künstliche Kreditlosigkeit, in der die Dirnen gehalten, und bei der sie gezwungen werden, alle gewöhnlichen Bedürfnisse von dem Wirte zu kaufen, der sich den billigsten Plunder oft mit dem zehn- und zwanzigfachen Preise bezahlen läßt, wobei er häufig geschärfte, verpfändete und an Zahlungs Statt angenommene Sachen anbringt. Unglaublich groß ist der Wert der Kolonial-, besonders aber der Manufaktur- und Luxuswaren, die von knappgehaltenen jungen, leichtfertigen Gehilfen aus den Lagern ihres Chefs unterschlagen und in die Bordelle getragen werden, wo sie zum größten Teil nicht einmal den damit beschenkten Dirnen, sondern dem Wirte zugute kommen. Fast ebenso groß ist die Menge von Pfändern, die leichtsinnigen oder angetrunkenen Gästen trotz aller Verbote abgenommen, oder von sonstigen Gegenständen aller Art, die als „Fund" aufgehoben und verhehlt werden.

Die reiche Gaunersprache, die für jede ihrer Branchen wenigstens eine Bezeichnung aufzuweisen hat, ist nicht ohne Bedeutsamkeit so karg mit der Bezeichnung des Begriffs Bordell, und bezeichnet mit dem allgemeinen Ausdruck Penne oder Spieße treffend den Knotenpunkt der ganzen verworfenen wuchernden Lebensregung des Gaunertums. Die Geschichte der Bordelle, namentlich zur Zeit der rheinischen und aller späteren Räuberbanden, die Flüche der größten Räuber vom Schafott herab gegen die Bordelle als Herd ihrer Verbrechen und erste Stufe zum Galgen, die immer wieder auftauchende Entdeckung diebischen Verkehrs in den Bordellen, alles das muß die unglückliche, selbstgenügsame Ansicht herabstimmen, daß mit der bestehenden, oft mit so eitlem, selbstgefälligem, großstädtischem Glanz und Gepräge überzogenen Sanitäts- und sogenannten „Sittenpolizei" in den Bordellen irgend etwas Ausreichendes getan sei. Vielmehr tritt die Notwendigkeit mit ganzer, gewaltiger, ernster Mahnung hervor, daß durchaus eine bei weitem tiefer und schärfer eingreifende Aufsicht über das gesamte Bordellwesen eingeführt werden muß. Die kunstvolle und scharfe Fremdenpolizei und ihre breite Gesetzgebung ist so lange eine Anomalie, als sie den Gastwirt und Hauswirt zwingt, den aufgenommenen Fremden oder Verwandten und nahen Freund bei der Polizei zu melden, während sie dabei den Bordellwirt, in dessen Hause der Verbrecher mit ungestörter Ruhe schläft von der Meldung befreit. Das leider einmal als schmähliche Notwendigkeit angenommene Übel muß aber auch mindestens als Übel erkannt und strenge in den Grenzen der so angenommenen Notwendigkeit gehalten und behandelt werden. Auch muß das Übel und sein Walten in allen seinen Formen und Konsequenzen mindestens demjenigen bekannt sein, der das Übel überwachen soll, nicht allein dem Wirt und der Dirne, die das Unheil repräsentieren und ausbeuten, und bei ihren wöchentlichen Abrechnungen mit großer Genauigkeit jeden Gast nennen und den Betrag seiner Zahlung gegeneinander aufrechnen können. Die Bereitschaft der Wirte vor der Behörde, sei es infolge von Streitigkeiten oder infolge einer strengen Aufforderung, ihre geheimen Listen vorzulegen, hat schon manche große Überraschung bereitet, und endlich doch überzeugt, daß gerade in den Bordellen die allergeringste Verschwiegenheit waltet, an die der verhüllte Gast so sicher glaubte. Für den erfahrenen Polizeimann, der in den

Bordellen mehr als den bloßen Herd der Liederlichkeit findet, muß daher endlich die bisher geübte, ohnehin bei der ganzen bestehenden Bordelleinrichtung, und namentlich bei der herrschenden leichtfertigen Nachsicht der ganzen modernen materiellen Richtung gar keine Geltung mehr habende, bis zur Erniedrigung gefällige und servile Diskretion von seiten der Polizei als eine arge Schwäche erscheinen, und sich dagegen die Notwendigkeit einer ganz anderen Einrichtung und Kontrolle der Bordelle aufdrängen, um das leider geduldete Übel in fester Beschränkung und Bändigung zu halten.

Eine schändliche, schon lange zum förmlichen Gaunergewerbe gewordene, mit der Prostitution, namentlich der geheimen, eng verbundene Erpressung ist das Bilbulmelochnen oder bilbulmachen (vom hebräischen בָּלַל [balal], vermengen, verwirren), die alte Industrie der Bilträgerinnen des *Liber Vagatorum*[5]. Es ist die Geltendmachung von Ansprüchen auf Abfindungen oder Alimentation angeblich geschwängerter Dappelschicksen, die Ansprüche, besonders im Einverständnis mit kupplerischen, unter dem Namen von Bevollmächtigten, Vormündern oder Verwandten auftretenden Gaunern, an verheiratete oder solche junge Männer gemacht werden, die es am meisten scheuen, wegen geheimer Ausschweifung vor Gericht oder der Öffentlichkeit bloßgestellt zu werden. Diese Finanzspekulation wird in größeren Handelsstädten, wo viele reiche Kaufleute wohnen, in der frechsten Weise ausgeübt, indem die Bilbulmacher unter dem Erbieten zu diskreter und billiger außergerichtlicher Abmachung sich heimlich und gleichzeitig von mehreren eine oft nicht unbeträchtliche Summe bezahlen lassen, und somit aus der wirklichen oder angeblichen Schwangerschaft einer liederlichen Person ein wahres Aktiengeschäft zu machen wissen, dessen Gewinn sie mit den Dappelschicksen teilen. Beispiele der Art kommen in unglaublicher Menge vor; ja, sehr oft wird, wenn das Geld vertan ist, ein neuer Anlauf bei denselben Personen, sogar zum dritten, vierten Male genommen, und zuletzt doch noch wirklich der Bilbul vor Gericht angefangen auf Alimentation irgendeines, wenn auch unterschobenen Kindes.

5) Kapitel 18. „Biltregerin, das sind die frawen, die binden alte wammes od Blitz oder Küssen oder den leib vnder die Cleider..."

Dieser verwegenen Gaunerei, durch die eine einzige Ausschweifung oder Untreue oft allzuhart gestraft wird, ist sehr schwer durch die Gesetzgebung entgegenzutreten, da über den Wert von Rechtsansprüchen nicht eher als nach beendigtem Rechtsverfahren entschieden, und die Bloßstellung des Beklagten vor und mitten im Verfahren nicht vermieden, ja sogar nicht einmal bei einem absolutorischen Abspruch völlig ausgeglichen werden kann, indem bei der Klage immer in gewisser Weise der Satz Geltung behält: *Audacter calumniando, semper aliquid haeret.* Nur eine scharfe polizeiliche Kontrolle, das Verbot und die unnachsichtige Bestrafung aller Ehebevollmächtigten, gleich der Kuppelei und Erpressung, vermag der frechen Gaunerei wenn nicht allen, doch einigen Eintrag zu tun.

Man sieht, wie alle Elemente und Verbrechen, die ebensowohl im geheimen die sittlichen Grundlagen des sozialpolitischen Lebens erschüttern, wie auch offene, direkte, verwegene, zerstörende Angriffe auf dies Leben machen, in eine einzige große Masse vereingt und wie ein fauler giftiger Kern von der harten undurchdringlichen Schale der höllischen Spießen oder Pennen umgeben sind. Man werfe einen Blick auf die deutsche Kriminalgesetzgebung, in der, wie kaum in einer anderen Wissenschaft, die ganze redliche deutsche Tiefe und der rastlos weiterstrebende deutsche Fleiß sich so herrlich offenbart: wie viel inneren Grund hatte diese Gesetzgebung, dem ursprünglich sehr beschränkten Begriff der Hehlerei eine immer weitere Ausdehnung zu geben, und endlich die strengsten Strafbestimmungen dafür festzusetzen. In dieser nach und nach immer weiter geratenen Ausdehnung des Begriffes und Strafmaßes der Hehlerei sieht man auch die Steigerung und Verbreitung der gaunerischen Kunst ausgesprochen, aber auch zugleich die Vergeblichkeit alles psychologischen Gesetzzwanges dargelegt, wo die Polizei in Geschick und Mitteln zur Entdeckung der Hehlerei zurückgeblieben ist. Gerade vor diesem düsteren Herde, auf dem das ganze Gaunertum sich sammelt, und von dem aus das Gaunertum sich mit dem gesamten öffentlichen Leben verbindet, um es zu beherrschen und zu vergiften, gilt es vorzüglich, die konkrete Individualität hinter ihrer Erscheinung und ihrem Versteck zu erkennen und dazu die Polizei durch tüchtige Ausbildung befähigter und gewandter zu machen.

D. Die Paralyse des Gaunertums

Die französisch-deutsche Polizei

Somit erblickt man das Gaunertum als ein am siechenden Körper des Bürgertums haftendes Übel, das seine Wurzeln tief in die offenen Wunden geschlagen hat und den ganzen Körper zu entkräften droht, wenn nicht die helfende Hand des Arztes bald hinzutritt und das Übel gründlich zu heilen anfängt. Je eingewurzelter das Übel ist, desto schärfer und gefährlicher ist es selbst, und wiederum desto hinfälliger und empfindlicher ist der kränkelnde Körper geworden, der die von wohlmeinender, leider aber oft ungeschickter Hand geführte schmerzhafte Sonde schon nicht mehr dulden mag

Die Abneigung des Bürgertums gegen die heutige Polizei ist zu entschieden ausgesprochen, als daß sie abgeleugnet oder übersehen werden könnte. Je mehr aber das deutsche Bürgertum trotz so vieler und harter Prüfungen die alte kräftige deutsche Volksnatur in sich bewahrt hat, je würdiger und bedürftiger des Schutzes es gegen das an seinem inneren Marke zehrende gewerbliche Verbrechen ist, und je mehr dagegen die Polizei des neunzehnten Jahrhunderts in Rückstand geraten ist, desto mehr lohnt es, einen kurzen Blick auf die Ursachen zurückzutun, die der Entwicklung einer, dem deutschen Wesen entsprechenden Polizei im Wege standen, und die auffallende Erscheinung erklären, daß gleichzeitig und mit der neubegonnenen tieferen philosophischen Behandlung des deutschen Strafrechts zu Anfang des neunzehnten Jahrhunderts ein fremdartiges Polizeisystem in Deutschland aufzukommen versuchen konnte, das dem deutschen Wesen durchaus abhold ist und sich niemals mit ihm verständigen wird. Diese Ursachen liegen schon in den Bewegungen des mittelalterlichen Lehnstaates, die die Verschiedenartigkeit und den Gegensatz des romanisch-französischen und germanisch-deutschen Elements recht deutlich zutage treten lassen.

ZWEIUNDNEUNZIGSTES KAPITEL

Der Widerspruch zwischen der französischen Polizeigewalt und dem Volke

Wenn man mit prüfendem Blicke durch den Glanz, mit dem die französische Polizei sich zu umgeben weiß, in das Wesen dieser Polizei tiefer eindringt, so findet man, daß in der Geschichte dieser Behörde das Volk nirgend ein zur Polizei tätig mitwirkender Faktor gewesen ist. Man findet vielmehr das Volk beständig in einen unnatürlichen scharfen Gegensatz zu der Polizei gestellt, der nicht nur die naturgemäße Entwicklung beider Teile gehemmt, sondern auch beide in einem fortdauernden gegenseitigen offenen Widerstand und Kampf gehalten hat, dessen Folgen für beide Parteien von gleich schädlicher Wirkung gewesen sind.

Noch ehe die französische Polizei durch Ludwig XIV. ihre absolutistische Form erhielt, war sie schon die mehrhundertjährige Geschichte und Folge eines politischen Mißgriffs, durch den Frankreich ein für allemal seine Einsetzung als Land der Politik und Revolution bekommen hat. Als nämlich zu Ende des elften Jahrhunderts in ganz Frankreich die öffentliche Ordnung und Sicherheit gerade durch die königlichen Beamten selbst und durch den straßenräuberischen Lehnsadel auf das äußerste gefährdet war, und es kaum möglich schien, der Gewalt der weltlichen und geistlichen Herren Einhalt zu tun, ließ der schon seit 1092 zum Mitkönige ernannte Ludwig VI, durch seine Bischöfe und Pfarrer die bürgerlichen, nach Kirchsprengeln eingeteilten Gemeinden zu den Waffen gegen den Übermächtigen und unbändigen Adel rufen, und bekämpfte den räuberischen Lehnsadel mit dieser ersten eigentlichen Landwehr, die mit freudiger Bereitwilligkeit gegen ihre bisherigen Unterdrücker auftrat[1]. Zum Lohne dafür verlieh der König diesen Gemeinden das königliche Privilegium der bürgerlichen Gemeinheit, die communia, die im Grunde kaum ein Privilegium genannt zu werden verdiente, wenn sie nicht die Aufhebung aller willkürlichen grundherrlichen Geldforderungen und die Ablösung der drückenden Verbindlichkeiten, namentlich der Burgfron-

1) Hüllmann, Städtewesen III, S. 8 ff.

dienste, des Sterbefalles, der Zwangsheiraten usw. zur Folge gehabt hätte. Um diesen Preis gewannen die Könige die Unmittelbarkeit der Städte und die volle Reichshoheit über die großen unmittelbaren Reichslehngebiete, und zwar so bald und so entschieden, daß unter anderem schon im Jahr 1183 der Herzog Hugo von Burgund für die Bürger von Dijon die Gemeinheit vom Könige erbat und zugesprochen erhielt.

Die gegenseitige üble Täuschung offenbarte sich aber sehr bald. Mit den Waffen in der Hand, war auch dem großen Haufen Gelegenheit zur eigenmächtigen Selbsthilfe, Gewalttat und zum Aufruhr gegeben. Die blutigen mörderischen Aufstände gegen den Bischof Waldrich von Lavn, gegen den Grafen von Amiens, die Aufstände zur Rheims und Sens, und viele andere Meutereien der Art gaben bald ein lautes Zeugnis von dem wesentlich durch Vernichtung des Adels heraufbeschworenen Geiste. Der rohen Masse fehlte bei dem Wegfall der Adelsmacht die vermittelnde Verbindung mit dem Königtum. In der unmittelbaren Berührung der Volksmasse mit dem Königtum bildeten sich beide Faktoren zum Gegensatze aus[2]. Das Volk mit den Waffen in der Hand war sich seiner physischen Übermacht als Masse bewußt geworden, und somit war die Ordnung verfallen, der innere Friede gestört. Mit unerhörter Frechheit hausten sowohl auf dem Lande als auch in den Städten mächtige Räuberbanden, so die sogenannten dreißigtausend Teufel, die fünfzehntausend Teufel, die Wegelagerer, die Menschenschinder usw., zum großen Teil unter Führung von Hauptleuten aus dem ersten Adel des Landes, wie z. B. Jourdain Dufaiti um 1325, der mitten in Paris ungestraft mit seiner Bande die frechsten Verbrechen beging und die wildesten Orgien in seinem Hotel mit seinen Spießgesellen feierte. In Laon, dem Hoflager des Königs, hatte der Haufe es gewagt, den in die Häuser gelockten Landleuten mit Gewalt die Barschaft abzunehmen, ja sogar den königlichen Stallknechten die zur Tränke geführten Pferde unter körperlicher Mißhandlung zu rauben. Aimerigor der Schwarze,

2) Die Ansicht A. L.s läßt sich in keiner Weise aufrecht halten. Würde er statt seiner langatmigen gelehrten Ausführung geschrieben haben: der verdrängte Adel hetzte das Volk auf und verführte es zu Ungesetzlichkeiten, dann hätte er den Nagel auf den Kopf getroffen. A. L. scheut sich nur, den Adel zu tadeln, wenn er auch seine Mitwirkung und Anführerschaft bei den Räubereien zugeben muß. B.

der mehrere Schlösser in Limousin und in der Auvergne besaß, hauste um 1418 in der Nähe von Paris, in das er die frechsten Einfälle machte.

Die Entsittlichung und die Unsicherheit des Eigentums wuchs im Verlaufe der Zeit mehr und mehr. Nicht einmal Ludwig IX., einer der edelsten Herrscher, konnte auch nur einigermaßen die innere Ordnung und Sicherheit wiederherstellen. Ludwig XI. hatte den Generalprofos, seinen „Gevatter", beständig in seiner Begleitung, und suchte unter der Schar der von ihm übrigens massenhaft gehenkten Zigeuner und Räuber seine vertrautesten und geheimsten Kundschafter. Auch der ritterliche Franz I. konnte die Räubermasse nicht bändigen; in den Hugenottenkriegen brach der Aufstand des Räubertums ärger und nachhaltiger als je hervor, und zu Anfang des siebzehnten Jahrhunderts beherrschten unter und besonders nach Heinrich IV. die Bougets und Grisons ganz Paris, ja ganz Frankreich, bis die spätere Polizeiorganisation Ludwigs XIV. die noch feinere und mächtigere Organisation der Gaunerbanden des Cartouche und seiner Nachfolger in Paris und allen größeren Städten Frankreichs hervorrief, um mitten im Treiben des Hofes und des städtischen Lebens ungeheuere Ausbeute zu machen.

Bei dieser Entsittlichung des Volkes und der Zerfahrenheit der gesellschaftlichen Verhältnisse schien eine Bändigung der Massen nur durch rohe Gewalt möglich. Sie wurde denn auch zur Politik des Königtums, das sich stets in starkem Gegensatz zum Volke hielt, und Volk und Adel so gleichmäßig herunterbrachte, daß man es für eine, wenn auch nicht sittliche und volkstümliche, doch für eine augenblickliche politische Rettung beider halten mußte, wenn Ludwig XIV. mit seiner Herrscherindividualität der Jahrhunderte hindurch zwangsmäßig angebildeten Nationalstimmung einen formellen objektiven Ausdruck gab, und das autarke Königtum durch die Personifikation und Individualisierung des Staates im Könige mit einer bis dahin unerhörten Sicherheit der Form proklamierte. Bei dem kläglichen Inhalt der städtischen Verwaltung war es anscheinlich nur wenig, was der König durch das Edikt von 1667 zunächst der als königliche Hauptstadt vor allen Städten des Reiches noch bedeutend mit gemeinnützigen Einrichtungen bevorzugten Stadt Paris nahm; aber sehr viel, was er dem Polizeileutnant in die Hand gab, indem er diesem die gesamte Polizeigewalt übertrug und in die einzige Person dieses ersten königlichen Beamten zusammenfaßte. In dem blendenden Glanze des Königtums und der von Ludwig XIV. mit so vielem Glück herangezogenen Intelligenz blieb, trotz der anfänglich unbedeutenden Bewegung dieser neuen königlichen Polizei, der Umstand unbeachtet, daß diese Polizei mit der freilich schon lange arg verkümmerten, aber immer noch rettungsfähigen französischen Volkstümlichkeit im ebenso grellen Widerspruch stand, wie sie dem absoluten Königtum zu entsprechen schien, und daß die Stellung des ärmeren Adels, der besonders mit der Verwaltung bedacht wurde, nichts anderes war, als die Ministerialität der alten fränkischen Könige in einer neuen gefährlichen Auflage. So trat die französische Polizei nicht als befreundete segensvolle Ordnung in das Volk hinein, sondern fremd und feindlich dem Volke gegenüber, wie im Jahre 1853 ein deutscher Polizeimann ebenso unwahr wie schmachvoll auch von der deutschen Polizei sagte, daß, „die Polizei nun einmal ihrer Natur nach in stetem Kriege mit jedem einzelnen im Staate lebe".

Diese Verwaltung Ludwigs XIV. war nicht anders vorgebildet und notwendig geworden als durch das mehrhundertjährige Streben der Könige nach absoluter Gewalt. Diese Verwaltungsform war eine rationell konstruierte Erfindung der Politik; sie hatte bei ihrer Einsetzung kein anderes Leben als das königliche Werde, und keinen weiteren Lebensunterhalt, als im geheimen Wühlen der Bürokratie, die wie ein giftiges Gewächs heimlich durch alle Fugen und Mauern des Staatsgebäudes schlich und den Verband des ganzen Gebäudes lockerte. So konnte diese Polizei nicht einmal der vor ihren Augen in allen Schichten des Volkes hausenden Sittenlosigkeit, zu der König und Adel freilich das ärgste Beispiel gaben, und die wie ein Gifthauch über die Grenzen nach Deutschland hinausdrang an ihrem Herde einigermaßen entgegentreten; sie konnte nicht die grenzenlose Not des Volkes lindern, konnte nicht eine spätere Erhebung zur Revolution, nicht den Königsmord verhindern, und wußte nach ihrer Wiedereinsetzung auch nicht den späteren Revolutionen vorzubauen, weil sie niemals gerade und tief mit der Stammwurzel in den Boden der Volkstümlichkeit ge-

faßt hatte, sondern statt dessen sich dazu verstehen mußte mit
den tausendfach feinen dürren Wurzeln der geheimen politischen Polizei unter der Oberfläche des kahlen Bodens entlang
zu kriechen, der bei jedem rasch hingeworfenen Zündholz wie
bei einem Heidebrand in Flammen gerät, die ganze Strecke ver-
sengt und doch nicht einmal durch die Asche den Boden frucht-
barer macht!

DREIUNDNEUNZIGSTES KAPITEL

Die Verständigung des deutschen Bürgertums mit der Polizeigewalt

Ein ganz anderes Bild bietet Deutschland dar, in dem die natürliche Ausbildung des deutschen Volkswesens, wenn auch vielfach gestört, doch niemals ganz unterdrückt worden ist. Durch
das Wiederaufblühen der herzoglichen Macht, die an Stelle der
absoluten Lehnsmonarchie Karls des Großen unter seinen
Nachfolgern wesentlich bei Umwandlung dieser monarchi-
schen Regierungsform in eine aristokratisch-monarchische förderte, und sich teils durch Bedürfnis des Schutzes gegen die
Grenzfeinde, teils durch die in der Verschiedenheit der Stämme
gegründete Anhänglichkeit an einen Stammfürsten als notwendig und naturgemäß herausstellte, sowie besonders durch
das Recht der Herzöge, den Heerbann ihres Landes aufzubieten
und die Landtage zu berufen, auf denen sie Vergleiche
schließen und Recht sprechen konnten, wurde die regierende
Gewalt auf die verschiedenen einzelnen Staaten verteilt. So
kam das Königtum in Deutschland niemals zur vollen Entwicklung, dafür wurde aber die Entfaltung des deutschen Wesens
und Lebens bedeutend gefördert. Die sichtliche Zunahme dieser herzoglichen Gewalt machte es zur Politik der Ottonen, die
meisten Herzogssitze mit ihren Verwandten zu besetzen und
dazu die Pfalzgrafen aufzustellen und Markgrafen einzusetzen.
Durch diese Politik wurde die herzogliche Macht zwar zeitweise mit dem Kaisertum in eine stützende Verbindung gebracht,
aber auch innerlich nur noch mehr gekräftigt, was besonders
unter den schwachen Kaisern hervortrat. Ihren wesentlichen

Widerstand fand sie nicht in der Kaisermacht, sondern gleich dieser in der rasch emporstrebenden Gewalt der besonders schon durch die Ottonische Politik ebenfalls mit bedeutenden Freiheiten und Grafschaftsrechten belehnte Geistlichkeit. Es ist bereits die Rede von dem Wetteifer gewesen, in dem Hierarchie und Lehnwesen neben-, gegen- und wiederum miteinander jene Unzahl von Formen schufen, deren Durchführung und Geltendmachung auf Kosten der Volksnatur den wesentlichen Inhalt der Geschichte des Mittelalters ausmacht, sowie von der Festsetzung des deutschen Wesens in den freien Städten, die damit viel mehr zu Zufluchtsstätten dieses deutschen Volkswesens als der Kaisermacht wurden, und dieses Wesen retteten und pflegten. Neben der Bevorzugung der freien Städte von seiten der Kaiser erscheint die Reichspolizei als ein, vielleicht nicht ohne Hinblick auf Frankreich gemachter, politischer Versuch einer festeren Zentralisierung der deutschen Macht zur Verstärkung des geschwächten Kaisertums, wozu das politische Institut des Markgrafentums und Pfalzgrafentums nicht mehr ausreichte. Wie dieser Versuch mißlang, zeigt die Geschichte. Das Kaisertum mußte seine Hoffnung auf die Reichspolizei sofort aufgeben, weil die Reichspolizei schon nicht mehr als einfacher kaiserlicher Befehl, sondern nur als flaues Ergebnis eines schwerfälligen Vergleiches mit dem Reich erscheinen konnte.

Wie verworren aber alle politischen Verhältnisse, wie gewaltig die Ereignisse und Bewegungen waren, die das deutsche Reich erschütterten, überall sieht man das Volk mit seiner Treue vor und mit seinem Fürsten stehen, überall mit seiner Anhänglichkeit an dem Adel halten, dem es seine Stellung bewahrte und als sozialpolitischen Faktor eine würdige Ausbildung ermöglichte, die keine andere Nation sich rühmen kann. Niemals hat die deutsche Volkspoesie, dieser zuverlässige Ausweis des herrschenden Volksgeistes, aufgehört, die deutsche Treue und Heldenschaft zu feiern. Selbst in der bedenklichsten Zeit der Bauernkriege blieben die Stimmen laut, und die fliegenden Blätter jener Zeit sind ein redender Beweis von dem Geist, der das deutsche Volk beseelte, und von der Fremdartigkeit des Dämons, der von Westen her nach Deutschland hineinblickte und zum erstenmal Einzug zu halten drohte. Das deutsche Volk richtete den Blick auf den Landesherrn, und befolgte nicht nur seine Anordnung und unterstützte sie auch bereitwillig, weil es seinen Schutz oder zum mindesten den guten Willen dazu in ihnen erblickte.

Deshalb fand später Fürst und Volk in Deutschland die künstliche Polizei Ludwigs XIV. bedenklich, weil sich mit ihr zugleich auch ihre brutale Gewalt und die arge sittliche Verderbnis zeigte, die das Volk unter dem glatten Glanze, dem leider aber auch vielfach an die deutschen Höfe gelangten Prunke, mit unbefangenem Blick erkannte. Von dem Bedürfnisse getrieben, fing die stets Gründlichkeit erstrebende deutsche Gelehrsamkeit an, das bislang nur als ein Ausfluß der Gerichtsbarkeit angesehene und herangebildete Polizeirecht auf Grundlage des gemeinen Rechts zu bearbeiten, ohne auf das vorhandene, eigentümliche, reiche geschichtliche Material Bedacht zu nehmen. Diese wissenschaftlichen Bearbeitungen blieben jedoch ohne wesentlichen Einfluß auf die Polizei, die aber, immer von dem praktischen Bedürfnis getrieben, nach wie vor mit fast wunderbarem Takt und glücklichem deutschen Instinkt in der Polizeigesetzgebung das deutsche Wesen der Polizei aufrecht zu halten wußte, wobei vorzüglich Österreich das merkwürdigste Beispiel gab[1], während auch Preußen in derselben unzersetzten Kraft gegen Ende des achtzehnten Jahrhunderts mit bewundernswürdiger Energie und im schneidenden Gegensatz zu den Maßnahmen der französischen Behörden die erfolgreichste Initiative gegen die rheinischen Räuberbanden zur wahren Ehre der deutschen Polizei und Justiz zu ergreifen vermochte.

---

1) Auch darüber läßt sich streiten. Das Naderer- und Spitzeltum der österreichischen Polizei, das schon unter Maria Theresia so glänzend funktioniert hatte und dann von 1813 an bis unter Metternich und noch viel später viele Talentproben ablegen sollte, ähnelte ganz gewaltig dem französischen System.   B.

VIERUNDNEUNZIGSTES KAPITEL

Die Versetzung der deutschen Polizei
mit der französischen Polizei

Mit den napoleonischen Eroberungen in Deutschland machte auch die französische Polizei eine mächtige Propaganda in Deutschland. Sie beherrschte nicht nur die eroberten Teile Deutschlands, sie reichte mit der heimlichen Gewalt ihrer tausendfach verzweigten Polypenarme auch noch dahin, wohin die französischen Waffen selbst nicht gelangten; sie konnte selbst den tief in die Brust vergrabenen Gedanken einen lebendigen Ausdruck ohne Sprache entlocken. Die Bureaukratie der französischen Polizei war eine sogar gegen das Leben des französischen Volkes selbst völlig abgeschlossene Körperschaft, wie viel mehr absolutistischer zerstörender Gegensatz gegen das deutsche Volkselement, wie niemals ein solcher dem deutschen Volke fremd und feindlich sich gegenübergestellt hatte. Sie war ein politisch gewerbliches Gaunertum in ihrer Art, mit einer eigenen versteckten Kunst, allezeit zu dem heimtückischsten Spitzeldienst bereit, zu dem die befehlende Gewalt sie rief, von tiefer Entsittlichung und verräterischer Falschheit durchzogen, aber von furchtbarer unantastbarer Gewalt beherrscht und zusammengehalten. So wenig man diese Polizeigewalt in ihrer teuflischen Rührigkeit äußerlich bemerkte, so wenig hatte man eine Ahnung von ihren höllischen Mitteln; man vermochte nur zu staunen über ihre Erfolge und glaubte deshalb an ihre innere Tüchtigkeit, ohne zu beachten, daß eben diese französische Polizei aus ihrem Schoße mit erstaunlicher Fruchtbarkeit ein eigenes administratives Proletariat gebar, das im Schlamme tückischer Servilität erzogen und gehalten, nach oben und unten eine Zersetzung aller göttlichen, menschlichen und politischen Bande bewirkte.

Als die französische Polizei mit den französischen Heeren aus Deutschland gewichen war, trat es deutlich zutage, daß in vielen deutschen Verwaltungen, so auch ganz besonders bei der Polizei, das unleugbar richtige Prinzip der Zentralisation nach dem Vorgange der französischen Polizei überall Wurzel geschlagen hatte, wenn auch die entsittlichende Art und Weise der französischen Polizei dem deutschen Sinne niemals zusagte, vielmehr ihm immer fremd blieb. Die Zentralisation verlangte praktische Beweglichkeit, ohne daß sie in Deutschland über geübte bewegliche Talente hätte gebieten können. So war denn auch in Deutschland die Bureaukratie erstaunlich schnell, und ganz besonders in der Polizeiverwaltung, aufgeschossen, und bot dem klaren prüfenden Blicke die Erscheinung dar, die in stürmischer Entrüstung, aber mit dem ganzen Tiefblick staatsmännischer Weisheit der Minister vom Stein darstellte. „Wir werden", sagt er „von besoldeten buchgelehrten, interessen- und eigentumslosen Bureaulisten regiert; das geht so lange es geht." Diese vier Worte enthalten den Geist unserer und ähnlicher geistloser Regierungsmaschinen: besoldet, also Streben nach Erhaltung und Vermehrung der Besoldeten und Besoldung; buchgelehrt, also lebend in der Buchstabenwelt und nicht in der wirklichen; interessenlos, denn sie stehen mit keiner den Staat ausmachenden Bürgerklasse in Verbindung, sie sind eine Klasse für sich – die Schreibkaste, eigentumslos, also alle Bewegungen des Eigentums treffen sie nicht. Es regne oder scheine die Sonne, die Abgaben steigen oder fallen, man zerstöre alte hergebrachte Rechte oder lasse sie bestehen, alles kümmert sie nicht. Sie erheben ihren Gehalt nur aus der Staatskasse und schreiben im stillen in ihren mit verschlossenen Türen versehenen Bureaus, unbekannt, unbemerkt, unberühmt, und ziehen ihre Kinder wieder zu gleich brauchbaren Staatsmaschinen heran.

Nur insofern und nur insoweit war auch das französische Polizeisystem vollendete Tatsache in Deutschland geworden, ohne irgendwo anerkannt und beibehalten worden zu sein. In dem Kampfe mit den entsittlichenden Elementen, die die französische Herrschaft in Deutschland abgelagert hatte, schien die Not der deutschen Polizei durch eben die behende französische Polizei gehoben werden zu können, die doch so viel zur Förderung der Entsittlichung im geheimen beigetragen hatte. Der erste Notgriff war ein glücklicher Griff; man richtete die Gendarmerie nach dem Muster der französischen wieder her und konnte damit die Räubergruppen, freilich erst nach langem Kampfe, zersprengen, wenn auch nicht ausrotten. Man schickte aber dann Polizeimänner nach Paris, um die französische

Polizei zu studieren und eine Polizei nach ihrem Muster in Deutschland herzustellen, ohne mit ganzer Gewalt auf die reiche und belehrende Geschichte der deutschen Polizei zu verweisen, ohne kraftvoll den Gedanken aufrecht zu halten, daß in Deutschland die kräftige deutsche Volksnatur unvertilgbar und unverloren obenansteht und selbst nach Schutz und Ordnung verlangt, und zu ihrer Förderung bereit ist, während in Frankreich die durch mehrhundertjährigen Absolutismus in ihrer freien Entwicklung gehemmte Volksnatur durch die volksfremde und sogar volksgegnerische Polizei Ludwigs XIV. systematisch herabgedrückt und in einen trüben Gärungsprozeß verwiesen war, in dem naturgemäß die Fesseln zeitweilig gesprengt werden müssen. Die deutsche Polizei täuschte sich nicht über den sittlichen Wert der, wenn auch überaus verfeinerten und behenden Mittel der französischen Polizei und – blieb ratlos, ungeachtet der vielen und besten Ratschläge und ungeachtet die Poizeigesetzgebung mit treffendem und richtigem Maß und Takt und mit tiefer Erkenntnis des Volksbedürfnisses und der Aufgabe der Polizei sich aufzumachen begann. Die Polizei erhielt sich im Tumulte des Kampfes, in dem sie gegen die beständig gehäuftere und verfeinertere Verbrechermasse gerissen wurde, immer als bloße Tatsache und lernte in dieser Praxis der Not das meiste und beste begreifen. Bei dieser vielversprechenden Regsamkeit glaubte sich aber wieder die deutsche Gelehrsamkeit zu rettenden Tat berufen.

Es wurde von Theoretikern ohne Praxis der Geist, den sie begriffen, als Geist der Polizei dargestellt. So kamen Definitionen, Theorien und Systeme in die Welt, die eher auf eine visionäre Inspiration zurückzuführen sind, als daß sie von einem tieferen Blick in die Wahrheit der Geschichte und in das Leben des Volkes Zeugnis geben könnten. Nicht einmal die als Tatsache vorhandene und vom besten Willen beseelte Polizei konnte von den Theoretikern als Erscheinung richtig aufgefaßt, geschweige denn in ihren historischen Grundlagen anerkannt werden, bis der scharfsichtige geistvolle Zimmermann doch wenigstens die vorhandene Polizei als gegenwärtige Erscheinung unter dem richtig gewählten Namen der „deutschen Polizei des neunzehnten Jahrhunderts" auffaßte, durch seine geistreiche Analyse zur objektiven Anschauung brachte, dabei aber auch aussprach und darlegte, wie notwendig und möglich eine Reform der deutschen Polizei sei.

Diese Notwendigkeit und Möglichkeit, die deutsche Polizei aus ihrem unleugbaren Notstande zu retten, tritt erst dann recht lebendig hervor, wenn man Zimmermanns bedeutsame Erscheinung mit der von ihm ganz verschiedenen, aber mit ihm zusammentreffenden, höchst bedeutsamen Erscheinung des genialen Riehl verbindet. Wie Zimmermann eine geistvolle Analyse der Polizei des neunzehnten Jahrhunderts dargestellt hat, so hat Riehl in seiner „Naturgeschichte des Volks" das deutsche Volk in geistreichen Zügen gezeichnet. In beiden Darstellungen erkennt man, was der gegenwärtige Befund beider Faktoren des Volkes und der Polizei Natürliches und Unnatürliches behalten hat, und wie viel sich verständigen und ausgleichen muß. Beide Darstellungen enthalten zusammen so viel positive und negative Elemente, daß sie in ihrer notwendigen und natürlichen wechselseitigen Berührung, wie in einem physikalischen Prozeß, den leuchtenden Funken über die Geschichte entzündet haben, in der die deutsche Volksnatur mit der ganzen Gewalt ihres christlich-sittlichen Wesens hervortritt und deutlich zeigt und fordert, was die christlich-deutsche Polizei zu bedeuten und zu gewähren hat.

Die Aufgabe der deutschen Polizei[1]

Fünfundneunzigstes Kapitel

Der allgemeine Notstand

Sowohl der Hinblick auf die Zahl der Verbrechen, die sich namentlich seit 1848 in grauenhafter Weise fast um das Doppelte vermehrt, auf die ganze gegenwärtige Zeitrichtung, die den rohesten Materialismus zu ihren Götzen gemacht hat, durch die gesuchte Gelegenheit zum raffinierten Genuß aller Art das sittliche und religiöse Leben nahezu vernichtet, die Gefängnisse

---

1) Die in diesem und den folgenden Kapiteln stehenden Ansichten hat Avé-L. in seinem Buche „Physiologie der deutschen Polizei", Leipzig 1882, noch eingehender behandelt und begründet.   B.

und Irrenanstalten mit Individuen jeden Geschlechts und Alters in schreckenerregender Weise anfüllt, und selbst in den direkten Angriff gegen die geheiligten Institutionen des Staates und der Kirche unternimmt, daß nun auch das von der Voraussicht der Zersetzung aller positiven sozialen und politischen Elemente geängstigte Bürgertum sich zu patriotischen Gesellschaften und Vereinen zusammendrängt, um den zahllosen sittlichen Schäden der Gesellschaft entgegenzuwirken, deren Entstehung und Fortbildung die Polizei nicht zu hindern vermocht hat. Alles dies, sowie ganz besonders noch die tröstliche Wahrnehmung, daß – wie ein Historiker sagt – „viele Regierende und Regierte sich demütigen gelernt und eingesehen haben, wie sehr sie durch Mißgriffe und Versäumnisse gesündigt hatten, und wie jedem Teile nach oben und unten, nach links und rechts die ernsteste Buße not tut"[2], alles dies muß auch die Polizei zur ernsten Selbstprüfung mahnen, damit auch sie ihre Mißgriffe und Versäumnisse erkenne, sich demütigen lerne, und es aufgeben, noch länger mit der kahlen äußeren Gewalt zu prunken, anstatt nach innerer Kraft und Geltung zu streben, wäre es auch nur statt vieler um der einen Tatsache willen, daß das zum Gewebe erstarkte Verbrechen, das Gaunertum, dem Bürgertum wie auch der Polizei über den Kopf gewachsen ist.

Es gilt nicht, die vielen offenen und geheimen Schwächen der Polizei darzulegen, auf die der erfahrene Polizeimann mit tiefer Kümmernis blickt; es gilt auch vor allem nicht das Geheimnis der geschlossenen Ämter bloßzulegen, die wie stark armierte Festungen mitten in das sozialpolitische Leben hineingestreut sind, mit metallenem und gemaltem hölzernen Geschütz das Leben beherrschen, und durch deren dumpfe Kasematten ein trüber düsterer Tintenstrom rauscht, in die eine Unzahl verkommener Schreibergestalten tauchen muß, um das Leben zu vergessen und endlich ganz berufsmäßig abzusterben; es kommt allein darauf an, die Ursachen der Schwächen anzudeuten, die von den vielen trefflichen Polizeimännern Deutschlands schmerzlich empfunden werden, und denen der einzelne nicht unverzagt entgegenzutreten wagt, wenn sie nicht zum allgemeinen Ausdruck kommen und von allen gemeinsam angegriffen werden.

2) Dittmar, Geschichte IV, 2, S. 1133.

SECHSUNDNEUNZIGSTES KAPITEL

Die Errichtung von Lehrstühlen des Polizeirechts

Während es in Deutschland kaum irgendeinen Gewerbszweig, eine Kunst und Wissenschaft gibt, für die nicht eines besondere Schule vorhanden wäre, gibt es bei uns gerade für die Polizei, die doch in den ganzen Kreis aller sozialpolitischen Verhältnisse hineinreicht, keine einzige praktische Lehranstalt. Kaum unternimmt es hier und da ein Professor, eine Theorie der Polizei vom Katheder herab zu dozieren, die, wenn auch die besten und zutreffendsten Begriffe vom Wesen und der Aufgabe der Polizei dargestellt hätte, doch unfruchtbar bleiben mußte, weil der Abgang eigener praktischer Erfahrung des Lehrenden die Theorie nicht lebendig machen konnte. Die Polizei ist vor allem die Wissenschaft der Praxis, die das Leben bis in seine feinsten Adern durchdringt, und aus zahllosen Erfahrungen eine frische und freie Theorie des Lebens zum Schutz des Lebens konstruiert, gegen die die abstrakte Theorie wie eine leere Beschwörungsformel sich verhält. Von der anderen Seite hat es den Praktikern an Zeit und Mut gefehlt, den Lehrstuhl zu besteigen, von dem der Nimbus wohltheorisierender Gelehrsamkeit schon manches tüchtige Talent zurückgeschreckt hat, das oft auf eben demselben Lehrstuhl viel mehr genützt hätte als jene, hätte es auch nur einen einzelnen Zweig der Polizei oder irgendein einzelnes Polizeigesetz kommentiert und durch die Zutat eigener praktischer Erfahrungen erläutert. Erst durch die Veranschaulichung, wie ein Gesetz sich gegen das Leben verhält, wie das Gesetz im Leben als dessen notwendige Ordnung gefunden werden und gelten muß, wird das Gesetz dem Polizeimann ganz klar und faßlich. Welche gediegenen Bemerkungen, Winke und Ratschläge haben gerade Männer wie Schäffer, Rebmann, Brill, Grolman, Schwencken, Stuhlmüller und andere, die nur Praktiker waren, in ihren sogar auf nur einzelne Gruppen beschränkten Darstellungen gegeben! Ihre Winke und Ratschläge sind die leitenden Grundsätze unserer bisherigen Sicherheitspolizeigesetzgebung; sie sind noch immer die Träger unserer ganzen heutigen praktischen Sicherheitspolizei.

Es ist die dringende Aufgabe der Staatsregierungen, dem drückenden Mangel durch Aufrichtung von Lehrstühlen abzuhelfen, von denen herab nicht etwa das Polizeirecht mit anderen Verwaltungszweigen vermischt, sondern allein und selbständig für sich gelehrt wird. Vom Katheder herab muß besonders erst der Blick auf die Geschichte der Polizei fallen, um die deutsche Natur in ihrer Urwesenheit, in ihrer Verständigung und Sättigung mit dem Christentum, sowie in ihrer dadurch unvergänglich gewordenen inneren Kraft die so eigentümlichen Polizeiverfügungen in ihren artikulierten und oft unartikuliert erscheinenden, immer aber natürlichen Lauten als gewaltige Ordnungsrufe der Volksstimme selbst zu verstehen. Daraus würde Wesen und Bedeutung der Polizei zum klaren Bewußtsein gebracht werden. Es gilt nur jetzt besonders, den vielen tüchtigen Polizeimännern Deutschlands Mut zu machen, den Lehrstuhl zu besteigen, sobald eine Staatsregierung einen solchen errichtet hat. Ist die Polizei erst zu historisch-wissenschaftlicher Begründung gekommen, so wird von ihr aus auch auf das Kriminalrecht und dessen ganze Pflege ein sehr bedeutender Einfluß ausgehen, und auch im Kriminalrecht vieles zu einer lebendigen Anschauung und Ausgleichung gebracht werden, was bei der bisherigen streng rationellen Behandlung für Leben und Praxis starr und unbeweglich geblieben, auch durch die Einführung der Geschworenengerichte noch nicht ausgeglichen ist.

SIEBENUNDNEUNZIGSTES KAPITEL

Die Zentralisation und Repräsentation der Polizeigewalt

Erst dann, wenn eine solche Durchbildung mehr und mehr verbreitet ist, wird die Polizei als ein in allen ihren Zweigen unteilbar Ganzes erkannt, und die volle Notwendigkeit ihrer Vereinigung in eine Behörde und eine Person vollständig begriffen werden. Ohne diese Zentralisation ist ihre Wirksamkeit durchaus gelähmt und unfruchtbar. Die widerlichen, Zeit und Kräfte raubenden Kompetenzkonflikte fallen in ihrer ganzen Plage auf das Bürgertum zurück, und vereiteln alle beabsichtigten Erfolge der Polizei. Das Bestehen mehrerer gleicher Behörden an einem Orte macht es gerade, daß die Polizei in ihrer Wirksamkeit gehemmt, bloßgestellt und als lästige kostspielige Pensionärin des Staates mit Abneigung vom Bürgertum betrachtet wird. Die landesherrlichen Polizeiinstitute stehen neben der städtischen Polizei in den Städten immer im Nachteil, weil sie meistens nicht als Anfänge der so durchaus notwendigen Zentralisation, sondern mißtrauisch als absolutistische Neuerung betrachtet werden, die leicht die alten, bewährten, volkstümlichen, städtischen Einrichtungen aufheben könnten, ohne durch das Neue etwas Besseres herzustellen. Diese Abneigung findet zum Teil ihren Grund in der Wahrnehmung, daß die Regierungen, in richtiger Würdigung der Wichtigkeit, die in der Stellung des Polizeichefs liegt, ganz vorzüglich seine Repräsentation im Auge haben. Der Polizeichef muß aber nicht allein die Würde des landesherrlichen Abgeordneten haben, sondern neben dem vollen Bewußtsein seiner Würde von selbstverleugnender Gesinnung durchdrungen sein, feinen politischen Blick und diplomatischen Takt haben, die Interessen des Landes, den Handel, die Künste und Gewerbe überschauen und beurteilen können, und juristische, besonders kriminalistische Kenntnisse haben, um nicht bloß äußerlich zu imponieren, sondern auch das ganze Polizeigetriebe geistig beleben, tragen und fördern, und jeden, auch den geringsten Beamten, selbst anzuweisen und belehren zu können. Die bloße äußere Repräsentation gibt der Stellung des Polizeichefs immer etwas Figurantes, wie sehr sie auch sonst noch von der verleihenden Gewalt gefördert und gehoben werden mag, während bei dem auch nicht durch Adjunktur und Substitution zu ergänzendem Mangel an wahrem und tiefem polizeilichen Wissen und Geschick alle übrigen Teile der Polizeibehörde, das heißt das Ganze, von ihm selbst, und durch ihn auch von jener Gewalt ebenso abgeschieden dastehen, wie vom bürgerlichen Leben, das diese seine Polizei wie ein kostspielig zu unterhaltendes künstliches Uhrwerk betrachtet, das zahlreiche automatische Figuren in Bewegung und durch sein Klappern und Rasseln das bürgerliche Leben in Schrecken setzt. Wesentlich liegt der Grund der vorhandenen polizeilichen Defekte in der schlimmen, fehlgreifenden Ansicht, daß ein jeder repräsentationsfähige oder dafür gehaltene Staatsbeamte auch Polizeichef sein könne, während in entgegengesetzter Hinsicht die ernste Wahrheit nicht immer genügend berücksichtigt wird, daß mit dem tüchtigen, gründlich vorgebildeten Polizeichef, der mehr als Figurant ist, der Behörde die Seele genommen und der Organismus des ganzen Körpers zerstört wird.

ACHTUNDNEUNZIGSTES KAPITEL
Die Modifikation der militärischen Organisation der Polizei

Als ein ganz seltsamer Fehlgriff erscheint die durchgehende militärische Organisation der Polizei, die schon als Zivilbehörde ja doch nicht einmal unter Militärinstanzen, sondern unter Zivilinstanzen steht. Die doppelbündige hemmende Form flößt schon in der äußeren Erscheinung nicht nur dem Bürgertum, sondern auch ganz besonders dem als eigentümlichen Ehrenstand ausgezeichneten Soldatenstande eine so tiefe Abneigung ein, daß man zugunsten beider wünschen muß, die Polizei mit dem Soldatentum und das Soldatentum mit der Polizei zu verschonen. Sie ist eine entschieden unfruchtbare Zwitterform, die man in keinem anderen Verwaltungszweige auch nur ähnlich findet. Sie verdankt ihren Ursprung dem Prinzip der figuranten Repräsentation, das in dem Streben nach Darlegung polizeilichen Vermögnisses, und in Ermangelung eines inneren lebendigen und kräftigen Organismus die glänzende äußere soldatische Form und Disziplin wählte, dabei aber die Staatsdienstkleidung nicht von dem Militärrock unterscheiden und die Waffe nicht ohne Soldaten denken konnte, auch nicht genügsam berücksichtigte, daß sogar schon die hohen soldatischen Tugenden selbst, wie z. B. die des blinden schweigenden Gehorsams, bei mißverstandenen oder nicht genau aufgefaßten Aufträgen oft die bedenklichsten Verlegenheiten und Gefahren hervorbringen können, wenn, wie das leider sehr häufig der Fall ist, der Befehligte nicht einmal einen Begriff von den gewöhnlichsten polizeilichen Verrichtungen hat.

Das trostlose Übel hat so tiefe Wurzeln gefaßt, daß die leider ohnehin schon mit zahlreichen verunglückten Bürgern, abgedienten Jägern und Lakaien, heruntergekommenen Schulmeistern, Kaufleuten u. dergl. versetzte untere Polizeibeamtenschaft wesentlich aus abgedienten, zum Teil für den Militärdienst schon abgängig gewordenen Soldaten vervollständigt wird, denen die bewegliche Polizeipraxis nach dem langjährig geübten soldatischen Mechanismus sehr schwer fällt und sehr selten geläufig wird. So wenig man vergessen darf, daß die Gendarmerie in jener Zeit, da das Räubertum in offenen bewaffneten Gruppen auftrat, allerdings erhebliche Dienste leistete, so wenig darf man übersehen, daß diese Waffenmänner jene Räubergruppen nur zersprengten, und daß es nicht der soldatischen Taktik, sondern der gelegentlichen polizeilichen Umsicht gelang, die verhältnismäßig wenigen Räuber zur Haft zu bringen, die von der Justiz unschädlich gemacht wurden. Der militärische Organismus und Zwang steht der polizeilichen Beweglichkeit mehr im Wege, als daß er die polizeiliche Macht verstärkte und förderte. Die vielen Vaganten und Verbrecher, die sich viele Meilen weit von Dorf zu Dorf durch mehrere Herren Länder durchschleichen, ohne von einem Gendarm angehalten zu sein, sind ein redender Beweis von der Unbeweglichkeit und Ratlosigkeit der heutigen Gendarmerie, die bei weitem mehr tun und leisten würde, wenn bei einer neuen Organisation das militärische Element gegen das polizeiliche mehr zurückgestellt würde.

Neunundneunzigstes Kapitel

Die Reform der Bureaus

Demselben Prinzip der figuranten Repräsentation ist es auch wesentlich als Schuld zuzuschreiben, daß in den Ämtern so ungeheuer viel Tinte und Papier vergeudet wird. Das Wort „Akten" ist das große Losungswort des Tages in den Polizeiämtern, in denen alles, hoch und niedrig, eifrig schreibt und schreibt, um darzulegen, wie mächtig das wenige, was praktisch geleistet ist, gefaßt und der archivalen Unsterblichkeit übergeben wird. Alle haben eine Beschäftigung, alle einen Druck, alle sind sich gleich; alle schreiben und machen Akten, um durch Akten alle gesunde, lebensvoll wirkende, frische organische Tätigkeit zu ersetzen.

Die Ämter sind die wichtigen Stätten, durch die die ganze polizeiliche Strömung geleitet wird, damit sie wie ein frischer sprudelnder Born in das gesamte bürgerliche Verkehrsleben fließe. Diese Strömung darf aber nicht in den Bureaus zum Stillstand und zur fauligen Versumpfung gebracht werden, durch deren trüben und ungesunden Niederschlag sich schädliche Miasmen bilden, und zunächst die Beamtenschaft und durch die Berührung mit dem Bürgertum auch dieses in ein bedenkliches Kränkeln versetzen.

Offenkundig wird die polizeiliche Regsamkeit in den Ämtern durch das viele Schreiben und durch die massenhafte Aktenfabrikation gehemmt. Doch ist es gerade die polizeiliche Tätigkeit selbst, die am deutlichsten das Maß zeigt, wie weit und wie viel geschrieben werden soll. Es ist unmöglich, über die ganze täglich vorkommende Masse von Bagatellsachen förmliches Protokoll zu führen. Den Anhaltspunkt gibt die einfache Tatsache, die einfach ganz kurze schriftliche Berichterstattung, an die und auf der der Vorgesetzte seine kurzen schriftlichen Notizen mit dem Anspruch hinzufügt. So viel und nicht mehr darf der Inhalt der Polizeiakten sein. Größere, schwerere und kompliziertere Sachen werden selbstverständlich ausführlich und besonders vom Chef oder seinen nächsten Mitarbeitern behandelt. Nur der alte versauerte gerichtliche Schlendrian, der das Polizeiverfahren von dem gerichtlichen noch immer nicht zu unterscheiden weiß, Trägheit, oder auch die eitle Prunksucht, hinter einem reichlich und feierlich mit möglichst vielen Personen besetzten Verhörtisch zu sitzen, auf alle Fälle aber Mangel an polizeilichem Blick und Geschick verlangt die durchgreifende ausführliche Protokollführung, wobei der dazu verurteilte Beamte vergebens alle stenographische Fertigkeit erschöpft und atemlos hin und her springt, um die einfache, zu förmlichen kriminalgerichtlichen Prozedur karikierte Bagatelle an den von eitler Wichtigmacherei ihr künstlich angesetzten Polypenarme zu fassen, und später mit unverantwortlichem Zeitaufwande und saurer Mühe, einzig für das Archiv, eine unbrauchbare Masse von Protokollen aus dem Gedächtnis niederzuschreiben, denen Wahrheit, Leben und Natürlichkeit mangelt.

In ähnlicher Weise hat das Ungeschick der eitlen prahlsüchtigen Repräsentation eine Menge von schwülstigen und unnützen Schreibereien zur quälenden Beschäftigung einer Masse unglücklicher Schreiber erfunden. Diese Schreibereien sind unerschöpflich und lassen sich nicht einmal allgemein ohne spezieller Darstellung und Analyse der einzelnen Behörden und Ämter aufzählen und registrieren, da Sie die buntesten Erfindungen der einzelnen Köpfe sind und oft nicht einmal mit diesen absterben, sonst häufig aus gewohntem Schlendrian oder schlaffer Pietät noch zu anderen neuen kuriosen Erfindungen beibehalten werden.

Die Hin- und Herwirkungen dieser vielen unnützen Schreibereien sind für die Tätigkeit der Polizei im höchsten Grade lähmend und bedenklich. Die Masse und Eintönigkeit des Schreibens hat auch auf die Individualität der Schreiber den nachteiligsten Einfluß und macht die Polizeiämter zu wahren Krankenstuben, in denen man Leidende in allen Formen, vom stumpfen Marasmus bis zu quicken Albernheit finde. Jeder Bureaumensch wird mit der Zeit vom Übel angesteckt. Jeder hat seine bestimmte Idiosynkrasie. Aber alle dünken sich mehr als sie sind, und jeder hält sich für den wichtigsten. Die Konzepte des Untergeordneten werden, um recht gründlich alle frische Natürlichkeit auszumerzen, von den Vorgesetzten wie die Arbeiten eines Schulknaben verbessert, oft von einer Person, die nicht einmal selbst der Sprache und Grammatik völlig mächtig ist. Wehe dem Untergebenen, der eine Richtigstellung einer solchen falschen Verbesserung oder aber nur eine bescheidene Bemerkung wagte!! „Er hat sich gegen seinen Vorgesetzten vergangen!!" das ist die stehende, geheimnisvolle, gemeine, ekle Redensart, mit der alle rohe Gewalt der Vorgesetzten gegen den Untergebenen beschönigt wird, und die hinwiederum das höllische Miniersystem tückischer intriganter Servilität gegen sich hervorruft, die von unten nach oben kriecht. Solange nicht der Blick des Vorstehers mit ganzer und ununterbrochener Aufmerksamkeit und scharfer Genauigkeit in die Ämter fällt, solange er nicht seine eigene volle freie und frische Geistigkeit und Lebendigkeit in alle seine Bureaustuben hineinbringen kann, solange darf er auch nicht hoffen, daß die giftigen Miasmen vor einer freieren Luftströmung weicht, daß der

Bürger von verkommenen Bureaumenschen nicht mehr auf die wegwerfendste Weise behandelt wird, daß der bei seinem elend kümmerlichen Gehalte der Bestechung leicht zugänglich niedere Beamte nicht immer wieder eine Unzahl heimlicher Pflichtwidrigkeiten begeht, und der verkappte Gauner nicht nach wie vor seinen gefälschten Paß mit kaum verhehltem Hohne den blöden Augen einer geistlosen Schreiberschar in den Paßbureaus unangefochten zum Visieren vorlegt. Wie viel Besserung, Belebung, Ermutigung und Frische ließe sich in diese trüben widerlichen Ämter hineinbringen, wenn der Vorsteher mit edler offener Selbstverleugnung seine Einrichtungen gewissenhaft prüfte und sich nicht scheute, seine eigenen Fehler einzusehen und zu bessern.

HUNDERTSTES KAPITEL

Die Beseitigung des Vigilantenwesens

Eine notwendige Folge des geistigen Erstickungstodes in den Ämtern ist das vergeblich abgeleugnete, immer aber noch stark umherwuchernde Vigilantenwesen. Der zum Wachen und Entdecken beorderte Subalterne, der mit, oder vielmehr trotz seiner weitläufigen, tüchtig memorierten Instruktion ahnt, daß außer diesem dürftig inspirierenden Geiste noch ein anderer Geist über die Sphäre der Instruktion schwebt, den das berufene Talent leicht begreift und dienstbar macht, will diesen Geist beschwören, und greift nach der nächsten Erscheinung, die er sichtbar fassen kann, nach dem Verbrechen selbst. Er provoziert an Verbrecher, die unter dem schmachvollen Kunstnamen der Vigilanten zur zwiefachen Untat des Verbrechens und des Verrats berufen und bezahlt werden, unter dieser Ägide das Bürgertum und die Polizei sich unablösslich abhängig machen und wiederum nach obenhin die Vorlagen zu den geheimen Personallisten liefern, die mit der Entlassung des unglücklichen Opfers der eigenen Unwissenheit und Taktlosigkeit abschließen.

Das Vigilantenwesen ist die dämonische Gewalt der Polizei. Sie beobachtet nicht einmal mehr den äußeren Schein der Dienstbarkeit, sondern beherrscht ihr Terrain mit schamlosem

Absolutismus. Sie spukt noch aus der französischen Zeit in Deutschland umher, und hat so tief um sich gefressen, daß man sie nachgerade öffentlich widerruft, während der Geist doch noch immer als *spiritus familiaris* beschworen und dabei doch viel mehr vom Gaunertum beherrscht wird, als von der Polizei, die sich mit Entrüstung von diesem elenden Behelfe abwenden sollte, der sie mit Schmach bedeckt.

HUNDERTUNDERSTES KAPITEL

Die Geltung des Vorgesetzten und die Befähigung der Unterbeamten

Es ist bei diesem in den Polizeiämtern herrschenden schweren Siechtum eine tröstliche, das sittliche Gefühl erhebende und freudige Hoffnung erweckende Wahrnehmung, daß die deutschen Staatsregierungen mit Einsicht und Eifer der verwahrlosten und nur mit großen Opfern aufrechtgehaltenen Polizei jetzt mehr als sonst ihre Aufmerksamkeit zuwenden und sie überallhin, besonders in wissenschaftlicher und sittlicher Hinsicht, zu heben suchen, damit frisches geistiges Leben und rüstige Bewegung in die Polizei komme, und auch von oben herab ein belebender und weckender Strahl in die Bureaus falle, um den verderblichen Subalterngesichtern wieder frische Farbe und neuen Lebensmut zu geben. Nach vielen bitteren Erfahrungen und Enttäuschungen ist man endlich zu der Überzeugung gelangt, daß, wenn der Chef der Repräsentant des ganzen Polizeikörpers ist, er auch als geistiger Träger, als wissenschaftliche Leuchte, als vollendetes Muster christlich-deutscher Gesinnung allen voranstehen muß, damit das Ganze von dieser seiner geistigen Heldenschaft getragen, genährt und gefördert werde, und jeder seiner Untergebenen frei und willkommen in das bürgerliche Leben hineinschreiten, seine Hemmungen und Störungen beseitigen und unverloren aus seiner Strömung wieder zurückgelangen könne.

Der Mangel an geistiger Verbindung des Chefs mit den Untergebenen hat bislang der wünschenswerten schulmäßigen Belehrung und Ausbildung der Subalternen im Wege gestanden, und selbst nicht einmal die militärische Organisation der Polizei hat auf den Gedanken geführt, wie in den vielen militärischen Schulen oder Unterrichtsanstalten, so auch für die niederen Polizeibeamten einen entsprechenden Unterricht einzuführen, dessen Theorie ja doch höchst vorteilhaft von der Praxis begleitet und belebt wäre.

Diese Einrichtung ist ebenso leicht zu treffen, wie sie ein unabweisliches Bedürfnis ist.

Erfahrene Beamte haben zur Belehrung der jüngeren Anfänger so viel lebendigen Stoff, daß auch nicht einmal zu befürchten ist, der Unterricht könne irgendwie zur trockenen Schulmeisterei ausarten. Bei dieser Gelegenheit muß die Masse der Instruktionen und Gesetze allen erläutert und, da diese dann nicht bloß eingepaukt, sondern auch ihrem wahren Wesen und ihrer tieferen Bedeutung nach aufgefaßt werden, in allen vergeistigt und somit in das ganze Polizeigetriebe ein höheres Leben hineingetragen werden, das alles, was starr und mechanisch war, in geistige selbstbewußte, selbständige Beweglichkeit bringt. Die Errichtung besonderer Polizeiseminarien erscheint unratsam, da die polizeiliche Theorie durchaus nur in, aus und neben der Praxis selbst Nahrung finden kann. Wohl aber könnten Auskultanten und Praktikanten zu den verschiedenen Lehrklassen und auch konventionsmäßig die Beamten eines Landes zur Instruktion bei der Behörde eines anderen Landes zeitweilig zugelassen und ausgetauscht werden, wodurch Gang, Weise und Besonderheit des einen und des anderen Landes bekannt, das Nützliche angenommen, das Unpraktische ausgeglichen, und somit eine allgemein bündige deutsche Polizeipraxis vorbereitet werden kann, die ungemein nottut, und wozu der Wunsch nach einer allgemeinen deutschen Zentralpolizei schon laut geworden ist, ein Wunsch, der mindestens so lange zu rasch erscheint, bis die in deutlichen, aber noch ungeordneten Zügen sich bewegende, unabweisbar aber zum objektiven Bewußtsein sich vorbereitende Wissenschaft einer Geographie des Polizei- und Strafrechts sich in klaren Grundsätzen ausgesprochen hat.

Die Verständigung der Polizei mit dem Bürgertum

Man muß aufrichtig und unverhohlen sich der Schwächen der Polizei als Ursache bewußt werden, wenn man die ersichtlich Unfruchtbarkeit ihres angestrengten Eifers überhaupt als Folge einer Ursache begreifen will. Jener der Polizei widerstrebende dichte Abschluß des bürgerlichen Lebens, in dessen unzählige Formen das aus dem offenen Räubertum geflüchtete Gaunertum mit sicherem Blick und feinem Geschick überall hineinzuschlüpfen gewußt hat, ist die Folge der durch die teilweise Aufdrängung und Abneigung des französischen Polizeisystems mehr und mehr veranlaßten Abweichung von dem volkstümlichen, volkslebendigen, ordnungssinnigen Charakter, der der deutschen Polizei zugrunde liegt, und sogar schon in der gemanischen Gauverfassung zu erkennen, auch besonders in den staatlichen Einrichtungen und Statuten der freien Städte zum hellen Ausdruck gekommen ist.

In jenen vielfachen städtischen Einrichtungen sieht mal überall, wie der Bürger unmittelbar selbst tätigen Anteil nahm an der Aufrechterhaltung der öffentlichen Ordnung, welche Teilnahme ihm sogar zur bürgerlichen Pflicht gemacht wurde. Von solchen bürgerlichen Offizien sind in den freien Städten noch jetzt manche Ehrenämter vorhanden, wie z. B. in Lübeck die schon erwähnten bewährten bürgerlichen Ehrenämter der Feuergreven, Medebürger und eine Menge Ehrenabordnungen zu den verschiedensten Verwaltungszweigen. So sehr war die überall früh zum Vorschein kommende Polizei die unmittelbar aus dem Bürgertum hervorgegangene, von ihm erstrebt, beschützte und geförderte Ordnung des sozialpolitischen Lebens selbst, und so wenig in selbständiger, rationell angesehener und behandelter Verwaltungszweig, daß das mittelalterliche Formenwesen und der Scholastizismus, der alles, was Wissenschaft, Kunst, Gewerbe oder Offizium war, in mehr oder minder starre zünftische Formen und Klassen zu bringen suchte, doch auf die Polizei ohne allen Einfluß blieb, wiewohl das Streben der Magistrate nach einer solchen Klassifikation nicht zu verkennen ist.

Die Polizei war als natürliche bürgerliche Ordnung in das bürgerliche Leben selbst hineingetragen, und wurde von dessen sozialpolitischen Gruppen, besonders von den verschiedenartigsten zünftischen Vereinigungen, gehandhabt und aufrecht erhalten, bis sie ganz mit diesem Leben verwachsen war.

Dieser Lebensprozeß der deutschen Polizei im deutschen Bürgertum hat dessen schönste Tugenden, Treue, Glauben, Offenheit und Arglosigkeit bis zu Unvorsichtigkeit erhalten und gefördert, die sich jedoch an Stelle des früheren, selbst den schneidigsten Polizeiordnungen willig sich fügenden Gehorsams in Mißtrauen und Abneigung bis zum sittlichen Zürnen und offenen Widerstand umwandelten, sobald die deutsche Polizei sich mit den fremdartigen Elementen versetzte und durch ihre Ausbildung zur künstlich konstruierten Behörde sich von dem bürgerlichen Leben mehr und mehr abschied.

Die Aufhebung dieser Scheidung und die Wiedervereinigung der so unnatürlich getrennten Faktoren, des Bürgertums und der Polizei, ist die dringendste und die wichtigste Aufgabe der Gegenwart. Ihr Aufschub hat alle Mißlichkeit noch vergrößert, und ist ganz besonders der Grund, daß das Gaunertum überall in allen sozialpolitischen Schichten wuchert und die Polizei ihm dorthin nicht nachzufolgen vermag. Die Polizeigesetzgebung ist so auffallend vorgeschritten, daß außer den schon berührten Mängeln kaum noch andere beseitigt werden zu müssen scheinen. Um so größer erscheint aber auch hierin der Rückstand der Polizeipraxis, die billig sich zu bestreben hat, der trefflichen Polizeigesetzgebung gleichzukommen, die sie so weit überholt hat.

HUNDERTUNDDRITTES KAPITEL

Die Verfolgung des Gaunertums

Der Mangel an genügender Erforschung des eigentlichen Gaunergewerbes, die Unbeweglichkeit und Abgeschlossenheit der Behörden selbst, hat den Mut der Polizei zum frischen direkten Angriff auf das Gaunertum wesentlich herabgedrückt. Man sieht den Mangel an gegenseitiger Willfährigkeit, an Zusammenhang und Unterstützung der Behörden schon mit den nachteiligsten Folgen in den ersten größeren Gauneruntersuchungen, wie z. B. in der Celleschen Untersuchung gegen Nicol List[1], in der Koburgischen Untersuchung gegen Emanuel Heinemann, in der die Gaunerverbindung durch ganz Deutschland bloßgelegt war, aber durch den Mangel an gegenseitiger Verbindung und Unterstützung der Behörden kaum bedroht, in keiner Weise aber beirrt wurde.

Je mehr nun später das Übel begriffen worden ist, desto mehr haben zwar die Behörden eine Einigung angestrebt; aber diese durch Jahrhunderte hindurch verabsäumte Einigung ist lange noch nicht so innig und fest, daß sie allen den ungeheuren Vorteilen auch nur einigermaßen entspräche, die das Gaunertum vermöge seines Scharfsinnes und seines inneren Zusammenhanges, und durch die Begünstigung der vielen deutschen Territorien und Grenzen besitzt.

Trotz der wohlbegriffenen inneren Not, trotz dem besten Eifer fehlt es aber auch an vielen Stellen an wahrer Kenntnis des Gaunertums, seines Treibens und seiner Vertreter. Daher erhält man auf Anfragen nach dem Aufenthalt und der Führung dieses oder jenes Gauners die leidige Antwort, „daß dergleichen hierorts nicht vorgekommen", oder bekommt die besten Leumundszeugnisse der Heimatsbehörden über Gauner, die doch auf der Tat ertappt, aber klug genug gewesen sind, in der Heimat ein scheinbar unbescholtenes Leben zu führen, um im Auslande desto ärgere Gaunereien zu treiben. Auf der anderen Seite hat man weder Mut noch Mittel, dem wuchernden Gaunertum mit Nachdruck entgegenzutreten. So kommt es, daß ganz neuerlich der schon früher, freilich zur Zeit der offenen frechen Übergewalt des Räubertums und großen Ratlosigkeit der Polizei, von vielen, namentlich von Pfister[2] gemachte Vorschlag, „zur Errichtung von Spezial-Gerichten oder eigenen Gerichtsstellen für Räuber und Gauner, ohne Gestattung eines Appellationszugs von denselben", wiederholt laut geworden ist.

Abgesehen von dieser schlimmen Bloßstellung der Polizei und von der Ungerechtigkeit eines schon kriminalistischen

1) Hosemann, Fürtreffliches Denkmahl usw. 2. Aufl. 1701. S. 322 ff.
2) A. a. O., II. Bd., S. 7.

Standrechtes, würde das Gaunertum, wie das ja auch schon seine Geschichte schlagend beweist, außerhalb der Grenzen solcher Spezialgerichte nur desto ärger und verwegener hausen, wenn es überhaupt sich darin irremachen ließe, sogar auch unmittelbar unter den Augen dieser Gerichte die Kunst mit desto größerer Keckheit und feinerer Vorsicht zu betreiben.

Ein gleich übler Beweis für die Stärke des Gaunertums und für die Schwäche der Polizei liegt endlich noch in den von Zeit zu Zeit von den Behörden eines Landes oder mehrerer benachbarter Territorien vorgenommen gemeinsamen Streifen nach Gaunern, die, wie schon der Name „Taterjagd" ausweist, eine alte Tradition des scheidenden Mittelalters sind, und besonders durch Titel 27 des Reichsabschiedes von 1500 zu Augsburg veranlaßt sein mögen, nach denen „sich die Ziegeuner darauff hie zwischen Oster nechstkünfftig aus den Landen Teutscher Nation thun sollen" usw., eine Verfügung, die mit denselben dürren Worten noch oft vergeblich wiederholt worden ist. Es gibt keine unbeholfeneren und undankbareren Maßregeln gegen das bewegliche Gaunertum, als diese ungelenken nächtlichen Hetzjagden, zu denen sich lange Zeit vorher die Behörden verbinden, und auf denen, wenn sie auch nicht vorher durch das überall die polizeiliche Wirksamkeit in Aufsicht und Schach haltende Vigilantentum oder durch geschwätzige und unvorsichtige Beamten verraten sind, in den Krügen, Mühlen und einsamen Hirten- und Tagelöhnerhütten nur sehr wenig Individuen sich finden lassen, die man obendrein höchstens nur als Waganten, nicht aber als wirkliche Gauner ergreifen und strafen kann. Nur den gelegentlichen untergeordneten Vorteil gewähren die „Taterjagden", daß sie auf einige Tage das Gesindel in Bewegung bringen, das aber auch, gewitzigt und meistens vorher gewarnt, sich gerade für diese Zeit vom Lande in die belebten Städte flüchtet, in deren Krügen, Bordellen und Kneipen eine gleichzeitige, unverdrossene, mehrtägige und tüchtige Nachsuchung bei weitem größere Resultate erzielt, als die umständliche „Taterjagd" auf dem ländlichen Revier.

Zum Glück verschwinden diese holperigen Jagden überall mehr und mehr, wo die einzelnen Sicherheitsbehörden ihre Untergebenen zur vollen Wahrnehmung ihrer Pflicht zu befähigen, anzuhalten und überwachen verstehen.

So kommt man immer wieder darauf zurück, daß ganz allein eine genaue Kenntnis der Gaunerkunst und eine verständige Heranbildung tüchtiger Polizeibeamten das einzigste und sicherste Mittel ist, um dem Gauner überall in das Versteck des buntbewegten Lebens nachfolgen zu können. Alles was von den tüchtigsten Praktikern und Schriftsteller des ersten Viertels dieses Jahrhunderts richtig und erschöpfend zum Vorschlag gebracht wurde – später ist kaum etwas Neueres und Besseres gesagt worden. Alles, was von der Gesetzgebung davon berücksichtigt wurde, läuft darauf hinaus, dem fertigen Gaunertum eine fertige Polizei entgegenzusetzen. Das erkennt man deutlich, wenn man die von jenen Praktikern, wie z. B. von Schwencken[3], gemachten Vorschläge, besonders in ihrer Zusammenstellung durchmustert. Daher erklärt sich auch die Bestimmtheit, mit der der auf eigene Hand und von anderen gemachte Erfahrung gestützte Schwencken[4] sich allein von diesen Vorschlägen heilsamen Erfolg verspricht. Es bedarf in der Tat keiner Neuerung, keiner außerordentlichen Maßregeln gegen das Gaunertum. Was zu tun ist, das ist längst ausgesprochen, und gerade darum wird an vielen Stellen sogar eine Verminderung des zahlreichen und kostspieligen Polizeipersonals eintreten können und müssen, sobald eine tüchtige Schule und Organisation der Polizei eingeführt und somit der kräftigste und kernigste Widerstand gegen das Gaunertum geschaffen ist.

HUNDERTUNDVIERTES KAPITEL

Die Gauneruntersuchung

Sowie man im Mittelalter den Eingang des Gaunertums in das allgemeine Verkehrsleben wahrnimmt, so sieht man auch zugleich, wie zunächst das vom Betruge ausgebeutete Volk auf das Gaunertum aufmerksam und dadurch erst auch der richterliche Blick auf das Gaunertum gelenkt und der Verbrecher abgetan wird, sobald das Verbrechen vom Richter erkannt und begriffen war. Sowie aber das Priestertum alle freie, frische Lebensan-

3) Aktenmäßige Nachrichten, S. 68 – 89.
4) A. a. O., S. 67.

schauung unterdrückte und zu finsterem Aberglauben über-
führte, verschwand auch der gesunde, unbefangene richterliche
Blick auf das Verbrecherleben, während doch gerade zu gleicher
Zeit die Kunst des Gaunertums von einzelnen schärfer blicken-
den Köpfen deutlicher wahrgenommen und durch Sebastian
Brant und den *Liber Vagatorum* offen dargelegt wurde.

Die Gauneruntersuchungen gingen gänzlich in den Hexen-
prozessen auf und unter. Mag man Hunderte von Hexenpro-
zessen lesen, so findet man doch in allen denselben dürren
Verlauf, dieselben stehenden Fragen und, vermöge des ätzend
scharfen Überführungsmittels der Tortur, dasselbe Geständnis,
den Pakt mit dem Teufel, während in jedem Prozeß die zugrunde liegende Tat doch eine ganz verschiedene ist, von der un-
schuldigsten Spielerei, Gefälligkeit und Selbsttäuschung an bis
zum raffinierten Betruge. Bei dieser bornierten zelotischen
Einseitigkeit begriff das behende Gaunertum sehr leicht, wo
und wie es sich von der Justiz fernzuhalten hatte, die sich stets
nur in demselben mechanischen Fragenzyklus bewegte, und
mit der Tortur überführte, bis der freier und frischer gewordene Volksblick wiederum das Gaunertum deutlicher zu begreifen
begann und seine Kunst und Erfolge in den vielen Anekdotensammlungen und Schelmenromanen des siebzehnten Jahrhunderts darlegte.

Durch diese vom Volke ausgehende Belehrung wurde die Justiz befähigt und ermutigt, aus den dumpfen Gerichtstuben
wieder heller in das Volk hineinzublicken und selbst wieder in
Begriff und Tat beweglicher zu werden, von welcher Beweglichkeit die Untersuchungen gegen die Banden des Nicol List in
Celle, des Lips Tullian in Dresden, des Emanuel Heinemann in
Koburg die ersten ehrenvollen Zeugnisse geben.

Trotz dieser vielversprechenden Anfänge sind die Gauneruntersuchungen dennoch sogar bis auf die neueste Zeit immer als
vereinzelte Unternehmungen stehen geblieben, die von der
temporären Not und von dem Mut der Befähigung einzelner
gboten und gewagt wurden. Ungeachtet der reichen Ergebnisse, die alle diese vereinzelten Feldzüge gegen das Gaunertum
erbracht haben, ist keine auch nur einigermaßen der Schlüssig-
keit der feindlichen Phalanx gleichkommende bündige Organisation der Polizei dem Gaunertum entgegengestellt worden,

das vom ganzen sozialpolitischen Leben um so sicherer gedeckt wird, je mehr es der Polizei überhaupt versagt ist, in dieses Leben einzudringen. Dieser Umstand ist es besonders, der den Inquirenten die Luft und Neigung zu den Gauneruntersuchungen verleidet.

Doch gibt es etwas Interessanteres, als die rege geistige Lebendigkeit in einer Gauneruntersuchung. Hier lernt man aber erst recht begreifen, wie viel dazu gehört, sich als Polizeimann und Richter zur lebendigwissenschaftlichen Individualität heranzubilden, wie viel Positives und Materielles dazu aus dem Leben beobachtet, erkannt und wissenschaftlich verarbeitet werden muß, um mit sicherer, achtungsgebietender Haltung dem seit Jahrhunderten fortwuchernden, fest geschlossenen, verbrecherischen Gewerbe entgegenzutreten. Trotz des gleichen Gewerbes ist doch jeder Gauner eine andere Individualität jede Untersuchung eine andere neue Lehrschule, da jedes Verhör desselben Gauners eine andere Prozedur und eine beständig reiche neue Belehrung, so daß man durch diese immer frische Neuheit erst recht die Vielseitigkeit der Gaunerkunst und Gaunerpolitik kennen, sich für jeden folgenden Tag rüsten und wahrhaft demütigen und vor allem einsehen lernt, daß die gesamte Polizei eine so durchaus unteilbare Wissenschaft ist, daß sie niemals in einem Zweige begriffen werden kann, wenn man sie nicht zugleich in allen Zweigen auf das genaueste und sorgfältigste durchdringt, und daß es mithin eine vollständige Lähmung aller polizeilichen Tätigkeiten ist, wenn man verschiedene Polizeibehörden in einem Orte nebeneinander bestehen läßt und jeder einzelnen bestimmte Zweige zuweist.

Es gibt keine Lehrbücher über Gauneruntersuchungskunde. Mit derselben dankbaren Pietät, mit der man auf ein Elementarbuch zurückblickt, aus dem man die ersten Denkübungen gelernt hat, muß der zu Gauneruntersuchungen berufene Beamte auf Handbücher, wie z. B. Jagemanns „Handbuch der Untersuchungskunde" zurückblicken, in denen er den ersten Rat und Anhalt fand[1]. Aber diese Handbücher genügen nicht, wo nur ein genaues geschichtliches Studium, die Kenntnis der

---

1) Der alte Jagemann ist gänzlich veraltet und durch das grundlegende Werk von Hanns Groß, Handbuch für Untersuchungsrichter, Graz 1894, gründlich erledigt worden.

gesamten Gaunerliteratur auch in ihrem reichen sprachlichen Teil eine tiefgehende Kenntnis aller Gaunerkünste und praktische Übung und Erfahrung im Verhören überhaupt die nötige Belehrung und Befähigung geben kann. Es hilft daher nichts, daß man dicke Bände vollschreibt, wie im Verhör dem Gauner beizukommen sei. Nur ganz allgemeine Grundzüge lassen sich geben, wie man das durch eifriges Studieren und Forschen und durch mannigfache Übung im Verhören Gewonnene dem Gauner gegenüber in Anwendung bringen muß.

In den drei vorhergegangenen Abschnitten von der Repräsentation, dem Geheimnis und der Praxis des Gaunertums sind die mittel und Wege angegeben, die gaunerische Tat und den Täter zu erkennen und zu ermitteln. Selten gelingt es, den Gauner in flagranti zu ertappen. Er wird fast immer nur als der Tat mehr oder minder verdächtig dem Untersuchenden gegenübergestellt, dessen Aufgabe es ist, ihn zu überführen. Groß ist von jeher die Verzweiflung der Inquirenten über diese Aufgabe gewesen, selbst auch derjenigen, die ausreichende Kenntnisse von der Kunst und dem Geheimnis des Gaunertums hatten, da sie nach vielen vergeblichen Versuchen und bitterer Enttäuschungen an die Unüberwindlichkeit des gaunerischen Grundsatzes „nichts zu gestehen" zu glauben angefangen hatten, weshalb denn auch sie, zum Triumph des über solche Konkurserklärungen der Justiz hohnlachenden Gaunertums, den zur Untersuchung gezogenen Gauner von der Instanz entbinden mußten. Andere unfähige und bequeme Inquirenten halten es überhaupt mit Wermohs „für höchst wünschenswert, des gerichtlichen Verfahrens gegen den Gauner überhoben zu sein[2]" und wagen nicht einmal eine eingehendere Untersuchung.

Ganz besonders bei Gauneruntersuchungen tritt der unglückliche Umstand scharf hervor, daß man über das eifrige Hinblicken und Streben nach dem Ende der Untersuchung, nämlich der Überführung, den Anfang und die Einheit der Untersuchung so wenig berücksichtigt.

Die Untersuchung beginnt schon mit der Entdeckung der Tat, nicht erst mit der Verdächtigung oder der Verhaftung des mutmaßlichen Verbrechers. So vollkommen verborgen die Zurüstungen zur Tat immer bleiben können, so trägt doch ihre

2) Über Gauner, S. 334.

Vollendung immer eine Spurenschrift an sich, die von dem festen, ruhigen und klaren Blick desto deutlicher entziffert werden kann, je frischer die Tat ist, mag auch die Kunst jene Spurenschrift so sein und schlau wie möglich zu verwischen bemüht gewesen sein. Diese Spurenschrift ist nicht aus Berichten, sondern nur mittels direkter Auffassung des Untersuchenden, und nur an Ort und Stelle und mit viel feiner Beobachtung und Kombination aus den zerstörten Rudimenten zu lesen. Sie ist freilich um so schwieriger, je größer jene Zerstörung war. Sie ist und bleibt aber immer der mehr oder minder deutliche Ausdruck der Prämissen, aus denen eine vollständige Unterbrechung der ganzen begonnenen geistigen Operation und eine Vernichtung ihrer Resultate, wenn der mit der feinsten Aktion zu Werke gegangene Polizeimann gerade in der Katastrophe seiner feinen geistigen, mühsamen Tätigkeit die Untersuchung zur „förmlichen Untersuchung" an das Gericht abgeben muß. Gerade auf dieser unsicheren Grenze, über die die Polizei den verdächtigen Verbrecher dem Gerichte entgegenschieben muß, entspringen die meisten Verbrecher. Ist auch der Richter fertig und geübt, so ist er doch nicht gleich in der Frische der Tat an Ort und Stelle heimisch mit seinem Blicke geworden. Der Bericht mit seiner ihn oft nicht ansprechenden frischen originellen Auffassung ist ihm ein unterschobener fremder Grund, den er selten mit gleicher Geistigkeit weiterführt, sondern auf dem er mit seinem geistigen Material meistens einen neuen Anfang macht, ohne eine vollkommene Verbindung mit dem bereits Gegebenen herzustellen. Die beengenden feierlichen Formen des Gerichtsganges erdrücken dazu noch oft das, was an beweglichem Leben von der ersten Wahrnehmung auf das Gericht mit übergegangen war; der scharfblickende, geübte und erfahrene Gauner, dessen goldener Handwerksboden nur die Schwäche anderer ist, durchschaut auch diese Schwächen; er, der die behende Polizei nicht fürchtet, spottet des ihm genau bekannten förmlichen Gerichtsverfahrens und nimmt sogar vielfach vor Gericht zurück, was er vor der Polizei bereits eingeräumt hatte. Das ist der Grundsatz: „Nichts zu gestehen!" Nie sollte eine Gaunernuntersuchung, bei der die Tat in ihrer ersten genauen Auffassung eine so feine geheimnisvolle Sprache für den Geweihten hat, vor der vollen Überführung aus den

Händen der zuerst entdeckenden Polizei gegeben werden. Die polizeiliche Plassenburger Untersuchung durch Stuhlmüller, die von Pfeiffer dargestellte Untersuchung des Frankfurter Polizeiamtes sind überzeugende Beweise, welche große Resultate auf solchem Wege erreicht werden können. In allen Gauneruntersuchungen von Ergiebigkeit war es nicht das Gericht, sondern die bewegliche Polizei, die, wenn sie den von ihr gemachten Anfang nicht aufgab, neben dem Gerichte für dieses ein Ende herbeiführte mit gründlichen und reicheren Resultaten, als sogar selbst die traurige um den Preis des Genossenverrats mehrfach versuchte Begnadigung der gefährlichsten Hauptverbrecher zu erbringen vermochte.

Groß und ernst ist die Aufgabe des Inquirenten, der den Verbrecher aus Not, Leidenschaft oder Unwissenheit überführen soll. Aber der ungeübte Verbrecher weiß die Spurenschrift der Tat weniger geschickt zu zerstören und die Tat im Verhör weniger zu verleugnen. Somit hat der Untersuchende mit seinem Scharfblick auf die Tat und auf den der Tat verdächtigen Inquisiten einen festeren Anhalt in der Tat und im Inquisiten, in sich selbst und vor allem in dem kräftigen Bewußtsein der Gerechtigkeit, um derentwillen er das Verbrechen bloßlegen und den Verbrecher der Strafe entgegenführen soll. Viel schwieriger und großartiger ist aber die Überführung des Gauners, der das Verbrechen mit kaltem Bedacht, mit überlegter Kunst, als sein gewöhntes Tagewerk betreibt, seine Hast und Untersuchung als eine lästige Unterbrechung seines täglichen Nahrungsbetriebes betrachtet und, durch Schulung und Erfahrung geübt, mit raffinierter Schlauheit und Gewandtheit sich den Händen der Gerechtigkeit zu entziehen weiß. Da das Leben nur im ausschweifenden Genuß Reiz für ihn hat, da er kein Recht, keine Religion, keine Sitte kennt, so drückt ihn nur die Haft, nicht das Gewissen, und er sinnt, weiß und hat die mannigfachsten Mittel, von diesem Drucke sich zu befreien. Nicht als armer Sünder, sondern ungebeugt, als sieggewohnte geistige Potenz tritt er vor den Verhörtisch, vor dem er jede Gelegenheit mit lauernder Schlauheit auffaßt und ausbeutet, und in großartiger Selbstverleugnung alle Leidenschaften wie künstliche Marionetten auf diesem seinem *theatrum mundi* spielen läßt. Wehe dem Richter, der nicht ahnt, daß der Verhörtisch die Wahlstatt

ist, auf dem der Gauner mit ihm um die geistige Herrschaft
kämpft; der nicht weiß, wie, ehe er dem Gegner von Angesicht
zu Angesicht gegenübertritt, dieser in der feinen Forschung in
der ungeheuer ausgedehnten Verbindung des gesamten Gaunertums ihn schon vorher in seiner Schwäche kennt, und bei
den Antworten, die er gibt, mehr von dem Verhörenden zu erforschen weiß, als dieser von ihm in den an ihn gestellten
Fragen.

Kein Inquirent kann der Unvermeidlichkeit entgehen, daß er
vom Gauner studiert und erforscht wird. Alles kommt daher
darauf an, wie der Richter sich gibt und finden läßt. Hier ist es,
wo auch deutlich hervortritt, was der Vorgesetzte seinen Untergebenen ist, wie weit seine geistige Gewalt und Zucht sich
über diese erstreckt und sie zu ihrem Berufe befähigt hat. Der
Gauner beginnt sein Studium des Verhörenden schon in den
Unterbeamten. Er beobachtet sie, ob, wann und wie sie die von
ihm verübte Tat entdecken und auffassen, wie sie die Spuren
verfolgen, die Ausforschungen vornehmen, die Kawure entdecken oder unentdeckt lassen, wann und wie sie sich seiner
Person als verdächtig nähern und ihm bei der Verhaftung die
Möglichkeit oder Unmöglichkeit lassen, etwas zu bekabern,
wegzuplanten oder zu versarkenen und Zinken zu geben. Aus
der sofort sorgfältig studierten Einrichtung des Untersu-
chungsgefängnisses, aus seiner Umgebung und Behandlung im
Gefängnis erforscht er, welcher Geist das Ganze hält und bindet. So erkennt der Gauner den Untersuchenden schon in allen
seinen Organen und Instituten, noch ehe er ihn selbst gesehen
hat, und stellt sich dem Inquirenten auf dessen eigenem Boden
gegenüber, auf dem er ihm schon häufig vor dem ersten Verhör
Sonne und Wind für den Zweikampf abgewonnen hat.

Einem so wohlgerüsteten gewandten Gegner – und dafür
muß der Beamte jeden ihm vorgeführten Gauner halten – kann
aber dennoch der erfahrene und geschulte Inquirent ruhig und
sicher gegenübertreten. Auch hat er schon im voraus einen
Vorteil, der, so seltsam er erscheinen mag, doch sehr wichtig ist:
er hat einen Ruf im Gaunertum, das keineswegs mit Feindlich-
keit und Haß, sondern mit einer Art von Bewunderung seiner
Kenntnisse, Erfahrung und Gewandtheit auf ihn blickt, ihm
aber auch scheu aus dem Wege geht, so daß sein bloßer Ruf und

seine Gegenwart viele Unternehmungen verhindert, während andererseits das Gaunertum einen übermütigen Triumph daran hat, gerade den unfähigen, leidenschaftlichen und harten Beamten nach allen Regeln der Kunst zu betrügen, wie das schon nicht selten vorgekommen ist. Eine weitere Stütze hat der Chef in seinen zuverlässigen Untergebenen, in denen der Gauner auf den ersten Blick die tüchtigen, geschulten und erfahrenen Beamten erkennt, und vor allem in der vorsichtigen Untersuchungshaft, in der der isolierte Gauner die Unmöglichkeit zu entkommen rasch begreift, und bei der Aufmerksamkeit erfahrener, unbestechlicher Gefängnisbeamten verzweifeln muß, Hilfsmittel und Gelegenheit dazu zu erlangen. Nur unter diesen Voraussetzungen darf der untersuchende Polizeimann erwarten, daß sein Vorgehen gegen den Verbrecher von Anbeginn an nicht vergeblich ist und nicht resultatlos bleiben wird.

Wer sich als Untersuchender daran gewöhnt hat, die feinen und wichtigen Unterschiede zwischen Zug und Miene, Blick und Auge, Ton und Stimme, Statur und Haltung, Gang und Bewegung usw. zu beachten, dem wird auch das zwiespältige Wesen des Gauners in die Augen fallen, in dem er stets seine Individualität hinter seiner Erscheinung zu verstecken sucht. Auch wird er klar unterscheiden können, was am Gauner der bloßen Erscheinung und was der Individualität angehört. Das Gaunertum selbst ist sich ja dieser Unterschiede so sehr bewußt, daß es gerade darum seine eigene geheime Wortsprache, seine eigene künstliche Gebärden- und Zeichensprache in den feinsten Schattierungen erfunden hat, um unter sich dies Verständnis und die Verbindung zu unterhalten.

Um den Eingang in das Verkehrsleben zu gewinnen, bedarf der Gauner der unverdächtigen Erscheinung, der er durch seine Legitimation und durch sein Auftreten den vollen Schein der Unverdächtigkeit zu verleihen und zu erhalten sucht, damit er seine gaunerische Persönlichkeit unter diesem künstlichen Deckmantel desto freier walten lassen kann. Um jeden Preis sucht er diese Erscheinung festzuhalten, weil er weiß, daß, wenn er auch mit Leichtigkeit auf eine andere Erscheinung überspringen kann, er durch den Wechsel doch seine Unverdächtigkeit gefährdet, mithin auch seine Individualität bloßstellt, daher das übertrieben markierte und herrisch vornehme

Wesen des angeblichen Grafen, Barons, Offiziers, die heuchlerische Demut und Ergebenheit des theologischen oder philosophischen Gelehrten, die Ansprüche und nervöse ohnmächtige Gereiztheit der angeblichen Dame von Rang und Bildung. Je schärfer diese Erscheinung vom Inquisiten selbst in ihren Formen anerkannt und hervorgehoben wird, als desto unechter tritt allmählich die Erscheinung hervor, und bietet gerade dadurch dem durch Lebensverkehr und Erfahrung geschulten gewandten Richter fast in jedem Momente Gelegenheit, dem Gauner die ganze Schwäche seiner Erscheinung abzugewinnen und ihn selbst von der Haltlosigkeit und Vergeblichkeit seiner Ansprüche zu überzeugen. So kann der Inquirent in die vorgeschriebenen, vom Gauner schon vor vielen Behörden beantworteten und völlig unverfänglich scheinenden sogenannten Generalfragen ein Leben und eine geistige Gewalt hineinlegen, daß schon durch diese geschickt angewandten und ausgebeuteten Fragen der Gauner stutzig und selbst zuerst an der Glaubhaftigkeit seiner zunächst prätendierten Erscheinung irre wird. So geht schon oft im ersten Verhör der vermeinte Baron allmählich vor der Ruhe des Inquirenten auf einen Seitenzweig seiner angeblichen Familie oder zum verleugneten Mitgliede oder sogar Bastard über; die Baronesse wird eine arme verstoßene Verwandte oder Milchschwester, Pflegeschwester und zuletzt Gesellschafterin; der Professor wird zum relegierten Studenten, der Philosph zum Literaten, Journalisten, Schauspieler usw. Es gehört große Selbstverleugnung des Verhörenden dazu, diese Ruhe zu gewinnen und, ohne Schwäche zu zeigen, mit scheinbarem Glauben auf die angemaßte Erscheinung einzugehen, um so gewissermaßen die Erscheinung fassen und forcieren zu können. Er muß aber nie außer acht lassen, daß der schlaue Gauner ihn studiert, und ihm jede Schwäche ablauert, um sich darin festzusetzen. Er muß immer bedenken, daß namentlich seine ersten Verhöre die Grundlage sind, auf der entweder er oder der Gauner festen Fuß faßt, daß daher der Gauner, um ihm zu weichen, ebensogut ihn begreifen muß, wie er den Gauner ganz zu durchschauen strebt.

Daher ist es denn auch durchaus unpolitisch, wenn der Inquirent gleich von Anfang her die Erscheinung des Gauners hastig leugnet und direkt auf seine Individualität einzudringen versucht. Der Gauner bringt dann die Erscheinung desto raffinierter und hartnäckiger zur Geltung, und schützt damit die bedrängte Individualität um so nachdrücklicher. Das Taktloseste, was geschehen kann, ist es daher, wenn man den Gauner sogleich in der Gaunersprache anredet, und die Kenntnis seiner feinen Künste vor ihm auskramt. Bei diesem in der Tat unklugen, leider aber häufigen Angriff merkt der Gauner die ganze Schwäche der Eitelkeit, die durch bloßes eitles Wissen zu imponieren sucht, ohne mit dem Pfunde wirklich wuchern zu können. Jede aussprachliche Abweichung von seiner Mundart ist dann dem Gauner eine Lächerlichkeit, die er mit beißendem Spott und bitterer Ironie auf der Stelle züchtigt. Diese Eitelkeit liefert den Inquirenten ganz in seine Hände, der dann auch seine große Schwäche sehr bald mit der Verzweiflung an allen gehofften Ergebnissen der Untersuchung büßen muß.

Unendlich vielseitig, reich und lohnend sind die Erfahrungen und Resultate, die der gewiegte Inquirent gewinnt. Sie lohnen ihn nicht nur für die einzelne Untersuchung, sondern zeigen ihm auch das ganze Gaunertum mit allen seinen Listen, Geheimnissen, Verbindungen und Eigenarten. Sie gewähren ihm eine reiche psychologische Ausbeute, die ihn immer mehr innerlich befestigt, und ihm immer frischeren sittlichen Mut verleiht, das Verbrechen zu finden und zu bekämpfen, in welcher Gestalt es auch sich zeigen möge.

An dieser geistigen Festigkeit und Abrundung findet der Gauner einen Widerstand, dem gegenüber er bald verzagt, weil er sieht, daß er ihn nicht bewältigen kann. Das ruhig-ernste und kurze Fragen des Verhörenden ist dem Gauner weit fürchterlicher, als das zornigste Drohen und die härtesten Strafen. Um solcher Leidenschaft des Inquirenten willen erträgt er gern eine scharfe Strafe, sogar auch eine körperliche Züchtigung, die ihm der Zorn des Richters aufgelegt hat. Hat er doch um diese freilich harte, jedoch vorübergehende Buße dem Beamten eine Schwäche abgewonnen, die er sicher zu seinem Nutzen ausbeutet. Die Beobachtung des Beginns und Fortgangs jener seiner Verzweiflung ist eines der reichsten psychologischen Momente, das man finden kann, wenn man diese geistige Operation zeitig wahrnimmt, sie nicht stört, im Gegenteil geschickt zu erhalten, zu nähren und zu gängeln weiß. Es ist ein sicheres Zeichen der beginnenden Verzagtheit des Gauners, wenn er anfängt geschwätzig zu werden. Er beginnt dies nur dann – aber auch unfehlbar, selbst auch dann, wenn er bisher sich finster und verschlossen stellte – wenn er vollkommen begreift, daß er durch keine Bestechung im Gefängnis , durch keine künstliche Einwirkung auf den Verhörenden, mit seiner angemaßten Erscheinung entweichen kann. Diese Geschwätzigkeit ist ein unfreiwilliges Erzeugnis der beginnenden Angst, daß seine Erscheinung durchschaut ist und ihn nicht mehr schützen kann. Bisher suchte er ganz innerhalb der Erscheinung aufzutreten, jetzt beschwatzt er sie und fängt dadurch an, sich ihrer zu entäußern, so daß der Inquirent sich durch einen einzigen geschickten Griff leicht der Erscheinung bemächtigen und sie als tote Maske hinwerfen kann. Selbstverständlich springt dann der Gauner auf eine andere Erscheinung über, um eine neue Deckung seiner Persönlichkeit zu gewinnen. Aber es ist nun um so leichter ihm zu folgen, da er bereits seine erste Erscheinung als Maske aufgegeben und dadurch selbst verraten hat, daß er seine Individualität versteckt, und er die neue Erscheinung nicht mehr in derselben Fertigkeit durchführen kann, wie er das bei der ersteren konnte. Bei diesem Nachdringen und bei dieser vermehrten Gefahr fügt sich der Gauner endlich in die unabweisliche Notwendigkeit: er gesteht mehr oder minder einen Anteil an dem angeschuldigten Verbrechen, oder noch lieber an einem früher und ferne verübten Verbrechen, um durch eine geringe Strafe der größeren zu entgehen, die er erleiden würde, wenn seine auch jetzt durch das abgelegte Geständnis der minder strafbaren Tat noch immer versteckte Person und mit ihr die ganze Masse der begangenen Verbrechen entdeckt würde. Ein solches einzelnes und teilweises Geständnis genügt dem umsichtigen untersuchenden nicht, der vielmehr jedes Geständnis als einen neugewonnenen günstigen Ausgangspunkt betrachtet, von dem er immer nachhaltiger dem gaukelnden flüchtigen Gauner nachrückt, und mit dem bisher gemachten Gewinn jede neue vorgeschobene Erscheinung immer leichter zerstört, bis er endlich auf die Individualität gerät, die ihm nicht mehr ausweichen kann.

Nur auf solchem Wege ist dem Gauner beizukommen. Die hastige Ungeduld, die Heftigkeit und Leidenschaft, die sich nicht verleugnen kann und, durch die genaue Kenntnisnahme der Tat und der gaunerischen Geheimnisse und Künste ungestüm getrieben, es verfehlt, dem Gauner ruhig auf dem Rückzuge zu folgen, bleibt ohne günstige Ergebnisse. Deshalb sind denn auch die Konfrontationen namentlich mit gaunerischen Genossen, immer sehr bedenklich. Der Gauner begreift sehr wohl, daß der Inquirent in dem Resultat, das er durch die Gegenüberstellung gewinnen oder befestigen will, noch nicht sicher ist, und hat Geschick und Keckheit genug, nicht nur diese Absicht zu hintertreiben, sondern auch bei der außerordentlich schwierigen Kontrolle der Konfrontationen ganz neuen Stoff und Anhalt durch das geheime Verständnis mit seinen Genossen zu gewinnen.

Auch nur mit derselben festen Ruhe allein kann man der oft unerhörten Frechheit und Verlogenheit weiblicher Gauner erfolgreich gegenübertreten, die mit bodenloser Unverschämtheit alle Rücksichten der Weiblichkeit in Anspruch nehmen, von deren Entäußerung doch ihr Auftreten selbst einen so trüben Beweis gibt.

Besonders genauer Aufmerksamkeit bedarf es bei jugendlichen Gaunern. Während bei anderen jugendlichen Verbrechern die geistige Erforschung dem Inquirenten durch das so überaus interessante Eingehen auf die Kindesnatur vielleicht gelingt und ihn reichlich belohnt, nimmt er hier in dem jugendlichen, oft schon durch Leidenschaft und ekle Krankheit vorzeitig verwitterten Gesicht und Körper einen Geist wahr, der wie ein ganz fremdartiger, hineingebannter böser Dämon erscheint, bei dem man aber doch noch oft hoffen und glücklich versuchen kann, ihn mit der Wiedererweckung der gleichsam durch gewalttätige Schändung verlorengegangenen Kindlichkeit wieder fortzubannen. Ebenso überzeugt man sich aber auch leider nur zu oft, wie Geburt, Erziehung und Beispiel dem bösen Dämon einen so tiefen Eingang verschafft hat, daß die Kindesnatur gänzlich verlorengegangen, und Geist und Körper in eine vorzeitige Notreife geraten ist, die nur zu rasch der sittlichen und physischen Fäulnis verfällt.

HUNDERTUNDFÜNFTES KAPITEL

Schlußwort

Je mehr man sich durch tieferes Eingehen in das Gewerbe und die Eigenart des Gauners überzeugt hat, nicht nur von dem sittlichen Ruin des Gaunertums selbst, sondern auch von dem sittlichen Ruin der sozialpolitischen Verhältnisse, das jenes ausbeutet, desto mehr wird man inne, daß das bloße Verneinen des Verbrechens keineswegs ausreicht, um den Verfall hier wie dort aufzuhalten. Diese kahle, herzlose Ableugnung ist vielmehr als eine der ärgsten Schwächen und Rückschritte selbst, der schlimmsten Sünde verfallen. Solange die seichte, hochfahrende Ansicht geltend gemacht wird, daß der Verbrecher unverbesserlich sei, so lange darf dagegen auch nicht die demütigende Wahrheit verleugnet werden, daß alle unsere sozialpolitischen Zustände, unsere Rechtspflege, Polizei und besonders unsere Strafanstalten auch noch immer sehr zu verbessern sind. Mit jener Ansicht wären wir denn auch nicht weitergekommen als jene längst vergangene Zeit, in der die erbarmungslose, orthodoxe sittliche Entrüstung ihre Triumphe auf den bluttriefenden Schafotts feierte.

Die Hinrichtung des Bernhard Matter aus Muhen[1] auf der Richtstätte bei Luzern, am 24. Mai 1854, ist ein erschütterndes Ereignis, nicht wegen der Beseitigung eines nach dem Gesetze

---

1) Bernhard Matter von Muhen hatte einundvierzig Diebstähle im Gesamtwerte von 10500 Franken begangen und wurde am 3. Mai 1854 vom Obergericht zum Tode verurteilt. Da seine Hand rein vom Blute geblieben war, bat er um Begnadigung zu einer Freiheitsstrafe. Der Große Rat wies jedoch das Begnadigungsgesuch mit neunundneunzig gegen fünfundvierzig Stimmen ab, worauf am nächsten Tage die Hinrichtung vollzogen wurde. Vor der Vollstreckung hielt auf der Richtstätte der vollziehende Regierungsbeamte die Anrede: „Bernhard Matter, du bist zum Vollzuge des eben verlesenen obergerichtlichen Urteils, und nachdem die von dir angerufene Begnadigung vom Großen Rate dir abgeschlagen worden ist, hierher zur Richtstätte geführt worden. Es sind Zweifel darüber entstanden, ob an einem Verbrecher, der sich nichts als gewaltsame Eingriffe in fremdes Eigentum hat zuschulden kommen lassen, in jetziger Zeit die Todesstrafe vollzogen werden solle oder nicht. Allein wenn überhaupt das Gesetz nur der Ausdruck des öffentlichen Bewußtseins über Recht und Strafbarkeit sein soll, so bist du schon im voraus und ehe der Richter gesprochen hatte, dem Tode verfallen gewesen. Nicht umsonst sind es Bürger gewesen, die dich ergriffen und dem Arm der Gerechtigkeit überliefert haben;

dem Tode verfallenen gefährlichen Verbrechers, sondern weil sie ein Beweis dafür ist, wie wenig mutig wir mit dem Christentum, dessen wir uns rühmen, zu arbeiten unternehmen, wie sehr wir mit den zeitgemäßen Gemeinplätzen „Kultur", „Zeitrichtung", „Zeitgeist" usw. den selbstzufriedenen Abschluß unseres Rückstandes gegen das immer lebendig strebende und arbeitende Christentum bezeichnen, und wie wir es doch mit jenem unseren Christentum wagen können, den Verbrecher an die unendliche Gnade und Barmherzigkeit Gottes zu verweisen, die er von Menschen nicht zu hoffen hat.

Gerade in den Gefängnissen und auf dem Schafott hat das Christentum seit Jahrhunderten eine Geschichte, die leider nur zu oft mit Staunen und Unwillen, anstatt mit Achtung gegen die einzelnen Pfleger des Christentums erfüllt, da man in den meisten Fällen erkennt, daß mit der eifernden Verneinung der Sünde im Verbrecher auch der zur Buße und zur Besserung berufene und bei richtiger Erfassung seiner Individualität auch entschieden befähigte Verbrecher selbst für Zeit und Ewigkeit verdammt wurde. Die Aufgabe der strafenden Gerechtigkeit endigt nicht mit der Verurteilung des Verbrechers, sondern erst mit seiner Entlassung aus dem Gefängnisse, die nur mit seiner sittlichen Wiedergeburt möglich ist. Es ist menschlich nicht möglich, mit dem Urteil einen Abschnitt zu machen, bis er dem die gewissenhafte Erforschung der Tat in allen ihren kleinsten Umständen und die Erforschung der Individualität des Verbre-

nicht umsonst heischt die Stimme der vielen Bürger, Land auf, Land ab, deinen Tod. Wer, wie du, ununterbrochen Krieg gegen die bürgerliche Gesellschaft geführt, in unversöhnlicher Feindschaft gegen die gesetzliche Ordnung gelebt und gehandelt, vom kein Kerker zu fest, keine Fessel zu stark war, um sein verbrecherisches Treiben von neuem anzufangen, gegen den mußte endlich der Staat zum äußersten Mittel der Notwehr, zur Vertilgung, schreiten, um das Ansehen der Gesetze zu retten, und um die ruhigen Bürger vor frechen Angriffen zu schützen. Wie der äußere Feind des Landes, der Räuber seiner Unabhängigkeit und Freiheit, mit den Waffen in der Hand auf den Tod bekämpft und durch das Schwert vertilgt wird, so wirst du auch als der geschworene Feind der Ordnung und des Gesetzes, als der Räuber des Eigentums, durch das Richterschwert von der Erde vertilgt. Von den Menschen hast du nichts mehr zu hoffen; wende dich an die unendliche Gnade und Barmherzigkeit Gottes, daß diese dir zuteil werden möge. Darum bitten wir den Allerbarmer. Bernhard Matter, hiermit übergebe ich dich dem Scharfrichter, damit er dich nach Urteil und Recht vom Leben zum Tode bringe!"

chers in allen feinen und verborgenen Charakterzügen, die ernste Aufgabe war, und dann diesen geistig so tief und eingehend durchforschten Verbrecher in die Strafanstalt abzuliefern, damit er dort mit seiner Geschichte in die Allgemeinheit des Zuchthauslebens aufgehe, und als neuer Beitrag zur Empirik starrer, selbstgenügsamer Theorien aufgenommen und verstanden werde. Was mit christlicher Gerechtigkeit begonnen wurde, muß auch ganz in demselben Geiste fortgeführt werden, bis der Strafzweck der christlichen Gerechtigkeit, die sittliche Wiedergeburt, vollständig erreicht wird. Es kann dabei keine andere Gefängnistheorie geben als diejenige, mit der die genaueste Erforschung und Behandlung der Individualität jedes einzelnen Verbrechers vereinbar ist, und welche die physische und psychische Integrität dieser Individualität nicht zerstört, sondern diese mit dem ganzen, ernsten Geist christlicher Liebe und gemessener Zucht erzählt, und in und mit ihr den Verbrecher hebt und zur sittlichen Wiedergeburt fördert; mag man die Theorie nennen wie man will, und sie ganz oder geteilt, zeitweise oder durchgreifend, in einsamer Zelle oder in freier Natur, an dem einzelnen oder gemeinsam mit anderen gehaltenen Verbrecher in Anwendung bringen.

Die einfache Wahrheit und Aufgabe des Christentums findet man überall, namentlich im protestantischen Norddeutschland und in den Niederlanden schon zu Ende des sechzehnten Jahrhunderts, in den ersten, von den damals auch noch zum Teil mit dem Namen Zytenmeister geehrten Magistraten eingerichteten Gefängnissen und Zuchthäusern als echt christlichen, ja man kann sagen spezifischen protestantischen Grundstein gelegt, über den aber die politische und sittliche Not mehr als dritthalb Jahrhunderte lang hinweggegangen, und über den die Gerechtigkeitspflege unzählige Male gestrauchelt ist, bis dieser Stein jetzt zum Eckstein geworden ist, da die aufbauende Kirche über die ungeheure drohende Not mit dem Staate sich geeinigt hat zu einer innigen, gegenseitigen und helfenden Verbindung, die unvergänglich ist und wahres Heil und reichen Segen bringen wird.

Der Gauner ist nicht unverbesserlich! Aber seine Besserung ist so schwer, wie alle humanitäre Arbeit schwer ist. In jener Zeit, da der deutsche Boden von den erschütternden Schlägen

der französischen Revolution bebte, da das ungeheure An-
schwellen des Räubertums überallhin Angst und Schrecken
verbreitet, war es Jakob Schäffer und der Malefizschenk Franz
Ludwig Reichsgraf Schenk von Castell, die mit festen, klaren
Blicken das Verbrechen zu finden wußten, durchschauten und
seine dämonische, geheime Kunst offenkundig machten. Sie
waren es, die mit gewaltiger Willenskraft die verwegenen
Gaunerbanden zu Paaren trieben und der strafenden Gerechtigkeit überlieferten. Schäffer war es auch, der an einem der
furchtbarsten Verbrecher, an dem Konstanzer Hans, das Werk
christlicher Liebe und Zucht unternahm und durchführte, die
Begnadigung des zehnfach dem Henker verfallenen Räubers zu
lebenslänglicher Zuchthausstrafe erwirkte und, nachdem er
sein Werk der Wiedergeburt an dem Verbrecher vollendet hatte, nach wenigen Jahren seine Entlassung aus der Strafanstalt
ermöglichen konnte.

An solchen Beispielen mag die Gegenwart ermutigt auf-
blicken, und auch die Polizei inne werden, welche Aufgaben sie
zu lösen vermag, wenn sie sich innerlich und äußerlich umgestaltet zu einer wahrhaft christlich-deutschen Polizei.

Zigeunerlager in der Zeit des Dreißigjährigen Krieges

Die ErtzBetrügerin und Landstörtzerin Courage

Landstreichende Gauner
während des Dreißigjährigen Krieges
Titelblatt zu Grimmelshausens „Trutz Simpler" (1670?)

Berliner Bettler-Abzeichen
vom Jahre 1587
Original im Berliner Märkischen Museum.

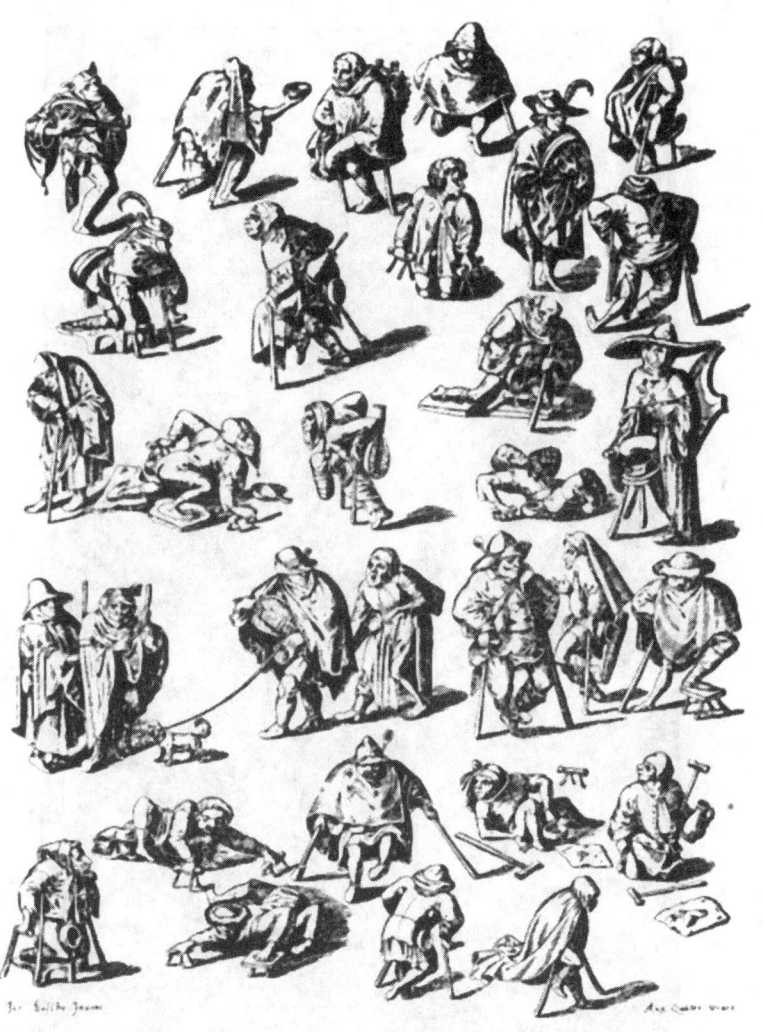

Allerlei Bettler im 17. Jahrhundert
Kupfer vonHieronymus Bosch (Hieronymus van Aeken).

Räuberischer Überfall eines Dorfes
Nach dem Hausbuch des Fürsten von Waldburg-Wolfegg
(15. Jahrhundert)

Buschklepper
Holzschnitt aus *Cicero de officiis*, Augsburg 1531.

Schauerliche Hinrichtung von drei jüdischen Dieben in Wien
Nach einem Flugblatt vom Jahre 1642.

Gartender Soldat
Holzschnitt von Jost Ammann.

*Marodierende Soldaten und ihre Strafe
zur Zeit des Dreißigjährigen Krieges.*

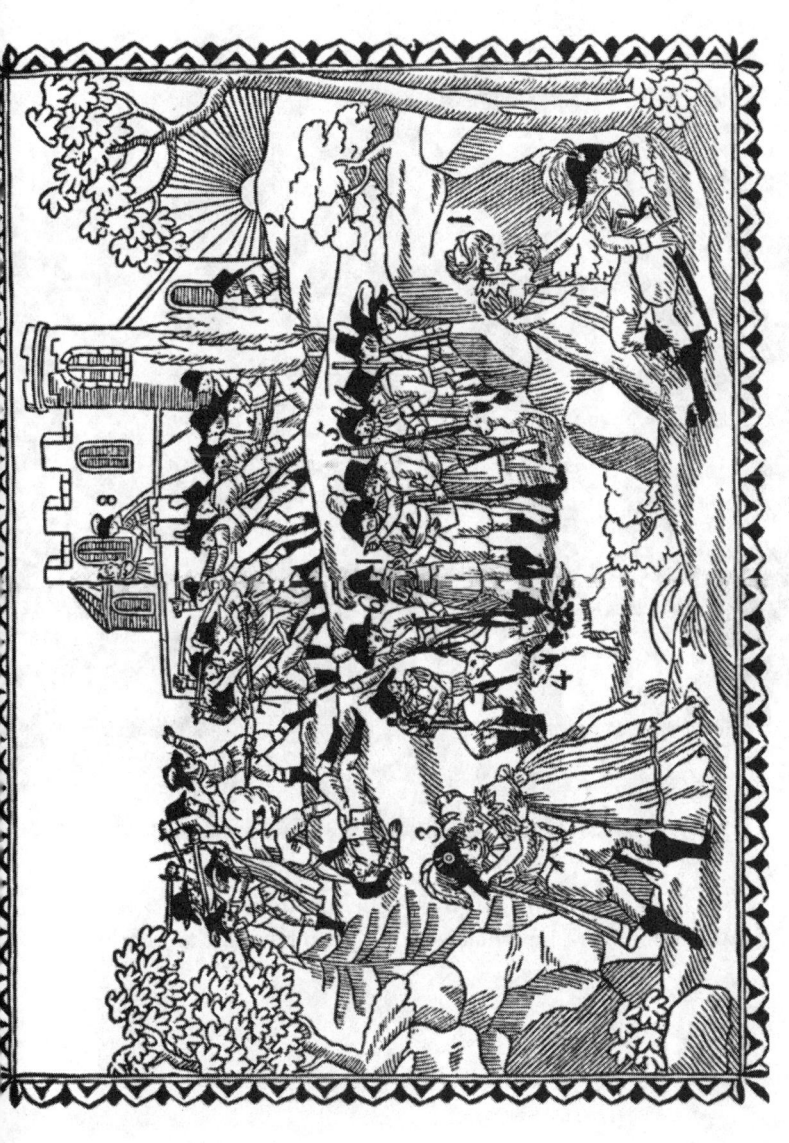

Bilderbogen zum Räuberlied „Rinaldo Rinaldini" von Vulpius

Die Zahlen beziehen sich auf die Strophen des Räuberliedes, die durch die dargestellten Szenen illustriert werden.

Im Torgauer Zuchthaus
Aquarell in der Lipperheidischen Kostümbibliothek in Berlin.

Lips Tullians Räuberbande
Nach Kupferstichen in der Dresdener Königlichen Bibliothek.

EDICT

Wider das Mord-Raub- und Diebes-Volck, auch anderes Herren-loses Gesindel ꝛc. und wie gegen solches, nach der äussersten Strenge, zu verfahren.

Vors Erstere: Todtschlag, Raub, Dieberey, Vergewaltigung, oder Antastung derer Menschen oder Güteren auf Post-Heer-Land- und anderen Strassen soll nach denen peinlichen Gesetzen (welche darwider in Peinigungs- und Todtes-Strafen das schärffeste verordnen) und nach bewandten Umständen mit Galgen und Rad nebst glühenden Zangen-Zwicken auch anderen zum schröckbahren Exempel dienenden Tormenten bestrafet werden.

Vors Andere: Die Inquisition über solche Böswichte und abscheuliche Verbrecher solle Summarisch geführet, und allemahl dergestalten beschleuniget werden, daß auf das geschwindeste binnen wenigen Wochen deren Todes-Urtheil gefället, und zugleich auch an ihnen exequiret werde.

Vors Dritte: Land-Streicher, Zigeuner, boshafte Müßiggänger oder anderes Herren-loses Gesindel (welche sich zu drey oder vier oder in größer Anzahl zusammen rotten, auch mit Waffen, Prügelen, oder anderen Gewehr versehen sind, und solches, auf Zuruffen, nicht alsobalde von sich abwerfen, noch sich ergeben) sollen augenblicklich auf der Stelle niedergeschossen werden.

Vors Vierte: Diejenige von solchem ruchlosen zusammen Rottiren (welche in dieser Gelegenheit nicht gleich auf dem Platz todt bleiben würden) sollen dennoch der Todes-Strafe nicht entgehen, sondern nach ihrer Ertappung (wenn sie auch schon keiner anderen Missethat schuldig wären) zum Galgen gebracht und mittels dem Strang hingerichtet werden.

Vors Fünfte: Verdächtiges Gesindel, so sich einzelweise mit Waffen, oder Truppweise ohne Waffen betreten lasset, solle zur Galere auf Lebenslang abgefertiget, oder sonsten mit einer Galere-mäßigen Strafe auf Vestungen und in Zucht-Häusern ohnnachsichtlich beleget werden.

Vors Sechste: Weibere und erwachsene Kindere, so man bey solchen Anuppi-rungen ertappet, haben ebenfalls die Strafe des Zuchthauses oder, wenn selbige eines sonstigen Verbrechens überwiesen würden, das Todes-Urtheil zu erwarten.

Vors Siebende: Ueberhaupt alle und jede Land-Streichere, oder Vagabunden, Zigeunere, boßhafte Müßiggänger, oder die sonsten Herren-loß und verdächtig sind, sollen auf das schärffeste verfolget, gefänglich eingezogen, und (ohne, daß selbige in einem anderen Verbrechen schuldig gefunden würden) Galeren-Vestungs- oder Zuchthauses-Strafe verdammet werden.

Vors Achte: Gegen diejenige aber, bey welchen sich, nebst ihrem land-streicherischen, müßigen, und Herren-losen, auch verdächtigen Lebens-Wandel, noch eine besondere Missethat hervorthut (solle, nach äusserer Strenge, mit Galgen und Rad verfahren werden, wie oben im Ersten Articul vorgeschrieben ist.

Vors Neunte: Eine gleiche Todes-Strafe solle auch, bey der Wieder-Ertappung, nach Maaßgabe derer vorberührten Peenal-Sanctionen, vollzogen werden an denen schon einmal mit Staupen-Schlag Brügten, oder Gebrandmarckten, und bereits hierdurch des Strangs Vermahneten, so sich darauf in ihrem vagabunden boßhaften und verdächtigen Lebens-Betrieb nicht gebesert haben, sondern dabey verblieben sind.

Vors Zehende: Welche aus denen Unterthanen mit denen Mord-Raub- und Diebs-Gesindel einen boßhaften Zusammenhang hätten, oder ihnen Unterschleif macheten, oder zum Raub- und Stehlen Rath und Anschläge gäbeten, oder an denen gestohlenen Sachen Theil nehmeten, oder selbige verborgen hielten, und der Obrigkeit nicht anzeigeten, oder von denen Aufenthalts der Räuber und Dieben gute Wissenschafft hätten, und sie eben wohl aus böser Absicht, der Obrigkeit nicht anzeigeten, oder solchen auf eine oder andere Arth durchführeten und zur Flucht befördern wären, oder ihnen die auf die abgelehne Streifung und Verfolgung vertrachteten, diese sollen zum Todt, oder, nach bewandten Umständen, zur Galere, oder zu einer sonstigen Galeren-mäßigen und Todes-gleichen Strafe verdammet werden.

Vors Eilfte: Dubingraten solle beweiszlich (welcher das ruchlose Mord-Raub- und Diebes-Volck samt deine Orth seines Aufenthalts der Obrigkeit veroffenbahret, solches darauf eingefangen wird) alsobalde, mit jedesmahliger Verschweigung ihres Nahmens, für die Anzeige und Entdeckung gantzer Rotten 40 bis 50 fl und für die Entdeckung nur von einigen oder einzelen solchen gefährlichen und verdächtigen Personen, nach Unterschied derer Fällen, 10 auch 20 fl zur Remuneration verrechnet werden.

Vors Zwölfte: In Betreff derer fremden und einheimischen Bettleren, Colleciren-Sammleren, Hausiren oder Gänslern mit geringen Waaren, Bildpreis-Dieben ꝛc. solle das in falls da die Creyß-Peenal-Sanction vom Jahr 1748. wohl verordnete strenge und gemeßen vollzogen werden, wie dann sothane Thür- und Ober-Rheinische gemeinsame Peenal-Sanction doch haupt in allen ihren Süden und Verfügungen nebst deine gegenwärtigen anderen Peenal-Edict zur fürwährenden Richtschnur zu nehmen, alle Monathe einmahl bey allen Gemeinheiten zu lesen, und sich darnach in jeden Fällen auf das genaueste zu achten ist.

Vors Dreyzehende: Alle Beamte, Landes-Bediente und Schultheißen, Mayere, und übrige Befehlshabere werden auf das nachdrücklichste und ernsthaffteste hiermit anermahnet, die Entdeckung, Verfolgung, und Ergreiffung des Herren-losen verdächtigen und bösen Gesindels, wie auch derer Verbreren äusserst wachtsam zu seyn, zu ihrem Amts-Laste-den die particular Verfolgungen und Durchsuchungen nebst deine Nachbaren in Feldern, Wäldern, Höltzern, Mühlen, Hütten, und Höffen ꝛc. niemahl ausser Acht zu lassen, sondern solche schnur zu nehmen, alle Monathe durchsuchen zu widerholen. Widrigen, so sich hierinn nachläßig erzeigen, sollen ihrer Aemteren und Diensten entsetzet, dabey bend mit denen härtesten Geld- und wohl noch schärfferen Strassen beleget werden.

Vors Vierzehende: Was anlanget die in der oberwehnten Thur- und Ober-Rheinischen Peenal-Sanction bestimmte general- und gemeinsame Streifungen, diese sollen, dafür die all enthaltenen Vorschrift, eyfrigst fortgesetzet, offt widerholten, allemahl von deine Creyß-Militair mit angezangten, und durch solches nachdrücklich unterstützet werden. Signatum Franckfurt 9ten Martii 1763.

Jerer Fürsten und Ständen des Löbl. Ober-Rheinischen Creyses allhier Versammlete Räthe, Bottschaffere und Gesandte

L.S.   L.S.   L.S.   L.S.   L.S.   L.S.

Im Kriege Adjutant, ein Kaufmann in der Messe
Er suchte nicht den Feind, der Handel war vergessen,
Sein merck war Kirchen Raub, bis all und dieberey,
Gab endlich zu daß er Studenten Friedrich sey.

Zum führen, war ich zwar gebohren,
Ich führe aber sten recht ein,
Mein Nechster hat sein Gut verlohren
Und ich muß hier der dritte seyn,
Doch hat Gott auf mein böses Leben,
ihr nach ein gutes Ende geben.

Ich machte meine handwercks stücken,
Der Schlager gabe mir das Brod,
Mein böses Weib mit ihren tücken,
Hat mich gebracht mit sich in Noth,
Ich kahm dadurch zum Übelthaten,
Womit ich mir gar schlecht gerathen.

Ein Bauer war ich auferzogen,
Und legte meinen Acker an,
Der Acker war mir wohl gewogen,
Mein Saamen wuchs nach wünsch heran,
Allein durch meines Nachbars Last
Mein Glück zu Unglück worden ist.

Lips Tullians Räuberbande

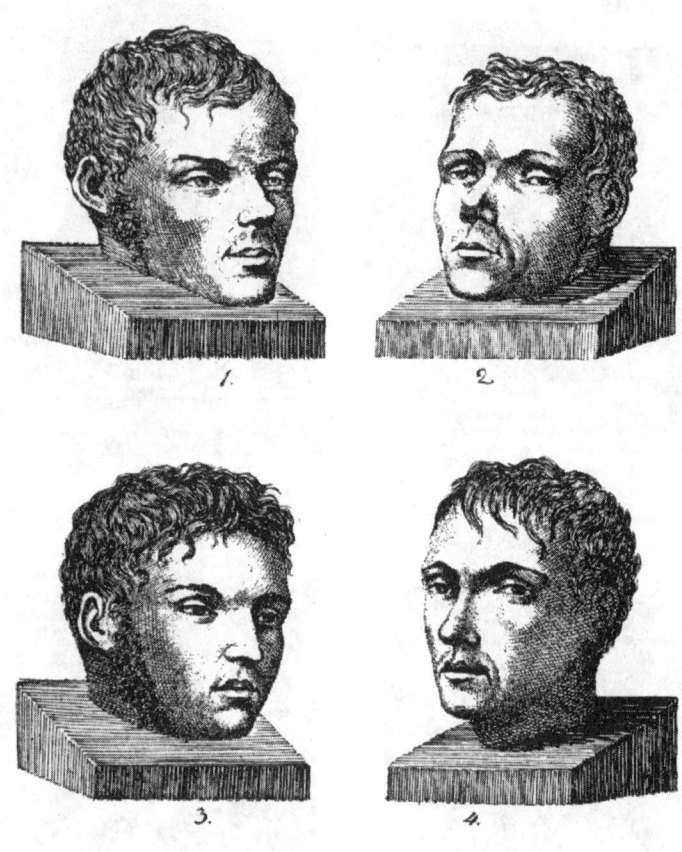

Vier hingerichtete Räuber
Manne Friedrich 1, Hölzerlips 2, Kramer Matthes 3,
Veit Kraemer 4
Kupferstich aus dem Jahre 1812.

Jonas Hoos

Johann Justus Dietz
genannt der Lumpen-Joo!

Conrad Anshuh
aus Rodheim bey Nidda

Johann Adam Frank
vulgo toller Hann Adam
oder
ältester Feldscheers Jung

Räuber der Vogelsberger und Wetterauer Bande

Johannes Borgener
vulgo Pohlengängers Hannes

Der Schwarze Jung

Johann Balthasar Pfeiffer
vulgo Weisbrods Balser
auch schwarzer Balser

Mitglieder der Vogelsberger und Wetterauer Räuberbande

Johann Heinrich Ritter
vulgo jüngster Feldscheers Jung

Michael Borgener
vulgo Pohlengängers Michel

Abraham Moses
vulgo das getaufte Jüdchen

Räuber der Vogelsberger und Wetterauer Bande

Hinrichtung des Mordbrenners Joh. Christ. Höpner
1786 in Berlin

Johann Valentin Christian Oberländer
genannt der schwarze Christel
oder
Löffel-Hannes

Peter Göerzel oder Gaertner
genannt der Heiden-Peter

Johann Georg Pfeiffer
vulgo Weisbrods Hann Georg

Räuber der Vogelsberger und Wetterauer Bande

Ludwig Funk

Jacob Heinrich Vielmetter
vulgo alter Jacob Heinrich

Der lange Friedrich

Mitglieder der Vogelsberger und Wetterauer Räuberbande

Liber Vagatorum
Der Betler orden

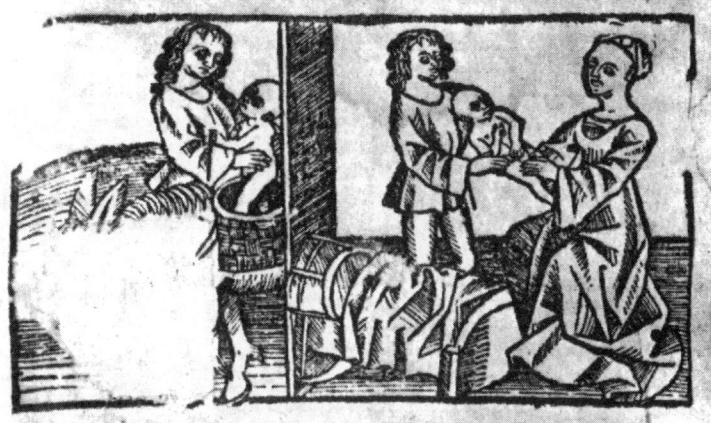

℄ Hie nach volgt ein hubsch buchlin genant Liber vagatorum dictier von eim Hochwirdigen meister nottue expertus in trufis dem Adone zu lob vnd ere/ sibi in refrigeriū et solatiū/ allen menschen zu einer vn derweisung vnd lere/ vnd den jhenen die diese stuck brauchen zu einer besserung vnd bekerung: Vnd wirt diß buchlin geteilt jn dreÿ teil. Was erst teil sagt von allen narungen die/ die Betler oder Landefarer brau chen/ vnd wirt geteilt jn. xx. Capitel et paulo plus/ dann es sind .xx. narungen et vltra do durch der mensch betrogen vnd vberfurt wirt/ Was ander teil sagt etlich notabilia die zu den vorgenanten narungen gehoren Was dritt sagt von eim vocabularj rotwelsch zu teutsch genant

Titelblatt des Liber Vagatorum

Das erst Capitel ist von den Bregern/das sind Betler die kein
zeichen von den heiligen oder wenig an jnen haben hangngen/
vnd konnen schlecht vnd einfeltigklich fur die leut geen vnd beischen
das Almusen vmb gots vnd vnser lieben frawen willen/ Etlich einen
hußarmen man mit kleinen kinden/der erkant ist jn der Stat oder jn
dem dorff do er heische/ vnd wañ sie mochen weiter komen mit jrer
arbeit oder mit andern etlichen dingen So liessen sie on zweifel vom
betlen/dañ es ist mancher fromer man der da betlet mit vnwillen/vnd
sich schemet vor den jhenen die jne kennen/das er vor zeiten gnug hat
gehabt vnd jtzund betlen muß/mocht er furbas komen er ließ das bet
len vnderwegen (Conclusio) disen Betlern ist wol ze geben wañ es ist
wol angelegt.

Von Stabulern.

Das ander Capitel ist von Stabulern/das sint
auß streichen/von eim heiligen zu dem andern/ e
Gatzam jn Alchen/vnd haben den Wetterhan vnd
zeichen hangen von allen heiligen/ vnd ist der W
allen stucken/ vnd haben dañ die Hurtzin die jne d
vnd hat je einer sechs oder siben Seck der ist keiner
sein Teller sein Loffel sein flasch vnd aller hauß
derschafft gebor dregt er mit jm/Dieselben Stab
mer von dem Betlen/vnd jre kinder von jugent an/ sis jn das alter
dann der Bettelstab ist jnen erwarmt jn den Grifflingen/ mogen vnd
konnen nit arbeiten/ vnd werden Gleiden vnd Gleidensetzer auß jren
gatzam vnd zwickman vnd Caueller Auch wo dise Stabuler hin kom
men jn Stet oder Dorffer So heischen sie vor eim Hawß vmb gottes
willen/ vor dem andern granten sie vmb sant Valentins willen/ vor
dem dritten vmb sant Kurins willen/Sic de alijs. je nach dem sie getrawen das man jnen geb/vnd bleiben vff keiner narung allein (Con
clusio) du magst jnen geben ob du wilt dann sie sind halbs boß halbs
gut nit al boß/aber der meretteil

Von den Loßnern

Das iij. Capitel ist von Loßnern: das sind Betler die sprechen sie
sein. vj. oder. vij. jar gefangen gelegen/vnd dragen die ketten mit jne
darin sie gefangen sind gelegen/jn den vnglaubigen. es est jn der Son
nen boß vmb Cristen glaubens willen: Item vff dem mere jn den Gal
leen oder Schiffen mit Eisen verschmidt. Item vmb vnschuld in eim

1. Seite des Liber Vagatorum

¶ Das büchlin ortt vnd geburt

Von den Bregern

Das erst capitel ist võ den Bregern/ das sind
Betler die kein zaichen võ den heiligen oder
wenig an ynen haben hangen/ vnd kömen
schlechtlich vñ ainfaltiglich für die laut gon
vnd haischē das almůsē võmß gotz vñ vnser
lieben frawē willen/ Etlich ein voußfarniē
man mit klaineu kinden/ der ertaur ist in der stat oder inn dem
dorff da er haischt/ vnd waun sie möchten reicter kommen mit
yrer arbait oder mit andern erlichen ding so liessen sie on zwy-
fel vñ dem betlen/ Daß es ist mancher frümer man der da betler
mit vnwillen/ vnd sich schemt vor denen die yn kennen/ das er
vor zeuen genüg hat gebabt vnd ieguud betlen můß/ möcht er
für das kömen er lieff das betlē vnderwegen/ Conclusio/ denen
betlern ist wol zu geben wañ es ist wol angelait.

Von Stabülern

Das ander capitel ist vonn Stabülern/ das sind Betler die alle
laud vß stryden võ ain heiligen zu dem andern/ vnnd die tre-
nern vnd gargañ in aldyñ/ vnd von den vestterban vnd von
weinfaug vol zaichen hangen võ allen heiligen/ vnd ist der
weinfaug groß võ allen stucken/ vnd haut dann die burgen
die yn den leben dippen/ vnd hat ir einer sichs oder sißen sich
der ist kaurer ler/ sein schübst sar teller sam löffel fleisch vñ aller
voußfart der zu der wanderschafft hört drait er mit im/ Die selben Stabüler lond nümmer mer von dem betlen/ vnd ir einder
von ungent vff fuß in das alter/ dann der gereeßfaß ist inen er-
wunnt in den grüfflingß möge vñ kunde mit arbeit/ vñ werdē
glybat/ Auch wo disse Stabüler hin kömen in stet oder döffer
so haischen sie vor aim hauß vmß gotz willen/ vor dem andern
graurent sie vñn sam Dekius willen/ vor dem dritten vmß sant

Titelblatt und erste Seite des Liber Vagatorum
Nach einem Exemplar in der Berliner Königlichen Bibliothek.

Liber vagatorum.
Der betler orden.

Bettlergruppe
Titelblatt einer der ersten Ausgaben des *Liber Vagotorum*.

Hie nach volget ein hübschs büchlein genant Liber va
gatorū dictirt vō eim hoch wirdigē meister noie/ expertus
in truffis Adone zu lob vnd ere/sibi in refrigeriū et solati
um/allen menschen zu einer vnderweisung vnd lere/vnnd
denen die dise stück brauchē zu einer besserūg vnd bekerūg
vnd wirt dis büchlein geteilt in drey teil. Das erst teil saget
von allen narungē/die dy betler oder lantfarer brauchē vn̄
wirt geteilt in .xx. capitel vel paulo plus/dan es sind .xx.
narūgen et vltra dar durch der mensch betrogē vn̄ verfūrt
wirt. Das ander teyl saget etlich notabilia die zu den vor-
genantē narungen gehörē. Das trit sagt von einem vocabulari rotwelsch zu teutsch genant.

¶ Das erst teil diß büchleins.   Von den Bregerñ.

D As erst capitel ist von den bregerñ. das sein bet
ler die kein zeichen von den heiligen ader wenig
an yn haben hangē vnd kümmē schlechtlich vn̄
einfeltiglich für die leut ghen vn̄ heischen das almusen vn̄
gots vn̄ vnser lieben frawen willen. Etlich ein hausarmē
man mit kleiner kinden/der erkant ist in der stat od in dez
dorff da er beischet/vn̄ wan sie möchten weiter kümen mit
irer arbeit od mit andern etlichen dingen so liessen sie on al
len zweiffel von dem betlen. Dan es ist mancher frummer
man der da bettelt mit vnwillen/vnd sich schemet vor dē
die in kennē/das er vor zeiten gnug hat gehabt/vnd ietzūt
müß betteln/möcht er fürbas kümē er lies das betteln vnderwegen. Conclusio denen betlern ist wol zugeben wann
es ist wol angelegt.   Von Stabülerñ.
¶ Das ander capitel ist vō Stabülerñ/das sein betler die
alle landt auß streichen von eym heiligen zu dem andern
vnd ir kreierin vnd gatzan mit yn alchen. vnd haben den
weterl in vnd den wintfanck voll zeichen hägen vō allen
heylgen/vnd ist der wintfang genezt von mancherley itü-

Die erste Druckseite der nebenstehenden Ausgabe des
Liber Vagatorum

ACTen-mäßige RELATION

Von
Denen beyden Schloß-Dieben zu Berlin

Valentin Runcken,

ehemahligen Castellan,
Und

Daniel Stieffen,

gewesenen Hoff-Schlösser,

Auch derer von ihnen auf dem Königlichen Schlosse zu Berlin,
in denen Gemächern und Schatz-Kammer begangenen Diebstählen wunderbahren Entdeckung, und geführten Inquisitions-Proceß, auch Bekäntniß und
Bestraffung derer Delinquenten,

**Aus denen weitläufftigen Actis, wie solche von Tage zu Tage
ergangen, mit allen zur Sache dienenden Umständen** extrahiret,
auch mit einigen Notatis Juridicis illustriret,

Und
Auf Sr. Königl. Majestät in Preussen allergnädigsten Special-Befehl
herausgegeben,

Nebst denen von dieser Sachen edirten Theologischen Schrifften,
gehaltenen Chavot-Reden, und einigen saubern Kupffer-Stichen, sowohl
derer Maleficanten Bildnisse, als auch ihrer Ausführung und Execution
Mit allergnädigsten PRIVILEGIO.

BERLIN,
Zu finden bey Johann Andreas Rüdigern, privil. Buchhändler. 1720.

Diese Execution ist geschehen zu Berlin
den 8. Junÿ 1718.

Bettlerfamilie
Aus Geb. Brants Narrenschiff.

Reichstruppen belagern den Bayrischen Hiesel
Kupferstich von J. M. Will.

Die Räuberbande des schwarzen Peters

Der schwarze Peter 1, sein Sohn Andreas 2, der langbeinige Stephen 3, Hölzerlips 4, dessen Frau 5, ihr buckliger Bube 6, Mane Friedrich 7, Veit Kraemer (unten rechts) 8, der Bashi 9, der große Hörz Bube 10, der Scheßlenzer Bube 11, Kraemer Mathes 12, Karlschön 13 , 16, Peter Henrichs Han Adam 17,

Damian Hessel (oben) mit Streitmatter (links)
und Schmaye Nathan
Kupfer im Germanischen Museum in Nürnberg.

Johann Adam Heusner
vulgo dicker – auch Kraemer
und rother Hann Adam

Johann Adam Grasmann
vulgo großer Samst
auch großer Hann Adam

Jacog Ergeldinger
vulgo Bittingser

Georg Tascher
vulgo Stanemer

Räuber aus dem ersten Jahrzehnt des 19. Jahrhunderts

Martin Rupprecht
vulgo Heßen Martin

Johannes Kintzinger
vulgo Kraemer Johannchen
auch Schneider

Johann Adam Wehner
vulgo kleiner Johann

Johannes Lehn
vulgo Spiel- oder
Musikanten-Hannes

Räubertypen aus dem ersten Jahrzehnt des 19. Jahrhunderts

Daß Ehre, Ruhm und Preiß der Tugend wahrer Lohn,
Der Übelthaten danck, der Kärcker Schmach und Hohn,
Erfähret Tullian bey seinen neuen Stand,
Der Fäßel drücket hart an Halß, Leib, Füß und
Hand.

9.

Lips Tullian im Gefängnis
Nach einem Kupferstich in der Dresdener Königlichen Bibliothek.

Original Abbildung des Schinder
Hañes anführt: er einer Räuber
bande von 250 Mann

Form
der Sicherheitskarte die er Armen u
Reisenden ertheilt:

d. i. auf teutsch
Vorzeiger dieses pasirt und re-
pasirt mit sichern Geleit bis üb
er die (—) Grenze Vom Quartir
aus d. 27. Mart. 1802.
S Hañes

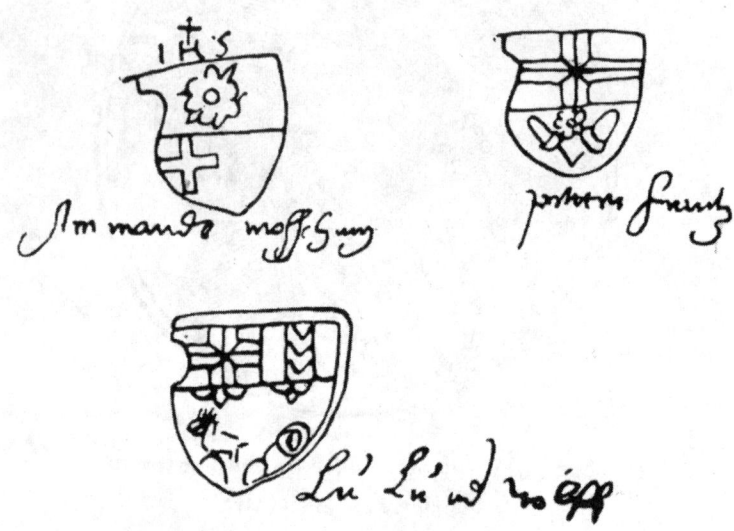

Gaunerwappen aus dem 17. Jahrhundert
(Archives Hérald- Suisse 1890, S. 405.)

IOHANN BÚCKLER
genannt Schinderhannes

Nach dem Lebenden, nach der Natur gezeichnet im Gefängnis zu Mayntz und gestochen von H. M. Crett

Kupfer im Germ. Museum in Nürnberg.

Überfall durch Straßenräuber im 17. Jahrhundert
Kupferstich von R. Meyer.

Landstreicher
um die Wende des 16. Jahrhunderts
Kupfer von Heinrich Ullrich.

Lips Tullian, der sächsische Räuber
Nach einem Kupferstich in der königl. Bibliothek zu Dresden.

Schinderhannes († 1803)
mit seiner geliebten Julie Blasius († 1851) und
seinem Söhnchen (geb. 1802). Das Kind, Franz Wilhelms genannt,
wurde österreichischer Unteroffizier. Wilhelms Sohn starb 1889 als
Schneidermeister in einem oberschlesischen Dorf.
Kupferstich aus dem Jahre 1803 im Germ. Museum in Nürnberg.

Titelbild der Lebensbeschreibung Lips Zullians
Dresden 1715.

Inhalt des ersten Teils

Inhalt des zweiten Teils

Die Gaunerpraxis

Die Paralyse des Gaunertums

Die Aufgabe der deutschen Polizei